SV

Paul Celan – Klaus und Nani Demus Briefwechsel

Mit einer Auswahl
aus dem Briefwechsel
zwischen
Gisèle Celan-Lestrange
und Klaus und Nani Demus

Herausgegeben und kommentiert
von Joachim Seng

Suhrkamp Verlag

Übersetzung der französischen Textstellen
Barbara Wiedemann

Erste Auflage 2009
© Suhrkamp Verlag Frankfurt am Main 2009
Alle Rechte vorbehalten, insbesondere das
des öffentlichen Vortrags, der Übertragung
durch Rundfunk und Fernsehen
sowie der Übersetzung, auch einzelner Teile.
Kein Teil des Werkes darf in irgendeiner Form
(durch Fotografie, Mikrofilm oder andere Verfahren)
ohne schriftliche Genehmigung des Verlages reproduziert
oder unter Verwendung elektronischer Systeme
verarbeitet, vervielfältigt oder verbreitet werden.
Satz: Jouve Germany, Kriftel
Druck: Freiburger Graphische Betriebe, Freiburg
Printed in Germany
ISBN 978-3-518-42122-2

1 2 3 4 5 6 – 14 13 12 11 10 09

Briefwechsel
Paul Celan – Klaus und Nani Demus

[Wien, Juni/Juli 1948]

Und wieder steigt der Rauch aus der Schale des neuen Jahres
Und der Mensch baut sich seine Landschaft
Frühlingswasser und überall blühendes Blut
Sommerliche Katarakte Sonne
Herbstströme Sonne
Eisteiche des Winters Sonne
Und unter den Bäumen erzählt man sich von der Jahreszeit
Träumerische Leiden

Die ersten Tropfen des Jahres fallen
Auf die neuen dunklen Wege
Für jeden ist einer ausgesucht
Ein Weg das ist nichts als eine Spur
Durchs Meer durch den Wald durch die Wüste
Oder von einem ins andre
Auf den dunklen Beginn ist allen schon Regen gefallen
Und am nahen Ende von manchen wiegen sich weiße Blumen
                                                    Tod
Versiegt im Silber

Welch ein tränenüberströmtes Gesicht
Hat dieser grauende Morgen
In dem sich die Menschen bewegen
Sie kommen von der Waldstadt ihres Berges in die Ebene
An die Heimatlosigkeit irgendeines Flusses
Und müssen die Ufer mit ihm hinabgehen
Auf feuchtem Sand an dünnen Bäumen vorbei
Und unter unverständlichem Wolkenhimmel
Der vielleicht das Land wiederholt
Von dem sie nicht einmal so viel wissen
Wie eine niedrige Blume

Ein reiner weicher schwebender Sonnenball
Und ein winterliches Eiskorn
Das ist ihre Angst
Eine grünglänzende Glassekunde
In der schwarzroten Abendtrauer
Das ist ihre Einsamkeit
Nicht durchsichtig sein können am Strand
Niemals im Wald wohnen dürfen
Und immer fremd zu sein auf den Bergen
Das ist ihr Schicksal
Ein überschwemmtes Leben

Aber der Morgen schreitet weiter
In tanzenden Sonnenwäldern
Mit dem Ausduften sich verkürzender Schatten
Im Garten am langsam sich drehenden Strand
Wenn die Schlüssel verloren gehen
Und plötzlich der Weg aus der Wildnis auf eine Straße mündet
Die man nicht kennt aber sie ist sehr schön
Und die Wolken sind wie Federn im Sonnenstrom

Diese Sonne die langsam in mich eindringt
Wie in einen Spiegel
In einen lichtgrünen Teich mit silbernem Sand
Und farbigen Fischen
Diese Klarheit des Himmels
Durch den ich mit gläsernen Fingern fahre
Diese Lust nach Verwandlung
Die meinen Körper durchzieht
Wie der Saft des Frühlings die Bäume

Diese Sonne um die hohen Dome des Sommers
Sich emporspiegelnd aus Glas
Mitten im hohen Gras der Ebene
Das unser Gehn mit feinem Singen behindert

Hinter uns eine Kerbe bis auf den Grund des gräsernen Meeres
Wo die Gerüche aufgeweckt werden und Tiefseeblumen
                                                    entblößt
Gleich wieder von Schatten überstürzt wie von einbrechender
                                                    Flut
Schwarze Sonne Dunkelheit im hellsten Mittag
Wo die Erwachsenen sich vor den Kindern fürchten
Die eine neue Sprache der Grausamkeit sprechen
Sie schießen Blitze mit Spiegelscherben
Und einige haben schon Messer

Wie wird dieser Spaziergang enden
Der in vorletzten Ländern begann
In einem vorigen Jahrhundert
Die ersten Gebirge von einst sind zu Dünen geworden
Blaß am Horizont
Und dahinter ist jetzt wohl ein Meer
Korallen über der Kindheit

Die Hand über die Braue
Müssen wir schauen über das Meer
Die letzten Stunden vor einer Reise
Die Hand über der Braue
Müssen wir denken über das Meer
Schräges Nachmittagslicht durchhellt unser zerbrochenes
                                                    Haupt
Pfeilgerade in den Sandwind gerichtet
Offen wie ein Käfig eine Falle für die kleinen weißen Vögel
Die von jenseits des Horizontes mitgerissen werden
In unsere letzten Augenblicke
Schon zieht die Düne ihren Kontur mitten durch uns
Schon beginnt die Zeit die wir nicht mehr erleben werden
Aufzusingen
Mit der Kälte eines neuen Tages

Es ist blauer Himmel
Aber ohne Sonne
Es ist ein Blumenstrauß im Morgen
Aber ohne Duft
Wir sind gestorben
Wie dunkle Vögel die sich selten klarsingen
Und aus denen farbiges Blut entspringt wenn sie sterben
Aber wir werden immer immer dabeisein[1]

2 *Paul Celan an Klaus Demus*[1]

Paris, den 5. IX. 48

Mein lieber Klaus Demus,
ich denke oft an Sie und Ihre dunklen Vögel, die sich nicht
klarsingen können.[2] Vielleicht ist das gut so, denn auf diese
Weise sind sie gezwungen, ihren Gesang nicht zu unterbrechen.
Meine Vögel sind vielleicht nicht weniger dunkel als die Ihren,
aber vom Klarsingen wollen sie scheinbar nichts wissen. Im
Gegenteil: das schwärzeste Schwarz[3] schwebt ihnen vor. Und
da sie es nun nicht mehr sehr weit haben dürften bis dorthin,
singen sie selten. Ich wage nicht zu sagen: immer seltener. Vielleicht haben sie Angst, wer weiß? Denn im Dunkel ist es immer
noch finsterer als im Hellen, wo es auch schon so düster wird ...
Dies, um Ihnen zu zeigen, daß ich Grund habe, mich zu freuen,
wenn Sie mir schreiben.
Ihr Paul Celan

Paul Celan
31, Rue des Ecoles, Paris 5ᵉ [4]

Wien, 13. September 48

Mein sehr lieber Paul Celan

Dank, vielen Dank. Aber ich habs erwartet.

Was ich sagen möchte: besser Schwarz, tiefes Schwarz – als gar nichts.

Es ist jetzt grade ein Gewitter, abends. Und Ihre Gedichte sind so wunderschön,[1] blau, sicher, – ich hab sie im Kopf, ich möchte Ihnen wirklich sagen: ein sicheres Stück, das man als Zuflucht greifen kann.

Verzeihen Sie, ich bin sehr wirr, aber grade jetzt kann ich Ihnen schreiben. Möge es Ihnen nicht zu fremd sein – ich hab Sie sehr gern.

Ich träume immer, oder grade jetzt, von einer Landschaft, eher: Terrain. Man kann die Formen schon sehen, muß sie nur erst machen.

Die Landschaft, oder das Feld, ist alles. Dämmerung, Dunkel drüber, über allen Möglichkeiten. Man muß suchen. Warum? – Rettung, zu retten versuchen, was aus dem Chaos noch (ich bin trotzdem Optimist) greifbar ist. Alle tun das heute. Finden ist aber vielleicht nur ein Aufgeben aller Möglichkeiten – weil man nur eine zu gleicher Zeit (wie sagt mans?) klar sehen kann. Die hat man dann. Ist aber doch nicht das Eigene – das ist noch immer als Sehnsucht über der wirren Landschaft.

Ich meine – die Sehnsucht, die man dann auch im Werk (klar gesehenen) spürt, das sind wir heute, im Wesentlichsten. Romantik der Ferne, wie Vogelflug. »Clarté de ce matin«, das Meer, der Himmel, surrealistische entleerte Wüste.[2] Dann kommt man zu Einfachstem, Blumen, Stern – letzte Ausläufer eines Anlaufs. Ach – doch nur wieder Natur; aber reiner, intensiver – gefühlt. Und mit dem schwarzen, verfitzten Grund, aus dems gewachsen ist: den muß man spüren. Das Klarste an der Beschreibung des Programms – »Nie noch hat jemand wissend beschrieben, was ihr Spiegel eigentlich seid«.[3] Das Schwerste, die Aufgabe, das zu tun.

Divina complicatio (ich bin ein Barbar), deshalb: das Schwarz. Und natürlich im Leben. Könnte nicht tief genug sein. Mein Gott: ich bin behütet, hab ein Zuhaus, kann leicht reden. Ich wünschte mirs.

Verzeihen Sie: ich möchte gerne mit feinen, kühlen Händen reden. Weil mir so viel an Ihnen liegt. Und grade das dürfte man nicht sagen: »für zwei Sekunden Wahrheit, für drei – zu viel schon.«[4]

Ich möchte Ihnen gern ein Gedicht schenken – aus der Zeit, wo Sie grade fort sind, ich hab sehr viel an Sie gedacht, und in Ihren Gedichten.

(Ich hab in Alpbach[5] Frl. von Ficker getroffen[6] – mußte ihr jetzt Ihre Adresse schreiben und: soll Sie vielmals grüßen.)

Nur eine Nacht lang hängt meine Geige im Baum.
Blütenstaub sinkt und Schnee aus den Ohren des Mondes.
Dunkler wird da mein Herz: aus der Tiefe wächst durch den
                                  Spiegel
Sterne zwischen den Fingern schwarz eine Hand.

Hält sie eine zerschnittene Frucht, das Geheimnis des Todes,
Ist es mein Tod. Es ruft mich der See. Es kommen die
                                 Schwalben
Rückwärts zurück übers Haus, und vorne am nördlichen
                                 Fenster
Steh ich und schaue hinaus: so kalt ist das grauweiße Land.[7]

———

Sie wissen: die Kindheit, die Traurigkeit, das Fremde. Fremdheitsgefühl. Daran laboriert man lange. Ein Siebenmonatskind, unfähig fürs Leben. Garten. Ein Baum (eine Eiche, zum Klettern) wird: zu dem Baum. Ängste. Regen. – Im Krieg: mein

Vater fort, in England. Sehnsucht. Viel Musik. Einrücken, Alleinseinwollen (Nichtkönnen). So ists gekommen.

Thron der Selbstherrlichkeit, stolze Egozentrik. Der Beste sein wollen. Und wenn man einmal sich eingestehen müßte: du bist nicht der Beste – aber das darf niemals kommen.

Als erstes Erlebnis: expressionistische Malerei, Reproduktionen. Verstehenwollen, Ernstnehmen. Entdeckung der modernen Kunst: alles verstehen wollen, alle Ismen. Mit Haut und Haar der Moderne verschrieben.

Rilke – lange, lange. Liebhaben, alles. Passiv, Malte. Sehr schwer: die Überwindung, eigentlich: Verlieren.

St. Exupéry – Freiheit, Weite. Eine kleine Sternblüte auf der weiten Heide. Optimismus in die junge Generation Europas.

Erst: Traurigkeit, Liebhaben. Dann: Fremdheitsgefühl. Nun: Das Organische. Die Ästhetik des Schwarzen.

Das soll heißen: hier bin ich. Sehr schlecht, sehr klein, schwach.

Urteilen Sie, verurteilen. Oder – nicht. Ich bin sehr bang.

(Das Harte mußte sein. Ich weiß nicht, ob aus Trotz. Polarität: Askese und Liebhaben. Nur wahr sein, auch in schiefer Haltung.)

Ich hab Sie sehr gern, Sie Paul Celan. Zärtlich.

Ihr Klaus Demus.

Ich wünsche Ihnen viel Glück und alles Gute. Tut weh: nicht helfen zu können. Wills so sehr. Vielleicht in Gedanken.

4 *Klaus Demus an Paul Celan*

Wien, den 7. XII. 48.

Lieber Paul Celan!
Ihr Gedichtband hat mir in einer sehr dunklen Zeit Alles bedeutet.[1] Und doch auch: eine Schranke, ein Hindernis, ein Non

plus ultra. Eine Schranke auch zwischen Innen und Außen. Eine Forderung, ein Wegweiser zur Abkehr von der Welt. Nichts mehr kann sein als das Innen. Und das Letzte in Ihrem Buch zeigt, scheint mir, doch eine neue Möglichkeit des Hineinreichens, mehr – des Daseins im Außen. Da kommt etwas, was niemals noch war, der »mitternächtige Tag« mit dem Gewicht auf »Tag«.[2]

Eine innere Werkstätte von Bildern, die das Außen, das Allgemeine, die Welt in sich bedeuten. Diese Stellen der Bildlichkeit, entbrannt am Bilde der Welt, in dichter geträumter Räumlichkeit, sie sind das Gerüst. Nur: das andere Geträumte, unräumlich, die Locken, die farbigen Dingscheine ohne Dingbedeutung, macht dem Bildraum – der Szene – sein Recht und seine Macht, das Verweilen in ihm zu bewirken, manchmal streitig. Man wird wie im Meer geschaukelt, schwimmend. Die Sehnsucht nach dem Schiff, dem deutlich Sichtbaren, wird groß. Bis man dann sieht: das Schaukeln ist das Schiff. Aber wo ist die Welt?

Ein Fokus wird erbaut. In ihm jedesmal die ganze Welt, Alles. Die Aufgabe ist: Gestaltung. Gestaltung der Welt durch ein Gefühl in ein Gefühl. So auch die zweimalige Arbeit der Rezeption.

Eine immer gültige Form, Gestaltung: ist versagt. Im Einzelnen, in jedem Gedicht ist sie zwingend, gegossen. Warum haben Sie keine Hauptwerke, gültig und erschöpfend für eine ganze Epoche? Man kann Sie nur haben, wenn man alles von Ihnen hat. Sie stellen keine Werte auf, keine Abrechnung, aus der man lernen könnte.

Dafür: Das Lied. Eins nach dem andern, viele. Unübersichtlich. Bruchstücke des Ganzen, tragisch und anonym. Gemacht um zu dauern, außer Ihnen, nach Ihnen, ohne Sie. Durch die unbeschreiblich traurige Melodie.

Das heißt, ich glaube, daß Sie – in dem, was ich kenne – schon fertig sind.

Und ich wünsche Ihnen viel Kraft – wozu, das wissen nur Sie.

14

Ganz Ihr – ob ich darf oder nicht, ich kann nicht anders –
    Klaus Demus.

Wien, 26. Mai 1949

Mein sehr lieber Paul Celan!
Ich denke so sehr an Sie, wie an eine Person im Traum. Immer und immer. Und Ihre Gedichte sind mir so vertraut wie eine Kindheitslandschaft, und doch immer neu, wie die Erinnerungen und das Denken. – Seit ich jetzt öfters bei Jené[1] bin (danke sehr dafür –), stehen Sie nun ganz wirklich an der Stelle in meinem Denken, die in der Mitte für ein Idol da ist. Ein Standbild, zu dem meine Vögel kommen dürfen. – Ich hab lange geglaubt, Ihren Gedichten nachfolgen zu sollen. Aber wie schwach war das, was ich mit Ihrem Atem sagen konnte. Nun bin ich auch ganz erschrocken über das unerlaubte Verhältnis der Abhängigkeit. – Ich habe jetzt zwei Ihrer neuen Gedichte (wie auch alle Ihre anderen) immer bei mir; Wer wie du und alle Tauben .., und: Wer sein Herz aus der Brust reißt .., und will nicht eher ruhen, bis mir Frau Jené alle die übrigen gibt.[2] –
    Verzeihen Sie meinen letzten Brief, der so viel Törichtes enthalten hat. (Ich meine nicht, daß Sie hätten schreiben sollen.) Und daß ich seither nicht schrieb, ich weiß es nicht; dachte ich doch viel an Sie. Aber ich weiß ja nichts von Ihnen.[3] So muß ich auch jetzt Zeilen wie lange Wassersäulen, die keine dunklen oder farbigen Steine berühren, schreiben, gar keine Briefe an jemanden, vielleicht hundert Worte wie Augen, die Sie anschauen. Wenn nicht die Lider darüber gezogen sind. Ich hab eine große Sehnsucht zu Ihnen, die nicht anstößt. Jetzt ist vielleicht ein Wort des Leids gekommen; aber wenn man oft denkt, Sehnsucht ist mehr als das Geschehen, so bitte ich Sie, das auch jetzt

zu tun. Es ist so schön vor dem Anfang; wenn die Glocken läuten, beginnt ja schon ein anderes, das unweigerliche Trübe. Ich möchte das alles viel lieber singen als schreiben, damit der Ton bestimmt ist. – Ich möchte Ihnen sagen, daß es Sommer hier ist, und daß alles, das Laub und die Reiche dahinter, die Beeren an den Büschen, die noch grün sind, aber gewiß die Blumen – ja: der rote Mohn – Ihre Gedichte bestätigt.[4] Nichts, das Sie überholt. Alle Farben färben sich nach Ihren, und die Geheimnisse wissen kein neues Wunderbares. Nur etwas: die Seilbahn Gottes wird gebaut. Es ist das eine dunkle Geschichte, ein Traum, durchaus mythisch und nicht offensichtlich zu nehmen. Es sind schon einige Befehle dafür ausgegangen – einer auch von Ihnen –, aber man weiß noch nicht, was es sein wird; so hat man es einstweilen so genannt. – Da ich nun ganz im Grund bin, will ich gleich ganz hinein in den ummauerten Garten. Die Augen der Stille trocknen an den Mauern des Waldes. Ein Bach im heißen Teich. Die langen vergnügten Kleider der Blumen bergen in einem Winkel ein herbstliches Sandkorn. Und die Ritter in rostigen Rüstungen siechen unter ihren fahlen Fähnchen – daß die Dornen der Rosen tiefer ins Rot hineinragen, wollte ich sagen. Sand, Wüste, zerbrochene Spiegel.[5] Das Bittere, das Leid des grausam-sein-Müssens. Die Wiederholungen. – Hier kommt ein Spiegel; über dem Grund des Briefes soll sich der Himmel spiegeln – und ein Gruß an Sie.

Ihr Klaus Demus.

[Paris, Juni 1949]

NACHTFENSTERLEIN [1]

Für Klaus Demus

An den langen Tischen der Zeit
zechen die Krüge Gottes.
Sie trinken die Augen der Sehenden leer und die Augen der
Blinden,
die Herzen der waltenden Schatten,
die hohle Wange des Abends.
Sie sind die gewaltigsten Zecher:
sie führen das Leere zum Mund wie das Volle
und schäumen nicht über wie du oder ich.

Paul Celan

Paris, Juni 1949

7 *Klaus Demus an Paul Celan*

[Paris,] 25. Oktober 1949

Die letzten Hallen des Schlafs sind dunkel und grausam:
Ein Markt, wo man giftige Fische verkauft;
Ein Ort, wo man Vögel mit brennenden Kerzen erschlägt;
Ein Platz, wo der Nebel den Herbst tanzt: du wirfst ihm die
Blätter.
Ein düsterer Wald voller Ahnung; die Jagd hat begonnen;
Ein Fluß, wo auf Lilienschuhn die Ertrunkenen stromabwärts
wandern;

Ein Garten aus farbigem Glas im Gewitter.
Ein Regen, die Götter aus Lehm haben Antlitz und Krone
                                                    verloren;
Ein Schneien, die wachsende Decke entfernt deinen Schritt
                                                    meinem Ohr;
Ein Taufall, der Augen wie Kerzen verlöscht.
Ein Atmen: in Zimmern voll Hauch wächst das Gras auf den
                                                    Tischen;
Ein Rufen aus meinen Spiegeln: es ist deine Stimme;
Ein Schrei: aus dem Silbergefilde der Stille steigt eine Rose aus
Blut ..

Durch die letzten Hallen des Schlafs geht ein schwankender
                                                    Weg.
Im Traum wird sein Blutzoll bezahlt und mit Rosen gewogen;
Noch ists zu wenig, noch sind deine Lippen nicht blau.
Und gehen wir nicht auf dem Mund, wird das Delta nicht
                                                    enden –
Es führt in den Baum; da werden wir Früchte. Zwei Zeichen:
Der Schwanenflügel des Nordlichts, der sonnige Ball. –

25. X. 49.[1]

8 *Klaus Demus an Paul Celan*

                                    [Paris,] November 1949
                Für Paul.

WINTER

Zwei sich wie Hände kreuzende Straßen vor einem Himmel aus
                                                    Weiß
In der Erde singen die Vögel

Und ein Traum vom Kerzenanzünden
Ein Feuer in einem schönen Gefäß

Eine brennende Kerze in einem Gitter gefangen
Fein wie ein Traum
Die Fenster der Nähe sind geschlossen wie ein Wald
Die Ferne ist hell

Auf den Händen brennt ein Feuer
Vor dem weißen Himmel brennt eine Kerze
Die Nähe ist gestorben
Aber die Ferne lebt

22. XI. 49.

Unter gestirntem Himmel spüren meine Füße:
Der Strand ist schwarz.
Die schaumzahnige Woge, der Tiefe fliegendes Tier,
Beleckt des Winters Steildach.
Am First ist Neujahr, brennen Kerzen;
Rot rinnen die Tropfenwege ..
Mein Fuß ist schwarz. Doch durch einen Wolkenschacht
Schaut rot der Mond –

——— 23. XI. 49.

Im Wasser läuten Glocken:
Sie rufen den Regen ins Schilf.
Mein Boot fährt blau auf dem See.
Die Seelen des wandernden Wassers
Blühen auf ihrer Wiese –
Zeitlosen.
Auch in deinen Augen ist es Herbst.

23. XI. 49.

———

19

Wenn das Weiß noch ruhiger wird, will ich hohe Mauern bauen
Um die warme, rötlich goldne Luft.
In einer lass ich fensterblau die Ferne,
Die andre speit die Quelle aus,
Der dritten ins Gesicht gemalt ist rot ein Antlitz,
Der vierten Tür verhaucht der Wind mit Gras –
Drin badet sich der Weg ins Märchen ..

Die Vögel sinken schon. Im Grund verstummt das Murmeln;
Im Schwarz, im Violett
(im Tod, im Traum).
Ganz wassermorgenhell, wie reine Schneekost,
Die meine dunklen Hände abends essen –
Auf vielen Gipfeln unter mir liegt Weiß.
Ein taubenhaftes Wunder.
Ich fange an ..

26. XI. 49.[1]

9 *Nani Demus*[1] *an Paul Celan*

[Wien,] 11. 12. 1949
Das Christkind hat mich zu Ihnen geschickt, weil Sie ihm hel-
fen sollen. Bitte es ist der Weihnachtsbrief für den Klaus, den er
am hlg. Abend haben muß und Ihnen ist er anvertraut. Wenn
der Klaus nach England fährt,[2] möchten Sie ihn bitte vor der
Abreise abgeben.
Frieden und Freude
Nani

Paris, den 20. Dezember 1949.

Frieden und Freude auch Ihnen, liebe Nani, und ein frohes Herz!

Klaus ist gestern nach England gefahren, ich brachte ihn zur Bahn, vorher gab ich ihm Ihren Brief.

Sie haben es wohl schwer, liebe Nani, ich weiß. Aber vielleicht, nein zweifellos ist es nur ein Übergang, und Sie können sich schon heute auf das freuen, was morgen kommt. Tun Sie es, Nani, tun Sie es doch und sagen Sie auch Klaus, daß Sie sich auf das Kommende freuen.

Ich denke an Klaus und denke, daß Sie stark sein müssen, stärker als Sie vielleicht denken.

Aus feinem, aus feinstem Glas ist das Kleid dieser Welt gesponnen, und so schön es ist – ja, es ist schön! – so weh tut es einem. Ich weiß nicht, ob man je andern als sich selber sagen darf, daß man es sich gerne vom Leibe reißen möchte, für einen Augenblick nur, für eine Stunde, über Nacht. Nein, ich glaube, man darfs niemandem sagen. Denn was kann er tun, dieser andre, als auch sein eigenes Kleid vom Leibe reißen? Und zwei Zerrissene, zwei Zerschundene, die neben einander stehn und sich ansehn – das ist zuviel, das ist die Zerrissenheit selbst, und sie wächst nie zusammen. Da sollte Gott dazwischen kommen, um zu heilen, aber Gott hat zu tun, er spinnt das Glas, und wir dürfen ihn nicht stören.

Diese Zeilen sind wohl unleserlich, nicht allein der Schrift wegen; aber auch Tannenzweige können dunkel sein – die Weihnacht unter ihnen ist darum nur heiliger und wahrer. Das Herz, das frohe, das ich Ihnen wünsche, liebe Nani, darf erfahren haben, daß es solche Schatten gibt. Das Licht, das es hervorquellen fühlt, ist mehr als die Helligkeit.

Frohe Weihnacht!

Paul Celan

[London,] 21. XII. 1949

Lieber Paul!

Alles ist frei, schön und gut – aber riesig schwer. Die Märchen-
gläubigkeit hört nicht auf – und doch schick ich Dir den Tintoretto.[1] Ich erlebe ein Stück Leben wie Du es gehabt hast. –
Lieber Paul, ich denke mit Traurigkeit, daß Du allein sein wirst,
und ich hab nichts Dir zu schenken. Ich hab nichts für Dich
schreiben können. Hier bin ich ohne Rest von allem aufgeso-
gen. Nachher werd ich mit Dir davon träumen können. – Ich
werde in Oxford und Cambridge sein, alle Museen wenigstens
im Überblick kennen, einen weiteren Blick – und ein schwe-
reres Herz haben, wenn ich zurückkomme. Dir wünsch ich
brüderlich Frieden und Wärme von ganzem Herzen.

Klaus.

[Paris,][1] 25. I. 1950

ORPHEUS

Es hat sich der Schnee verfärbt, seit du die Türe geschlossen
hast.
Hast du Traum gesagt oder mich mit dem Schwert
geschlagen?
Nun löse ich den Frühling ab vom Fenster und binde ihn dir um
die Augen.
Die Sonne ist fern und schwarz. Im Abend liegt Griechenland.

Ich habe auf den weißen Wind gewartet am Fuße des Turms. Es
war Nacht und Mond. Du kamst nicht.
Sommer und Herbst, das kreidige Blau am Himmel, des
Wassers Indigoketten, sie wissen dich nicht.

Der Nebel kreist in den Bergen. Ich glaube, ich muß sterben.
Und noch welke Blätter im Winter. Oh –

Ich rausche noch in den Wäldern der Erde. Bist du der Stern?
Traum oder Tod – zutiefst schlafen zwischen den Linien des
                                        Grases.
Zutiefst und zuhöchst – die Hügel werden schon schiffbar im
                                        Fliegen ..
Zuhöchst –

Über dem Graben wo die Hörner liegen tönen die Wolken

                            ———   25. I. 1950.

Lieber Paul – als Gruß. Ich hab heut leider gar nicht Zeit –
Auf bald
    K.

13 *Klaus Demus an Paul Celan*

                    Mittwoch 8ʰ abds. [Paris, 25. Januar 1950]
Unter dem Grasturban träume ich von östlichen Wäldern. Einmal mehr kommt dort der Sommer als hier. Schmetterlinge
tragen die Sterne vorbei, in den Weinwolken ist es Sonne. Der
Kuckuck ruft aus den hohen Holzhäusern der Luft, und der
blasse Spinnfädenball des Mondes glänzt wie am Meer. Wie im
Innern eines alten durchsonnten Turmes ist die Ruhe, wo die
Glocken nicht mehr sind, und von leuchtgrünen Tannennadeln
durchtropft, Tausend zählenden Ziffern .. Aber ich träume;
wäre ich dort –
    Dunkler Sturm. Durch das Laub geworfene Vögel. Einer
singt: kiwitt, kiwitt – blutrot sind die Gänge des Waldes ... –[1]

Mittwoch 8ʰ abds.

Lieber Paul – ich bin eben zurückgekommen, und gehe weiter zur Traute.² Wenn Du kannst und magst, komm bitte hin. Ich hab auch Sachen für Dich mit (hab aber eine Tasche selbst). Ich freu mich schon sehr –

Dein Klaus.

14 *Klaus Demus an Paul Celan*

[Paris,] 28. I. 1950

Auf den Wegen der Stadt, da kennt keiner den andern. Für einen ists ein grauer Wald, der da auf ihn zukommt – manchmal ist Schwarz zwischen den Stämmen, und hoch oben, hoch ist ein Vogel –, für einen ists ein Strom und im Unterwasserlicht sind die Gesichter Kiesel, so wechselnd aufleuchtend und blaß. Jäger und Ertrunkener sehen sich in einem weißen Windstoß – schnell, schnell, Gebirge bauen aus: Kohle, Haaren, Wolken, Spiegeln, Traum … aber –

Es war in der Stunde der Dämmerung im neuerleuchteten Viertel, und das plötzlich überall angehende Licht drängte Wälder und Wellen in ferne Länder und hob selbst solche Dinge wie Gebirge des Augenblicks hoch hinauf über die Stadt – wo sie allerdings fortdauerten bis tief in die Nacht. Aber dann, spät, fing ein Regen an, der von wo anders hergekommen sein mußte …¹

28. I. 1950.

———

Lieber Paul – Dein Gedicht² ist wunder, wunderbar – es ist mir ein großes Erlebnis. Ich freu mich riesig für Dich und danke Dir sehr.

Willst Du vielleicht heut abends bei mir vorbeischaun? Ich werde immer dasein bis auf die Essenszeit.

So was Schönes konnt ich noch nie schreiben, Paul – es ist unbeschreiblich schön. Du weißt es. Ich freu mich, freu mich sehr.

    Klaus.

15 *Paul Celan an Nani Demus*

                      Paris, den 3. März 1950.

Liebe Nani!

Diese Wünsche zu Ihrem Geburtstag kommen spät,[1] aber sie kommen aus einem Herzen, das während dieser letzten Tage bei Schwerem und Schwerstem zu säumen hatte[2] (und dieses Schwere vielleicht auch zu säumen wußte – wer weiß): so darf ich Ihnen, wissender als ich es zur Zeit hätte tun können, sagen, wie sehr ich Klaus und mit ihm auch Sie, Nani, in mein Herz geschlossen habe, und daß ich Ihnen all das wünsche, wovon ich selber träume. Mir aber wünsche ich Ihre Freundschaft.

                            Paul Celan

16 *Klaus Demus an Paul Celan*

                      [Paris,] 5. III. 1950

                  Meinem lieben Paul,
                  dem größeren Bruder.

Weiße Flügel des Wassers über des Herzens schwarzer Wiese.
Die Uhr zeigt im Spiegel die Schneestunde an. Schon graben die
Hände grau den Mond aus dem Himmel, das Innenantlitz eines
Steins mit glimmerigen Zügen, das er nun neblig außen trägt.
Ich liebe ihn, und Tauflüsse fließen quer über mein Gesicht,

westwärts, in die Felder. Da stehe ich, die Füße längst in der Erde, und Kühle wächst in mir auf; ich bin der Kalkbaum der Nacht, mit den Sternenbeeren der Augen im gläsernen Regenhaar. Im Wurzelgeflecht liegt ein sickernder Brunnenstein. Da treiben durch mein Blut die Federschiffchen der Angst, still und schnell, bis hin in die Glockenfrüchte, in denen die Eisenspinnen des Windes taumeln und träumen. Erzern in Wellen dröhnt der Schlaf – fahl kommt das Echo vom Morgen her..

In tieferer Nacht hebe ich in mir mit herbstblättrigen Händen die Sonne hoch, die Kirsche im Aschenlaub, licht durch den Hals bis ins dunkle Haupt. In einem riesigen Netz aus vulkanischen Strömen wächst die Todesrose der Erde. Traum tötet mein Herz. Aufwärts durch ein erleuchtetes Birkenmeer schwimmt mein Leib an die andere Sandbank des Morgens –[1]

———   5. III. 50.

17 *Klaus Demus an Paul Celan*

[Paris, Anfang März 1950]
Das Weinen hat schon begonnen, doch das Geräusch des Schicksals hört noch nicht auf, es rasselt noch in den hohlen Hügeln. Graswege sind zwischen sie gelegt, kleine schwarze Blumen. In den hängenden Felsen des Mondlichts sinkt ein Schnee – träumender Abendgang mit Totenliedern im Wald und im Munde. Mit den Pfeilen des Abschieds im Haar und dem westlichen Fenster als Schild – langsam, langsam wächst die Sonne in der Nacht, die zarte feurige Rose. Ein schwarzer Zaun flammt um mich empor in das Dunkel, in den Himmel, windgezähnt. Ein enger umschlossener Garten am Grunde. Traum heißt das Land, meine Fahne – wehe ohne Wind. Ich möchte im Regen außen am Wald vorbeischweben, ein anderes

Holz, grün und voll Blut – denn mein Herz ist ein wachsendes Blatt in der Nacht; es redet zu dir rote Beeren …[1]

––––––

Lieber Paul – ich komme nachmittags um 3 – ¹/₄ 4 zu Dir, damit wir zusammen zu dem Vortrag und Film von Léger fahren.[2] Wenn Du erst später kommst (ich muß punkt 4 dort sein – Schulmädchenfürsorge![3]), Adresse: Blanche (Métro), Bld. Clichy ca. 134, Academie Montmartre.
Herzlichst Klaus.

18 *Nani Demus an Paul Celan*

[Wien,] 8. März 1950.
Es ist jetzt die Abenddämmerung und der ganze Himmel rot – den müßte ich Ihnen mitschicken. Sie sind sehr lieb und gut zu uns, ich kann nur schlecht dankesagen.

Freunde kann ich fast gar keine haben – das ist ein inneres Gesetz.

Ihre Gedichte hab ich aber lieb seitdem ich sie kenne und jedes nur noch mehr. Sie selber nun auch noch ein wenig dazuzunehmen wird vielleicht wohl möglich sein – und ich will es von ganzem Herzen versuchen und tun so gut ich es kann.

Nani.

19 *Klaus und Nani Demus an Paul Celan*

Fécamp, 14. VII. 50[1]
Lieber Paul! – Wir sitzen am Kieselstrand der Steilküste und suchen hinter das Geheimnisvolle zu kommen, das im Rollen der Brandung liegt. Es ist Sonne und Wind, der Horizont ist mit

hinreißender Präzision unendlich weit gezogen. Die Ebbe hat begonnen – der starke Geruch kommt aus dem entblößten Klippengrund. Die kleine farbige Tier- und Strandwelt ist unbeschreiblich, der große Himmel ebenso. – Ein kalter Tag in Rouen – viele gotische Kirchen in der mittelalterlichen Stadt. Zwei Autostops mit schöner Fahrt und ein halber Tag in Le Havre. Die Welt ist groß + wird aus schönen Orten gebildet, die alle zusammenhängen. – Herzlichst Klaus.

Ich schreibe »Blau« (das ist Himmel, Herz und Meer), ein rotviolettes Tagpfauenauge und viele Möwen. Nani.

20 *Klaus und Nani Demus an Paul Celan*

Avallon, 22. 7. 50
Nach einer aufregenden langen Autofahrt durch schon immer südlicher werdendes Land mit kahlen Plateaubergen und trägen dunkelgrünen Flüssen sitzen wir müde auf der Stadtmauer von Avallon und die Nacht hat viele Stimmen. Es ist Abend in der alten Stadt der weißen Taube. Sie fliegt hier nicht mehr, ist schon hoch in den Wolken – Du mußt sie bald kommen sehen. – Wir haben der Stadt, einem wilden Garten und dem schwarzen Wald Dein Gedicht vorgelesen[1] *– so war es hier wohl zum ersten Mal. Wir drei schicken viele Grüße – nämlich* Nani, *Klaus und ein kleines Kätzchen. Das sitzt auch hier. –*

Über dem Marktplatz schaukelt ein roter Fisch auf langer Angel – er will auch mit!
Nani

Nice, 2. 8. 50

Lieber Paulus! Vézelay, Autun, Cluny, Orange (θέατρον![1]),
Avignon (Papstpalast), St. Rémy (Asyl van Goghs), Arles –
St. Gilles (2 roman. Basiliken), Marseille, 3 Tage in Antibes,
Baden und Picasso-Museum. Heut waren wir bei Picasso in
Vallauris eingeladen, er hat uns mit seiner Frau Françoise im
Auto zum Atelier geführt, hat gezeigt und die Donation ver-
sprochen.[2] Heute letzte Tage in Frankreich. Denke oft an dich,
wir lesen oft Dein Buch. Herzlichst alles Liebe – Dein
Κλαύδιος Παυλόιλος[3] *und Nani.*

Venezia, 4. VIII. 50

Caro Paolo! Sono bene arrivato ed avvemo buonam tempera-
mentam. 3 Tage in Antipolis (en ombre du grand maître), après,
de Nice, la sortie regrettable de la France inoubliable. – Hier die
Biennale, sehr schön. Die Zauberstadt, heimatlich golden und
wässerig. – Esperamo con tutto il cuore il più bene per te.[1] Ganz
Dein Klaus.

*Verzeihen Sie mir die Verzögerung, aber ich konnte nichts
finden, das schön und gut genug gewesen wäre zum mitschik-
ken – heute endlich einen herrlichen alten Palast in dem Sie sehr
gut wohnen könnten – (auch hat er eine Wassereinfahrt vom
Meer!) – Nani.*

Schloß Weißenstein,[1] 18. August 1950

Mein lieber Paul,

ich grüße Dich von Herzen. Soviel Zeit ist vergangen. Ich möchte Dich wissen, was Du tust, wie es Dir geht. Deine Gedanken, Dein Reden, Deine Person – das alles vermisse ich sehr. Es kommt mir vor, ich hätte Dich dort zurückgelassen, wo ich selbst noch sein sollte, ja noch immer bin. Denn ich bin zu gewaltsam, innerlich unnotwendig von dort abgelöst, schaue immer hin in den Westen, ins Abendland. Hier ist es kalt und trübe und sehr leer. Die Berge sind mir fremd geworden, die ich durch die Fenster meines Turmzimmers sehe, und die große Stille im Zimmer ist unfruchtbar. Nach der großen herrlichen Reise wieder allein, will ich festhalten, was mir doch erschrekkend schnell verlorengeht, das viele Erlebte und Erworbene droht sich immer mehr zu einem verbleibenden Bereich zusammenzuschließen: Erinnerung an Frankreich vielleicht.[2] Ich will Dir nicht erzählen, wie fremd ich mir hier im zu gut Bekannten vorkomme, wie nichts sich finden läßt, woran ich mich fortsetzen könnte – wie sehr ich entwurzelt bin im doch Heimatlichen. Die Menschen, ihre Denkweise, ihr Reden, diese enge verkümmerte Zeit, die noch Jahrtausende vor der Freiheit liegt und doch Gegenwart, Lebenszeit ist – das alles will nichts wissen von dem, was ich weiß. Die Luft läßt kein Echo zu. Schwer ist es so, sich zu beweisen, fast unmöglich, Fäden zum Weiterspinnen zu finden. Und doch so notwendig. Dort beinahe Bürger, ist man hier einsamer Pionier, Apostel unter tauben Heiden. Die innere Berufung ist zweifellos, und fast braucht es keine Gewissenserforschung – zu groß ist die Sache. Und das ganze Denken und Da-Sein ist Mut.

Die Reise hat mir ein großes Gewand gegeben, das ich noch nicht zu tragen weiß – wenn nicht doch die einfache Art wie immer die beste ist. Ich will aber nicht untertauchen ins HierHeimische, und selbst an mir zu zweifeln ist mir nicht erlaubt.

Ich muß mich bemühen, eine Stimme zu erlangen, die gehört werden muß. –

Traute ist hier.[3] Es freut mich, daß Ihr beide noch gut beisammen wart. – Sie empfindet das Hier genau wie ich, und beide sind wir froh, miteinander reden zu können – natürlich von Frankreich. Ihre Bilder hat sie in dem schönen schwarzen Bauernhof ihrer Eltern aufgehängt, und es ist verblüffend, wie sehr sie in diesen Rahmen passen – was sie in Paris nicht im mindesten geahnt hatte. Es sind herrliche Bilder. –

Von der Reise will ich Dir nur einiges erzählen. In Italien haben wir Mailand und Ferrara kurz gesehen, dann Venedig gründlich in neun Tagen; es ist ja eine Zauberstadt. San Marco mit den Mosaiken kommt mir, da mein Vater der Einzige ist, der darüber etwas und sogar alles weiß, wie eine Familienkirche vor. In den vielen Kirchen sind lauter herrliche Tintoretto's, Bilder überhaupt in Menge. Wieder ist mir die absolute Größe Tizians zum Erlebnis geworden. Auf der Biennale war viel Schönes neben Mengen von Schlechtem. Große Ausstellungen von Rousseau, Laurens, Kandinsky und besonders Boeckl,[4] der mit neuen abstrakten Bildern ganz Unmögliches versucht, waren das Schönste. Auf den Inseln Torcello und Murano haben wir alte mosaizierte Kirchen gesehn. Am Lido haben wir gebadet, und Venedig selbst, besonders die Abende, wo auf der Piazza oft Platzkonzerte waren, vor der dunklen Markuskirche, war zauberhaft. Eineinhalb Tage waren wir in Ravenna, wo die vielen altchristlichen Mosaikkirchen und Baptisterien mit ihrer schimmernden Farbigkeit wunderbar sind. Und seit dem 15. sind wir wieder in Österreich. Ich war eineinhalb Tage mit Nani in Millstatt.[5] Seit vorgestern hab ich meine Nani allein dort zurückgelassen.

Das Schloß Weißenstein ist wohl eines der kultiviertesten Häuser das ich kenne. Es würde Dir herrlich gefallen. Wenige kluge Menschen – alles Einladungen des Besitzers, Herrn von Thieme – bilden die »Schloßgemeinschaft«. Mein Bruder ist hier, meine Mutter, auch mein Pflegevater[6] war noch bis gestern da. Die Zimmer sind riesig, mit pariser Luxus ausgestattet. Eine unübersehbare Menge wunderbarer Bücher überall, die Dir eine Freude wären. Abends gibt mein Bruder Konzerte – ich habe noch nie so schön Klavierspielen gehört. Die Umgebung ist Hochgebirge, der Venediger liegt ganz nahe. Ich will einige Ausflüge machen und einiges lesen, vor allem französisch.

Mein lieber Paul, Du bist und bleibst mir von Herzen nahe, und auch die Nani hat Dich richtig gern. Was ich Dir erwünsche, weißt Du ja.

Ganz Dein Klaus.

Mitten in den Sommer ist Stille und Schwarz gekommen. Wir halten die Lichter nicht mehr hoch. Wir leben im Schatten der Sterne.

Die großen Gebirge dröhnen aufrecht in den Himmel. Dort sind sie, unsere Gesichter: diese Querschnitte durch Bäume, Wolken und Motoren. Antlitze aus Uranium, nächtliche Antlitze unter dem Glanzhauch von Signalen, wo im Dunkel die Farbe Wort geworden ist. Unter Schneewehen liegt unser Mund, voll von Gewittern ist die Sonne.

Wolken gehen durch die Häuser, und wir wissen nicht, ob unsre Hände nicht Monde sind: wie verklärte Vögel nehmen sie ab an den Mauern. Ein Blitz erleuchtet weiß die Königskammern der Zeit.

Wir begraben die Erde in den Wolken. Im Nebel ist laut die Ernte zu hören. Tage ohne Spiegel glänzen in uns.[7]

7. VIII. 50.

———

24 *Nani Demus an Paul Celan*

Wien, 1. September 1950

Seit zwei Tagen bin ich wieder in Wien und beeile mich Ihnen eine Nachricht zu geben. Im Gespräch mit der Inge ist mir ihr wie in Paris so unverständliches Nichthandeln sofort wieder fast selbstverständlich gewesen, ganz einfach deshalb, weil sie so anders ist wie Sie selbst, weil ihr Lebensrhythmus, ihre Gesichtspunkte andere sind. Zur Klärung (soweit eine solche hier möglich ist): Inge hat meinen Brief erhalten und wegen der darin ausgesprochenen Bitte, niemandem von Ihrer Hilfe zu erzählen, gemeint, sie solle auch nicht an Sie selbst schreiben, sondern wieder an mich. Das hat sie getan, der Brief ist in Paris wohl nach meiner Abreise am 22. Juli angekommen und folglich wieder zu ihr zurückgereist.[1] Vielleicht sieht die Inge die Situationen (alle!) immer zu sehr von ihrer eigenen Person aus – jedenfalls war sie ahnungslos gegenüber Ihrer Lage, gegenüber Ihrem noch bestehenden Verhältnis zu ihrer Person, gegenüber der selbstverständlichen Dringlichkeit der Antwort. Außerdem hat sie ein langwieriger Nervenkollaps (sie führt ein verrücktes Leben, ist körperlich nicht widerstandsfähig) fast den ganzen Sommer hindurch ins Bett gezwungen.

Ihre äußere Lage hat sich inzwischen gebessert, sie hat durch irgendeinen Auftrag Aussicht auf eine größere Summe. Ihre innere Lage: sie muß von Wien fort, hier ist nicht die Wirklichkeit die man zum Wachsen braucht. Wahrscheinlich wäre wohl nur durch eine persönliche Aussprache zwischen Ihnen Beiden eine Klärung dieser bös zugespitzten Situation möglich (Inge ist dabei der ahnungslos schuldige Teil im Kafka-»Prozeß«-Sinn – und wie sie aufrütteln?).

Inge will Ihnen sofort schreiben und fragen, ob Sie ihr jetzt noch helfen können, hinzukommen – sie ist nicht mehr in einer so bedrängten materiellen Lage und könnte einige Zeit mit ihrem Geld auskommen.[2]

Damit habe ich mich bemüht, klar zu sagen, was ich sehen kann. Ich denke sehr an Sie und welche Belastung Ihnen aus dem allen erwachsen ist.

Nach der großen Reise kommt mir Wien als der unrichtigste Ort vor, an dem man sich für länger niederlassen will – alle Gedanken gehen nach Paris.   Nani.

Wien III, Reisnerstraße 61.

Wien, 2. September 50

Lieber Paul,

Sei herzlich gegrüßt. Warte schon sehr auf ein Zeichen von Dir
wie auch auf ein Gedicht; mindestens aber drängts mich zu
wissen, wie es Dir geht.

Wegen Inge hat Dir Nani geschrieben; hab nicht viel hinzu-
zufügen. Sie macht sich keine Vorstellung über Paris die ich
sehen könnte, weiß jetzt aber wohl, daß es nicht leicht sein
wird. Ich vermute, daß Du Deinen ersten Entschluß ziemlich
abgeschrieben hast, hab da nur zu sagen, daß sie in ihrer Wirrnis
wenigstens moralisch nicht falsch gehandelt hat. Meine ganz
unabhängige persönliche Befürchtung, Du würdest Dir zu viel
aufladen, weißt Du. Das ist alles. –

Nun ein Projekt für Dich und Deine Gedichte, und zwar:
Jünger. Ich würde ihm gerne schreiben und dabei auch – sogar
hauptsächlich – von Dir sprechen, und Du sollst ihm Dein
Manuskript schicken.[1] Denn: ich hab hier erfahren, daß er sich
für einen österr. Dichter, der ihm ganz einfach seine Sachen
geschickt hat, so eingesetzt hat, daß nun in Deutschland etwas
gedruckt wird. (Denk Dir – es hat sich um H. Hakel[2] gehandelt!!) Ich dachte sofort an Dich und denke, Du müßtest es tun.
Es wäre eine große Chance, und ich sehe schon Dein erstes
richtiges Buch herauskommen.[3] Überlegs nicht zu viel, sondern
schreib sofort, ob Du willst, damit wir unsere Briefe an Jünger
koordinieren können. Die Adresse weiß ich nicht – will mich
hier um sie bemühen, vielleicht kannst Du sie auch erfragen. Ich
halte es für wichtig, etwas und das zu tun – und ich beschwöre
Dich, zu wollen.

Richtig gefreut hat mich, daß Leopold und Hilde geheiratet
haben.[4] Ich will keinesfalls der letzte sein.

Habe zu arbeiten begonnen und werde nicht viel Kontakt

haben. Die Nostalgia wächst. Traute will ernstlich zurück. Die Wüste Wien wächst auch, und alle bergen Wüsten – schlimm. Bald wird es schnein ..

An unseren Schreibe-Plan über Ivans Tod kann ich jetzt nicht denken. Vielleicht aber würde es gehen, wenn ich wüßte, daß Du Dich damit beschäftigst.[5]

Ich sinke bald in Winterruhe. Bin mit herrlicher Landschaft, zuletzt noch, auf dem Großvenediger (3700 m), von Gletscher-packeisträumen so angefüllt, daß ich auf eine Reihe von plötz-lich aufleuchtenden magischen Signalen in der Folgezeit hoffe; die meisten sollen in meine entstehende Dissertationsmaschine eingebaut werden,[6] doch wird sich auch noch manch anderes Schreibefünkchen einstellen, über das ich mich nicht wie ein Faß drübersetzen will.

Von Deiner Prosa erhoffe ich viel und bitte Dich sehr, von allem wissen zu dürfen.[7]

Das Jüngerprojekt aber leg ich Dir ans Herz – wie übrigens auch mich selbst.

Klaus

26 *Paul Celan an Klaus Demus*

[Etretat (Seine-Inférieure), 11. September 1950]
Lieber Klaus, liebe Nani,
vielen herzlichen Dank für Euren Brief.

Dank Eurer Spur kam ich gestern über Rouen hierher, und morgen geht's über Beauvais wieder zurück nach Paris.
Viel Herzliches
Paul

Wien, 4. Oktober 1950.

Mein lieber Paul,

danke herzlich für Deine liebe Karte vom Meer. Es freut mich
sehr, daß Du ein bißchen weggewesen bist. Hoffentlich geht es
Dir gut. – Nun wird ja auch I. B. schon da sein – ich wünsche
Dir von Herzen, daß es so gut geht, wie Du denkst.[1]

Verzeih mein langes Schweigen. Es ist halt nicht viel passiert,
was sich leicht mit Hand und Fuß benennen ließe. Im allgemeinen bin ich mit meinen Plänen vorsichtiger geworden; es darf
nicht nach »Weltverbesserung« aussehen, dazu fehlt mir auch
die innere Berechtigung. Habe zwar ein wenig Kontakt mit
Leuten aufgenommen, so daß vielleicht bald ein paar Sachen
in »Wort und Wahrheit« abgedruckt werden.[2] Liegt mir aber
wirklich nicht sehr viel daran. – Für meine Museumspläne
siehts nicht sehr gut aus, ich kann jetzt auch noch nicht selbständig dafür auftreten.[3] – Das Hauptgewicht dieses Jahres wird
die Arbeit sein, so stecke ich schon tief in der Dissertation, die
recht gut weitergeht.

Unsre – inzwischen verheirateten! – Weltreisenden haben
mir auch von Eurem gemeinsamen Tag in Fontainebleau erzählt; sie schätzen Dich sehr, und Du bist nun für uns die Ver-
körperung von Paris. – T. ist noch zuhause, sie will auch nicht
nach Wien, wohl aber – in einigen Monaten – wieder nach Paris.
Seit ich hier bin, hab ich nichts mehr gehört. –

Markus Zemb war, wie mein Bruder, der jetzt wieder in Ma-
trei ist, für einige Zeit da. T. war auch mit Yvonne und Pillhofer,[4] den Du ja bald kennen lernen willst, und mit anderen in
Kaprun, wo ein riesiges Stauwerk gebaut wird; sie haben dort in
einer Hütte ein paar Tage gewohnt, und es soll sehr wichtig
gewesen sein. – L., den ich jetzt ein paarmal sah, läßt Dich
herzlich grüßen, so auch H. – Nani fährt erst am 15. XI. und
wird Dir einiges erzählen können.[5] Wir sind jetzt immer zusammen, soweit es die strenge Arbeitseinteilung zuläßt. Sie hat

Frankreich sehr schnell gut erfaßt. Ich werde froh sein, Euch oft zusammen zu wissen. –

Von Deinen Selbstporträtplänen hab ich gehört.[6] Lass es aber bitte nicht zu sehr auf die Kritikerkreise ankommen. Du weißt nicht, wie entscheidend, ja gefährlich ein solches Wiederauftreten sein kann. Setz lieber nicht alles auf eine Karte und bleibe schon bei Deiner kleinen Galerie im Quartier.

Hingegen möcht ich sehr, daß Du Deine Gedichte für Jünger bald zusammenstellst und Dich bald entscheidest. Ich hoffe da sehr auf Erfolg. Du müßtest mir nur rechtzeitig schreiben, damit ich auch einen Brief koordinieren kann.

Ich denke viel und brüderlich an Dich, lieber Paul. Ich hab leider gehört, daß Du Dir Arbeit suchen willst, schließe also, daß es Dir nicht recht gut gehen muß.[7] Das tut mir ganz herzlich leid. Aber ich vertraue schon, daß Du den Kopf nicht allzusehr hängen läßt. Wenn Du irgendeinen Wunsch hast, ich Dir etwas schicken kann, so tu mir bitte den Gefallen und schreib es gleich. Ich bin nicht nur immer für Dich da, sondern Du sollst und mußt es auch benutzen. Du würdest mir eine große Freude machen, mein Lieber. –

Ich hab nur Eines geschrieben seit dem Schwarzen Sommer[8] –:

Meerstern, dein güldenes Haar hängt von Wasser zu Wasser. Aller Tode Anfang ein Lied. Wie der Körper einer Laute und wie kalte fliegende Wolken und wie mein hämmernder Mund an den Zweigen. Der Herbstmond hat mich zu roten Blättern bekehrt.

Meerstern, dein sonnenhaft großes Gesicht brennt die Erde zu Stücken. Aller Lieder Ausgang ist Tod. Ich möchte im Regen außen am Wald vorbeischweben, ein anderes Holz, grün und voll Blut. Denn mein Herz ist ein wachsendes Blatt in der Nacht. Es redet zu dir rote Beeren.

Meerstern, strahlende Rose der Wogen, du schlägst deinen Dorn in mein Herz. Aller Lieder Tod. Die ganze Stauung des Traums strömt in ein schwarzes Signal. Die innere Strahlung der Nacht. Aber die blauen und lila Töne der Kälte nehmen den Laut aus der Luft.

Und weiß liegt die Tiefe. Unter den Nordlandgläsern des Gipfeleises weiß die Tiefe, die See – ein verglühtes verglimmtes versteintes Blatt. Ich grüße dich, Meerstern![9]

*

Herzlichst, mit einem Gruß von Nani, immer Dein

Klaus.

28 *Klaus Demus an Paul Celan*

[Wien,] 5. X. 50.

ATLANTIK

Es fallen und schwirren wie Laub
die schwarzen Phasen des roten Mondes.
Bald glänzt und kreist die reine Scheibe.
Schaum krönt die dunklen Wogen,
und über das irre metallharte Feld
zieh, Kranichschwinge, pfeilwärts hin
in die großen nördlichen Höhlen des Himmels.
Bald steht das nahe Gestirn wüstenstill
im Kontrapunkt über der Flut,
und in magnetischem Zug langsam steigen die Phasen,
wachsende Massen im Tanz, dahliendunkel und blau
und mit rinnendem Gischt,
und mit tönendem Anschlag springt
die höchste ins letzte, goldschwere Profil – ..
Donnernde Kreise aber zerbrechen an den fernen
mondgrauen Küsten des alten Europa.

5. X. 50.

*

*Ich lege sehr herzlich die schokoladenäugigen Monde dazu und
die kleinen Früchte des Herbstes. Nani*[1]

29 *Paul Celan an Klaus Demus*

Paris, den 16. Oktober 1950

Klaus! Bruder!
Ich habe soeben einen herzzerreißenden Brief von Erica bekommen: sie ist sehr krank, soll operiert werden. Es scheint
sehr ernst zu sein. Es ist entsetzlich, Klaus! Erica ist meine
Schwester, sie ist außer Dir der einzige Mensch, zu dem ich
grenzenloses Vertrauen habe, und jetzt muß ich denken, ich
sei irgendwie an alldem schuld.[1]
    Kannst Du gleich bei Jenés anrufen? Erica ist wohl schon in
der Klinik, vielleicht schon operiert. Gib mir gleich Nachricht.
Aber sage niemandem, daß Du es von mir weißt. Wenn Du
Erica allein siehst, darfst Du es ihr sagen. Wenn Du am Althanplatz[2] niemanden erreichst, so geh vielleicht zu Frau Grete
Schwarzmantel,[3] Ottakringerstr. 78, und frage dort. Du mußt
mich verstehn, Du mußt mich gut verstehn und mein Bruder
bleiben: ich habe Erica nie von Ingeborgs Herkommen erzählt,
weil ich wußte, daß sie ihr nicht ganz vertraute, weil ich ihr
nicht zu sagen wagte, daß ich, schutzlos und nur von ihren und
Deinen Gedanken begleitet, es unternommen habe, in ein
Meer hinauszuschwimmen, das ich zwar mit den Armen teile,
das aber immerhin das Meer bleibt, das Meer mit seinen ge-
heimen Strömungen, die einen forttragen, das Meer weiß wohin.
    Klaus, Kläuschen, Klaus mein Bruder, ich habe es nun sehr
schwer und ich wage nicht zu denken, ob ich all das vor Gott
verantworten kann, ich möchte am liebsten weinen, ich bin
ganz hilf- und ratlos.
    Vielleicht verstehst Du mich nicht ganz, vielleicht, nein ge-

wiß verstehe auch ich mich überhaupt nicht, aber Du bist der Bruder, das weiß ich, Du bleibst, wenn ich alles verloren habe.

Inge ist sehr lieb, sie wiederzusehen war mir mehr als ich gedacht hatte, durch sie bist auch Du und ist auch Nani in Herzensnähe, aber ich kann zu Inge nicht von all dem sprechen, noch nicht sprechen, sie selbst ist ja ein ebenso schwaches Rohr wie ich ..[4]

Sage Erica nicht, daß Inge hier ist: es würde ihr wehtun, wenn sie nun wüßte, daß ich sie gerade da, wo es um so Entscheidendes geht, nicht um Rat gefragt habe. Sage ihr nur, daß ich bei ihr sein und sie schützen möchte. Und gib mir Antwort.

Immer Dein
Paul

30 *Klaus Demus an Paul Celan*

Wien, 21. Oktober 50.
Mein lieber Paul!
Es ist alles in Ordnung. War nach Erhalt Deines Briefes gestern gleich bei Jené und heute bei Frau Schwarzmantel. Erica wurde Dienstag (heut ist Samstag) operiert, ist in der Universitätsklinik. Die Ärzte sind mit der Operation zufrieden, und nach Jenés Überzeugung ist sie über den Berg. Die Situation war kritisch, es ist aber alles gut verlaufen. Jené sagte, ich dürfte E. noch nicht besuchen, aber bald; Frau Schwarzmantel besucht sie oft, ich werde sie nun öfter anrufen, um zu erfahren, wie es E. geht. Habe Frau Sch. Deine Grüße aufgetragen; sobald es geht, besuche ich E. selbst. Es scheint alles gut weiterzugehn, Gefahr ist jetzt keine mehr. Du kannst Dir den schweren Stein getrost ganz vom Herzen rollen lassen. Mach Dir also keine Sorgen mehr.

Mein lieber armer Paul, ich kann es ja gut verstehn, daß Du E.

nichts von Inges Kommen erzählt hast, vielmehr ich frage mich
ja gar nicht, ob und wie ichs verstehen sollte; alles was Du tust,
tust Du nach Dir und es muß so sein, wie Du es tust. Kein
bißchen kann eine Rede davon sein, daß ich Dir irgendwelche
Vorwürfe machen würde. Ich glaube, das könnte überhaupt nie
in Frage kommen. Auch ich hab ja unbegrenztes Vertrauen in
Dich, und so werde ich immer blind und fraglos auf Deiner
Seite stehen. – Darüber hinaus kann ich Dir aber auch sagen,
daß mich Dein Tun in diesem wie in jedem anderen Fall überzeugt, und daß ich es gut so finde. Ich möchte, daß Du das weißt
und es Dir bei Deinen Selbstvorwürfen helfen kann. – Ich sage
natürlich zu niemandem ein Wort, nur Nani hat Deinen Brief
gelesen, und sie vertraut Dir auch. –

Nani und mich hat Dein Satz, daß Dir Inges Dasein lieb ist
und viel bedeutet, schrecklich gefreut. Wir sind mit allen guten
Wünschen bei Euch. – Ich geb Dir bald wieder Nachricht.

    Von Herzen Dein Bruder Klaus
Grüße Inge von Nani und mir, bitte.

31 *Klaus Demus an Paul Celan*

                    Wien, 7. November 1950.
Mein lieber Paul!
Erica geht es gut. Ich konnte sie noch nicht besuchen. Jené
meinte, es wäre noch zu anstrengend, da sie von ihren Verwand-
ten alle Tage Besuch empfängt. Sobald ich es darf, will ich ihr
Deine Grüße bringen.

Nani hat nach einer bösen Zeit die zwei Prüfungen gut bestanden und ist heute auf ein paar Tage nachhause gefahren. Sie
will auf der Fahrt nach Paris in Basel unterbrechen und wird
also voraussichtlich am 16. XI. um 6^h 20 ankommen; nur wenn
in Basel ein Unwetter ist, fährt sie gleich weiter, wäre also schon
am 15. abends in Paris.[1] Würdest Du so lieb sein, sie für alle

Fälle an beiden Tagen zu erwarten? – Herr Pillhofer hat auch zugesagt, sie abzuholen; ich schreibe ihm gerade. Es liegt mir aber am Herzen, daß Du, mein lieber Paul, sie auch gleich in Empfang nimmst. Ich werde sehr sehr froh sein, Euch zusammen zu wissen.

Pillhofer schrieb mir von seinem Besuch bei Euch – leider hat er nicht viel erzählt. Und ich würde gern viel wissen, wie es Dir und Inge geht.

Was man Herzliches in die Nacht hinaussagen kann, denke ich ganz stumm. Mein lieber lieber Bruder.

Klaus.

Inge liebe Grüße.

32 *Klaus Demus an Paul Celan*

Wien, 13. November 50.[1]

Lieber Paul!
Ich leg Dir Nani ans Herz. –

Zu Deinem Geburtstag alles alles Gute.

Du bist auf dem rechten Weg. Du bist ein wirklicher großer Dichter.

Du bist mir sehr nahe.

Ich grüße Dich von Herzen, bin ganz Dein Bruder

Klaus.

33 *Klaus Demus an Paul Celan*

Wien, 29. November 50.

Lieber Paul!
Ich wünsche dir ein gutes neues Lebensjahr. Was Du tust, wird gut sein, ich weiß es ganz gewiß.

Ich danke Dir für den Brief. Das Buch habe ich nicht, ich schreibe an Irmgard selbst.[1] Nani schreibt mir viel von Dir, es freut mich so sehr, daß Ihr Euch gern habt. Sie erzählte auch von Deinem Vorlesungsabend, und da ihr Urteil weit sicherer und intuitiver als meines ist, freut mich sehr der starke Eindruck, den sie gehabt hat.[2] – Sie hat mir auch Deine zwei Gedichte geschickt; ich bemerke etwas Neues in ihnen, das Zunehmen des Inhalts, den Du über die Form stellst, mit der Du nun frei schaltest; auch verliert sich das Schön-Poetische zugunsten des Ernstes, im Ernst.[3] So tiefernst sind sie, Paul, und die Form ist nur mehr Gewand. Sie sind auch nicht mehr bloß traurig, bei keiner Zeile ist es mehr erlaubt, ein schönes Spiel nachzuspielen, das nur für etwas steht. Sie sind aus den Worten zusammengesetzt, die Du am ernstesten meinst. Du bist so nicht mehr nur ein Dichter, die Metapher ist Chiffre geworden. Du bist älter geworden, Paul, und kannst jetzt schon viel sagen, was das Ernsteste wert ist. – Sie sind aber auch schön, nur ist das Schöne hineingesunken in das, wo die Wahrheit schön ist. – Ich freue mich sehr über sie. – Nani willst Du nach Deiner Reise vielleicht Deine Prosa zeigen.[4] Du mußt sie gern haben und Vertrauen zu ihr, da Du es willst, und das freut mich sehr. Ehrlich gesagt, war ich zwar sicher, daß Ihr ganz zueinander finden würdet, aber daß es so rasch ging, war eine gute Nachricht.

Ich bin jetzt Deinen Bereichen wahrscheinlich entfernt durch die Arbeit in sehr nüchternen Breiten. An Landschaft ist vieles verloren, und ich darf das nicht einmal sehr bedauern. Ich will beides, den äußeren und den inneren Weg gehen. Die Figur weiß ich noch nicht, ich möchte aber auf dem äußeren Weg nicht scheitern, ja mehr, zu Zielen kommen. Um diese für wirklich werthaftig zu erachten, mußte, vielleicht müßte sich manches im Wertsystem ändern. Bin aber dem Weg innen nach; das »man muß nur gehen« ist sicher ein wenig bitter gemeint nun. Das ist aber das einzige Gefühl. –

Das vorige Jahr war schöner und reicher, das jetzige soll

ernster sein; ich werde wohl viel an Jungsein verlieren. Das Verschieben der Werte zur endlichen Deckung mit dem »Konventionellen« ist ein Erbteil von meinem Vater, aber auch an mir, wie ich oft denke, schon entschieden. Vielleicht werde ich nichts mehr schreiben können. – Dafür aber will ich mein Leben benutzen, um von diesen Dingen zu reden. Das ist nunmehr viel ernster gemeint als bisher. Denn ich komme ja auch nicht los von ihnen. Wenn es hier nicht geht, muß es woanders sein, vom Glühenden aber will ich nie ablassen. Denn das Opfer, das das Aufgehen des inneren, des Schreibe-Weges ist, muß Sinn haben in einem, das ich mindestens so gut kann. Wenn ich aber die Nani nicht hätte, wäre alles anders – zu schnell könnte ich mich verlieren.

Etwas freut mich sehr, Paul: Du bist unter all den Leuten, die im vorigen wie auch diesem Jahr zu unseren Freunden zählen, ein ruhender, ein Mittelpunkt. Das erkenne ich deutlich. Du bist der sicherste, zahlst freilich auch dafür, aber es ist Dir bestimmt. Du wirst sehen, es werden sich gute Menschen immer fester ansetzen um Dich Mittelpunkt.[5]

Nani und ich sind Eins, Du wirst es merken. Sie empfindet auch, daß Du unser Bruder bist. –

Erica ist schon länger gut zuhause, ich habe sie leider noch nicht gesehen. Du darfst mir nicht böse sein deshalb. –

Mein lieber Bruder Paul – ich grüße Dich herzlich.

Klaus.

34 *Klaus Demus an Paul Celan*

Wien, 6. Dezember 50.

Mein lieber Paul.

Nani hat mir alles geschrieben. Es tut mir furchtbar leid, daß es nicht gut gegangen ist. Du hast es aber nicht wissen können, hast in wirklich von mir bewunderter Art einen großen Entschluß tun wollen. Ich bin überzeugt, daß Du Inge aus einer sehr verzweifelten Lage geholfen hast, auch wenn es nun so anders gekommen ist. Gib ihr nicht alle Schuld, Paul; sie ist genau so in sich verkapselt wie Du und ich, auf ihre Weise nur kann sie leben. Von einem Bösen, also einer wirklichen Schuld kann man da nicht sprechen. – Du sollst Dir keine Vorwürfe machen, Lieber. Du sollst auch keine wie immer gearteten Konsequenzen ziehen. Denn ich glaube, daß das Denken nach Richtlinien in wirklich schweren Lebensfällen auch gar nicht nützlich ist.[1] – Du warst zu bedenkenlos vielleicht; ich konnte ahnen und befürchten, daß es nicht so gehen würde, wie Du wohl dachtest. Von Anfang an. Ihr seid einfach zu verschieden. Inge hat aber auch eine Welt; der konntest vielleicht Du nichts geben, sie ist ja im Grunde sehr arm. Du mußt das ganz verstehen, Paul. Sie hat einfach nach ihren Gesetzen alles getan, wie sie wohl mußte. Und dazu kommt noch, daß sie in einem neuen Zustand war, sich vielleicht aber schlecht einfühlen kann. So war denn die Diskrepanz groß, und sicher auch aus Verzweiflung hat sie dann den Brief geschrieben, von dem mir Nani erzählte.[2] Dazu kommt, daß sie sehr unfraulich ist und nur nach ihrer eignen Wirrnis leben kann. – Du darfst auch nicht vergessen, daß es so etwas wie ethische Gesetze wohl im Abstrakten allgemein geben mag, daß aber die Notwendigkeit des Tuns nach dem eigenen Rhythmus das Lebendigere ist. –

Lieber Paul, Du mußt Dich herausreißen. Ich bin sehr betrübt und weiß ganz genau, wie schwer alles für Dich jetzt sein muß. Du sollst Dir jetzt einen Anstoß geben und an das Gute glauben, selbst sehen, daß Du in allem zu einer Besserung kommst. Du mußt viel arbeiten, sehr sparen und langsam Deine Schulden abtragen.[3] Verzeihe, daß ich es sage; doch das sind ja ephemere Dinge, mit denen ich Dich nicht kränken will. – Ferner mußt Du sehr, wie es auch Nani sagt, an Deine Gedichte denken. Ich glaube, Du mußt wichtige Entscheidungen treffen. Verknüpfe Dich soviel Du kannst, freilich ohne Dir Fehlschläge nahe gehen zu lassen.[4] Du hast einfach die Aufgabe, Dich durchzusetzen; das ist sehr rational zu tun und darf Dir nicht nahegehen. Was Du geschrieben hast, ist ein großer Wert und Schatz, Du darfst es nie vergessen oder für unwert halten. – Ich möchte Dir so gerne helfen, kann es aber nur durch mein Denken und durch mein Nahestehen. – Wie Nani mir schrieb, hast Du vielleicht Befürchtungen, ich könnte Dich kritisieren; nichts davon, wirklich nicht. Ich kann ungefähr abschätzen, wie diese harte Realität ist, in der Du immer verletzt wirst; es muß ungeheuer schwer sein. Aber, Paul, dadurch bist Du ja wieder den Werten so nahe und kannst schreiben. Vielleicht mußt Du immer im Schreiben sein. Wie Du Dich aber dabei hältst, hat mich stets schon verwundert. – Paul, Du mußt auch die Grundfragen ohne Gefühle dabei denken, ganz abstrakt. Da müßtest Du sehen, daß alles seine Notwendigkeit hatte, von Dir gelenkt wurde. Du hast nur die Pläne zu unreal gedacht, zu begeistert oft. Daß Du Inge kommen ließest, war etwas sehr Gutes und Richtiges. Aber Du hast nicht bedacht, daß Deine Welt sehr kompliziert, und einfach zugleich, also sehr in sich geschlossen ist; niemand kann da so leicht hinein. Sie ist sehr individuell und hermetisch, Paul. Nun es Differenzen mit der Welt von Inge gegeben hat, mußt Du Dir eben klarmachen, daß etwas anderes kaum zu erwarten war, weil sie aus ihrer auch nicht herauskann. – Daß Du das nicht ganz bedacht hast, wie mir scheint, gehört sehr zu Deinem Wesen, zum Ganzen von Dir, und man muß Dich auch gerade darum sehr gern haben. Du hast etwas sehr Echtes und Treues zu Dir selbst. Nie wirst Du etwas tun können, was nicht zu Dir paßt; nur Du selbst zweifelst daran. Ich weiß, daß Du nie Dein Niveau verlassen kannst. Das auch unschöne Leben wird Dich zwar immer berühren, und dem gilt auch Dein Schmerz, aber du veredelst immerfort; vom letzteren her muß man Dich sehen, und ich wollte, Du könntest es selbst. – Paul, Du gehst Deinen Weg ganz richtig. Du mußt all diese Erfahrungen machen, die Dich verletzen, weil Du Perlen hervorbringen mußt. Du lebst ganz

46

im Grund, deshalb sind Deine Schätze auch so schwerwiegend und groß. Du mußt aber lernen, das als gegeben zu sehen. Es kann Dir niemand helfen, aber Du wirst nie verlassen sein. – Mein lieber lieber Paul, tu Dich jetzt nicht quälen. Du hast einfach das Unmögliche versucht, und Inge, die mir sehr leid tut, konnte halt nicht anders sein als Dir fremd. Du darfst nicht in Grundsätzen denken. Ihr seid beide sehr arm, es gibt aber keine Schuld. – Du hast ein großes scheues Liebebedürfnis; vielleicht kommt einmal der für Dich richtige Mensch, ich wünsche Dirs so sehr. Einstweilen darfst Du nicht verzagen, Du hast Deine Welt als Aufgabe.

Ich umarme Dich herzlich – immer Dein Klaus.

35 *Klaus Demus an Paul Celan*

Wien, 17. Dezember 50.

Mein lieber Paul,

Ich hoffe sehr, daß Du in England bist und mit fröhlichen Augen überall herumschaust.[1] Wenn Du in die herrlichen Museen gehst, denke bitte an mich – sie waren das, was ich von London am meisten gesehen habe. Wenn Du aber in Paris geblieben bist, wünsch ich Dir dort alles von Herzen Gute und lange Singespaziergänge in den Nächten.[2] Nani schreibt mir jedesmal, wenn sie Dich sah, von Dir, sie ist sehr froh, daß Du da bist und ich bin froh für Euch. Mehr als ich sagen kann. Ich lebe die Tage durch in Arbeit und mit Gedanken für sie. Stets aber bleibt ein Rest, der nach Beschäftigung mit den wichtigen Dingen verlangt – das Neue, die Malerei, ein bißchen Existenzphilosophie und Aufsätze über neueste Physik, nicht viel eben. Weil hier nichts zum Ergreifen liegt, gerate ich jetzt oft ins Spekulieren über ein Später. Das Schreiben geht schlecht, Gedanken kommen mir nur über das Neue. So flüchte ich mich auch in die Arbeit, und Kunstgeschichte ist ja herrlich. –

Ich möchte Dich nochmals fragen, lieber Paul, ob Du nicht für Deine Manuskripte etwas bei Jünger versuchen willst. Du müßtest alles versuchen, was möglich scheint. Ich glaube, daß es jetzt Zeit wäre für Deine Gedichte. In Deutschland wäre jetzt ein guter Boden. Du sollst es versuchen, Paul, Du darfst nicht einschlafen.

Das ganze Heute ist jetzt extrem schwierig, geht kaum fortzusetzen. Ich hab einen viel zu zufriedenen Ton dabei und weiß doch auch.

Lese jetzt wieder französische und englische Gedichte, das hilft mir viel. Denn das Leben hier ist ziemlich trostlos, unfruchtbar; man kann aus allem herauskommen, alles vergessen. Nur aus dem Tätigsein ist ein Gewinn möglich, fragen darf ich aber nicht. Solche bis auf den freien Abend reduzierte Tage können keine Stufen sein – ich hab nur den einen, heftigen Wunsch, fertig zu werden um anfangen zu können.

Verzeih mir, Paul, ich klage und kann keine Briefe schreiben – ists unrecht, daß ich doch schreibe? Du weißt ja: nur die Tatsache, daß Du einen Brief von mir bekommen kannst, in dem steht, daß ich Dich gern habe und Anteil nehme und Dir nahe bin, zählt mir schon.

Alles Gute, Paul, und es soll auch in Erfüllung gehen!

Klaus

36 *Paul Celan an Nani Demus*

[Paris, Dezember 1950]
Liebe Nani,
ich hatte gehofft, gestern abend Frau Charpentier[1] anzutreffen, aber sie war schon fort, ich fand verschlossene Türen. Ich war sehr traurig.

Nani, ich wünsche Ihnen frohe Weihnachten, ich wünsche Ihnen ein frohes Leben und einen frohen Klaus. Ich bin Ihnen unsäglich dankbar, ich bin froh, daß es Sie gibt, daß es Klaus gibt, daß ich mich zu Euren Freunden zählen darf.

Mit vielen vielen Sternlein

Ihr

Paul

[*Auf der Rückseite:*] Melle Maier
Liebe Nani,
Ach, es ist wieder niemand da.
Bitte, schauen Sie bei der Concierge vorbei

Paul

37 *Klaus Demus an Paul Celan*

Wien, 1. Jänner 1951.

Mein lieber, lieber Paul.

Es sind Deine Worte, die mich begleiten, es ist Deine Stimme, die zu mir spricht. Du bist der größte aller Abendkönige. Du bist die Stelle, wo vor Mitternacht das Herz noch schlägt.

Das Rad im Dunkel, das Dich treibt – Du bist es selbst, ders treibt. Und keine andere Hand ist, der Dus abgiebst. Du weißt wohl, was Du mußt. Und, Paul: wir wissen es mit Dir.

Du kreist vielleicht um den Gott des Stundenbuchs[1] –

Du bist nie vom Anfang weggegangen. Du schließt ihn wohl auf, aber weil Du hierin tief ein Ende siehst. Ein Ende ohne Ende. Das aber ist immer ein Anfang.

Es läßt sich schwer sagen, eine wie große Liebe ich zu Dir habe. Ich mag mit anderen vielleicht mehr den Weg teilen, mag oft in Landschaften sein, um deren Himmel ich mich nicht kümmere, werde viel Falsches tun, um ein bißchen doch die neuen Jahre zu sehen, von denen ich freilich weiß, daß sie verwelklich sind, werde oft in der Ungenüge sein, weil letztlich so vieles zerrinnt vor dem Sinn – aber, Paul, in meinem Herzen weiß ich wohl: ich kann auch nicht wirklich vom Anfang weggehen; so darf ich – und ich tue dies mit ganzem Gewicht – Dein Bruder sein, Dir liebem Bruder mit dem dunklen warmen Herzen.

Paul, Paul, glaub mir: ich weiß. Ich weiß, was Du weißt, denn Du sagsts; und ich kann gut verstehen. Es kommt alles zu mir, was Du sagst; vielleicht – sieben Rosen später; aber ich kanns sein, ganz.[2] Mein Mund verbietet mir vieles, er hat keinen Bau. Du hast Deinen Mund nicht verteilt, so ist er noch immer ein Brunnen. Verzeihe mir, wenn ich Dir so nichts geben kann, als auf Dich zu hören. Aber ich schwinge immer mit Dir.

Deine Gedichte, Paul, halten mich wahr. Ich danke Dir.

Klaus.

38 *Klaus Demus [durch Nani Demus] an Paul Celan*

[Paris, 1. Januar 1951][1]

Rotes Licht durchgangen, am bitteren Ende
stehen wir vor dem eigenen Gesicht

Hellmond, Träger von Flügelaufschlägen,
Steinwurfscheibe und Herz vor dem Traum,
Pfeilerz, Schilflichtglänzender
im stürzenden, finsterblauen
Tor des Baumes,
Bergschein noch vor der Flut,
Mauerkrone, Handantlitz
im Rauschen einer großen Blume,
hoher, strahlender Schneestern –
Mond –

Steigung trifft uns, Blut der Wangen,
Brandung, Wolkenschein –

Rotes Licht, rotes Licht ...

Und das bittere Ende,
schwebender, grauer Himmel
Überzahl,
in sehenden Winden
Selbstbegegnung,
Tag, Fenster, Gesicht –
ziellos wandert das Ergreifende
und ewig
zum Herzen

Noch vor des Vogels Lied.   1. Jänner 1951

Herzlichen Gruß
            Klaus.

39 *Nani Demus an Paul Celan*

                              Mittwoch [Paris, Januar 1951].
Lieber Paul – sehr lieber Paul!
Da ich Sie am Donnerstag nicht werde sehen können muß ich
Sie mit einem Brief – zwiefach – belästigen. Das Eine ist ein sehr
herzlicher Brief, der von Inge eintraf. Sie bittet mich »Paul viel
Liebes zu sagen« (»ich wollte, ich könnte ihm schreiben – ich
denke sehr, sehr viel an ihn«). Es geht ihr gut, sie kommt am
23. Februar nach Paris.[1]
    – Das Andere ist eine Ungeschicktheit von mir. Ich vergaß,
Ihnen zu sagen, daß die Traute nicht will, daß über ihre bevor-
stehende Verbindung mit Markus Zemb gesprochen wird. Darf
ich Sie herzlich bitten es zu akzeptieren?
    Weil ich im Inneren ein summendes Bienenhaus beherberge
und sich das Schlupfloch gerade in meinem Hals befindet – was

offensichtlich sehr unbequem ist – vermag ich sonst nichts hin-
zuzufügen.

Nani

Klaus hat geschrieben daß er nicht kommen kann – ich müßte
tapfer sein. So bin ich es.

40 *Klaus Demus [durch Nani Demus] an Paul Celan*

[Paris, 6. Februar 1951]

II

Regen, abends,[1]
Korrosion einer anderen Zeit,
dumpf leben die Berge
in ihrer nebligen Form über dem See,
Raumnot, Lichtfall in Bäumen –
so ist im Dunkeln nahe und
weithin wirklich:
Silber alles, was ist und anschaut,
schwer, ziehend, Glanz ..

Oh Nacht oh Nacht.
Fliegende Blumen des Herzens.
Der ganze wolkige Himmel
an unserem Mund,
pflanzlich still, lauschend
auf das große tote Segeln im Nebel,
sternversprechend. Lange.

Dann rast eine bleiche Scheibe
durch Rauch und Atem, schräg,
furchtbar hoch,

wasser- und wolkenessend
durch tannenschwarze Schatten –

birst in tausend Schneeflammen
in die stahlschwarze Welt.

Tauwasservoll traumgeworfene Bronzekugel
Mond,
Glassonne, Silberkopf,
blätterbehangen von den Baumkronen,
aus der schwarzen Höhe hängender
buntglühender Block ..
Arktis

Herbst allem Eisen, weißem Erz –
das strahlend fließt durch die
Wälder der Menschen,
laubschwarz schwebt, zwischen Blau und dunklem Feuer
um goldene Köpfe, waldlichtgleich,
grüne Tiefe über den Mund gezogen,
Mondworte, blind –

Oh Nacht oh Nacht.
Sternenrote Erde.   6. 2. 51.

*

LACHRYMAE[2]

Slow are the years of light:
                              and more immense
Than the imagination. And the years return
Until the Unity is filled. And heavy are
The lengths of Time with the slow weight of tears.
Since thou didst weep, on a remote hillside
Beneath the olive trees, fires of unnumbered stars

Have burnt the years away, until we see them now:
Since thou didst weep, as many tears
Have flowed like hourglass sand.
Thy tears were all.
And when our secret face
Is blind because of the mysterious
Surging of tears wrong by our most profound
Presentiment of evil in man's fate, our cruellest wounds
Became thy stigmata. They are thy tears which fall.

D. Gascoyne.

Gruß Nani.

41 *Paul Celan an Klaus Demus*

Paris, den 17. Februar 1951.

Mein lieber Klaus,
vor einiger Zeit schrieb ich Dir einen Brief, konnte mich aber
nicht entschließen, ihn aufzugeben, weil er mir zu leicht schien:
er war in einer Stunde entstanden, die mich über mich hinweg-
gehoben hatte und mich schweben ließ, irgendwo, da, wo
Schweben niemandem schwer fallen kann – mit einem Wort,
es war ein Taumel, dem kein Sinn abzugewinnen war.

Nun weiß ich aber – nicht zuletzt auch aus Abschnitten Deiner Briefe an Nani – wie sehr Du im Eigentlichen bist, im
Eigentlichen wohnst und zuhause bist, à quel point tu es dans
le vrai, und so fiel es mir schwer, jenes schwebende Blatt lauter
werden zu lassen, als ihm zustand.

Kläuschen, ich schreibe auch heute keinen richtigen Brief.
Nicht, daß ich keine Zeit dazu oder kein Bedürfnis danach hätte
– im Gegenteil. Du bist so nah wie zuvor, ja näher sogar, näher
um dieses ganze Stück räumlicher Entfernung, das uns nun er-
möglicht zu ermessen, wie wesenlos die Ferne ist, wenn wir

einander die Hände reichen wollen – Du bist da, Klaus, und Du weißt es ja auch.

Wenn ich also nicht schreibe, so nur deshalb, weil ich mir so ungern dabei zusehe, wie ich an mir vorbeirede, und ich habe nie so deutlich wie jetzt das Gefühl gehabt, Überflüssiges zu sagen, sooft ich meinen Blick über die Dinge rundherum wandern lasse. Ach ja, das »Filigran der Dinge« (ein Wort von Nietzsche, das ich bei Scheler fand)[1] ... Man muß es ganz erfaßt haben, mit beiden Händen (und wieviel Augen?), muß ihm gefolgt sein bis in seine feinsten und letzten Verästelungen – um ins Freie, um hinüberzugelangen. Ins Freie? Oder in den Tod? Oder ist das dasselbe?

Ja, der Blick wandert, aber was erwandert er sich? Die Spur anderer Blicke vor ihm, das zumeist schon erloschene Licht Tausender und Abertausender von Augen, Sternlein und Lämplein, die unverhofft aufleuchten, wenn sie ein lebendiges Gedächtnis in der Nähe wähnen – und was ist so ein wandernder Blick anderes als ein kleiner Bote, beritten oder nicht, der vor Ungeduld vergeht, mit all dem Erschauten und Erspähten heimzukehren und es dortselbst gut und getreulich aufzubewahren?

Zuviel Ehrgeiz, zuviel Selbstvertrauen, Ihr Herren Boten und Reiter! Zuviel Hast. Zuviel Ungestüm. Ihr fahrt, um zu erfahren. Im Imperfektiven sucht Ihr das Perfektive. Aber Ihr könnt Euch dort nur zutode laufen, <u>dahinfahren</u> – jawohl, das könnt Ihr, Ihr Gedächtnis-Herren, das könnt Ihr wohl!

Klaus, unterbrich mich, laß mich nicht weiterreden! Du merkst ja, wie ich meinem Vorwitz die Zügel schießen lasse.

Eines noch: ich war gestern bei Nani. Sie hat eine leichte Grippe, ein wenig Halsweh – nichts Besorgniserregendes. Es gelang mir, sie zu bewegen, zwei Aspirintabletten zu nehmen. Sie macht sich Sorgen, weil sie glaubt, Du könntest Dir den Kopf darüber zerbrechen, ob es auch wirklich nichts Ernsthaftes ist.

Das ist es nun aber keineswegs. Eine Erkältung, rien d'autre. Also keine Sorgen, Klaus: übermorgen ist Nani bestimmt pumperlgesund.

Ich grü-grü-grüße Dich

Dein

Paul

42 *Paul Celan an Nani Demus*

[Paris, 22. 2. 1951]

Donnerstag, 11 Uhr

Liebes Nanilein,

Heute morgen kam ein Telegramm von Inge: sie trifft heute abend um 18 Uhr 20 in Paris ein (Gare Saint-Lazare).[1]

Leider ist es mir unmöglich, sie zu erwarten – könnten Sie es tun? Ich bitte Sie darum.

Wenn Sie und Inge Zeit haben, so kommen Sie um 10 Uhr ins Café des Deux Magots, ich werde Euch erwarten.

Waren Sie heute schön brav, Nani? Haben Sie Ihre Milch getrunken? Wenn ja, so bekommen Sie heute abend ein kleines Gedicht.[2]

Alles Herz- und Märzliche im Februar!

Paul

43 *Paul Celan an Nani Demus*

[Paris, 1951]

Liebes Nanilein,

hier sind die Gedichte, mitsamt einer Abschrift, die für Sie ist (ich behalte die Durchschläge).[1]

Ja, und vorüber ziehe im Himmel Ägypten.[2]

Und bitte lassen Sie die Schwellung an Ihrem Fuß behandeln: um leicht zu bleiben, um schweben zu können!

Von einer tiefer schwebenden Wolke schicke ich Ihnen einen Gruß hinauf

Paul

44 *Paul Celan an Nani Demus*

[Paris, April/Mai 1951]

Nanilein,

Sie gingen gestern abend so betrübt fort, und ich muß mich fragen, ob ich nicht die Schuld daran trage. Wenn ich nur wüßte, wie ich all das wieder gutmachen könnte! Wissen Sie, Nani, mir wird es immer klarer, daß ich den Umgang mit den Menschen auf die Zahl der Wenigen beschränken muß, die ich in der Nähe meines Herzens weiß – mit allen übrigen, mögen sie noch so sichtbar durch die Welt wandeln, weiß ich kaum etwas anzufangen. Sie haben es ja gesehen: über ungeschickte Höflichkeit – die sie obendrein nicht verdienen – stolpere ich in ihr bodenloses Gequassel über das Unaussprechbare und Schweigen Gebietende. Sie müssen mir helfen, es zu vergessen.

Und – wissen Sie es schon, Nani? Die Paulownia blüht.[1]

45 *Klaus Demus an Paul Celan*

[Wien], 27. April 51.

Mein lieber Paul,

Ich habe Dich sehr lieb. Ich will mich bemühen, Dir vieles zu sagen, was mir notwendig scheint, und auch, es gut zu sagen.

Ich bin Dir bisher kein guter Bruder gewesen, so wie Du es stets warst. Es liegt an einem menschlichen Unvermögen meinerseits, einem Zukleinsein für Dich, nicht aber an meiner Liebe zu Dir, die etwas für immer Festes ist. Man muß Dich auch lieb haben, wenn man Dich kennt.

Ich glaube Dich gut zu kennen, lieber Paul. Und doch kann ich noch nicht die Anforderung richtig erfüllen, die im brüderlichen Verhältnis zu Dir liegt; sie ist sehr groß und ich bin noch nicht in meinem erwachsenen Leben.

Wir haben von Dir nie, kein einziges Mal, eine Enttäuschung erfahren; ich weiß fest, daß es so etwas nicht gibt. – Aber bei mir liegt es anders, ich kann Dir nicht genügen. Und ich hatte mir doch, ehe ich nach Paris kam und hoffte, Dein Freund werden zu können, so fest vorgenommen, Dir keine Enttäuschungen zu verursachen.

Ich hatte stets ein wenig Angst vor Deinem Sehen, war überschwemmt von Deinem Wesen und konnte nie richtig antworten. Wenn Du etwas sagst, so verstehe ich es ganz – oft aber erst einen Augenblick später. Dieses Gefangenwerden von Deiner Art ist schuld an meinem Nichtantwortenkönnen, Schweigen, oder an der nicht gelungenen Weise, Dir zu erwidern. Ich glaube, daß ich mich stets zu sehr bemühte, im Reden und Tun, das auf Dich gerichtet war, ein dem Deinen Entsprechendes zu können. Meine mir naheliegendste, natürlichste Art jeder Äußerung schien mir stets zu unangemessen. Wo Du denkst und sprichst, ist bei mir schon das Schweigegebiet. Du bist immer Dichter, ich will es nur sein, kann es nicht aus dem Leben heraus.

Ich war feige, ängstlich bemüht um ein Format, das ich stets erringen muß – um nicht in die Niveaulosigkeit auszubrechen, die Du verabscheust. Ich hatte Angst, Du könntest mich verachten. So entstand ein Kampf, den meine willentlichste Bemühung nicht lösen konnte.

[...]

Als wir Dich in der Métro trafen, hatte ich eine furchtbar große Freude.[1] An Deiner riesigen Herzlichkeit aber, die so ungestüm einfach herauskam, in voller Deckung mit dem Gefühl, das ich auch hatte, wurde ich gelähmt und eisstarr. Am Tisch in St. Germain fordertest Du mich dauernd auf – ich spürte alles, glaub es mir –, fragtest, ein wenig befremdet, warum ich denn nicht frei war, und – armer Paul – mußtest wohl schmerzlich glauben, ich sei anders, fremd, fühlte nicht so wie Du. Dabei wars mein brennendster natürlicher Trieb, Dir meine ganze Herzlichkeit zeigen zu können. Dich ebenso zu halten wie Du mich. Und in unserm ganzen Zusammensein war es so. Schau, so verzwickt ist es mit mir: da ich spürte, sehr deutlich, überdeutlich, ganz bewußt, – daß ich Dich enttäuschte, weil wieder einmal »stumm« und ausdruckslos war, hatte ich den Willen, Dir zu zeigen, wie ich fühlte; also nicht zu sein – denn das konnte ich nicht, weil gelähmt –, sondern Gesten zu erzwingen, herauszupressen, die ein Ersatz für das verlorene Seinkönnen wären: damit Du an ihnen merken solltest, daß innen all das war, was Dich ansprechen wollte. Ich dachte angestrengt und unpersönlich, wie ich persönlich, menschlich »sein« könnte; Bemühung um Surrogat – wo doch alles wirklich innen da war.

Lieber Paul, ich hoffe, ich hab das bald endgültig überwunden. Es war falsch gemacht, nun weiß ichs besser. Ich müßte mit Dir viel zusammen sein können, Dir meine Art aufzwingen, Dich mit ganz entfalteter Front angehen. Nun kann ich das vielleicht schon, und immer besser, je wirklicher mein Leben wird mit Nani. Es ist das alles, was ich Dir jetzt sagte, eigentlich überholt – nur Erklärung.

Warum es grade gegenüber Dir so stark war wie sonst noch bei keinem Menschen, so glaube ich, das macht erstens Deine Art und dann auch die große Forderung der Freundschaft mit Dir in Deinem ganzen Wert.

[...]

Nun weiß ich, daß ich Dir erst antworten kann in Deiner Beziehung zu mir. Ich habe keine Angst mehr, kann bestimmt sein, wie ich will. Paul, lieber Paul, nun hoffe ich, daß auch ich Dich halten kann. Vor allem mit Dir sprechen, wie Du und ich es wünschen und wie Du mit Nani sprichst. Ich möchte dir endlich etwas geben.

Heute will ich nichts mehr von andren Dingen sagen, sehr bald kommt ein nächster Brief.
Mein lieber Bruder, ich umarme Dich herzlichst.

Klaus

Inge läßt Dich herzlichst grüßen.

46 *Paul Celan an Nani Demus*

[Paris, Mai 1951][1]

Liebes Nanilein,
Ich habe die Adresse, aber Jünger ist nicht mehr in Paris: er fuhr vorgestern nach Antibes, wo er mehrere Wochen bleibt.[2] Da er auf der Rückreise nicht mehr nach Paris kommt, müssen wir überlegen, ob es nicht ratsam wäre, ihn in Antibes zu besuchen. Wenn Sie den Brief dennoch aufgeben wollen, so ist hier die Adresse:
E. J.
Chez Banine
40, rue Lauriston (XVIᵉ)

Frau Florence Henri,[3] von der ich die Adresse habe, und die Jünger photographiert hat, wird, da sie ihm die Photos hinschickt, in wenigen Tagen auch die genaue Adresse in Antibes haben. Wollen wir bis dahin warten? Ich überlasse es ganz Ihrem Gutdünken, Nanilein.
Verzeihen Sie, daß ich nicht warte. Ich sehe Sie doch am Donnerstag? Wann?
Nicht traurig sein, es ist immerhin ein Schritt vorwärts.

Alles Herzliche
Ihr   Paul

Bitte die Adresse nicht weiterzugeben!

[Wien,] 18. Mai 51.

Lieber Paul,

Für heute nur diesen kurzen Gruß.

Ich freue mich sehr darauf, Deine Gedichte lesen zu können. Auch hat mir Hansen-Löve versprochen, bald etwas von Dir zu bringen.[1]

Den Brief an Jünger wird Nani hinbringen, ich denke, er wird Dich einladen. Mach es gut, lieber Paul, laß Dich nicht enttäuschen von Jünger, sei fest und verlange es von ihm.[2] Ich hoffe so sehr, daß Dein Buch endlich gelingt.

Ich umarme Dich herzlich.

Dein Bruder Klaus.

[Wien,] 20. Mai 1951.

Mein lieber Paul,

Ich schreibe Dir ununterbrochen Briefe, die nicht aufs Papier kommen. Du gehörst zu meinem Denken.

Paul, ich denke, es muß etwas geschehen. Ich hoffe sehr auf Jünger; wenn mein Brief auch nicht gut war, den Zweck wird er hoffentlich haben. – Traute werde ich schreiben, sie sollte Yvonne Stadler um eine Erklärung bitten und sie antreiben, ihr Versprechen zu halten. Ich hab leider ihre Adresse nicht. Ich würde meinen, Du solltest nicht ins Blaue nach Zürich fahren und erst abwarten, was Y. Stadler schreibt. Es ist aber möglich, daß sie zuviel versprochen hat, nichts tun kann, wenn sie auch will. Dann wäre es schon gut, Du würdest fahren.[1]

Hansen-Löve bringt, soviel er mir gesagt hat, etwas von Dir, ich hoffe schon im Juni-Heft. Er sagt immer Ja Ja und bis zum nächsten Mal ist doch nichts getan. Ich glaube aber, diesmal geht es.[2]

Auf das Lesen Deiner Gedichte freu ich mich sehr; es soll diese Woche sein.[3] Die meisten Leute dieses Kreises sind Snobs, wenn auch interessiert. Hoffentlich kann ich gut lesen. – Ich habe nur wenige Leute einzuladen, solche, die wichtig sein können, weiß ich leider nicht, doch bei den Jungen, die ich meine, wird ein Samenkorn gelegt werden können.

Bei Sexl war ich gestern; er sagt – was ich nicht glaube – im Ganzen seien nur 16-20 verkauft, in diesem Jahr zwei. Ich hab ihm eingeschärft, sofort zu stoppen und mit Frau E. Jené dann abzurechnen und ihr den Rest auszufolgen.[4]

Lieber Paul, ich möcht mit Dir in Paris näher wegen Wien reden. Im Prinzip ist ein Semestererlaß möglich. Nani wird Dir schon erzählt haben, was ich deswegen schrieb.

Das Honorar vom Radio[5] hab ich gleich im März behoben – 42 Schillinge. Wegen der Sache mit Milo Dor wird Dir Frau Erica erzählen.[6]

Daß ich das Unheil mit Inge angerichtet habe, darum bitte ich Dich bestürzt um Verzeihung.[7] Ich wußte alles nicht, Inge hat mir nichts erklärt.

Es ist merkwürdig, Paul, daß so wenige Leute selbst unter denen, die sich mit Dichtung beschäftigen, Deine Gedichte erkennen, geschweige verstehen. Große Freude hatte ich mit der jungen Malerin Hedwig Wagner.[8] Sie war einmal da und ich hab ihr zuerst Einzelnes vorgelegt – sie hatte vorher nichts von Dir und überhaupt sehr wenig gekannt. Beim ersten Durchlesen hatte sie gleich, spontan und sicher, eine so richtige, tiefe Reaktion und Erschütterung – ich hätte Dich hier haben mögen. Sie versteht Dich ganz, Paul, ist sicher im Urteil, kann unterscheiden so wie Du es tust. Sie hat Dein Manuskript lange gehabt. – Jetzt hat es Hansen-Löve; was Du ihm gabst, hat ihn für mehr interessiert. Anfangs konnte er nicht das Besondere erkennen. Ich bin gespannt, ob er jetzt draufgekommen ist. –

So kann es auch mit Jünger sein; Paul, Du darfst nicht gleich entmutigt sein, wenn er anfangs nicht sehen kann. – Ich kann mir nicht vorstellen, wie er Dich nach seiner bekannten Art klassifizieren wird.

Es ist ja auch schwer. Deine Gedichte sind nie ganz ausgeschöpft. Ich selbst komme immer wieder in ein neues Anschauen.

[...]

Ich glaube, mit den Wiener Malern, die jetzt nach Paris fuhren, ist auch Maria Bilger gefahren.[9] Ich weiß, daß sie von Gedichten wirklich etwas versteht. Sie ist auch ein feiner Mensch. Vielleicht kannst Du ihr einmal vorlesen?

Ich grabe jetzt nicht viel herum, es ist einfach keine Zeit. Die Arbeit ist nicht schlimm, ganz normal, Sorgen mach ich mir keine.

Paul ich freu mich so sehr, daß Nani und Du Euch so lieb habt. Sie schreibt mir viel von Dir.

Ich werde bald meine Prüfungen machen. Am 8. Juni hoffe ich wird die erste, schwierigste sein. Der Professor ist sehr lieb zu mir, aber grausam streng. Aber ich habe keine Furcht.[10]

Wegen der Zukunft gibts schon konkrete Sorgen und wenig Aussicht. – Nani ist mir freilich wichtiger als alles. – Die Wissenschaft ist mir schrecklich enge, wenn ich aber drin bin, sehr brennend. Nur ist halt das Moderne noch kein exaktes Fach. Auch behagt mir die wertfreie Art nicht, denn mit ihr wird willkürlich über die eigentlichen Inhalte hin konstruiert.

Es ist merkwürdig, daß mich »Literatur« nicht so sehr beschäftigt; Dichtung freilich. Aber näher als der Roman steht mir das Bild. Da muß ich von Nani viel lernen. Überhaupt werde ich viel nachzuholen haben.

Der Sommer draußen ist so schön, die Parks sind unwahrscheinlich farbig und reich. Von all dem sehe ich wenig, Nani tuts ja für mich.

Es ist komisch, im Prüfungsstadium zu sein, und für so lange Zeit erst recht. Ich müßte alle Aussichten von diesem Erleben her revidieren, und daß mein Kopf es nicht leisten kann, läßt mich schwimmen.

Es ist aber nicht schlimm, sondern eine wichtige Erfahrung. Auch ist es zum erstenmal richtige Arbeit, die ich tue.

Mein lieber, guter Paul, wie schlecht ist dieser Brief, und ich bin lange über ihm gesessen. So gar nicht ein Brief, der nach Paris und zu Dir kommt.

– Ganz stark hoffe ich, daß Dir Jünger entgegenkommt. Es wäre so wichtig.

Herzlichst Dein Klaus.

Grüß mir den Paul!!! und die Nani.

49 *Paul Celan an Nani Demus*

Dienstag. [Paris, 1951][1]

Liebe Nani,

ich wage kaum, Ihnen zu schreiben, so sehr muß ich mich schämen! Ich habe Sie eine Stunde, eine volle Stunde warten lassen – wie entsetzlich! Und dabei war ich ganz ahnungslos. Können Sie es glauben? Am liebsten wäre ich gleich zu Ihnen hingeeilt, aber es war unmöglich, wirklich unmöglich, ich war zu spät heimgekommen, um Mitternacht etwa. Und heute ging es auch nicht – Sie werden, Sie dürfen es mir nicht verzeihn!

Wie konnte ich nur vergessen! Dabei war ich Sonntag in die Kirche gegangen, in der Hoffnung, Sie zu sehen – aber der liebe Gott war wohl böse, daß ich nicht seinetwegen gekommen war und trieb mich fort und ich habe Sie nicht gesehen.

Ach, es ist eine Zeit der Irrwege angebrochen für mich: auch

da, wo ich gefahrlos wandeln könnte, weiß ich mich nicht mehr
zu bewegen, und daß ich es Ihnen sage, macht es nicht leichter
und wäscht mich nicht rein von soviel Schuld.

Ihr
    Paul

50 *Paul Celan an Nani Demus*

[Paris, 1951]
Liebes Nanilein,
ich kann leider erst zwanzig Minuten nach Zwei hier sein –
können Sie so lange warten? Ich hoffe sehr, daß Sie es können!

        A tout de suite!
            Paul

51 *Klaus Demus an Paul Celan*

[Wien,] 2. Juni 51.
Mein lieber Paul,
ich hab mich so sehr gefreut, Deine Gedichte lesen zu dürfen.[1]
Gut konnte ichs nicht, sie passen nur in Deinen Mund. Mich
hats wieder sehr erschüttert. Und für die Leute war es bestimmt
gut. – W. Toman[2] war sehr beeindruckt; er gefällt mir – bis auf
sein Schreiben – sehr gut. A. Okopenko[3] ist auch gekommen;
ein schmächtiger, ganz wirrer Junge, anscheinend krank, sehr
merkwürdig. Ich habe vor, ihn wieder einmal zu treffen. Die
meisten Leute kannte ich nur flüchtig, andre wieder kennst Du
nicht; es waren etwa fünfundzwanzig. Ich habe etwa eine dreiviertel Stunde gelesen, vom letzten Zyklus beinahe alles.[4] Mein
Eindruck war gut, obwohl ich schlecht las. Hansen-Löve war

nicht da, verhindert. Ich hatte vor einiger Zeit eine lange Auseinandersetzung mit ihm über Deine Gedichte, zu denen er kein Verhältnis hat. Er spürt es einfach nicht (ich war ganz fassungslos). So tats mir leid, daß er beim Vorlesen nicht da war. – Er wird sich noch entscheiden, ob er Deine Gedichte abdrucken wird oder nicht. Aber um die Apollinaire-Übersetzungen (die ich leider nicht habe) läßt er Dich bitten, die würde er in der Zeitschrift bringen wollen.[5] – Das Ganze mit ihm hat mich sehr enttäuscht. –

Mein lieber Paul – ich danke Dir von Herzen für Dein Schenken.

Ich freue mich schon sehr sehr darauf, Dich wiederzusehn. Alles was ich nicht in einen Brief hineinbringen kann, wird dann zu sagen sein.

Ich umarme Dich herzlich

Klaus.

52 *Paul Celan an Klaus und Nani Demus*

[Paris, Juli 1951][1]

Liebe Nani, lieber Klaus,
wollt Ihr heute abend mit mir und Jean-Dominique[2] zu dessen Freunden (Alain Jouffroy[3] u. a.) gehen? Ich hatte schon vor ein paar Tagen zugesagt und wäre froh, wenn Ihr mitkämt. Sie, liebe Nani, haben ja zu Jean-Dominique gesagt, Sie würden gern hingehn, wenn es nette Leute sind – bitte kommen Sie also heute mit Klaus, Ihr seid von Alain Jouffroy persönlich eingeladen.

Ich selber soll noch eine Bekannte mitbringen, mit der ich um viertel vor neun am Trocadero (Denkmal Marschall Foch) verabredet bin. Jean-Dominique konnte ich nicht erreichen, ich weiß aber, daß er kommt. Solltet Ihr ihn vorher noch sehen, so kommt einfach mit ihm. Ich werde noch gegen 8ʰ bei Euch im Hotel anrufen.

Ich hoffe sehr, daß Ihr kommt.

Alles Schöne und Dunkelblaue
Paul

53 *Klaus Demus an Paul Celan*

Mulhouse, Gare, [Poststempel: 3. August 1951]
Lieber Paul,
Straßburg und Grünewald erschweren noch den Abschied. Hab mich so gefreut, daß Du uns heimgeleuchtet hast.[1]
Nani grüßt Dich.

Klaus.

54 *Klaus Demus an Paul Celan*

Schloß Weißenstein,
Sonntag 12. August 51.
Mein lieber Paul,
ich sitze im Gras auf einem kleinen Hügel des Parks vor dem Schloß, in der Morgensonne. Das Sitzen und Hiersein ist schon eine Aufgabe, deren Schwierigkeit mit dem Umraum gegeben ist: hohe Berge rings um den Talkessel, die gegen das pastenartig satte Himmelblau mit ihren Matten und Felsen, Halden und Schneestellen eine rötliche Strahlung besitzen, so daß es scheint, als dränge das Schauen nicht ganz zu ihrer fernen plastischen Wirklichkeit, sondern erhielte nur ein Bild als Nah-Überset-zung ihres fern abgeschlossenen Seins, ein geborgtes Bild, das noch dazu durch die Überwindung der Luftschichten des Hö-henunterschiedes in strukturelle Verschiebung gebracht wurde.

Vor allem ist es aber die Entfernung dieses doch den ganzen Blickraum beherrschenden Mauerkranzes, die das ganze In-der-Welt-Sein hier als eine synthetische Aufgabe darstellt, die mir noch nicht gelungen ist, so sehr sie mir Anreiz und Notwendigkeit auch zu einem Gedicht ist. Es sind Ferien, und das ist eine nicht ganz erweckte Zeit, dennoch ruhig und gelöst.

Das Alleinsein ist etwas ganz Neues. In Millstatt, wo Nani, im Hauswesen sehr beschäftigt, mir viel zu warten gab, bis wir dann nachmittags schwimmen und spazieren gehen konnten, wußte ich es nicht zu nutzen, hatte für Bücher nicht den nötigen Anlauf, zum Denken noch zu viel Herzensregungen. Die Zeit in Frankreich war, wie Du wohl errätst, ein wenig turbulent und oft über mein Vermögen hinaus schwer; mein so großer Hunger nach Nani machte mich übernervös, und sooft mir Nani auch gab, wonach ich bedürftig war, konnte ich doch alles sehr schlecht. Dein Mitunssein, lieber Paul, und besonders Dein guter Augen-Trost beim Abschied, half mir viel und ließ mich erkennen, was bleibt und wirklich ist.[1]

Nun hab ich mich in den Schatten geflüchtet und sitze auf den hängenden Terrassen unterhalb der Efeumauer des Schlosses, in einer Laube über dem Tal, inmitten Klematis, Heckenrosen, Sonnenblumen, Malven, Phlox und vielen hohen Staudenblumen in den herrlichsten Farben. Das Schloß ist ein kleines Wunder an stillem Luxus und ausgesuchtem Geschmack; die schönsten Dinge in allen Zimmern, überall Bücher, Stiche, alte Karten, schöne Geräte, Orientalisches, und alles in die Ruhe der Zwanzigerjahre eingebettet. Mein Bruder arbeitet, leider spielt er nicht vor. Ein junger Philosoph, ein Freund von Jörg und von mir, ist seit kurzem Kastellan, dann sind noch ein paar Leute hier außer dem Schloßherrn, der Jörgs Freund ist. Alles ist ruhig, selbstverständlich. Kein dienstbarer Geist, die Arbeiten werden von allen getan. Es wäre sehr schön, wenn Du hier wärst, lieber Paul; vielleicht wird es einmal sein können.

Seit zwei Tagen bin ich hier; morgen fahre ich heim und werde in Spittal für drei Stunden Nani sehen. In Wien werde ich in der Wohnung allein sein, meine Eltern fahren weg, – bis Nani Ende August kommt. – Schmetterlinge fliegen herum und in den Malven sitzen metallische Käfer, in den Sonnenblumen Bienen.

Habe wieder in Bücher geschaut – Valéry, Hölderlin, Spender, Claudel, vieles noch. Zu Kunstbüchern muß ich jetzt eine schulfreie Einstellung gewinnen, auch das viele so gut Bekannte wieder dem Ganzen zuordnen lernen. In Bilderbüchern der Art von »Atlantis« mache ich Weltreisen, gehe ungebunden durch Astronomie, Naturwissenschaften und Völkerkunde, kann so richtig alles zum Kreis gruppieren, was eine schöne Bibliothek bietet. Und vor allem lese ich die »Holzwege«, die zwei Abschnitte über die Dichtung.[2] – Spazierengehen kann ich von hier aus mit dem Auge; besonders nachts, wenn der unglaubliche Mond über die Gipfel kommt.

Ich grüße Dich von Herzen, mein lieber guter Paul.
Immer Dein Klaus.

55 *Paul Celan an Nani Demus*

London, 9. IX. 51

Liebes Nanilein, ich denke viel an Sie und Klaus – London ist schön, nicht so schön wie unser Paris, aber sehr geheimnisvoll: zwei Wochen sind darum eine allzu kurze Zeit, um zu wissen, was hier gemeint ist.[1]
Ich grüße Sie herzlich
Paul

[Wien,] 12. September 51.

Mein herzlieber Paul,
wir haben durch Jean-Dominique gehört, daß Du in London
bist. Das ist wirklich sehr schön. Hoffentlich ganz besonders. –
Wir, Nani und ich, sitzen schon lange Tage in unsrer Wohnung –
für ein paar Wochen noch in unsrer, bis meine Mutter wiederkommt, die bei meinem Bruder ist – an einem runden, blau-
betuchten Tisch, in einer Arbeitslandschaft von Mappen (für
verschiedene, neuumrissene Gebiete) und Büchern. Im Zimmer
steht der Schallplattenapparat, wir machen Konzerte. Alles ist,
um möglichst Paris zu erreichen, hier zu haben.

Sprache – Hölderlin, Heidegger, St. John Perse. Gide und Sartre, ein wenig Joyce. Außereuropäische Kunst – Chinesen und
Inkas und Azteken. Wir holen Bücher vom Institut herbei und
eignen sie uns an. Wir lesen viel gemeinsam. Nani hat auch schon
gezeichnet und ich habe geschrieben. Jeden zweiten Abend gehen wir in die Vorführungen der hiesigen Cinémathèque – alte,
gute Stummfilme. Auch den plastischen Film gibts hier schon![1]

Vormittag ist Nani in der Schule, da ackere ich allein, da sich
für mich noch keine Anstellung ergeben hat. So schöne Arbeit
hab ich noch nicht gehabt.

Wien hat in seinem Verfall ganz aufgelöst eine asiatische
Weichheit, besonders an den Säumen der Stadtlandschaft, im
Gürtel ›vor den Toren‹,[2] der sehr verfließend ist und mit den
wechselnden Herbststimmungen oft bis tief in den Kern sich
hineinschiebt. Verwahrlosung und Wildnis stützen sich dort
draußen und diese dort ›reine‹ Ordnung wächst auch hier überall durch, das Gesicht der Stadt wächst auseinander, verfließt –
zum letzten Mal schön vielleicht. Denn schon überdecken viele
neue Komplexe dieses sonst ganz dem hier sehr wechselnden
Himmel gehorchende Häuserland. Aber diese letzte Herbst-
schönheit ist unvergleichlich.

Wir haben an den Samstagen Spaziergänge gemacht und gemerkt, daß auch das offene Land in Verfließen und Auflösung begriffen ist; als ich noch klein war, war das noch Charakter, nun ists schon Geschehen. Die heute aufwachsen haben eine andere, mir nicht mehr vorstellbare Heimat. –

16. September.
Deine Karten aus London sind gekommen, ich danke Dir sehr. Es tut mir leid, daß ich nicht weiterschreiben konnte und Du, in Paris zurück, keinen Brief finden konntest.

Ich habe drei Sachen geschrieben, das letzte direkt in die Maschine; ein bißchen aus der Beschäftigung mit St.-John Perse heraus. Du wirst nicht zufrieden sein, lieber Paul. Nani hat das dritte Gedicht kritisiert und gesagt, der Bereich des Sagens, so weit er sein wolle und in der Geste auch ist, sei noch immer zu begrenzt, rühre nicht ans Allgemeine; Erfahrung fehle oder komme im Augenblick nicht herbei; die Lieblings-Dinge und eine persönliche Esoterik brächten den alchimistischen Charakter dieses Raumes zustande. Sie hat auch gesagt, dies sei wahrscheinlich Dein Urteil. Magst Du mir vielleicht etwas sagen?

Ich glaube, Du weißt noch nicht, daß die von Milo Dor vorbereitete Anthologie von Weigel[3] übernommen und zu den ›Stimmen der Gegenwart‹ geworden ist;[4] ich erfuhr das jetzt von Inge. So läßt sich also Dein Auftrag von mir nicht mehr erledigen. Wegen der Vertonung Deiner Gedichte hab ich bis jetzt noch nichts unternommen, werde es aber tun. Schönberg ist vor einiger Zeit gestorben.[5]

Von Dr. Mohler bekam ich – schon vor einem Monat – eine Abschrift des Absagebriefes an Dich.[6] Du hast ihn doch bekommen? Es ist betrüblich, Paul.

19. September.
Der Herbst ist früher gekommen als der Brief zu Dir. Nani geht vormittags in die Schule, ich lese, arbeite nicht viel. Habe jetzt,

so scheint es mir, eine Schreibe-Zeit; vom Morgen an und von den Wachträumen im Bett begleitet mich immer eine Stimmung, ein Außergewöhnliches, ein dépaysement, aber ich bin zu schwach, um es zu halten und im Tag überall zu sehen. Mit Vorsicht und Hygiene ließe sich darin wohnen, doch diese Haltung – eine Gewohnheit von früher – befriedigt mich nicht mehr. So wächst das jetzige Gedicht langsam, soweit eben der Morgenimpetus reicht. Ich habe auch durch die Beschäftigung mit der außereuropäischen Kunst – besonders der taoistischen Landschaftsmalerei – viele Inseln entdeckt, die zu behalten sind für das Einschmelzverfahren des Schreibens. Aber durch das Lesen – King Lear, Karamasoffs, das Journal von Gide, die Nausée – wird viel verbraucht; ein übriges tun die jetzt ungewöhnlichen Tage des Herbsteinfalls. Wien ist landschaftlich und atmosphärisch immer überraschend, jede Tageszeit hat eine andere Konsistenz; dies macht Wien ein bißchen London ähnlich, rettet ihm jedenfalls das Universum an Weltischem, das wir brauchen. Nani und ich empfinden jetzt ein heftiges Hin und Her von Haßliebe für die Stadt. Es ist hier immer eine Bühne für dépaysement – eine sehr schnell sich drehende; dafür fehlt der Stadt die eigene Bestimmtheit.

Wir sehen Inge öfters, sie hat viel Arbeit.[7] Unlängst war sie abends bei uns, ich habe vorgelesen und wir haben lange über das Romanschreiben gesprochen. – Ich würde sehr gerne einen schreiben, wie ich jetzt überhaupt dem Kunsthistoriker fernrücke; aber mir kommt – als Erklärung für das Nichtfinden einer Aufgabe – vor, als hätte ich das, was ich habe, nicht zu sagen; weil ›haben‹ und ›zu sagen haben‹ etwas Verschiedenes ist.

Gestern und heute habe ich mich mit Klee beschäftigt und bin in seinen Theorien wieder auf die morphologischen Gedanken von Goethe gestoßen, der in Italien erkennt, daß das Ordnungs- und Bildungsprinzip der Natur mit dem des Kunstwerks identisch sein müsse. Ein Satz von Franz Marc ist mir in dem Buch über Klee aufgefallen, er sagt: ›Kunst ist wahrscheinlich das somnambule Sehen des Typischen.<[8] Goethe: ›Es muß gelingen, dem Wie der Organisation sehr nahe zu rücken.‹ Es ist das ›Alphabet des Weltgeistes‹, das er mit siebzig Jahren lernt.[9] An Hölderlin sah ich das so stark: die ›evokatorische Macht der Embleme, die geballte Kraft der Erinnerung – in einem Ausdruckszeichen vereinigt‹ (Juan Gris).[10] Da wäre noch viel zu sagen. Im Schreiben umsteht mich das alles; an das Moderne denke ich jetzt viel weniger.

Christel Draxlmayr[11] hab ich gesehen, nächstens gehe ich mit Nani zu ihr. Sie arbeitet schon lange in einem Büro, sagt, sie sei ganz herausgekommen aus ihrer Beschäftigung mit Lyrik. Von Deutschland erzählt sie nichts Gutes, aber Wien sei eben noch trostloser. Ich habe ihr Dein Manuskript und auch meine Sachen gegeben. – Über die damalige Karte von Dir war sie sehr glücklich, fürchtet nur, daß ihr Brief Dir nicht gut gefallen habe und getraut sich deshalb nicht, Dir zu schreiben.

Lieber Paul, auch ich denke sehr viel an dich. Ich hoffe, daß ich Dir nun öfters und bessere Briefe schreiben können werde.

Nani will Dir erst schreiben, wenn Sie mit Inge – übermorgen – allein gesprochen haben wird.

Ich grüße Dich herzlichst.

Dein Klaus.

57 *Paul Celan an Klaus Demus*

31, rue des Ecoles
Paris, den 20. September 1951.

Mein lieber Klaus,

wieder in Paris, aber auch wieder in der Rue des Ecoles, im alten Zimmer, das jetzt Blümchen an den Wänden hat, eine zitronengelbe Tischdecke und eine Bettdecke von der gleichen Farbe – der raffinierteste französische Geschmack, wie Du siehst. Die Stimmung ist etwas wie eine traurige Fröhlichkeit, die mich immer wieder hinaustreibt. Keine Atmosphäre zum Arbeiten, ich will so schnell wie möglich weg.[1]

London, Dein London, war sehr schön, schön nicht im Sinne jenes in allen seinen Dimensionen vollendeten Gleichmaßes, wie es einem in Paris auf Schritt und Tritt in die Augen fällt, sondern schön in der Art eines Hinweises auf Bereiche, die im Verborgenen bleiben und die man immer wieder auffinden darf, wenn die eigene innere Landschaft erschlossen ist. Vermutlich ist in Paris die Evidenz des Angeschauten zu groß, um jene Umsetzung in Ich-Werte und -Relationen zu gestatten, zu der London einen geradezu aufzufordern scheint. So wird wohl in jedem Gedicht über Paris – ich wage nicht zu sagen: in jedem Pariser Gedicht – ein episches Residuum aufzuweisen sein, an dem der ganze Abstand deutlich wird, der unbetretbare Raum, der dieser Stadt immer vorgelagert bleibt, der sie dem Auge wohl sichtbar, dem Herzen aber nicht immer erfühlbar sein läßt. Immer wieder wird der hier Lebende auf seine eigenen Dimensionen verwiesen – Paris und der Pariser (mag er auch malen oder dichten) bleiben inkommensurable Größen. Daher vielleicht auch die atemraubende Spannung, in der man hier lebt: ist man doch gehalten, Distanz zu wahren, gerade hier!

Wundert es Dich also, wenn ich Dir nun sage, daß ich entschlossen bin, mich aus dieser Beziehung zu Paris, die ich als Umklammerung empfinde, zu lösen, daß ich mir Paris ein wenig vom Leibe halten will, daß ich es nicht mehr, wie bisher, als regierende Macht anerkennen kann? So weit geht dieses Gefühl, daß meine Liebe zu der Stadt bisweilen in Haß umschlägt – in den ersten Tagen nach meiner Rückkehr aus England war es richtiger Unmut, der mich erfüllte, wenn ich durch die Straßen ging. Ein unbequemes Zuhause, dieses Paris!

Nun zu Dir, lieber Klaus. Von Jean-Dominique, dem ich gestern begegnete, erfuhr ich, daß Du dich für die Albertina entschlossen hast[2] – willst Du mir nicht näher sagen, wie alles sich einrichtet? Nani ist also in Wien – unterrichtet sie jetzt?

Wie gern käme ich auf einen Sprung hinüber, wer weiß, vielleicht zu Weihnachten.

Von Inge habe ich zwei Briefe, die auf mehr Ruhe und Ausgeglichenheit schließen lassen.[3] Sie will auch mit Dr. Schönwiese eine Sendung meiner Gedichte arrangieren – triff doch bitte die Auswahl, Klaus![4] Inge meint, sie sei nicht sicher, ob Edith Mill[5] die Sprecherin sein wird – das hat auch keine besondere Wichtigkeit.

Hier noch zwei Gedichte, eines davon aus England. Sicher schreibst auch Du – darf ich etwas lesen? Ich freue mich darauf.

Grüße Nani von mir, grüße Inge.

Ich umarme Dich

Dein

Paul

[*Anlagen:*][6]

58 *Klaus und Nani Demus an Paul Celan*

Wien, 3. Oktober 51.

Mein lieber Paul,

Dein Brief, der die zwei Städte im Hinblick auf die innere Landschaft bedenkt, sagt mir sehr Nahes. Wien ist ja, wie Du weißt, London irgendwo ähnlich, nur sind die dort im Verborgenen bleibenden Bereiche hier zu sehr auch die real wichtigen Stellen, so daß die ganze Stadt für den, der sie kennt, eine wohlbekannte Figuration hat, die man von Zeit zu Zeit abzuwandern sich bemüht, jedenfalls, an welcher Stelle des Netzes man sich auch weiß, immer im Bewußtsein hat. Andrerseits findet man diese Zentren doch nie in einer Existenz vor, sie bestehen eigentlich nur in der – möglichst gefärbten – Erinnerung. So stellt sich der Eindruck einer dauernd versinkenden, erst im Vergangen- und Erinnertsein lebendigen Stadt her; vor fünfzehn Jahren mag sie noch geschlossen bestanden haben. Zu leben hat sie tatsächlich aufgehört. Vielleicht von schlechtem Anschauen getötet.

Erst jetzt, nach Deinen Sätzen über Paris, weiß ich, worin das Unbefriedigende von Paris liegt; es geht dort die Rechnung nicht auf, nie. Und dieses Unvollkommensein, das jeder Ort durch sein So-Sein einfach hat, ist dort letzten Endes nicht gut, nicht fruchtbar, läßt sich nie verbessern, sondern will als Vollkommenheit hingenommen werden. Weil alles in der Stadt Nähe ist, kommt man ihr nicht nahe. Andere, eigene Dimensionen aber haben kein gutes Schicksal; sie sind nur wieder Nähe und Gegenständliches für andere, werden dem Dingsein, das dort als Leben erklärt wird, zu- und dem ›fernen‹ Eigenschicksal der Stadt untergeordnet. Paris ist tyrannisch, London desinteressiert, hat deshalb Raum. Aber ich glaube, daß letzten Endes die Nähe – und Paris – doch das Wärmere, mehr Gebrauchte ist, gerade dann, wenn man sich gegen sie auflehnt. – Es ist gut, daß Du Deinen Wohnort ein bißchen verlegen willst, lieber Paul; ich möchte Dir sehr zureden.

Deine zwei Gedichte sind ein bißchen nach den Städten verschieden.[1] Das Londoner kommt mir vor wie im Nebel geschehend, und durch ihn die bald verhüllte, bald in ihrer Klarheit herkommende Ferne angeschaut. Das ›tritt hervor in eigner Gestalt‹ ist der Schlüssel, der Hintergrund der ersten Zeile, die den Nebel heranbringt. Daß das ›denn nichts‹ getrennt ist, macht den negativen Satz frei und positiv. Seine Form ist schon selbst das gegossene Positiv des Negativ-Sinnes; das macht ihn, von der entgegengesetzten Seite herankommend, ganz leuchtend wirklich. Eine ähnliche Figur, ein Echo, beschreiben die letzten zwei Zeilen; sie bringen in die Naturoffenheit zurück, alles geht auf dadurch. Aber was darin über die Natur hinausgeht, ist die Annäherung des Sagens an den Sinn des Mittel- und Herzstücks, von ›Pappeln‹ zu ›Wassern‹; in diesem ist das ›unstete Herz‹ schon vergessen, gewendet in ein schönes Sichersein, das ganz Dein Eigenstes ist. –

Das Ganze ist eine Einheit und eine besonders schöne Figur von Dir, Paul.

Im Pariser Gedicht willst Du nicht zurück, siehst aber, daß Dir Deine eigene Dimension Raum gibt. Die letzte Zeile ist ungeheuerlich, ganz ins Offene gewandt. Das Schöne ist, daß Du sie im Bezug des ›noch einmal‹ hältst. Ich hätte sie bestimmt frei, absolut sein lassen und dadurch den ganzen Hintergrund, das Menschliche, wie immer eingebüßt.

Beide Gedichte sind sehr, sehr schön. Du hast immer mehr zu sagen, wendest Dich immer mehr an alle, je weniger Du in allen wurzelst und Echo findest.

Hedwig Wagner ist wahrscheinlich jemand, der Dir seines Typs wegen nicht so gut gefallen wird. Sie ist aber eine wirkliche Künstlerin, Paul. Deine Gedichte schätzt sie glaub ich so hoch ein, wie sie es verdienen. Sie ist ganz Natur; von niemandem liebgehabt, deshalb ganz roh. Trotzdem ein sehr feines Menschenkind.[2]

Nani wird Dir morgen noch etwas dazuschreiben. Sie ist furchtbar müde und sagt, ich sollte Dir ihre Liebe sagen.

Wegen der Gedichtauswahl für die Radiovorlesung haben wir mit Inge für nächstens etwas ausgemacht. – Bald mehr.

Ich umarme Dich, mein lieber Paul

Dein Klaus.

10 Minuten vor dem Zug: Sie leben mitten unter uns, lieber Paul. Ein wirrer Zustand macht mir das Schreiben schwer – bitte die Kekslein als Herzensgruß (vom allerersten selbstverdienten Geld!!!) zu nehmen – Ihre Nani.

(Herzliche Bitte: Das Buch an Jean Dominique weiterzugeben.)[3]

Wien, [22. 9.-19. 10. 1951][1]

[...]

Meine Tage befriedigen mich nicht sehr, doch ist alles gut, und ich darf nicht klagen.

Meine Sorge und Liebe, um Sie, Paul, trieb mich zu einer alles genau überprüfenden Unterredung mit Inge.[2]

60 *Klaus Demus an Paul Celan*

[Wien,] Sonntag, 11. November 51.

Mein lieber, lieber Paul,

ich sah heute bei Inge Dein Gedicht ›Feuer und Wasser‹ – es war eine Überraschung.[1] Dein Umgehen mit der Sprache, so fern vom Lauten, ganz sicher, ist hinreißend. Du brauchst Dich nicht zu bemühen, es fällt Dir zu. Wenn man sich denkt, daß Du doch noch jung bist (aber das Alter hat nichts mit Dir zu tun) und an das Kommende denkt, das Du noch schreiben wirst ... Das Gedicht ist eins Deiner schönsten. Ich wünsche mir nur, es von Dir gesprochen zu hören.

Lieber Paul, ich möchte Dir zureden, zu kommen. Vielleicht zu Weihnachten? Wenn Du fliegst, geht alles sehr gut. – Dann noch ein Vorschlag. Im Jänner wird im Schloß Leopoldskron bei Salzburg (in herrlicher Landschaft, hörte ich) im Rahmen des »Salzburg Seminar for American Studies« ein Arbeitskreis für das Thema ›American Prose and Poetry‹ zusammenkommen.[2] Neben amerikanischen Studenten und Dozenten werden noch ein paar österr. (ich denke, einfach deutsch-sprachige) junge Dichter eingeladen werden. Gerhard Schmidt,[3] der mit mir in Paris war und die Leute in Leopoldskron kennt, ist um Vorschläge für die Einladungen gefragt worden und denkt sehr an Dich. Wenn Du willst, so schreibe (englisch) an das »Salz-

burg Seminar for American Studies«*, daß Du gerne teilnehmen möchtest; G. Schmidt wird inzwischen (d. h. in den nächsten Tagen ab heute) die Leute dort von Dir unterrichtet haben.
Nani und Inge meinen auch, es wäre vielleicht gut für Dich,
zwei bis drei Wochen dort zu sein; vielleicht nicht ganz ruhig,
aber doch Erholung und Abwechslung. Die Gebühren von 500
Schillingen sollen nicht Deine Sorge sein, bitte denke nicht
drüber nach; vielleicht kannst Du auch ein Stipendium erhalten
(es gibt welche). – Wenn Du ohnehin zu Weihnachten nach Wien
kommen könntest, wären das dann vielleicht schöne Ferien für
Dich. Darf ich Dich bitten, mir Deine Entscheidung bald zu
sagen? – Hansen-Löve hat mir eine Buchbesprechung für die
Zeitschrift gegeben – Benns ›Fragmente‹ und das ›Traumkraut‹
von Ivan.[4] Der Benn war mir fraglos und eine Freude. Aber Ivans
Buch konnte ich nicht loben; habe mich lange mit Nani beraten
und hätte notwendig Deinen Rat gebraucht. Nun ists schon geschrieben – ob Hansen-Löve es nimmt, weiß ich nicht. Gefreut
hat mich, daß er Dich doch gedruckt hat (ohne mir etwas zu
sagen). Hast Du das Heft bekommen?[5]

Ich habe einen zweiten ›Morgenhymnus‹ geschrieben[6] – es
hat lange gedauert, beinahe war es, sich selbst überholend, ein
»work in progress«; jedenfalls hat es mir als Fahrzeug durch
schöne neugesehene Gegenden gedient und schließt, so glaube
ich, mehr als eine Station ein. Ein Ganzes freilich wurde nicht
daraus. Die zehn letzten Zeilen freuen mich am meisten.

Benn, mir seit einem Jahr interessant, halte ich für einen wirklichen Dichter und habe ihn sehr hochschätzen gelernt. Vielleicht magst Du die ›Fragmente‹ (sie sind unterwegs an Dich)
wie ich.[7] Schade, daß wir nie über ihn gesprochen haben. – Sehr
freut uns alle, daß das Lot und der Merkur Dich »erkannt« haben.[8] Mit Deinem Buch wird es hoffentlich recht bald werden. –

Nani hat jetzt das Dachbodenatelier von Traute; Pillhofer
und ich haben es um- und ausgebaut und bewohnbar gemacht
(es ist sehr schön!), und wir haben den Plan, daß ich mir, sobald
es geht, einen Raum dazubaue.

Mit unserem Heiraten ists leider noch weit; ich habe immer noch keine Arbeit, und die wäre die Bedingung dafür. Verträge und ein Aufsatz – erst zu arbeiten – sind alles. –

Ein bißchen habe ich englische Lyrik gelesen. Hopkins war eine große Entdeckung;[9] er und Joyce gehen dem Englischen ähnlich auf den innersten Grund wie Hölderlin dem Deutschen, scheint mir. Für das Französische fand ich nichts Gleichartiges. – Von den Neuen ist mir Auden zum erstenmal aufgegangen; von Spender und Dylan Thomas gibts erstaunlich Wichtiges. –

Verzeihe, Paul – einen Lichtenberg suche ich seit September für Dich, und auch von Brecht ist nichts zu bekommen; hoffentlich aber bald.[10]

Du weißt gut, daß ich noch viele Jahre brauchen werde, um – einfach erwachsen zu sein. Es ist oft quälend; ich bin noch gar nichts, finde keinen Ernst, weiß noch nichts von meiner Arbeit, überhole mich andauernd im Schreiben (noch kein einziges gültiges Gedicht –) weiß noch nichts von einem Substrat – und glaube doch oft vieles zu wissen. Mein Studium war vielleicht nicht mehr als Allgemeinbildung und liegt weit zurück, irgendwo. Tüchtig zu sein, etwas daraus zu machen – das bringe ich nicht fertig; vor allem keinen Entschluß zu irgendwelcher Kontinuität. Alle bisherigen Äußerungen (und sicher noch einige Jahre weiter) enthalten nicht das, was ich sagen könnte, sind falsch, totgeboren.

Was aber schlimm ist: ich bin zu sicher, daß mit der Zeit alles kommen wird und sehe keine Beschleunigungsmöglichkeit. Bin oft der Zufriedenste, oft der Elendigste; die zwei wissen nichts miteinander anzufangen.

Du hast zuviel Geduld mit mir, liebster Paul. Ich möchte dir gerne regelmäßig schreiben. Magst Du mir bitte ein bißchen helfen? –

Der Morgen hats mir angetan. Das Unaussprechliche in ihm, der Stillstand der Zeit (und doch ihre unerbittliche, unaufhaltsame Wirksamkeit), das Asiatische, Gedehnte, Wachsende, das Wachsen des dépaysements im Blickfeld – und die Tragik des Späterwerdens, Robustwerdens, Sterbens der Morgendlichkeit ... Die Zeit als Thema (samt ihrem Opfer, der Gesamtheit des Seienden) läßt mich nicht los. Wie es mir erscheint, sinds freilich nur subtiler Bewußtseinstechnik und blindgeschlagenen Gefühlen (Stimmungen) deutliche Phänomene (vielleicht liegt hier ein Österreichisches?), kaum übersetz- und bei andren voraussetzbar; aber diese Morgen-Stimmung, die ich jedoch kaum in konkreten, erfahrenen Erinnerungen parat finde, nur einfach weiß, scheint mir jetzt das Wichtigste zu sein; ein für ein feines Stemmeisen günstiger Spalt im Block der Wirklichkeit; eine Quelle (die einzige, die ich sicher weiß). – Von ihr aus, gehe ich übrigens auch an mein Arbeitsthema, das Jahrhundert, heran und mein kritischer Standpunkt für vieles ist da verankert. – Die zwei Gedichte sind von diesem geblendeten Gefühl ganz getragen – aber es kommt nicht durch und heraus, legt sich nicht über das viele Gesagte, wie es bei Dir eine Zeile schon tut. Ich werde noch einmal dasselbe Thema behandeln, aber erledigt wirds dann auch nicht sein – einfach nicht umzubringen ists. »Poesie als dichterische (Bewußtseins-)Bewegung«,[11] das scheint mir gut für mein Schreiben zu gelten. Was Du schreibst, ist Dichtung. Voilà la différence pour toujours. –

Liebster Paul – zu Deinem Geburtstag wünsche ich Dir von Herzen, daß Du gut schreiben kannst, und daß Du Ruhe und Liebe findest. Ich will immer für Dich da sein.

Es wäre schön, wenn Du kommen könntest (schreibe Deine Antwort darauf über Millstatt); Inge, Nani und ich, wir wünschen Dich sehnlichst her.

Ich umarme Dich ganz herzlich
Dein
Klaus.

* einfach nach Salzburg, nicht nach Wien!

Erster Tag im neuen Zimmer.
[Wien,] 28. Oktober 1951.

Lieber, lieber Paul.

Ich bitte um Ihre Verzeihung – in dieser Hinsicht meine ich, das tun zu müssen, fürchte ich, Sie gekränkt zu haben. Während diesen drei Monaten ist meine Liebe und Freundschaft zu Ihnen erprobt worden – davon zu reden oder schreiben ist mir nicht möglich, die allerletzten Dinge gehen ja jenseits dieser Bereiche vor sich. Es waren bitterböse Tage.

Nun hab ich mich davon befreit, wohne in dem Dachboden-zimmer (das Traute und Herr Pillhofer sich gebaut haben) in welchem hoffentlich sehr bald auch Klaus mit mir leben und arbeiten wird. Noch ist er von seiner Familie [...][1] abhängig, leider ohne Aussicht auf eine Stelle – aber nicht mutlos trotz aller Schwierigkeiten. Unser Liebhaben ist größer und wirkli-cher geworden.

16. November 1951.

Unsäglich schwer das Schreiben, die Grenzen, die im Wort liegen, unüberschreitbar. Aus allen diesen Stücken – die nichts zu sagen noch zeigen vermögen, obwohl sie Hinneigung und Berufung sein wollten – soll nun ein Geburtstagsbrief werden.

Sieben Rosen[2] bringe ich und ein Herz voller Dank. Einmal solchen für Ihr einfaches Dasein, Ihre warme Stimme die die Lieder singt abends im Regen und so Wunderschönes zu sagen weiß. Dann aber die anderen Lieder, die alles Gesungene weit übertönen – Paul, sie gehören zum Bleibenden, bilden das Ge-rüst dieser Welt. Das Danken reicht nicht an sie heran. – In schweren Stunden der letzten Monate sind Sie, lieber Paul, in Ihrer vertrauenden, gläubigen Haltung zu Klaus, mir ein Helfer gewesen. Das Erlebte liegt jenseits des Sagbaren – der Dank aber möchte Sie erreichen können. Meine Geburtstagsbitte ist: auch für Sie dasein zu dürfen und können.

Vielleicht wäre Ihr Kommen gut. Inge meint etwas gutmachen zu müssen. Sie ist (zum Ernst und Wirklichen des Lebens
hin) sehr verändert. Ich selber sehe freilich keine Möglichkeit
für eine Bindung zwischen Ihnen Beiden – doch bin ich außen-
stehend – und bange allzusehr um Sie, lieber Paul. So gut ich es
wußte habe ich Inge von Ihrer Haltung berichtet. Um das Ring-
lein bat ich sie – daß es auf so ungeschickte Weise zu Ihnen
zurückkam ist nicht meine Schuld.[3]

Klaus hat Ihnen von Leopoldskron berichtet. Das wäre im
Jänner. (Wir drei würden die dafür nötige Gebühr auf Ihren
Geburtstagstisch legen.) Ob Ihnen diese Art von »Zusammentreffen« angeblich wichtiger Leute nicht unangenehm ist? Sie
könnten es vielleicht mit der geplanten Reise nach Kärnten –
und wenn möglich, mit der zu uns nach Wien verbinden – es
wäre Weihnachten und wir alle beisammen. Bitte, Paul, schreiben Sie mir von Ihren Plänen und allem Notwendigen für diese
Reise – ich bitte Sie herzlich darum.

Paris ist der Ort wo wir jetzt leben müßten – ich sorge mich
sehr um Klaus. Er fand hier keine Tätigkeit und leidet unter
seiner »Untüchtigkeit«, dem scheinbaren Unvermögen, anpak-
ken zu können. Aber Wien ist so haltlos – Aussichten auf Änderung bestehen keine – so ist auch unser Zusammenkommen
noch nicht möglich. Wir haben einander und sind reich – das
übertrifft alles Äußere tausendmal – sorglos – doch außer diesem Frohsein gibt es keines. Wir haben beide Heimweh.

Lieber, lieber Paul. Wir reden immer von Ihnen, denken immer an Sie, haben Sie mit in allem was wir tun. Am dreiund-
zwanzigsten zünden wir die Kerzen an.   Ich umarme Sie
                                              Nani.

Herr Pillhofer bat, Sie zu grüßen. (Er feiert in der übernächsten
Woche seinen Hochzeitstag.) Hermi Unger, eine Kollegin aus
meiner Grazer Studienzeit – ein einfaches, liebes Menschenkind – wird vielleicht einmal bei Ihnen vorbeikommen.[4] Bitte
helfen Sie ihr, wenn sie irgend etwas braucht. Bitte vielmals.

31, rue des Ecoles
Paris, den 14. November 1951.

Meine liebe Nani, mein lieber Klaus!

Wie muß ich mich schämen! Ihr beschenkt mich, schreibt mir –
und ich schweige und weiß ich Euch nicht einmal zu danken![1]
Ich weiß wahrhaftig nicht, wie ich Euch um Entschuldigung
bitten soll, ich schäme mich und schäme mich wieder.

Meine Lieben, habt Dank für alles, habt Dank dafür, daß Ihr
da seid, daß Ihr dieses weite Tor der Freundschaft geöffnet
habt –: Ihr seid meine endlich wirklich gewordene Welt – ach,
Ihr wißt es ja, ich brauche es nicht mehr zu sagen.

Hier sind noch zwei Gedichte, ein längeres – das Euch Inge,
der ich es geschickt habe, vielleicht schon gezeigt hat – und ein
ganz kurzes, dreizeiliges, das ein paar Tage alt ist.[2]

Klaus, Deine letzten Gedichte sind wirklich sehr schön[3] – ich
wünsche, ich wäre imstande, es Dir mit Worten zu sagen, die
deutlich genug sind!

Ich umarme Euch
Immer
Euer Paul

[*Anlagen:*]

63 *Klaus Demus an Paul Celan*

[Wien, November 1951]

Mein lieber Paul, lieber Bruder Paul,

wir denken sehr an Dich und hoffen, Dich recht bald als Gast zu
haben.

Nani schrieb Dir schon, daß ich ein »Haus« baue (eher ein
Kartenhaus); es wird schon bald fertig sein, ja und dann – und

wenn ich verdiene – muß man heiraten; und dazu braucht man auch Trauzeugen und den einen müßte man importieren und der andere Bruder ist auch nie da, so wird das schwierig werden. Aber doch nicht so lange dauern wie fünf Gedichte, glaube ich. (Dein letztes, kurzes, ist wunderbar!) (Überhaupt, wie ich jetzt erfahre, wird das Schreiben, wenn man nichts anderes tut, immer schwerer, vielleicht aber schöner?)

Im nächsten Jahr, so hoffe und glaube ich, wirst Du endlich Dein Buch erreichen. Und dann wirst vielleicht auch Du Dein Haus bauen und dazu muß man nach Paris fahren, so daß zwei Reisen schon feststehen, nicht?

Aber zu Weihnachten machen wir eine Gedankenreise zu Dir. Herzlichst alles Liebe und Gute, bald auf Wiedersehen –

Dein Klaus.

Pillhofer läßt Dich grüßen, und auch der Riemerschmid[1] (er würde sich sehr über eine Karte von Dir freuen).

64 *Paul Celan an Klaus und Nani Demus*

31, rue des Ecoles
Paris, den 15. XII. 1951.
Meine Lieben,
die Schuld, die Brief- und Dankesschuld – wie soll ich von ihr reden, sie umschreiben! Sie ist so groß, wieder so groß, daß kein einziges Wort über sie hinwegkann. Laßt mich also schweigend danken, damit das Mitteilen zu seinem Recht kommt.

Ach, wie gern wäre ich nach Wien gekommen. Ich habe diesmal länger gezögert als sonst, aber der Entschluß war auch diesmal negativ: ich kann nicht fahren. Nicht der vielen äußeren Schwierigkeiten wegen, das heißt nicht allein darum, weil ein paar Klippen zu umschiffen sind. Sondern auch deshalb, weil Paris es mir nicht erlaubt. Ich habe es noch einmal – zum wievielten Mal? versucht, aus diesem Leben hier ein Kontinuum zu machen – und jede Unterbrechung muß mir untersagt bleiben, wenn ich mit dem mühsam Unternommenen irgend zu Rande kommen will. Paris gibt mich nicht frei – wie lange noch, es ist, fürchte ich, unabsehbar.

Ihr wißt ja, seit wie langer Zeit mich der Wunsch quält, nach Wien zu kommen. Denn Wien, das seit jeher unwirklich nahe, ist für mich beinah wieder zu dem geworden, was es lange, schmerzliche Jahre hindurch war: der schmale Streifen Heimat, gesäumt von Unwirklichem und Unmöglichem.[1]

Wie seltsam: so wenig Lebenswege in diesem Raum, und dennoch von diesem Raum bestimmt; hinausgeschleudert über seine Grenzen und dennoch ihm zugewandt mit einem ein wenig ungläubigen, aber suchenden Herzen ...

So kann natürlich auch aus der Reise nach Salzburg nichts werden, aber ich finde mich leichteren Herzens damit ab.[2] Leider fällt mir erst jetzt ein, daß die Einladung ja auch an einen andern im Ausland lebenden Dichter hätte ergehen können. Ist es jetzt schon zu spät? Ich denke, daß Erich Fried der geeignetste wäre, geeigneter als ich auf jeden Fall.[3] Er hat sich viel mit amerikanischer Lyrik beschäftigt, hat auch manches übersetzt. Vielleicht ist es doch nicht zu spät ... Die Geldmittel sind vielleicht nicht allzu schwer aufzubringen. (Ich besitze nämlich etwas Geld in Wien, inzwischen werden Jenés von Sexl den Erlös für die verkauften Gedichtbände bekommen haben.[4]) Heute erhielt ich vom Kosmos-Theater eine Verständigung darüber, daß aus Anlaß eines »österr. Abends« drei Gedichte von mir gelesen wurden – seid Ihr dabei gewesen?[5] Welche Gedichte waren es denn, und wer hat sie gelesen? Habt Ihr vielleicht ein Programm der ganzen Lesung?

Kläuschen, ich lege diesem Brief eine Vollmacht bei und bitte Dich, das Honorar von 100 Schilling zu beheben. Die Leute vom ›Kosmos‹ wollen wissen, wann und wo ich geboren bin, und wie mein Vater und meine Mutter mit Vornamen geheißen haben. (Wozu, wüßt ich gern.) Die Geburtsdaten kennst Du ja, sag sie ihnen bitte. Mein Vater hieß Leo, meine Mutter Friederike. Pourquoi, diable, ont-ils besoin de le savoir?!

Ich lege noch ein Gedicht bei, von dem ich nicht recht weiß, ob es schlecht oder sehr schlecht ist[6] – Ihr sagt es mir, ja? Aufrichtig!

Denkt ein wenig an mich, wenn Ihr die Lichter am Weihnachtsbaum ansteckt!
Alles Frohe!
    Euer Paul

Liebes Nanilein, beinah hätte ichs vergessen: ich habe eine gro-große Bitte an Sie: Könnte Sie mir Ihre Dissertation über Kafka leihweise überlassen?[7] Sie wäre mir für eine kleine Arbeit für die Sorbonne von enormem Nutzen! Wenn Sie's aber nicht können (hoffentlich können Sie's!), so würde ich Sie um Ihre Kafka-Bibliographie bitten. Bitte, bitte. Ich bin Ihnen sehr dankbar.
Paul

[*Anlage:*]

Da du geblendet von Worten
ihn stampfst aus der Nacht,
den Baum, dem sein Schatten vorausblueht:
fliegt ihm das Aschenlid zu,
darunter das Auge der Schwester
Schnee zu Gedanken verspann –

Nun ist des Laubes genug,
Windhauch und Spruch zu erraten,
und die Sterne, gehaeuft,
stehn jetzt im Spiegel der Zeit.

Setze den Fuß in die Mulde, spanne das Zelt:
sie, die Schwester, folgt dir dahin,

und der Tod, aus der Lidspalte tretend,
bricht zum Willkomm euch das Brot,
langt nach dem Becher wie ihr.

Und ihr wuerzt ihm den Wein.

65 *Nani Demus an Paul Celan*

Donnerstag in der Woche vor Weihnachten
[Wien, 20. 12. 1951]
Mein lieber, lieber Paul.
Klaus arbeitet im Nebenraum an seinem Haus, das neben dem
meinem zu entstehen beginnt – es ist der erste laute Schritt zur
Verwirklichung unseres Klausnani-Daseins. Bis zum Frühling
oder Sommer wird es fertig sein – (die Verspätung wird durch-
aus mir in die Schuhe zu schieben sein weil ich während der
Vorbereitungen bunte galaktische Systeme auf weiße Blätter
zeichne und den Ernst nicht begreifen will).

Ob Sie unser erster Gast sein werden Paul? – Seit dem Geburtstagsbrief bangte ich um Ihre Entscheidung und warte, das
Christkind könnte Sie doch noch bringen? Sie gehören uns,
Paul, sind durch Ihre Güte und unsere sowie Ihre Liebe unser
Besitz geworden – ich bitte so vielmals um ein klein wenig
ahnenlassen Ihrer Pläne, Ihres Lebens. Wird Sie der Sommer
hereinschneien? Ich meine es fast und das Schreiben scheint
überflüssig.

Zum Weihnachtsgruß dazu noch ein Zweites: Beppino Bevilacqua, mein italienischer Freund kennt und bewundert, liebt
Ihre Gedichte.[1] Die Übersetzung als Gruß von ihm. Das Erste
ist armselig und bittet freundlich um Aufnahme (es wird hoffentlich rechtzeitig angeklopft haben.).

Frohe Weihnachten in Liebe und Freude

Nani.

Wien, 12. Jänner 52.

Mein lieber Paul,
wie schmerzlich ist uns die Entfernung von Dir, besonders, da
wir beginnen müssen, an ein eingerichtetes Leben hier zu denken und unter allen Menschen nur mit Dir in wirklichem Her-
zensgespräch sind. Trotzdem, und nicht nur aus Notwehr gegen
die Perspektiven einer leider wahrscheinlichen Umklammerung im Hiesigen, die wir längere Zeit nicht ohne Schaden werden ertragen können, glauben wir für die Zukunft an einen
Lebenskontakt mit Dir, denn die Zeiten müssen einmal weniger
feindselig, gewährender werden. Vorerst einmal müssen Nani
und ich um das nackteste Leben kämpfen – und leider fehlt mir
ein bißchen Tüchtigkeit dazu –, aber wenn dieses Anfangen
vorbei sein wird, werden wir mehr unserem schon in vielem
so klar gewußten Lebenssinn nachdenken können und damit
auch daran, wie wir mit Dir zusammenkommen können.

Ich hoffe sehr, daß Dein Versuch, wieder ein Kontinuum zu
erreichen, nicht ganz mißlungen ist, lieber Paul. Ich glaube
schon, daß Du in Paris bleiben mußt, trotzdem Du nicht so
sehr an das Technische der Lebensgestaltung denkst wie Nani
und ich noch (mitten drin sein, die guten Filme, Bilder sehen
und sich mit den eigenen Versuchen einschalten können, weil
wir für Wüsteneinsiedelei einfach noch zu neugierig auf die
Welt sind, noch erst etliche Geweihe abstoßen müssen); Du hast
es nicht notwendig, noch reicher werden zu müssen, aber wie,
wenn, was Du denkst und schreibst, nichts, kein Stein und kein
Gesicht Deiner Umgebung bestätigt, hält, wie es doch Paris so
sehr tut? Und es gibt sogar Heimaten, die das nicht können –
Es ist so mühsam, hier etwas zu schreiben. Einzig der Himmel, der jeden Tag einmal und auch in den Nächten, wenn ich
von Nani heimfahre, mit dem Rad, ins Unbeschreibliche auf-
reißt, und das Geschehen der Tageszeiten unterstützen die Suche nach Figuren und Sätzen, all dies helfend Vorschwebende

hat etwas ganz hoch Dahinziehendes, zu Meeren Hinschauendes und mit dem Darunter der Stadt nichts zu tun. So kann ich hier nur in den Tageszeiten zu Verdichtendes finden und es ist schwer, für das Wolkige Worte zu finden in einer ganz anders eingerichteten Umgebung, die Verwandlungen nicht kennt. So bring ichs zu keinem Rande, obwohl ich mit ernstester Aufmerksamkeit beobachte, um ja keinen Augenblick, in dem Gewalt sein könnte, zu verpassen und jeden Fingerzeig eines Buches, einer angeschwemmten Reproduktion zu nutzen. Ich lasse die Maschine laufen, wann immer es nur geht, aber sie läuft leer; der Mühle fehlt das Korn. Und trotzdem lasse ich meine Tage, alles andere abbauend, mehr als je nur Mahltage sein. Gedichte ohne Worte ..

Lieber Paul, Du hast uns mit »Schlecht« und »Sehr schlecht« keine richtige Alternative gesetzt: Dein Gedicht (›Da du geblendet von Worten‹) ist <u>sehr</u> schön; ich fürchte nur, ich kann es Dir nicht gut genug sagen. Als ichs aus dem Brief nahm und zum erstenmal las, hatte ich sofort einen ganz starken Eindruck, der genauso geblieben ist. Sprachlich ganz überzeugende, starke, in der Sukzession gänzlich unerwartete und darum und gleichzeitig aus ganz aneinandergeschlossenen Worten bestehende Stellen sind darin – die schönste vielleicht die ersten drei Zeilen: es gibt sprachlich nichts, was ich für endgültiger hielte. Stören tun mich allein (ich ahne mein Unvermögen dabei, bin aber nicht schlüssig) die dritt- und vorletzte Zeile; vor sie habe ich einen nicht mehr zu reparierenden Riß hineingelesen. Völlige Kohäsion scheint mir das Gedicht nicht zu haben (vielleicht meintest Du das –), vielleicht steht es zu sehr auf beiden Seiten, alt und neu, aber ich finde, daß das der ganzen Figur nicht schadet. Die ersten beiden Strophen mit der letzten Zeile der dritten sind ganz kompakt, wirklich herrlich; dann kommt vielleicht ein Dahinfliegen, ein vielleicht zu abschüssig-schneller Abgesang. Aber die so entstehende Figur hat ganz persönliche Echtheit. Ich finde es doch ein sehr gutes Gedicht, Paul. –

Den Kosmos-Abend (wir erfuhren erst durch Deinen Brief

davon) soll Hans Weigel zusammengestellt haben. Welche drei Gedichte gelesen wurden, konnte ich nicht erfragen; vielleicht kann Inge es herausbringen. Das Honorar bekomme ich in drei Wochen, sagte man mir. Die Daten mußte ich den Leuten geben – die Bürokratie will es so. – Für Deinen Vorschlag, E. Fried betreffend, war es leider schon zu spät: am 3. Jänner begann der Turnus schon. – Verzeih, daß ich mit der Abschickung von Nanis Dissertation zögerte: es hätte jemand nach Paris fahren sollen und mußte es dann doch verschieben. – Frau Erica Jené war bei Sexl: er scheint wirklich nur 20 Exemplare verkauft zu haben.[1] –

Alles Liebe, Paul.
Dein Klaus.

Ich möchte nun doch sagen: das Gedicht ist ein Ganzes, und es ist herrlich .. Lieber Paul: die schönen Bücher –
Es ist nun schon der 24. I. geworden –:
Nani hat jeden Abend bis Mitternacht zu arbeiten – sie wird Dir bald schreiben. Und ich schicke den Brief ohne sie ab.

67 *Klaus Demus an Paul Celan*

[Wien,] 5. Feber 52.
Mein lieber Paul,
verzeih bitte, daß ich vergaß, dem letzten Brief das Programm beizulegen und Dir deshalb bestimmt Gedanken gemacht habe. – Ich werde in nächster Zeit im hiesigen Art-Club-Lokal (ein Barraum, Souterrain, mit Bastmatten ganz verkleidet, an denen wechselnd Bilder hängen) Deine und meine Gedichte vorlesen.[1] Riemerschmid hat Übertragungen (das schönste [von] Michaux und Ponge), Okopenko und zwei andre ihre – sehr minderwertigen – Erzeugnisse gelesen. –
Im Institut für Gegenwartskunde, das Hansen-Löve leitet,

waren ein paar ganz gute Vorträge. Kunstfilme über Lautrec, van Gogh und Gaugin habe ich kommentiert, im März kommen Filme über Maillol und Braque und am 13. März werde ich einen Vortrag über das »Neue« in der modernen Kunst halten.[2] – Lieber Paul, ich habe mich in letzter Zeit sehr mit Gedanken über mein Schreiben geplagt und möchte sie Dir zusammenfassen. Auch habe ich vor einigen Tagen einen Brief mit den letzten Sachen an Gottfried Benn geschickt. Wenn er antwortet, möchte ich ihm gerne von Dir etwas schicken. –

[...]

Es sind einige Tage verstrichen. Ich habe inzwischen ›Finegans Wake‹ von Joyce bekommen und lese es wie ein Brevier. Auch hab ich eines Nachts ein Stück Lettrismus geschrieben – ich lege es Dir bei.[3] Das Ende der Sackgasse ist erreicht. Es wird schwierig sein, einen Rückweg zu finden, qui ne cesse pas d'avancer.

Von Benn habe ich nun auch die Selbstbiographie (oder Selbstverteidigung) ›Doppelleben‹ gelesen – leider. Er ist, so sehr in den großen Gesetzen, dennoch eng, vom falschen Ton des heutigen Deutschen. Ich habe rapiden Verbrauch an Göttern .. –

Die Wiener Krankheit zeigt als erstes Symptom Kulturbedürfnis, nach Importen. Es ist ein teigiges Schattendasein hier, Paul. Kein Gleichgewicht zwischen Tagen und Nächten. –
Ich umarme Dich.   Dein Klaus.

Lieber Paul – ich habe Dich sehr lieb. Nani.

Heute bekam ich Dein Honorar für den Kosmos-Abend. Ich traf einen Maler (oder Poeten?), der bei Dir in Paris war + mir einiges erzählte.[4] Er sagte, Du hättest gerne einen Nietzsche.[5] Ich will mich bemühen; hoffentlich gibts einen.

[*Anlage:*]

Paris, den 27. Februar 1952.

Liebes Nanilein,

Kläuschens letzten Brief – er ist zu meiner Schande und Verzweiflung immer noch unbeantwortet, soll es aber nicht länger bleiben – ist ein kleiner Satz von Ihnen hinzugefügt. Sie sagen darin so wunderbar viel, Sie sagen Du zu mir, und so darf ich nun wohl auch Du zu Ihnen sagen, Nanilein, ich sage – wie schön, daß ich es gerade zu Ihrem Geburtstag zum erstenmal sagen darf! – ich sage: Liebes, liebes Nanilein, ich wünsche Dir von Herzen, vom Grunde meines Herzens wünsche ich Dir Glück, wünsche ich Dir das Glück, mit dem man auf du und du steht, das große Du-Glück, das durch Wälder und Träume rauscht, das aus der Lampe strömt, wenn Du das Buch aufgeschlagen hast, das Glück, das ich selber empfinden darf, wenn ich ›Klaus Demus‹ denke.[1] Das alles wünsche ich Dir, Nanilein, und zu all dem eine große, schöne Tür, die sich öffnet sooft Du es wünschst und durch die all das zu Dir kommen kann, das Du herbeisehnst; und in dieser Tür einen kleinen, beinah unsichtbaren Spalt, den vielleicht niemand kennt außer mir, und durch den ich zuweilen einschlüpfen darf zu Dir, zu Euch, um Guten Abend zu sagen, um dem Leben zu sagen, wie dankbar ich ihm bin, daß es Dich, daß es Euch gibt.

Dein

Paul

Ich danke Dir für die Dissertation: sie ist sehr schön und für mich von großem Nutzen.[2]

Epidauros, 5. April 52.

Mein liebster Paul,

seit etwa einer Woche bin ich auf einer Griechenlandreise, mit einem Schiff, sah Korfu, Delphi, Korinth, Ägina, 2 Tage Athen, Mykene, Tiryns, und sitze nun im Theater von Epidauros im Peloponnes in herrlicher Landschaft, in den Bergen. Es ist hoher Sommer, überall Blumen, Asphodelen, große rote Anemonen, Ölbäume und Steineichen. Die Seefahrt ist herrlich – Löwen gleich steigen die Morgen des Meers .. Wie gerne hätte ich Dich und Nani hier; vielleicht kann es einmal sein. – Verzeih mein langes Schweigen, ich hatte bis zur Abreise wochenlang Akkordarbeit. – Griechenland grüßt Dich, lieber Paul. Χαῖρε![1]

Dein Klaus.

Wien, 5. Mai 1952.

Mein liebster Paul,

wie geht es Dir denn? Ich weiß ja, daß es Dich gibt, und das ist eine immer gleichgroße Freude. Daß Liebstes nahe wohnt, wenn auch auf getrenntesten Bergen.

Ich habe eine Gelegenheit benutzt und bin 18 Tage in Griechenland gewesen. Leicht fiel es mir nicht, allein zu fahren, ich weiß auch jetzt noch nicht, ob es ganz richtig war. So hat die Reise für mich die Bedeutung einer Vor-Erkundung für später. – Auch Du solltest nun die Gelegenheit nutzen und nach Deutschland fahren; ich möchte Dir allerdringendst zureden. Wenn auch vieles unangenehm und der Preis für Dich nicht erreichbar sein wird, so wäre es doch die beste Chance, um mit Autoren, Verlegern und interessierten Kreisen bekanntzuwerden und etwas anzubahnen.[1] Ich würde es an Deiner Stelle unbedingt tun, lieber Paul. Ich schreibe Dir am Schluß des Briefes noch darüber. – Vor meiner Abreise Ende März sprach ich kurz telephonisch mit Frau Erika, leider konnte ich sie nicht mehr sehen, um zu erfahren, wie es Dir geht. Und den von Dir geschickten Franzosen haben Nani und ich auch verpaßt, Nani war in Millstatt.[2] – Ich hatte im Art-Club einen Lese-Abend, habe je dreiviertel Stunden Deine und meine Gedichte vorgelesen. Es waren leider nur etwa vierzig Leute da. Deine Gedichte (die letzten ziemlich vollzählig,[3] von den früheren auch mehrere) konnte ich ganz gut lesen, hatte spürbaren Kontakt. Bei meinen, wohl weil sie auch zum Sprechen nicht geeignet sind, verlor ich etwas die Gewalt über das Auditorium. – Dich kennen in Wien nun schon viele Interessierte, ich erstaune oft darüber. – Hansen-Löve sagte mir, er wolle wieder Gedichte von Dir in die Zeitschrift nehmen, und zwar letztere.[4] Ich nehme an, daß Du ihm zusagst? Er wird übrigens am 15. Mai für drei Tage nach Paris kommen, ich will ihn vorher noch sehen. – Lieber Paul, ich habe jetzt – mit dem Erlös vom Sexl-Verlag, worüber ich Dir nächstens die Abrechnung schicke – 350 S. – von Dir.[5] Hast Du irgendeinen Wunsch oder eine Direktive für die Verwertung? Soll ich dir das Geld irgendwie direkt zukommen lassen? Schreibe bitte ein Wörtchen deshalb. – Ich habe seit dem Winter noch nicht viel geleistet. Im März hatte ich zwei Vorträge; den einen schicke ich dir, der andere war über Picasso und Braque. Im wesentlichen ist es noch der gleiche Gesichtspunkt wie bei der Dissertation: das Formale als direkter Niederschlag des künstlerischen Wollens und seines Duktus.[6] Jetzt mache ich Überlegungen zu einem Aufsatz über dieses Thema und sehe, wieviel gründlicher man alles durchdenken muß. – Sonst habe ich gar nichts geschrieben, vielleicht muß ich aus dem Formalen heraus oder noch einen Schritt weiter darin gehen. – Arbeit habe ich noch immer nicht gefunden, es ist jetzt die Hauptsorge. Aber ich habe ja auch keinerlei Qualifikationen. Und Nani wartet schon so sehr, das Probejahr ist bald zu Ende, dann weiß sie auch nicht mehr weiter. –

Die Griechenlandreise war nur ein kurzes, konzentriertes Erfassen von Einzeleindrücken. An den Blumen und Steinen, die ich von jedem Ort mitnahm, sehe ich, wie wenig Wirklichkeit meine Erinnerung halten konnte. Das Grundthema ist mir nun, wenn ich über das Geschaute und tiefer als über die bloße Landschaft nachdenke, die besondere Art der menschlichen Leistung in allem, was die Griechen getan haben: im besonderen ist es das Problem der Entstehung des Tempels. Die Landschaft Griechenlands, bergig, steinig und mehr als jede andere, die ich kenne, nach oben offen, ganz nackt unter dem Blau und selbst Lichtregion, duldet kein Anderes, will aber, so sehr urtümlich, geologisch alt und ›Mitte‹ (d. h. ohne Sekundäres, Fremdes, Exotisches in ihrem Charakter), ein Bindeglied zwischen sich und dem Himmelsraum haben, eine bekrönende Verdichtung ihrer selbst: und die ist der dorische Tempel; kein Haus (das Innere, der Cella-Raum ist ja unzugänglich, dunkel, kein Gotteshaus und kein Schrein, der Altar steht vor dem Bau, man geht nicht in ihn hinein), sondern ein ›Mal‹. Meist hoch gelegen, Akropolis, auf Steilpunkten über dem Meer, hell, heiter, menschliche Jugend, die Setzung der Götter durch den Menschen. Barriere, festgemauertes Diesseits gegen das Jenseits, ohne Seite auf dieses. Wodurch freilich auch, ganz leise, ein Tragisches spürbar wird, selbst noch in den heiteren Trümmern: die Unzulänglichkeit des Diesseitigen, auch wenn die Götter diesseits wohnen. Jenes aber ist furchtbar, nicht transzendierbar, keine Spur von ihm zeigt sich in der Natur – winterlos wie sie ist, die Ölbäume haben immer ihr Laub –, es ist allein durch die Angst des Menschen. – Unbeschreiblich heiter ist das Meer in der Inselwelt. Es hat nämlich menschliches Maß, Segelboote sind sein Divisor, ist kein Ozean, keine Übernatur. Die Kykladen sind ganz Mitte der Welt: Felsinseln überall, kahl, bergig im flüssigen blauen Farbstoff, unter ungeheurem Licht, lebendige Winde. Auf manchen kalkweiße Dörfchen getürmt, dachlose blendende Kuben, die grellen Glockentürme der kleinen Kirchen, auch die Häuser noch mit Hellblau und

Rosa neben dem Weiß. Man sieht keinen Verkehr, das Meer ist rein: und die Inselbewohner entsetzlich arm, arbeitsam so weit es Arbeit gibt, aber die ist bald getan: Fast möchte ich sagen Verdammte Inseln. Und dabei im Frühling Blumenparadiese, alle Blumen größer und reiner ausgeformt + gefärbt, Blumen ohne ›Lokalcharakter‹, ganz Norm und Mitte des Blühens. Aber für Menschen kein Nährboden. Eben ein offenes Land, kein Wohnraum; ein Bienenland, selbst im rötlichen Poros der dorischen Säulen wohnen Bienen. – Noch deutlicher vielleicht als im Gesetz des Parthenon wird das Künstlerische in der Plastik. Im Griechischen liegt der direkteste Weg von einfachem Tun zum absoluten Kunstwerk: keine Reflexion, kein Artifizielles ist zwischengeschaltet, ich möchte sagen die Größe des Kunstwerkes ist kausal verbunden mit der Wichtigkeit des Auftrags: je mehr Müheaufwand, desto vollkommener das Werk; das ›Künstlerische‹ als Begriff existiert noch gar nicht. Glücklichster Menschheitsaugenblick. – Korfu, Golf von Patras mit Delphi: in den Bergen, nahe beim Parnassos, kreisende Adler; Korinth, Ägina mit dem Tempel der Aphaia ganz einsam über Landschaft und abendlichem Meer; Athen ganz blendend; die byzantinische Mosaikkirche Daphni, über die mein Vater ein Buch geschrieben hat. Mykene, Tiryns, Epidauros am Peloponnes, die Kykladen mit Delos, der Blumeninsel; Rhodos mit Minarets, die Berge von Kleinasien im Schnee sichtbar, ein Tempel direkt über dem Meer; Kreta mit den minoischen Palästen in Knossos und Phaistos, der Berg Ida; die Vulkaninsel Santorin; Sparta und die byzantinische Ruinenstadt Mistra; Olympia, der Hain, der Zeustempel in Trümmern unter hohen Aleppokiefern, die Plastik; und die Insel Leukas, das alte Ithaka. Auf der Rückfahrt ein Tag im vertrauten Venedig. –

Lieber Paul, ich bitte Dich dringend: <u>schreibe gleich, womöglich sofort</u> ein Kärtchen, ob Du nach Deutschland fährst (am 20. beginnt die Tagung in Hamburg, Du bist auf der Teilnehmerliste, von München hast Du einen Platz im Autobus nach Hamburg), ob Du alles bekommen hast und alle Details weißt. Wenn etwas nicht funktioniert hat, kann Inge es noch reparieren, aber Du müßtest sofort schreiben. Auch wenn Du nicht fährst, was ich nicht hoffe, schreibe dies bitte gleich. – Die Fahrt bis München müßtest Du selbst bezahlen, es ist aber möglich, daß Du sie nachträglich ersetzt bekommst, rechnen kannst Du aber nicht damit, ebenso für die Rückfahrt. Gelt Paul, Du schreibst bitte sofort ein Kärtchen, ja? Es ist wichtig. – Nani grüßt Dich von Herzen. Ich umarme Dich, liebster Paul –

Dein Klaus.

71 *Klaus Demus an Paul Celan*

[Wien,] 13. Mai 1952.
Lieber Paul,
sei uns nicht böse, daß wir eigenmächtig gehandelt haben. Du wirst für Deine Deutschland-Reise sicher etwas nötig haben, und dies ist nun Dein Geld, das ich in Verwahrung hatte. Hansen-Löve hat es nach Paris mitgenommen. Wenn Du nicht fahren solltest und lieber in Wien etwas liegen haben wolltest, kannst Du es sicher wieder jemandem mitgeben.

Liebster Paul – wir glauben daß diese Reise für Dich notwendig und gut wäre. Neunhundertneunundneunzig Engel sollen Dich auf ihr behüten – wenn Du Dich entschließen kannst, sie anzutreten.
Nani.
Herzlichst Klaus.

[*Anlage:*][1]

98

[Wien,] 14. Mai 52.

Liebster Paul,

dies ist ein Ölzweig von Olympia, von einem Baum, der über
die Fundamente des Zeus-Tempels hängt – Abkomme des heiligen Ölbaums, mit dessen Zweigen die Dichter und Sieger be-
kränzt wurden. Ich habe ihn für dich gepflückt.

Ich muß Dir noch sagen, wenn Du nach Deutschland fährst,
mußt du Donnerstag den 22. Mai vormittags in Hamburg sein
und beim nordwestdeutschen Rundfunk* erfragen, wo und
wann Du Dich zur dreistündigen Fahrt nach Niendorf (an
der Ostsee; der Tagungsort) von Hamburg ab einfinden sollst;
sie soll am gleichen Tag abends vor sich gehen. Die Teilnehmer
treffen von München im Lauf des Tages in Hamburg ein.
Und nun warte ich sehr auf ein Kärtchen von Dir.

Dein Klaus.

* Hamburg 13, Rothenbaumchaussee 132-134, Ernst Schnabel.[1]

73 *Paul Celan an Klaus und Nani Demus*

[Poststempel: Lübeck, 26. 5. 1952]

Liebe Nani, liebes Kläuschen,

ich denke an Euch, mit dem Herzen denke ich an Euch

    Paul

Eschersheimer Landstraße 6
(bei Janheinz Jahn)[1]
Frankfurt, den 31. Mai 52.

Mein guter Klaus,

es ist so schwer zu sagen, was ich von all dem halten soll – es war aufregend und dennoch beinah ganz ohne Niveau.

Inge hat mich wieder sehr enttäuscht.[2] Sie hat mich nämlich wieder verleugnet und es sogar so weit gebracht, sich gegen mich ausspielen zu lassen: ihre Gedichte, nicht die meinen, blieben die gültigen, und sie ließ es sich, lächelnd vor Glück, gefallen, als <u>die</u> Dichterin angesprochen zu werden ..

Und dieser Erfolg hatte nun keineswegs rein literarische Ursachen. Und dann kam sie und fragte mich, ob ich sie heiraten wolle. Und kam und bat mich um einen Titel für eines ihrer Gedichte, das nun in der ›Literatur‹, der Zeitung der Gruppe 47, erschienen ist.[3] Ich fand diesen Titel – ich griff eine ihrer Gedichtzeilen heraus – und man beglückwünschte sie dazu. Sie nahm das an und freute sich.

Vor meiner Abreise kam sie dann für einen Augenblick auf mein Zimmer, spielte die völlig Zerstörte und bettelte um ein Stückchen Zukunft. Ich schenkte es ihr.

Ich war dort oben beleidigt worden: H. W. Richter,[4] der Inge nach Hamburg gebracht hatte, sagte nämlich, meine Gedichte seien ihm auch darum so zuwider gewesen, weil ich sie im »Tonfall von Goebbels« gelesen hätte.[x)] Und so etwas muß ich erleben! Und zu so etwas schweigt Inge, die mich zu dieser Reise mitveranlaßt hatte![5]

Immerhin hat es ein paar Menschen gegeben, die mir ihre Stimme gaben ..[6]

Hier gehts nun etwas besser. Ich soll Donnerstag in halb privatem Kreise lesen.

Klaus, wir sind nicht ganz allein, aber dennoch sehr allein.

Aber die Tage werden immer noch weiß über Nacht, und ich umarme Dich zu Deinem Geburtstag
von ganzem Herzen
Dein
Paul

x) Nach der Lesung der Todesfuge!

Am 6. soll ich in Stuttgart lesen.[7]
Am 9. bin ich in Paris.

75 *Paul Celan an Klaus Demus*

[Frankfurt am Main, 4. 6. 52]
am Donnerstag den 5 VI 52 um 20 uhr liest der in paris
lebende österreichische dichter
p a u l   c e l a n
eigene gedichte

einleitende worte   f r i e d r i c h   m i n s s e n[1]

ich erlaube mir sie und ihre freunde höflichst einzuladen

z i m m e r g a l e r i e   f r a n c k[2]
frankfurt am main   böhmerstrasse 7

76 *Paul Celan an Klaus Demus*

[Frankfurt am Main, Anfang Juni 1952]
Kläuschen, mein Brief war im Affekt geschrieben, er war zum
Teil ungerecht und dumm.

Inge hat eine so schöne silberne Stimme. Und außerdem steht ihr der neue Mantel so gut!

77 *Klaus Demus an Paul Celan*

[Wien,] Ende Juni 52. [bis 18. Juli 1952]
Mein armer liebster Paul,
es scheint mir das Schicksal solcher Dichter wie Du zu sein, gerade immer dort getroffen zu werden, wo die Verletzung am schmerzhaftesten ist, weil sie nicht an der den Schmerzen zugekehrten Front geschieht: sondern heimtückisch, ungemäß, unnotwendig, infam. Was Du in Deinem Brief erzählst, klingt beinahe unglaublich, aber leider schon typisch in seiner auf Dich zielenden Ausgesuchtheit. Nani und ich haben beide ein bißchen geweint. Es ist so bitter zu sehen, daß gerade Du vom Inferioren gejagt werden mußt. Es gibt da wahrscheinlich auch kein Heilmittel von außen. Nur wer Dich nicht kennt, könnte Dir raten, Angriffe dieser Art als das schändliche Spiel der Welt und ihre Rache an Dir im Augenblick als solche zu erkennen und sie unschädlich zu machen durch die Einreihung in jene Kategorie von Dingen, die der Zwecklosigkeit des Ankämpfens gegen sie wegen nicht beachtet werden, der keine Wirksamkeit zugestanden werden darf. Ich habe selbst früher einmal geglaubt, eine solche Selbst-Immunisierung Dir raten zu können, weiß aber längst, daß ich dabei nur von mir auf Dich geschlossen hatte. (Auch mit Nani hatte ich die längste Zeit solche falsche Medizin versucht.) – Nur Du allein kannst Dir helfen, liebster Paul. Wir können Dir nur immer wieder sagen, wie lieb wir Dich haben.

So wie wir – sehr spät erst – erfuhren, daß auch Inge nach Hamburg fahren würde, wußten wir, daß Dir wieder viel Schweres bevorstehen würde. Nani sagte, daß Dir jede Begegnung mit ihr zuviel kosten würde. Dies ist unsere Einstellung zu ihr. Ich glaube, es wäre gut, wenn Du sie nicht mehr wiedersehen wolltest. Der Gedanke, daß sie jetzt wahrscheinlich in Paris ist, macht uns Sorge.[1]

Es schadet nichts, daß wir allein sind, Paul. Da wir unser selbst sicher sind, ist das Mißverständnis von außen nur – wenn auch schmerzlich erfahrene – Bestätigung. Es gibt zwar große Künstler, die ins Kulturbewußtsein einer Allgemeinheit einrükken, ohne wirklich wesentlich mißverstanden zu werden: denn ein Teilverständnis ist kein Mißverständnis. Solche Künstler umfassen jedoch Welt und Menschen als Ganzes, sie fangen auf der öffentlichsten Ebene eines Jedermann zu bauen an, voraussetzungslos. Der Reinste dieses Typus ist vielleicht Tizian. Das ›Geheimnis des Erfolges‹ ist nur der Zug eines bestimmten Typus. Ich habe den Verdacht, daß bei der Erkenntnis der effektiven Größe eines Kunstwerks ein Quantum jenes das Ganze implizierenden ›sens commun‹ mitspricht. Ich sehe es jetzt bei Joyce (dessen ›Finnegan‹ ich nun mit dem Kommentar durchgehe), bei ihm wird die Frage nach diesem ›Geheimnis‹ geradezu aus dem Paradoxen her gestellt, ein Beweis, daß Schwerverständlichkeit und Esoterik gar keine hemmenden Faktoren sein müssen. – Etwas anderes ist es bei dem Typus Greco; seine Abseitigkeit ist nicht esoterische Verdichtung, sondern innerhalb des Subjektiven relativ einfacher Natur; so kann er zwar nur zeitweise, aber dann gleich emphatisch und in volkstümlicher Breite verstanden werden, und zwar wird vor allem seine subjektive Schau geschätzt. Dieser Typus ist im Gegensatz zum im Allgemeinen gründenden ersten exzentrisch. – Ein dritter Typus ist Hölderlin; in der Malerei kann ich ihn so rein nirgends ausgedrückt finden. Seine Charakteristik ist wirkliche, prophetische Esoterik und dabei in hohem Grade national. Er gründet auch im Ganzen, aber nicht im manifesten irdischen Bereich wie Tizian, sondern im reineren, abstrakteren, gleichsam himmlischen der – subjektiv erfahrenen – Allgesetzlichkeit. Seine Wirkung ist wohl breiter, als man annehmen möchte, ihr Wesen aber ist Tiefe, und, so glaube ich, nie bis zu einem wirklichen Grund erfahrbare. – Du, Paul, hast – von Deinem Wirken her gesehen – Elemente all dieser drei Typen. Ihre Reihenfolge ist bei Dir 2, 1, 3, sie bezeichnen drei Phasen der Apperzeption. Die erste ist ganz nah anpakkende Verfremdung, in ihr wird das Selbst des Betrachters zum Verschwinden gebracht, indem sie ihn auf Dich zwingt. Die Möglichkeit hierzu kommt zustande durch ein heimatlich-exzentrisches Moment, durch einen Zug von Folklore, Liedhaftem, eben durch Dein warm Persönliches. Dies hat Ähnlichkeit mit Typus zwei. In der zweiten Phase verlöscht das Subjektive, über die Elemente der Welt wird das Eingerichtetsein, das Manifeste einer einfach scheinenden, schweren und schmerzlichen allgemeinen Gesetzlichkeit erkannt, erfahren. Dieses Allgemeine, im Dasein Gründende geht über die Enge von Typus zwei hinaus, ist voller, ist Leben. Hier, wo Zauberisches und Tiefes da ist, hört aber Deine Wirkung nicht auf, obwohl hier Dein Schwerpunkt schon erfahren ist. Ein in dritter Phase erfahrenes Hinausgehen über das Immanente ist es, was Dich allein sein läßt. Dieses Hinausgehen läßt die Elemente des Welthaften verblassen, läßt sie als nicht letztlich gemeint erscheinen. Hier bist Du ganz geheim, setzt Dich aber zugleich im Größten durch. Die Mittel der Negation, des Paradoxes bewirken dieses Übersteigen, mit dem Charakter der Tiefe; Sprachmetaphysik. – Von Deinen neuen Gedichten (Hansen-Löve versprach, sie mir zu geben; er ist aber jetzt in Amerika und vergaß leider; bei Wort und Wahrheit sind sie nicht zu finden) kennen wir nur das ›Mandel‹-Gedicht[2] in der Juli-Nummer der Zeitschrift. Es ist wieder eins Deiner schönsten, herrlich! –

Liebster Paul, es ist heute schon der 18. Juli. Wir sahen Inge erst unlängst, sie berichtete alles. Nun möchte ich Dich beschwören, mit den Verlagsmöglichkeiten (Rowohlt, oder Stuttgart)[3] doch wirklich alles zu versuchen; es wäre das beste, wenn Du Dich für Rowohlt entscheiden könntest. – Wir gaben Inge unser Manuskript Deiner Gedichte mit und haben nun gar nichts von Dir; bitte, lieber Paul, denkst Du daran, auch daß wir Deine neuen Gedichte nicht haben? – In einem Brief von Hermi Unger stand, daß ein sehr lieber Herr Paul gegen Ende Juli nach St. Johann bei Graz kommen würde;[4] wir bitten den sehr lieben Herrn Paul, uns nicht ganz zu vergessen und nach Millstatt zu schreiben (wir werden in den nächsten Tagen beide dort sein) und sich das Vorbeikommen fest vorzunehmen; im August irgendwann werden wir kurz zur Biennale fahren; bitte schreibe also, wann Du (hoffentlich!) kommst. Unsre Sehnsucht, wieder mit Dir zusammen zu sein, haben zwei Fotos von Deiner Deutschlandreise, die Inge uns zeigte, sehr gesteigert.[5] –

Ich habe nichts weiter geschrieben, ich schreibe ja ohne Mund und Ohr, und da ist nichts Sicheres, nichts Eigenes, nur der Drang, nächstens etwas ganz Anderes, Besseres zu machen. Im Sommer, in Millstatt, werde ich viel über Hölderlin und Finnegans Wake sitzen und über eine neue schriftliche Welt-Synthese nachdenken. Wie schön wäre es, wenn Du da dazwischen kämst, lieber lieber Paul.

Dein Klaus.

78 *Paul Celan an Klaus Demus*

St. Johann ob Hohenburg
23. VII. 52

Mein lieber Klaus,
ich hatte sehr gehofft, noch vor meiner Abreise ein paar Worte von Dir zu bekommen[1] – nun bin ich hier, bei Hölzer[2], seit gestern abend, nach einem halbtägigen Aufenthalt in Stuttgart, der keine einzige Hoffnung erfüllen wollte – die Gedichte werden nicht verlegt und ich bekam auch keine Übersetzung[3] –, ich bin also hier, bei merkwürdigen Menschen, möchte aber so wenig als möglich hierbleiben.

Ich bin nicht allein, ein Mädchen, von dem ich Dir längst erzählen wollte, Gisèle de Lestrange, ein kleines ›Fräulein Seltsam‹[4] wie Du siehst, ist mitgekommen – ich wäre so unsäglich froh, wenn wir Dich und Nani sehen könnten. Wäre es nicht möglich, daß wir einander irgendwo in Kärnten treffen? Ich bin nicht allzu weit – nach Wien kann ich leider aus den bekannten Gründen nicht[5] – kannst Du mir also einen kleinen Ort in den Bergen nennen, nicht allzu teuer – ich habe mich ja wider Erwarten in Stuttgart nicht bereichert –, einen winzigen einsamen Ort, wo wir ein wenig durch die Wälder wandern könnten – kannst Du das, Klaus?

Bitte antworte gleich – ich möchte, wie gesagt, nicht lange hier bleiben.

Von Herzen
Dein
Paul

Ich schreibe gleichzeitig an Nani nach Millstatt.

79 *Paul Celan an Nani Demus*

St. Johann ob Hohenburg
Mittwoch, den 23. Juli 52.

Mein liebes Nanilein,
ich bin nun hier, in Deiner Nähe, hoffentlich ist Klaus auch nicht weit – können wir einander irgendwo treffen. Ich schreibe gleichzeitig an Klaus nach Wien und bitte ihn mir einen kleinen Ort in Kärnten zu nennen, aber natürlich fahre ich überallhin wo Ihr gerade seid – schreib mir bitte gleich, wo, ich komme in zwei oder drei Tagen.

Eine französische Freundin, Gisèle de Lestrange, ist mit mir – ich habe ihr viel von Euch erzählt und hätte auch Euch längst von ihr erzählt – aber nun werdet Ihr sie ja sehen.[1]

Die Gedichte (das Manuskript) habe ich zurückgebracht, sei also bitte nicht mehr böse.

Ich warte ungeduldig auf Antwort

Alles Liebe!

Dein

Paul

80 *Paul Celan, Gisèle de Lestrange und Klaus Demus an Nani Demus*

[Klagenfurt, 2. 8. 52]

Nous pensons bien à vous et vous regrettons

Gisèle.[1]

Liebes Nanilein, wir bedauern aufrichtig, nicht länger in Mill-statt geblieben zu sein – dafür bleibst Du eben das nächste Mal länger in Paris, ja? Paul

Nani – es ist ein Tag, der schon am Abend weiß geworden sein wird.[2] K.

81 *Gisèle de Lestrange an Nani und Klaus Demus*

Le Moulin
Rochefort-en-Yvelines
(Seine-et-Oise.)
dimanche [10. 8. 1952].

Cher Klaus, chère Nani,

Je ne veux pas attendre plus longtemps pour vous remercier de votre si gentil accueil. Paul m'avait parlé de vous très sou-vent, il vous aime tant et moi je suis si contente de vous connaître maintenant. Nous avons passé à Millstatt de très bons jours, les meilleurs que nous ayons passés en Autriche. Merci encore pour tout. En quittant Klaus nous avons été jusqu'au Franz Josef en face du Gross Glockner:[1] il nous a fallu beaucoup de patience pour en voir le sommet parce que toujours un méchant nuage restait accroché dessus comme un chapeau de clown. Nous nous sommes promenés le long du glacier.

C'est la première fois que Paul voyait cela de si près. Moi ça m'enivre toujours un peu. Et puis nous sommes retournés par une très belle route jusqu'à Salzbourg où nous avons même pu aller à une répétition du festival.

Notre court séjour là s'est mal terminé – nous devions y passer deux jours –: en rentrant le second soir vers 7 heures le vilain hôtelier avait descendu nos bagages en affirmant qu'il nous avait prévenus qu'il ne pouvait nous laisser la chambre qu'une nuit, ce qui était absolument faux et à quoi nous nous attendions si peu que nos valises n'étaient pas faites. Avouez que c'est scandaleux! Le lendemain, au passage de la douane autrichienne, Paul a eu de nouvelles difficultés avec ses papiers dues uniquement à l'imbécillité et à la mauvaise foi d'un douanier autrichien qui, après l'avoir fait attendre une longue demi-heure, disant qu'il ne pouvait le laisser ainsi sortir, lui a fait payer une amende – enfin des moments désagréables et qui font si mal à mon Paul chéri.[2]

C'est vrai que les gens semblent vouloir s'acharner contre lui, mais pourquoi sont-ils si méchants et si bêtes?

Nous étions à Paris vendredi matin.

Paul était tout différent. Comme s'il se retrouvait lui-même – dans sa ville, son pays, il était tout heureux. Il faut dire que Paris et lui, cela va si bien ensemble, maintenant ils s'aiment tant tous les deux. J'ai dû le quitter le lendemain et je ne sais plus rien de lui sinon qu'il est content d'être rentré mais va devoir faire face à de sérieuses difficultés pour les graves problèmes qui lui restent à résoudre.

Je rentrerai après le 15 août et j'espère que vers la fin de septembre nous verrons un peu plus clair dans notre avenir.

Vous êtes peut-être partis tous deux à Venise maintenant, c'est vraiment dommage que nous n'ayons pas pu venir avec vous, je le regrette un peu mais c'était impossible. J'espère que ce séjour sera des meilleurs pour vous.

Là où je suis en ce moment, dans ma famille, c'est un moulin avec une rivière.[3] La maison est plus basse que le niveau de l'eau, alors c'est un peu l'impression qu'on devait avoir dans l'»arche de Noé« quand il pleut comme ces jours-ci (à la hauteur de mes yeux est le niveau de l'eau) il y a de l'eau à droite, à gauche qui monte et qui descend, c'est impressionnant. Mais il y a aussi une grande forêt pleine de bruyère rose, et la grande plaine de Chartres commence tout près.

Vous voyez que je ne suis pas à plaindre ici pour quelques jours, surtout que Paul m'a donné juste avant mon départ La Montagne magique de Thomas Mann dans laquelle je suis déjà bien engagée et d'où il m'est difficile de sortir beaucoup.[4]

Je repense au grand lac, à toutes ces fleurs et aux oiseaux que nous avons regardés tous les quatre ensemble, je repense à vous deux, à toutes vos gentillesses qui nous ont tant touchés. Je pourrai maintenant penser avec Paul »Klaus et Nani, c'est tellement différent, eux ils sont vrais, eux ce sont de vrais amis – ils ne nous décevront pas«. Il me l'a si souvent dit.

Avec toute mon affection
Gisèle.

P.S. Si vous m'écrivez, il est préférable de ne pas m'envoyer de cartes postales sans enveloppes.

LESTRANGE, 151 avenue de Wagram, Paris 17ᵉ

Sonntag // Lieber Klaus, liebe Nani, / ich will nicht länger damit warten, Ihnen für Ihre so liebe Aufnahme zu danken. Paul hatte mir sehr oft von Ihnen erzählt, er mag Sie sehr, und ich selbst bin so froh, Sie jetzt zu kennen. Wir haben in Millstatt sehr gute Tage verbracht, die besten in Österreich. Noch einmal Dank für alles. Nachdem wir uns von Klaus verabschiedet hatten, sind wir auf der Franz-Josef-Höhe gegenüber dem Großglockner gewesen:[1] Wir brauchten viel Geduld, um seinen Gipfel zu sehen, denn die ganze Zeit hing eine böse Wolke drauf fest, wie der Hut eines Clowns. Lange sind wir am Gletscher spazierengegangen. / Paul hat das zum erstenmal von so nah gesehen. Mich versetzt das immer in eine Art Rausch. Und dann sind wir auf einer sehr schönen Straße zurückgefahren, bis nach Salzburg, wo wir sogar zu einer Festspielprobe gehen konnten. / Unser kurzer Aufenthalt ging nicht gut zu Ende – wir hätten zwei Tage dort verbringen sollen: als wir am zweiten Abend zurückkamen, hatte der gemeine Hotelier unser Gepäck heruntergebracht und behauptete, er habe uns vorher gesagt, daß er uns das Zimmer nur für eine Nacht geben könne, was ganz falsch ist und worauf wir so wenig gefaßt waren, daß wir unsere Koffer nicht gepackt hatten. Sie finden doch auch, daß das ein Skandal ist? Am nächsten Tag, als wir durch den österreichischen Zoll kamen, hatte Paul wieder Schwierigkeiten mit seinen Papieren, schuld war ausschließlich die Blödheit und das Mißtrauen eines österreichischen Zollbeamten, der ihm, nachdem er ihn eine lange halbe Stunde hatte warten lassen, sagte, er könne ihn so nicht ausreisen lassen, und ihn eine Strafe zahlen ließ – also, unangenehme Augenblicke, die meinem lieben Paul so wehtun.[2] / Die Leute scheinen tatsächlich erbittert gegen ihn kämpfen zu wollen, warum nur sind sie so bösartig und so dumm? / Freitag früh waren wir zurück in Paris. / Paul war ganz anders. Als ob er sich selbst wiederfände – in seiner Stadt, seinem Land, er war wirklich glücklich. Man muß sagen, daß er und Paris gut zusammenpassen, sie mögen sich jetzt sehr, die beiden. Ich mußte ihn am nächsten Tag alleinlassen und weiß von ihm nur, daß er froh ist, zurückzusein, daß er sich aber wegen der gravierenden Probleme, die es für ihn noch zu lösen gilt, ernsthaften Schwierigkeiten stellen muß. / Ich komme am 15. August zurück und hoffe, daß wir gegen Ende September ein bißchen klarer in unsere Zukunft schauen. / Sie beide sind jetzt vielleicht nach Venedig gefahren, es ist wirklich schade, daß wir nicht mit Ihnen kommen konnten, ich bin ein bißchen traurig darüber, aber es war nicht möglich, hoffentlich wird dieser Aufenthalt einer Ihrer schönsten. / Dort wo ich im Augenblick bin, in meiner Familie, das ist eine Mühle am Bach.[3] Das Haus liegt unter dem Wasserspiegel, man fühlt sich also ein bißchen, wie man sich in der

Arche Noah fühlen müßte, wenn es wie in diesen Tagen regnet (der
Wasserspiegel ist auf der Höhe meiner Augen), rechts Wasser und
links Wasser, das steigt und sinkt, sehr eindrucksvoll. Aber dort ist
auch ein großer Wald voller rosa Erika, und die große Ebene von
Chartres beginnt nicht weit davon. / Sie sehen, ich bin nicht zu
bedauern hier, für ein paar Tage, vor allem weil Paul mir kurz
vor der Abfahrt den »Zauberberg« von Thomas Mann gegeben
hat, auf den ich schon recht weit gestiegen bin und den ich ungern
für länger verlasse.[4] */ Ich denke an den großen See zurück, an all*
diese Blumen und an die Vögel, die wir vier zusammen angeschaut
haben, ich denke an Sie beide zurück, an all Ihre Aufmerksamkei-
ten, die uns so berührt haben. Jetzt kann ich mit Paul denken:
»Klaus und Nani, das ist ganz anders, sie sind wahrhaftig, sie sind
wahre Freunde, sie werden uns nicht enttäuschen«. Er hat mir das so
oft gesagt. / Von ganzem Herzen / Gisèle // P. S. Wenn Sie mir
schreiben, schicken Sie mir besser keine offenen Postkarten. / LE-
STRANGE, 151 avenue de Wagram, Paris 17[e]

82 *Klaus und Nani Demus an Paul Celan und Gisèle Celan-*
Lestrange

Venedig, 30. 8. 52.

Lieber Paul, liebe Gisèle.

Fünf Tage bei Sankt Markus, der ein orientalischer und thea-
terliebender Heiliger ist. Venedig ist eine riesige versteinerte
Schnecke, halb in die Lagune versunken, mit tausend Kirchen
und Places Fürstenberg, Rue Mouffetards und Edelsteingäß-
chen, dunkel und voll von Brückchen. Ganz vorn fließt sanftes
blaues Meer vorbei. Und inmitten der vielen kleinen gibt es
auch ganz große Schiffe, die größten, die Nani gesehen hat!
Fünf glückliche Tage – nun sitzen wir auf den Kirchenstapfeln
einer Santa X ..., Mitternacht, und beweinen die Abreise. Tausendmal grüßen Euch
Nani + Klaus.

Gisèle tausend Dank für den Brief + die wunderbaren Bücher!

Wien, den 4. Oktober 52.

Mein liebster Paul. *(»mea culpa« Nani!)*

Verzeih mein langes Schweigen. Es kam nach Eurer Abreise eine stille Zeit in Millstatt, dann eine kurze schöne in Venedig, und dann eine blinde Zeit, die noch andauert, für Nani in Millstatt und mich in Wien. Ich arbeite an den Vorträgen, bin Zeitungsschreiber geworden und Anwärter auf eine Stelle im Heeresgeschichtlichen Museum (encore la guerre!),[1] und die arme Nani muß in Millstatt warten und ein langes Vertrauen haben. Von der Zukunft, die nur einen Namen hat, wissen wir noch nicht viel – aber sie soll bald kommen. Hoffentlich auch für Euch.

Ich muß es Dir sagen – daß Dein Sprechen und Vorlesen in Klagenfurt mir die Eröffnung eines Maßstabs war, eines Signums, das alles und mich zuerst deklassiert.[2] Noch deutlicher als je weiß ich, daß Du eine Einzahl bist, die die ganze Scheinwelt der Werte (mit allem, was ich je tun kann) gegen sich hat. – Wenn ich von mir sprechen darf.

Die Beschäftigung mit Guénon und Benoist, über der Du mich verließest, war als Beschäftigung mit Werten von negativer Konsequenz.[3] Der Punkt an dem ich jetzt angekommen bin, läßt mir nur die nackte Hoffnung, das Schwarz sei zu schwarz und unwahr. Derzeit bewegen mich nur verzweifelte Fragen. Ich fürchte, das Festgefahrene meiner Lage besteht in meinem Festhaltenwollen des Schreibens, des Gedichts, des Künstlerischen als das centre gravitateur. Das Wollen zum Kunstwerk, seit zehn Jahren das Existenztreibende, stößt auf Widerstand, wird zum bloßen Wünschen etwas fortzusetzenden Begonnenen. Ich brauche Dir nicht zu sagen, daß die geistige Existenz als produktives Ich Voraussetzung für das richtige Leben mit Nani ist, daß das Sein in der Liebe verlangt, daß ich schon vor ihm als Ich bestehe; denn es soll kein Refugium sein. Nun ist mir eine früher tragende, immer helfende Sicherheit abgestorben, ich bin nur Krampf, existiere nur in der Konzentration. So daß ich den Grundfehler begehe, an den Satz von Benn zu glauben: Endogene Bilder sind die letzte uns mögliche Erfahrbarkeit des Glücks. Und den anderen: Leben heißt provoziertes Leben. Es ist der aus Verzweiflung geborene Grundfehler, an die Innere Welt wie an etwas Materielles zu glauben, das bewußt besessen und exteriorisiert werden muß. Es ist der Fehler der Ungeistigkeit aus innerer Leere und trotzdem forciertem (und nicht anders möglichem) Introvertiertsein. Das Glück, sage ich mir, der geistigen Existenz liegt im Besitz von innerer Landschaft. Ich weiß genau, daß es solchen Besitz nur als Träume gibt und daß das Schöpferische nicht Exteriorisieren von Besitz ist, sondern geistige Bewegung, der dann eine Kraft, die nicht als »etwas« im Inneren figuriert, zu Hilfe kommt. Ich weiß es, aber es ist kein Vertrauen. Denn ich kann nicht warten. Ich habe, vielleicht falsch, die Leere in mir Nihilismus genannt, doch ist ihr Erfahren schlimmer als das Wort. In einer Umwelt, die zerstörerisch weltlos, auf einem Boden, der kein Fruchtboden ist – Du hast es in Klagenfurt Substanzverlust genannt –, ist meine Innere Welt, der ich ganz falsch (aber verständlich?) mein bewußtes suchendes Insieschauen gegenüberstelle, nur eine Grimasse des Nichts. Alle Konzentration ist ein Heraufholenwollen, Ausbeutenwollen desselben tauben Gesteins, das mich außen bedrängt. Mentale Fähigkeitsgefühle lassen mich diese Konzentration stets neu ansetzen: wie dankbar wäre ich für ein Bild, eine Landschaft, ein Spinnennetz in dieser Leere! Dabei weiß ich: Konzentration ist Druck auf alles sich vielleicht Bewegenwollende, ist Lähmung, ist Herstellenwollen der Wirklichkeit aus bloßem Willen. Ich weiß nicht, warum ich aus diesem Wissen keine Konsequenz ziehen kann; wahrscheinlich auch aus Feigheit und darum, weil ich vor mir keine Selbstachtung besitzen kann: ich <u>will</u> sein, um sein zu <u>können</u>. Mit der Selbstachtung anzufangen, langsam zu beginnen, bin ich sicher schon zu sehr der, der ich bin: rein nur im Traum von weißen

Gewändern. Und mit der Feigheit – ich weiß ja nicht und nie sicher, bezweifle eher, daß mir das »von selbst Schöpferische« gegeben ist.[4] Schreiben war immer Herstellen, Finden nach Suche, – Fangen. Ich weiß zu sehr, daß nur, wenn ich nicht heraufhole, nicht eingesagt wird, daß mir Dichten keine Not, sondern Not-wendigkeit ist – provoziertes Leben.[5] Da ich vom Schreiben, vom Künstlerischen nicht ablassen kann, wenn dieser jetzige Zustand mich, nach Jahren noch derselbe, nicht dazu bringen wird, fürchte ich sehr, im Sein abzusterben. – Ach Paul, eine solche Hiobiade, jetzt mein einziger »Gesang«, ist nicht das, was ich Dir schreiben möchte, aber es ist jetzt mein einziges Denken. Ich habe viel Arbeit, es hilft mir, daß ich sie für Nani und unsere Zukunft tun kann, sie stellt mir auch Aufgaben, denen ich mich stelle – alles äußere Voraussetzungen für das Leben. Ich bin nicht bedrückt, Paul.

Liebster Paul, wie geht es Dir? Herr Stumfohl[6] berichtete Nani, Du wärst im August sehr krank gewesen, Du Armer. Hoffentlich bist Du jetzt ganz gesund. Wie geht es mit Deinen – Euren – Plänen?

Die liebe Gisèle hat uns gleich einen so langen lieben Brief geschrieben, und ich Rohling konnte bis jetzt nicht die Kraft zu einem Brief aufbringen. Auch haben uns die schönen Bücher so sehr gefreut.[7]

Sei mir nicht böse über diesen Brief, bitte.

Ich umarme Dich. Klaus.

A la chère Gisèle toutes mes affections.[8]

Hansen-Löve sagte ich von Deiner Absage, er verstand sie.

Lieber Paul, liebe Gisèle – alle guten Wünsche, deren mein Herz fähig ist, sind bei Euch – Nani

Paris, den 27. Oktober 1952.

Mein lieber, guter Klaus!

Ich habe lange nicht geschrieben – verzeih.

Dein Brief, Dein lieber, langer Brief hat mich traurig ge-stimmt. Klaus, wenn Du nur wüßtest, wie sehr Du im Unrecht bist! Ich kenne keinen einzigen Dichter der jungen Generation, der die Sprache so zu meistern versteht wie Du! Und Sprache ist »innere Landschaft«, Klaus! Und auch Dein Darüber-Verzwei-feln gehört dazu, glaub es mir! Eines Tages wirst Du plötzlich merken, wie alles sich ordnet, wie es sich über Nacht geordnet hat, wirst Du die innere Landschaft in ihrer ganzen Ausdeh-nung überblicken können – und wissen, wer Du bist. Ich weiß es schon heute.

Klaus, bei mir, bei uns gibt es noch nicht viel Neues. Ich habe in den letzten Tagen allerlei Kummer gehabt, vor allem darum, weil mein Ansuchen um die französische Staatsangehörigkeit zurückgewiesen wurde.[1]

Aber – ein großes Aber – meine Gedichte erscheinen![2] Sehr bald sogar, im Dezember. Es sind sechzig Gedichte – Du hast ja das Inhaltsverzeichnis[3] –, ein schmales Bändchen, in Leinen gebunden, also durchaus so wie wir es gewünscht haben. Laß uns froh sein, Klaus!

Hier sind noch, für Dich und Nani, ein paar neue Verse. Schreibe bald!

Ich umarme Dich

Dein

Paul

[*Anlagen:*][4]

[Wien,] 17. November 52

Mein lieber Paul,

ich hoffe so sehr, daß in Deinem neuen Lebensjahr die zwei wichtigen Wünsche gut in Erfüllung gehen. Du wirst Dein erstes Buch[1] haben und weiter wunderschöne Gedichte schreiben, und Ihr zwei werdet zusammen kommen. Es wird sicher ein sehr schönes Jahr werden, das schönste seit langem, das hoffe ich und das ist auch in Aussicht, gelt? Es ist eine große Freude. Deine Gedichte, Paul, werden immer bedeutender. Mir kommt vor, sie verändern sich auch; im Sinn einer Steigerung, einer größeren Reinheit des Sagens (Deine Sprache wird immer mehr primäres ›Sprechen‹) und auch einer unmittelbaren Bezogenheit auf den Sinn, auf das – Menschliche. Vielleicht waren die früheren in ihrem Schönsein vollkommen, die neuen gehen in ihrer Wirkung durch das Schöne schnell hindurch; sie sind die sprachliche Eröffnung des Wesentlichen. Verzeih, Paul, ich kann nur stammeln.

Nani und mir gefällt das ›Himmelsaugewort‹ am besten.[2] Es ist auch seines Themas wegen; wie bei Hölderlin das Dichten des Dichtens. Es ist fast kein Gedicht mehr, Paul – oder erst das eigentliche Gedicht; das reinste Sagen, die wirklichste Sprache. Und eine ganz umfassende, undeterminierte. Schon das Herrlichste, was einem Dichter gelingen kann.

Du hast mir so gut gesagt, daß ich keine Angst haben müßte, das Schreiben verlerne sich nicht. Das Schreiben vielleicht schon, Paul, aber das Sprechen, die Sprache, wie Du sie auch im Reden sprichst, die ist Besitz. Mein Schreiben ist Selbstrechtfertigung, Selbstbehauptung, aber Dein Sprechen, wieviel mehr ist es. Ich glaube wirklich, ganz und gar nicht, daß es Dir versiegen kann, bevor Du alles gesagt hast. Und Du hast noch so viel zu sagen.

Im Denken an Dich und Deinen Weiterweg – wie sehr muß man sich da freuen.

Wie herrlich, daß nun Dein Buch erscheinen wird.

Meine arme Nani muß noch immer im schon winterlichen Millstatt warten; vielleicht nicht mehr lange. Bis Neujahr bin ich noch Volontär, dann aber werde ich ziemlich sicher eine Stelle haben. Dieses Museum ist sehr komisch, unreal, sinnlos. Es muß mir erst gelingen, die Arbeit dort unbeteiligt, als etwas Neutrales: rein praktisch Notwendiges tun zu können. Die Vorträge sind kaum mehr; es hat, ganz im Grunde, keinen Sinn, über Kunst interpretierend nachzudenken. Es ist gut, es nicht zu ernst zu nehmen. So wenig hat Sinn, Paul, rein quantitativ. Das Heiraten und das Schreiben – das ist alles und Alles.

Ob ich an die Berner Zeitschrift ein Gedicht schicken werde, müssen Nani und ich noch bereden.[3] Ich weiß jetzt gut, daß ich wieder schreiben können werde.

Lieber Paul, ich danke Dir von Herzen für das schöne Büchlein. So gut, so besonders verstehst Du zu schenken.[4]

Bei uns dauert es nicht mehr lange, Paul. Und bei Euch?

Toutes mes amours à Gisèle.[5]

Ich umarme Dich, mein Lieber.

Dein Klaus.

86 *Nani Demus an Paul Celan*

[Wien,] 19. November 1952.

Mein lieber Paul.

Ich denke immer an Dich, Du bist in unser Leben einbezogen. Und weil Festtage Danktage sind möchte ich Dir heute dafür danken, daß es so sein darf. – Wir beide leben völlig allein – das Wissen des Anderen ist daher umso kostbarer, der Dank umso tiefer, die Verbrüderung umso ewiger.

Lieber Paul, Du bist – das ist einfach schon alles.

Unser Jubel über Deinen letzten Brief schreit zum Himmel! Wie frohen Herzens, wie wahrhaft glücklich mußt Du sein! Was sagt denn Dein Paris dazu? All die würdigen Herren auf den Marmorsockeln – reden sie jetzt nachts mit Dir? Nun wird auch Dein zweiter großer Wunsch in Erfüllung gehen – glaube fest daran Paul. Es sind jetzt noch bittere Tage – doch nicht mehr lange.

Mein Herz umarmt Dich – bringt Dir sieben Rosen.[1]
Nani
Der lieben Gisèle allen Dank für die Zeitungen!!!

86.1 Nani Demus an Paul Celan

[Wien, November 1952.][1]
Nimm von uns beiden die »Ausdruckswelt« – und von mir die selbst!!! – abgetippten ersten beiden Vorträge von Klaus.[2] Er hält selber nicht viel von ihnen, weil er es für fruchtlos hält über Kunst zu reden, da es kein Machen, nicht Hervorbringen ist, nicht das Eigentliche erreicht, nichts Notwendiges ist. Schau sie aber bitte trotzdem kritisch an (und verzeih mir die vielen Fehler, ich lerne erst seit drei Wochen!).

Paul – Klaus hat etwas auf dem Herzen, darf ich es vorbringen?

Jean Dewasne, der Führer der wichtigsten Gruppe der Abstrakten – mit dem Klaus in Paris Kontakt hatte, bat ihn, für sein neu erscheinendes Buch einen Beitrag zu liefern.[3] (Es soll mehrere Aufsätze in verschiedenen Sprachen – die wichtigsten jedoch alle ins Französische übersetzt, enthalten.) Klaus ist darüber begeistert – wird einen kleinen Essay schicken. Nun hat er Sorge, wer ihn übersetzen wird, ist selber nicht imstande dazu, was Dewasne vorschlug. Bitte, darf er damit zu Dir kommen, Du allein kannst es richtig machen. In drei bis vier Wochen (eine ist schon zerronnen) müßte die Arbeit schon bei Dewasne sein.

Wenn Klaus in vierzehn Tagen damit zustande kommt – darf er es dann an Dich senden und tust Du ihm die Liebe? – Ist es Dir möglich? Bitte verzeih den Überfall, wenn Du wenig Zeit hast. Wird Dir das kleine Mädchen Gisèle beistehen?

[An die Berner Zeitschrift will Klaus das letzte Gedicht[4] schikken (er hatte mein Einverständnis noch nicht –)]

87 *Klaus Demus an Paul Celan*

Wien, 1. Dezember 52.

Mein liebster Paul.

Nani hat Dir schon gesagt, daß ich eine große Bitte an Dich habe; verzeih mir bitte, daß ich Dich damit überfalle.

Lieber Paul – kannst Du mir helfen und einen Aufsatz für ein Buch über den jungen Maler Jean Dewasne übersetzen?

Er schrieb mir vor vier Wochen, den Brief bekam ich jedoch erst spät. So konnte ich nicht genügend das, was ich sagen wollte, ausreifen lassen, es ist deshalb kein Ganzes, Einheitliches geworden, ich mußte einfach niederschreiben, ohne schon vorher lange genug nachgedacht zu haben. Bitte entschuldige deshalb das Stückhafte.

Etwas anderes wird Dich noch mehr kritisch sein lassen – die pseudophilosophische Denkweise und Sprache; die Abhängigkeit von Heidegger; der tautologische Gebrauch einer übernommenen, nur originär exakten Begrifflichkeit.[1]

Es war mir die einzige Möglichkeit, Paul. Ich bin sehr skeptisch über jeglichen Wert einer Aussage über Kunst geworden. Und falle, wie die Katze auf die Füße, nun zu sehr ins Gedankliche. Und darin, als einer, der im Denken auf einen Apparat angewiesen ist, muß ich bedenkenlos an ein mir ein bißchen

119

Sicheres anschließen. Freilich wird mir das bloß Bekannte – wie Heidegger – stets viel zu früh zum Sicheren.

Verzeih mir bitte vor allem, daß ich Dir die Arbeit nicht nur einfach zumute (da wirst Du mir nicht wirklich böse sein, gelt?), sondern auch so schwer gemacht habe. Machen mußte, Paul. Es ist die allzu enge Haut. Und die Eitelkeit im Schreiben, Formulieren: sie stellt sich trotz bestem Wollen immer in die Zielrichtung des Ehrlichseins; und dieses war diesmal forciert.

Bitte, liebster Paul, wirst Du, wenn Du die Übersetzung Deiner Zeit nach tun kannst, sie an Jean Dewasne (3 rue Léon-Dierx, 14ᵉ) schicken? Das Buch soll glaube ich bald in Druck gehen.

Ich danke Dir von Herzen, mein liebster Paul. Wir freuen uns schon so sehr auf Dein Buch – endlich!

Die liebe Gisèle – Nani schrieb mir von ihrem so lieben Geschenk.

Ich umarme Dich von Herzen.

Klaus

Deine Übertragungen von M. Moore sind ganz, ganz herrlich![2]

88 *Nani Demus an Paul Celan*

Millstatt am See, 4. 12. 52.

Lieber Paul.

Ich bin wieder die – leider noch immer nicht gut genuge – Tipperin. Klaus' Bitte schließe ich mich an – ich fürchte nur Du wirst wirklich mörderisch schimpfen über die Unübersetzbarkeit.

In der Überfuhrgasse draußen lärmen die bösen Partl (schreibe Bartl – aber da es von »Perchten« kommt, scheint mir Partl richtiger, zumal man es auch so spricht.) – und die kleinen Kinder verkriechen sich unter ihre Decken.[1] Morgen ist der furchtbare Tag!

In der nächsten Woche fahre ich endlich zum Klaus – und wer weiß, wenn alles, alles gut geht (aber es ist noch sehr klein geschrieben, fast nicht leserlich), sind wir in den Weihnachtsferien wieder in Millstatt – als allerkleinstes, allerjüngstes Ehepaar der Welt.[2] Schnirkelschneck und Distelfink, das ist doch nicht zu glauben?

Nani.

89 *Klaus und Nani Demus an Paul Celan und Gisèle Celan-Lestrange*

[Graz, vor dem 20. 12. 1952]

Dr. KLAUS DEMUS
Dr. NANI MAIER

EMPFEHLEN SICH ALS VERMÄHLTE

MILLSTATT AM SEE – WIEN
AM 20. DEZEMBER 1952[1]

90 *Paul Celan und Giséle Celan-Lestrange an Nani Demus*
[Paris, Weihnachten 1952?]

Bien affectueusement à
tous deux et à très bientôt, j'espére
Gisèle.[1]

Liebes Nanilein,
Du bist so lieb und darum habe ich beschlossen, Dir zu Weihnachten meine Gedichte zu schenken – freust Du Dich?[2]

Ach, ich freue mich so sehr, sie Dir endlich schenken zu können!

Und jetzt müssen Deine, müssen Eure Wünsche in Erfüllung gehen!

Ich grüße Dich von Herzen
Dein
Paul

91 *Paul Celan und Gisèle Celan-Lestrange an Klaus und Nani Demus*

Vallauris, 30. XII. 52.

Auf Euren Spuren wandelnd, die allerherzlichsten Wünsche für das neue Jahr und die neue Zeit
Paul

Vœux très très affectueux et amitié   Gisèle.[1]

92 *Klaus und Nani Demus an Paul Celan und Gisèle Celan-Lestrange*

[Wien,] 20. Jänner 1953.

Liebster glücklicher Paul,

diesmal bin ich besonders unfähig, Dir zu schreiben, aber aus Freude. Euer Telegramm kam noch am selben Tag – drei Tage nach uns![1]

Wir haben fast darauf gewartet. In Graz haben wir geheiratet, am 20. Dezember, waren dann in Wien und am 22. schon in Millstatt, für eine Woche. Nun wohnen wir schon sehr lange in unsrer schönen kleinen Wohnung am Dachboden, und es kommt bald das erste Frühjahr. Ich bin wohlbestallt, zufrieden mit der Arbeit für unser Leben. Die Vorträge nutzen mir für das

Denken – freilich ist es nur ein Lernen. Für das Schreiben reicht es noch nicht, aber ich freue mich auf Frühling und Sommer.

Gestern kam Dein wirkliches Buch – noch liegt es geschlossen sehr gut da, es ist da.[2] Aber bald wird es sich aufschließen – wie herrlich, Paul. Bist Du ein bißchen zufrieden?

Wir sind glücklich, haben uns sehr lieb – das ist unser Leben. Und Ihr seid sehr oft bei uns.

Mein Bruder spielt am 26. Jänner in der Salle Gaveau – sein erstes Konzert in Paris.[3] Wollt Ihr uns ein bißchen mitnehmen, vertreten? (Bruderverwechslungsspiel?)

Dich und Gisèle umarmen

Nani und Klaus.

Gisèle – merci, merci, merci, von Herzen.

93 *Klaus Demus an Paul Celan*

[Wien,] 23. März 1953.

Mein liebster Paul.

Allerschönsten ruhigsten inneren Reichtum in Dunkelheiten und farbigen Schatten, Bauminnerlichkeit und trinkbaren hellen Blumentrost! Dir und Gisèle und der träumenden Quelle! Mit Mund und Herz und – Flügeln!

Hier kommt ein (doppelter) postillon d'amour:

Herr und Frau Dr. Hans Aurenhammer, Vergnügungsreisende von Beruf und Kunsthistoriker von Handwerk.[1] Der Herr ist mein heereskundlicher Amtskollege und dadurch sehr erholungsbedürftig, im übrigen stark an heeresunkundlichen Dingen interessiert. Deshalb sucht er Dich auf. Du wirst sehen, wie unkriegerisch er ist. Und auch in allem übrigen ein postillon d'amour préféré!

Wenn er nicht zu schüchtern ist, wird er Dich durch vieles Erzählen zu drängen wissen, selbst <u>das Wort</u> zu ergreifen.

Nani und ich wünschten, wir wären dabei.

Wir umarmen Euch.

K + N

94 *Nani Demus an Paul Celan und Gisèle Celan-Lestrange*

Wien, 13. April 1953.

Lieber Paul, liebe Gisèle.

Wenn ich nachdenke, hab ich immer ein schlechtes Gewissen. Diesmal hatte ich es schon, ohne nachdenken zu müssen. Selbst, daß Euch immer meine innerste Herzseite zugewendet ist, entschuldigte nichts.

Einmal nicht Dankezusagen, kann man für Bescheidenheit halten, beim zweitenmal wird man jedoch stutzen und beim drittenmal den Rohling zu verachten beginnen. Und wievielmale hab ich es nicht getan? (Die Schwierigkeit dieser Handlung entschuldigt nichts!) – So nahm ich die gerechte Bestrafung mit Freude entgegen, der Geburtstag verging ohne Gruß aus Paris.[1] Erst als vorvorgestern das Päckchen eintraf, stürzte mein Kartenhaus zusammen. So bitte ich doppelt um Verzeihung und danke noch um einmal mehr. Lieber Paul, ganz besonders aber für ›Die Verwandlung‹!²

Wir denken immer an Euch und hatten beschlossen, in diesem Frühling nach Paris zu fahren, weil es nach zwei Jahren Abwesenheit einfach dringende Notwendigkeit geworden war. Seit wenigen Tagen wissen wir, daß Klaus dienstlich hin muß, das Datum ist noch unsicher, etwa nach dem 15. Mai. (Herr Dr. Aurenhammer hat vielleicht, als von einer vagen Aussicht, davon gesprochen.) Und nun freuen wir uns, sind ganz erfüllt von Freude, beginnen schon die Zelte abzubrechen, denken an die Rückreise über Italien (mit Aufenthalt in Florenz) – möchten am liebsten schon morgen fahren. Bitte Paul, sag es Paris daß wir kommen, damit es sich ebenfalls zu freuen beginnt.

Auf wirkliches Wiedersehen von Aug zu Herz und Mund!

Nani.

Wir wußten nichts von der Sendung im Radio, Frau Pillhofer berichtete, daß am 9. April Deine Gedichte mit einer sehr schönen Einführung von <u>Hermann Hesse</u> gelesen wurden[2] – und freuten uns sehr darüber!!!

95 *Gisèle Celan-Lestrange und Paul Celan an Nani Demus*

Hôtel d'Orléans
31 rue des Ecoles
Paris V[E]

4 mai 1953.

Ma chère Nani,

Nous sommes tout heureux de savoir que vous arrivez bientôt à Paris, et il y a longtemps que je voulais vous l'écrire. Nous aurions beaucoup voulu pouvoir vous recevoir chez nous, malheureusement il n'y a pour le moment pas l'ombre d'un appartement en vue et nous sommes toujours à l'hôtel. A quelle date arrivez-vous exactement? Voulez-vous que nous nous occupions de vous retenir quelque chose?

Paris se fait tout joli et plein de soleil et se réjouit aussi de la bonne nouvelle de votre arrivée.

Nous avons maintenant une grande joie à vous annoncer, qui nous remplit tous deux de bonheur, l'arrivée d'un François au mois d'octobre.[1] Je suis sûre que vous vous réjouirez avec nous.

Paul a toujours beaucoup de travail avec ses traductions et ses élèves, mais il écrit tout de même de rares et beaux poèmes[2] – bientôt il vous les dira, et j'espère que Klaus aussi apportera quelque chose. Nous avons vu avec joie que sa collaboration pour le prochain numéro de cette revue suisse est annoncée.[3]

A très très bientôt et très affectueusement

Gisèle et

[PC] son vilain mari

Paoul,

qui vous embrasse

aussi affektüösment

qu'elle

Meine liebe Nani, / wir freuen uns sehr, daß Sie bald nach Paris kommen, und ich wollte Ihnen schon lange schreiben. Wir hätten Sie sehr gerne bei uns untergebracht, leider haben wir im Augenblick auch nicht den Schatten einer Wohnung in Aussicht und wohnen immer noch im Hotel. An welchem Tag kommen Sie genau? Sollen wir uns um ein Zimmer für Sie kümmern? / Paris hat sich wunderhübsch und sonnig herausgeputzt und freut sich auch über die gute Nachricht, daß Sie kommen. / Wir haben Ihnen jetzt eine große Freude zu verkünden, die uns beide ganz mit Glück erfüllt, die Ankunft eines François im Oktober.[1] Ich bin sicher, daß Sie sich mit uns freuen. / Paul hat immer viel Arbeit mit seinen Übersetzungen und seinen Schülern, aber er schreibt, wenn auch selten, schöne Gedichte[2] – er wird sie Ihnen bald vorlesen, und ich hoffe, daß auch Klaus etwas mitbringen wird. Wir haben mit Freude gesehen, daß seine Mitarbeit an der nächsten Nummer dieser Schweizer Zeitschrift angekündigt ist.[3] / Bis ganz ganz bald und sehr herzlich / Gisèle und / [PC] Ihr schrecklicher Mann / Pa-ul, / der Sie ebänso härzlich / umarmt / wie sie

96 *Nani und Klaus Demus an Paul Celan und Gisèle Celan-Lestrange*

Vienne, 14 mai 53.

Nous sommes très, très heureux avec vous et disons merci pour cette merveilleuse nouvelle! –

Le jour de notre arrivée n'est pas fixe il sera la fin (vendredi, samedi, peut-être déjà le jeudi) de la semaine prochaine. (21. 22. 23.) Nous restons ça. 14 jours et il sera vraiment gentil si vous pouvez chercher une chambre. Nous avons l'adresse d'un Hôtel très modéré (400 Fr!) »H. d'Orient« rue de l' Abbé Grégoire.[1] Excusez que nous vous faisons ce travail – aussi le voyage ne sera pas fixe jus'qu'au dernier moment. Espérons!

Remplis de joie de pouvoir revoir vous et Paris nous vous saluons de tout cœur

Nani *[KD]* et 1) son,

2) votre Klaus.

Wir sind mit Euch sehr sehr glücklich und danken für diese wunderbare Nachricht! – Der Tag unserer Ankunft ist nicht fest, es wird Ende (Freitag, Samstag, vielleicht schon Donnerstag) nächster Woche (21., 22., 23). Wir bleiben etwa 14 Tage, und es wäre wirklich nett, wenn Ihr uns ein Zimmer suchen könntet. Wir haben die Adresse eines sehr einfachen Hotels (400 Fr.!), »H. d'Orient«, rue de l'Abbé Grégoire.[1] Entschuldigt, daß wir Euch diese Mühe machen – die Reise ist auch bis zum letzten Moment nicht sicher. Hoffen wir! Voller Freude, Euch und Paris wiedersehen zu können, grüßen wir Euch von ganzem Herzen // Nani [KD] und 1) Ihr, / 2) Euer Klaus,

97 *Klaus und Nani Demus an Paul Celan und Gisèle Celan-Lestrange*[1]

[Wien, 15. Juli 1953]

1. Juli 1953.

Lieber Paul und liebe Gisèle!   (leider wurde daraus der 15.) Wir denken mit Freude an Euer Sommerhaus und wünschen »guten Einstand«! Es lebe der Sommer! Ob wohl Paul ein »Natur-Dichter« werden wird (z. B. ein Wolkenbeobachter)? Und ob Gisèle viel malt?[2] – Hoffentlich werden bald die Sendungen der »Dichter« einlangen (ich berichte bald darüber).

Die Sonne möge Euch behüten – und statt unser Dank sagen. Klaus Nani

[»Schuster« ist unterwegs, leider gibt es nichts Besseres.[3]
»Bilder« auf Seite 38 und 65!]

98 *Klaus und Nani Demus, Ingeborg Bachmann an Paul Celan
    und Gisèle Celan-Lestrange*[1]

1. August 1953.
*Wir sind zum Abschiednehmen beisammen – es ist Inges letzter
Tag in Wien.*[2] *An einem dunkelschönen, nur* »Eingeweihten«
bekannten Ort[3] *trinken wir auf das nächste Zusammenkommen, einmal in Paris.* Wir wissen alle nicht, was weiter wird,
kaum ist der Stoff bekannt, aus dem es werden soll. Aber vielleicht werden wir sagen können, es war immer schön. Ein zeit-
weises Immer, so durchsetzt von unerfindlichen Orten wie dieser – ganz fern vom Hier. Die auf den Flüssen fahren, sehen
weizenweiß die Küsten der Welt im Bild der Nacht[4] – *Die
Mauer ist jetzt ganz schwarz, aber sie soll hell sein, wenn Du
kommst. Die Gläser sind leer, aber sie werden voll sein, wenn
Du kommst.*
In Treue: Nani – Klaus – *Ingeborg*

Tout mon cœur à Gisèle![5]

99 *Nani Demus an Gisèle Celan-Lestrange*

[Vienne,] 12 août 1953
Très chère Gisèle!
Nous pensons souvent à votre petite maison dans le bois –
esperant que tout va bien, que les papillons ne choc pas Paul
et qu'il peu bien travailler et »dichten«. Mais sourtout que le
petit François ne vous fait pas des soucies, qu'il soie, doux pour
vous.

Ici, l'automne commence déjà – l'air et, tellement clair, l'ombre plus fort – les couleurs plus sombres, et tous ça dans la nostalgie – d'être avec ses amies, de faire des grandes voyages, de voir la mer –.

Klaus »travaille« toujours avec le même poème[1] – sans ésperance d'»arriver« jamais.

Vienne et merveilleux à ce moment là!

Votre Nani.

[Wien] 12. August 1953
Sehr liebe Gisèle! / Wir denken oft an Ihr kleines Haus im Wald – und hoffen, daß alles gutgeht, daß die Schmetterlinge Paul nicht erschrecken und daß er gut arbeiten und »dichten« kann. Aber vor allem, daß der kleine François Ihnen keine Sorgen macht, daß er Sie zart behandelt. / Hier fängt schon der Herbst an – die Luft ist so klar, die Schatten stärker – die Farben dunkler, und all das in der Sehnsucht – mit seinen Freunden zusammenzusein, große Reisen zu machen, das Meer zu sehen. – / Klaus »arbeitet« immer noch am selben Gedicht[1] – ohne Hoffnung, es je zu »schaffen«. Wien ist im Augenblick wunderbar! Ihre Nani.

100 *Klaus und Nani Demus an Paul Celan und Gisèle*
      Celan-Lestrange

Mönchsberg, Sonntag 13. 9. 53.
Liebe Gisèle, lieber Paul –   ¾ 3[h]
                          Mirabellgarten, 15[h] 20
Liebste Gisèle, liebster Paul –
                          St. Peter, ½ 4[h]
Allerliebste Gisèle, allerliebster Paul –
                          Domplatz 15[h] 45
Herzliebste Gisèle, herzliebster Paul –
                          Bahnhof, ¼ 5[h]
Gisèle – Paul –   de tout coeur Nani + Klaus.
(auf der Rückreise – nach einer herrlichen Woche in Millstatt –)

129

[Paris,] 8. X. 53.

Nani, Klaus, Ihr Lieben!

Das Kind ist tot.[1]

Es hat die sehr schwere Geburt – dreimal Zange, schließlich Kaiserschnitt, um nur dreißig Stunden überlebt.

Es war mein Sohn, unser Sohn, unser François.

Gisèle's Zustand nimmt gottlob einen normalen Verlauf. Paul

102 *Klaus Demus an Paul Celan und Gisèle Celan-Lestrange*

[Wien, Ende Oktober 1953]

Mein liebster Paul,

so lange ist es seit dem großen Schmerz, und ich konnte vor Erstarrung mit nichts dahin hindurch zu Dir kommen. Verzeih mir, wenn Dir mein Schweigen wehtat. Das Einzige, was ich zu sagen weiß – Du mußt wieder zu schreiben beginnen, und Gisèle muß sich ganz an Dich klammern, dann gibt es kein Endendes in der Zeit. Wir möchten Euch wohl nahe sein. Nun schreibe mir aber auch Du, ein Wünschen und Hoffen ohne Wissen um Euch ist so unwirksam. Eure Karte war, ist schon eine große Freude.[1]

Wir haben alles Planen sein lassen. Die beste Zeit seit dem Sommer habe ich am Gedicht geschrieben – es ist noch unfertig, die dritte Strophe soll auch 12 Zeilen bekommen, die Lücke in der vierten geschlossen werden. Die thematische Gestalt bekam es erst lange nach den Anfängen; eine Zeitlang hatte es den Titel ›Des Abendlandes Nacht‹.[1] Du weißt: Hölderlin, Heidegger;[2] und die Notwendigkeit, nun ganz erkannt, aus der eigenen Nacht herauszukommen. Jetzt lesen wir ausschließlich, außer

erstens Hölderlin, Religionstexte, besonders östliche, Mytho-
logie, Philosophie und Griechisches. Alles für den einen Weg, an
dessen Ende ich mir das Schweben, die levitatio, gestellt habe.

In den nächsten Tagen werde ich in die Österr. Galerie (im
Belvedere) versetzt.[3] Über Kunst will ich nur mehr beruflich
reden, – nebenbei also. Wien haben wir in Kauf genommen,
auch ist die Bekanntschaft mit der Landschaft unerläßlich.
Die Zeit erscheint mir ganz dürr, aber als Lebenszeit soll sie
uns die beste sein.

So wünsche ich es auch von Herzen Dir, liebster Paul, und
Deiner liebsten Gisèle, und besonders in Geburtstagszeiten!

Sei guten Muts. Ich umarme Dich

Klaus.

103 *Klaus Demus an Gisèle Celan-Lestrange*

[November 1953][1]

Chère Gisèle,
nous ne savons pas votre anniversaire, mais tout prouve qu'il
doit être le même jour pour vous deux. Quand mon frère et moi
étions enfants, chacun avait le droit de ›petit jour de naissance‹
avec la fête de l'autre. Et votre unité avec Paul, chère Gisèle, me
semble si sincère si vous aviez laissé votre propre jour de naissance.

Sans mots – pourrais-je vous embrasser?
Klaus

*Liebe Gisèle, wir wissen nicht, wann Sie Geburtstag haben, aber
alles spricht dafür, daß es der gleiche Tag für Sie beide ist. Als mein
Bruder und ich klein waren, hatte jeder am Geburtstag des andern
das Recht auf einen ›Kleinen Geburtstag‹. Und Ihre Einheit mit
Paul, liebe Gisèle, scheint mir so aufrichtig, als ob Sie auf Ihren
eigenen Geburtstag verzichtet hätten. / Ohne Worte – darf ich Sie
umarmen? / Klaus*

104 *Paul Celan und Gisèle Celan-Lestrange an Klaus und*
   Nani Demus
                    [Poststempel: Florenz, 16. November 1953]

Aus Florenz, aus dem unvergleichlichen Florenz unsere Gedanken und Grüße[1]
Paul   Gisèle

105 *Nani Demus an Paul Celan und Gisèle Celan-Lestrange*

                              Wien, 19. November 1953
Liebster Paul und liebste Gisèle.
Die lange, antwortlose Zeit erweist von neuem, wie schwach
und stark die Sprache ist. Wie sie versagt, wenn sie Erschrecken
und Mitgefühl an großem Leid ausdrücken soll – wie sie zwingt
zu warten, bis innerste Gefühle gereift sind – und dann erst vom
wirklichsten Nahesein aus zu reden vermag.
   Ob ich Euch erreichen kann mit ihr? Mit menschlichen Wor-
ten, die fragen: »Wie geht es Euch, Ihr Lieben« und wünschen
»Möge Euch alles zum Guten sein, auch das Schwere«.
   Nehmt diese wenigen armen Worte, sie sind alles, was ich zu
sagen vermag. Alle guten Wünsche, deren ich fähig bin, sind bei
Euch.
   Nani.

Ich bitte Gisèle um Verzeihung, daß ich nicht französisch zu
schreiben vermag.

106 *Paul Celan und Gisèle Celan-Lestrange an Klaus und
Nani Demus*

[Ravenna,] 23. XI. 1953.

Nanilein, Klaus,
aus Assisi kommend, sind wir nun hier, und auch hier inmitten
des Wunderbaren.

Wir denken an Euch und wünschen Euch von Herzen alles
Gute, alles Herzensgute

Paul und Gisèle

107 *Gisèle Celan-Lestrange an Klaus und Nani Demus*

5 rue de Lota
Paris 16ᵉ

3 décembre 1953.

Chers Klaus et Nani,
A notre retour d'Italie nous avons trouvé vos livres et vos lettres, vous savez la joie qu'ils nous ont procuré![1] Je ne connaissais
pas cette jolie coutume du petit anniversaire qui m'a beaucoup
plu et je vous remercie des Contes que vous m'avez envoyés.
Paul et moi étions si contents!

Notre voyage en Italie a été merveilleux, nous ne sommes pas
prêts de l'oublier. C'est une grande chance de connaître Florence, Sienne, San Gimignano, Assise et Ravenne.

Peut-être avez-vous vu que la traduction du livre de Cioran
était parue[2] et aussi cette fameuse Anthologie d'Apollinaire
chez Limes, celle-ci contient malheureusement qu'une seule
des traductions de Paul.[3] Après tant de temps sans nouvelles
de celles-ci, ça a été une assez grosse déception, bien sûr.

J'espère que Paul vous écrira très bientôt, il veut le faire, mais
vous savez combien ça lui est difficile de s'y décider.

133

Nous savons que vous avez été avec nous pendant les si terribles heures que nous avons vécues il y a maintenant deux mois. Nous savons aussi que maintenant encore comme pour nous tout est encore présent dans votre cœur.

Merci d'être là. Je sais que vous comprenez ce que cela veut dire: perdre un enfant de Paul.

Bien affectueusement

Gisèle.

Lieber Klaus, liebe Nani, / bei unserer Rückkehr aus Italien haben wir die Bücher und Briefe von Euch vorgefunden, Ihr wißt schon, welch eine Freude sie für uns waren![1] Ich kannte diese nette Sitte des kleinen Geburtstags nicht, die mir sehr gefallen hat, und ich danke Ihnen für die Märchen, die Sie mir geschickt haben. Paul und ich haben uns so gefreut! / Unsere Italienreise war wunderbar, wir werden sie so schnell nicht vergessen. Es ist ein großes Glück, Florenz, Siena, San Gimignano, Assisi und Ravenna kennenzulernen. / Vielleicht haben Sie gesehen, daß die Übersetzung des Buchs von Cioran erschienen ist,[2] und auch diese Apollinaire-Anthologie bei Limes, die leider nur eine einzige von Pauls Übertragungen enthält.[3] Nach so langer Zeit ohne Nachricht darüber war das natürlich eine große Enttäuschung. / Ich hoffe, daß Paul Ihnen sehr bald schreibt, er will es tun, aber Sie wissen ja, wie schwer er sich dazu aufrafft. / Wir wissen, daß Sie in den schrecklichen Stunden, die wir vor jetzt zwei Monaten erlebt haben, in Gedanken bei uns waren. Wir wissen auch, daß alles auch jetzt noch, wie für uns, in Ihrem Herzen gegenwärtig ist. / Danke, daß Sie da sind. Ich weiß, daß Sie verstehen, was das heißt: ein Kind von Paul verlieren. / Sehr herzlich / Gisèle.

108 *Klaus und Nani Demus an Gisèle Celan-Lestrange und Paul Celan*

Wien, 21. Dezember 53

Chère Gisèle, cher Paul,

Nous étions si heureux de savoir que vous avez fait un grand voyage – nous aussi pensons à le faire, en printemps, à travers la Toscane, surtout pour visiter Florence, Sienne, et Arezzo (avec les fresques de Piero della Francesca) et pour le paysage; mais puisqu'il y a grandes difficultés avec notre grenier (nous serons délogés en été) et qu'il faut trouver un appartement, nous ne savons pas encore comment et où, le voyage se montre très nébuleux. Depuis un mois je travaille avec beaucoup plus de satisfaction dans la »Galerie Autrichienne« au Belvedere, où il y a trois Musées avec tout l'art de ce pays depuis l'époque gothique jusqu'à présent – comme idée un peu moite, mais néanmoins s'agit-il de l'art et pas des épées corrodées. Le travail principal sera scientifique et faire des visites guidées. – De l'art moderne je ne m'intéresse maintenant que pour la vraie abstraction, dont je prépare un petit essay, et même cela parceque je suis forcé. Tout ça parceque je suis un peu déçu et fatigué de l'activité de l'art moderne même, qui me semble maintenant, sauf les plus profonds essays de l'abstraction, trop superficiel à côté de l'art de toujours. Et aussi parcequ'il vaut mieux de garder mon temps pour [mon] propre travail. Ceci se constitue, à part l'écrire (ou essayer à écrire), par notre nouvel intérêt pour les religions, mieux la pensée religieuse, surtout de l'Egypte et de l'Asie; comme point essentiel je cherche les traces pour la voie (»Tao«) qui mène, par developpement intérieur de l'esprit d'état à état, vers une unité du moi-même avec le Même – la même chose de laquelle [il] s'agit un peu dans l'expérience créatrice, qui me manque trop. – »Le« poème n'est pas encore dans sa forme définitive (surtout les trois dernières strophes), mais pour maintenant abouti – je n'en peux plus. J'ai déjà commencé un nouveau, en me mettant directement devant le rocher, ainsi que je ne sais point à continuer la forme initiale. Mais je ne sais pas un autre chemin, convaincu qu'il n'y a plus de temps pour des mots préliminaires et qu'il fallait traverser la conscience tout consciemment pour arriver à quelque chose qui pourrait suffir aujourd'hui. Paul, tu écris dans tous tes poèmes <u>ton</u> poème, tandis que moi, essayant à écrire toujours rien que <u>mon</u> poème, je n'arrive jamais à un; et je ne veux pas arriver, c'est-à-dire le fixer. –

Paul, le plus grand vœu de nous à toi c'est: donne-nous tous tes nouveaux poèmes que tu nous as lus; le dernier que nous avons c'est »Gekreuzt und verschränkt ...«. Bitte, lieber Paul, und alle! ||

C'est notre premier noël chez nous cette année; nous avons un grand sapin de Millstatt et de grandes boules en couleur à y prendre.

De Stuttgart (Kohlhammer Verlag) va arriver chez vous un Hölderlin, et de Vienne la lumière pour y lire.

Soyez salués de l'infinité du cœur

Klaus

Paul, Gisèle – / Zum Hochzeitstag und Christfest alle meine guten Wünsche, ein so frohes Herz, wie es Paris Euch zu geben vermag – Glück und Segen / Nani

Liebe Gisèle, lieber Paul, / wir sind so froh, daß Sie eine große Reise gemacht haben – auch wir möchten das machen, im Frühling, durch die Toscana, vor allem um Florenz, Siena und Arezzo zu sehen (mit den Fresken von Piero della Francesca) und wegen der Landschaft; aber weil es mit unserem Dachboden große Schwierigkeiten gibt (wir müssen im Sommer ausziehen) und wir eine Wohnung finden müssen – wir wissen noch nicht, wie und wo –, liegt die Reise noch sehr im Nebel. Seit einem Monat bin ich mit meiner Arbeit in der »Österreichischen Galerie« im Belvedere sehr viel zufriedener, wo es drei Museen gibt mit der ganzen Kunst dieses Landes von der Gotik bis heute – als Konzept etwas angestaubt, aber immerhin handelt es sich um Kunst und nicht um rostige Schwerter. Die Arbeit besteht hauptsächlich in wissenschaftlicher Arbeit und Führungen. – Was die moderne Kunst betrifft, interessiere ich mich im Augenblick nur für die wirklich abstrakte, ich arbeite gerade an einem kleinen Essay darüber, und auch das nur, weil ich dazu gezwungen bin. Das alles, weil ich ein wenig enttäuscht und müde bin, was die Aktivitäten selbst der modernen Kunst betrifft, die mir jetzt, mit Ausnahme der tiefsten Versuche zur Abstraktion, neben der Kunst, wie es sie schon immer gab, zu oberflächlich scheint. Und auch, weil ich meine Zeit besser für meine eigene Arbeit aufspare. Diese besteht,

neben dem Schreiben (oder den Versuchen zu schreiben), in unserem neuen Interesse an den Religionen, oder besser, an religiösem
Denken, vor allem das Ägyptens und Asiens; im wesentlichen suche
ich Fährten für den Weg (»Tao«), der durch eine innere geistige
Entwicklung von Stufe zu Stufe auf eine Einheit des Ich mit dem
Selbst zuführt – das gleiche, worum es u. a. bei der schöpferischen
Erfahrung geht, die mir so sehr fehlt. – »Das« Gedicht hat noch
nicht seine endgültige Form (vor allem die drei letzten Strophen),
aber es ist vorläufig abgeschlossen, ich kann nicht mehr. Ich habe
schon ein neues angefangen und mich direkt vor den Fels begeben,[1]
so daß ich überhaupt nicht weiß, wie ich die anfängliche Form fortsetzen kann. Aber ich sehe keinen anderen Weg und bin überzeugt,
daß für vorläufige Worte keine Zeit mehr ist und daß das Bewußtsein ganz bewußt durchdrungen werden muß, um zu etwas zu
kommen, was heute genügen kann. Paul, Du schreibst mit all Deinen Gedichten Dein Gedicht, ich dagegen versuche immer nur,
mein Gedicht zu schreiben, und mir gelingt nicht eines; und ich will
gar nicht dahin kommen, d. h. es festhalten. / Paul, unser größter
Wunsch an Dich ist: gib uns all Deine neuen Gedichte, die Du uns
vorgelesen hast. Das letzte, was wir haben, ist »Gekreuzt und
verschränkt ...«.[2] Bitte, lieber Paul, und alle! / Es ist unser erstes
Weihnachten bei uns zuhause dieses Jahr; wir haben einen großen
Weihnachtsbaum aus Millstatt und große bunte Kugeln zum Dran-
hängen. / Aus Stuttgart (Kohlhammer Verlag) kommt zu Euch ein
Hölderlin und aus Wien das Licht, um darin zu lesen.[3] / Seid aus der
Unendlichkeit des Herzens gegrüßt / Klaus

109 Klaus Demus an Paul Celan

Wien, 24. Feber 54.
Mein guter Paul, mein lieber großer Bruder,
bitte schreib mir doch einmal. Frau Jené mußte kommen, um
Deine Grüße zu bringen. Freilich könnte alles ungesagt bleiben.
Aber der letzte Sommer ist schon fast verdunstet, und der kommende könnte uns nur zusammenbringen, wenn Ihr nach Wien
kämt. Ich bitte Dich auch sehr um Deine Gedichte; sie fehlen
uns sehr, Paul. Dann wissen wir nicht, ob Du den Hölderlin

richtig bekamst. Und dann wünsche ich mir sehr, daß Du zum langen Gedicht etwas sagst und auch über die beiden letzten dieses Briefes.[1] Das kurze entstand zuerst, ein Nachtrag zur Nacht des Abendlandes; hat es das notwendige richtige Geheimnis? Siehst Du die Brüche allzu deutlich? Der Anfang war absolut abstrakt, ganz ernst gemeint; die zweite Strophe brachte – fast von selbst – Rückbezogenheit in die ›Natur‹. – Das zweite (letzte) Gedicht entstand aus dem Eindruck von Bildern von Herbert Boeckl,[2] Landschaften der 20er Jahre, die echte Wirklichkeitsdeutung sind; voll Spätgefühl freilich, aber zusammengehalten durch wirkliche, überströmende – freilich erkämpfte – Kraft. Spätsommer-Landschaft dem Wesen nach (Bilder von Kärntner Seen), so aufgeregt wie nur 20. Jhdt. innerlich sein kann, aber gebändigt. Im Gedicht soll die Sicherheit des langen Atems (Rückgebundenheit in Spätsommer-Natur) das vereinzelt Stehende zu wirklichem Zusammenhang binden. So stören, denke ich, die grammatisch-syntaktischen »Sprünge«, Fortsätze (das ganze Gedicht wird, nach der statischen ersten Strophe, ein Fort-Satz) und Einlenkungen nicht; nur der Sommerwind ist unruhig, aber er bewegt ja nur sich, und alles bleibt »beim Alten«; Struktur der Jura-Landschaft, vergleichsweise: Anstieg, nur unterbrochen durch wieder ›zurückbringende‹ Abfälle ohne Richtungsgewicht. Ich glaube, es ist ein ganz schönes Gedicht, nicht, Paul?

Wir lasen viel über Ägypten. Mich reizt besonders der geistige Einheitsbegriff, der die erste Hochkultur möglich machte. Am Unterschied vom ägyptischen zum griechischen Substanz-Begriff und aus Heidegger-Hölderlin wurde mir dann das – titelmäßig gestellte – Vortragsthema deutlich; freilich hat den Vortrag kaum jemand verstanden. Ich muß auch (zum Manuskript, das Du behalten magst, wenn Du willst) dazusagen, daß mir der Sinn der Kunstwerke vom Typus der Strukturvorstellungen (Picasso bis Wotruba) noch verborgen erscheint: nun der Vortrag vorbei ist; und daß ich versuchen werde, das Problem richtig zu fassen. Ich möchte jedoch in den Gedichten eine synthetische echte Realisation versuchen und den abstrakten Weg zum Einheitsbegriff durch elementaren Ordnungsversuch nicht gehen, weil »die Dichter das Sein dichten« müssen; und das heißt bei meiner Gegebenheit den seinsthematischen Sinn im Wechselgeschehen von Himmel und Erde, also im Landschaftszusammenhang zu sagen versuchen, wie er noch immer ist und immer sein wird, solange wir im Abendland sind. (Kennst Du Heideggers Rede über das »dichterische Wohnen« in Heft 1 der Akzente? Mit Freude sahen wir die Vorankündigung Deiner Gedichte!)[3]

Kennst Du das tibetanische Totenbuch (Bardo Thödol = Zwischenzustand – Hör-Befreiung, dem Toten vorzulesen als Anleitung, sich richtig zu verhalten, d. h. durch »Identifizierung« des Wisser-Prinzips[4] [Bewußtsein] im Nachtodzustand mit dem ›Einen‹ dem Samsara-Kreislauf, der Karma-Gebundenheit und der Wiedergeburt zu entrinnen)? Es hat uns sehr beschäftigt, weil es »psychologisch« so ›wahr‹ erscheint.

Paul bitte: was ist mit der österr. Anthologie? Ich frage nur, um den Einsendern, die mich bedrängen, etwas sagen zu können.[5]

Liebster Paul, schreibe bitte: vor allem Gedichte; Du mußt und kannst schreiben; keine Anstrengung ist ganz fruchtlos; Du mußt Dich anstrengen, es fließt nicht nur. Und dann einen kurzen Brief, bitte.

Nani läßt Euch beide von Herzen grüßen. So auch ich; vom linken und vom rechten, und noch vom mittleren, ›inneren‹ Herzen.

Ciao, liebster Paul.

Dein Klaus

Euer liebes gutes Weihnachtspäckchen – danke, Gisèle, danke, Paul, – für Eure Nähe.

[*Anlage:*][6]

DES ABENDLANDES NACHT

O am Licht
verlöscht .. Abhängelang
rauscht des Gebirges Zeit
Glockenkies an den Feuern vorbei,
in Nächten der Sonne,
redet der Felsenwind
sprachlosem Herzklang das Wort.
Und ungeklärter aus den Anfängen
altert, was sie gehäuft.
Im wachen Gestein versinkt
das Meer. Wandernd grau
brennt des Traums Haus.

Unter Irrspielen
riesiger Gipfel in ihren Lichtgärten
rauchklar ragt und stürzt
die Sternenmauer des Gletschers,
ihre Rose, finster mündend
aus regnenden Flächen, verströmt
tiefhoch Getauschtes. Hell blühn
Brandungsmonde dunklen Geists
über den Fällen.
Der Festung Jahre ringsum
glanzbehauen, unbewohnbar
stehn reisend.

Entzweigt, gelöst von ihnen herab
geht Schwanenschein den Wassern nach
und schwarz durch die Nähe, die
Krokuslicht den Augen auftut,
sturmtrüb läutet es oder
schweigt im Stromgang.
Taglos zieht sie das Meer.

Die auf den Flüssen fahren, sehen
weizenweiß die Küsten der Welt
im Bild der Nacht, zu Kränzen
steil in die Fernen versponnen.
Still verschollen in sich.

Später Kristalle Flammengeröll
verschenkt die Himmel. Tief in der
Landschaft Gespräch hat sich die Nacht
hinabgebaut, wo strahlend im
Schaum der Winterschächte
hängen verklärte Körper der See,
Felder und Strände glühen von reiner
Einöde Gut – Offen das Bergwerk,
erzbrechend zwischen Enden der Zeit
wächst des Abgrunds große
Gegensonne, der Erde
lichtes Gewicht ..

Meerauf kehrt des Tages Gedächtnis
ins Gebirge der Schwermut, langsame
Inseln weit, sind des Nebels
Schneebäume aufgebunden.
Wald unter Schatten,
Klarstes: Wald.
Über schönen Fährten taustarr
schläft ein Tanz. O morgendliche Nacht.
Ganz hell gebleicht, Mohnerz
geht ernst ein Stern in die Tür,
träumt ... Von Schiffen
auf weißen Bahnen zur Klarheit.

DER ausganglosen Nacht
fremd, steht fußlos Nebel

auf finstren Äckern,
fängt wie Licht
des blindherzig geöffneten
Flusses Schäumen.
Dämmernd über
aufgegrabenen, ausgekühlten
Erzen kreuzt die Bergseele
Neujahre des Gesteins,
steht ärmlich, klar geschlagener
Mauern, groß weißaufgewirbelt
im Denken der Sterne,
übernächtig weniger

Lichter langsam strahlender
Zeit und im Tage
erscheinender Schneesonnen.
Wo auf reinsten Halden
des Geistes klare Feuer einander
wassergleich blühend schauen.
Rein ist, erhellt mit Gipfeln
die Erde. Still gedrängte
Ferne tritt das Sprachlose
in der Klarheit Gestalt.

ABER DIE SONNE

In blendender Morgen Marmor
traumgeschlagen, verloren,
mitten im offenen Meer, –
da der Anfang der Zeit nie endet
und nie der Blume
Mondaufgang still steht,
ungeborene Reiche vergehn
im Licht der Wälder –,

aber die Sonne,
weil sie den Glast
und Nebelrosen am Fels bewegt,
Erz ausbläut und beim
Ordnen der Steine
ihr Feuer in Büschen verschließt –
hat doch nicht Häuser genug,
Talhäuser, Klöster
tief aus Licht

im Vogelgesang, daß
die Schiffe nicht fahren müssen
und nun das Kraterland
rot und heiß
in weißfernen Horizonten
aufgestürzt, zersprungen
daliegt: kein

Schatteneis, Schwalben,
kein Kampfer regengrau
und die Muschel Gewittern offen
zart ist – sondern
starrend schön
in Mittags Glasberg . .

110 *Paul Celan und Gisèle Celan-Lestrange an Nani Demus*

Wien, 1. III. 54[1]

VON HERZEN ALLES LIEBE UND LICHTE
GISELE PAUL

Poste RESTANTE
rue de Montevideo
Paris 16ᵉ

24 mars 1954

Chers Klaus et Nani,

Il y a si longtemps que nous nous promettons de vous écrire, si longtemps que je supplie Paul de vous envoyer ses poèmes, si longtemps qu'il se promet de le faire!

Enfin ce soir je peux réaliser tout cela, c'est une si grande joie pour moi de pouvoir vous envoyer tous les poèmes qu'il a écrit depuis la parution de »Mohn und Gedächtnis«.[1] Nous voulions le faire pour l'anniversaire de Nani et puis …, et puis nous ne l'avons pas fait.

Chez vous les poèmes de Paul sont en de bonnes mains, et je suis si contente qu'enfin vous alliez les avoir.

Paul est parti hier soir pour l'Allemagne, il va lire ses poèmes à Francfort, à Munich, à Esslingen et à Stuttgart. Il verra aussi des éditeurs pour d'éventuelles traductions – peut-être lira-t-il à la Radio.[2] Comme toujours, ce départ vers l'Allemagne est plein d'inquiétudes et d'espoirs, plein d'inconnu. Espérons que tout se passera bien. Des critiques sur son livre et des articles sur lui continuent à nous parvenir et la nouvelle que son livre était épuisé et qu'on allait le rééditer nous a été une très grande joie.[3] Peut-être dans un an y aura-t-il un nouveau recueil![4]

Si vous voulez lui écrire, il est chez Monsieur Rolf Schroers Bergen/Frankfurt am Main, Gangstraße 4, jusqu'à la fin du mois de mars et de retour à Paris vers le 8 avril, notez s'il vous plaît notre nouvelle adresse, non que nous ayons trouvé un autre appartement malheureusement, mais notre courrier arrivait trop irrégulièrement ici à cause des Polonais qui habitent la maison et nous avons pris un abonnement à la Poste restante.

Chers Klaus et Nani, nos seuls vrais amis, quand venez-vous de nouveau à Paris?

Vous ai-je dit que j'ai recommencé à faire de la gravure, je travaille dans l'atelier de Friedlaender quoique je n'aime pas trop ce qu'il fait, j'apprends là beaucoup de choses et je peux travailler comme je veux.[5] Je vous enverrai un jour quelques gravures, si vous voulez, mais pour le moment je n'ai fait que des plaques assez petites. Paul est content, trouve que quelques-unes ne sont pas trop mal. Je ne peux malheureusement pas peindre, sauf à de rares exceptions chez une amie qui a un grand atelier. Nous avons hâte de trouver un appartement pour que Paul puisse travailler tout seul, que je puisse moi aussi me re-mettre à peindre et aussi pour que nous ayons la paix aussi bien vis-à-vis de ma famille que vis-à-vis de cette organisation po-lonaise très déplaisante.

Et vous? Que fait Nani? Comment va le travail de Klaus? Et sa poésie? Quand nous recevons une lettre de vous c'est tou-jours une grande joie, mais aussi un peu de honte: nous vous écrivons si peu! Envoyez à Paul ce que vous écrivez, il le regarde toujours avec émotion, pauvre Paul, vous savez combien il lui est difficile d'écrire une lettre et pourtant il veut toujours le faire.

Loin de lui je suis bien sûr un peu inquiète, nous ne sommes pas faits pour vivre loin l'un de l'autre, et cette séparation de trois semaines me paraît interminable. Je ne sais pas vivre sans lui. Hier soir ce fut très triste de le voir partir, mais il fallait ce voyage pour sa poésie, vivre en France et écrire en allemand c'est un bien difficile problème à résoudre. Ça n'est pas facile tous les jours pour lui. Et pour moi qui ne sais pas encore l'allemand, vous comprenez aussi ce que c'est.

Si toutefois quelques nouvelles personnes aiment les poèmes de Paul, son voyage n'aura pas été inutile.

Chers Klaus et Nani, je vous envoie ma plus tendre affection.

Gisèle.

Paul a passé toute l'après-midi d'hier à taper ses poèmes, il voulait vous les envoyer lui-même et vous écrire, mais l'heure de son train l'en a empêché. J'espère qu'il trouvera d'Allemagne le temps de vous écrire, mais il va tant voyager, voir tant de gens, j'ai peur.

Ne lui en voulez pas. Il vous aime quand même, vous le savez bien.

24. *März 1954 // Lieber Klaus, liebe Nani, / so lange schon haben wir uns vorgenommen, Ihnen zu schreiben, so lange schon bitte ich Paul inständig, Ihnen seine Gedichte zu schicken, so lange schon nimmt er sich vor, das zu tun! / Endlich, heute abend, kann ich all das in die Tat umsetzen, es ist eine so große Freude für mich, Ihnen all die Gedichte schicken zu können, die er seit dem Erscheinen von ›Mohn und Gedächtnis‹ geschrieben hat.[1] Wir wollten es zu Nanis Geburtstag tun und dann ..., und dann haben wir es nicht getan. / Bei Ihnen sind die Gedichte von Paul in guten Händen, und ich bin so froh, daß Sie sie nun endlich bekommen. / Paul ist gestern abend nach Deutschland aufgebrochen, er liest seine Gedichte in Frankfurt, in München, in Esslingen und in Stuttgart. Er trifft auch Verleger für eventuelle Übersetzungen – vielleicht liest er auch im Rundfunk.[2] Wie immer ist dieser Aufbruch nach Deutschland voller Ängste und Hoffnungen, voller Ungewißheiten. Hoffen wir, daß alles gut geht. Kritiken seines Buches und Artikel über ihn erreichen uns weiterhin, und die Nachricht, daß sein Buch vergriffen ist und neu aufgelegt wird, hat uns sehr gefreut.[3] Vielleicht gibt es in einem Jahr einen neuen Band![4] / Wenn Sie ihm schreiben wollen, er ist bei Herrn Rolf Schroers, Bergen/Frankfurt am Main, Gangstraße 4, bis Ende März und gegen den 8. April zurück in Paris; notieren Sie sich bitte unsere neue Adresse, nicht daß wir eine andere Wohnung gefunden haben, leider, aber unsere Post kam hierher zu unregelmäßig wegen der Polen, die im Haus wohnen, und wir haben jetzt ein Postfach. / Lieber Klaus, liebe Nani, unsere einzigen wahren Freunde, wann kommen Sie wieder nach Paris? / Habe ich Ihnen gesagt, daß ich wieder angefangen habe, Radierungen zu machen, ich arbeite in Friedlaenders Atelier, obwohl ich das, was er macht, nicht allzusehr mag; ich lerne dort eine Menge und kann arbeiten, wie ich will.[5] Wenn Sie mögen, schicke ich Ihnen einmal einige Radierungen, aber bisher habe ich nur einige recht kleine Platten gemacht. Paul ist zufrieden, er findet ein paar nicht allzu schlecht. Leider*

kann ich nicht malen, außer ganz selten bei einer Freundin, die ein
großes Atelier hat. Wir suchen dringend eine Wohnung, damit Paul
allein arbeiten kann und ich mich wieder ans Malen machen kann,
und damit wir auch Ruhe haben, sowohl vor meiner Familie als
auch vor dieser polnischen Organisation, die sehr unangenehm ist. /
Und Sie? Was macht Nani? Wie geht Klaus' Arbeit voran? Und
seine Gedichte? Wenn ein Brief von Ihnen kommt, freuen wir uns
immer sehr, aber wir schämen uns auch ein bißchen: wir schreiben
Ihnen so selten! Schicken Sie Paul, was Sie schreiben, das bewegt ihn
beim Lesen immer sehr, armer Paul, Sie wissen, wie schwer es ihm
fällt, einen Brief zu schreiben, und doch will er es immer tun. / Fern
von ihm bin ich natürlich immer ein bißchen unruhig, wir sind nicht
dazu gemacht, fern voneinander zu leben, und diese dreiwöchige
Trennung erscheint mir unendlich. Ich kann ohne ihn nicht leben.
Es war gestern abend sehr traurig, ihn wegfahren zu sehen, aber die
Reise ist notwendig für seine Dichtung, in Frankreich leben und auf
Deutsch schreiben ist ein schwer lösbares Problem. Es ist nicht im-
mer einfach für ihn. Und Sie verstehen auch, was das für mich heißt,
die ich noch nicht Deutsch kann. / Wenn allerdings ein paar neue
Menschen die Gedichte von Paul mögen, ist seine Reise nicht un-
nütz gewesen. / Lieber Klaus, liebe Nani, ich schicke Ihnen sehr
liebe Grüße. / Gisèle.
Paul hat gestern den ganzen Nachmittag damit verbracht, seine
Gedichte zu tippen, er wollte sie Ihnen selbst schicken und Ihnen
schreiben, aber die Abfahrt seines Zuges hat ihn daran gehindert.
Ich hoffe, daß er Zeit findet, Ihnen von Deutschland aus zu
schreiben, aber er fährt so viel herum, trifft so viele Leute, daß
ich fürchte – / Nehmen Sie es ihm nicht übel. Er liebt Sie trotzdem,
und Sie wissen das auch.

112 *Klaus und Nani Demus an Paul Celan*

[Wien,] 8. April 54

Liebster guter Paul.

Wie gerne hätten wir Dir noch nach Deutschland ein Liebes-
zeichen gesandt; es war ein bißchen zu spät. Liebsten Dank für
Deine unsäglich schönen Gedichte. Einzelnes vermissen wir, so
besonders ein langes, das Du uns zeigtest;[1] trafst Du eine Aus-

wahl für uns? Aber vieles ist uns neu; Du hast nicht wenig geschrieben, Paul, und vieles schönste. Es wird bald für einen neuen Band genug sein.

Ach Paul, es ist herrlich, Gedichte zu schreiben. Bei Dir bleiben sie auch ganz bestehen (meine fangen immer nach einer Zeit zu bröckeln an –). Vielleicht ist bei Dir die Kontinuität das Wesentlichste – so schließen sich alle Deine Gedichte zu <u>einer</u> fortgehenden Aussage, Rede. Ich glaube das ist so, weil Du Leben und Schreiben nicht zu trennen weißt, Deine Lehre lebst, wie Martin Buber immer mahnt.[2] Die ›Lehre‹ ist ein Zentrales bei Dir.

Ich bin in der Sprache ein »bildender Künstler«; von daher kommt mir auch immer Zufuhr, Idee, Kriterium. Sprache ist mir bildsames Material – und nicht Rede wie Dir. Freilich, wenn Du willst, hast Du auch »ganz rein« und wie (also: in Gänsefüßchen) Selbstzweck »Plastisches« und Bildhelligkeit. Bei mir ists aber reiner Selbstzweck, will meinen: erreichbare Grenze, in die Hoffnung gesetzt ist; das sehnsuchtangezielte Drüberhinaus ist bei mir über dem sagbaren Atem, nicht »drinnen« (Fleisch geworden). Im Anschlagen an diese Grenze aber, die bei Dir substantiell, »thematisch« ist, bei mir aber ein »Zwischenfall«, wird das »Drüberhinausliegende« (mir unerklärlich, wie?) materialistisch: auf die Ebene grober Vorgestelltheit erniedrigt. So kann ich auch nie das Offene sein lassen – das Deine Stärke ist. Mein »Aufbau« ist der einer Maschine, lückenlos formal-funktionell; nur vielleicht nun weniger als früher. – Ich will jetzt bewußt zum »Gedicht«, das Du immer schriebst. Die ›Große Schweigesee‹ kam ihm am nächsten (auch nur uneinheitlich). Sie erfüllt mir – in der zweiten Strophe – das »Walten der Immanenz in der Natur«, das in ›Abendlandes Nacht‹ mehr Thema als Wirkung war. (Wenns mir, in einer Periode, schwierig wird, muß ich stets »zurück« gehen – zum ganz einfachen Kind-Kontakt mit der Natur.)

Durch Bilder und Plastiken (Rainer,[3] Pillhofer, Boeckl und andere hier) kommt mir un-regelmäßig großer Anstoß, »Stachel«; ich kann die Dinge gut von innen verstehen, und das Hineinkommenkönnen wird zum Wollen des Tuns. Zwischen Kunstwerk und Gedicht geh ich immer hin und her – erfahrend, zurücktragend; die beiden kehren sich den Rücken, doch weiß ich die Schicht, die dieselbe bleibend durch beider Fundament durchreicht. Nur wird damit dem Ausschließlichen des Gedichts zu wenig Gewicht gezollt. Freilich seh ich das »Plastische« (ein Begriff für das Künstlerische der bildenden Kunst) als Möglichkeit in der Sprache, und es wird wohl meine Quelle bleiben: »Redner« bin ich keiner – so sehr das – und das »Leben der Lehre« – meine große Sehnsucht ist. Im nächsten Leben, Paul: was, wer möchtest Du sein? Ich möchte die in diesem Leben unerledigte, nicht ergriffene Aufgabe des Pilgers erfüllen; des an[s] Ziel gelangten Pilgers, des erlösten (chinesischen) Einsiedlers. Was ich dagegen jetzt lebe, ist: vor dem Beginn; noch eine Weile an der schönen Welt sich freuen. –

Herzliebster Paul – ein guter Himmel grüße Dich!

Klaus

Liebster Paul – mit offenem Herzen Dank für den doppelten Geburtstagsgruß – unsagbaren Dank …

von Deiner Nani.

112.1 *Klaus und Nani Demus an Gisèle Celan-Lestrange*

Vienne, le 8 avril 1954[1]

Chère Gisèle,

un grand merci de votre lettre et les poèmes de Paul. Maintenant où il sera retourné de son voyage, écrivez-nous s'il vous plaît de son temps en Allemagne s'il ne pourrait pas écrire lui-même. Nous étions heureux-heureux d'avoir enfin ses poèmes et aussi de savoir que son livre ira paraître en nouvelle édition; et avant tout que le temps va commencer maintenant où on va connaître

Paul ce qu'il est ce que nous savons comment l'est nécessaire pour lui. Espérons que tout va un peu changer pour votre situation, surtout la question d'appartement.

Nous vivons toujours très heureux. Je suis satisfait avec mon nouveau travail, surtout parce que je peux m'occuper un peu de jeunes artistes, dont on va faire une petite exposition à la Österreichische Galerie. Aussi nous nous avons un peu calmés de la question de vivre à Vienne. Avec le juillet nous devons quitter notre grenier, sans savoir jusque maintenant pour quel autre logis, mais faute de moyens d'achète nous sommes libres de soucis. Nani continue à donner beaucoup de leçons, mais malgré ça lui demande bien de force c'est néanmoins mieux qu'un travail régulier à l'école. Heureusement nous nous sentons encore très jeunes, bien qu'une vie nouvelle va commencer avec un propre appartement; l'hiver était très dur.

Nous ne pensons pas faire des plans pour cette année. Jusqu'à l'ouverture de la Galerie du 19ème et 20ème siècle à l'Oberes Belvedere je suis privé de congé, et après le juillet je ne sais encore rien.[2] Nous avons pensé de faire un joli tour de lacs carinthiens pour être à la campagne après ce longtemps enfermés dans la ville laide. Mais j'ai eu peu d'espoir de pouvoir faire à la fin de l'année un voyage à Paris pour accompagner des tableaux à une exposition, à vrai dire un espoir très petit, mais une possibilité peut-être.

Je veux signaler que mon frère, qui est maintenant avec ma mère à Paris, va donner un grand récital au Théâtre des Champs Elysées le 21 avril; après son excellent début ça devra-t-être maintenant une difficile épreuve de son calme un peu labile.

Bravo Gisèle, que vous travaillez de nouveau! Je repense souvent avec de l'honte à ma fausse expression de mon agrément faite devant vos tableaux, mais vous savez que mon estime était vrai. Si vous vouliez nous faire un jour cadeau avec une nouvelle gravure, nous serions très heureux.[3]

Nous vivons maintenant dans un temps très dur et sèche, mais je crois qu'il est très important pour faire mûrir tous travails artistiques commencés, c'est à dire un temps favorable pour ces peu qui, comme Paul, sont arrivés au fond du sérieux dans notre temps. Pour ma part je n'ai aucun doute que tout [ce] qui lui arrive l'aidera à s'achever.

Chère Gisèle, notre plus affectionnée salutation à vous.

Klaus.

Je pars demain pour rester une semaine à Millstatt et au Vendredi saint je retrouve Klaus à Graz où nous restons pour les jours de Fêtes. Du fait toujours des cercles! Merci liebste Gisèle pour la lettre – joyeux printemps –
Nani.

Wien, den 8. April 1954 // Liebe Gisèle, / ein großes Dankeschön für Ihren Brief und die Gedichte von Paul. Jetzt, wo er von seiner Reise zurück ist, schreiben Sie uns doch bitte von seiner Zeit in Deutschland, wenn er nicht selbst schreiben kann. Wir waren überglücklich, endlich seine Gedichte zu haben, und auch darüber, daß sein Buch in einer neuen Auflage erscheint; und vor allem, daß jetzt die Zeit anbricht, wo man den Paul kennenlernen wird, der er ist, wir wissen ja, wie sehr er das braucht. Hoffen wir, daß all das Ihre Situation ein bißchen verändert, vor allem hinsichtlich der Wohnungsfrage. / Wir sind mit unserem Leben immer noch sehr glücklich. Ich bin mit meiner neuen Arbeit zufrieden, vor allem, weil ich mich ein bißchen um junge Künstler kümmern kann, für die wir in der Österreichischen Galerie eine kleine Ausstellung vorbereiten. Wir haben uns auch was das Leben in Wien betrifft ein wenig beruhigt. Zum Juli müssen wir aus unserem Dachboden ausziehen, ohne vorläufig zu wissen in welche andere Wohnung, aber weil wir kein Geld zum Kaufen haben, haben wir keine Sorgen. Nani gibt weiter viele Stunden, aber obwohl ihr das viel Kraft abverlangt, ist es doch besser als eine regelmäßige Arbeit in der Schule. Glücklicherweise fühlen wir uns noch sehr jung, dennoch wird mit einer eigenen Wohnung ein neues Leben anfangen; der Winter war sehr hart. / Für dieses Jahr machen wir keine Pläne. Bis zur Eröffnung der Galerie des 19. und 20. Jahrhunderts im Oberen Belvedere habe ich Urlaubssperre,[1] und für die Zeit nach Juli weiß ich noch nichts. Wir haben daran gedacht, eine hübsche Fahrt an die Kärntner Seen zu machen, um auf dem Land zu sein nach dieser langen Zeit, in der wir in der häßlichen Stadt eingesperrt waren. Aber ich habe etwas Hoffnung, Ende des Jahres eine Reise nach Paris machen zu kön-nen, um Bilder für eine Ausstellung zu begleiten, wirklich eine ganz kleine Hoffnung, aber vielleicht eine Möglichkeit. / Ich möchte Euch ankündigen, daß mein Bruder, der z. Zt. mit meiner Mutter in Paris ist, am 21. April einen großen Sonatenabend im Théâtre des Champs-Elysées gibt; nach seinem großartigen Debüt dürfte das jetzt eine große Herausforderung für seine etwas labile Gemütsruhe sein. / Bravo, Gisèle, Sie arbeiten wieder! Ich denke oft mit Scham an den ungeschickten Ausdruck meiner Zustimmung vor Ihren Bil-dern, aber, Sie wissen, daß meine Hochschätzung echt war. Wenn Sie uns einmal eine neue Radierung schenken mögen, wären wir sehr glücklich.[2] / Wir leben jetzt in einer sehr harten und trockenen Zeit, aber ich glaube, es ist wichtig, alle einmal begonnenen künst-lerischen Arbeiten reifen zu lassen, d. h. in einer Zeit, die für die wenigen günstig ist, die wie Paul den Ernst unserer Zeit ganz durchdrungen haben. Ich wenigstens habe keinerlei Zweifel daran, daß alles, was ihm geschieht, ihm helfen wird, sich zu vollenden. / Liebe Gisèle, Ihnen unseren herzlichsten Gruß. / Klaus. // Ich fahre morgen für eine Woche nach Millstatt, und am Karfreitag treffe ich Klaus in Graz, wo wir die Feiertage verbringen. Man geht immer im Kreis! Danke, liebste Gisèle, für Ihren Brief – ein schönes Früh-jahr – / Nani.

113 *Klaus und Nani Demus an Paul Celan und Gisèle*
    Celan-Lestrange

München, 4. Mai 1954

Lieber Paul, liebe Gisèle,

weil der Frühling so lange nicht kam, gingen wir ihn hier suchen und brachten dafür die herrlichen Bilder von Vater Boeckl zu seiner Ausstellung.[1] Er malte die Krüge,[2] Paul, und auch sie schäumen noch über – aber vielleicht ist das der ewige Früh-ling? Klaus

Mit weitem Herzen Dank, liebster Paul. Alle guten Wünsche für Gisèle.

Nani.

114 *Klaus und Nani Demus an Paul Celan und Gisèle*
   Celan-Lestrange

Auf dem Schiff von Dürnstein (Wachau) nach
Wien, 30. 5. 54
Liebster Paul, liebste Gisèle!
Wir sind durch die Wachau an den Nibelungenburgen vorbei
gewandert und möchten wohl wissen, ob unsrem Minnesänger
nicht die Ohren geklungen haben?
   Nun ziehen die herrlichsten Auen an uns vorbei (man glaubt
sich schon weit in Ungarn!), es regnet in den Fluß hinein, Stör-
che begleiten uns. Vogelzeichen bedeuten Briefe – für uns und
Euch von Nani + Klaus

Dank liebster Paul, von Herzen Dank.

115 *Paul Celan und Gisèle Celan-Lestrange an Klaus und*
   Nani Demus

[Cambridge, 8. Juni 1954][1]
Alles Herzliche!
Gisèle   Paul

116 *Klaus Demus an Paul Celan*

Wien, den 4. August 54
Mein liebster Paul,
ich bitte Dich recht von Herzen um Vergebung, die vielen möglichen, gewünschten Briefe seit so langer Zeit nicht ernsthaft
genug versucht zu haben. Gisèle hat uns eine große Freude mit
den Gravüren gemacht, die ich sehr schön finde. Und den liebsten Dank nun auch Dir für die Gedichte, die Du großer Stern-
verdunkelter[1] uns weitergegeben hast.

Unser Jahr hat noch keine Klarheit gehabt, obwohl wir viel Eifer im Lernen haben und auch alles nur für das Eine geschieht – klar zu sehen, oder fast nur: das Klare klar zu sehen. Was uns geschehen, an uns herankommen kann, ist so schon in eine Bahn gezwungen, und ich zumindest erstarre dabei zum Nicht-beachten, Nichtachten des Wechselmöglichen. Schauend dem einzig Klaren näherkommen, bedeutet Alles.

Das schöne Entdeckte ist mir das Verschiedene im Gleichen. Hier muß irgendwo Nähe zu Substanzerkenntnis sein. Das heißt, der genius loci hat mich unversehens geformt; die schwie-rigen, flüchtigen Gehirngefühle, die harmonische Chromatik von Hofmannsthal,[2] Musil[3] und der Musik, der ›Schein‹ mit der (östlichen, östlich bestimmten) Hoffnung auf das Transzen-dente im Schönen – Du kennst es. Der Wille geht mir zum Griechischen, doch der Mäander-Weg dringt nicht hin. Verwirklichung wäre ja Verselbigen, Aufgehen; nur zum An-schauen komme ich. (Und die griechische Gleichung Schauen – Sein wird im Virtuell-Statischen verfälscht.)

Alle gutgewußte, durchprobte Beweglichkeit (Theater!), das Windaufwerfen des wasserhelldunklen Baums bleibt im Wissen vom Klaren zurück. Aber wie fasse ich das Klare ohne das Material für Götter in Händen? Wieder durch Windaufwerfen – aber des Klaren selbst. Nur – muß ich dabei ins Schauen zu-rücktreten, und der Schauende ist nicht dort, wo er ist, außer er pflanzt sich im Geschauten ein; wieder nur möglich durch Ver-selbigung, und diesem Geschehen bin ich nicht lieb, es ergreift mich nur im projektierten Subjekt.

Die Reflexion darüber möchte gerne mein Handwerk sein. Grund- und Aufrisse der Zeit, Niederschlagung der typisierten Subjekterfahrungen, theoriai über den Ort des Bewußtseins-weges als Geschichtssehen, und das Studieren dazu, das wäre mir möglich und lieb. Seit ich sehen kann, daß ich mit alldem flüchte: vor dem Ergreifen des (ins nächste verschobenen) Le-bens, sehe ich auch das Schöne, das mich in der Flucht festhält. Und ich Tor hoffe noch immer, das Lichte, Klare körperlich erreichen zu können, als sich schenkendes, alles begütigendes Letztes, das einfach trotzdem kommt.

Angebunden durch die Luftlinie (die ich spöttisch, aber glaubend so benennen darf) an Dieses, begegnet mir im Grunde nur Einfaches und Fragendes. Von allem Zweifel frei. Und da kann ich nur von großer Freude sagen.

Was unter meinem Überschäumen wohl ist, Paul? Nani kann davon leben. Aber ich verstehe es nicht.

Der (allein feststehende) Beginn meines Gedichts:[4]

Lichter langsam strahlender
Zeit und im Tage
erscheinender Schneesonnen.
Wo auf reinsten Halden
des Geistes klare Feuer einander
wassergleich blühend schauen.

Ich umarme Dich, liebster Paul, und Deine liebste Gisèle.
Ganz Dein Klaus.

117 *Nani Demus an Paul Celan*

4. August 1954
Teurer Paul.
Ein wenig auch aus innerer Bedrängnis komm ich zu Dir. Klaus liegt im Krankenhaus und wird morgen operiert – jetzt, im Dunkeln der Nacht sind die Ängste groß. Es war ein längst notwendiger Entschluß, die Verkrümmung der Nasenschleimwand, die Wucherungen entfernen zu lassen – ein Winter voll ständiger Schmerzen, ununterbrochene Eiterungen der Stirnhöhle lösten ihn endlich aus. Ich erhoffe mir Befreiung vom Übel – doch ist der Eingriff schwer wiegend. Verzeih, daß ich Dir mein Bangen mitteile.

Dein Dasein ist mir immer bewußt Paul. Ganz einfach und natürlich möchte ich sagen, daß meine Achtung vor Dir so groß ist, daß ich sie nicht zu durchbrechen wage. Wenn ich Dir danken soll – und ich habe Dir für so viele Beweise Deiner Güte und Herzlichkeit zu danken – verschließt sich mir der Mund. Wie sollte ich es können? Und doch bist Du nicht in der Ferne, bist Mensch und Bruder – unbegreifbar.

Nani.

Mein Herz und meine Liebe für Gisèle.

118 *Klaus und Nani Demus an Paul Celan und Gisèle Celan-Lestrange*

Venezia, 18. agosto 54

Liebster Paul, liebste Gisèle!
Seit langem Marco Polos[1] Schüler im Geiste, sind wir zu seinem Fest hierher gekommen, wo außer der Biennale eine schöne chinesische Ausstellung ist. In Padua haben wir Giotto[2] gesehen. Und nun werden wir in Millstatt sein. Hoffentlich habt Ihr einen ruhigen grünen Sommer!

Vom Herzen Eure Nani und Klaus

119 *Paul Celan und Gisèle Celan-Lestrange an Klaus und Nani Demus*

[Rochefort-en-Yvelines, 23. 8. 1954]

Nani und Klaus, Ihr Lieben!
Wir denken an Euch, immer, Tag um Tag, wir wünschen Euch alles, alles Liebe. Du hasts schwer gehabt in diesen Tagen, Klaus, auch Du, Nanilein, – wie gern wär ich in Eurer Nähe gewesen!

Übermorgen sind wir wieder in Paris – ich will Euch dann

endlich – ausführlich schreiben. Ich weiß unter meinen Freunden niemand, der mir so nahe wäre wie Ihr.   Paul

Ich grüße Euch von Herzen
Gisèle

120 *Klaus und Nani Demus an Paul Celan und Gisèle Celan-*
     Lestrange

                                    Millstatt, 31. August 54
Liebster Paul, liebste Gisèle,
Euch schöne, schönste Abendhimmel vor den weißen Stern-
spielen –
In Liebe Nani und Klaus

121 *Klaus und Nani Demus an Paul Celan und Gisèle Celan-*
     Lestrange

(Gallionsfigur eines bei Japan gestrandeten Schiffes!)
                                    Rotterdam, 14. X. 54
Liebster Paul, liebste Gisèle –
Es ging nicht bis zu Euch, wieviel Reisen müssen es sein bis
Paris? 5 Tage in Amsterdam, Haag, Utrecht, Leiden, Gouda
und hier, viele Museen und Ausstellungen dank einer Dienst-
reise. Grachten, Glockenspiele über alten Städten, das Meer.
Wir umarmen Euch, Dich und Dich –
                                    Klaus. Nani

La Ciotat, den 23. X. 1954.

Ihr Lieben!

Daß Ihr mir immer wieder schreibt und mich beschenkt, ungeachtet meines so beharrlichen Schweigens mir Worte und Grüße ins Haus schickt: es ist wohltuend, so wunderbar wohltuend, es zu wissen – und so furchtbar beschämend!

Was soll ich sagen? Mancherlei ist an dieser Wortlosigkeit beteiligt, Erkanntes und Unerkanntes, wirkliche und halbwirkliche Lähmung, wahres und halbwahres Verzweifeln an mir selber.

Ich sage mir, wir sagen uns immer wieder, um wie vieles es leichter wäre, wenn Ihr in unserer Nähe wäret, in Paris, oder wir in Wien. Aber Wien liegt für uns (für mich besonders) immer noch in weiter Ferne – manchmal habe ich auch das Gefühl, daß die Leute, die mich dort kennen, irgendwie froh sind, mich an Deutschland ›losgeworden‹ zu sein – Wien, ja, ist unerreichbar.[1] Aber wollt Ihr nicht wieder einmal nach Paris kommen? Wir laden Euch ein, Ihr seid unsre Gäste, im Frühjahr, zu Ostern – ja? Ja: Ihr müßt ja sagen! Zu Ostern seid Ihr also bei uns.

Klaus, ich freue mich mit jedem Deiner Gedichte: sie sind jetzt reiner, geläuterter, deutlicher eins mit der Welt, aus der sie kommen. Wenn ich nur wüßte, wie man über Gedichte sprechen muß! Aber ich weiß es nicht, es ist mir nicht gegeben, und jedesmal, wenn ich es mir eingestehn muß, verzweifle ich. Im vergangenen Frühjahr war ich wieder in Deutschland, auch in Frankfurt, und bei dieser Gelegenheit machte ich Herrn Franck von der Frankfurter Zimmergalerie den Vorschlag, Deine Gedichte zu lesen. Aber ich drang diesmal mit meinem Vorschlag nicht durch, wohl nicht nur darum, weil die Zeit so knapp war (vor drei Jahren hatte meine eigene Lesung sich ebenfalls von heute auf morgen ergeben), sondern weil es unter den »Stammkunden« der Galerie schon einige gibt, die mir, teilweise auch offen, eine gewisse Verbürgerlichung meiner Gedichte vorwerfen. Löffelholz, der Deine Gedichte kennt und bewundert, gehört leider ebenfalls dazu.[2] Aber ich habe überall von Deinen Gedichten erzählt und sie auch gezeigt, und bestimmt ergibt sich in absehbarer Zeit eine Möglichkeit, eine wahre und jähe Möglichkeit.[3]

Ich selber habe nur wenig geschrieben und weiß nicht recht, was ich von all dem halten soll. Hier, in La Ciotat, einem kleinen südfranzösischen Hafen, ist noch einiges hinzugekommen, und ich könnte jetzt vielleicht schon an die Herausgabe eines neuen Bändchens denken – aber zuvor möchte ich noch wissen, was Ihr dazu sagt. Sagt es mir bitte ohne Umschweife: ich kann gut noch ein Jahr und länger warten.[4]

Gisèle hat hier viel gemalt und gezeichnet, und in Paris liegen viele Kupferstiche bereit und wollen auch von Euch gesehn werden. Gisèle ist viel, viel fleißiger als ich, und ich muß mich doppelt schämen.

Verzeiht, daß wir Euch nicht schon zu Weihnachten zu uns bitten: ich weiß nicht, ob ich nicht noch vor Jahresende wieder einmal nach Deutschland gehe, und außerdem hoffen wir, bis Ostern eine Wohnung zu finden. Aber auf jeden Fall, mit oder ohne Wohnung, seid Ihr zu Ostern unsre Gäste!

Wir grüßen Euch von Herzen
Paul
Gisèle

Dieser unerhörte Rudolf Borchardt![5]

Am 1. November sind wir wieder in Paris.

Wien, den 18. November 1954

Mein lieber Paul – laß mich zu Deinem Geburtstag ganz einfach kommen und Dir sagen, was jeder Gedanke an Dich enthält, Liebe und Ehrfurcht, und Freude ob Deiner Brüderlichkeit.

Über unsre Liebe zu Dir erläßt Du mir, etwas zu sagen, nicht? Du flößt sie ein durch Deine ganze Natur, Du als Person; Du stiftest sie ohne Dein Zutun. Man kann nichts dafür, wenn man Dich liebt.

Die Ehrfurcht vor Dir betrifft nicht nur Rang Deiner Leistung, sondern als eine persönlichere Dein Wesen: die starke, in ruhiger Wirkung beharrende Beziehung zum vollen Maß des Ernstes (um den, ist richtig zu sagen, nur Du weißt), zum Maß des Rechtes, der Inbrunst und der Zartheit. Eine Beziehung, die zu Dir hin die Distanz der Ehrfurcht schafft. Niemand kann neben Dir stehen, wenn Du in Deiner Macht stehst.

Für Deine Brüderlichkeit zu mir, zu uns, deren Größe, Stärke wir wohl ahnen, weißt die Ursache nur Du allein. Über sie kann neben der Freude nur der unendliche Wille zu Treue sprechen. –

Wir freuen uns mit Dir, liebster Paul, an Deinem Geburtstag und wünschen Dir ein noch immer mehr Zunehmen des Wichtigsten! – Gerade dieses ist aus Deinen vielen herrlichen neuen Gedichten zu spüren. Danke, daß wir sie haben!

Du sagst »Ich habe wenig geschrieben und weiß nicht recht, was ich von all dem halten soll« – Du sagst Dirs freilich selbst, dies schwer Verständliche, das so gut zu verstehen ist. Du weißt aber auch, daß diese ganz gefragte halbe Frage nicht zurückhalten kann, was abgelöst selbst gehen kann und muß und will. Sieh Du zu, wie Du allein bleibst und Dich nachholst (Du wirst es), es ist genug, Dein zweiter Band ist wie wir glauben fertig.[1] Tu noch hinzu, was manches da ist, davon Du Dich schwer

trennst, Stiefkindliches, laß auch dies seinen Weg suchen, abgelöst wie es einmal ist. – Die Ordnung wird nicht leicht zu
treffen sein; ich glaube, Du solltest sie möglichst deutlich machen.[2]

Paul, Du erlaubst mir zu sagen, was mich am stärksten bei
diesen neuen Gedichten ergreift: es ist die steigende Strenge,
die Bitterkeit, das Gerechte, und in all dem die herrliche,
überwältigende Glut, eine immer mehr zunehmende, die
mir in einem neuen Grad auffällt: Paul, ich freue mich es
ganz gewiß zu wissen, daß dies nun weit in Deiner Männlichkeit das Stigma des Dichters ist: die Mania. Was früher
hinriß, hat nun elementare Gewalt, in einer Bewußtlosigkeit
in den Strahl zu reißen, den man nur augenblickslang erträgt.
Paul, daß Du heute, in dieser Zeit solche Gedichte mit solcher Gewalt schreiben kannst, ist ein Wunder, ein wirkliches
Wunder.

Wir grüßen Euch von ganzem Herzen

Klaus

Nani

124 *Paul Celan an Klaus und Nani Demus*

[Paris, nach dem 7. Dezember 1954][1]

Wir sehen dich, Himmel, wir sehn dich.
Pocke um Pocke
treibst du hervor,
Pustel um Pustel.
So mehrst du die Ewigkeit.

Wir sehen dich, Erde, wir sehn dich.
Seele um Seele
setzest du aus,

Schatten um Schatten.
So atmen die Brände der Zeit.

7. XII. 1954.

Du schlugst die Augen auf – ich seh mein Dunkel leben.
Ich seh ihm auf den Grund:
auch da ist's mein und lebt.

Setzt solches über? Und erwacht dabei?
Wes Licht folgt' auf dem Fuß mir,
daß sich hier Fergen fanden?

5. XII. 1954.

125 *Klaus und Nani Demus an Paul Celan und Gisèle Celan-*
Lestrange

[Wien,] Weihnachten 1954

Lieber Paul, liebe Gisèle,
sehr, ganz sind wir bei Euch. Es gibt das Eine und das Viele zu
wünschen, beides steht nicht in unserer Macht, nur daß das
Gute geschehen wird glauben wir fest, nur dieses kann man ja
halten über dem Entgleiten des all andern, aber dieses bleibt.
Paul, Du ziehst so viel Du kannst von dem was am Himmel
hingeschieht in Deine wahren Gedichte, und Gisèle breitet die
schönsten Spiegel aus, um ihn und Dich wiederzustrahlen,
Coelanus und Coelana![1]
   Du wirst nach Deutschland fahren, Deine Gedichte lesen,[2]
Paul, und ich danke Dir, daß Du an meine denkst. Aber ich will
Dir sagen: noch sehe ich nicht, daß ich mein Schreiben zeigen
möchte; vielleicht niemals, vielleicht erst dann, wenn aus dem
Unwert, den ich glaube, doch noch eine Handvoll solchen
Wertes erwächst, daß ichs fahren lassen kann. Jetzt aber nicht

und noch lange nicht. Freilich ists wie Deins auch mein Einziges, dafür ich mit Sinn da bin; aber keiner der klar ist und Licht vertragen könnte. Ich hab mich abgeschnitten und muß nun warten, ob das Verschlossne das Allgemeine genug sammeln kann. Ich will mit Willen schweigen, um dem Langsamen seine Wahrheit zu gönnen. Danke Dir, Paul. Wenn Du was ich selten schreiben kann weißt, ist es genug.

Ihr beide habt uns für Ostern zu Euch geladen – es wäre so schön, Ihr habt das Heft ergriffen, wir danken Euch dafür. Wir wissen aber nicht, obs gehn kann, fürchten eher daß nicht. Eine Hoffnung wissen wir zwar, die wäre, daß ich, um Bilder von einer Ausstellung zu holen, nach London fahren muß,[3] zu Ende März; Nani führe mit, und wir könnten uns Urlaub nehmen und am Hinweg bei Euch bleiben. Es scheint mir möglich, daß man mich schickt, und Urlaub habe ich noch für sechs Tage. Wollen wir es mit Willen hoffen!

Alles Gute für Deine Reise Paul, und für das neue Buch! Und Gisèle für ihr Atelier und Eure Wohnung!

Wir umarmen Euch ganz herzlichst –

Klaus
Nani

Herzlichen Dank für die gute Nachricht, die die zwei Gedichte sind![4]

Für Paul und Gisèle

Mit dünnen Brücken wandern
die Gewitter über Schluchten
und kennen nur ihr zartes Herz,
einmal, einmal
in Bäume kopfüber
graue Regensterne zu stürzen,

da Donner schäumend
mit kiesweißen Kappen
durch die Gründe ziehn
und am Grat entlang
der zerstückte Blitz tanzt,
Auge im Staub der Luft
das Gewölk klafternd
mit Einsicht –

wenn dann
gleißend vor Durst
die Schauer hell
das Gestein kämmen,
heißgeworfener Räume
glühblau vererzte Wetter brechen
durch Tags Haus und Granit,
ein sternzerhauenes Licht
in den Lärchen:
lang von viel Schmerz
fällt Dunkles, aber
spät weiß wehn
in schneegelähmter Nacht
die letzten Zeichen.[5]

23. Dezember 1954,
Hochzeitstag;
Regen, starke Gewitter, nachts Schnee.

126 *Paul Celan an Klaus und Nani Demus*[1]

Tübingen, den 3. Februar 55

Meine Lieben,

Diesen Gruß, von Herzen, aus Hölderlins Nähe[2]

Euer Paul

Das Immergrün ist von Hölderlins Grab –
Übermorgen bin ich wieder in Paris

[*Anlage:*][3]

127 *Klaus Demus an Paul Celan und Gisèle Celan-Lestrange*

[Wien,] Sonntag 20 II 55

Liebster Paul, liebste Gisèle –

Leider werden wir uns diesmal nicht sehen können. Jörg hat am 27. ein Konzert Salle Gaveau, und es sah so aus, als wäre die lang erwartete, in diese Zeit fallende Dienstreise nach London über Paris zu nehmen möglich gewesen; wir sagten dies auch Jörg beim Abschiednehmen. Inzwischen hat sich nicht nur ergeben, daß ich schon am 26. in London sein muß, sondern auch gezeigt, daß ich nicht schon früher von Wien wegfahren kann; und da Nani als Däumelinchen mit mir kommt, ist uns der Umweg über Paris, um Euch ein paar Stunden sehen zu können, mit seinen bedeutenden Mehrkosten nicht möglich. Leider ergibt sich auch für die weniger termingebundene Rückfahrt von London keine Hoffnung, da ich das Ausstellungsgut auf direktem Weg rückführen und begleiten muß. Wir fahren so Donnerstag den 24ten über Deutschland und Belgien-Oostende nach London und hoffen eine kurze Woche bleiben zu können. Wir hoffen und bitten, daß Ihr uns verzeiht; wir hatten uns schon so sehr darauf gefreut, diese Reise zu Euch zu tun und dachten, mindestens ein paar Tage, die ich mir als Urlaub aufgehoben habe, bleiben zu können. Ach, es ist sehr traurig.

Im Juni werden wir Besitzer einer kleinen Wohnung sein.[1] Sie liegt in den Nebengebäuden des Unteren Belvedere – Prinz Eugen[2] sei gepriesen –, im Stock und hat zwei langgestreckte, in die Tiefe gehende Zimmer, Vorzimmer, Küche und ein kleines Bad. Noch muß vieles um- und eingebaut werden, und Nani sorgt für die Einrichtung. Hier werdet Ihr uns sicher einmal besuchen kommen; vor allem, Paul: eine große Bücherwand, und ein paar Schritte der Belvedere-Park, noch Spuren von Hofmannsthal darin, lockt Dich das nicht?

Paul, ich weiß nicht, ob ich noch schreiben kann. Mit Zähigkeit und zuletzt Verzweiflung hab ich die letzten Versuche gemacht und aufgeben müssen. Es geht nicht mehr. Von der Realität geblendet, habe ich die Idee in der Natur verloren. Ich sehe nun die Zusammenhänge sehr deutlich. Goethe sagte und befürchtete: Natur und Idee läßt sich nicht trennen, ohne daß die Kunst und das Leben zerstört werde.[3] In einem Vortrag über das 19. und das 20. Jahrhundert habe ich darüber nachgedacht, wie es zur heutigen Lage kam. Die Österreicher des späten 19. und des 20. Jhdts. waren – ich meine vor allem die Malerei – besonders anfällig für die Gefahr, die Idee in der Natur zu verlieren und haben ein letztes Übergeordnetes zu fassen versucht: die Stimmung. Der Einstieg sowohl in die elementare, innerkünstlerische Struktur der Wirklichkeit wie auch in den subjektiven Bereich der reinen Emotionen war ihnen nicht möglich, hier war als in der Provinz immer die Bindung an das Reale nötig; und dieses Reale hat immer mehr, plötzlich ganz sein Wesen verloren. Tageszeiten, Stimmungen, Zustände waren auch meine Handhaben, und nun kann ich sie nicht mehr fassen. Willkürlich mit den Dingen umzugehen, ohne ihrem Wollen nachzuhelfen, wie mans heute weit und breit tut, kann ich nicht. Ich spüre kein genügend deutliches

Wollen mehr im Wirklichen, es ist zum allzu leisen Wunsch verstummt, den ich nicht mehr deuten kann. Zu sehr bin ich in die Reaktion, in den Protest gegen das Zeitunwesen getreten, um mich über die in ihm erkannte Gefahr selbst täuschen zu können. Ontologische Interpretation der Wirklichkeit in der poetischen Sphäre, Deutung des uns angehenden Wollens in den Dingen hängt am Vernehmenkönnen. Das war mein einziger Ansatz: besser vernehmen zu können und damit die Interpretation zu versuchen, die so überaus notwendig ist, damit das Reale nicht mit dem Materiellen verwechselt werde. Das Vernehmen muß an das, worauf es hinhört glauben können als an eine Idee in der Natur, einen Realitätsbegriff, der Reales und Materielles auseinanderhält. Die Zeit hat ihn so allgemein verloren, und nun sehe ich ihn auch nicht mehr. Die neuen Dinge rauchen, wesen nicht, nichts in ihnen geht über die Existenz hinaus. Verlieren nicht die alten Dinge, die Natur auch ihr Recht in diesem harten, bloß konstatierenden Sehen? Der Optimismus an der Art der neuen Dinge ist fast vergangen, ich kann ihn längst nicht mehr teilen. So bleibt nichts, was ergreifen könnte, das poetische Salz ist mir kraftlos geworden. Nicht nur Gott, auch die Wirklichkeit ist getötet. Was soll nun noch sein, was werden?

Noch kann ich eine Hoffnung nicht aufgeben, die früheren Ansätze fortzusetzen. Neu beginnen – ist nicht möglich, ich wills auch nicht, glaube nicht an ein Neues, Anderes. Es müßte die Tradition sein, die ununterbrochene Arbeit am Wirklichkeitsbegriff, die geforderte Interpretation. Weit und breit bist Du, Paul, der Einzige, der sie leistet in der dürftigen Zeit, der einziger Sachwalter des deutschen Gedichts, der deutschen Sprache. Mit aller Kraft muß man wünschen, daß Dir die Gabe erhalten bleibe. Im Gedicht bist es Du, in der Musik ist mir Jörg der Maßstab – freilich, er hat selbst komponiert, kann es nicht mehr –, und in der Malerei der alte Boeckl. Sonst sehe ich niemanden, der die Tradition trägt.

In Wien ist kein schlechter Boden, man ist realer, desillusionierter, langsamer und ärmer. Und trotzdem vielleicht nicht so einsam wie Du, Paul.

Es drängt mich sehr zu Dir, zu Deinem Sprechen und an Dein Herz. Liebster Paul, liebste, gute Gisèle.

Wir umarmen Euch herzlich

Klaus

Darf Dir der neue Londoner Fund einer Reinschrift Hölderlins im voraus ein Gegengruß Deines, seiner selbst sein?[4]

128 *Paul Celan und Gisèle Celan-Lestrange an Klaus und Nani Demus*

[Paris, 23. II. 55][1]

ESPERONS VOUS VOIR LONDRES ENVOYEZ ADRESSE GISÈLE[2] PAUL

HOFFEN EUCH IN LONDON ZU SEHEN SCHICKT ADRESSE / GISÈLE PAUL

129 *Klaus und Nani Demus an Paul Celan und Gisèle Celan-Lestrange*

[London, 26. 2. 55]

Samstag vormittag

Liebster Paul, liebste Gisèle –

wir wohnen in Holborn, beim Russell-Square hinter dem British Museum, in der Coram-Street, die von Woburn Place rechts abzweigt, im Florence-House, einem kleinen Hotel. Wenn Ihr uns entweder dort Post lassen könnt, oder versucht, uns bis Montag einschließlich ab der Mitte des Nachmittags im

British Museum zu finden? TER 1636 ist die Nummer des Hotels, morgens bis höchstens ½ 10 – 10 Uhr sind wir da.

Coramstreet, Florence House.

Auf Wiedersehen, bald!

Klaus Nani

130 *Paul Celan an Klaus und Nani Demus*

Montag 11^h 15 [London, 28. 2. 1955]

Liebe Nani, lieber Klaus,

ich will versuchen, Euch im British Museum zu finden, um vier Uhr, bei den Ägyptern. Sollte ich Euch nicht treffen, so komme ich zwischen halb sechs und sechs in Euer Hotel.

Laßt Euch aber nicht stören, ich rufe auf jeden Fall morgen früh um neun bei Euch an.

Gisèle ist guter Hoffnung, und da der Arzt nicht sehr dafür war, daß sie diese Reise unternimmt, konnte sie leider nicht kommen.

A tout à l'heure[1] also!

Paul

131 *Paul Celan an Klaus und Nani Demus*

[London, 1. März 1955]

Die Winzer[1]

Für Nani und Klaus Demus

Sie herbsten den Wein ihrer Augen,
sie keltern alles Geweinte, auch dieses:
so will es die Nacht,

die Nacht, an die sie gelehnt sind, die Mauer,
so forderts der Stein,
der Stein, über den ihr Krückstock dahinspricht
ins Schweigen der Antwort –
ihr Krückstock, der einmal,
einmal im Herbst,
wenn das Jahr zum Tod schwillt, als Traube,
der einmal durchs Stumme hindurchspricht, hinab
in den Schacht des Erdachten.

Sie herbsten, sie keltern den Wein,
sie pressen die Zeit wie ihr Auge,
sie kellern das Sickernde ein, das Geweinte,
im Sonnengrab, das sie rüsten
mit nachtstarker Hand:
auf daß ein Mund danach dürste, später –
ein Spätmund, ähnlich dem ihren:
Blindem entgegengekrümmt und gelähmt –
ein Mund, zu dem der Trunk aus der Tiefe emporschäumt, indes
der Himmel hinabsteigt ins wächserne Meer,
um fernher als Lichtstumpf zu leuchten,
wenn endlich die Lippe sich feuchtet.

London, Willesden Green
am 1. März 1955.

132 *Paul Celan an Klaus und Nani Demus*

[Paris,] 8. 3. 55.

Ihr Lieben!
Wie kurz dieses Wiedersehen doch war, wie kurz!
  Nun bin ich wieder hier – und ärgere mich über den Vertrag,
den die DVA mir geschickt hat: ein Dokument der Profitsucht,

das sich schön in den Kontext des deutschen Wirtschaftswun-
ders fügt![1]
    Und ich, der ich auf Entgegenkommen und Verständnis rech-
nete ...
    Ach, Deutschland braucht keine Gedichte mehr ...
    Seid von Herzen gegrüßt
                            Euer
                            Paul

Wenn das Buch von J. Spiegel nicht teurer ist als 200 S., so
schickt es mir bitte![2]

133 *Nani Demus an Gisèle Celan-Lestrange*

                            [Wien,] 18. März 1955
Liebe Gisèle!
Ich schreibe Ihnen einen kleinen deutschen Geburtstagsbrief –
vielleicht macht es Ihnen Freude, ihn (la lettre), schon lesen zu
können. Denn tatsächlich glaube ich, daß Sie schon sehr gut
deutsch können, wahrscheinlich ohne es selbst zu wissen.
    Leider kann ich kein einziges Blümchen von unseren heimat-
lichen Fluren schicken zu Ihrem Fest, nicht ein Veilchen, noch
ein Schneeglöckchen – es gibt heuer nur Schnee und Kälte. Die
kleinen Lieder nehmen Sie bitte freundlich auf, Paul wird Ihnen
die schönsten und lustigsten zeigen und lernen.[1] Liebste Gisèle,
ich danke Ihnen für Ihre große Güte – alle guten Wünsche
meines Herzens sind bei Ihnen, bei Paul – ich grüße Sie wie
Elisabeth die gesegnete Maria –
                            Ihre Nani.

Vienne, le 18 mars 1955

Chère Gisèle –

Il vient le temps où on doit avoir un grand anniversaire – nous vous disons nos hommages les plus affectueux et tous nos souhaits pour cette année.

Vous avez fait un si beau cadeau à nous, nous l'aimons et l'admirons beaucoup – merci chère Gisèle. Nous l'avons montré au sculpteur Pillhofer, et lui aussi l'a trouvé extraordinaire. C'est notre espoir que vous seriez contente avec votre exposition.[1]

Le temps avec Paul nous était un vrai cadeau.[2] Toujours après un revoir avec lui nous sentons comment c'était nécessaire à fond pour nous – vivre au même endroit que vous deux. Je ne pourrais pas dire laquelle liaison avec Paul nous soit la plus importante, la plus nécessaire, la spirituelle: ou l'amicale, fraternelle. Dans toutes les deux Paul aborde, surmonte nos possibilités de réponse.

Nous ne savons pas quand nous vous reviendrons, et cette incertitude est celui-la du temps même. Mais il faut se dire pourtant que le contact intérieur ne peut pas se changer.

Excusez, chère Gisèle, je n peux pas penser autre[ment] que vous deux êtes loin de nous, et ça fait que les mots restent derrière de mes sentiments qui sont déjà depuis le commencement arrivés chez vous.

Je voudrais vous baiser les mains

Klaus

Wien, den 18. März 1955 // Liebe Gisèle – / Es kommt die Zeit, wo es einen großen Geburtstag gibt – hier von Herzen unsere Verehrung und unsere Wünsche für dieses Jahr. / Sie haben uns ein so großes Geschenk gemacht,[1] wir mögen und bewundern es sehr – danke, liebe Gisèle. Wir haben es dem Bildhauer Pillhofer gezeigt, und auch er hat es ganz außerordentlich gefunden. Wir hoffen sehr, daß Sie mit Ihrer Ausstellung zufrieden waren.[2] / Die Zeit mit Paul war ein wirkliches Geschenk für uns. Jedesmal fühlen wir nach einem Wiedersehen mit ihm, wie wir das zutiefst bräuchten – am gleichen Ort wie Sie leben. Ich könnte nicht sagen, welche Beziehung zu Paul für uns die wichtigere ist, die notwendigere: die geistige oder die freundschaftliche, brüderliche. In beidem übertrifft, übersteigt Paul unsere Möglichkeiten, sie zu erwidern. / Wir wissen nicht, wann wir wieder herkommen, und diese Unsicherheit ist die der Zeit selbst. Aber man muß sich halt sagen, daß die innere Verbindung nicht anders werden kann. / Entschuldigen Sie, liebe Gisèle, ich kann nichts anderes denken, als daß Sie beide fern von uns sind, und deshalb bleiben meine Worte hinter meinen Gefühlen zurück, die schon von Anfang an bei Ihnen sind. / Ich möchte Ihnen die Hand küssen / Klaus

135 *Klaus Demus an Paul Celan*

Wien, den 26. März 1955

Mein lieber Paul –

Seit wir von Dir Abschied nahmen habe ich das Gefühl einer Verbindung nicht verloren. Dann kamen Deine, Eure Grüße, und heute erst, da ich gerade mit einem Vortrag zu Ende bin – über den Kubismus, morgen zu halten –, kann ich das lang Gewünschte tun, Dir schreiben. Dein Brieflein hat uns sehr erfreut. Freilich, diese Krämer, Dir bleibt nichts erspart, armer Paul. Hast Du diesen »Vertrag« nun doch unterschrieben? Dein Honorar habe ich noch nicht bekommen, es gibt da irgendwelche Buchungsschwierigkeiten, aber man versprach mir neuerdings, es werde bald geregelt sein.[1] Was Deinen Bücherwunsch anlangt: Paul ich weiß nicht recht, ob Du das Buch von Spiegel über Ägypten auch wirklich besitzen magst. Ich schlage Dir vor – lies es, wir schicken Dir unser Buch, Du kannst es etwa 6-8 Wochen behalten, viel länger bitte nicht. Bitte sage uns, ob und wann wir es Dir schicken sollen. Dann mußt Du auch sagen, was Du an seiner Stelle am liebsten hättest – von Deinem Honorar.

Der Frühling ist mit großer Wärme angebrochen, der letzte in unserem ganz verwandelten, sonnenhellen, leuchtenden

»Turm«. Zu Ostern werden wir in Millstatt sein, ich war noch nie so früh im Jahr im Gebirge. Nani erzählte heute – sie erzählt immer noch Neues aus ihrer Kindheit –, wie sie als kleines Mädchen eine Woche lang mitten in den Hohen Tauern auf einer einsamen Alm verbracht hat, um riesige Mengen an Preiselbeeren zu klauben. Es sei sehr einsam gewesen, den ganzen sonnenheißen Tag habe sie auf den steilen Almwiesen über der Waldgrenze verbracht, gegenüber einen großen, gleißenden Gletscher, und alles ganz still bis auf das Schreien der Geier, eine Woche ganz still, ganz einsam. Das hat mir großes Verlangen gemacht, im Sommer ein paar Tage allein auf eine solche Alm zu gehen, wo es nur den Senner mit seinen Tieren gibt; nichts zu tun als die reine Größe, die Sonne und die Höhe aufzunehmen. Vielleicht kann ich dann wieder schreiben.

Wir kennen das Gehöft über dem Alt-Ausseer See, wo Hofmannsthal so viele Sommer verbracht hat.[2] Es ist in einer der schönsten Gegenden die ich kenne, auf einem Sattel ein paar hundert Meter hoch, ringsum Wald und schon die Felskegel zweier Berge, auf deren Gipfel es ganz nahe ist. Man sieht nur dies, aber nicht hinunter auf den See, und auf der anderen Seite geht es sanft durch Wald hinab zum Grundelsee.

Ich habe in der letzten Zeit, nachts im Bett vor dem Einschlafen, viel Adalbert Stifter gelesen: einmal den Nachsommer und dann, zum erstenmal, die letzte Fassung der Mappe, über der er gestorben ist.[3] Ich muß gestehen, daß mir der späte Stifter nun erst lieb geworden ist, und wie lieb! Die letzte Mappe ist fast das Schönste; sie ist sehr gegenüber der Studien-Fassung erweitert und hat einen ganz anderen Stil als jene, die Geklärtheit und die Dichtigkeit des fehlerlosen Netzes wie im Nachsommer. Leider ist sie – freilich bis auf die Gesamtausgaben – nicht erreichbar.

Unsere künftige Wohnung wird bald umzubauen begonnen werden, Nani wird sich für die Möbel, die ihr in Millstatt gemacht werden, schon alle Maße mitnehmen. Ach wenn Ihr doch auch soweit wärt! Für uns wird sich vieles ändern. Es ist so schade, daß Ihr von unserm Dachboden keine Anschauung habt; er ist viel lebendiger als es eine Wohnung sein könnte, und nun im neuen Licht so frei, klar und erfreuend. Aber etwas Provisorisches ist ihm geblieben, und das hatte doch großen Einfluß auf unsere ganze Haltung.

Mein liebster Paul – bitte schreibe uns bald wieder einen Brief, und sage, wie Du es mit den Büchern haben willst. Guckich grüßt Dich und Gisèle von Herzen, wie auch ich, Ihr Lieben – Euer Klaus.

Nani sagt mir gerade, daß die Mappe der letzten Fassung doch erhältlich ist. Paul, Du müßtest auch bald Hofmannsthal haben, vielleicht zuerst die Gedichte und Lyrischen Dramen und den Band mit den Erzählungen[4] –

136 *Paul Celan an Klaus und Nani Demus*

Rochefort-en-Yvelines [10. 4. 1955]

Nanilein, Kläuschen!

Wir sind auf dem Lande, im »Vieux Moulin« von Gisèle's Mutter.

Ich sitze vor einem schmalen Fenster, das auf einen recht ausgedehnten Weidegrund geht, dicht vor mir stehn ein paar Bäume, auf denen hin und wieder eine Meise Station macht.

Hier sitze ich, es ist Ostersonntag, und vor mir auf dem Tisch liegt Euer Stifter.[1]

Ich lese, lese mich in ein Heimatliches, Vertrautes zurück und hinein, das Auge erblickt die Kreatur, die hervortritt, um sich in einer Träne zu spiegeln.

Seid jetzt gegrüßt, Ihr Lieben!

Euer
Paul

137 *Klaus und Nani Demus an Paul Celan und Gisèle Celan-Lestrange*

Millstatt, 17. April 1955

Liebster Paul, liebste Gisèle –

Ein mesmerischer Vorfrühling um den See, Zeichen gebende weiße Bergstöcke, die verschwiegene Macht von Wäldern, Felsen, rauschenden Bächen, eine feine Kraft in allem Angeblickten und die tausend in sich einigen Wechsel, das Aufgetürmte und Hindurchreichende langer Spaziergänge – wir denken an Euch, Ihr Lieben, herzlichst

Nani   Klaus

138 *Gisèle Celan-Lestrange an Nani und Klaus Demus*

Le Moulin
Rochefort-en-Yvelines
(Seine-et-Oise.)

Mardi [wohl 26. 4. 1955]

Chers Nani et Klaus

Tous les jours je veux vous écrire et je ne sais comment répondre à vos si gentilles lettres et [au] cadeau. Le livre de chansons m'a fait très plaisir, déjà je peux en comprendre quelques-unes, et vous avez bien choisi pour me faire faire encore des progrès en cette langue si difficile mais que je voudrais tant enfin bien comprendre.

Paul m'aide toujours, il est très content lui aussi que nous ayons ce livre. Ils sont aussi un peu pour notre enfant, n'est-ce pas, ces livres que vous m'envoyez, je m'en réjouis beaucoup.

Chers Nani et Klaus, quel dommage que nous vivions si loin les uns des autres! Alors que nous nous entendrions si bien et que les vrais amis sont rares, rares. Peut-être pourrons-nous venir à Vienne un jour prochain, nous l'espérons tous les deux.

Vous m'avez écrit de si gentilles choses sur la venue de Paul en Angleterre! Je souhaite que très bientôt à nouveau nous soyons réunis.

Paul est dans une mauvaise passe, les difficultés qu'il rencontre avec son éditeur, malhonnête et de mauvaise foi, lui font beaucoup de mal. La parution de son nouveau livre »Von Schwelle zu Schwelle« est retardée et encore bien imprécise. Le contrat n'est pas encore établi et nous nous faisons beaucoup de soucis.[1] Cette maison d'édition (D.V.A.) n'est vraiment pas bien. Que d'injustices Paul n'aura-t-il pas rencontrées dans sa vie, de tout ordre et de toute dimension! Vous savez combien il est vulnérable à tout cela et vous imaginez ce que nous avons pu souffrir avec ces nouveaux pourparlers impossibles avec la maison d'édition. Nous ne savons encore comment cela finira. Son livre devait paraître maintenant et rien n'est encore décidé.

Nous venons de passer quelques jours dans une jolie campagne et nos longues promenades dans la forêt à la recherche de nouveaux oiseaux nous a remis un peu, et c'est heureusement beaucoup plus calme que Paul m'a quitté ce matin pour rentrer à Paris et se remettre au travail (traduction d'un roman de Jean Cayrol[2] qui ne le réjouit pas beaucoup). Je reste ici encore deux ou trois jours.

A un très prochain revoir, chers Nani et Klaus, je vous embrasse très affectueusement et vous dis encore un grand merci à tous deux

Gisèle.

Liebe Nani, lieber Klaus, / jeden Tag will ich Ihnen schreiben, aber ich weiß nicht, wie ich auf Ihre so lieben Briefe und das Geschenk antworten soll. Das Liederbuch hat mich sehr gefreut, jetzt schon kann ich einige davon verstehen, und Sie haben das gut ausgesucht, damit ich weiter Fortschritte in dieser Sprache mache, die so schwierig ist, die ich aber so gern einmal gut verstehen will. / Auch Paul hilft mir, auch er ist froh, daß wir dieses Buch haben. Die Bücher, die Sie mir schicken, sind auch ein bißchen für unser Kind, nicht wahr, das freut mich sehr. / Liebe Nani, lieber Klaus, wie schade, daß wir

so weit voneinander weg wohnen! Wo wir uns doch so gut verstehen
würden und wahre Freunde selten sind, selten. Vielleicht können
wir eines nicht allzu fernen Tages nach Wien kommen, wir hoffen es
alle beide. Sie haben mir so lieb über Pauls Englandaufenthalt ge-
schrieben! Ich hoffe, daß wir ganz bald wieder alle zusammen
sind. / Paul hat eine schlechte Zeit, die Schwierigkeiten mit seinem
Verleger, unehrlich und mißtrauisch, machen ihm viel aus. Der Er-
scheinungstermin seines neuen Buches »Von Schwelle zu Schwelle«
ist verschoben und noch recht unklar. Der Vertrag steht noch nicht,
und wir machen uns große Sorgen.[1] Dieser Verlag (D.V.A.) ist wirk-
lich nicht gut. Was für Ungerechtigkeiten aller Art und Größe hat
Paul nicht schon in seinem Leben erfahren! Sie wissen ja, wie ver-
letzlich er auf all das reagiert, und Sie können sich vorstellen, was
wir im Zusammenhang mit den neuen, völlig unmöglichen Ver-
handlungen mit dem Verlag zu leiden haben. Wir wissen noch nicht,
wie das ausgeht. Sein Buch hätte jetzt erscheinen sollen, und noch ist
nichts entschieden. / Wir haben gerade einige Tage in schöner Land-
schaft verbracht, und unsere langen Spaziergänge im Wald auf der
Suche nach neuen Vögeln haben uns wieder ein bißchen gestärkt,
und Paul ist glücklicherweise viel ruhiger heute morgen von mir
hier nach Paris zurückgefahren, um wieder zu arbeiten (Überset-
zung eines Romans von Jean Cayrol,[2] die ihm nicht sehr viel Spaß
macht). Ich bleibe noch zwei-drei Tage hier. / Auf ein sehr baldiges
Wiedersehen, liebe Nani, lieber Klaus, ich umarme Sie sehr herzlich
und sage Ihnen beiden noch einmal ein großes Dankeschön. / Gisèle

139 Nani Demus an Paul Celan und Gisèle Celan-Lestrange

[April 1955][1]

Habt Dank für den Osterbrief (und die vielen Zeitungen, die
alle ankamen) – ich bemühe mich, die Umsiedlung rasch und
gut zu bewältigen, damit Ihr kommen könnt, sobald wir frei
sind. Alles, alles Gute Nani

[Rückseite:] (Von ›Alpha‹ kamen heute 20 S. Honorar für
Dich.[2])

Wien, 22. Mai 1955

Mein lieber Paul –
von Herzen grüße ich Dich.

Hier ein Gedicht, gestern geschrieben[1] – es ist so, daß ich zögere, es Dir zu zeigen. Ich denke, es ist Zeichen für das Zurückwachsen einer Entwicklung in ihren Ursprung, für das Zurückfinden einer Suche zu Ihrer Ursache. Ich meine nun die Dinge zu wissen, die ich als Knabe geahnt habe. Hart vor mir beginnt die Wüste, ich hätte in sie hineinzugehen zu den vierzig Tagen und Jahren, aber in diesem Leben kann ich es noch nicht.

Das Eintreten in die Wortmauer ist kein Einbruch mehr, schon hab ich keine Gewalt mehr über die Steine; kann in sie hineingehen und erleide, erfahre die Möglichkeit, Granit, Porphyr, Basalt zu sein, von innen her, löse mich darin auf und schwinde, bevor es gelang, in der Mauer Fuß zu fassen und Werkzeug anzusetzen.

Der Gegenstand wird zu nichts, das Nichts zum einzigen Gegenstand. Das tat tvam asi[2] löst jeden fruchtbaren Widerstand in eine weite Mündung auf. Das poetische Bewußtsein kennt keine Zustände mehr, sondern nur mehr den einen höchst sublimen Zustand, der unbewegt ist und sich nicht ballen läßt: die Qualitäten sind entglitten, die potentielle Vielfalt ist vor der virtuellen Einheit zerstoben. Die Setzung ist so exzentrisch geworden, daß sie das Feld des Ausdrucks verlassen hat.

Aber ich will nicht von der Bemühung ablassen, denn es zwingt mich ja noch immer dazu. Aber was denkst Du von dem allen, Paul?

Ende dieses Jahres wird es kein Hindernis mehr geben, liebster Paul und liebste Gisèle, daß Ihr für solange als Ihr wollt bei uns sein könnt. Schon im Juli wird die Wohnung fertig sein, zwei sehr große Räume, und das Bücherzimmer ist für Euch. Du wirst wieder in Wien sein können, Paul!

Dein Buch, das neue Buch: wird es, trotz und nach allem, bald dasein?

Seid tausendmal umarmt

Klaus

Deine Honorarforderung bei Rotweißrot ist noch unerledigt, verschleppt – aber ich hole sie gewiß![3]

Du schreibst nicht, ob Du das ägyptische Buch von Spiegel jetzt lesen möchtest –? Ich schicke es Dir in den nächsten Tagen.

141 *Klaus und Nani Demus an Paul Celan und Gisèle Celan-Lestrange*

[21. Juni 1955]

Liebster Paul, liebste Gisèle –

herzlichst Eurer Liebe Dank. Heut Nacht wendet sich die Sonne, ihr Abnehmen wird gut sein, Gutes bringen, unser aller größte Freude. Und dann werden wir auch wieder zusammen sein, Euch ganz haben.

Immer, immer denken wir an Euch.

Wege dunkelklaren Staubs die
der Flüsse zerfallnes Licht betretend
das unten strömende Gut
klangschauend nicht leugnen,
führen die Nacht hinauf
in hohe weit vernebelte Gärten
unter gestirnhellen Morgenröten.[1]

Nani   Klaus

Paris, den 28. Juni 1955.

Nanilein, Klaus!

Wir haben seit dem 6. Juni (22 Uhr 50) einen Sohn: Eric. Genauer: Claude (= Klaus) François-Eric.

Gut zwei Monate früher als wir ihn erwarteten, kam er, unser Eric, und nicht eben zentnerschwer. Aber nachdem er zunächst zehn Tage lang, wie alle Neugeborenen, an Gewicht verlor (etwa 200 Gramm von den 1820, mit denen er zur Welt kam), nimmt er jetzt wieder brav zu, gestern und heute je 50 Gramm sogar, und jetzt wiegt er bereits 1870 Gramm.

Leicht hat es seine Mutter nicht gehabt, die Wehen überraschten sie auf dem Lande, 60 Kilometer von Paris, der Landarzt kam erst drei Stunden nachdem sie eingesetzt hatten, sofort mußte losgefahren werden, mit einer Geschwindigkeit von 120 Kilometern, aber wir kamen doch noch rechtzeitig an, der Arzt wartete bereits, ein Spezialist für Frühgeburten traf bald darauf ebenfalls ein, dank dem Kaiserschnitt kam der Bub ohne auch nur den kleinsten Körperschaden zur Welt: heute sind die Ärzte und die Pflegerinnen, wie übrigens schon seit Tagen, äußerst zuversichtlich. Er bleibt bei uns, unser Sohn, und eines Tages kommen wir mit ihm zu Euch nach Wien.

Geboren ist unser Sohn – das merkte ich aber erst später – am Tag des heiligen Klaus,[1] und Claude heißt er nach dem Freund, dem einzigsten, seines Vaters.

Nun steht er mitten in unserm Hoffen – kommt, Ihr Lieben, mit dem Euren hinzu!

Euer Paul

Gisèle, die seit zehn Tagen schon daheim ist und sich wirklich sehr gut fühlt, grüßt Euch, wie ich, von Herzen.

[Paris,] Montag, den 4. Juli 1955.

Nanilein. Klaus!

Der Bub wiegt heute 2 Kilo 100 Gramm, er hat in der letzten Woche durchschnittlich vierzig Gramm täglich zugenommen – ein äußerst befriedigender Durchschnitt. In drei Wochen haben wir ihn hoffentlich bei uns.

Wir sind voller Zuversicht und denken in Liebe an Euch

Paul

144 *Klaus und Nani Demus an Paul Celan und Gisèle Celan-*
Lestrange

Wien, den 8. Juli 1955.

Liebste Gisèle, liebster Paul!

Unsäglich froh sind wir mit Euch, ehrfurchtsvoll grüßen wir ihn, Euren lieben Sohn, und legen ihm unser ganzes Herz in Liebe und Hoffen zu Füßen.

Wir sind so selig, seit wir von ihm wissen und fassen es täglich neu und überrungener. Möge er die lichtesten Träume haben, Euer Eric, und durch unsere heiterste Zuversicht wachsen und gedeihen.

Ein Siebenmonatskind mußte er als ein Klaus wohl sein –

Mit der größten Ungeduld erwarten wir die Zeit, da sich zeigen wird, wer er ist: Euer Sohn. Das meiste aber vermag die Geburt – und Ihr seid seine Eltern!

Täglich, stündlich sind wir bei Euch

mit aller starken Liebe

Nani Klaus

Wien, den 2. August 1955

Mein lieber Bruder Paul

im Denken an Euch drei, an Euern nun geschlossenen Kreis, der Deinen und Gisèles Sohn umhegt, fühle ich nun mein Herz, das Herz allein sieht einen Schein und möchte wie empfangen so auch geben. Es möchte ganz in die Nähe treten.

Dein herrliches Buch, Paul.[1] Schöner noch ist es, deutlicher, einiger als das erste, und ein ungeheuer lautes, unüberhörbares Schweigen. Dieses Buch ist ein Wunder, Paul. So ausgebreitet ist es in sich, so reich an Tiefen, an gefangenem Glanz, eine unhebbare aber gezeigte Landschaft der Tiefe und des Grundes. Daß die Wahrheit solche Bilder hat und Erfahrungen in solche Munde finden können – wenn ich alles in mir aufbräche, ich könnte nicht sagen, wie schön, wie unsäglich herrlich schön das alles ist, was Du geschrieben hast, liebster, einziger Paul. Wieviel Jubel und unauflösbare Entzückungen sind hier unerschöpflich gebannt in den steinernsten Schmerzgrund, welche Schneisen noch in die Klarheit geschlagen, welche Dunkelheiten zu Sternbildern gemacht. Dieses Buch ist ein Grundstein im Treibsand, ist das leuchtende Vineta im grauen Meer und der Schatzbehälter der Maße im Maßverderben.

Habe ich Dir schon je gesagt, darf ich es sagen, Paul, daß es das Chassidische in Dir ist, was niemand von uns Seelenarmen wird einholen können, dieses seelenmächtige Leben und zugleich schärfste Wissen um Angel und Wucht und die Himmel, die dadurch bewegt werden.[2]

Und das schöne, schöne Gedicht, bei dem unser Name stehen darf.[3] Ich will, ich werde weiter schreiben und diesen Bezug ganz ernst nehmen.

Claude-François-Eric, Gisèle und Dir, liebster Paul, unsre ganze Liebe.

Klaus, *Nani*

Wien, den 5. September 1955
Liebster Paul, liebste Gisèle –
Euch und Eurem Eric unsres Herzens Gruß.

Wir können etwas Freudiges berichten: Seit einigen Tagen
sind wir in unserer neuen Wohnung im Gardetrakt des Unteren
Belvedere am Rennweg Nummer vier, in einer Wohnung, die
wir uns so schön nicht erhoffen durften. Schön ist sie, groß und
angenehm. Zwei tiefe Räume, nebeneinander, gegen Sonnen-
aufgang, niedrig und doch geräumig, mit Gewölben und Stich-
kappen, unter denen das breite Fenster auf den weiten Hof
hinabsieht. Der zweigeschoßige, trapezförmig um den Hof ge-
führte Bau hat im Äußeren noch ganz den Zustand von 1720,
die Mauern sind sehr stark, die Gewölbe innen in schlichtem
Barock ohne Dekor. Über eine hölzerne Wendeltreppe kommt
man über den Vorplatz in ein kleines, gewinkeltes Vorzimmer
mit dem niedrig-geräumigen Küchengelaß und dem um zwei
Stufen tiefer gelegenen Badezimmer zuseiten. An einem schönen Biedermeier-Spiegel vorbei tritt man von der Breitseite in
das erste Zimmer, das Fenster zur Rechten. Es ist Nanis Zimmer; rötlichgrau mit braun gestrichenem Bretterboden; es ist
noch leer, bald kommen neue Möbel aus Millstatt. Schräg gegenüber – die Türen sind etwas versetzt – geht man in den zweiten Raum, gleichartig dem ersten: das Bücherzimmer. Wände
und Gewölbe sind hell-gelblich, der Bretterboden ist schön
grau gestrichen. Hier stehen schon Möbel, die bleiben werden.
Die lange Wand der Türe gegenüber füllt zum guten Teil ein
riesiges Büchergestell, verschließbar im Sockel und mit vier
offenen Regalen im Aufbau. Es faßt gerade unsere Bibliothek.
Auf ihm steht unter dem Gewölbescheitel und grüßt herab ein
alter, schwerer kupferner Topf. Die noch freien Ecken zuseiten
des Büchergestells und unter dem steil abfallenden Gewölbe
haben noch Platz für ein Stehpult und ein Tischchen für die
»Musik«, den Platten- und Radioapparat. Zuseiten der Türe

an der Eingangswand stehen eine alte Kommode mit Säulen und Ringen und der Biedermeier-Bücherkasten, nun Nanis Museum für ihre Muscheln, Zapfen, Steine und Kerzen. Zwischen ihm und der Bücherwand, in der linken – rückwärtigen – Hälfte des (zwei Quadrate großen) Raums steht auf einem Teppich ein großer, schwerer Eichentisch; wie die Kommode stammt er aus dem Haus meines Großvaters in St. Pölten, und Jörg und ich schrieben auf ihm die ersten Schulaufgaben. Mein Schlafdivan an der schmalen Rückwand, mein Cello, die Stühle und, vor dem mit langen blauen Vorhängen verdeckten Fenster, ein fast schwarzer mittelalterlicher Topf aus Graphitton, in dem nun Dahlien stehen, lassen den Raum doch noch frei genug. Auf dem breiten Tisch, an dem es, im Hintergrund des Raumes mit den Büchern zur Linken und dem Blick zum Fenster, herrlich zu sitzen und zu arbeiten ist, strahlt nun eine wunderschöne Leselampe, Nanis großes Verdienst; sie hat eine außerordentliche, liebliche, leicht bemalte italienische Vase zum Fuß und wird von einem hohen und großen Seidenschirm bekrönt: wirklich ein Hofmannsthalsches Stück. Außerdem ist noch ein silberner Handleuchter da. Der Hof ist vom Rennweg aus und gegenüber der klassizistisch-einfachen Gardekirche durch eine Toreinfahrt zu betreten; er hat noch jetzt das herrschaftliche Gepräge eines feudalen Gutshofes. Die vielen Stiegenaufgänge der umlaufenden Gebäudezüge – das Ganze ist ein Haus – beleuchten abends Laternen. Von unsren Fenstern sieht man am anschließenden Trakt eine alte Uhr; sie schlägt alle Viertelstunden. Wenn Schnee im Hof liegt, muß es wie verzaubert sein. Durch eine zweite Durchfahrt geht es zur Orangerie und zum Park des Belvedere, doch verschließt ihn eines der kunstvollen Gittertore Lucas von Hildebrandts.[1] Doch ist es zum Eintritt in den Park nur wenige Schritte weit über den Rennweg.

Ganz nahe ist die Salesianergasse mit dem Haus, in dem Hofmannsthal gewohnt hat,[2] nahe ists zur Salesianerkirche und nicht weit zur Karlskirche. Bräche man aber die Rückmauern unserer Zimmer durch, so fände man sich in einem der Gemächer des angebauten Schwarzenbergischen Palais oder besser seines Kavalierstraktes. Mein Hausherr wie mein Brotgeber ist Prinz Eugenio von Savoy.

Wie werden wir uns freuen, Euch, Ihr Lieben, einmal für eine lange und schöne Zeit bei uns zu haben!

In unserer Freude dieser Tage ist dies der innerste, stärkste Gedanke.

Eurem Eric die lieblichsten Kinderträume und den innigsten Teil von seines Vaters Gedichten.

Tausendmal und immer von neuem
und unerschöpflich, Ihr Liebsten,
die Eueren. Klaus Nani

147 *Gisèle Celan-Lestrange an Klaus und Nani Demus*

Le Moulin
Rochefort-en-Yvelines
(Seine-et-Oise)

[Rochefort-en-Yvelines/Paris, vor 23. 9. 1955]
Chers Klaus et Nani,
Nous nous sommes beaucoup réjouis, Paul et moi, de vous savoir si bien installés, merci de nous avoir si bien décrit votre appartement, merci aussi pour toutes vos si bonnes lettres qui toujours nous émerveillent.

Nous avons hâte d'aller à Vienne, nous y pensons souvent, et ce projet se réalisera sûrement bientôt. Il faut seulement attendre qu'Eric grandisse encore un peu, mais il est si bien parti que ça ne sera pas très long. Il continue à grossir, à s'éveiller de plus en plus, et tout ce qui l'entoure commence à l'intéresser. Nous passons beaucoup d'heures avec lui et Paul lui chante toute sorte de chansons, dans toutes les langues, pour le faire sourire, mais il ne s'y décide que très rarement.

Je crois toujours qu'il ressemble à Paul et je l'espère et le souhaite. Quand lira-t-il les poèmes de son père? Il est très gentil, nous espérons beaucoup que vous le connaîtrez bientôt.

Nous avons passé ici un mois et demi et maintenant nous rentrons à Paris où nous habiterons chez ma mère qui nous a cédé deux pièces.[1] Cette solution ne nous plaît pas beaucoup et nous espérons toujours être enfin chez nous.

29 bis rue de Montevideo
Paris 16ᵉ

23 septembre 1955.

Chers amis,
Nous sommes maintenant à Paris, Paul vient de partir pour Düsseldorf, il est invité à y lire ses poèmes ainsi qu'à Wuppertal, j'espère que tout se passera bien.[2] Je suis contente qu'il puisse parler allemand et vivre un peu dans ce pays dont il parle la langue, il en avait terriblement besoin, mais je suis un peu inquiète aussi, l'Allemagne lui réserve si souvent de mauvaises surprises. Quelles nouvelles expériences l'attendent là-bas? Il est tellement vulnérable et sensible aux paroles et aux actes des humains! Il n'a pas que des amis en Allemagne, oh, non!

J'aimerais tant que nous allions à Vienne, je crois que pour Paul ça serait merveilleux d'y vivre une petite année;[3] vivre à Paris est merveilleux, mais c'est très dur pour lui d'être complètement isolé de la langue allemande, il en souffre de plus en plus, cela l'empêche d'écrire, cela lui rend la tâche bien difficile.

Et puis à Vienne il y aurait les amis, les seuls que nous ayons, cela manque à Paris, nous voyons beaucoup de gens qui passent, mais des amis nous n'en avons pas. Seul René Char est pour Paul un ami,[4] mais un ami que l'on voit si rarement et qui est tellement grand.

J'ai hâte de vous amener le fils de Paul et que nous vivions tous les trois près de vous, je crois que l'année prochaine ça sera possible.

Eric vous envoie un de ses plus jolis sourires; quelle joie pour Paul et moi de savoir qu'il a déjà deux grands amis!

A très bientôt, chers Klaus et Nani, écrivez-nous, vos lettres sont toujours merveilleuses pour nous.

Très affectueusement je vous embrasse tous deux
Gisèle.

Notez notre nouvelle adresse: 29 bis rue de Montevideo
Paris 16ᵉ

Lieber Klaus, liebe Nani, / wir haben uns sehr gefreut, Paul und ich, Sie so gut untergebracht zu wissen, danke, daß Sie uns so gut Ihre Wohnung beschrieben haben, danke für all Ihre so guten Briefe, die wir immer wunderbar finden. / Wir können es kaum erwarten, nach Wien zu kommen, wir denken oft daran, und dieser Plan wird sicher bald verwirklicht. Man muß nur abwarten, daß Eric noch ein bißchen wächst, aber es hat so gut mit ihm angefangen, daß das nicht mehr sehr lange dauert. Er nimmt weiter zu, wird immer wacher, und alles, was ihn umgibt, beginnt ihn zu interessieren. Wir verbringen viele Stunden mit ihm, und Paul singt ihm alle möglichen Lieder vor, in allen Sprachen, um ihn zum Lachen zu bringen, aber er ist dazu nur sehr selten bereit. / Ich glaube immer noch, daß er Paul ähnelt, und ich hoffe und wünsche es. Wann wird er die Gedichte seines Vaters lesen? Er ist sehr lieb, wir hoffen sehr, daß Sie ihn bald kennenlernen. / Wir haben hier anderthalb Monate verbracht, und jetzt kehren wir nach Paris zurück, wo wir bei meiner Mutter wohnen werden, die uns zwei Zimmer überlassen hat.[1] *Diese Lösung gefällt uns nicht sehr, und wir hoffen immer noch, endlich ganz für uns alleine zu sein. // 29 bis rue de Montevideo / Paris 16ᵉ / 23. September 1955. // Liebe Freunde, / Wir sind jetzt in Paris, Paul ist gerade nach Düsseldorf gefahren, er ist dorthin wie auch nach Wuppertal eingeladen, seine Gedichte zu lesen, ich hoffe, daß alles gut geht.*[2] *Ich freue mich, daß er deutsch sprechen und ein bißchen in dem Land leben kann, dessen Sprache er spricht, er brauchte das ganz arg, aber ich bin auch ein bißchen unruhig, Deutschland hat für ihn so oft auch schlechte Überraschungen parat. Welche neuen Erfahrungen erwarten ihn dort? Er ist den Worten und Taten der Menschen gegenüber so verletzlich und empfindlich. Er hat nicht nur Freunde in Deutschland – oh nein! / Ich möchte so gerne, daß wir nach Wien gehen, ich glaube, es wäre für Paul wunderbar, dort ein kleines Jährchen zu leben;*[3] *in Paris zu leben ist wunderbar, aber für ihn ist es sehr hart, von der deutschen Sprache vollkommen isoliert zu sein, er leidet immer stärker darunter, das hindert ihn am Schreiben, das macht ihm seine Aufgabe ganz schön schwer. / Und außerdem hätte er in Wien Freunde, die einzigen, die wir haben, das fehlt in Paris, wir sehen viele Leute, die auf der Durchreise sind, aber Freunde haben wir nicht. Einzig René Char ist für Paul ein Freund,*[4] *aber ein Freund, den man so selten zu Gesicht bekommt und der eine solche Größe ist. / Ich kann es kaum erwarten, daß ich Ihnen Pauls Sohn bringe und wir alle drei in Ihrer Nähe wohnen, ich glaube, nächstes Jahr wird es gehen. / Eric schickt Ihnen eines seiner süßesten Lächeln; was für eine Freude für Paul und mich zu wissen, daß er schon jetzt zwei große Freunde hat. / Bis ganz bald, lieber Klaus, liebe Nani, schreiben Sie uns, Ihre Briefe sind immer wunderbar für uns. / Sehr herzlich umarme ich Sie beide / Gisèle. // Notieren Sie unsere neue Adresse: 29 bis rue de Montevideo / Paris 16ᵉ*

148 *Klaus und Nani Demus an Paul Celan*

Wien, 17. November 1955

Liebster Paul,

nimm unser herzlichstes Wünschen und Gedenken zu Deinem Ehrentag, sei innigst umarmt!

Wir freuen uns schon so sehr auf Euer Kommen nach Wien, und Gisèle verriet, es solle »ein kleines Jahr« werden, das Ihr bei uns bleiben wollt!

Liebster Paul, es soll mir wichtiger noch werden als das erste Jahr an Deiner Seite. Wir haben ja niemanden, mit dem wir sprechen könnten, und Gespräch, wirkliches Gespräch fehlt mir, ich merke es wohl, vor allem. Aber nicht nur selbstsüchtig wollen wir uns auf Dein, auf Euer Kommen freuen. Mir bedeutet der Raum hier viel, soweit vom Alten, Unzerstörbaren noch etwas übrig ist, und es ist genug. Noch läßt es sich hier im Geistigen gut leben, wenn man in starker eigener Sache auf das Deutsche sieht. Die Landschaft, die Wälder, Wiesen und Kirchen wollen wir Euch zeigen, da hat sich nichts verändert, und der Blick über das Eigene ist hier seit Grillparzers,[1] Stifters und Hofmannsthals Zeiten wissender und reicher als in Deutschland. All das wirst Du sehr spüren, Du kennst es ja schon, und wir werden darüber sprechen. Wie freue ich mich schon auf die Gespräche, hier bei unseren Büchern, die ganz die Deinen sein werden, auf die vielen Abende in Eurer Gegenwart.

Ob Du hier viele Menschen finden wirst, weiß ich nicht vorherzusagen. Es gibt deren, aber sie halten sich allein, und ihre Haltung ist so sehr einander gleich, daß man sich wohl daran erkennt und für Mitglieder einer großen Freundschaft achtet, aber schwer einander nähertritt. Weil die öffentliche Seite hier so hoffnungslos ist, sind aber mit diesen Verborgenen die Fäden am festesten, und das Bewußtsein davon stärkt.

Dennoch, Paul, Du wirst hier zuhause sein können, Gisèle mit Dir, wir glauben es, und Euer lieber Sohn, dem unser Herz schon so sehr huldigt, wird alles in Besitz nehmen und uns dazu.

Den schönsten Geburtstag, liebster Paul, das Heiterste und Reinste, und unsere Liebe –

Deine Nani   Dein Klaus

149 *Paul Celan an Klaus und Nani Demus*

Paris, den 23. November 1955.

Meine liebe Nani, mein lieber Klaus!

Laßt mich Euch gleich jetzt, heute und von Herzen danken für Eure Gegenwart, für Brief und Buch.[1] Daß ich Euch durch lange Monate ohne Worte ließ, daß von Euch immer wieder das Wort kam, ungetrübt, so, als hätte ich dennoch mit Worten bei Euch geweilt, mit lebendigen Gedanken, in beiderlei Gestalt, der des Gesprächs und der, beredteren, des Mitschweigens – der Gedanke daran erschließt mir jedesmal von neuem den Bereich, in dem ich mich geborgen weiß.

Die Zeit um Eric ist ruhiges Wachstum, verwundertes Augenaufschlagen, beseelter von Tag zu Tag, atmendes In-der-Welt-sein. Pflanzenhaft-Heiles und -Heiliges, das sich mühelos über die Schwellen hinweg- und hinanrankt, ein unbekümmertes Bewegtsein, das sich als ein Ruhiges, Beruhigendes den beiden Erwachsenen mitteilt, die es, nicht ohne Beklommenheit, mit ihren Blicken begleiten, die Jahresringe fühlbar ums Gelenk.

Gisèle hat Euch inzwischen von unsrer Übersiedlung erzählt: wir haben jetzt zwei Räume und größere Bequemlichkeit, sind aber nicht gerade glücklich über diese Lösung; die Wohnungssorgen haben nichts von ihrer Aktualität eingebüßt, im Gegenteil. Wie wir Euch um Euer wirkliches Heim beneiden! Und wie froh wir sind, Euch da zu wissen, wo Ihr jetzt so gerne seid!

Der Wunschtraum vom »Kleinen Jahr« in Eurer Nähe: wer weiß, vielleicht geht es im nächsten Jahr in Erfüllung ... Ich frage mich, ob es nicht am besten wäre, wenn ich im Jänner, zunächst allein, für etwa zehn Tage nach Wien käme, um mich ein wenig umzusehn, ob ein längerer Aufenthalt sich einrichten ließe. Dabei könnte ich auch z. B. bei den französischen Stellen ein wenig vorfühlen, ob sich da für mich nicht eine kleine Beschäftigung ergeben könnte, die mir ein kleines Auskommen sichern würde. (Ich habe mittlerweile die franz. Staatsbürgerschaft erworben).[2] Denn mit den Übersetzungen will's nicht mehr recht gehen, sie fressen sich mir so richtig ins Gemüt, Gott weiß warum.[3] Aber dies nur nebenbei. Denn im Grunde komme ich auf jeden Fall im Jänner auf einen Sprung zu Euch – vorausgesetzt, daß Ihr keine Gründe habt, mir vorderhand von einer solchen Reise abzuraten. Es ist jetzt acht Jahre her, daß ich hier bin, ich kann gut noch eine kleine Weile warten, wenn das nötig sein sollte.

Ach, Ihr wißt nicht, wie allein auch wir hier sind! Unter ungezählten Bekannten ...

Alles Liebe und Nahe!

Euer Paul

[*Anlage:*][4]

x

Es wird noch ein Auge sein,
ein fremdes, neben dem unsern:
stumm unter steinernem Lid.
Kommet und treibt euren Stollen.

Es wird eine Wimper sein,
einwärts gekehrt im Gestein,
von Ungeweintem verstählt,
die feinste der Spindeln.

Vor euch tut sie das Werk,
als gäb es, weil Stein ist, noch Brüder.

x

150 *Klaus und Nani Demus an Paul Celan und Gisèle Celan-
Lestrange*

Wien, den 21. Dezember 1955
Liebste Gisèle, liebster Paul, liebster kleiner Eric!
Feiert schönste Weihnachten, wir haben Euch sehr lieb und
haben Sehnsucht nach Euch. Ihr habt uns mit der Hoffnung
beschenkt, erst Paul, dann Euch zusammen ganz nahe zu haben,
und ob es auch sehr, sehr schwer sein wird, die Möglichkeiten
zu finden, wird es schon einmal sein. Du wirst alles sehen, Paul,
wenn Du im Jänner kommen magst – wie können wir es Dir
und Gisèle danken. Gründe, die wir gegen Deine Reise wissen
könnten, gibt es nicht, wir dürfen Dir sagen: wenn Du kommen
kannst, bitten wir Dich sehr darum, und wann immer Du willst.
Und wir werden sehen, wie unser großer gemeinsamer Wunsch
vielleicht doch wahr werden könnte.
   Eine Winterreise durch acht Jahre, drei der schönsten, und in

ein viert-neuntes, vielleicht sehr glückliches – unser Christbaum
wird vielleicht noch stehen, und weil noch keine Wiege darunter
ist – obwohl die Barbara-Zweige diesmal wirklich blühen werden! –, schickt Gisèle den Paul, vom kleinen Eric zu erzählen,
Wundersames und Helligkeiten. Und Paul wird seine alte Stadt
wieder sehen und ein Häuschen drin finden, das er noch gar nicht
kennt, aber Gisèle weiß schon, wohin sie ihm ihre Gedanken
senden soll, und vielleicht bringt er ihr dann eine Schneerose
mit als gutes Zeichen aus dem Winterland. Daran wollen wir
denken, wenn unsere Christbäume ins neue Jahr hinüberbrennen.
Seid gegrüßt, von ganzem Herzen gegrüßt und umarmt
    unter lieben Lichtern.

    Nani   Klaus[1]

151 *Paul Celan und Gisèle Celan-Lestrange an Klaus und*
    Nani Demus

                        Paris, Weihnachten 1955

Für Nani und Klaus,
mit unseren herzlichsten Wünschen
Gisèle und Paul
Paris, Weihnachten 1955

Auch wir wollen sein,
wo die Zeit das Schwellenwort spricht,
das Tausendjahr jung aus dem Schnee steigt,
das wandernde Aug
ausruht im eignen Erstaunen
und Hütte und Stern
nachbarlich stehn in der Bläue,
als wäre der Weg schon durchmessen.[1]

                Paul Celan

[unter der Radierung:]   *Gisèle Celan-Lestrange*

[Wien,] 21. I. 56

Paul,

ich schreibe Dir, weil ich plötzlich weiß, daß Entfernung nichts ist. Dann ist sie nicht, wenn in einem Augenblick das Leben spürbar wird, das man so oft vergißt. Man hats vergraben, und mit Willen holt mans nicht herauf. Wenns sein soll, überflutet es einen gleich, aber weil man stehen muß, entfließt es so bald. Dann möchte man die Woge einem schicken, den man lieb hat. Kein Wort, Worte müssen still sein, nur die Woge, die überschwemmt.

Möge sie Dich stoßen, umwerfen – – –

Was soll ich sagen. Sei gegrüßt, von Herzen gegrüßt, lieber Paul.

Klaus

Nos amours, Gisèle –

153 *Paul Celan und Gisèle Celan-Lestrange an Nani Demus*

36, Chemin de la Petite Boissière

Genf, den 27. 2. 1956

Nanilein,

laß Dir von Herzen alles Liebe und Schöne wünschen, alles Stille, Tiefe und Helle, das zu Dir gehört, zu Euch, alles, das Deine Sprache spricht, Eure Sprache, für und mit Euch, unverwechselbar Euer.

Ich wollte, ich könnte es Dir selbst sagen, bei Euch sein, wie ich's mir gewünscht hatte. Aber plötzlich kam's anders, ich fuhr, wir fuhren nach Genf, wo ich eine Übersetzerstelle beim Internationalen Arbeitsamt angetreten habe, um des lieben Geldes willen, eine recht unerfreuliche Stelle, die mich bis Anfang April hier festhält.[1]

Klaus, und Dein letzter Brief kam hierher – mir wurde es ein wenig bang, als ich ihn las, sag mir doch bitte, daß es Euch gut geht.

In mir ist's stumm geworden, kaum eine Zeile seit über einem Jahr, kaum ein richtiger Gedanke.[2] Ihr fehlt mir sehr.

Nochmals alles Gute, Nanilein, viel, viel Glück!

Paul

Juste un petit mot pour vous souhaiter à mon tour un bon anniversaire et beaucoup de joie. Eric aussi vous embrasse. J'aimerais que vous fassiez bientôt sa connaissance. Il ressemble toujours à Paul.

Nous sommes si heureux, tous deux, de recevoir vos lettres et nous vous écrivons si peu!!

Bien affectueusement je vous embrasse

Gisèle.

Nur ein paar Zeilen, um Ihnen auch von meiner Seite alles Gute zum Geburtstag und viel Freude zu wünschen. Auch Eric umarmt Sie. Ich wäre froh, wenn Sie ihn bald kennenlernen könnten. Er sieht Paul immer noch ähnlich. / Wir freuen uns so, alle beide, wenn wir von Ihnen Briefe bekommen, und wir schreiben Ihnen so wenig!! / Ich umarme Sie sehr herzlich / Gisèle.

154 *Paul Celan an Klaus und Nani Demus*

[Avallon, 30. 4. 1956]

Aus Avallon, das für mich durch Euch erst wirklich wurde[1]

von Herzen Paul

P.C., 29bis Rue de Montevideo

Paris 16^e^

Wien, den 7. Mai 56

Lieber Paul, liebe Gisèle,

Es kam die Taube aus Avalun.[1] Wie lange schon trieb es mich, zu Euch vernehmlich zu sprechen, von uns auch Kunde zu geben. Immer aber denken wir, hätten wir Euch doch hier, wir wollten schon Alles weiterbringen. Wie schlimm ist es auch uns, keinen Freund zum Gespräch zu haben. Und immer sehnlicher, im Innersten notwendig wird uns das. Oft denke ich mir, wir sollten versuchen, uns oft, sehr oft, regelmäßig zu schreiben. Ich möchte Dir immer alles vorlegen und Dich um Strenge und um Rat bitten, und von Dir möchte ich viel, Nahes, Dich Beschäftigendes wissen. Voraussetzung wäre freilich, viel zu arbeiten, was man dann dem Freunde, dem älteren, größeren Bruder weisen könnte. Aber ich komme zum Arbeiten nicht oder doch nicht bis zu beständigen, festeren Dingen. Alles, zurückgedrängt, wird in Gedanken oder gar nur in Schauungen, Fühlungen, in Wissen frei und entschwindet. Meine Tagesbeschäftigung verzehrt oft alles an morgendlichem Vermögen. So lese ich abends viel zu oft, oder wenn ich über dem im Herbst begonnenen Gedicht sitze und die Bruchstücke sich alle wieder auftun und keine Neigung sich zu verbinden zeigen und nur wenige neue Durchblicke gelingen, nichts Gearbeitetes am Ende da ist, dann muß ich die schönen Möglichkeiten ins Einschlafen mitnehmen, und wieder wars ohne Gewinn.

Trotzdem, auch diese Leseabende, meist mit Musik – wir haben ein Schallplattengerät und die vielen Platten von meinem Bruder, bedürften noch des Gesprächs. Meist wird vielerlei gelesen, vor allem aber doch, wenigstens von mir – Nani studiert seit dem Herbst das Italienische und liest schon recht gut – Lessing, Herder, Hamann, Hölderlin und manches von dem in ihnen Zusammenlaufenden; so begann ich wieder von Anfang an das Griechische, so suche ich zwischen Religionen und Geschichte als Schicksal der Welt mir das Gefüge zu knüpfen.

Freilich immer vom Dichter aus und auf das Dichten hin, ganz ohne Wissenschaft. Aber es ist noch fast alles zu lernen. Und was blieb mir?

Sieh was ich sagen will: dreizehnmal seit ich zählen darf konnte ich ein Stück aus der mühsamen Arbeit entlassen, dreizehn Gedichte kann ich aus fünf ganzen Jahren nennen, und sie sind alles was ich schrieb, es gibt, sehe ich strenge zu, nichts aus der früheren Zeit, das einer Nachsicht unbedürftig voranzureihen wäre.[2] All der Jugendreichtum hat nichts Wirkliches gebracht. Jene um soviel schmälere Reihe von dreizehn Gedichten fällt aber schon in die Zeit, da ich weiß, es bleibt mir von nun an nur noch das Ertrotzen, und dieses will ich allerdings verantworten. Es kann das Gut nicht sein, das ein Dichter geben muß, es wird nur das sein, was Bemühung zu finden, zu erarbeiten vermag. Aber wie lange wird mir der Wille noch stark genug sein? Vermögen verwandelt sich mir immer mehr in Wissen, die Kraft der Einbildung entzündet sich nur noch am Klar-Beständigen, das innerliche Leben aber ruht ganz und gar.

Und doch, jeden Morgen fühle ich Mut, Tatkraft und Lust und weiß, ich werde nicht ganz verstummen, ja es wird sein, daß ich wieder schreiben kann, einmal wird eine schmale, feste Reihe von Gedichten da sein und vielleicht auch Prosa, in die ich immer verlangender will. Ja es kann sein, daß mir das rechte Schreiben noch gar nicht begonnen hat. Vor allem fehlt mir, weil das Schreiben jeweils an dem einen Gedicht, so sehr es mir ganz Mitte des jeweiligen Lebenszustandes bedeutet, doch so langsam vorrückt, daß nicht alles an verfügbarer, herauswollender Kraft und an Bereich hineinzupacken ist, – fehlt es mir an Arbeit. Eine genügend dichte, die Aussagemitte aufnehmende Prosa, nicht dichterisch aber doch zweckfrei – Hamann schwebt mir da ungefähr vor –, zu ihr habe ich nun mein Suchen in Gang gebracht, dort wittere ich die Arbeit, die ich zwischen den Gedichten tun muß. O über diese Zeit, daß es nicht mehr offene Möglichkeit ist, Abhandlungen ohne Spezialistik, ohne Wissenschaftlichkeit oder vielmehr mit alter Wissenschaft zu verfassen! Preisschriften, Behauptungen, wegweiserhafte Entwürfe aus dem Ganzen für das Ganze! Und doch, notwendig und gut wäre es, die so gewordene Wissenschaftlichkeit mutig und des Gelächters unbekümmert ins Unrecht zu setzen, zu sagen einfach, was man glaubt und was ein Mensch ohne Maschinenhilfe denken kann. Und noch etwas scheint mir solche Notwendigkeit begründen zu helfen – ein Punkt, den mein Gegenwartsbewußtsein stets stärker sein Zentrum nennt: not ist es, die »Konservative Revolution« Hofmannsthals und seiner Freunde wieder aufzunehmen, die »Tradition deutschen Geistes und deutscher Sprache« helfe was will unsrer Gegenwart wieder einzupflanzen, und wenn man übers substanzpralle Fragment nicht hinauskäme![3] Denn ich glaube sehr, Verschwindendes bloß wird sich, und allein das an einer Stelle die Treue bewahrt Habende, dem Fluch unsrer Epoche einst entziehen können, in Geschichtslosigkeit und auf den Boden unbegründbarer Vereinzelung verlockt gefolgt zu sein.

Ich glaube das alles sehr, Paul, und habe mich fest danach ausgerichtet. Wir sind zwar verloren, Du hast es gesagt, damals an der Themse, aber wir wissen noch die alte Herrlichkeit, möglicherweise als die letzten, uns liegt in der deutschen Sprache noch ein heil Bewahrtes, und was wir noch tun können geschieht ja daraus und dafür.[4] So ist das, als wären wir des Strömens müde, faßten Grund und ständen im vagen Ziehen des Hinverfließens aller Welt. Ich glaube, wie sind viele derer die stehen, nicht weiterschwimmen mögen, und glaubst Du nicht, es werde dann zu einem die Hände einander Reichen gelangen, gelingen können? Ich habe die Hoffnung, Paul, ich habe sie.

Daß auch Du, mein Paul, das Fassenkönnen verlernen sollst, wie ich, obwohl nie beschenkt wie Du sondern schon von früh an selbstentschuldigter Winkelzüge gewohnt, es auf einen gewissen Grad arbeitender Armut ganz verloren habe, dies glaube ich nicht. Ein jeder Chandos-Brief[5] spricht von Verlust und Erwerb, und dieser, wachsend wie kein Verbleib wachsen kann, wird übertreffen.

Was mich langsam, langsam hinausdrängt, Abschied zu nehmen gezwungen hat, es ist ja nichts Ungemeines, eine Wende, die dem Lebensabschnitt doch wohl zugeordnet ist und die Du, nicht bloß Berufener, wie herrlich gestärkt überwunden hattest. Also kann es, Du weißt es wohl selbst im Grunde, nichts sein als ein Atemholen. (Du hast, Hanns Winter sagte es mir, neue Gedichte geschrieben, veröffentlicht? W. bat mich, Dich zu bewegen, ihm für seine Zeitschrift ›Wort in der Zeit‹ etwas zu geben.[6] Hast Du etwas, so gib es ihm doch, Paul, er hat es verdient und ist Dir und dem Deinigen recht zugetan –)

Vor Wochen kam vom Suhrkamp Verlag oder richtig über ihn von Walter Höllerer, der ein ›Lyrikbuch der Jahrhundertmitte‹ herausgibt, eine Einladung an mich zur Teilnahme mit sechsen der nach und nach Herrn Löffelholz übergebenen Gedichte, und es traf sich so, daß mir kurz vorher das innere Verbot zur Äußerung nun aufhebbar erschien.[7] So sagte ich gerne zu und werde, hoffentlich, ja mit Dir zusammen mein Erstes zeigen können. Nun traf die Auswahl gerade auch das, was Dir gehören soll; ›Weiße Flügel des Wassers‹ und ›Mit dünnen Brücken‹;[8] sie werden Dir einmal ganz gehören dürfen, Paul, und Du leihst sie mir, und Gisèle tut es auch? Ich muß sagen, ich freue mich recht.

Nein, Paul, es war nichts geschehen, es war nur ein ungeschickter Liebes-Brief, in einem Augenblick bewußter Belastung durch alles was ich geschrieben, einer Belastung, der zugleich die Gewißheit eigener Lastbarkeit in unendlichem Maße entsprach. Es ist ja so gut, von unsichtbar Gesetzlichem gebeugt, niedergebeugt »und nicht bös« zu sein. Erinnerst Du Dich der Szene im Schloß, wo K. unter dem Schanktisch liegt, oder jener in der Beschreibung eines Kampfes, wo, auf der Brücke, K. in die Kleinheit des durchgestrichenen Ich zusammenschrumpft, nur noch bis an die Kniee reicht? und dann, scheinbar umschlagend, das Du plötzlich als Reittier besteigen und, so vehement ist die aus solcher ertragener zu Nichts Zerdrücktheit entspringende, in persönliche Freude oder Überhöhtheit, der aus dem Allganzen gewonnene Kraftüberschuß, das Reittier selbst grausam scheinend den steilen Weg hinantreiben kann?[9] Freilich, dies löst sich auf in Trauer, »dem gleich folget« sie, der doch zu subjektiven Freude plötzlicher Abbruch ins Allgemeine. Freude ist subjektiv wie Sprache in der besser redenden Stummheit.

Wir waren vor wenigen Tagen in St. Pölten, ich schlief wieder eine Nacht im Haus meiner Kinderzeit und nahm wieder wahr, welch wichtige Plätze einzelne der frühen Augenblicke bewußten Daseins-Empfindens in mir einnehmen.[10] Ein Hinaussehen auf die Kastanienbäume im Regen, Ich-Verluste, Fälle in den Kristall: sie haben wohl als Erkenntnisse über das Verhältnis meines Ich zum Anderen, Weltanderen entschieden. Ein Leben lang wird aufzulösen sein, was damals sich knüpfte. Daher der Drang, der Individuation Rätselkern an der Wachstumsbasis aufzulösen. Daß es »schon manchem schien, daß das Leben ein Traum sei«,[11] macht wohl die ahnende Erkenntnis von der Relativität des konkreten Falls, der Individuation aus. Sie aufzulösen ins Allgemeine steigt ein Drang, den der Glaube treibt, das Kontingenzproblem sei das zu lösende Siegel; daß überhaupt Ich, Einzelnes als Ganzes, ist – Und das große Schwere, die Unvollkommenheit, das Fließen der Weltzeit im Stehn der Dinge: die Individuation verschuldet es. Den Traum, das ist die Vereinzelung des All, an seinem Anbeginn, dem Selbstbeginn, auflösen, dies scheint Aufgabe des Individuums –

Liebster Paul, liebste Gisèle, und Euer liebster Eric –
von Herzen, ganz von Herzen
Euer
Klaus

156 *Klaus und Nani Demus an Paul Celan und Gisèle Celan-*
   Lestrange

                                          Millstatt, 25. V. 56
Herzlichste Gedanken, Ihr Lieben, und mit Bergschnee und
blühendem Apfelgezweig Sträußchen von Enzian (Kuku-
hantsch), Osterglocken (Kuhschellen) und Alpenaurikeln!
        Alles Liebe
        Nani   Klaus

157 *Paul Celan an Klaus Demus*

Le Moulin
Rochefort-en-Yvelines
(Sainte-et-Oise)
bis zum 1. September; dann wieder:
29bis rue de Montevideo, Paris 16^e

                                          23. 7. 56
Mein lieber Klaus,
ich wollte, ich hätte die Worte, die sich zu Briefzeilen reihen!
Aber ich habe sie nicht, Klaus, meine Gedanken irren zwischen
den Worten umher, keines will sich ihnen zuneigen – und was
sind schon »Gedanken« dieser Art, Gedanken, denen die Sprache sich so hartnäckig verweigert?
    Und darum sind all Deine Briefe unbeantwortet geblieben,
Klaus.
    Es ist ein recht trostloser Zustand, schwer für mich, der ich
mir keinen Rat weiß, schwer für Gisèle, die all dem zusehen
muß.
    Aber neben uns wächst das Kind heran und sieht aus großen
dunklen Augen in eine sich immer weiter auftuende Welt: das
ist der Trost und die Hoffnung.
    Wir denken immer wieder, daß alles leichter würde, wenn wir
für längere Zeit nach Wien gingen und Euch in der Nähe hätten

– aber es ist nicht leicht, einen solchen Entschluß zu fassen. Aber hoffentlich kann ich noch in diesem Herbst für ein paar lange Augenblicke nach Wien kommen, im Oktober vielleicht.

Lieber Klaus, ich muß Dich um Rat bitten in einer Angelegenheit, die immer ärgerlicher wird. Ich habe Dir (in London, glaube ich) erzählt, daß diese niederträchtige Claire Goll vor etwa drei Jahren an mehrere deutsche Verleger ein Rundschreiben verschickte, in dem sie mich der Erbschleicherei und des Plagiats bezichtigte.[1] Dieses Rundschreiben wurde, soviel mir damals bekannt wurde, nur von Herrn Curt Hohoff (einem Verehrer von Ingeborg ...) »verwertet«, d. h. er ging auf gewisse »Ähnlichkeiten« zwischen meinen [und] Golls Gedichten ein (ich bin z. B. »humorloser« als Goll ...) und ließ alles andere »offen«.

Auch ein Herr Richard Exner, Dozent an der Princeton University nahm sich der Sache an ... In einem Essay über Goll, der wie ich höre, nun auch als gedruckte Veröffentlichung vorliegen soll, werde ich als Plagiator Golls bezeichnet.[2] Claire G. ist vor einiger Zeit nach Paris zurückgekehrt und betreibt ihr infames Geschäft nach Kräften weiter. Vor kurzem erschien hier eine französische Auswahl der Gedichte Golls, der »Essay« des Herrn Dozenten ist natürlich abgedruckt, und auch hier ist davon die Rede, daß es unter den jüngeren deutschen Lyrikern einen Plagiator gibt – der Name ist allerdings nicht genannt. In Genf erhielt ich über die Deutsche Verlagsanstalt einen anonymen Brief folgenden Inhalts:

»Georg Maurer, Leipzig, auf der Lyrikdiskussion des deutschen Schriftstellerkongresses in Ostberlin, im Januar 1956: ›Ich verweise auf den Meisterplagiator Paul Celan, der in seinen Versen das mittelmäßig wiederholt, was Ivan Goll zur Meisterschaft gebracht hat!‹«[3]

Und kaum waren ein paar franz. Übersetzungen meiner Gedichte in den Cahiers du Sud erschienen, als der Herausgeber der Zeitschrift auch schon einen Brief erhielt (von einem Herrn Bluense oder so ähnlich), in dem er darauf aufmerksam gemacht wurde, daß es sozusagen stadtbekannt sei, daß dieser P. C. Golls Gedichtbände ›Traumkraut‹ und ›Abendgesang‹ plagiiert habe.[4]

Im Herbst soll nun bei Luchterhand (Berlin) das Gesamtwerk von G. herauskommen: eine neue Gelegenheit für die Infamie und ihre Verbündeten, sich zu manifestieren.[5]

Du erinnerst Dich wohl noch, daß ich drei franz. Gedichtbände von Goll übersetzte und daß Claire G. den ersten davon dann »neu« übersetzte und herausgab. Nun ist wohl mit weiteren »Neuübersetzungen« zu rechnen ... Aber darauf kommt es ja gar nicht mehr an: ich wollte, ich hätte nie eine Zeile von G. übersetzt!

Nun bin ich sozusagen in die Lage versetzt, meine »Unschuld« zu beweisen ... Oder soll ich das einfach geschehen lassen? Oder den sogenannten Rechtsweg bestreiten?

Daß man solchem Gesindel begegnen muß!

Sag mir bitte, was Ihr denkt.

> Wir grüßen Euch von Herzen
> Paul

158 *Klaus Demus an Paul Celan*

[Wien,] 29. VII. 56

Mein liebster Paul!

Dein armer Brief, Du Lieber, hat mich bestürzt, erregt und empört, und ich bin es noch. Ach, Paul, was mußtest Du ausstehen. Mit Gewalt drängt es mich, Dir beizustehen, und ich will alles tun, was Du gutheißt.

Nach langen unruhigen Überlegungen meine ich, daß Du Dich unbedingt wehren mußt. Wie sich die Sache nun ausgebreitet hat und, der Infamie die Chance belassen, noch weiter fortsetzen könnte, mußt Du unverzüglich etwas tun. Das Rundschreiben hättest Du noch ignorieren können, nun aber heißt es achtgeben, ein längeres Dulden setzt Dich unrettbar ins Unrecht.

Ich halte eine öffentliche Entgegnung mit einer Darstellung der ganzen Sache, so schrecklich das ist, für das einzig Zweckmäßige.[1] Denn auf dem »Rechtswege« wäre bei der relativen Unbeweisbarkeit der vorzubringenden Gegenargumente, vor allem aber bei der Geschicklichkeit käuflicher, C. G. eher als Dir zur Verfügung stehender Anwälte der Erfolg nicht sicher; ein Risiko einzugehen kannst Du Dir aber nicht leisten. So rate ich Dir dringend, folgendes zu überlegen: Du schreibst eine Entgegnung auf sämtliche Anschuldigungen, stellst darin die Angelegenheit vom Beginn der Bekanntschaft mit den G.s sachlich dar, nennst die Angriffe und erklärst, daß Du Dich nun endlich ganz ernstlich gegen diese bewußt lügenhaften Verleumdungen verwahrst; die Gründe für dieses infame Vorgehen seien Dir zwar unbekannt, Du könntest aber jedem, den es interessiert, Einzelheiten über Dein Verhältnis zu I. und C. G. mitteilen, die durch Zeugen belegbar sind, und aus denen genügsam die Infamie der Angriffe gegen Dich hervorgeht. Gleichzeitig forderst Du alle an jenen beteiligt Gewesenen auf, stilkritisch den Beweis für jene Unterstellungen zu erbringen und würdest die Sache, wenn dies aus der offenbaren Unmöglichkeit heraus nicht geschieht, dem Andenken I. G's zuliebe für erledigt halten. Wenn aber die Hetze nicht aufhören will, so müßtest Du auf die rechtlichen Folgen eines literarischen Meuchelmordes aufmerksam machen. – Dies schickst Du französisch an die Cahiers du Sud und deutsch an die DVA mit der Bitte, es als Rechtfertigung des Autors vor seinem Verlag und als offenen Brief an die Urheber der Diskrimination in Zeitschriften oder Zeitungen zum Abdruck zu bringen. Tut die DVA das nicht, so müßtest Du unbedingt trachten, es wenn nötig als Inserat, auf Deine Kosten, zu publizieren. Sicher weißt Du Leute, die Dir dabei behilflich sein können.

Damit hast Du Dich verteidigt und verwahrt und kannst den Fall beruhigter der Entscheidung des Publikums überlassen.

Abdrucke davon sendest Du, ähnlich wie das Rundschreiben, an die mit der Sache Bekannten und daran Beteiligten.

Außerdem schreibst Du dem Herrn Exner, er möge den Sachverhalt zur Kenntnis nehmen, Deine Gedichte einmal lesen und wissen, daß Du dem Pamphlet seines Essays zu begegnen wissen wirst, wenn er nicht Beweise für seine Behauptungen erbringen kann.

An Luchterhand, Berlin, mußt Du außer Deiner Entgegnung auch eine Warnung vor Hr. Exner senden und auf die Folgen einer in der Gesamtausgabe gedruckten Verleumdung aufmerksam machen.

Herrn Hohoff kannst Du ersuchen, Dir, da er wohl unwissend dem Schwindel von C. G. einmal zu Deinem Schaden aufgesessen ist, den Dienst zu erweisen, die Frage eines Plagiats einmal zu untersuchen und entweder etwas zu beweisen, wenn er es kann, oder als Sühne eine Lanze für Dich zu brechen. – Von einer Diskussion im Sachlichen selbst hast Du gar nichts zu befürchten, Du hättest Deine Beweise darin, sind doch die überwiegend meisten der Gedichte im angegriffenen Band nachweislich vor der Bekanntschaft mit I. G. und seinem Buch entstanden. Außerdem möge Herr Hohoff so gut sein und einmal Deine Übersetzungen Ivans denen von C. G. gegenüberstellen, wobei sich wohl zeigen würde, inwieweit eine Neuübersetzung Besseres erbracht habe.

Herrn Exner könntest Du außerdem – man weiß ja nicht, wieweit er der C. G. nur aufgesessen ist – einiges über deren Benehmen und Praktiken mitteilen; ihm erzählen, wie Dein Verhältnis zu I. G. war, daß er Deine Übersetzungen approbiert hat; daß und wieviel Opfer persönlicher Art Du den beiden gebracht hast etc. Und ob er an den Beispielen der zwei auf I. G. bezüglichen Gedichte von Dir[2] nicht die Reinheit Deines Verhältnisses sehen wolle und könne.

Und endlich kann und will ich auch etwas tun. Sobald Deine Entgegnung erschienen ist, könnte ich in Briefen an die Redaktion Zeugnis ablegen; das Geheimnis der zwei Gedichte lüften;

frühe in meinem Besitz befindliche Gedichte von Dir mitteilen, zu einer Zeit entstanden, wo es die G's für Dich noch gar nicht gab etc.

Auf jeden Fall mußt Du öffentlich Deine Verwahrung einlegen, dann ist es nicht mehr so schlimm. Wahrscheinlich wird der Sache damit sogar ein Ende gemacht werden können.

Du armer Paul; einmal mußt Du, glaube ich, noch hineinsteigen. Wenn Du nichts unternimmst, so fürchte ich wirklich weitere Folgen. —

Der Weg aus der Nacht da ich schreibe in den Tag darin ich Euch denke läßt so vieles zu sagen mögliche Gefühlte zusammenrinnen in eine Entferntheit ohne Bewegung und Leben; unmittelbare Beziehung, offene Innenräumlichkeit und das aus Augenblicken mit Liebeskraft zu Euch abgeschickte Denken, dies alles hebt sich wie Rauch von der Bildlichkeit einer Verknüpfung, in die Momentanes, Gegenwärtiges einzutragen nicht gelingen will. Dem nicht aufgerufenen Sprechen steigt immer nur das Unsprechbare, Unveränderliche in den Mund. Das aber machte ihn so lange stumm.

Wie oft wollte über das wachsende zwielichtige Land des äußeren Schweigens ein einziger Brückenbogen springen – und auch jetzt ist er vorgezogen, aber wie soll ihm die Schwere und Unbehilflichkeit nach.

Liebster Paul, Dich verläßt die Sprache nicht, Du hast sie schon so lange männlich gesprochen, Du bist kein falscher Dichter, kein Dilettant ..

Zu den schönsten Deiner jüngeren Gedichte zählen mir die, deren Aussage das Dichten selbst ist – ›Mit wechselndem Schlüssel‹, ›Da du geblendet von Worten‹ – mit solch tiefer Herrlichkeit Geheimes geheimisklar gesagt. Und hast Du um das Schweigenmüssen nicht immer schon gewußt? »Zu Häupten den Prunk des Verschwiegnen –«, und kams Dir nicht immer wieder, dies vor Sprache Bluten der Lippe – Du wirst schreiben, Paul, so Ungeheures Du auch schon bis nun getan hast. Oft muß ich mir eingestehen, daß ich nicht, noch nicht oder vielleicht ist dies überhaupt nicht möglich, auf den Grund Deiner Aussagen gelangen kann. Noch ist uns alles was Du getan hast erst gezeigt, es bleibt aufgehoben und wird sich ungeheuer entfalten und zugleich an klarer Tiefe gewinnen.

Es sieht mir so aus, als kämen die leersten Jahre, die leerste unseligste Zeit. Was Du tun wirst müssen, sie überspringen und die neue der Hoffnung vorbereiten, aus ihr schon sprechen – außer Dir wird es niemand vermögen. Alles Heutige ist unwissend geballte Verletzung; aber wie dumm ist sie. Laß Dich nicht verletzen, Paul, zürne, mißachte und verlasse sie als ein Hinter-Dir.

Was ich zu tun mich nicht entschließen kann und doch bald, bloß um das Stück aufgetragener Arbeit zu ergreifen, werde tun müssen: dem geliebten Bereich bis aufs Herzensinnere entsagen, weil ich schon das Organ, ein Gedicht im Fühlen aufzuspüren, nicht mehr habe – das Vermögen zur Sprache ist allein, verwaist geblieben –: dies darf Dir, Paul, nie unausweichlich scheinen. Den Beruf eines Dichters kann man nicht wählen noch ablegen.

Oftmals betrachte ich den Bruch bei Hofmannsthal und glaube ihn zu verstehen. Es scheint aber, daß er zwei Leben gehabt hat, die Jugend war bei ihm ein ganzes, gültiges Leben und doch das zu Opfernde um der Männlichkeit des zweiten willen. Prinzipiell sehe ich so etwas von mir nun verlangt – bloß daß ich schwerlich mit zwei Leben begabt bin. Aber Du, Paul, hast damit nicht die geringste Ähnlichkeit, ich möchte sagen Du machst solche Sachen nicht, weil Du sie schon längst bevor die Notwendigkeit drohender erschien einfach unbemerkt getan hast.

Gisèle ausgenommen kann niemand um Dein geheimes Leben wissen, und dies gerade läßt bis ins Letzte an Dich glauben, liebster Paul.

Bleib mir gut.

Wir grüßen Euch von Herzen

Klaus

Von ganzem Herzen Dank, wie gut, wie reich habt Ihr mich beschenkt![3]

Ich grüße das liebe Kind![4]

159 *Paul Celan an Klaus Demus*

Le Moulin
Rochefort-en-Yvelines,
am 4. August 1956.

Lieber Klaus,
diesen Zeilen liegt die Abschrift eines Briefes bei, den ich, da ich keine Ruhe mehr finde, vor acht Tagen an A. Andersch geschrieben habe.[1] Ich hatte zuvor an Lenz geschrieben, der Gelegenheit hatte, mit Hermann Kasack, dem Präsidenten der Deutschen Akademie für Sprache und Dichtung, zu sprechen, und Kasack hielt es für angezeigt, Andersch, dessen Zeitschrift bei Luchterhand erscheint, zu unterrichten.[2] (Nebenbei: der Lektor des Luchterhand Verlages ist ein gewisser Dr. Peter (?) Frank, der aus Wien stammt: kennst Du ihn vielleicht?)

Klaus, ich kann nach all dem Vorgefallenen die Sache nicht mit Glacéhandschuhen anfassen – versteh das bitte! Du trittst bereits in diesem Brief als Zeuge auf – verzeih, daß das ohne vorherige Rückfrage bei Dir geschah. Und verzeih bitte auch die nicht eben glücklich gewählten Worte im Zusammenhang mit der Bluttransfusion. Ich habe den Brief direkt in die Maschine geschrieben, das Ganze ist alles andere als ein literarisches Kunstwerk, aber wie ich mich kenne, hätte ich, wenn ich angefangen hätte, diese Epistel auf ihre stilistischen Finessen hin zu prüfen, den ganzen Brief umzuschreiben angefangen, wieder und wieder, bis er schließlich in meiner Schublade liegen geblieben wäre. So habe ich also nur oberflächlich korrigiert und aufgegeben. Leider hat mich mein Gedächtnis in einigen sekundären Punkten ein wenig im Stich gelassen. Bei Hohoff ist, wie ich inzwischen festgestellt habe, nicht von »Humorlosigkeit« sondern von »mangelnder Selbstironie« die Rede. (Das Goll-Zitat lautet: »Der Eber mit dem magischen Dreieckskopf, Er stampft durch meine faulenden Träume« – es sind Verse, die ich nie und nimmermehr geschrieben haben möchte.) Außerdem ist mein Eber-Gedicht im ›Jahresring 54‹ erschienen, der Gollsche ›Abendgesang‹ ebenfalls 54. Aber dies ist wirklich sekundär. Ich will es jedoch in einem weiteren Brief berichtigen, dazu muß ich aber wieder nach Paris, um <u>wörtlich</u> zitieren zu können.

Lieber Klaus, Deinen Rat, an Exner und Hohoff zu schreiben, kann ich nicht gut befolgen. Denn beide sind <u>Schurken</u>, Hohoff übrigens auch (vgl. den Satz über Heimann) Antisemit. Auch was er in seinem Aufsatz über mich schreibt, (ich habe ihn Dir seinerzeit in London gezeigt) ist Antisemitismus, das Wort »Mischna«, das darin vorkommt, ist in diesem Kontext – und in <u>diesem</u> Munde – eine ausgesprochen antisemitische Vokabel.[3] Mag dieser Kerl noch so viele (tote …) Juden in seine Anthologie aufnehmen, er ist Antisemit.[x)]

Klaus, noch etwas: ich kann auch Iwan Goll nicht schonen. Ich habe es bisher getan, jetzt kann ich's nicht mehr in <u>diesem</u> Maße. Denn daß er – leider – kein Ehrenmann war, habe ich ebenfalls erfahren. Ich muß Dich an folgendes erinnern, Klaus: Du warst dabei, als unter den »nachgelassenen« Gedichten auch eines der von mir übersetzten (ich glaube der ›Todeshund‹[4]) zum Vorschein kam; ein paar Worte waren, nicht eben glücklich, geändert, und darunter stand … Iwan Goll … .

Du sprichst in Deinem Brief von <u>zwei</u> Gedichten, die bekunden könnten, wie rein meine Gefühle I. G. gegenüber waren. An das eine, das ich sogar I. G. gewidmet hatte, konnte ich mich sofort erinnern: Der Tod ist eine Blume … Welches ist nun das zweite? Wohl das Gedicht, das mit den Worten »Aus scharfen Kräutern« beginnt. Daß ich mich an dieses Gedicht nicht gut erinnern kann, beweist, daß es nicht unmittelbar mit dem Tode I. G.'s zusammenhing. Soviel steht für mich jedoch fest: meine Zweifel an dieser ganzen Beziehung waren schon damals stark genug, um mich zu dem Entschluß kommen zu lassen, das Gedicht ›Der Tod‹ nicht in den Gedichtband aufzunehmen.[5]

Klaus, erinnre Dich an unsere Gespräche, und denke auch darüber nach: so ganz von ungefähr ist man mit einem solchen Weibe nicht verheiratet...

Der Tod des Iwan Goll: der Akzent liegt auf dem Wort »Tod«. Ich sage das nicht leichthin, Klaus.

—

Ich habe noch immer nicht an die D.V.A. geschrieben, und das hat – leider – seine guten Gründe. Die Verlagsdirektion ist nicht mehr die, welche meine ersten Gedichte gedruckt hat. Was diese Leute mir anläßlich des Erscheinens meines zweiten Bandes gesagt haben, ist ebenfalls ein recht trauriges Kapitel. Wir hatten damals – es war vor Gisèle's Niederkunft – eine sehr schwere Zeit, ich wollte das Erscheinen des Buches nicht hinauszögern, sonst hätte ich diese Pille nie und nimmer geschluckt. Der Verlagslektor, ein Herr Dr. Jürgen Rausch,[6] der mich, als ich mein zweites Ms vorlegte, in den höchsten Tönen beglückwünschte, versäumt keine Gelegenheit, zu erklären, meine Gedichte seien, wie sich recht bald auch für die noch Unwissenden herausstellen werde, einfach nichts. So sehen die »Geistigen« aus, Klaus...

Aber ich werde mich letzten Endes doch noch an die D.V.A. wenden müssen... Du siehst aus meinem Brief an A., daß ich an vielen Fronten kämpfen muß – ich werde, wenn's drauf ankommt, an allen Fronten Krieg führen, und wenn auch nur eine Handvoll Menschen dabei zu mir stehen!

Aber dies ist nun – auch – eine Gelegenheit für alle jene, die mir die Hand gereicht haben, sich zu mir zu bekennen, zu mir und zu sich selber. Denn es geht nicht mehr um meine Gedichte, Klaus, sondern um das bißchen reine Luft, das wir noch haben.[7]

Ich schicke Euch noch den armseligen Ertrag dieses langen, langen Jahres.[xx)]

Seid von Herzen gegrüßt!

Paul

Ich glaube, daß Hermann und Hanne Lenz in den nächsten Tagen nach Wien fahren; ich werde sie bitten, Euch aufzusuchen; auf diese Weise erfahrt Ihr dann auch, wie diese ganze Sache sich inzwischen noch entwickelt hat.[8]

x) Dann hatte er noch die Stirn, in seine bei Fischer erschienene Anthologie die Todesfuge aufnehmen zu wollen![9] Ich habe das verhindert. Das Gedicht steht nun nicht drin, dafür aber mein Name auf dem Einband; und der Verlag hat sich nicht einmal die Mühe genommen, sich bei mir zu entschuldigen ...

xx) Ich versuche, die Gedichte zu datieren: es ist nicht ein Jahr, es sind anderthalb Jahre ...[10]

[*Anlagen:*][11]

160 *Klaus Demus an Paul Celan*

                              Wien, den 9. August 56
Mein lieber Paul,
Es freute mich, daß Du mit dem Brief an Andersch etwas Richtiges unternommen hast, nun steht so sehr zu hoffen, daß es auch zweckmäßig war und die Dinge in Bewegung bringen wird. Hoffentlich mußt Du nicht mehr oft in all das hinabsteigen und kannst bald beginnen, vergessen zu lernen.
    Wie Du aus der Abschrift siehst, habe ich mich bei Andersch als Zeuge gemeldet[1] – Verzeih mir bitte, Paul, wenn es Dir nicht recht sein sollte, nicht mein Eingreifen überhaupt, sondern das Supplementhafte, allzu Unbeholfene des Briefes. Als ich Deinen Brief erhielt und wir überlegten, was zu tun sei, da war es Nani, die mir riet, an A. zu schreiben; unter den Möglichkeiten, überhaupt etwas tun zu können, erschien uns diese als die deutlichste. Wenn nun etwas, von Dir oder Andersch oder jemand

anders, vor die Öffentlichkeit gebracht werden wird, wie es ja wohl das nächste Richtige, Notwendige wäre, so möchte ich wirklich auch etwas beitragen. Da möchte ich Dich bitten, mir zu raten und die Richtung zu weisen.

Sei mir auch nicht böse, lieber Paul, daß ich ohne Dich gefragt zu haben Dein Gedicht mitgeteilt habe.[2] Ich denke es ist wirklich eines der schönsten Dokumente, nicht nur in dieser Sache, nein, für Deine ganze Person. – Mit dem anderen Gedicht meinte ich, wie Du siehst, jenes für Eluard ja nicht allein geschriebene.

Bis heute haben wir von Hermann und Hanne Lenz leider nichts gehört, und übermorgen reisen wir nach Millstatt und werden bis zum 2. September dort sein, viel aber auch auf Wanderungen verbringen.

Leider ist mir ein Dr. Frank (Luchterhand) nicht bekannt –

Lieber Paul, freilich darfst Du nun weder die Person Ivan Golls noch das, was er schrieb, schonen wollen, ich habe das nie gemeint. Vor Jahren trug mir Hansen-Löve eine Besprechung des ›Traumkraut‹ und von Benns ›Fragmenten‹ für Wort und Wahrheit auf – freilich wurde sie dann »aus Rücksichten auf die Linie« der Zeitschrift, die keine Leser verlieren durfte, nicht gedruckt. Ich hatte darin Benn und Goll unter die These »Dichtung und Poesie als dichterische Bewegung« zu stellen und zu scheiden versucht, aber das wurde der Analysen wegen zu lang für den harmloser gedachten Zweck.[3] Ich hatte damals Zweifel, ob ich mit einer sehr kritischen Haltung Goll gegenüber auch das Rechte täte, und hatte mich trotzdem entschieden. Vielleicht ist es nun schade, daß C. G. dies nicht zu Gesicht kommen konnte – ich hätte mich, so weiß ich noch genau, verpflichtet gefühlt, ihr dies nicht vorzuenthalten –, vielleicht auch wäre sie, da ich darin die Andeutung über das Sterben Golls nicht weglassen konnte, vorsichtiger gewesen oder hätte auch gegen mich Krieg zu führen begonnen, was mir ganz gleich gewesen wäre, – aber das ist jetzt müßig. Unsere Beziehungen zu Ivan Goll sind nicht zerstört, Paul, sie bestanden doch wirklich niemals.

Im übrigen ist es doch gar keine Frage, daß Dein Name und Deine Person, Paul, über flüchtigste Augenblicke hinweg durch die Golls doch niemals irgendwie verschattet werden könnte; sie machen sich wahrscheinlich keine Freunde mehr, und Du bist in Deiner ganzen Person zu einsam, nichts kann Dir verbunden oder angehangen werden. Die kurzlebige Infamie aber sollte Dir nicht ans Leben rühren dürfen.

Vergleichsweise ernster zu nehmen ist wohl die Gesinnung solcher Leute wie Hohoff. Du weißt es, Paul, der Antisemitismus, schon im Ausdruck so häßlich und absurd, wird sich in Deutschland immer Gesinnungsgenossen zu wahren wissen. Er ist älter als unsere Zeit und mit einem der schiefsten und – dümmsten, brutalsten Züge der Deutschen verbunden. Ihm wohl oft noch zu begegnen ist Dein Los, Du lieber armer Paul. Aber gerade an ihm werden sich auch immer die Geistigen zu scheiden wissen, und für diese schreibst Du und bist Du da. –
–

Wie herrlich Deine neuen Gedichte sind! Niemand, nicht annähernd einer spricht heute das Deutsche wie Du.

Das schönste: die Schliere. Und alle andern ..

Sieh, Paul, Du schriebst diese, in anderthalb Jahren. Einige davon können nimmer verlorengehen. Wie vieles sonst haben diese anderthalb Jahre wohl hervorgebracht? Wer spricht heute noch? Und Du weißt doch genau, daß dies einmal sichtbar sein wird. Die Arbeit leistest Du allein.

Grüße mir, uns, von herzlichstem Herzen Deine liebe Gisèle! Schon so lange drängte es mich, sie innigst zu grüßen, wie gerne würden wir sie sehen und Euren kleinen Eric, Euer Wunder. Du mußt ein wundervoller Vater sein, Paul.

Habt es, oh habt es ganz ganz schön in der Mühle! Es macht uns froh, daß es Euch gibt!
Wir umarmen Euch tausendmal –
Klaus
Von Herzen Dank für die Gedichte.

Um korrekt zu sein, Paul: daß ich Dir die Abschrift schicken würde, habe ich Andersch nicht ausgesprochen, ganz selbstverständlich aber kannst Du Dich auf sie ihm gegenüber beziehen – der Durchschlag ist mit dem Brief »identisch«.

[*Anlage:*]

161 *Paul Celan an Klaus Demus*

Paris, 25. 8. 56.   Ich habe gezögert, diesen vor acht Tagen geschriebenen Brief aufzugeben. In der Zwischenzeit ist alles unverändert geblieben: Andersch hat noch immer nicht geantwortet[1] – warum sollte er auch? –, ich frage mich jetzt, welchen Sinn es hatte, gerade ihm zu schreiben usw. …

Mein lieber Klaus,
sei herzlich bedankt für Deinen Brief. Der Brief an A. ist, fürchte ich, verfrüht, A. hat den meinen noch nicht beantwortet, möglicherweise noch gar nicht erhalten, er soll irgendwo in Ferien sein, im vorigen Jahr war's, glaube ich, Lappland, in diesem kann's Kapland sein, es heißt also abwarten.

Lieber Klaus, Dir ist in Deinem Brief ein recht bedaulicher Irrtum unterlaufen, und es wäre vielleicht angezeigt, ihn noch vor Eintreffen einer Antwort zu berichtigen: es war Jules Romains[2] (und nicht der noch während des Krieges verstorbene, in seiner Gesinnung unerschüttert gebliebene Romain Rolland), der die Grabrede hielt. Im übrigen ist es für die Mentalität dieser C. G. bezeichnend, daß sie gerne alles, was als prominent angesprochen werden konnte, um das »Dichtergrab« versammelt hätte, wobei Iwan jeweils als Kommunist oder Antikommunist gepriesen werden dürfte.

Was Eluard[3] neben seiner politischen Abneigung gegen Romains (die nicht ganz unverständlich gewesen wäre, wenn sie nicht lediglich tagespolitischen Rücksichten entsprochen hätte), dazu veranlaßt hatte, seinen Zettel (denn es war ein Zettel) zunächst einzustecken, war wohl auch eine gewisse Eitelkeit (er hätte ja erst nach Romains sprechen können). Und schließlich waren es ja auch nur ein paar Worte; der andere war wortreicher gewesen. Was unseren guten Eluard jedoch nicht hindern sollte, das Nichtgesagte der »Schwergeprüften« hinterher noch rasch zuzustecken ...

Lieber Klaus, mit »jenem, der Du zu ihm sagte« (was übrigens in Anlehnung an ein Wort von Eluard selbst gesagt ist), ist ein Anderer gemeint, ein von Eluard Verratener, in höchster Not im Stich Gelassener: jener tschechische Dichter, der anläßlich der Prager Prozesse zum Tode verurteilt wurde, ein langjähriger, intimer Freund Eluards. Eluard hatte, als ehemalige Freunde, darunter Breton, ihn aufforderten, ein Begnadigungsgesuch mit zu unterschreiben, diese Unterschrift verweigert![4] Wenn man bedenkt, was seither auch von kommunistischer Seite in bezug auf diese »Prozesse« eingestanden wurde, so darf man wohl sagen, daß in diesem Gedicht einiges deutlicher gesehen wurde, als man es gemeinhin wahr haben wollte. – Mag sein, daß Eluards skandalöse, weil vor allem kleinliche[x)] Geste auf dem Père Lachaise an diesem Gedicht beteiligt ist, aber das Beteiligtsein ist allenfalls sekundär. (Mit Deiner Interpretation berührst [Du] zwei, wie ich glaube, wesentliche Probleme: einmal die Fragwürdigkeit dieser Art Dichtung; und zum andern die Frage, wie weit die Entstehung eines Gedichtes Aufschluß geben kann über das in diesem Gedicht Gesagte.)[5]

Seid herzlich gegrüßt!   Paul

[x)] Skandalös auch darum, weil sie verlogen ist: »Freundesworte«, die am offenen Grabe zurückgenommen werden kön-

nen, sind ja von Haus aus alles andere als Worte der Freundschaft.

162 *Klaus Demus an Paul Celan*

Millstatt, 31. 8. 56.

Mein lieber Paul,
es tut mir furchtbar leid, mit den Irrtümern meines unzeitigen
Briefs an A. und deren Berichtigung, die ich in ein paar Tagen
von Wien aus nachtragen werde, Deine einfache Bitte um Hilfe
wahrscheinlich mit Verwicklungen belastet zu haben, die zumindest Dir recht unerwünscht sein müssen. Ich glaube aber
das Nachzutragende so abfassen zu können, daß kein Ärger
daraus entstehen kann. Verzeih mir nun Du, mein Paul, daß
ich Dir so schlecht geholfen, ja Dich enttäuscht habe (– wie leid
tut mir, daß dies nicht das erste mal war –: das Radio-Honorar
konnte ich nicht mehr eintreiben, man versprach, in Washington anzufragen, und sagte, wenn ich nicht Antwort erhielte,
wäre der – verjährte – Anspruch als abgewiesen zu betrachten,
– und für einen Aufenthalt von Euch in Wien wußte ich nichts
ausfindig zu machen, vorläufig –), verzeih mir aber auch, daß
ich Dir nun, von dem Eindruck Deines armen Briefes getrieben,
in Deiner Erregung über diese Unglückssache Gegenhalt bieten
will und muß: weder verkleinere ich die Sache wie sie ist noch
mißkenne ich Dich selbst wenn ich fest meine, Du tust nicht gut
daran, für Dich und Deine Gisèle, so offenkundig Haltlosem
wie dieser Infamie das Geschäft, Dich zu verletzen, so über-
bezahlt zu machen. Die Gelegenheit zu einer Entgegnung wird
gefunden werden, je knapper, desto besser, die Clique weiß damit Bescheid, und von nun an wirst Du, sollten weitere Anfälle
noch möglich sein, prompt und scharf reagieren. Es ist nicht
Dein Fall, Paul, es ist der Fall Goll, um den sich's da handelt.
Und nochmals sage ich dir, es kann Deinem Namen nichts an-

gehangen oder zugefügt werden. Hat doch auch niemand mit dem ominösen Rundschreiben etwas anfangen können.

Erlaube mir nun, Paul, der C. G. eine Epistel zu schreiben, und gib mir, wenn Du das kannst, ihre Adresse: sie soll sich nicht darüber freuen, und wenn dann der Bovist platzt, kann man ihn mit eisernem Besen leicht wegbefördern.[1] Laß mich einmal diesen direkten Weg versuchen; es kann Erfolg haben, ihr mit Eröffnungen zu drohen, zu denen Du, aber keineswegs ich zu vornehm bin. –

Und nun, liebster Paul, einen kleinen Bericht über unsre schönen Ferien hier in Millstatt. Das Jahr über in Wien bin ich fast schon heimgesucht von Vorstellungen der Gebirgswelt, schon zu Pfingsten, als es die paar Tage auszunutzen galt, konnte ich mir eine Höhenwanderung in dichtem Nebel nicht versagen. Zu einer richtigen Hochtour hatte nun auch diesmal das Wetter nicht gereicht, doch habe ich, mit Nani und dreimal alleine, doch etwas höher vordringen können. Das Alleingehen hat für meine Labilität großen Anreiz, die dadurch mögliche größere Anspannung der Kräfte und das Wagen manchmal ungewisser Situationen und Gewaltleistungen wecken zu überwacher, fast berauschter Aufmerksamkeit. Dieser inneren Lage kommt die elementarische Umwelt steigernd entgegen, und nichts gleicht dann einer einsamen Selbstüberwindung. Zu dieser bin ich denn auch ständig getrieben, da sich meine innere Unruhe stets ganz von selbst zuspitzt, an so reiner Aktivität aber den besten Anlaß zur Befreiung hat. Größter Gewinn erwächst mir dann aus Situationen, die um einen gewissen Grad zu scharf, zu gespannt sind, wo das Elementarische übermächtig wird; so hatte ich mich auf einer Tour in den Zentraltauern bei dichtem, nässendem Nebel schon in starker Dämmerung zwischen Schneefeldern und wüstem großblockigen Geröll weit vom markierten Weg verirrt und war in der Aussicht, hier biwakieren zu müssen, schon recht ängstlich geworden, nicht ohne wilde Freude darüber zu empfinden. Größer freilich als dies hektische und kathartische Selbsterleben ist das Spüren des unstörbaren großen Ganges der Gebirgswelt, in dem ein herrschendes, genaues Prinzip ist, so sehr auch das Zerstörerische überwiegt. Und so ist es zuletzt das Gerechte gegenüber dem δεινότατον[2] des Menschen, das einen aus diesen Bereichen »Nahrung der Großheit saugen«[3] läßt.

Gestern noch waren wir in Aquileia;[4] die herrlich strenge frühe Basilika und ein wunderschönes römisches Museum, der ganze Platz hat den Zauber selig lichter Unsterblichkeit, die von in großen Zeiträumen ausgeglühten und dabei duftend gewordenen toten Dingen so auszustrahlen vermag; um die lichten Steine herum steht es wie ein geistig klarer See, darin man sich mit reinsten Sinnen wie in uralt köstlicher Lebensessenz bewegt. Könnte ich das so in Worte fassen, wie Du sie in Assisi fandest ..

Sonntag abends sind wir in Wien zurück.

Seid herzlich gegrüßt, lieber Paul, liebe Gisèle –
Euer Klaus.

163 *Klaus Demus an Paul Celan und Gisèle Celan-Lestrange*

Amsterdam, 9. IX. 56

Liebster Paul, liebste Gisèle –
Eine unter Bangen angetretene Reise mit Bildern, ohne Nani, und mit der Aufgabe, viele Museen zu sehen – gibt mir die Möglichkeit, Euch aus unvermuteter Richtung tausendmal, von ganzem Herzen zu grüßen.
Klaus

Wien, 11. Oktober 56

Mein lieber Paul,

Ich sah dieser Tage schon das Lyrikbuch Höllerers und erschrak freilich über Anlage und Inhalt und furchtbare Druckfehler.[1] Dennoch freue ich mich nun sehr, einfach darüber, als kleinerer Bruder zusammen mit Dir den Anfang gemacht zu haben. Das Buch sieht freilich schlecht genug aus, ein zu nutzlos künstlerischer Maschinerie verzahntes Unkraut, darin der schlechte Wind der Städte aufs billigste fruchtbar geworden ist. Als ich bei rascher Durchsicht auf Deiniges stieß, wurde mir aber sehr deutlich, daß schlechte Gesellschaft augenblicks zur gesichtslos neutralen Folie wird; Sprache duldet keinen Schwindel. Und so kann dies Buch dem Hörenden sagen, daß eben nicht die Einteilung, sondern allein die Person das Feld, den Raum bestimmt, und die vielen Wenigen werden sehen, Du, Paul, bist »der König von Allem«.

Wieviel hätte ich Dir in guten Stunden zu sagen, nun kauert es unter dem Horizont, und wie unter Sternen ruhig brennt Verehrung, und wohl ist auch die Angst dabei, obs wirklich vor Dich kommen darf von mir. Als ich zum erstenmal Gedichte von Dir sah, stockte und nicht loskam, gabs in mir einen kurzen Kampf, in dem ich mich, seltsamerweise gerne, für immer unterworfen gab. Und doch kannte ich Dich damals wirklich nicht. Aber mein schon früher Ehrgeiz, im eigenen Eigentlichen der beste zu sein, den ich an meinem Bruder damals schon gelingen sehen und darum für ein Vorrecht glücklicher Geburt und Mischung halten konnte, dieser von Glaube unterstützte Ehrgeiz war mit dem Anerkennen Deines – laß michs sagen – Ingeniums <u>vor</u> meinem Fähigkeitsgefühl in nichts getroffen. Nicht, weil ich anderes zu sagen hatte, wußte ich doch damals noch kaum, wohin mich mein Aufbruch bringen würde, und zunächst zogs mich in der von Dir eröffneten Schneise nach. Sondern dies war es, glaube ich, daß in dem Deinigen nichts von Absicht, nichts von Eitelkeit war, und dies gebot mir als neue Erfahrung eine neue Haltung, in der eben schon die Verehrung desjenigen enthalten war, der sie mich lehrte. Nun seit Du mich zu Dir zogst und mir als Einziger das gabst, wonach ich doch sehr begehre: Anerkennung im Eigenen, Hoffnung, indirekt auch – Du kritisierst nicht gerne – bessere Selbsterkenntnis, nun und seitdem ich von Hofmannsthal und Borchardt weiß, sehe ich mich manchmal in dem angemaßten Nebeneinander-Verhältnis dieses zu jenem, zu Dir: schuldig und unschuldig zugleich.[2] Schuldig, weil ich reinen Gewahrens und Urteils außer Dir keinen anerkennen kann in dieser unserer Zeit, mich aber auch auf Deine Seite zählen darf, dabei aber weiß, daß die wahrhafte Trennungslinie letztlich Dich allein läßt, wie auch Borchardt berufen, doch nicht auserwählt war und dies gewußt hat. Unschuldig vielleicht, weil mich unser Miteinander, das Du ein brüderliches werden ließest, als ein Neben-Dir zu Dir stehen heißt, worin die Differenz des Jünger- und Älterseins jene ältere Differenz eingeklammert hat.

– – Aber ich will mich nun aus kleiner Sensibilität befreien und nur dies noch sagen: zwei Brüder habe ich, Jörg und Dich, und Euer beider Sternleuchtendes ist das hellste, das ich aus Menschen hervorbrechend sehen kann.

Ich komme aus dem Konzert, Jörg hat einen großen Klavierabend gegeben, und ich empfinde, noch nie so herrliche Musik gehört zu haben. Ich kenne Jörg so genau, weiß alle seine Regungen, weiß um die Behinderung, die zu Beginn des Konzerts aus nicht gleich richtig gefundener innerer Lage eintritt, spüre mit ihm beim Hören die Wendemöglichkeiten auf usw. Heute fand er mehr als jemals nach meinem Erinnern die reine Bahn, den Durchbruch für die strahlendste Sensibilität mit Reichtümern, Zartheiten und Kühnheiten über jeglichen Begriff. Die Schumann-Phantasie erschien mir, so gespielt, als die vollkommene Dichtung; wenn Du den Ausdruck »wahnsinnig schön« für einen Augenblick ganz gelten läßt: dies war es.

Und dieses Element, nur von Dir noch kenne ich es, es ist wie ein Aufgehen der Sonne aus der Sprache. Das ist der Grad, das seltene Signum, nie Besitz, stets in der Glut errungenes Geschenk und bei Euch beiden gepaart mit Gefährdung –

Was wir andern alle als herrlich empfinden, ist Empfinden der Möglichkeit, zu sein wie Ihr in solchen Momenten als Ganzes seid. Du erzähltest mir, daß Du Dir nach dem Schreiben der Todesfuge Den angeschaut hast, der dies geschrieben hat; wie Du gewesen bist, wolltest Du sehen ..

Mein Schreiben geht mühsamer, ärmer als es der Lage, in der ich mich weiß, entspräche. Glaubst Du, Paul, daß ich recht daran tue, die Tradition als eine aufrechtzuerhalten mögliche nun meinem Schreiben abzufordern? Ich glaube noch so sehr an das hymnische Ideal der Sprache; an die Möglichkeit, im Einzelversuch den epochalen Riß, der vor allem auch mitten durch unsere Empfindung bis auf den baren anstehenden Fels geht, durch genügend starken Druck schließen zu können. Die »Bewußtseinslyrik« mit ihren mentalen Mechanismen, in der ich doch auch einmal abenteuerte, hat für mein Gefühl keine einfach gegebene Notwendigkeit, man <u>kann</u> noch ganzheitlich sein, kann vor allem das Kontinuum und die Thematik zustandebringen und tiefer dringen als bloß zur Zone der Reflexe. Ich glaube nicht, daß das Deutsche noch neue Stufenideale zu entwickeln hat, der Sprachgeist hat schon seine festen, die alten Kerne und Chromosomen. – Irre ich mich, tue ich unrecht? Ich kann in unserer ganzen Zeit nichts Gutes mehr sehen, sie müßte denn im Weitergehen eine Rückwendung zur Norm vollziehen .. Nur manchmal argwöhne ich, damit meine Erstarrung zu verschulden.

Das Gedicht, das ich Dir schickte, war mißlungen, ich kann nicht davon ablassen, es von neuem in die Strenge zu nehmen. –

Schreibe, lieber Paul; wie fürchte ich, mit dem letzten Brief Dich verletzt zu haben – verzeihe mir und sage, wie es steht. Und laß mich immer, unausgegoren und verschnörkelt und vereinfachend zugleich, zu Dir sprechen, mein geliebter Bruder Paul.

Grüße mir tausendmal, von Herzen Deine liebe Gisèle.
Klaus

Fern ins Herrliche gehn neue Himmel[3] ...

165 Klaus Demus an Paul Celan

[Wien,] 27. X. 56

Liebster Paul,
eilend ein Blatt, denn wir schätzen, es könnte Dich der beilie-
gende Katalog interessieren. Die meisten Nummern sind noch
vorrätig, auch soll eine neue Sendung einlangen, die aber nichts
über das Angeführte hinaus enthalten wird. Solltest Du einiges
zu haben wünschen, so sende uns die Nummern oder den Katalog, es kommt ja bald wieder Dein lieber Geburtstag.

In unserem Gefühl verringert sich eine innerlich gesetzte
Frist, nach der wir Dich vielleicht wiederzusehen hoffen dür-
fen?
Tausend Grüße Gisèle und Dir –
Klaus
von ganzem Herzen.

[*Anlage:*]

166 Klaus und Nani Demus an Paul Celan

[Wien,] 20. November 1956

Alles Gute, lieber Paul, Helles und Liebes, große ernste und
freundliche Lichter, begleitende alte und neue durch den Hoch-
wald und die Felsenwelten, große offene Morgen und Nächte
voll von Leuchtungen, und in allem Nebel und Wärme.

Das Kommende ist vorgedacht, und nichts wird fremd sein, immer werden Waben bleiben im Stein, und das Süße ist unvergänglich.

Dem einen Fremden bist Du lieb, laß uns unsere Herzen zusammentun und uns Dir neigen.

Nani   Klaus

167 *Klaus und Nani Demus an Paul Celan*

[Wien,] Dezember 1956

Lieber Paul, liebe Gisèle, lieber Eric!

Das Gute möge den letzten Teil des Jahres ganz dicht, beständig und freundlich da sein und mit fester Helligkeit den unbeschrittenen Boden des kommenden bestrahlen. Wir kommen mit Grüßen und Wunschesgaben, wir gehören zu Euch, und dies wird immer so bleiben.[1]

Zu Weihnachten, in dieser lichtdunklen Zeit des Jahres, werden wir in Millstatt sein – dort hatten wir Euch beide zuletzt und zum ersten Mal, ein wenig zumindest, bei uns. Wir werden wieder unter den Schäften der Fichten gehen.[2]

Paul, Gisèle, bitte bleibt uns gut. Wir haben solches Verlangen nach Euch, und wie die Jahre gehen wird es fester, schmerzlicher. Herzt Euren Eric ein wenig von uns.

Seid innig umarmt, Ihr so sehr Lieben
Klaus   Nani

168 *Nani Demus an Gisèle Celan-Lestrange*

[Wien,] 19. März 1957[1]

Dieser Tag gehört Gisèle.
Im Park erwachte der Frühling:

die Brunnenbecken sind wieder mit Wasser gefüllt,
im zarten Gras öffnen sich erste Blumen,
sanfte Amseln singen nach dem warmen Regen,
milde Luft und rosa Abendwolken erfüllen das Herz mit
                                                    Bangigkeit –
alles dieses heute an Ihrem Tag und für Sie Gisèle.

Meine Liebe Ihnen, Paul und Eric.
Meinen Dank.

                                    Nani

169 *Klaus und Nani Demus an Paul Celan*

                                    Wien, den 16. Mai 1957
Mein lieber Paul!
Sei herzlich umarmt nach so langem mitlebendem Schweigsam-
sein, lieber großer Bruder. Wie schnell geht die Zeit ins Land,
wie lange haben wir uns nicht sehen können.
   Laß mich von Plänen sprechen, Paul. Es rief mich heute Rainer an und sagte mir ein paar Sätze – Du möchtest, seis nur
einmal auf kurze Zeit, nach Wien kommen, könntest auch, kämest Du, mit einer gewissen Hilfe rechnen, ohne die es nicht
recht möglich zu machen sei. Ich glaube Dir sagen zu können,
daß Hansen-Löve sein mir seit langem gegebenes Versprechen,
eine Lesung im Rundfunk dann zu veranstalten, wenn Du nach
Wien kämest, gerne einlösen wird.[1] In ein paar Tagen werde ich
dir darüber etwas berichten können. Du weißt, ich bin nicht
sehr praktisch, kann dir also im Augenblick keine weiteren
Möglichkeiten zeigen, bevor ich einiges versucht haben werde.
   Selbstverständlich mußt Du bei uns wohnen und mit uns
leben, wir freuen uns seit Jahren darauf. Menschen wirst Du
freilich durch uns nicht kennenlernen können, wir sind wirklich einsam; weiß ich doch außer dir niemanden, den ich Freund

nennen kann, und zu leichteren Verhältnissen fehlt uns eigentlich schon die Bereitschaft.

Das Klima, die Lage, die Zeit oder wie immer mans bezeichnen soll, ist hier gar nicht günstig für andere als die gewohnten, eingefahrenen Verbindungen untereinander, soweit ich das eben aus selbstgewählter Abgeschlossenheit beurteilen kann. Ich sage das, um Hoffnungen, Erwartungen, die Du vielleicht hegst, herabzustimmen. Aber man ist auch nicht feindlich, es reicht eben die Verbindlichkeit nicht bis zum Verlaß. Auch ist man nicht wirklich über das Maß des Aktuellen hinaus an wirklichen Sachen interessiert; Du weißt, es gibt mit einer halben Ausnahme in Österreich nicht einen einzigen Verlag, und gäbe es nur österreichische Bücher hier zu kaufen, so wäre ich aus Verzweiflung wohl ein braver Kunsthistoriker geworden.

Doch weißt Du dies alles wohl. Nun will ich aber noch sagen, daß ich wirklich gerne hier zuhause bin; wenn man im Praktischen nichts will, dagegen seine Einsamkeit im Freundlichen mit der Rückwendung aufs Beständige fruchtbar werden lassen möchte, dann gibt es seit Hofmannsthals Zeiten – und die Luft hat noch etwas davon aufbewahrt – wohl keinen besseren Erdenwinkel als diesen mit der Aussicht auf ein noch altvertraut scheinendes Europa. Wesenhaft zu leben, durchzusehn, natürlich zu bleiben, mit Möglichkeitssinn begabt das Weltgeflecht zu träumen, das sind die hiesigen Gegebenheiten, Geschenke und eigentlichen Aufgaben.

Schreibe mir also ein Wort, lieber Paul – eine gewisse Hilfe und äußere Möglichkeit für Dein Kommen wird jederzeit zu finden sein, und dann magst Du sehen, ob noch ein Weiteres möglich und tunlich erscheint.

Seid, lieber Paul, liebe Gisèle, lieber kleiner Eric, tausendmal von uns umarmt.

Immer Dein Klaus.   Nani

Wien, den 28. Mai 57

Mein lieber Paul!

Wie freut es mich, Dir schon Versprechendes sagen zu können. Kurz die Resultate: Prof. Otto Mauer, Monsignore, Leiter der Katholischen Aktion und Herausgeber von ›Wort und Wahrheit‹, hat versprochen: eine Einladung zu einer Lesung im Radio zu erwirken (der Leiter dort ist jetzt Dr. Schönwiese) und eine Lesung in der von ihm geleiteten Galerie St. Stephan zu veranstalten.[1] Außerdem bat er mich, Dir seine Bitte um – womöglich unveröffentlichte – Gedichte für ›Wort und Wahrheit‹ auszurichten.[2] Sein Anruf heute kam mir überraschend; ich vermute, daß Arnulf Rainer auslösend dahintersteckt, der mit Mauer Kontakt hat. Meine eignen Versuche waren bis heute nur zu einer Empfehlung von Hansen-Löve, der jetzt beim Fernsehen Geld verdient, gediehen, die mich auch in den nächsten Tagen zu Dr. Schönwiese geführt hätte. Leider kann Mauer erst in acht Tagen zusammen mit mir zu Dr. Schönwiese gehen, und dann wird es noch eine Frage des Termins geben, zu dem man Dich einladen will. Ich werde sehen, ihn für möglichst bald für Dich zu bekommen – sollte Dir der Herbst lieber sein (ich wäre voraussichtlich ab Mitte September von Millstatt zurück), so mußt Du es mir bitte bedeuten.

Ich bin recht aufgeregt durch die Aussicht, Dich vielleicht sehr bald wieder zu haben; es wäre auch so notwendig nach der langen und brieflosen Zeit, an der ich mir durchaus die Schuld geben muß. Schmerzlich wird es uns sein, Gisèle und Euren Sohn nicht sehen zu können – oder gibt es ein kleine Hoffnung darauf? –

Gestern malte ich mir dies aus: Du wärst gekommen, unsere Nachbarin, eine alte Frau Oberst, hätte dich nach kurzer Prüfung in unsere Wohnung geführt, dort auf unser Kommen zu warten, und nun wärst Du in den schönen fremden Räumen allein; still sind sie, seltsam die Gewölbe, alle Dinge unbekannt und aus ihnen nicht leicht auf die Dir so bekannten Bewohner zu schließen, über ihr jetziges Leben nämlich; keine verräterischen Zeichen, alles schön und aufgeräumt. Selbst die große Bücherwand wäre Dir ein wenig zugeschlossen vorgekommen. Fast, könnte man denken, hätte dich ein leises Verlassensein angerührt und das Gefühl, daß Du wie ein seliger Siebenschläfer in veränderte, ganz fremdartig entwickelte Kreise geraten wärest. Dieses, solches Warten auf lang entfernte Vertraute holt in Augenblicken Räume von Jahren auf, aber damit wächst eine Stimmung, die nach einem uneinschaubaren Gesetz umstülpt und verengt und schwächt .. In diesem Augenblick hätten wir kommen müssen, und wie wäre aller verschneite Zwischenraum im Freudigsten des Miteinanderseins zergangen! –

Bitte, lieber Paul, gib mir Gedichte für ›Wort und Wahrheit‹ – und gib ein Zeichen!
Mit ganzem Herzen   Dein Klaus

Je vous embrasse affecteusement, chère Gisèle[3]

171 *Paul Celan an Klaus und Nani Demus*

Alles Gute, Ihr Lieben, alles Schöne!

_____   [Paris,] Am 30. Mai 1957.[1]

Meine liebe Nani, mein lieber Klaus!
Wir werden uns bald, sehr bald wiedersehen! Ich breche hier morgen auf, bleibe eine Woche in Tübingen und Stuttgart (wo ich lesen soll), dann kommen Gisèle und Eric nach, und wir fahren – nach Österreich. So schön das ist, so unangenehm wirds wohl zunächst sein: wir haben nämlich die Einladung meiner in England lebenden Tante,[2] die den Sommerurlaub in Bad Gastein verbringt, angenommen, und Bad Gastein ist ja

wohl ein recht unerträglicher Ort. Aber meiner Tante, die nicht mehr die jüngste ist, geht es darum, mit Eric zusammen zu sein – wir konnten nicht gut nein sagen. Aber wir hoffen sehr, uns wenigstens für eine Woche freimachen zu können, um zu Euch nach Wien zu kommen oder, wenn Ihr gerade dort seid, nach Millstatt. Bis Ende Juni bleiben wir in Österreich.

Verzeiht diesen Zeilen ihren Mitteilungsstil.

Unsere Herzen sind voller Freude

Euer

Paul

Unsere Adresse, ab 8. Juni: P. C., Haus Imperial [...] Badgastein

(vom 1. bis zum 7. Juni: bei Hermann Lenz, Stuttgart, Birkenwaldstr. 203)

172 *Nani Demus an Paul und Eric Celan sowie Gisèle Celan-Lestrange*

[Wien, Anfang Juni 1957][1]

Seid von Herzen willkommen in unserer – Euerer Heimat.

173 *Paul Celan an Klaus und Nani Demus*

Bad Gastein, am 8. Juni 57.

Nanilein, Klaus!

Dank, Herzensdank für Euren Willkomm! Eure Heimat wird immer auch die unsre sein, wo immer die Zeit sie auch ansiedeln mag.

Nun sind wir also hier, an ungemütlichstem Ort – Tanten und Kurgäste können manchmal sogar Berge überragen –, aber es heißt ausharren. Länger als eine Woche halten wir's aber denn doch nicht aus, und so wollen wir also morgen in acht Tagen – das ist wahrhaftig die alleräußerste Geduldgrenze – aufbrechen und zu Euch nach Wien kommen.

Eine Bitte nun, Ihr Lieben: In Eurer kleinen Wohnung wird für uns alle, d. h. vor allem für Erics deutlich und räumlich recht unübersehbare Präsenz wohl nicht Platz genug sein, und dabei kommt das Rede- und Schweigebedürfnis, das wir mitbringen, weil wir es mit niemandem auf dieser Welt so teilen können wie mit Euch, sicherlich zu kurz – Seid also bitte so lieb und seht Euch in Eurer Nachbarschaft nach zwei kleinen Zimmern (je einfacher und unmoderner, je besser) um, wo wir etwa zehn Tage wohnen können.[1] Und sagt uns bitte recht bald Bescheid.

Wir freuen uns, wir freuen uns so ungemein!

Klaus, verzeih, daß ich all Deine Bemühungen um das Zu-standekommen einer Lesung so dürftig beantwortet habe. Es wäre schön, wenn ich in Wien lesen könnte – aber es muß nicht sein, wenn's mit allzu unangenehmen Demarchen bei irgend-welchen Literatursnobs verbunden ist. Läßt sich die Lesung in der Galerie St. Stephan ohne solche Schwierigkeiten einrichten, so bin ich froh. (Gedichte für ›Wort und Wahrheit‹ hab ich kaum, es sei denn das Stimmen-Gedicht, das ich Dir seinerzeit geschickt habe; ich selbst hab's verloren.)[2]

Auf den Rundfunk kommts mir schon gar nicht an: ich habe jüngst in Stuttgart einige dieser Funkburschen »erlebt«[3] – das reicht jetzt wohl für längere Zeit.

Nanilein, Klaus, nun sehen wir uns wieder.

Von Herzen

Euer Paul

[Wien,] Dienstag früh, 11. 6. 57

Paul, Gisèle und liebster kleiner Eric –

Nun bin ich aber voll Aufregung und Freude, nun ist es bald Wirklichkeit! Klaus ist im Amt und wird den Brief erst zu Mittag finden – ich antworte sogleich, um es Euch ganz gewiß zu machen, daß Ihr mit der größten vorstellbaren Liebe hier erwartet werdet. Und daß das liebe Kind mitkommt, hatte ich gar nicht zu hoffen gewagt (sondern befürchtet, man könnte es wegen der Zartheit seines Alters der Obhut der Tante überlassen) – ach, wie schön ist das – und Gisèle wird es mir wohl ein klein wenig leihen während des Hierseins?

Wir werden alles versuchen um in der Nähe etwas Bescheidenes zu finden – aber ob es möglich sein wird, ist allzu ungewiß. (Wien nämlich auch, ist eine überlaufene Fremdenstadt geworden – und Ihr dürft nicht erschrecken darüber!) Sonst müßte es wohl auch bei uns gehen – zur Not – und was für eine schöne, liebe Not wäre das doch. Wir nehmen als Tag Eurer Ankunft den nächsten Montag an (für das Zimmer) – hält es Euch aber gar nimmer dort, so kommt natürlich jeden Tag!

Klaus hat folgendes eingeleitet: eine Aufnahme im Rundfunk kann stattfinden, ganz nach Deinem Wunsch – es ist so eingeleitet, daß Du Dich nur zu melden brauchst, sobald Du hier bist – Klaus würde vielleicht etwas dazu sprechen müssen – aber es ist ganz offen.[1]

Die Lesung kann vielleicht im Pen-Club stattfinden – es wäre wohl das Dir Angemessenste (der Leiter vom College versprach, es zu vermitteln, es wird sich in dieser Woche entscheiden) – sonst Galerie St. Stephan – und in unserem Zimmer, im Beisein von ganz wenigen Menschen – wenn wir Dich sehr darum bitten – und weil wir uns seit Jahren darauf freuen, immer davon reden –

Ich versuche, Wien noch zu verschönern in dieser Woche,

wie es nur geht – indem ich es mit Euren Augen sehe – ach, hoffentlich wird es bestehen – vor allem vor Gisèle!

Kommt, kommt bald –

Eure Nani

Für irgendeinen Fall: Die Amtsnummer von Klaus: 72 – 64 – 21 oder 72 – 43 – 58 (nach dem alten Wählsystem M 15 – 3 – 10 oder M 3 – 2 – 47, da ich nicht weiß, von wo aus Ihr anruft – die neuen Apparate haben nämlich keine Buchstaben mehr) – Amtszeit 9-1^h, 2-5^h.

175 *Paul Celan an Klaus und Nani Demus*

[Badgastein, 11. 6. 57]

FREITAG 16 UHR 35 IN WIEN HERZLICHST = PAUL

176 *Paul Celan an Klaus und Nani Demus*

[Wien, 14. 6. 1957]

Sprachgitter

———

Augenrund zwischen den Stäben.
Flimmertier Lid
rudert nach oben,
gibt einen Blick frei.

Iris, Schwimmerin, traumlos und trüb:
der Himmel, herzgrau, muß nah sein.

Schräg, in der eisernen Tülle,
der blakende Span.
Am Lichtsinn
errätst du die Seele.

(Wär ich wie du. Wärst du wie ich.
Standen wir nicht
unter einem Passat?
Wir sind Fremde.)

Die Fliesen. Darauf,
dicht beieinander, die beiden
herzgrauen Lachen:
zwei
Mundvoll Schweigen.

Wien, Rennweg, am vierzehnten Juni 1957.[1]

177 *Klaus und Nani Demus an Paul Celan und Gisèle Celan-
Lestrange*

Wien, 5. Juli 57

Liebe Gisèle, lieber Paul!

Ein sehr weißes Sommerblatt will Euch in den Bergen grüßen.
Es treffe Euch in Kühle, Ruhe und Genüge.

In allen Wäldern wird das Licht gemäht
und Feuerwiesen ziehen mit den Flüssen
die Stunde abwärts in die Spiegelmeere ..

Grüß Euch der Himmel!
Klaus

Verzeih, Paul: nur den Absender im Blick, hat Nani den Brief geöffnet – mein Manuskript, entgrenzt und weitvernebelt, muß schon vor dem Sprachgitter sein[1] ..

Schreibe auch hin, Paul.

[*ND:*]
Verzeih mir Paul!
Auch fand ich in der Lade ein schönes grünes Notizbuch von Dir
– werde es nachschicken. Mein Fischzug ergab nur: Lessing (Tem-
pel-Klassiker)[2] 6 Bde. um 250 S – und das ist ein Wunder gewesen.
Werde weitersuchen. (Trobadors leider schon verkauft.[3])
*   Wir hoffen Ihr seid im Grünen und Kühlen – hier hat sich die*
Hitze verdoppelt – 50°!

[*PC:*] Laß meine Seele taub sein[4]

[*Anlage:*][5]

178 Paul Celan an Klaus und Nani Demus

Paris, am 16. Juli 1957.

Nanilein, Klaus!
Unsern Dank zunächst, von Herzen, für alles: daß Wien so schön war, kommt von Euch.

Wir sind nun wieder hier, seit ein paar Tagen. Die Schweiz, das Wallis – nun, es war nicht so, wie wir es uns vorgestellt hatten. Die ›Tauernreise‹[1] ist mehr, viel mehr. O die Worte: Keine Wirklichkeit reicht an sie heran.

Nun, da ich wieder hier bin, unter meinen Büchern, habe ich einiges endlich zu Papier gebracht, darunter auch den Brief an Neske, der morgen früh, gleichzeitig mit diesen Zeilen, vors Sprechgitter bzw. Sprachgitter soll. (Im ›Kampaner Thal‹ ist von blühenden Sprachgittern die Rede.[2])

Und nun will ich wieder zu arbeiten beginnen – weiß Gott, das tut not. (Im Wallis ist noch eine ›Stimme‹ hinzugekommen und ein Gedicht »mit Hartwuchs im Herzen« – morgen oder übermorgen will ich es Euch schicken.[3]

Hoffentlich vergißt mich Herr von Auer[4] nicht und ich kann im November wieder nach Wien kommen.

Alles Liebe!

Paul

[*Anlagen:*]

179 *Klaus Demus an Paul Celan und Gisèle Celan-Lestrange*

Wien, den 30. Juli 57

Liebe Gisèle, lieber Paul!

Wir sind froh gewesen, daß Euch Wien schön sein konnte, kann. Wir müssen Euch danken, daß Ihr gekommen seid, Ihr habt es möglich gemacht wie stets noch. Es wird wieder sein, das ist unsre Hoffnung. Und einmal werden wir bei Euch sein können – noch nicht so bald zwar, aber es darf nicht wieder so lange Zeit verstreichen, das nicht. Und außerdem gibt es die Hoffnung auf den November, den schönen, dunklen, wenn man wieder die Lichtbücher schreibt unter tiefen deckenden Himmeln und Paul wieder kommt, un beau ténébreux, the phoenician sailor[1] ...

Paul, Du besitzt einen sechsbändigen Lessing und einen gar 13bändigen Schiller (mit einem kleinen Schönheitsfehler: der erste Band, die Gedichte enthaltend, ist nicht dabei[2] ..) – Du sagtest, er solle schon in die neue Wohnung kommen;[3] aber sprich ein Wort, und ich sende Dir Dein Eigen. (Dein schönes Notizbuch vergaßest Du, ich schicke es; den inliegenden Brief lege ich hier ein.) Noch fand ich ein paar kleine Büchlein, Buber, Haggada-Illustrationen; und damit ist leider die Summe voll

234

geworden (250 + 330 ..), wir haben bei solchen Funden zuge-
griffen und das Viel einem Vielen vorgezogen: wars in Deinem
Sinn? (Den Gomperz gabs natürlich nicht ..)[4]

Herr Neske schrieb sehr nett, freundlich, jedoch noch vor der
Durchsicht des Ms. Wie mag es sich auch »unvermittelt nackt«
ausnehmen .. Er darf sich wohl Zeit nehmen dazu.

In den Gedichten Borchardts fand ich zu den wenigen sehr
schönen, die ich kannte, noch eines, ein spätes, ich schreibe es
Dir.[5] (Ich hatte »kleinen« Namenstag – Nani »großen«, oder –
wie wir sagen – »echten« oder »wahren«.) Nani ist nun schon
viele Tage in Millstatt, sie empfing gerade noch den Brief und
die schönen Bildchen von Euch; Dank dafür, vielen. Indes sind
wir unbescheiden, möchten auch welche mit Euch; bitte, Paul[6] –

Vor allem aber freuen wir uns auf neue Dinge, die Du
schriebst, schon nanntest –

Das große Morgenwerden im Gebirge, dieses nach ›Des
Abendlandes Nacht‹ schwierigste, meine Kraft wirklich über-
steigende Stück wächst wolkenhaft ins Unerreichliche. »Wolkenfürst fragte Urnebel nach dem Geheimnis des Tao; aber Urnebel hüpfte und lachte und tanzte davon –«.[7] Verschneites
Bergwerk, in das ein Blindes einzieht ..
Aber auch:
Inmitten des sehr fernen Abends
glänzt des Morgens Ziel[8] ...

Seid von Herzen gegrüßt!   Alles Liebe.
                                                      Klaus

Ich wünsche mir bald einen Brief!!

Anlage:]

<u>29 bis</u> rue de Montevideo

[Paris,] 3. 8. 57.

Mein lieber, guter Klaus,

Dank für Deinen [Brief], für das Gedicht, Dank für die Bücher!

Ich habe vor etwa zwei Wochen an Neske geschrieben: ob ich auch annähernd das Richtige gesagt habe? Ein paar Tage später schrieb ich auch an Dr. Kelletat (vom Hölderlin-Archiv)[1], um ihn zu bitten, Neske, den er kennt, zu ermutigen. Ob das nützlich war?

Klaus, mir ist, so glaube ich, ein »Wurf« geglückt: Die Übersetzung des ›Bateau Ivre‹.[2] Zwei merkwürdige Tage waren's – am dritten kam dann noch die letzte Strophe hinzu. Hier ist das Schiff nun – sag mir, was Du davon hältst. Sei objektiv!

Alles Liebe, Klaus, alles Gute!

Immer

Dein

Paul

Sag mir, ob ich diesem Exner schreiben soll.[3]

[*Anlage:*][4]

181 *Gisèle Celan-Lestrange an Nani und Klaus Demus*

Le Moulin
Rochefort-en-Yvelines
Seine-et-Oise.

[Anfang August 1957]

Chers Nani et Klaus,

Je n'ai pas écrit, excusez-moi, et pourtant je garde un si bon souvenir de Vienne et de notre passage chez vous; je voulais vous le dire depuis longtemps et vous remercier.

Je n'oublie pas nos longues soirées chez vous, la musique que nous y avons entendue et aussi nos longues conversations qui m'ont appris à vous connaître mieux et aussi à vous aimer plus.

De Vienne je garde un très bon souvenir, le désir de m'y promener et d'y vivre de longs mois pour mieux la connaître. Le Baroque commençait à me séduire beaucoup, et je crois que quelques mois avec lui suffiront pour que nous devenions très amis.

J'aime rêver que nous viendrons à Vienne bientôt pour y vivre quelques mois, peut-être une occasion se présentera un jour – je l'espère beaucoup et je crois vraiment que cela pourra se réaliser, mais il ne faut pas se presser. D'abord nous installer à Paris.

Nos vacances en Suisse n'ont pas été merveilleuses, mais Paul a tout de même écrit deux poèmes qui ne sont pas encore tout à fait au point mais le deviendront bientôt, et cela justifie, je trouve, trois semaines.

Paul est maintenant tout seul à Paris, d'où il vient me voir toutes les semaines, il aime être seul et sait se créer le climat qu'il lui faut pour travailler. Je sais qu'il lit beaucoup et qu'il reprend et réfléchit sur ses »i« (idées qu'il note au fur et à mesure pour les travailler et les faire évoluer dans la suite).[1]

Il a aussi pas mal de traductions: le petit livre de Bazaine sur l'art abstrait,[2] les deux pièces de Maïakowski[3] et aussi des poèmes de René Char[4] et ... de la prose de Valéry,[5] ce dont je suis particulièrement contente.

J'espère que la galère de Klaus n'est pas trop pénible et qu'il trouve tout de même quelques heures pour son vrai travail. Nous avons été très contents de voir dans B. O. les poèmes de Klaus, j'espère que bientôt paraîtra un livre entier de lui.[6] Je suis sûre que c'est une grosse aide pour soi de publier son premier livre comme aussi une chose qui vous engage et vous crée des obligations, mais cela vaut la peine malgré les difficultés. J'ai hâte de savoir le premier livre de Klaus parmi nos livres chers.

Chers Klaus et Nani, nous étions bien auprès de vous avec notre Eric!

Je suis ici surtout à cause d'Eric, qui est très heureux avec ses petits cousins et cousines. J'étudie l'allemand et je lis dès que j'ai quelques heures de libre.

Je vous remercie d'avoir parlé si souvent français avec nous, je sais que c'est un effort pour vous parce que vous respectez cette langue et souffrez de faire des fautes. Merci aussi de votre si gentil accueil.

A très bientôt, j'espère.

C'est bien de savoir qu'il y a tout de même de vrais amis quelque part.

Je vous embrasse très affectueusement

Gisèle.

Liebe Nani, lieber Klaus, / ich habe nicht geschrieben, entschuldigt, und ich habe doch so gute Erinnerungen an Wien und an unseren Besuch bei Ihnen, ich wollte Ihnen das schon lange sagen und Ihnen danken. / Ich vergesse unsere langen Abende bei Ihnen nicht, die Musik, die wir dort gehört haben, und auch die langen Gespräche, durch die ich Sie besser kennenlernen konnte und durch die Sie mir noch mehr ans Herz gewachsen sind. / Von Wien habe ich sehr schöne Erinnerungen zurückbehalten und den Wunsch, dort spazierengehen und lange Monate dort leben zu können, um es besser kennenzulernen. Der Barock dort fing an, mich wirklich anzusprechen, und ich glaube, einige Monate mit ihm würden reichen, uns wirklich miteinander anzufreunden. / Ich träume gerne davon, bald nach Wien zu kommen und dort einige Monate zu leben, vielleicht ergibt sich eines Tages eine Gelegenheit – ich hoffe es sehr, und ich glaube wirklich, daß sich das realisieren läßt, aber wir dürfen nichts überstürzen. Zuerst uns in Paris einrichten. / Unsere Ferien in der Schweiz waren nicht gerade wunderbar, aber Paul hat trotzdem zwei Gedichte geschrieben, die zwar noch nicht ganz fertig sind, es aber bald sein werden, und das rechtfertigt, finde ich, drei Wochen. / Paul ist jetzt ganz allein in Paris, von wo er mich jede Woche besuchen kommt; er ist gerne allein und ist jemand, der sich die nötige Atmosphäre schaffen kann, die er für Arbeiten braucht. Ich weiß, daß er viel liest und seine »i« wieder aufnimmt und über sie nachdenkt (Ideen, die er sukzessive auf-

238

schreibt, um sie später zu bearbeiten und dann weiterzuentwik-
keln).[1] / Er hat jetzt auch ganz schön viele Übersetzungsarbeiten:
das kleine Buch von Bazaine über die abstrakte Kunst,[2] zwei Stücke
von Majakowskij[3] und auch Gedichte von René Char[4] und ...
Prosa von Valéry,[5] worüber ich mich ganz besonders freue. / Ich
hoffe, daß die Galeerenarbeit von Klaus nicht zu schlimm ist und
daß er trotzdem ein paar Stunden für seine wahre Arbeit findet.
Wir haben uns sehr gefreut, die Gedichte von Klaus in B. O. zu
sehen,[6] ich hoffe, daß bald ein ganzes Buch von ihm erscheint. Ich
bin ganz sicher, daß es einem sehr hilft, wenn man sein erstes Buch
veröffentlichen kann, das ist auch etwas, was einen antreibt, was zu
Verpflichtungen führt, aber das ist es wert, trotz der Schwierigkeiten. Ich kann es kaum erwarten, das erste Buch von Klaus unter den
uns teuren Büchern zu wissen. / Lieber Klaus, liebe Nani, es war so
gut bei Ihnen mit unserem Eric!
Ich bin hier vor allem wegen Eric, der sich mit seinen kleinen Vet-
tern und Kusinen sehr wohlfühlt. Ich lerne Deutsch und ich lese,
sobald ich ein paar freie Stunden habe. / Ich danke Ihnen, daß Sie so
oft französisch mit uns gesprochen haben. Ich weiß, daß das für Sie
eine besondere Anstrengung bedeutet, weil Sie diese Sprache achten
und es Ihnen etwas ausmacht, Fehler zu machen. Danke auch für
Ihren so lieben Empfang. / Auf ganz bald, hoffe ich. / Es ist gut zu
wissen, daß es doch irgendwo wahre Freunde gibt. / Ich umarme Sie
sehr herzlich / Gisèle.

182 *Klaus Demus an Paul Celan*

Wien, den 7. August 57

Mein liebster Paul,
Ein Wunder hast Du geboren, und ich sage es objektiv: ein
Wunder. Dieses Stück zu übersetzen war mir unmöglich erschienen; hatte mich ein bißchen damit beschäftigt, früher, zu
verstehen gesucht, verglichen, und traurig abgelassen, denn
nichts war gut. Umso klarer begreife ich nun, <u>was</u> Dir gelungen
ist. Welche Freude!
    Das glücklichste Zeichen ist: Deine Übersetzung hat Di-
stanz; bleibt nicht vom Text gebannt und erläutert nicht. Diese

glückliche Haltung, die nur einem wahren Dichter zu Gebot ist, schuf mehr, schuf ein zweites Gedicht. Man würde schwören, dies könne keine Übersetzung sein; die Sprache, die rheseis, das Sprechende der Wendungen, das sofort als Gestalt im Ohr lebt: dies als dennoch das Resultat einer Übersetzung ist das Erstaunlichste, denn sie ist es im geschwisterlichsten Verhältnis.

Paul, ich kann nur rühmen. Zwar gibt es Stellen, wo ich den deutschen Text gesprochener, lockerer finde, aufgelockerter sogar, großzügig im Verbrauch von selbständigen Sätzen und Halbsätzen gegenüber der verknüpfenderen, bindenderen, konglomerathafteren Art des Französischen, – Stellen, wo Du Geheimnißtes freigibst an die entfaltende, herrliche Bewegung, – aber es muß so sein, Gestalt entsteht nicht durch Vollstopfen, sondern durch Herauslösen der Figur. So hat zwar ganz weniges reduziert werden müssen, aber besser so, da's so noch sprechen kann.

Die Leistung, Paul, wird Deine Übersetzung, ich glaube es, für immer fixieren. Welch ein Gewinn, diesem Stück im Deutschen endlich Heimatrecht gegeben zu haben! –

Ich danke Dir, von ganzem Herzen: Du tust schon zuviel für meine Gedichte.[1] Es fehlt ihnen der Grad, der überzeugt. Es wird für jeden Verleger ein nicht ganz gedecktes Wagnis sein, sie zu vertreten ..

Gisèle schrieb mir so lieb, ich sende ihren Brief an Nani weiter. Ich werde ihn nicht sogleich beantworten können – übermorgen fahre ich nach Stockholm, Kopenhagen und Hamburg, hab dann in Wien noch eine sehr dichte Woche und eile dann nach Millstatt. Fast drei Wochen war ich nun in Wien allein, hab zu arbeiten versucht, vor allem am Gedicht – und an mir selber. Wir bewundere ich Dich, was hast Du fertiggebracht ..

Paul, ich wußte Exner noch nicht zu schreiben, verzeih mir bitte; ich muß es sehr gut überlegen können. Ich glaube, es wäre besser, Du schriebst ihm selbst; doch bitte ich Dich, es ruhig zu tun; Nani könnte recht haben, sicher hat er sich aus Schwäche mißbrauchen lassen und wünscht Absolution ..[2]

Gisèle innigsten Gruß und Dank. Alles Liebe dir,
mein lieber Paul.   Dein Klaus

183 *Klaus Demus an Paul Celan*

Stockholm, 14. VIII. 57

Lieber Paul,
zweimal, in später Sonne und im Mondschein, fuhr ich lange über See, und im Morgenlicht durch die Wälder. Es rundet sich hier schon die Erde, schwermütig, doch auch glückselig im Eigenen ist das Land, und wie schön ist diese Stadt. – Dein Bateau Ivre verläßt mich nicht. Von Herzen, lieber Paul.

Dein Klaus.

184 *Klaus Demus an Gisèle Celan-Lestrange*

Stockholm, 14. 8. 57[1]

Chère Gisèle –
Merci pour votre lettre si amicale. Vous voyez où je suis – c'est une ville fort belle, et le pays vu du voyage avec ses forêts et ses lacs restera toujours dans ma mémoire. Le Musée National est très riche, il y a beaucoup de Rembrandt, du XVIIIe français, et de la sculpture chinoise. – Je vous souhaite un très beau temps avec Eric! Très affectueusement

votre Klaus.

Liebe Gisèle – / Danke für Ihren so freundschaftlichen Brief. Sie sehen, wo ich bin – das ist eine unglaublich schöne Stadt, und das Land, das ich auf der Reise gesehen habe, mit seinen Wäldern und Seen, wird immer in meinem Gedächtnis bleiben. Das Nationalmuseum ist sehr reich, es gibt viel Rembrandt, französisches 18. Jahrhundert und chinesische Skulptur. – Ich wünsche Ihnen eine sehr schöne Zeit mit Eric! Sehr herzlich / Ihr Klaus.

185 *Klaus Demus an Paul Celan*

Wien, 30. August 57

Mein lieber Paul!

Grüß Dich von Herzen, Lieber, Guter. Ich kann Dir eine gute Nachricht geben: Deine Liebe und Treue hat mir etwas sehr Schönes beschert – der S. Fischer Verlag will im Herbst 1958 meine Gedichte herausbringen, einen richtigen Band, und vorher soll einiges in der Neuen Rundschau gedruckt werden.[1] Ich freue mich so sehr und möchte Dir am liebsten um den Hals fallen und Dank sagen.

Herr Mauz[2] hat plötzlich geschrieben – ich fand den Brief nach meiner Rückkehr von der Reise vor –, der Verlag habe sich entschieden. Wegen der Auswahl wolle er meine Vorschläge hören. Ich schrieb ihm gleich, der zweite Teil des Manuskripts – mit den für mich endgültigen Stücken seit 1951 – sei allein und ungesiebt heranzuziehen; fügte noch die Bitte bei, nicht in eine Reihe gedrängt und im Äußeren etwas als Außenseiter innerhalb der Lyrik-Produktion behandelt zu werden. Dieser zwei Bitten – für mich bedeuten es Bedingungen – wegen hab ich an Herrn Neske noch nicht geschrieben; er seinerseits hat sich auch noch nicht gerührt. Wenn eine gute Zusage von Fischer eintrifft, werde ich H. Neske selbstverständlich gleich schreiben, mich entschuldigen und ihm danken. Übrigens hat Herr Best – Kiepenheuer – auch um die Gedichte gebeten: siehst Du, wie viel du bewirkt hast, guter Paul.

Nun hoffe ich auch sehr, daß Du Dein drittes Buch schon bald entlassen kannst:[3] werden die »I's« und auch alle Deine Übersetzungen dabei sein können? –

Herr Best bat mich in einem heute eingetroffenen Briefchen, ich möchte für ihn ein gutes Wort bei Dir einlegen: er hätte schon so lange keine Antwort von Dir[4] ...

Die Reise war lang und reich, die Museen gaben mir herrliche Tage. Morgen fahre ich nach Millstatt, Nani wartet schon so sehr, und bleibe drei ganze Wochen. Wie sehr freu ich mich auf die Berge.

In Hamburg hab ich Traute W. mit einem neugeborenen kleinen Patrick Albert angetroffen, und nun durfte ich im Belvedere auch mit ihren neuen Bildern – sie sind doch recht schön, recht gut und erfreulich! – eine Ausstellung ganz selbständig vorbereiten. Markus Zemb ist nun auch Lektor an der Hamburger Universität: er war ganz erfüllt von der herrlichen Sprache Deiner Übersetzungen, nahm mit seinen Studenten als Musterbeispiel die ›Lehre vom Zerfall‹[5] durch, nur der Sprache wegen ..

Wie geht es Euch, wohnt Ihr schon bald am neuen Ort? Ich bin noch so glücklich über Euer Hiersein. Liebster Paul, grüß von Herzen Gisèle, die liebe, lebt recht wohl.

Immer Dein Klaus.

186 *Paul Celan an Klaus und Nani Demus*

[Paris,] 17. 9. 57

Liebe Nani, lieber Klaus!

Dank für die gute Nachricht, ich habe mich von Herzen gefreut, freue mich von Herzen. Nun erscheinen Deine Gedichte in dem Hause, in dem auch Kafka und Hofmannsthal erschienen sind: schöner konnte es kaum sein. Aber, Klaus, trotz allem: schreibe diesem saumseligen Neske nicht eher, als bis Du den

Vertrag in Händen hast. Wahrscheinlich wird Dich auch der Piper Verlag, dem ich geschrieben habe, im Oktober um das Ms. bitten:[1] wenn Fischer nichts Endgültiges gesagt hat, so schicke es dem Piper Verlag. – Seid von Herzen gegrüßt

Paul

29 bis R. de Montevideo, Paris 16ᵉ

187 *Klaus und Nani Demus an Paul Celan und Gisèle Celan-Lestrange*

Millstatt, 21. Sept. 1957

Liebe Gisèle, lieber Paul!

Das Herbstjahr kam über Nacht, mit Bergen steht die Reinheit über dem See, schon mischt sich Leuchtendes in den Duft der Wälder; wir aber gehen wieder in die Stadt, gebräunt von schöner Zeit, mit klaren roten Beeren für lange noch und somit gerüstet für ein Jahr aus langen Abenden. Wie wohl tat uns wieder das Herzhaft-Frische der Landschaft, die starken Übergänge in den Vorstellungs-Intervallen, das Klare im Reichtum; auch das Bäuerliche, darin unmittelbarer als irgendwo ein Altes noch lebt, überhaupt das kaum geschichtete Altertümliche – die Römersteine, Keltisches, frühchristliche Reste überall. Die starke Betonung des Geschichtsdurchwachsenen der österreichischen Landschaft wäre ein wenig lächerlich, denkt man an Italien oder Frankreich, aber im Eindruck ist das zu recht – alles Alte lebt hier als vorzeitliche Dimension im Gedächtnis, als ein Urtümliches, streng genommen historisch nicht Abgeschlossenes. Das macht den Landschaftsraum so unaussäglich, das Naturhafte bewohnt und geräumig genug für unzählige Weisen, sich mit Gefühl und Geist einzurichten in Altgegebenes. Es ist eine Landschaft voll von Sprache, mit allem Reichtum langer Seßhaftigkeit. Wir haben sie diesmal sehr in ihrer Mannigfaltigkeit empfunden: vor allem im Gebirge, in der Durchquerung

244

einer Tauerngruppe, als Alleingang in öder Hochzone, im frühen Morgenrauch und aufziehenden Nebeln, in einer wilden und durchtobten Klamm tief unter dem Waldtag; waren auf dem Magdalensberg, einer augusteisch-keltischen Bergstadt, wo man Erze verarbeitete, sahen Reste einer kleinen frühchristlichen Basilika mit Mosaikfußboden und marmornen Altarschranken wie aus altem klaren Honig: und oberhalb Millstatt bei der ersten Aufdeckung einer vergessenen Basilika; waren im großen romanischen Dom im engen Tal von Gurk und in vielen Dorfkirchen mit den heiteren, rührenden Fresken und den vielen Römersteinen in den Mauern; lernten viele Täler, Gräber und Winkel kennen, überall noch die alten hölzernen Bauernhäuser, deren Schönheit und Vertrauliches nicht zu sagen ist. Und jeder Abend tat sich groß auf. –

Herzlichsten Dank, Paul für Deine Freude, Du Lieber, und Deinen Gruß. Herr Mauz hat unterdessen meine Vorschläge für die Auswahl einverständlich und recht freundlich beantwortet und versichert, die Ausstattung würde »der Besonderheit der Gedichte angemessen« sein; man hätte keineswegs die Absicht, sie im Äußeren bunt herauszuputzen. Auch schrieb er, wenn er nicht schon sehr bald nach Wien kommen könne – in diesem Jahr aber würde es noch sein –, werde er mir den Vertragsentwurf inzwischen schicken. Das alles war so positiv und entschieden, daß ich Herrn Neske sogleich um Rückgabe des Ms. gebeten habe – mit Entschuldigung, Bitte um Verständnis etc. So bin ich recht hoffnungsvoll, ja sicher des guten Gelingens. – Inzwischen mußte ich auch an »il verri«, Mailand, fünf Stücke schicken[1] (nichts Unveröffentlichtes für den künftigen Band); werden wir da wohl wieder beisammen sein? – Das Gedicht wurde nun endlich, wie ich glaube, fertig; mit ihm wird der Band 20 Stücke haben. –

Seid von Herzen gegrüßt, von uns beiden – wir hoffen so sehr, daß der Umzug gut vonstatten geht!
In Liebe – Nani   Herzlichst Klaus

[Wien,] 22. Oktober 1957

Lieber Paul, liebe Gisèle –

diesmal war ich sehr saumselig und bitte um Verzeihung! Der Sommer hielt mich solange in Millstatt zurück und hier erwarteten mich Arbeit und Sorgen.

Inzwischen warten wir immer auf die fröhliche Nachricht von der Umsiedlung[1] – und meinem schlechten Gewissen scheint es, als ob die nicht abgesandte Zeichnung der Bücherwand die Ursache der Verzögerung sei. – Hier ist sie nun endlich. Sie zeigt die Regale in Vordersicht (unsere Wand besteht aus vier gleichen Kasten, die erst am Orte zusammengefügt wurden) und links das Profil des unteren Teiles. – Ich hoffe vom Herzen, daß ich noch nicht zu spät komme damit – auch warten Schiller und Lessing auf den Einzug!

Im ruhigen Wechsel von Tag und Nacht ging der Herbst vorbei – es ist Nacht und wir sind eben vom Park heimgekommen. Wir denken an Euch und wünschen zu Euch hin.   Nani

Das liebe Kind!

[*Anlage:*]

189 *Paul Celan an Klaus und Nani Demus*

78 rue de Longchamp
Paris 16[e]

12. XI. 57.

Klaus, Nani,

wir ziehen nun um, endlich, in den nächsten Tagen, bitte schreibt uns an die neue Adresse.

Klaus, hat Fischer Dir den Vertrag geschickt? Hat er darin erwähnt, <u>wann</u> das Buch erscheinen soll? <u>Das ist wichtig</u>, Klaus, Du mußt darauf bestehen, daß man Dir den Vertrag schon jetzt

schickt. Fischer hat, wenn ich richtig sehe, nicht überall die
Presse, die der Verlag von Hofmannsthal und Kafka haben sollte. Leider.

Von Neske habe ich vor einiger Zeit einen recht peinlichen
Brief bekommen: er fällt über Fischer in einer Weise her, die
ihm, Neske, keineswegs zur Ehre gereicht. Verleger ... Menschen, die Bücher herausgeben ...

Sag mir also bitte, was Du von Fischer gehört hast: ich fahre
Ende dieses Monats nach Deutschland, die Reise geht über
Frankfurt nach Tübingen und Stuttgart, vielleicht auch nach
München.[1] Ich muß also, wenn ich zu Fischer gehe, wissen,
wie es tatsächlich um Dein Buch bestellt ist.

Ich habe in den letzten Wochen mehrere Gedichte geschrieben, Ihr sollt sie bald lesen.[2]

Von Herzen Euer   Paul

Das Bateau Ivre hat mehrere Änderungen erfahren; es erscheint
im Frühjahr in ›Botteghe Oscure‹.[3]

190 *Klaus und Nani Demus an Paul Celan*

[Wien,] November 1957
Morgenlicht, und ein stehendes Meergewände vor Dir, festlich
und offen, aufgeschlossen, eröffnet und aufgetan, funkelnd und
leuchtend darin die Welt in all ihren Zeiten, Gezeiten, besonnt
unter tiefem Wind. Das Urtheater der Träume. Herbst wird es
auf ihm, Frühling, die Jahreszeiten wechseln, aber verwandeln
nichts. In welches der Tore Du trittst. Große Freiheiten, älteste
Zukunft, tausend Leben. Klar und offen vor Dir die schmerz-
reiche, ewige, herrliche Urwelt der Seele.
Dir aufgetan, Paul.
  Klaus
Glück und Segen – Nani

Gehn dir im Dämmerlichte,
Wenn in der Sommernacht
Für seelige Gesichte
Dein liebend Auge wacht,
Noch oft der Freunde Manen
Und, wie der Sterne Chor,
Die Geister der Titanen
Des Altertums empor;

So such im stillsten Thale
Den blüthenreichsten Hain,
Und gieß aus goldner Schaale
Den frohen Opferwein!
Noch lächelt unveraltet
Das Bild der Erde dir,
Der Gott der Jugend waltet
Noch über dir und mir.[1]

191 *Klaus Demus an Paul Celan*

[Wien,] 19. XI. 57

Herzlichst, lieber Paul, freuen wir uns mit Euch. Könnten wir
Euch den Kranz über Eueren Einzug halten!

Liebsten Dank, Paul, für Dein Besorgtsein und Sorgen. Mit
Fischer geht es, denk ich, gut. Eine befürchtete geringfügige
Trübung dadurch, daß die Verbindungsversuche mit Neske
und Kiepenheuer bekannt wurden, ist nicht eingetroffen. Hr.
Mauz hat erst vor kurzem herzlich und sich bindend geschrieben, bald will er kommen und den Vertrag abschließen; aber
schon jetzt solle ich getrost alles als fest und verbrieft betrachten. Und ich tue es auch, fest vertrauend. Es wird sicher alles
bald und gut geschehen. Manchmal war ich ungeduldig, nun
scheint es schon sicher für mich.

Piper hat sich telegraphisch an mich gewandt, und zwar nachdem Ingeborg mir geschrieben und ich geantwortet hatte, daß ich schon gebunden sei; ich mußte Piper anrufen, wo mir jemand sagte, er komme bald nach Wien und hoffe doch noch auf das Zustandekommen einer Verbindung. Bei diesem kommenden Gespräch werde ich nichts anderes zu sagen haben. Und ich freue mich ja auch so, daß es Fischer ist.

Ach Paul, die paar »Gsatzln«, die ich da beisammen hab, eng aneinander gereiht, daß eins das andre hält; zu wenig um zu leben. Gut, ich freue mich ja doch unbändig, daß sie heraus sollen, aber das Gefühl kommt doch, daß fast zu viel schon geschehen ist.

Unternimm nichts bei Fischer, bitte, Paul, es wird ja, es wird ganz gewiß.

Wie herrlich, daß Du schreiben konntest. Du versäumst keine Morgenröte – ich muß nach Solstitien rechnen und großen Sonnenjahren, um eine Halbfrucht zu gebären.[1]

Das Bateau Ivre wird eine große Frühlingsfeier!

Alles Gute auf die Reise; Liebstes Gisèle, Eric und Dir, mein Paul.

Von Herzen

Dein Klaus

Hr. Auer hat seit langem versprochen, dem Pen Club einen Wink zu geben; er ist jetzt in Paris, vielleicht sprachst Du ihn?[2] Der Pen Club hat aber leider kein Geld .. Wie ist es, Paul, kämst Du gerne?

Vielleicht werde ich für das späte Frühjahr 1959 ein Stipendium bekommen, für Paris[3] ..

78 rue de Longchamp, Paris 16ᵉ
Tel.: Poincaré 39-63

25. XI. 57.

Nani! Klaus!
Nani: Dein Brief vom dunklen November – was kann ich sagen? Ich weiß nicht. Ich denk an Euch. Möge alles heller werden – hell.

Nani, Klaus, wir wohnen jetzt, wirklich, die Bücher sind gekommen, sie bauen mit an diesem Haus.[1]

Wollt Ihr nicht auch kommen, im Frühjahr, zu Ostern? Kommt, bitte –

Von Herzen

Euer

Paul

193 *Paul Celan und Ingeborg Bachmann an Klaus und Nani Demus*

München, am 9. Dezember 1957.

Nani, Klaus –
Ich wollte Euch schon lange sagen, daß ich Ingeborg wiedergesehen habe, im Oktober, in Wuppertal, in Köln, unvermutet.[1]

Letzten Freitag habe ich in Tübingen gelesen, dann bin ich nach München gefahren, um Ingeborg zu sehen. Wir haben viel an Euch gedacht, an Wien, an die Zeit und ihre Uhren.[2]

Wir müssen Euch grüßen, von Herzen

Ingeborg

Paul

Halmstad, 17. XII. 57

Liebe Gisèle, lieber Paul!

Auf der Suche nach dem Magus im Norden[1] und einem schwedischen Tannenbaum, den sich Nani gewünscht hatte, bin ich für kurz in dies kimmerische Dämmerungsland gekommen, in ein kleines winterliches Städtchen, und gehe lange unter großen Morgen- und Abendröten, die fast im Süden leuchten. Es schlägt mir der Reisekompaß stets falsch aus, leider. Seid von Herzen für Eure lieben Briefe bedankt und umarmt, wie immer Euer Klaus.

195 *Klaus Demus an Paul Celan und Gisèle Celan-Lestrange*

Wien, 1. Jänner 1958

Gisèle, Paul, Ihr Liebsten!

Die herrlichen Gedichte – das richtige, so schöne Buch – Eure Liebe und Euer Gedenken.[1] Seid von Herzen bedankt, verzeiht uns, daß wir nicht geschrieben haben.

Von Schweden, von dem kleinen winterlich dämmrigen Halmstad schrieb ich eine Karte, aber Eure neue Adresse war mir nicht ganz so im Kopf wie im Herzen. An unserem fünften Hochzeitstag war ich wieder hier; auch Ihr hattet Euren Tag, und zum erstenmal ganz bei Euch. Wir sind mit Euch sehr froh darüber.

In meinem Zimmer, vor dem Fenster, steht eine klare Tanne aus den Millstätter Wäldern, mit großen bunten Glaskugeln, Lebkuchenherzen und zarten Sternen aus feinem Stroh zwischen den Lichtern. Im Raum befindet sich nun eine zweite Bücherwand mit Regalen vom Boden auf; über meinem grünen Lager an der Wand breitet sich ein großer ägyptischer Stoff aus, streng gemustert, sehr stark und frisch. Im Bücherregal (die Aufstellung ist vollkommen verändert worden) stehen sechs schöne Bände der Erzählungen aus Tausendeiner Nacht.[2] Im Vorzimmer steht der alte Schrank und beherbergt Nanis Naturalienkabinett, in ihrem Zimmer sind neue grüne Pflanzen und viele Schmetterlinge. So hat sich manches zum schönen verändert in den Stuben, und das ist für uns die halbe Welt.

So grüßen wir Euch von Herzen, das Jahr ist jung, möchtet Ihr recht glücklich sein in ihm.

Immer Euer Klaus

196 *Paul Celan an Klaus Demus*

[Paris,] 4. I. 58.

Lieber Klaus,

ich habe eine Bitte:

Ein Bekannter von mir hat in Wien ein Buch bestellt, kann aber den Betrag (70 Schilling) nicht überweisen; er bittet mich nun, ihm behilflich zu sein.

Kannst Du mir bitte das Buch besorgen und es meinem Bekannten (Dr. Joseph Bernfeld,[1] 54 rue des Rosiers, Paris 4ᵉ) schicken? Ich gebe Dir den Titel:

> Franz I. Beranek,
> Die jiddische Mundart Ostungarns
> Margarete Friedrich Rohrer Verlag
> Wien I, Kohlmarkt 7.

Ich bin Dir sehr dankbar.

Dein
Paul

Nani, Klaus –

Ingeborg soll in etwa zehn Tagen in Wien lesen. Sie fürchtet sich davor – könnt Ihr ein wenig um sie sein und sie vor den Menschen schützen?[2]

Wien, 20. I. 58

Lieber Paul,

herzlichst beglückwünschen wir Dich zu Deiner baldigen großen Ehrung in Bremen.[1] Bestätigung und Anerkennung sind
doch ein gutes Geschenk, und der schönste Fall ist wohl der,
wo ein Kranz verliehen wird. Wir freuen uns sehr, Paul!

Wir haben uns sehr über das Zusammensein mit Inge gefreut.
Man hatte ihr viel Ehre anzutun gedacht und damit die Lesung
im Grunde verdorben. Aber an ihr selbst haben wir uns sehr
gefreut.

Fischers waren hier, sie waren recht freundlich.[2] Dr. Hirsch
konnte ich etwas näherkommen, er war herzlich und nett, wir
sprachen lange über Hofmannsthal, Borchardt, Otto Reicher
und über Dich (er bedauert es, daß Du nicht zu den Seinen
gehörst – und hofft wohl darauf; auch bedauert er, daß Dein
Übersetzen, das brotbringende, nicht besser eingesetzt wird; es
war zu merken, daß er dies gerne tun würde).[3] Zu seinem Wiederkommen im Herbst wird er den Vertrag mitbringen, dann
kann der Satz begonnen werden; der Band soll im Herbst fertig
werden. Frau Fischer, die gefährliche, war nur nett zu mir. So
gehöre ich nun fest zu diesem Verlag und habe wirklich eine
große Freude.

Einen Tag lang hatte ich Vorfreude auf eine Dienstreise nach
Paris und warte nun im Vertrauen auf das Gesetz der Serie.
Auch das Erreichen des Stipendiums gelang vorerst noch nicht
– aber mein Direktor wird sehr bald in Pension gehen, und so
wird es gewiß in den nächsten Jahren sein können.

Ich möchte dem Bändchen noch ein neues Gedicht einreihen
können, es wird vielleicht den Titel ›Die Morgennacht‹ haben –
und ich halte ihn nun (er ist nicht neu) vielleicht für den ge-
suchten des ganzen Bandes.[4] Laß mich ein wenig starrköpfig
und eigenbrötlerisch sein, dies gehört zu meinen diebischen
Freuden (wie die Katafalklandinseln); doch auch ganz ernsthaft

hätte ich den Titel recht gern (wie die Katafalklandinseln im Grunde ernst gemeint sind). Paul, ich spüre nun schon das freie Gefühl im Hinblick auf das Erscheinen der Gedichte – frei für das Weiterschreiben, das Wandern ins Unbekannte. Ich war zu starr in den letzten Jahren, zu sorgenvoll auch, ja verdrießlich, doch nun hab ich neue Lust und viel Mut. Du hast mir entscheidend geholfen, lieber Paul.

Dr. Hirsch war voll Bewunderung über Deine Nerval-Übersetzung .. Denkst Du an eine Sammlung Deiner Übertragungen?[5] Du solltest es wirklich. Und wird uns dieses Jahr auch einen neuen Band von Dir bringen? Vielleicht bei S. Fischer?[6]

Mit ganzer Liebe grüßen wir Gisèle und Eric, und Dich, lieber Paul.

Von Herzen

Klaus

Die Besorgung des Buches ist geschehen. Dr. Bernfeld muß es schon erhalten haben.

198 *Klaus Demus an Paul Celan und Gisèle Celan-Lestrange*

[Wien,] 3. März 58

Lieber Paul, liebe Gisèle!
Es ist schlimm, den einzigen Herzensfreunden so schwer schreiben zu können; oft und oft wäre so viel zu sagen, zu fragen, Herzliches und Gedachtes auszusprechen. Wir leiden wohl sehr darunter. Ihr seid so gut, Paul, Du hast uns große Freude gemacht mit Deiner schönen, wahren Kranzrede in Bremen[1] und nun mit der Übertragung von Block.[2] Möchte man doch allmählich immer aufmerksamer auf Deine Stimme hören und die Dinge, die Du dem Bedenken gibst, immer besser achten. Ich weiß so gar nicht, in welchem Maß man das schon tut

und wie man auf Dich sieht; nur ab und zu erreicht mich ein Zeugnis Deiner Einwirkung, aus dritter Rede, das ist mir dann wie ein Geschenk. Und manchmal erfahre ich auch, daß Du für mich etwas getan hast. Lieber, guter Paul. Du weißt, wie ich über meine Sachen denke; sie sind im Grunde provisorisch, nicht nur des Gesetzlosen, Amateurhaften, Privaten wegen, das überall darin ist; auch, weil noch ganz offen ist, was sie dieser Zeit zu sagen haben – nicht viel, nicht das Notwendige, glaube ich. Aber, Du weißt das, es ist mir dies, wie es ist, beinahe auch recht in bezug auf die Sache, die ich verfolge und die ihrer Natur nach eine Privatsache ist: ein unvollkommener, mit beschränkter Kraft unternommener Versuch, den Möglichkeitssinn am Ideal anzusetzen, damit im Schaubaren zu erzwingen, was die Zeit hierin noch vermag. So ist die Sache, um die mirs eben geht, nicht verbindlich, ist Demonstration einer Idee als Möglichkeit, und im Grunde abstrakt. Denn genau genommen gehts mir nicht um Tradition; daß diese nicht zu erzwingen ist, das weiß ich ja. Die Tradition vertrittst Du, Dein Maß von geistiger Verantwortung und von realem Zeitsinn. Mein Ziel lockt mich, den Weltstoff geschichtsausgeglüht und ideal in einer für die Zeit vielleicht nur zu denken möglichen Konstellation, als Zeitgegenbild oder Zukunftstraum, vorzustellen. Wie gerne wäre ich reiner Poet; Menschliches, Warmes, Seelenhaftes ist dem θεωρεῖν[3] leider ja nicht im Blick. Ich muß mich trösten, daß dies mein Bruder in seiner Musik zum Bereich hat, in einer wahrhaft poetischen Weise .. Auch ich bin der Musik recht ergeben, nicht nur im Cellospiel, das mir tägliche Freude ist. Weil ich mit Musik aufgewachsen bin, sie lange vor der Poesie mir heimatlich geworden ist, konnte mir diese dann vielleicht nicht mehr alles aufnehmen: und gerade das Lieben nicht, das Warme, Stimmenhafte .. Ich bin ein Außenseiter, Paul, und aus dem heraus hab ich mich auch der Verantwortlichkeit entschlagen, wie Du sie immer sichtbarer auf Dich nimmst. Dem bloßen, auch dem reinen Schauen, wozu ich mich halten möchte, ist nicht der ganze Kreis des Sagbaren offen; es geht vom Gesetz aus, nicht vom Menschen. Das Schwere, ja, das Unvollkommene, auch das, es ist der Welt immanent, aber ich glaube an das Gerechte: alles ist gerecht vom Ewigen her. Das ist mir der Grund der Welt. Und diese ist in jedem Augenblick, den sie durchrollt, überherrlich und vollkommen. Ist das nicht ein guter Trost, eine feste Burg? – Es kam Euer Geschenk an Nani, an uns.[4] Ich freu mich herzlich und stark über Deine Arbeiten, Paul. Nani ist jetzt für eine Woche in Millstatt .. Möge es Euch gut gehen, Ihr Lieben, und Euerem lieben Eric.

Von ganzem Herzen
Klaus

199 *Klaus Demus an Paul Celan und Gisèle Celan-Lestrange*

[Wien,] 20. April 1958

Wir danken Euch, für den Brief, liebe Gisèle, für die schöngedruckten Gedichte, lieber Paul. Herrlich sind die Gedichte, ganz wundervoll, zeittief, herznah. Das Gefühl noch verschwiegen ins Unterirdische strahlend, das hart Aufgegrabene gerecht. Die Sprache blind durchs Wahre geführt, und die Widerglänze treten zu Wundern zusammen. Und tief drin in jedem das Gewußte, das uns erkennt und befällt. Die geheimste Wörtlichkeit, mundgerecht.[1]

Wir werden eine Reise tun, in wenig Tagen, nach Sizilien, in die Frühlingsspiele des Lichts, zu den gebräunten Tempeln im Kamillenduft, werden Typhon, den hundertköpfigen, besuchen und die Arethusa, Syrakus und Akragas. Du kennst die Zeilen, Paul, aus dem Nausikaa-Fragment:

Ein weißer Glanz ruht über Land und Meer,
Und duftend schwebt der Äther ohne Wolken.[2]

Dort werden wir also sein.

Das lichteste, weichste Frühjahr Euch Lieben, Eric die schönsten Blumen!

Herzlichst

Klaus

P. S. Das Geld erhielt ich, Paul, ich werde Bücher für Dich finden. – Herr Auer versprach mir, das Möglichste zu tun, Dich zu einer Lesung einzuladen. Viel leichter ginge es, sagte er, wenn Du auch einen Vortrag halten würdest; ich sagte, daß Du dies eher nicht tun würdest. Bitte schreibe ihm aber sofort, Paul, und vielleicht könntest Du doch auch etwas sprechen, und wenns nur zur Handhabe für die Veranstaltung wäre? Bitte schreibe ihm aber gleich (Alexander A., Öst. College, IV., Argentinierstraße). Ich bin am 16. Mai wieder in Wien, vielleicht gibt er mir aber in den nächsten Tagen noch den Bescheid. Wie schön wäre es! –

200 *Klaus und Nani Demus an Paul Celan und Gisèle Celan-*
      Lestrange

Segesta, 2. Mai 1958

Lieber Paul, liebe Gisèle,
die herzlichsten Grüße, Ihr Lieben, die herzlichsten Grüße –

Klaus   Nani

201 *Klaus und Nani Demus an Paul Celan und Gisèle Celan-*
      Lestrange

Catania, 9. V. 58

Lieber Paul, liebe Gisèle!
Gestern bei Sonnenuntergang standen wir auf dem schwefeln-
den Ring des Hauptkraters, sahen bis in den Golf von Tarent,

die Pyramide des Ätnaschattens auf dem Meer, und beobachteten bis tief in die Nacht die Eruptionen eines Nebenkraters unter uns, rhythmisch Glühendes aufsendend, und leuchtende Lavaströme aus den Flanken lassend. Pindar wäre dem Schauspiel gerecht geworden. – Seid von Herzen gegrüßt –
　　　Klaus　Nani

202 *Klaus und Nani Demus an Paul Celan und Gisèle Celan-Lestrange*

Pästum, 12. V. 58

Lieber Paul, liebe Gisèle!
Groß, gewaltig groß und gerecht, von Wundern lebensvoll erhaben im lautern Licht und mitten in Blumen, vor dem Meer – das Froheste für Euch, herzlichst
　　　Klaus　Nani

Eine Inschrift auf einer Grabstele in Syrakus: XPH · KAI · AΛΛA · XAIPE[1] – ist doch wohl: Warte nur, balde ruhest du auch –?[2] Wie schön ..

203 *Paul Celan an Klaus Demus*

[Paris, 12. V. 58]

bitte nenn den gedichtband das schwere land es ist weil metapherfern das wahrere es greift sich eigensten raum und sags dem verlag der herbst bringt dein buch
　　　paul

Wien, 23. Mai 58

Mein lieber Paul!

Wir denken viel an Euch in dieser Zeit.[1]

Ich werde Euch sehen, so hoffe ich, in diesem September. Man will mir, über den ›Jahresring‹, in Trier eine Ehrengabe geben (erst vor kurzem sah ich, daß Du sie auch erhalten hattest, und hab mich sehr gefreut) und hat dann einen Ausflug nach Reims vor.[2] Von dort eile ich zu Euch.

›Das schwere Land‹ wird schon gesetzt. Ich danke Dir von Herzen, Du Lieber. Deine Sorge, Deine Freude gibt Dir dieses Buch ganz zu eigen.

Es kommt noch der Sommer, mit vielen grünen Stunden – der Herbst aber, der Klare, wird uns zu den Seinen zählen.

Von Herzen
Klaus

Wien, 12. VI. 58

Lieber Paul, liebe Gisèle!

Seid herzlich bedankt! Immer wenn etwas von Euch kommt, und stets ists ein Besonderes, Großes, Ernstes, ists mir ein Lebendiges von Euerem Dasein.

Ich hoffe so sehr, daß wir uns im Herbst sehen können. Bitte gib mir Deinen Rat, Paul; soll ich nach Trier fahren – ich habe recht sehr Scheu; bist Du damals gefahren; erwartet man's? Ich hab nur wenig Urlaub mehr in diesem Jahr, Trier würde Millstatt, wo Nani den Sommer sein wird, ihrer Mutter beizustehn, unmöglich machen und auch einen Besuch bei Euch verkürzen. Werden wir uns überhaupt sehen können, seid Ihr anfangs September frei, und wo werdet Ihr sein? Führe ich nicht nach Trier, könnte ich schon über Ende August verfügen, oder über die zweite Septemberwoche. Bitte sagt es mir, wenn Ihr schon Pläne habt, und rate mir, Paul, <u>bitte</u>. Ich würde gerne eine Woche mit Euch sein. Könnte man in Trier nur Guten Tag sagen und danken und weiterfahren? –

Wir freuen uns herzlich über das Heft mit Deiner Rede und den wundervollen Übertragungen![1] Ich hatte nichts Neues, es ist kläglich, auch das Buch wird schon einen guten Teil zum zweiten Mal bringen; es steht nicht gut mit meinem Schreiben.

Dafür sind mir Deine Gedichte, alle, von Mal zu Mal herrlicher. Darin hat H. Kästner recht:[2] was für ein unwahrscheinlich großer Teil von ihnen sind wirkliche, unvergängliche Gedichte. Was für Schätze hast Du gehäuft, geboren.

Ihr habt nun Sorge – nicht allzu nahe, anrührende, wie hoffen wir das. Wenn Rat, Teilnahme, zu Tuendes nötig sind, sagt uns ein Wort ..

Uns ists so herrlich zu leben, ein langer Sommer lebt schon, Sommergärten, Laubhimmel, Licht und Regen, die Abende. Und zu sagen: wieviel ist zu sagen aufgegeben –
Wie ehrfurchtsvoll lieben wir Eueren Eric.
Zutiefst –
Klaus

206 *Paul Celan an Klaus und Nani Demus*

Paris, am 20. Juli 1958

Nani, Klaus –
All die unbeantworteten Briefe – verzeiht! Gestern die Bücher – seid bedankt, von Herzen!

Du sollst, glaube ich, doch nach Trier fahren, Klaus, für einen Tag, das genügt. Und dann kommst Du nach Paris, zu uns, ins Haus –

Diese Zeit jetzt, Klaus, diese Zeit. Es läßt uns nicht los – warum?

Ich geb Euch ein Gedicht, zyklisch, es soll den Band abschlie-
ßen.[1]
Mandelstamm, der mitkommt: welch ein Dichter![2]
Alles Gute! Friede und Segen!
Paul

[*Anlage:*]

207 *Klaus und Nani Demus an Paul Celan*

Wien, 28. VII. 58

Lieber Paul –
Sei von Herzen bedankt, Du Lieber, für Deinen Brief und das
Herrliche, das ihn begleitete. Wie freue ich mich, bald bei Euch
sein zu können.[1] Zwar werden es nur drei, vier gezählte Tage
sein, und eigentlich kann ich meine Pläne noch nicht endgültig
machen, es hängt noch davon ab, ob ich für den Besuch in
München, wo ich eine Ausstellung sehen muß, auch zwei drei
Tage geschenkt bekomme, und wann ich zurück sein muß im
Amt. Und freilich wird Nani nicht mitkommen diesmal. Aber
dafür möchte ich auch gleich von der Absicht sagen, mit Nani
im nächsten Jahr die Reise zu Euch zu tun, ab Feber oder so,
und es soll dann nur von Euch abhängen, den Zeitpunkt zu
bestimmen. Vorher aber wird es, hoffentlich, die Tage im September geben – vorausgesetzt, und da bitte ich Euch wirklich
um Offenheit, daß Ihr in Euren Sommer- oder Herbstplänen
nicht gestört wäret und vielleicht, nach dem Angekündigten,
ein Wiedersehen gleich im nächsten Jahr vorzöget.
    Etwas andres auch bitte ich Dich mir zu sagen. Ich sah den
Band Hamann und griff gleich zu für Dich, leider stand er
allein.[2] Band II dieser Ausgabe enthielte nun dazu die andere
Hälfte dessen, was man, und nichts sonst, haben müßte, der
ganze Hamann ist in diesen zwei Bänden konzentriert. Ich

möchte ihn Dir gerne aus dem Deinigen erwerben, freilich neu: hättest Du ihn oder brauchtest sonst keinen Hamann, so müßtest Dus mir bald sagen. –

Und nun: ich glühe, brenne vor Entzücken, Begeisterung, was ist Dir mit diesem wunderbaren Fugensatz gelungen![3] Die Sprache kannte so etwas noch nicht, bot nicht Raum, war so intim noch mit keinem. Welch unerhörte neue Temperatur welch meisterhaftes Exercitium, was für Zaubersprüche, was für ein Mund. Kühn, hinreißend frei, schelmisch, bedeutend, unvergeßlich in den Figuren, in der Musik, eine göttlich-einzige Mischung, unsäglich und klar – ein Meisterstück ists, eine ganz eigene Gattung, unwiederholbar glücklich. Dies ist ein wahres Geschenk aus dem Blauen, an die Sprache, an die Zeit.

Und welche Freude, daß Du damit den neuen Band ankündigst! – Daß das herrliche Bateau Ivre nun fürs erste an ein wenig versteckter Stelle schwimmt, ist schade, aber ich hoffe sehr, es wird wohl bald zu einer Sammlung Deiner Eingemeindungen kommen?[4] Von den sonst sehr guten Veränderungen hätt ich nur gerne den schönen, im Sprach-Fall so überzeugenden Draggen-Halbvers verschont gehabt; das Stangengerät Enterhaken hat vielleicht zu wenig Körper und Gewicht –.[5]

Und nun noch die schönen, sehr schönen Gedichte von Mandelstamm. Einige sind ganz außerordentlich, nehmen mich ganz gefangen, wie »Mein Gesicht, das quälend umrißlose« und »Nachts, vorm Haus, da wusch ich mich«. Ja, Du verwaltest Dein Reich, wirfst es uns auf die Tische, das Spiegelsilber der Tiefe. – – Darf ich sagen, Paul, daß mich die Schreibung »Fiole« und »Schimäre« stört?[6] –

Ich schreibe nun schon seit Jahresbeginn an einem Stück – mit größter Mühe und wenig Glück. Es geht so langsam wie ein Kristall wächst, und wird auch so starr. Wie es ist muß ich froh sein, fürcht ich doch oft, aber auch alles verloren zu haben. Ich muß meiner Natur nach der einmal erkannten Richtung schnurgrad den erzernen Weg baun; er hat ins Wüste geführt, mit eitlem Asketen ganz zu Recht. So verlern ich die Rede und mein

Ohr wird nur mehr vom schlechten Echo der eignen Gedanken
heimgesucht. Alles erscheint mir dazu nichtig vor dem Höchsten, und dieses versteint mir die Regungen. Aus denen ich
langsam, langsam Kristalle machen muß in der Wüste. –

Dein Preis, Deine Rede und Begegnung, und ein Bild von
Euch beiden hat uns sehr spät nun zu R. A. Schröder geführt.[7]
Ein Schatzhalter ist er aus reichen Tagen, ich empfinde viel Ehr-
furcht und Vertrauen. Man muß ihm unendlich dankbar sein. –

Lieber Paul, von Herzen wünschen wir Euch einen guten, grünen Sommer. Nani fährt nächstens nach Millstatt, ich komme
dann für ein paar Tage nach, und dann beginnt die Reise zu
Euch.
Bitte sage Gisèle unsre Liebe!

> Grüß Dich Gott, lieber Paul.
> Von Herzen
> Klaus

Und küsse mit dem Herzen das liebe Kind und Euch. Nani

208 *Klaus und Nani Demus an Paul Celan und Gisèle Celan-*
    Lestrange

Millstatt, 3. IX. 58

Liebe Gisèle, lieber Paul,
Noch ein Bad im See, die Berge locken nicht mehr, wir haben
eine Tauernreise über Gletscher und Kristallhalden gemacht,
morgen in München werden wir durch viele Bildgründe wandern, dann des Hauses am Großen Hirschgraben Besucher
sein,[1] endlich am 8. abends in Trier ankommen (Gasthof Pieper,
Thebäerstraße 39). Wohl am 10. darf ich, wenn es angeht, bei
Euch eintreten, »den Gruß getauscht mit dem Dunkel . .«[2]

> Euer Klaus

Liebes und Gutes   Nani

[Paris, 8. IX. 58]
HERZLICHEN GLUECKWUNSCH SAGT BITTE WANN EUER
ZUG EINTRIFFT = PAUL

210 *Klaus und Nani Demus an Paul Celan und Gisèle Celan-*
     Lestrange

Wien, 14. X. 58

Lieber Paul, liebe Gisèle!

Ich bin wirklich ein ungetreuer Gastfreund, Euch so lange die
Post nicht vermehrt zu haben. Nicht einmal die zwei herrlichen sprachvollen Freudengeschenke konnte ich bedanken,
verzeiht. Ich bin freilich noch nicht recht lange wieder ganz
»zuhause«, eine Dienstreise nach München, wo ich mit Ingeborg zusammen war,[1] schob sich bald ein, und nun wirft eine
baldige Fahrt nach Brüssel recht störende Schatten voraus.
Von Tag zu Tag hab ich auch das Buch ungeduldig erwartet;
sicher hat es Angst. Dein ›Trunkenes Schiff‹, lieber Paul, – zu
trunken die erste Ausfahrt, aber ungeschmälert benedeit, Du
sollst nicht hadern darob – was für ein starkes, gewichtiges,
schönes Büchlein. Wie dankbar muß man Dir dafür sein. Du
mußt nun auch wirklich anerkennen, daß mans sehr gut gemacht hat.[2]

Herzlich sei auch für die zweite Freude bedankt.[3] ›Airs‹ verschließt sich mir noch, doch ganz wunderbar sind mir die andern; ›Die Nacht ist begangen‹ und ›Rondel‹ sind wie Eigenes
von Dir, ohne einen Schatten fremden Leibs. – So darf man sich
auf Deine Übersetzungen in der Insel freuen?[4]

Ich konnte noch nichts erledigen, Paul. Frl. Wagner von Heger versprach,[5] Deine Einladung zu erwirken, und zwar be
Herrn Auer, das Theater ist nun geschlossen, es gab da irgenc
etwas. Es wird gewiß einmal zustande kommen. Guttenbrun-

ner dankte sehr für Deine Grüße.[6] – Fischers luden mich zu einer »Pflicht«-Lesung ein, sie ist für den 26. Feber vorgesehen[7] – danach wäre es schön, zu Euch zu kommen . .

Wie lange waren die drei Tage. Ihr liebsten Gastgeber.

Die Schule hat wieder begonnen, für Euch – Ihr seid aufgestiegen – aber ich muß noch mit den Nachprüfungen ringen, der Schulbücher sind so viele (Paracelsus, Kepler, Böhme, Hamann), wie schwer ist Geologie! Ich fürcht, ich bleib ein windiger Geomant[8] . .

Seid von Herzen gegrüßt.

Klaus

[ND:] *Für all Eure Liebe, die so lebendig und warm zu mir kam, danke ich Euch. Ich nahm sie auf und bewahre sie und bringe sie Euch wieder.*

Paul, mit dem Trunkenen Schiff ist Dir etwas gelungen, das es bisher nicht gab in der deutschen Sprache – ein neuer Realitätsbereich ist offen geworden. Wie verehre und liebe ich Dich von neuem, Du Gesegneter!

(Das Kind grüße ich mit Jajö, Bago und – nein, Belle Air nicht!)

211 *Klaus und Nani Demus an Paul Celan*

Wien, 20. November 1958

Lieber Paul,

von Herzen alles Gute zu Deinem Geburtstag! Herbstschütten von Worten, farbig-braune, mit der Signatur des Seltensten, von Götterbäumen!

Wir erwarten nun, nicht das Buch, nein, ein ganz Neues – Nani erwartet ein Kindlein![1] Ein Junikind, so es sein will. Nimms nun auf, Paul, unser Freudigstes.

Von Herzen Dank für Dein schönes Buch, und die durchs

Sprachgitter gesprochenen Gedichte erreichten uns auch.[2] Immer, Paul, hören wir Dir zu, gefangen, und vernehmen Dich.

Herzlich, in Liebe

Klaus   Nani

212 *Paul Celan an Klaus und Nani Demus*

[Paris,] Am 4. Dezember 1958

Nani, Klaus,
Diese Nachricht!
Alles Gute Euch beiden, Dir und Dir, und dem Kommenden!
Von Herzen.
Den lichtesten Juni! Das lichteste Jahr! Und diese Monate alle: diesem Sommer zugewandt!
Eric, Gisèle, Paul –

Habt Dank für die Geschenke![1]
Kommt Ihr im Februar?

213 *Klaus Demus an Paul Celan und Gisèle Celan-Lestrange*

Wien, 21. XII. 58

Liebe Gisèle, lieber Paul,
alles Gute, schneeig Reines, Licht aus heller Tiefe; Tröstendes, Gutes, Gutes. Daß Ihr oft des Weltenbaums Königspaar seid –

Zwei schönbeflügelte verbundene Freunde
Umarmen einen und denselben Baum;
Einer von ihnen speist die süße Beere,
Der andre schaut, nicht essend, nur herab.[1]

und, in der Taukugel wohnend – »ein gläsern Meer, als Krystall mit Feuer gemengt«[2] –, die tausend Fächer um Euch offen seht, auf deren Grund ein großer blauer Stern kreist in Grimmigkeit und Süße, immer anders offenbar.

Klaus

Wir werden nicht kommen können im Februar, leider, nun geht es leider nicht.

Ihr habt Euch der Verzögerung des Buches wegen gefragt und gesorgt – erst jetzt erhielt ich's; der Verlag hatte vergessen .. Gisèle, der Druckfehler; Sie sehen ihn nicht, gelt?[3]

214 *Paul Celan an Klaus Demus*

[Paris, 26. Februar 1959]

ALLES GUTE FUER DEINE GEDICHTE = PAUL

215 *Klaus Demus an Paul Celan und Gisèle Celan-Lestrange*

[Frankfurt am Main,] 27. II. 59

Liebe Gisèle, lieber Paul,
wie freute ich mich, eine Stunde vor der Lesung so gestärkt zu werden, und wohl half's, seid von Herzen bedankt!

– H. Falkenberg fragte um Deine frühen Gedichte, lieber Paul, ich versprach sie ihm zu schicken, wenn Du mirs erlaubst; darf ich, bitte?[1]

Verzeiht – oh seid von Herzen umarmt. Euer Klaus

15. III. 59

Liebster Paul,

auch Dir alles Gute, Lieber, für Deine Gedichte – recht gutes Gefühl für Dich und Gelingen, und ein paar Menschen, die Dir Wahres und Zartes sagen können. Wie gerne wären wir dabei gewesen!

Wir freuen uns nun schon so sehr auf Dein neues Buch[1] – vielleicht hast Du auch schon wieder manches schreiben können – so sehr freuen wir uns darüber!

Sehr gut hast Du die Übersetzung gemacht, den Char (aber er selbst ist nicht gut).[2] Bitte sag uns immer, was Du gemacht hast. Ich soll nun, Falkenberg wird Dirs erzählen, über Deine Gedichte etwas schreiben: es ist eine große, herrliche Aufgabe – aber, Paul, es kann sein, daß ich dran scheitre.[3] Wenn Du mir etwas dazu sagen willst, überhaupt meine ich, dann sprichs bitte aus, auf einem Zettel. Ich wollte, es würde recht gut. –

Ich habe noch nicht viele gute Stunden für das Gedicht gehabt – seit langem schon schweb ich erstarrt, hingerissen im Aufblick, doch wie gelähmt. (Die Sterne brechen nicht mehr ins Knie) –

Otto Reicher (ich hatte eine schöne Begegnung mit dem ehrwürdigen alten, strengen, gütigen Mann) denkt sehr gut über Deine Gedichte.[4]* Casino degli spiriti, Graz-Eggenberg (im Park des alten Schlosses ein Häusel, in dems geistern soll – daher der Name!). –

Kam Dir Erich Hellers ›Enterbter Geist‹ [ND:] *Suhrkamp 1954* einmal unter?[5] Du solltest es lesen. –

Habt recht schöne Tage, Ihr lieben Drei, wir wären gerne mit Euch!

Von Herzen
Klaus

Wie schön, daß wir uns mit Inge nun so sehr freuen dürfen![6]

[ND:] * *Bitte Paul, er besitzt ›Von Schwelle zu Schwelle‹ noch nicht – wir wollten es ihm schenken, doch wäre es ihm sehr viel, wenn es von dir käme.*

217 *Paul Celan an Klaus und Nani Demus*

[Paris] Am 22. März 1959
Klaus, Nani!
Das Buch ist hoffentlich schon bei Euch, ich hab's am Freitag in Frankfurt aufgeben lassen – es ist, diesmal weiß ich's sogar – ein wirkliches Gedichtbuch.[1]

Leider hab ich allein nach Frankfurt fahren müssen, Eric hat Keuchhusten, es war schwer, fahren zu müssen, lesen zu müssen am 19. März. Aber das Buch war ja da, und in Paris kam's am 19. an.[2]

Klaus, jeder hat seinen Bienek:[3] mein Buch, im Grunde noch gar nicht erschienen – es wird erst in ein paar Tagen ausgeliefert – ist bereits »verrissen« worden, in der ›Stuttgarter Zeitung‹, vor einer Woche bereits.

Der Feuilleton-Redakteur, ein Wiener nebenbei, Herr S. Melchinger, hatte um Gedichte gebeten, bei Fischer, für einen Vorabdruck, man gab ihm den Umbruch, er gab ihn einem Ministersöhnchen, einem Storz, der brach sich dann ein Stück ›Engführung‹ heraus, setzte ein paar mehr oder minder hochgestochene Gemeinheiten voran – und es erschien eine »Kritik«.[4] Soll man sich wundern? Nein. So ist diese Welt, sie fährt im Mercedes zur Hölle, überfährt uns unterwegs, hat aber Goethe-Zitate im Knopfloch, jederzeit, beim Whisky und beim Kaviar.[5] Otto Reicher werd ich das Buch schicken, die Bücher, in den nächsten Tagen.

Daß Du etwas über meine Gedichte schreiben willst, Klaus – wie herrlich! Du weißt ja mehr darüber als ich, Du weißt alles, Du kannst nicht, wie Du befürchtest, scheitern. – Tu's, bitte!

Ich übersetz den Mandelstamm – einen Großen, einen Unter-
gegangenen, unsern Bruder.
Alles Gute für den Juni und sein Kind, alles Gute für Euch
Immer Euer
Paul

218 *Klaus und Nani Demus an Paul Celan*

[Wien, 23. 3. 1959]
UNSERE HERZLICHSTEN GLUECKWUENSCHE
NANI KLAUS

219 *Klaus und Nani Demus an Paul Celan und Gisèle Celan-*
Lestrange

[Wien,] 30. März 1959
Lieber Paul, liebe Gisèle!
Seid umarmt, von Herzen, und bedankt für Euere Briefe.
Und nun: das herrliche Gedicht-Buch. Paul, es ist vollkommen,
kristallen; es ist Dein reinstes Buch. Auf jedem Blatt, aufgeschlagen, steht zeichenklar das Außerordentliche, der unerhörte Maßstab geistiger Empfindlichkeit, Sprachwahrheit, Unbestechlich-
keit: bilddurchsichtig über der Landschaft eines Grundes fern –
und nah – wie die Ewigkeit. Es ist die Glut in allem eines Grades
fast von unerschaffenem Licht – schattenlos, weißschattig aber:
knirschend gerecht. Und dicht, greifbar wie eine Schütte von Ha-
gelkörnern das Himmlische, die Wunder, das ewig Frischgefallne,
wirklich wie die Wirklichkeit einer neuen Erde.
Jetzt sind sie mir mit einem Male wieder durchlichtet, neu,
und es wird noch eine Zeit dauern, gewißlich, ehe jedes der
Gedichte Grund gefunden haben, festgewachsen sein wird. –
Der Körper, Paul, das Zwillings-, das Bruderkleid – ach, ich

bin erschrocken. Du schriebst mir, in Paris noch, in Dein erstes
Buch: K. dem Bruder; Du sandtest aus Tübingen Hölderlins
Gedicht Freundschaft; dies, Paul, zum dritten, häuft die weißen
Steine.[1]

Gisèle, Paul, Eric – lebt wohl und freut Euch, Ihr könnt es. Seid
herzlichst umarmt.

Klaus

(Nani)

Ich schreibe bald wieder.[2]

220 *Paul Celan an Klaus Demus*

[Paris,] Am 10. April 1959.
Klaus, Klaus, ich sehe, wie schwer man es Dir und Deinen Gedichten macht, ich sehe, wie sie über Dich herfallen – auch über
mich, aber das ist kein Trost, sind sie hergefallen, fallen sie her –,
ich sehe, daß sie es Dir übelnehmen, daß Du nennst, was da ist,
über und rings um uns, mit den Worten, in denen es sich fest-
gesetzt hat, unübersehbar, unüberhörbar: sie, die anderen, wollen es nicht wahrhaben – wie sollten sie auch? Sie lügen sich ja
tiefer und tiefer in ihre Misere hinein, in ihre Bequemlichkeits-
misere, ihre Schöngeisterei, je lahmer ihr Geist wird, je mehr
sehen sie einem auf die »Versfüße«, die »Adjektive«, die »Parti-
zipien«, die »Fremdwörter« –, sie wissen nichts vom Äther,
darum loben sie den wohltemperierten geistigen Komfort, die
Klima-Anlage, das ach so schlichte »ewige« Vokabular[1] ...
    Klaus, all das ist nur ein Beweis dafür, daß Du ihnen weit
voraus bist, daß Du unterwegs bist, daß Du Gedichte schreibst:
morgendurchstrahlte Worte.

Immer getreu

Dein Paul

Wien, 3. Mai 1959

Mein lieber Paul,

sei von Herzen bedankt für Deinen guten Zuspruch. Von nun an, das hat er bewirkt, soll kein Gemeines mir nahegehen. Ein anderes ists, daß man vor dir noch immer nicht halt macht – unverständlich ists, böse Absicht, wenn nicht bloß Sittenlosigkeit wirklich Dummer, die spüren, daß Du nicht für sie schreibst, ihnen aber, wähnen sie, gehört des Urteilens Amt und Geschäft. Dir kann das nichts tun, das Gezücht übt schwache Notwehr. Du sollst sie, glaub ich, nicht zusammensehen mit irgendeiner Meinung; unaufhaltsam fällt ihre Art vorbei ins Erinnerungslose, und die selben werden noch einmal ganz gegenteilig tun, bloß ihrer Charakterlosigkeit treu. Aber zu kümmern kann derlei wahrhaftig nicht geben. Du schreibst heute und seit ehegestern schon das beste, das wahrste Deutsch, und wem Sprache Nahrung ist, mag nicht beim Schalen bleiben – über kurz oder lang ist das erkannt, und Du weißt das gut, Paul.

Dein ›Sprachgitter‹, Paul, hat mich in diesen Wochen über dem Schweigen gehalten. Es ist mein heißes Streben, was es mir ist klar auszudrücken (es ist schwer für meine Schwäche). Ich halte dieses Buch für unvergänglich, Paul. Seine Sprache ist die Verwirklichung einer seit sehr langem wieder mit dem Lebensgrund des Deutschen verbundenen Sprachstufe, einer echten Epoche. Ich hab das früher noch nicht so klar erkannt. – Verzeih mein Gestammel!

Danke vielmals für den erneuerten Homer;[1] das Anständige des Zugriffs fordert Achtung des Geistigen ab – etwas so Seltenes!

Ach, Ihr Lieben, wie geht es Euch – seid doch immer recht, recht froh, Ihr müßt ja froh sein, Gisèle, Paul, Eric – und verzeiht uns, daß wir Euch mit so langem Schweigen immer betrüben. Im Denken, Andenken, Lieben sind wir Euch nah, stets.

Von Herzen

Klaus

Düsseldorf,[1] 9. V. 1959

Liebe Gisèle, lieber Paul,

seid herzlichst gegrüßt. Wohl lebt sichs hier anders als uns not tut, der Anker faßte keinen Grund – er liegt, wo unser Leben ist; an weiter Kette treibe ich auf der Lichtfläche gezählter Tage. Und doch ist Ahnung von Anderem, Resten von wahrem Grund. In Herzlichkeit

Euer Klaus

223 *Klaus Demus an Paul Celan*

[Wien, 30. 5. 1959][1]

In einer Weltlosigkeit, Sprachlosigkeit sondergleichen stehen Paul Celans Gedichte als feste Inseln von Sprachwirklichkeit. Sie allein leisten für das Deutsche die Aufgabe dieser Weltstunde, ihren so ungeheuerlich erweiterten, zersprengten und zerstörten Möglichkeitsbereich in die Wirklichkeit des gültigsten, des dichterischen Seins zu retten. Von der Tiefe her, von Grund und Abgrund des seelisch Realen wächst hier eine als Sprachwelt faßbare Gegenwelt, dichterisch und menschlich bewältigte Wirklichkeit.

Sie ist erschaffen mittels einer Sprache, die im bestürzenden Ernst des vollen Sprechens, Wort um Wort Wahrheit eröffnend, dem herrenlos verwilderten Idiom das Wunder dichterischer Mächtigkeit erweckt. Hier ist das Wort, und hier ist die Sprachsignatur des heutigen Deutsch, in der der unaussprechliche Namenszug der Zeit am unerbittlichsten steht.

Paul Celans Gedichte prägen eine neue Form des Gedichts. Eine nur ihm immer wiederholbare Form, in der der Sprachfall, der Gang des Sprechens – fast: des Gesprächs, so sehr ist der angesprochene Grund, das Schweigen, ins Einverständnis gespannt – nachtwandelnd einer dunklen Figur des Ganzen folgt, sie beinahe wider Willen bitter und immer bittrer genau bildet und vollendet. Diese dunkle Figur, schon von oben an der Sprachlandschaft abzunehmen, tritt dann als eine von wachsenden Echoräumen vergrößerte, glockenschlagende Kadenz von Inhalten in den Stand des Sinns: das ganze Gedicht blitzt als Sinn auf im Dunkel der Wortnacht. Er ist nicht aus ihr zu lösen, nicht Kern, sondern Körper; und er erlangt sein volles Gewicht in der Tiefe des Gehörs, dort, wo Sprache die letzte Gestalt des Schweigens ist.

Wieder – wie stets, wenn einer Epoche die Sprache bestimmt wird – ist hier das Dichterische neu gedeutet. Das Wort ist faktisch, die Sprache von höchster Genauigkeit; die Rede wird, mit vollkommenem Umschlag, aus dem Wahren ins Wahre geführt, sie führt nichts Anderes mit sich. Poesie ist eine Wahrheitsfrage. Die Sprache schafft – indem sie, greifbar fest und geformt, sich bewegt – einen noch unbesetzten, erstmals erfahrbaren Raum um sich her, in dessen unbekannter Kristallnatur ihre Gestalten den Tiefenglanz und die Strahlungskraft barer poetischer Substanz entfalten. Sein genaues Licht befreit in allem Nahen neue Fernen; nicht Bezüglichkeit ist dies mehr, nicht Metaphorik; das konkrete Wort, aus der Not des Sagens getreten, Aug in Aug mit dem Wahren, steht da als ein noch nie Gesagtes, dem die fernsten Wirklichkeiten zufallen. Von den Richtungen, in die es zielt, die es auslotet, schien keine vordem möglich im poetischen Raum; und doch, sie erobern kein Außen, Grenzen überholend, sie gehen alle herzwärts; nicht im Nichtdenkbaren: im ungedachten Grund geschieht über alle Ahnung Raumgewinn.

Worte, mit genauer Zartheit für das klar sich lösen Wollende aus der geschlossenen Mauer des härtesten Sprachgesteins gesprengt, sind um der Gerechtigkeit willen, die Bruchflächen nach außen, dem Schweigen eingesetzt nach der Ordnung des Bitteren, Kristallinen. Rauh und durchlichtet, dem Wirklichkeitssinn voll Halt, starrt die Sprachwand.

Was auf ihr steht, das Versteinerte, kann nicht wiedergesagt werden. Hörbar gehen die Sturzbäche darin, senkrecht ist das Schmerzgefälle, und was mitgeführt wird, ist von lange her namenlos, weglos unterwegs. Aber der Sturz, Mal um Mal, findet sein Ziel, und gehäuft steigt es empor: anders, abgrundfarben, und nun, im Glänzen, für immer gerächt.

Sprachgitter: das Ungesagte spricht hindurch, die Weltmöglichkeit schießt an: in Gestalt des Herrlichen steht das Wirkliche, genau und unauflösbar.

30. Mai 1959   +

224 *Klaus Demus an Paul Celan und Gisèle Celan-Lestrange*

Wien, 14. VI. 1959

Lieber Paul, liebe Gisèle!

Es geht ihm gut, unserem kleinen Jakob Kaspar,[1] die Gelbsucht steht nur mehr in Tupfen auf seiner Nase, und seit zwei Tagen trinkt er brav bei seiner Mutter. Es wird noch ein paar Tage dauern, bis er an Gewicht wieder gewonnen haben wird, was er verlor. Ein Schreihals ist er nicht, doch hat er ein helles Stimmchen. Nani beobachtet schon den Ausdruck innerer Regungen an ihm – was mag er wohl träumen bei seinem noch blinden Gesicht? Gewachsen ist er noch nicht. Die schwarzen Härchen sprießen ihm bis tief in die Stirne.

Nani geht es ausgezeichnet, sie ist wohl und sehr munter. Sie könnte schon bald nach Hause, doch hängt das vom kleinen Jakob ab.

Der Name kam mir auf einmal – es ist ein guter Name; die gelehrigen kleinen Raben heißen so, und er ist ja auch schwarz. So wird er wohl auch einmal mit dem Engel ringen müssen.[2] –

Vorgestern kam Nachricht aus Amerika, Nanis Schwester

hat, es muß der 11. oder 12. gewesen sein, auch einen Sohn geboren. Nanis Vater – er hat einen Sohn verloren, doch jetzt fünf Enkel bekommen – ist stolz auf die kleine Dynastie von lauter »Mölltalern«.

Gutes Wetter bereitet sich vor – wie hoffen wir es für Euch. Wir konnten uns so wenig ausgiebig und alle zusammen sehen; es war ein großes Opfer für Euch, und wir sind sehr beschenkt. Habt eine gute Erholung, und Du, Paul, Arbeitszeit – die Wälder stehen offen, die Berge sind nah, wohnt noch ein wenig da. Im Habachtal kann man viele Kristalle finden – »strahlen« gehen![3] Eric wünsche ich viele kleine Füchse auf seinen Wegen, und Murmeltiere.

Seid von Herzen umarmt von Eurem Klaus.

Nani grüßt ganz von Herzen.

———

»Eli, Eli, lama asabthani« ist hebräisch (Psalm 22 [Lutherzählung], 2);

etwas abweichend die aramäischen Fassungen:

ἠλεὶ ἠλεὶ λεμὰ (λαμὰ) σαβαχθανεί; (Mt. 27, 46);

ἐλωΐ ἐλωΐ λαμὰ σαβαχθανεί; (Mk. 15, 34);

Luther hat an beiden Stellen: »Eli, Eli, lama asabthani?« – Einige Hss. des griechischen Textes und die Vulgata haben unwesentliche Varianten (Itazismus!).[4]

225 *Paul Celan an Klaus und Nani Demus*

Innsbruck, am 28. Juni 59.

Klaus,

wie geht es Euch, Jakob Kaspar, Nani und Dir?

(Ich habe Samstag aus Wald angerufen, Du warst aber »frei«). Wir fahren nun nach Italien, in der Nähe von Genua (Monterosso) solls schön sein.

Hier noch »zwei Drittel Parze« – sag mir, was Du davon hältst.[1]

Habt Ihr Nachricht von Ingeborg? Ich bin ein wenig besorgt.

Klaus, eine Bitte noch: Möglicherweise schickt Dr. Moras die Jessenin-Korrektur an Deine Adresse;[2] bitte warte mit dem Nachsenden, bis wir Dir eine richtige Adresse genannt haben. Habt es gut und kämpft nicht zuviel mit den Engeln!

  Von Herzen

   Euer Paul

226 *Paul Celan und Gisèle Celan-Lestrange an Klaus Demus*

          [6. 7. 1959]

Wir sind hier oben,[1] und dies Haus ist in der Nähe, dieses Haus ...

  Wie geht es Jakob Kaspar, wie geht es Euch?

  Zwei, drei Wochen, so lang wollen wir bleiben. Alles, alles Gute!

   Gisèle und Paul

Paul Celan
Pension Chasté
Sils-Baselgia
(Engadin)

227 *Klaus Demus an Paul Celan und Gisèle Celan-Lestrange*

        [Wien,] 9. Juli 1959

Schon einen Monat ist es her, daß wir Drei sind wie Ihr. Wie habt Ihr ihn verbracht, wandernd, suchend, findend? Das Gebirge hielt Euch: tanta vis admonitionis inest in locis,[1] so steht über der Tauernreise (von Hohen-Tauern schrieb Otto Reicher dem »amicus Jacobus« ein »vivat, crescat, gaudeat«!). Und nun das Tal, mit den einst so grausamen Helligkeiten – möge es Euch offen, heiter sein.

Jakob gedeiht. Im schönsten Wachstum entfaltet er sich Tag um Tag. Nur wenig krächzt er, nach Rabenart, und nur nach Nahrung, die ihm auch reich zuteil wird. Er liebt es, in den Park zu fahren. Zuspruch scheint er Verständnis entgegenzubringen, doch hat er seine eigene Meinung. Er verspricht »très sage« zu werden, bei kleiner, aber kräftiger Natur. – Nani konnte am achten Tag nach Hause gehn und läßt sich schon seit langem keine Arbeit mehr abnehmen; ihr geht es wirklich besonders gut. Wir sind eine vergnügte Familie.

Paul, Deine herrliche Arbeit. ›Großmächtige Gestirne‹ – wie wunderbar ist Dir auch der neue Teil gelungen! Es ist ein schwerer Text, und ich möchte Dich wohl manches fragen. (Ein einziges Wort im ersten Teil stört mich –: Ruinenzier; die Fügung hat etwas Bizarres, rein im Lautlichen; Lautform und Bedeutung disharmonieren fast zu sehr ..). – Zum neuen Teil will ich Dir nächstens vielleicht einzelnes sagen. (Kimm ist, und der Unreim betonts, auffällig ..). – Paul, Du mußt den Schluß jetzt noch bewältigen. Welch schönes, wunderbares Stück.[2] –

Guttenbrunner schrieb vor ein paar Tagen erst – er war weggefahren, war in den Bergen, und hat seine Abwesenheit sehr bedauert. – Milo Dor rief an, als ich ihm nur erst die Anschrift Wald sagen konnte.

Ingeborg hat aus Rom ein langes Telegramm gesandt, erst spät; ihre Freude, so sagte sie, sei dort, in Rom, aufgegangen[3] ..

Die Fahnen mit Jessenin hat Nani heute nach Sils abgesendet. Morgen wohl werde ich Dr. Moras sehen – er kommt von Regensburg, von der Tagung.

Der Mahlgang, Paul – Du kennst das alte Stück:

.. Es quillt nur mehr leuchtender Schnee aus dem Mahlgang des Donners,

Vertrieben der müllernde Herbst aus blütenstaubbraunem
Gemach⁴ . .

»Du findest in dem elementischen Reiche in allen Dingen eine
Ursache, warum oder wie sichs also könne gebären und treiben? In dem Sichtlichen findest du die Zerbrechlichkeit, und
erkundest, daß es einen Anfang habe, dieweil es ein Ende
nimmt. Zum dritten findest du in allen Dingen eine herrliche
Kraft, welches iedes Dinges Leben, Wachsen und Aufsteigen
ist; und empfindest darinnen seine Schöne und sanftes Wohl-
thun, davon es sich reget.« Böhme, Von den drey Principien
Göttlichen Wesens.⁵
Seid herzlichst gegrüßt – Euer Klaus.

228 *Paul Celan an Klaus Demus*

Pension Chasté (bis zum 23. Juli)

[Sils-Baselgia,] Am 16. Juli 1959.
Klaus, da ists nun –
einiges (vieles?) bedarf wohl noch der Korrektur, aber mir
scheint, es ist dennoch schon da, ganz –
Jakob Kaspar und Nani und Klaus:
Seid gegrüßt!
Euer
Paul

Klaus, lies bitte <u>kritisch</u> und aufmerksam, Du bist der einzige,
der mir helfen kann!

[*Anlage:*]¹

[Paris,] 26. 7. 59

Klaus, sag uns bitte, wie's Euch geht! (Wir sind wieder hier, es ist heiß, die Berge hatten uns zu früh entlassen.)

Sag mir auch, ob Dich die Assonanzen in der Jeune Parque stören. (Der deutsche und der französische Reim, das ist freilich zweierlei; wir haben ja noch betonte Stammsilben . .)[1]

Grüße und Grüße!

Dein Paul

230 *Klaus und Nani Demus an Paul Celan und Gisèle Celan-Lestrange*

[Wien,] 29. VII. 1959

Liebster Paul, liebste Gisèle, lieber kleiner Eric,

seid von Herzen gegrüßt in Eurem Zuhause. Wir hoffen, Ihr hattet es so schön wie es sein sollte. Ich wäre Euch wohl gerne ein schönste Ziele malender Führer gewesen in den Bergen, und Eric ein Spielgesell.

Uns Dreien geht es recht recht gut. Jakob ist gesund – ha, das ist gar kein Ausdruck! Er wuchs und formte sich. Stillen, nachdenklichen Wesens scheint er uns zu sein, nicht allzu lebenssicher und der Hilfe in seinen kleinen Lebensnöten vertrauensvoll bedürftig. Noch schenkt er der Welt geringes Augenmerk, sehr zurückhaltend, manchmal sorgenvoll ist sein Wesen. Doch verspricht er, gut und ruhig zu gedeihen. Am lieblichsten ist er in Gisèles schönen Kleidchen – ein sanfter kleiner Herr. Wir sind eine glückliche Familie.[1]

Hab Dank, lieber Paul, für das Manuskript. Du hast wieder ein Außerordentliches geleistet, Herrlichstes – ein wie mühelos schimmerndes schwierigstes Gewebe, eine Wiedergeburt von etwas, das nur aus der Inwendigkeit leben zu können scheint.

Unbedingter scheints mir geworden zu sein im neuen Sprachkörper, das blonde Licht irisierender Bezüglichkeit wich einem Schwerkraftfeld, darin Lebensgewichte geprüft werden: an einem Maß von Ernst und Gefahr, daran die Dinge ihre Letztlichkeit einsetzen müssen. Offener Raum ist statt jener Teichspiegelung, das rezeptierende Medium reflektiert nicht mehr, es absorbiert, macht deutlich, verkörpert –: und vielleicht kam dadurch etwas zu viel Strebung und Gegenstrebung, Leidenschaft, eine zu große Plastik in die gebrochene, vielfach aufgedachte Sprachlandschaft, die sich stark bewegt.

Aber es ist herrlich, Paul. Manche Stellen sind Gold, unvergeßlich, Prägungen. Welch Ergebnis aber auch welcher Arbeit. Ganz wunderbar, Paul. –

Die Verlagszeitung hat ihr Gesicht so gewandelt, daß man die Hommage nicht dort bringen will.[2] Man frägt mich, wo man sie denn unterbringen solle. Im Almanach? Sag mir Deine Meinung, bitte.

Ich hatte und hatte nicht Muße, Paul, früher zu schreiben und etwas zum Ms. zu sagen. Bitte verzeih; es war mir Abend für Abend schwer, es nicht tun zu können. Ein paar Beobachtungen findest Du hier; ich glaube, ich war aufmerksam.[3]

Ein Zeichen sendet, bitte, daß Ihr schon zuhause seid: Dann sende ich gleich das Buch ab. – Überhaupt, bitte schreibe mir ein wenig, mein lieber Paul.

Seid von Herzen gegrüßt, alles Liebe –

Klaus

Weißt Du von Inge? Ich lege etwas bei[4] . .
Wir erhielten nur ein Telegramm zur Geburt, aus Rom.

[*Anlagen:*]

Hallstatt, 24. VIII. 59
Lieber Paul, liebe Gisèle!
Ich sah in Salzburg die Hofmannsthal-Ausstellung – die photogr. Bildnisse sind sehr sehr schön.[1] Die Stadt Salzburg hab ich zum erstenmal wirklich mit allen Kirchen kennengelernt – es ist wohl das Schönste in Österreich. – Dann kamen zwei von lang her ersehnte Berg-Tage, im Tennengebirge – Dolinen, Karst, Kalk – und im Gosaukamm, einer dolomithaft kühnen Kette von Schrofen und Nadeln – zwei lange herrliche Bergtage. Nun will ich oberhalb des schwermütigen Hallstättersees, und nach einem Morgenbad, noch in den Salzberg einfahren – zur Stärkung, Reinigung: für das Gedicht ..

    Von Herzen
       Euer Klaus

Wien, 12. X. 1959
Mein lieber Paul!
Von Herzen freuen wir uns über Dein wunderbares neues Buch, diese große große Leistung.[1] Mandelstamm ist nur durch Dich wieder »vorhanden«, wie Du sagst – aber das Vorhandensein geistiger Substanzen ist ja schon ihre Wirksamkeit, ihr Wachstum, ihr Leben. Deine ganz eigene Gabe »nachzudichten« (das Wort stimmt im Grunde so gar nicht!) ist mir hier noch undurchdringlicher, wundersamer als selbst beim Rimbaud, und zwar des unaufhörlich Quellenden, Knospenden der Sprache wegen und der Einfachheit, Empfindungsreinheit des Tones. Man kann nicht das »Original«, selbst kein substratum suchen. Du sprichst für ihn, wills scheinen, und er steht daneben und ist nicht nur einverstanden, sondern hat Dir zu

sprechen, die Sprache übertragen. So sind die zwei, Ihr beide, nicht zu trennen. Einmütigkeit geschieht.

Nun bist Du aber froh, Paul, gelt; wie sehr muß man Dir danken; ich tus, von Herzen.

Jakob sagt seine Liebe, Dir und Gisèle und Eric – oh er kann das im Lächeln so viel besser als sein erstummter Vater. Alles, alles Liebe

Klaus

233 *Klaus Demus an Paul Celan*

Luxemburg, 19. Nov. 1959

Mein lieber Paul!

Alles Liebe zu Deinem Geburtstag, alles Gute für Dein neues Lebensjahr!

Du hast uns wieder reich beschenkt, es war ein gutes, ein reiches Jahr. Deine zweite Char-Übersetzung sah ich und das schöne Gedicht der Emily Dickinson.[1] Nun, ich mag René Char nicht, und Du hast mir Ähnliches gesagt. Ich habe deshalb das Buch, das ich bekam, weggegeben. Aber ich hätte gerne Deine zweite Übersetzung; solltest Du mir noch eine Abschrift geben können, wäre ich sehr dankbar.[2]

Deine Prosa, Paul, strahlt vor Klarheit. Es gibt keine Schliere, keine Trübung in diesem Geistigen. Du bist der Einzige, der das ganze Deutsch spricht. Niemand kann es übersehen.[3]

Ich hab hier Bilder zu hängen gehabt, morgen werde ich in Zürich Inge sehen. Zu Deinem Geburtstag werden wir, Nani, Jakob und ich, Deiner gedenken.

Leb wohl, lieber Paul. Bitte grüße mir Gisèle und Eric von Herzen.

Dein Klaus

234 *Paul Celan an Klaus Demus, [Paris,] 28. 11. 1959*
   [nicht abgeschickt]

Lieber Klaus,
ich bin müde, ich kann Dir keinen langen Brief schreiben. Einmal, wenn wir uns wiedersehen, wollen wir über Deinen Brief sprechen.[1]

(Ingeborg – die weiß Gott tief in jenem Literaturbetrieb steckt, den Du windig nennst – hat Dir ihre Meinung * suggeriert. Gegen die meine, so unbequeme. Es wird spät.)
   Alles Gute!
                Paul

* Mag sein, daß sie diese Meinung als Schutz braucht – vor der Wahrheit, vor sich selbst; was jedoch die Wahrheit nicht aufhebt ...

234a *Paul Celan an Klaus Demus, [Paris,] 29. 11. 1959*
   [nicht abgeschickt]

Dein Brief, Klaus, Dein Brief ...
Er tut weh, eine Stelle darin – ach ja, eine Stelle darin ist geradezu furchtbar ...
   Ich bin müde, Klaus. Laß uns, wenn wir einander wiedersehen, von diesem Brief sprechen –
   Ingeborg, die an mancher Wahrheit vorbeispricht (und vorbeischweigt), hat Dir Ihre – trotz allem bequeme – Meinung suggeriert; kein Wunder, daß sie Dir meinen Brief an Max Frisch – Klaus, es war <u>deutlich</u> ein Notschrei! – und den Brief von Max Frisch an mich nicht gezeigt hat ... (Nicht zum erstenmal begegnen mir solche Dinge; nicht zum erstenmal schweigt Ingeborg dazu ...)
Klaus, Klaus.

Es wird spät.

Klaus, Furchtbares ist, es ist nicht lange her, geschehen, es gehört zur Wahrheit, Furchtbares kommt jetzt wieder – im Gefolge der Verlogenheit und der Feigheit.

Klaus, um Gottes willen: bleib bei der Wahrheit, bei der ganzen Wahrheit!

Dein

Paul

Ich tippe jetzt die Junge Parze; ich danke Dir, Klaus, für Deine Hinweise und Korrekturen!

234b *Paul Celan an Klaus Demus, [Paris, Ende November*
1959, nicht abgeschickt]

Mein lieber Klaus,
ach, ach, ach ...
Ich sehe – aus Deinem Brief –, daß Ingeborg nichts wirklich eingesehen hat. Letzten Endes hat man es – und nur so erklärt es sich ja auch, daß man mich verletzt: nicht Max Frisch hat mich beleidigt, sondern ich bin sozusagen von vornherein der Beleidigte und Gekränkte, was immer man mir auch sagen mag, es läuft darauf hinaus –, letzten Endes hat man es also immer mit meiner »Überempfindlichkeit« zu tun ... Auf den Gedanken, daß ich vielleicht richtig sehe, richtig sehe, weil ich Erfahrungen und ein offenes Auge habe, auf diesen Gedanken kommt man nie; da kommt selbst das kleine, leise Vielleicht nicht in Frage.
Was man selbst unterläßt, das – nun, das ist natürlich ebenfalls meine, des Überempfindlichen, Schuld. Kann denn der »Überempfindliche« überhaupt etwas wahrnehmen? Nein, das kann er nicht, das können nur die anderen ... Darüber ob etwas Hitlerei ist, ja darüber kann der Jude Paul Celan nicht entscheiden, da muß er warten,[1]

[Wien,] 1. Dezember 1959.
Paul, Du mein lieber Bruder, mein einziger Freund. Ich bitte
Dich so inständig, verzeih mir. Gib mir ein Zeichen Deines
Gutseins. Ich hätte Dir nie, nie einen solchen Brief schreiben
dürfen. Meine Stellung zu Dir ist ja so unbedingt – eingeboren.
Dieses unbedingt Fraglose mußt Du doch auch jetzt gespürt
haben. Ich hatte solches Vertrauen in die Unmöglichkeit des
Entstehenkönnens eines Schattens, einer Kränkung. Ich könnte
es nicht ertragen, um nichts hinnehmen – es kann nicht möglich
sein, das gibt es nicht zwischen uns. Ich weiß es immer, daß es
ein unbegreifliches Geschenk ist, daß Du mir gut bist. Ich habe
Angst – und bin doch ohne Wanken.
Sei mir gut, Paul, ich lasse Dich nicht –

Klaus

236 *Paul Celan an Klaus Demus*

[Paris,] 4. XII. 59.
Sei ohne Sorge, Klaus, wir bleiben Freunde.
Aber Dein Brief vom 23. November, Klaus: das war schwer…
Laß uns, wenn wir uns wieder sehn, davon sprechen – ich bin
jetzt – glaub mirs – vor Müdigkeit wirklich nicht dazu fähig. (In
Deinem Brief steht ein geradezu furchtbarer Satz.)
    Was soll ich nun zu Ingeborgs Handlungsweise sagen? Daß
sie die Dinge, die sie Dir suggeriert hat, auch sich selbst vor-
macht – nein, das entschuldigt sie nicht. Erstens: Wie konnte sie
nur mit meinem Brief über Dich herfallen? Und dann: Wie
konnte sie Dir, da sie Dir meinen Brief zeigte, den Brief von
Frisch an mich vorenthalten![1] (Dieser Brief, Klaus, ist eine einzige Beleidigung und Unverschämtheit.) *)
    Es ist auch nicht wahr, Klaus, daß mein Notschrei … kein

Notschrei gewesen sei; wahr ist, daß er es deutlich war – in meinen Zeilen an Frisch sogar überdeutlich; wahr ist ferner, daß Ingeborg nicht zum erstenmal zu solchen Dingen schweigt; und ausgesprochen – nun, hier mag ein Euphemismus stehen –, ausgesprochen »unfair« ist es, in das Ganze auch noch ihre – nicht davon herrührenden! – Schwierigkeiten mit M. F. einzubauen.

Es geht mir ja um Wahrheit, Klaus, um Einsicht … Nicht alles, Klaus, kann, da es sich absolut setzt, auf dieses eine verzichten: auf Verstehen und Einsehen!

Und – nebenbei – der Literaturbetrieb, den Du »windig« nennst: wer, wie Ingeborg, tief darin steckt – was sie übrigens keineswegs nötig hat, sondern selbst, d. h. aus freien Stücken immer wieder aufsucht –, sollte sich das zumindest eingestehen. Diese Tatsache ist – leider – unverrückbar: Ingeborg ist auf die Tagung der Gruppe 47 gefahren und hat meinen Brief mit keinem Wort beantwortet:[2] die Literatur und der damit verbundene Erfolg – sämtliche Tageszeitungen berichten dann darüber – ist wichtiger …

Ich übertreibe nicht, Klaus, ich spreche von Tatsachen – ich könnte Dir jetzt noch andere nennen.

So tragisch das sein mag, es ist auch – hier stehe nun das richtige Wort – schamlos. Und noch schamloser ist es, über meinen einzigen Freund mit halben Schilderungen herzufallen und ihn dazu zu bringen, mir diesen – Deinen – Brief zu schreiben …

Während man selbst nach Frankfurt fährt und sich von der Öffentlichkeit Beifall zu seiner mit vornehmen Namen und Zitaten garnierten Vorlesung über »Poetik« Beifall klatschen läßt[3] … (ohne, wie versprochen, Gisèle ein paar Zeilen zu schreiben.)

Alles Gute, Klaus!

Paul

Ich habe Ingeborg nach jenem maschinengeschriebenen Brief einen zweiten, weiß Gott herzlichen geschrieben;[4] was dazu geführt hat, daß sie sich mit der Blöcker-Sache – sie ist Hitlerei – gar nicht mehr auseinandersetzt usw. usw. ... Wozu denn auch? Solche Dinge bringen nur Aufregung und keinerlei Beifall ...

Wie bequem, diesen Paul Celan einen »Überempfindlichen« zu nennen – wie die Antisemiten ... Schon einmal hat Ingeborg mir gesagt, solche Dinge in den Papierkorb zu tun; die Wahrheit und das Gewissen – in den Papierkorb!!

Ich bin kein »Professeur«, ich bin ein einfacher Deutsch-Lektor.[5]

[*)] Im übrigen hat erst dieser Brief von Frisch an mich Ingeborg daran erinnert, daß sie mir eine Antwortet schulde –

237 *Klaus Demus an Paul Celan*

[Wien,] 8. XII. 1959[1]

Lieber Paul!
Ich danke Dir für Deinen Brief.

Wahrscheinlich werden wir uns bald sehen können, kurz, zu Ende der nächsten Woche.[2] Ich schreibe noch rechtzeitig.

Erlaß mir deshalb ein Eingehen auf Deinen Brief, bitte – heben wir alles zu Sagende auf für das Gespräch.

Grüße mir bitte von Herzen Gisèle.

Paul, sei guten Mutes!

– lang von viel Schmerz
fällt Dunkles, aber
spät weiß wehn
in schneegelähmter Nacht
die letzten Zeichen.[3]

Klaus

Luxemburg, 15. XII. 59

Lieber Paul, liebe Gisèle,

in wenigen Tagen hoffe ich bei Euch zu sein. Morgen geht es
von hier nach Belgien, Mecheln, wo ich bis Freitag oder Samstag zu tun haben werde, so daß ich Samstag oder Sonntag in
Paris sein kann. Leider wird es nur sehr kurz sein können ..
Ich freue mich so sehr, Euch und Eric zu sehen –

Von Herzen

Klaus

Wien, den 19. I. 1960

Mein lieber Paul!

Schon lange hätte ich Dir schreiben müssen, bei allem, was
geschehen ist an Furchtbarem. Aber bei meinem großen Abscheu vor Zeitungen war ich fast ganz in Unkenntnis der Dinge,
die Dich diese Zeit hindurch beunruhigt haben müssen. Erst
Gisèles lieber Brief hat uns aufmerksam gemacht, und nun freilich sind wir bestürzt.[1] Nicht daß mich, schon durch Dich,
Umtriebe dieser Gesinnung schon lang beunruhigt hätten; aber
daß sich das offen an den Tag wagt und überall Boden finden
konnte, dafür finde ich keine Erklärung. Es ist wahr, in meinem
Lebensbereich bin ich noch nie auf auch nur eine Andeutung
davon gestoßen; im Gegenteil, wie oft höre ich Menschen klagen, Wiener und Fremde, daß sich das Fehlen der Juden so sehr
in einem Verfall des Charakters der Stadt bemerkbar mache;
und immer kann man eine stumme heiße Sympathie bei den
Leuten auf der Straße spüren, wenn die schönen schwarzgeklei-
deten Männer mit Bärten und großem Hut vorbeigehen – immer ist dieses Gefühl da, ein Verbundensein der anderen, ganz
plötzlich, ein schönes, warmes Einverständnis der Sympathie.

Manchmal kommen Emigranten auf Besuch ins Belvedere, fragen nach Bildern, hatten selbst Sammlungen besessen, erzählen ein wenig (kürzlich war es einer, der Broch in Amerika gut gekannt hat): es ist uns allen dann, wie wenn das wichtigste Element, das Leben des seither toten Wien, für diese Augenblicke zurückgekehrt wäre – und es ist ja auch so. – Von Wien aus, und dies wollte ich sagen, muß das Geschehene besonders unverständlich sein. Freilich, auch hier ist das Entsetzliche im Krieg getan worden, und nicht nur der Pöbel war nicht besser. Aber ich glaube wirklich – soweit ich eben urteilen kann – daß, bis auf den Antisemitismus der stark katholischen Kreise, der kein radikaler ist, Ausschreitungen nach dem Bekanntwerden des unfaßbar Entsetzlichen um 1945 unmöglich geworden sind. Freilich, zum Teil, wenn man ruhig urteilt, mag diese auf der Straße zu spürende Sympathie, die ich immer wieder erlebe, auf ein Schuldbewußtsein gegründet sein; aber es liegt auch eine unausdrückbare Werbung darin, gleichsam eine Einladung zum wieder gemeinsamen Wohnen, und ein Erinnern der besseren Zeit; im Einzelfall – und man begegnet sich mit den Blicken – eine Bitte, die Trennung wieder aufzuheben. – Ich wollte nur sagen, Paul, daß Du mein langes Nichtgewahren der Dinge von hier aus verstehen mußt, bitte; es schien so unmöglich wie es die nochmalige Täuschung durch die Deutschen der hiesigen Mentalität ist. Zumindest der Wiener wird, vor die Wahl gestellt, sich unbedingt für den Juden und gegen den Deutschen entscheiden, als für den, mit dem er zusammenleben möchte. Denn die Juden sind ihm Österreicher, in einem Grade und einer Qualität, die der, der nicht Jude ist, nicht hat, bewundert, braucht und liebt. Ich glaube, daß das objektiv wahr ist, von den meisten aus gesagt. Ich glaube auch, daß die Haltung des österreichischen Botschafters das ausgesprochen hat.

Verzeih mir, liebster Paul, diesen unförmlichen Brief. Ich wollte sprechen zu Dir. Wir denken so sehr an Euch.

Sei in Liebe herzlichst umarmt, mit Gisèle und Eric.

Dein Klaus

[Paris,] Am 25. Jänner 1960.

Mein lieber Klaus,

ich danke Dir, von Herzen, für Deinen guten Brief. Wir haben
jetzt wieder unruhige Tage – dieses Jahr begann ja, kaum von
ungefähr, mit dem Tode von Albert Camus[1] –, aber wir selbst
sind ruhig.

Verzeih, wenn ich Dir heute nur ein paar Zeilen schicke: es
soll bald mehr kommen, auch die beiden Gedichte.[2]

Vorige Woche war ich in Frankfurt, um zu sehen und zu
hören. Trauriges auch dort: bei Fischers anonyme Nazi-Briefe;
eine der weiblichen Angestellten mußte, als sie den Telephon-
Hörer abhob, das Wort »Judenhure« hören ...

Ich habe, Dr. Hirsch war so freundlich, es von heute auf
morgen zu arrangieren, die Junge Parze gelesen; nun soll das
Buch kommen, im April.[3]

(Ingeborg war zwei Tage vorher dagewesen, konnte aber, obwohl sie wußte, daß man mich erwartete, nicht länger bleiben
... In ihrer dritten Vorlesung zitierte sie viel Hocke ... Du
erinnerst Dich, daß dieser Lump an einer Stelle auch die
Goll-Infamie unterstützt[4] ...

Ich habe Ingeborg und Max Frisch noch jenes »helle« Wort
gesagt – umsonst, Klaus, umsonst ...[*])

Hat das Burgtheater reagiert?[5] Ich wollte Dich noch, für den
Fall, daß die Lesung zustande kommt, fragen, ob Du nicht ein
paar Worte sagen könntest, ehe ich zu lesen beginne – nur so,
Klaus, wäre diese Lesung gut und wahr.

Gisèle ist aus dem Gebirge zurück, Eric ist guter Dinge.
Friede Eurer Hütte![6]

Von Herzen
Paul

*) Bitte, sag ihnen nichts, sie hörens nicht mehr, können es nicht mehr wahrnehmen ... Keine spontane Regung mehr, keine Worte – nur Gerede und Geschreibe ... Schamlos, Klaus, schamlos!

Eine Bitte noch, Klaus: Vielleicht lassen sich in Wien die drei Bände ›Prosaische Schriften‹ von Moritz Heimann finden (nicht ›Wintergespinst‹, das ich besitze).[7] Lest sie, Klaus, beide: es sind wunderbare Seiten darin.

241 *Klaus Demus an Paul Celan*

Wien, am 8. Feber 1960.

Mein lieber Paul,
herzlichst danke ich Dir für Deinen Brief – es ist so schön, einen Brief von dir zu bekommen. Könnte ich Dir nur öfter schreiben – Du weißt, wie das ist.

Wie gerne wäre ich in Frankfurt gewesen, Dich lesen zu hören; nun muß ich sehr viel Hoffnung einsetzen, daß es bald in Wien wird sein können. Es wird Dich ärgern, lieber Paul, was ich zu berichten habe – aber es ist nur Ungeschick der Leute, und ich möchte Dich herzlich bitten, doch zu kommen.

Nun, es steht so: Dr. Schwarz war erst vor drei Tagen wieder zu sprechen, er war sehr nett und sagte mit vieler Wärme für Dich und entschuldigend, daß man – d. h. sein Direktor Häussermann[1] – aus der Befürchtung heraus, das Haus würde bei dem in Wien ja so besonders auf wenige Einzelne beschränkten Interesse an Gedichten dann nicht recht besetzt sein, wenn kein Schauspieler, sondern Du selber sprechen würdest, – daß man also, weil man Deinen durch mich vorgebrachten Wunsch gerne respektieren will, das Programm der Matinée auf »Österreichische Dichter im Ausland« umgeändert habe.[2] Und zwar hat man – Dr. Häussermann – noch Ilse Aichinger und Ingeborg dazu eingeladen. Selbstverständlich wird man Dir schreiben und Dich fragen, doch wollte man zuvor der Zusage der beiden sicher sein; die von der Aichinger ist schon da, Ingeborgs ist noch nicht sicher des Termins – April – wegen, sie hat aber telegraphisch einen Brief angekündigt.

Nun, Paul, so steht es. Es ist möglich, daß Inge nicht zusagen wird – vielleicht denkt sie darüber nach. Keinesfalls, das war aus dem Gespräch mit Dr. Schwarz zu verstehen, wollte man Dir nahetreten in irgendeiner Weise. Man veranstaltet öfter Lesungen mehrerer Autoren – so war eines der letzten Programme, vor einer Lesung im Gedenken an Albert Camus letztens, »Jüdische Dichter aus Österreich« – leider konnte ich beides nicht hören. Es würde Dir wie den anderen je eine gute halbe Stunde zur Verfügung stehen, und Du würdest selbst lesen.

Ich wäre wirklich aber ganz ganz betrübt, wenn das nun Dir unmöglich erschiene. Dieser Direktor ist noch nicht lange im Amt, weiß Gott von welcher früheren Amtstätigkeit er berufen wurde, so deckt sich also diese Idee nicht mit dem ursprünglichen Wunsch der Burgtheaterleute, die damals noch einen anderen Chef hatten, wie ich glaube. Du bist ein Dichter aus dem alten Österreich im Ausland, wer sonst als Du – komm nun als dieser. Es sind diese Veranstaltungen niemals laut, solche finden in anderem Rahmen statt. Es ist schade, Dr. Schwarz empfand es auch – aber Du wirst dann wiederkommen, gewiß, – und man hat nichts Böses gewollt, nur konservativ-ängstlich gedacht. Bitte, Paul –

Ich bekam heute einen »Schippel« von Kritiken, meist noch vom vorigen Jahr – sehr wenige gute Haare ließ man mir.[3] Nun, ich erwartete nichts anderes; einzig F. Heer meinte es gut, wir sind zusammen besprochen, mit – H. C. Artmann![4] Heer hat kein Organ für Gedichte, er weiß nur von ihm etwas zu sagen, für Dich hat er nur Respekt, für mich weltanschauliches Wohlwollen und Nettigkeit. Aber was liegt denn daran, Paul – gar nichts, und seit je. Wenn man nur schreiben könnte!

Das Bübl gedeiht und ist lieb, Nani hält das Haus und ihre

Männer zusammen. Wir bitten Gisèle sehr herzlich, Dir einen kleinen Schubs zum Kommen zu geben – und Eric wünscht sich sicherlich wieder einen Sterngucker aus Wien, von Dir mitgebracht ..

Gutes Euch allen!

Von Herzen Klaus

242 *Klaus Demus an Paul Celan*

Wien, den 20. II. 60

Mein lieber Paul,

wie gut war es, mit Deiner herübergeschickten Stimme umzugehen, die Reden lebendig zusammenzuflechten, Dich selbst sprechen zu hören zu mir.[1] Sei vielmals bedankt für diese Liebe. – Nun hoff ich für Dich, daß diese lange schwärende Sache zerlegt ist, in Deinen Teil und in den anderen, und daß dazwischen Vergessen, trennendes, wächst. Wenn ich Dir raten dürfte, so wäre es dies, ein Siegel auf all das zu legen, es hinter Dir zu lassen, weils ja nun eine Zone gibt, über die nichts mehr von hüben nach drüben – und umgekehrt – dringen soll. Fasse es als einen notwendigen Schnitt auf, quer durch Schmerzliches getan; horche nicht mehr über die Kluft hinweg und sende nichts hinüber: die unterbrochene Spannung soll ja zusammenfallen, Du mußt Dich bemühen, allen Ernstes darum bemühen, frei zu werden, ruhig, gesund. Du kannst das Schmerzlichste und Furchtbarste in der Unordnung der Zeit nicht stets auf Dich laden und allem durch geopferte Seelenkraft Gegengewicht sein wollen. Du hast es mir in Paris gezeigt, schmerzlich klar, daß dies Dein Tun und Opfern wahr und gerecht ist und daß Du richtig siehst.[2] Freilich kennst Du mich als besonders ahnungslos und unsensibel für mir unangenehme menschliche Dinge – allein offenes Unrecht, Böses macht mich aktiv, das nicht mehr durch die Unzulänglichkeit entschuldbar ist, aus der die Materie der menschlichen Dinge doch so sehr besteht. »In was für einer Welt leben wir!«, so hast Du mir wieder gesagt. Ja, Paul, ich weiß es, ich erfahre es nicht so wie Du durch stete Verwundungen, aber ich weiß es wohl. Ich hab keine Weisheit, dem etwas entgegen zu setzen, aber ich fliehe doch auch nicht davor. Die Dinge, die eigentlichen, um die es sich für unsere Arbeit handelt, die beginnen aber doch erst darüber, dahinter, und dort geht alles einen gerechten Gang. Auch ich sehe kein Licht, wenn nicht über mir. Ich kann den Dingen nicht vorausdenken, sage ich mir; die Welt ist wohl herrlich, denn sie könnte es sein, und die Möglichkeiten fangen in mir an, im Jetzt, und was könnte ich Besseres dafür tun, als ihren Wurzeln, die in mich reichen, die Nahrung des Glaubens an ihre Herrlichkeit zu geben? Denn da nichts Gedachtes verloren ist, sondern das Kommende bereiten hilft – Isaak Lurja hat diesen Gedanken stark gemacht[3] –, so ists doch not, die Herrlichkeit anzudenken, die der »oberen Welt«, die mit irgend etwas in der unseren doch korrespondieren muß – mit Gedanken, Regungen, mit geborenen Keimen von Möglichkeiten.

»Es sind die irdischen Dinge sehr gebrechlich«, der Satz Hofmannsthals[4] ist in einem Zusammenhang von Hoffnung, von Vertrauen auf die gerechte Leitung eines Ganzen gesagt, ohne die die Welt sich keinen einzigen nächsten Morgen verdienen könnte.

Vielleicht darfst Du nicht hoffen, Paul, daß das, was Du dem Ungrund abgewinnst in Deinem Leben, Deinem Schreiben, Dir sichtbare Wirkung tut (obwohl Du's so viel erfahren darfst von Einzelnen), ja ganz gewiß wird dies kein Gegengewicht sein können zum Unerträglichen, das an Dir sein Polares sucht. Des steinigen Bodens ist viel, Paul, aber des Zählbaren in die Furchen Geratenen ist übergenug, damit Herrliches aufgehe, später. Ich glaube nicht, daß Gedichte in den Dimensionen ihrer Zeit real auskristallisieren können zu ihrer Eigengestalt; genug, wenn sie gewahrt werden von einer Anzahl sie wenn nicht Erkennender so doch Achtender, die sie weitertragen in der Zeit, bis ihr Flammpunkt gekommen ist. Dies Genug ist Dir fast schon vor Anfang gesichert gewesen, Du weißt es (bei mir siehts freilich trüb aus – ich hab das Gefühl, noch nicht einmal den einen einzigen unsichtbaren Leser mit meinem Kernpunkt erreicht zu haben!), Deine Pyramide baut sich schon auf über die Sedimente ephemerer Flut und Ebbe. Sie breiten Wüstes genug um Dich aus, daß keine gangbaren Straßen im Umkreis zu bleiben scheinen, aber der Ort, an dem Du stehst, ist schon Festpunkt und Maß.

Darf ich noch eine Sorge nennen? Du hast schon genug getan, Dich wehrend und der Unwürde wehrend; laß dem, was keiner Satisfaktion wert ist, keine Handhabe zum Gerede, schenk nicht dem Unverständnis Dein Vertrauen, es kann Deine Sache nicht verfechten. Entziehe Deinem Schreiben keine Kraft, dies allein schwächt Deine Sache; ihr zugewandt, dem Gedicht, reicht Dein Bewirken allein ins Klare.

Sei herzlichst umarmt, liebster Paul.

Lebt alle Drei recht recht wohl!

Klaus

243 *Klaus Demus an Paul Celan*

[Wien,] 5. April 1960

Mein lieber Paul!

Wir haben Deine ›Junge Parze‹, das schöne Buch, mit großer Freude empfangen.[1] Wir danken Dir herzlich, mein Lieber. Ich muß Dir sagen, daß ich nichts finde, dieses ganz gelungene Wunder daran zu messen. Versuche ich das Einzigartige von einem das Ganze Durchziehenden her zu fassen, zu bestimmen, so ist es der darin waltende Sprachgeist. Der ist von einer solchen Höhe, Reife und Würde, daß ich das Ganze zu den hervorragendsten Stücken der deutschen Sprachkunst zählen muß. Die Dir ganz eigene Empfindlichkeit, geistige Genauigkeit und gerechte Durchsicht bis ins Letzte, die Dir den Rang der ersten Instanz für den gegenwärtigen Sprachzustand geben, sind von einer wundervollen unanrührbaren Zartheit des Wachseins getragen.

Welches Ereignis ist alles von Dir Geschriebene! Laß Dich bitten, lieber Paul, viel zu schreiben, nie auszusetzen, die Not immer in Tugend umzusetzen. Kannst Du, wie Du klagtest, jetzt nur ganz selten zum Gedicht kommen, so laß Dich mahnen, selbst neben dem Übersetzen, noch andere Formen zu versuchen. Wie wesentlich wären als Gefäß Deiner Aussage die Formen der gebundenen Äußerung in Prosa, angefangen von den Kleinformen der »gelegentlichen Äußerungen« bis zur Rede, von der Du schon ein so schönes Beispiel gegeben hast, der großen darstellenden Brief-Form, dem Bericht und der Berichtigung und vielen Möglichkeiten, der verantwortlichen Äußerung literarische Fiktionen anzuformen.[2] Es wäre bald Deine ernste Pflicht, Paul, die ausdrückliche Rede zu ergreifen, Du bist Instanz für einen großen Gehörkreis, Du mußt das Erwartete, von niemandem Ersprechbare zu sagen beginnen, da und dort zunächst, unbekümmert um den Ort und seine Akustik, im gleichen schwersten Ton, der durch die Nähe hindurchspricht in den noch nicht geschlossenen Horizont (er faßt sich schon, ist erst einmal die tönende Mitte da). Denke darüber, Paul, ob dies nicht sein muß; übernimm die Verantwortlichkeit, die der Dichter im »Harmlosesten« geheim trägt, auch in der Zeit und nach außen hin. – Tu etwas, Paul! Und schiebe, was Du darüber denkst, nicht zu den Plänen. Ich glaube zutiefst, jetzt ist die Verpflichtung nicht mehr lange abzuweisen, Du wirst müssen.

Und was wäre Dir gegeben zu bewirken! Auch Du, so glaube ich, wirst der Hoffnung ihr Tor lassen, und zeigst Du es, so hast Du viele, die unter dem Unschicksal dieser Unzeit ermatten und nichts mehr der Anstrengung der Gegenwehr für wert halten, schon in ihrer Flucht zum Stehn gebracht. Die so manchen Gutmeinenden können das nicht, ohne die aus der Sprache schlagende Wahrheit bringt mans nur zur Erbaulichkeit, die nicht betroffen macht. Du aber könntest es. Es gilt, dennoch trotz allem, dies, was Hofmannsthal in dem unerschöpflich schönen Vorwort zu ›Wert und Ehre deutscher Sprache‹ sagte: »Denn wir sind uns der Bedrohung des Ganzen bewußt. Einen letzten Glauben, es bestehe unversehrt wenngleich verborgen die Mitte der Nation und werde dies in Empfang nehmen, wollen wir nicht aufgeben.«[3] Es gilt, mutatis mutandis zwar, aber es gilt. – Wir grüßen von Herzen Gisèle, der ich so lange schon schreiben möchte, – ganz von Herzen, und Eric und Dich. Herzlichst Klaus.

244 *Klaus Demus an Paul Celan*

24. IV. 60

Mein lieber Paul,
heute nur dies, von Otto Reicher, möge es Dich recht freuen![1]

Du weißt, Reicher ist mir eine hohe Instanz, ich habe die größte Ehrfurcht vor dem alten Mann und schätze mich sehr glücklich ihn kennen zu dürfen. Obwohl Mell[2] noch lebt, ist mir Reicher der letzte lebendige Zeuge des österreichischen Kreises um Hofmannsthal. Ich kenne, außer der Tauernreise, nur eine in einem Jahrbuch für Typographie abgedruckte Seite aus einem ›Südsteirischen Tagebuch‹, die sehr schön ist, und drei sehr dichte, Hamannische Seiten kunstphilosophischen Inhalts. Die Tauernreise aufzutreiben will ich die Hoffnung nicht aufgeben; sie ist, um Erläuterungen bergtechnischer Ausdrücke vermehrt, bei Georg [Otto] Müller 1938 in einer bibliophilen Ausgabe erschienen. Aus einer brieflichen Andeutung Reichers vermute ich, daß er mit einer Überarbeitung beschäftigt ist, die Victor Hammer, der auch mit Meza zusammenhängende Typograph, dereinst herausbringen will.[3] Wie manches mag aber noch ungedruckt vorliegen.

In Österreich, Paul, weiß ich niemanden außer eben Otto Reicher, dessen Urteil und Zustimmung mir von höchstem Wert ist.

Die beiden »Parzen«, die er Dir sendet, hab ich in Olympia im Museum gesehen, sie gehören dem um 450 entstandenen West-giebel an, in dessen Mitte die hoheitsvollste, herrlichste Gestalt der Antike und ihre größte plastische Schöpfung, die Apollon-Figur steht, in der das Bild dieses Gottes für immer seine Züge gefunden hat.

Es geht uns gut; wie herzlich wünschen wir das gleiche für Euch!

Von Herzen
Klaus

[*Anlage:*]

245 *Paul Celan an Klaus Demus*

[Paris,] Am 5. Mai 1960.

Mein guter Klaus,
ich soll unter die Menschen gehn, sagst Du, ich soll lesen und sprechen ...

Schau, Klaus, was mich unter den Menschen erwartet, ich legs diesem Brief bei.

Soll ich mich wundern, Klaus? Fräulein Bachmann findet ja auch nichts anderes als in ihren Poetik-Vorlesungen Herrn Hok-ke, einen andern Hohoff und Goll-Komplizen, zu zitieren ...

Klaus, Klaus ... Wie viele haben, wie dieser Goll, ihre Ge-dichte nur deshalb schreiben können, weil es die meinen gab! Und dann helfen sie denjenigen, die meine Gedichte und damit – ach ja, Klaus, ach ja – auch mich morden, bei ihrem Werk.

Aber ich muß etwas tun, eh's zu spät ist: der Gedanke, daß das Kind sich mit dieser Niedertracht herumschlagen soll, – dieser Gedanke ist mir unerträglich.[1]

Ich fahre Mitte nächster Woche nach Frankfurt, um mit dem Anwalt des Fischer Verlags zu sprechen.[2] Aber, Klaus: Kein Verlag liebt solche Autoren wie mich. Ich komme ja immer wieder nur mit solchen Sachen … Und da fühlt man sich eben an all das erinnert, was man so gerne unterlassen hat. Denn, Klaus: Wenn auch nur _einer_ von denen, die seit Jahren diese niederträchtigen Briefe der Gollin bekommen, auch nur ein halbes Wort der Empörung hätten laut werden lassen, es wäre nicht so weit gekommen. Man gönnt mir das, Klaus. Und auf seine Weise gehört auch _das_ in den Nazi-Kontext. Wie auch die Besprechung der Parze (die ich Dir schicke) in di_ese_n Kontext gehört.[3]

Hör zu, Klaus: Jeder andere als ich wäre, hätte er die Jeune Parque übertragen, über den grünen Klee gelobt worden. Mich, den Juden, muß man aber »am Boden zerstören«. Wo man mit dem Giftzahn nicht heran kann, da ist meine Übersetzung bestenfalls »verblüffend gelungen«. Es ist, leicht abgewandelt, die alte Geschichte vom jüdischen Scharlatan:[4] durch irgendeinen unsauberen Hokuspokus bring ichs fertig, die Leute hinters Licht zu führen: fast möchte man glauben, meine Gedichte seien wirklich Gedichte. Aber bei näherem Hinsehn stellt sich heraus, wie geschickt ich's g_emacht_ hab. Ein Virtuose – vielleicht … Ein Dichter – nein, das gewiß nicht. – Ich erfinde nichts, Klaus, ich kann's Dir zeigen, schwarz auf weiß.

Klaus, ich fahre also nach Frankfurt. Aber es ist möglich – Dr. Hirsch deutete das bereits an –, daß ich, um den Verlagsanwalt zu sehen, nach Stuttgart muß. Ob es Dir möglich wäre, Klaus, am Sonntag dort zu sein. Ich weiß, Klaus, es ist weit. Oder in München, wohin ichs ja dann nicht weit hab? Oder – denn mit wem kann ich noch richtig darüber sprechen? – Ende Mai irgendwo an der österreichisch-schweizerischen Grenze. (Ich habe Nelly Sachs, die zum erstenmal nach vielen Jahren Schweden verläßt, versprochen, sie in Zürich zu besuchen.[5])

Bitte tu' nichts, eh wirs nicht besprochen haben. Ich will versuchen, Dich Freitag vormittag aus Frankfurt anzurufen (im Belvedere).

Grüß die Nani, grüß Euern Jakob!

Immer Dein Paul

[*Anlage:*][6]

246 *Klaus Demus an Paul Celan*

[Wien,] 9. Mai 1960

BIN FREITAG VORMITTAG BEI FISCHER FRANKFURT
HERZLICHST KLAUS

247 *Paul Celan an Klaus Demus*

Es gibt Augen, die den Dingen auf den Grund gehen. Die erblicken einen Grund.

Und es gibt solche, die in die Tiefe der Dinge gehen. Die erblicken keinen Grund. Aber sie sehen tiefer.

Frankfurt, 13. 5. 60

X

Nur der Unverstandene versteht die anderen.[1]

[Paris, 23. 5. 1960][1]

Mein lieber, mein guter Klaus!

In einer Woche hast Du Geburtstag: ich wünsche Dir – wir wünschen Dir und Euch alles Frohe und Wahre und Gute!

Klaus, Guter! Laß es Dir gut gehn, laß Deine Reichtümer da sein – nimm sie wahr!

Wieviel Dank ich Dir schuldig bin, Klaus! Für Deine Freundschaft, die einzige, die mir zuteil werden durfte![2] Für meine Gedichte, Klaus, für das zu mir Sprechende und Helfende Deiner Dichtung! Klaus, bitte, <u>schreib</u> Deine Gedichte, trag sie nicht ins Stumme, schreib sie in diese Welt!

Sei gegrüßt, Klaus. Sei gegrüßt, Nani. Sei gegrüßt, Jakob Kaspar.

Immer Euer Paul

Am 23. Mai 1960.

248a *Paul Celan an Klaus und Nani Demus*

23. 5. 1960.

Klaus, Nani, Ihr werdet mit mir unzufrieden sein: ich habe vorigen Donnerstag an Ingeborg geschrieben.[1] Ich mußte es tun, ich selbst, auch wegen Nelly Sachs, die mich gebeten hat, sie auf dem Flugplatz zu erwarten (wo auch Ingeborg sie erwartet.) Ich habe Ingeborg sagen müssen, was ich denke: daß sie sich verabenteuert hat, daß sie meinen Verleumdern (Hildesheimer u. a.)[2] aufs Wort glaubt; ich habe sie gefragt, ob sie sich nicht schäme. Das <u>mußte</u> ich sagen, ehe ich ihr den Vorschlag machte, sie zum Flugzeug zu begleiten und, wenn sie es wünsche, mit ihr über alles zu sprechen. Ich habe sie auch <u>gebeten,</u> <u>sich</u> – und nicht andere – zu fragen, ehe sie mir antwortet oder nicht antwortet. –

Es ist keine Antwort gekommen. Ich habe gestern und heute versucht, sie telegraphisch zu erreichen – vergebens.

Klaus, Nani: daß mir auch dieser Weg – der Weg zur einzigen lebenden jüdischen Dichterin – vertreten wird![3]
P.

[*Anlage:*][4]

Klaus, Du hast mir in Frankfurt von Goethes Erwiderung an die Adresse von Kotzebues erzählt;[5] daran habe ich – toutes proportions gardées – gedacht, als sich mir diese Zeilen hier unter die Feder drängten –

23. V. 60 –

45, rue d'Ulm   Paris, den 18. Mai 1960.

Lieber Hans Bender,
ich danke Ihnen für Ihren Brief vom 15. Mai und Ihre freundliche Aufforderung, an Ihrer Anthologie ›Mein Gedicht ist mein Messer‹ mitzuarbeiten.

Ich erinnere mich, daß ich Ihnen seinerzeit sagte, der Dichter werde, sobald das Gedicht wirklich <u>da</u> sei, aus seiner ursprünglichen Mitwisserschaft wieder entlassen. Ich würde diese Ansicht heute wohl anders formulieren bzw. sie zu differenzieren versuchen; aber grundsätzlich bin ich noch immer dieser – alten – Ansicht.

Gewiß, es gibt auch das, was man heute so gern und so unbekümmert als <u>Handwerk</u> bezeichnet. Aber – erlauben Sie mir diese Raffung des Gedachten und Erfahrenen – Handwerk ist, wie Sauberkeit überhaupt, Voraussetzung aller Dichtung. <u>Dieses</u> Handwerk hat ganz bestimmt keinen goldenen Boden – wer weiß, ob es überhaupt einen Boden hat. Es hat seine Abgründe und Tiefen – manche (ach, ich gehöre nicht dazu) haben sogar einen Namen dafür.

Handwerk – das ist Sache der Hände. Und diese Hände wiederum gehören nur einem Menschen, d. h. einem einmaligen und sterblichen Seelenwesen, das mit seiner Stimme und seiner Stummheit einen Weg sucht.

Nur wahre Hände schreiben wahre Gedichte. Ich sehe keinen prinzipiellen Unterschied zwischen Händedruck und Gedicht.

Man komme uns hier nicht mit »poiein« und dergleichen. Das bedeutet, mitsamt seinen Nähen und Fernen, wohl etwas anderes als in seinem heutigen Kontext.

Gewiß, es gibt Exerzitien – im geistigen Sinne, lieber Hans Bender! Und daneben gibt es eben, an jeder lyrischen Straßenecke, das Herumexperimentieren mit dem sogenannten Wortmaterial.

Gedichte, lieber Hans Bender, das sind auch Geschenke – Geschenke an die Aufmerksamen. Schicksal mitführende Geschenke.

»Wie macht man Gedichte?«

Ich habe es vor Jahren eine Zeitlang mit ansehen und später aus einiger Entfernung genau beobachten können, wie das »Machen« über die Mache allmählich zur Machenschaft wird. Ja, es gibt auch das, lieber Hans Bender, Sie wissen es vielleicht. – Es kommt nicht von ungefähr.

Wir leben unter finsteren Himmeln, und – es gibt wenig Menschen. Darum gibt es wohl auch so wenig Gedichte. Die Hoffnungen, die ich noch habe, sind nicht groß; ich versuche, mir das mir Verbliebene zu erhalten.

Mit allen guten Wünschen für Sie und Ihre Arbeit

Ihr

P. C.

P. S. Lieber Hans Bender, Sie haben, wie ich weiß, im Vorwort zur ersten Auflage Ihres Buches eine Stelle aus meinem seinerzeit an Sie gerichteten Brief zitiert. Das bringt mich auf den Gedanken, daß es Ihr Wunsch sein könnte, auch diese Zeilen hier zu veröffentlichen. Für den Fall einer solchen Veröffentlichung möchte ich Sie hier ausdrücklich darum bitten, diesen Brief als das zu bringen, was er ist: als einen unter dem heutigen Datum an sie gerichteten Brief.

249 *Paul Celan und Gisèle Celan-Lestrange an Klaus Demus*

[Paris, 24. 5. 1960]

Klaus!
Alles Gute Dir und Deinem Haus!
Haus!
Alles Gute Dir und Deinem Klaus!
Paul
(der geritten kommt, auf Pegasus, dem Gaul)

am 24. Mai 1960, auf dem Weg
      zum 30. Mai 1960.[1]

250 *Paul Celan an Klaus Demus*

[Paris, 30. 5. 1960]
VIELES IST BESSER GEWORDEN IN ZUERICH ALLES LIEBE EUCH LIEBEN = PAUL

251 *Paul Celan und Gisèle Celan-Lestrange an Klaus, Nani und Jakob Demus*

[Paris, 31. 5. 1960][1]
Lieber Klaus und Jakobsvater!

Du bist wohl, das hatt ich vergessen,
in Essen.

Und feierst Geburtstag, ei,
in Bre-, in Bredeney.
So fuhr mein Geburtstagsbrief
schief.
Doch sag ich mir: Das ist nicht schade,
der Weg nach Wien ist gerade.
Aber: Verzeih, verzeih
du Klaus in Bredeney![2]
Eile jetzt, eile herbey:
da kommt noch ein zwotes Ey!

Venividiscripsi
Lutetiae Parisiorum, am selbigen Tage.

       An Nani, mit den herzlichsten Grüßen und Wünschen
                   am 31. Mai 1960.[3] –

ZÜRICH, ZUM STORCHEN

                                    Für Nelly Sachs

Vom Zuviel war die Rede, vom
Zuwenig. Von Du
und Aber-Du, von
der Trübung durch Helles, von
Jüdischem, von
deinem Gott.

Da-
von.
Am Tag einer Himmelfahrt, das
Münster stand drüben, es kam
mit einigem Gold übers Wasser.

Von deinem Gott war die Rede, ich sprach
gegen ihn, ich

liess das Herz, das ich hatte,
hoffen:
auf
sein höchstes, umrӧcheltes, sein
haderndes Wort –

Dein Aug sah mir zu, sah hinweg,
dein Mund
sprach sich dem Aug zu, ich hörte:
»Wir
wissen ja nicht, weisst du,
wir
wissen ja nicht,
was
gilt ...«   Paris, am 30. Mai 1960.

Lieber Jakob, lieber Kaspar!
Bare Fässer sind nicht faßbar,
Fahre-Bässe fahren sölten,
doch Sankt Pölten bleibt Sankt Pölten.
Frag den Vater, frag die Mutter,
beide wissens von der Butter.
Daher hab ichs und vom Erich,[4]
darum dicht ich jetzt gehörich.
Denn Du hast ja heut Geburtstag,
also denk nicht, daß ich ›schnurz‹ sag!
Vielmehr sag ich: Alles Gute
unterm Hute, überm Hute!
                              Unkel Paol

Für Jakob Kaspar Demus, zum 9. Juni 1960[5]

[Wien,] 5. Juni 1960

Liebe Gisèle, lieber Paul, lieber Eric!

Seid von Herzen bedankt für alles was Ihr schriebt, sandtet, sagtet. Ihr habt uns überschüttet mit Eurer Liebe, Eurer Gegenwart. Des sind wir herzlich froh, wir sind froh, Euch froh zu wissen und uns zugetan. Vorgestern kam ich an – nach Tagen, die nicht Raum hatten für ein Zeichen an Euch – und fand einen Tisch voll der hellen und guten Last, die diese Tage zum Wohl unseres Hauses brachten.

Erlaubt, daß wir Euch heute nur unseren Dank sagen, den herzlichsten, und unsere Freude über all das Schöne und über das Gute der Nachrichten von Euch.

So lebt recht wohl und seid gegrüßt von uns Dreien –

Euer Klaus

[*Anlage:*] [1]

253 *Klaus Demus an Paul Celan*

Wien, 22. VI. 60[1]

Mein lieber Paul,

hier ist der Text. Prüfe ihn ruhig und korrigiere, wie Du es für gut hältst.

Ich habe alles sehr überlegt. Es schien mir gut, ohne Namen zu nennen (wie wir es besprochen haben) vor allem auf die Kritik hinzuzielen und dadurch im Allgemeinen zu bleiben. Der persönliche Teil mit den Einzelheiten ist wohl am besten zu ignorieren. Das Wichtigste schien mir die Feststellung der Chronologie – aber hier muß man nicht genaue bibliographische Angaben machen, es handelt sich ja nicht um Verteidigung

Der Text ist, ich weiß es, keine Leistung, der Ton war schwierig zu finden, er konnte weder ruhig sachlich noch polemisch sein; der Mittelweg schien mir am besten zu sein, er hat aber wenig Gesicht. Sag mir, was Du denkst.

Von Dr. Hirsch hab ich keine Nachricht – ob Exner, an den er schreiben wollte, reagiert hat? Ich wollte ihn keineswegs schonen; auch ist Ignoranz und Eitelkeit nicht weniger verächtlich als Mittäterschaft.

Wahrscheinlich wird bis zur Schlußredaktion der Zeitschrift nicht mehr viel Zeit sein. Bitte schick mir also gleich den Text, so wie Du ihn haben willst, zurück; ich werde ihn dann gleich an Dr. Hirsch, an Nelly Sachs und Frau Kaschnitz (bitte um ihre Adresse!) so wie an Inge, die mir schrieb, daß sie unterschreiben dürfe, schicken. Wenn von diesen Korrekturen gewünscht werden sollten, müßte ich halt noch verändern. Bis zum Erhalt Deiner Stellungnahme schicke ich nichts weg.

Bitte feile nicht zu sehr, Paul, es wäre zu viel zu tun; auch sind der Adressaten zu wenige, gelesen aber wirds von vielen und dürfte daher nicht zu konzis in polemischer Anrede sein. Es kann sein, daß sich nicht alle, die es angeht, betroffen fühlen werden; jedenfalls weiß aber jeder, und das ist, hoff ich doch, erreicht, daß sich Parteinahme jetzt nicht mehr lohnt.

Montag den 27. abends fahren wir nach Millstatt. Dort werde ich zunächst eine Woche sein, in einer zweiten eine Dolomitenwanderung machen. Dann bleibe ich bis Ende August etwa in Wien. – Von Wien wird selbstverständlich die Post nachgeschickt.

Paul, Du mein Lieber, bitte verzeih mir, was Du zu tadeln finden magst. Verzeih auch dieses Gestotter, der Brief soll morgen weggehn und es ist schon sehr spät.
Bald schreib ich Euch richtiger.

Dein Klaus

Mehr Details zu nennen, wird nicht gut gehen – auch ist, denk ich, der Platz schon verbraucht.

ENTGEGNUNG[2]

Die Unterzeichneten halten es für notwendig geworden, an dieser Stelle – wofür Verleger und Herausgeber zu danken ist – einem an Paul Celan versuchten Rufmord entgegenzutreten, den die Witwe Iwan Golls seit nunmehr sieben Jahren mit allen Mitteln betreibt. Die Ungeheuerlichkeit richtet sich zwar für alle, die Gedichte zu lesen verstehen, von selbst, und Infamie ist der Entgegnung nicht wert; sie muß aber zur Warnung einer offenen oder als Schützenhilfe mißbrauchten Komplizenschaft, die sich zu spät nicht mehr distanzieren kann, nun doch getan werden.

Der Inhalt der in Rundschreiben an Verleger, Literaten und Kritiker ergangenen, in Briefen und mündlich verbreiteten sowie in der Zeitschrift »Baubudenpoet« (Heft 5/1960, Arno Holz-Verlag, München) von der Redaktion als »interessanter Beitrag kommentarlos« veröffentlichten Verleumdung, die in der Sekundärliteratur nicht ohne Wirkung blieb, ist sachlicher und persönlicher Art. Sachlich wird Paul Celan von der Witwe Goll bezichtigt, Iwan Goll, der als sein Lehrer bezeichnet wird, in »zeilenweisen Anleihen« und »geschickt assimilierter Verwertung von Wendungen und Bildern« imitiert und plagiiert zu haben. Persönlich wird er durch eine unwahre, ehrenrührige Darstellung seiner Bekanntschaft mit Goll der Erbschleicherei geziehen, die in der ungeheuerlichen Verunglimpfung des Todes seiner von den Nazis ermordeten Eltern, als »seiner traurigen Legende, die er so tragisch zu erzählen wußte«, wohl den Gipfel erreicht.

Dazu ist in Kürze folgendes festzustellen.

Paul Celan hat – gemeinsam mit dem letzten der Unterzeichneten, der mithin die Unwahrheit und Absurdität der persönlichen Anschuldigungen beurteilen und bezeugen kann – Iwan Goll vom Herbst 1949 bis zu seinem Tod im März 1950 gekannt. Die Überlassung seiner – zum Großteil schon publizierten – Manuskripte sowie häufiges Vorlesenmüssen gab Goll im allgemeinen, aber auch sehr im besonderen manche Anregung zu letzter Produktivität (»Traumkraut«, Wiesbaden 1951). Auf seine Bitte übersetzte Paul Celan drei seiner französisch geschriebenen Gedichtbände. Nach Golls Tod übernahm seine Witwe die Verhandlungen wegen seiner Herausgabe, veränderte jedoch, ohne Paul Celan zu fragen, willkürlich den Text der Übersetzungen, die sie auch im Rundfunk vorlas. Der Übersetzer, der übrigens nie das vereinbarte Honorar erhalten hat, zog sich auf seine Vorhaltungen die Feindschaft der Witwe Goll zu. Dies ist der Ursprung einer Hetze, die durch Gewinnung eines vielleicht Ahnungslosen, der in Unkenntnis der Entstehungszeiten der Gedichte von »Mohn und Gedächtnis« (Stuttgart 1952; sie waren zum Großteil, vor allem in »Sand aus den Urnen«, Wien 1948, schon früher publiziert worden und überdies durch Vorlesen und Abschriften allen Unterzeichneten vor Celans Bekanntschaft mit Goll bekannt) in oberflächlichstem Vergleich mit Golls »Traumkraut« Abhängigkeiten in umgekehrter Richtung entdeckt zuhaben glaubte, von der Witwe Goll entschlossen gegen den »Plagiator Golls« begonnen wurde. Die Reihe der in den erwähnten Rundschreiben von 1953 angeführten Parallelstellen, so dürftig sie übrigens ist, hat die Witwe Goll im »Baubudenpoet« bis auf eine einzige streichen müssen; war es doch langsam bekannt geworden, daß und was Paul Celan schon vor 1949 veröffentlicht hatte. Trotzdem gelang es ihr, fortgesetzt Helfer für den Kampf gegen den »Plagiator« zu erhalten – Helfer, die, vielleicht in Unkenntnis von Golls Abstammung und Pseudonym, sich nicht scheuten, die literarische Verunglimpfung auf eine noch unsauberere Ebene hinüberzuspielen.

Der dargelegte Sachverhalt zeigt neben der Haltlosigkeit derartiger Anschuldigungen die Gedanken- und Gewissenlosigkeit einer Literaturkritik, der es aus Dankbarkeit für eine glücklich gefundene Handhabe, die Dichtung Paul Celans abzuleiten und zu etikettieren, gar nicht in den Sinn kommt, daß ein Gedichtband von so unverwechselbarer Eigenart und solchem dichterischen Rang wie »Mohn und Gedächtnis« nicht über Nacht durch

»Assimilierung, Imitation, Plagiat« entstanden sein kann; war doch endlich hiemit Celans schon so oft behauptete, leider so gar nicht belegbare Herkunft vom französischen Surrealismus sogar durch einen interessanten Trick erwiesen. Man wird zur Kenntnis nehmen müssen, daß dem die Tatsachen schärfstens entgegenstehen; daß Paul Celan schon 1946 in Bukarest, 1948 in Wien und Zürich Gedichte seiner Eigenart veröffentlicht hat und daß aus dieser Zeit ein noch unveröffentlichtes Manuskript stammt, das dereinst vorzulegen sein wird; daß er nichts mit dem Surrealismus und schon gar nichts mit Iwan Goll zu tun hat, sodaß drartige Behauptungen als Diffamierung bezeichnet werden müssen, soferne ihnen ein Wahrheitsbeweis, wie dies der Fall ist, nicht zur Verfügung steht.

254 *Paul Celan an Klaus Demus*
     [nicht abgeschickt]

Paris, am 24. Juni 1960.

Mein lieber Klaus,
heute kam Dein Brief und der Text für die Rundschau – hab herzlichen Dank!

Klaus, dieser Text hat für mich, Du weißt es ja, sehr große Bedeutung; er sollte, glaube ich, in einigen Punkten, <u>noch</u> deutlicher sein; dazu müßte ich Dir noch weitere Unterlagen, die sich nicht in Deinem Besitz befinden, geben; wichtig ist mir auch, Dir die Zusammenhänge aufzuzeigen (soweit sie aus eben diesen Unterlagen hervorgehen). Wir haben so lange gewartet – nun können wir noch eine Weile warten. Von Dr. Hirsch habe ich nichts gehört; vielleicht bittest Du ihn, diesem Exner – den ich keineswegs für einen »vielleicht Ahnungslosen«, sondern für einen <u>Gangster</u> halte, zu schreiben.[*)]

Dein Text, Klaus, ist so konzipiert, daß Nelly Sachs, die mich ja erst seit kurzem persönlich kennt, ihn nicht unterschreiben kann;[1] aber Dein Namen, neben dem von Frau von Kaschnitz und von Ingeborg, genügt durchaus. Nicht richtig finde ich es – erlaub mir diese Kritik –, daß gegen das Ende zu Raum für literarische Einwände von der »anderen Seite« entsteht; auch ist es so, daß diese Gollin sich meine Übersetzungen <u>angeeignet</u> hat etc. – Im übrigen hat sie die beiden Eber-Zeilen vermutlich in ein sogenanntes »Nachlaß-Gedicht« Golls hineinmanipuliert[**]. Wie ja die »nachgelassenen« Gedichte I. G.'s überhaupt – <u>zumindest</u> – schon im Titel (»Ivan Goll, Traumkraut«) in Anführungsstriche zu setzen wären.

Klaus, bitte: Darf ich im August auf ein paar Tage nach Wien kommen, beladen mit all den unseligen Unterlagen?[2]

Wir fahren am ersten Juli in die Bretagne, auf einen Monat, gegen den 8. August (oder später) könnte ich kommen: Dann überlegen wir alles noch einmal in aller Ruhe. Klaus, unterschätz, bitte, die Wichtigkeit der Veröffentlichung nicht! Glaub mir! Die Infamie findet, auch nach einer solchen Entgegnung, wieder und wieder Komplizen; das hängt, glaub mir auch das, mit den Zuständen in Deutschland zusammen. Dieser Rufmord ist nicht nur Mord an <u>meinem</u> Ruf; daß das von der <u>Jüdin</u> C. G. ausgeht, ist auch nicht neu; diese Dinge gehen nur allzugerne diese Wege.

Euch Dreien alles Gute am See und in den Bergen!

Dein Paul

Bitte laß niemanden wissen, wann und weshalb ich nach Wien komme – sofern Du mit diesem Kommen einverstanden bist.

Im ›Weser-Kurier‹ (einer in der lieben Hansestadt Bremen erscheinenden Zeitung) soll es ebenfalls etwas Baubudenpoetiges von der Gollin gegeben haben ...[3]

[*] Frag bitte auch an, ob es Ende August nicht zu spät für die Einsendung Deines Textes wäre.

**)›In Gestalt eines Ebers‹ ist am 5. XI. 1952 entstanden; ich habe es mehrmals vorgelesen, auch privat; zu meinen »Zuhörern« gehörten auch persönl. Bekannte von C. G., so z. B. Frau Rosenberg und jene Frau Sachs, die damals nach der Beerdigung bei C. G. war.[4]

»Parallelstellen«, Klaus! <u>Ich bin bestohlen worden</u>, mehr als nur einmal! Und, vergiß nicht: C. G. hat auch nach dem Bruch versucht, sich Unveröffentlichtes zu beschaffen.

255 *Klaus Demus an Paul Celan*

Wien, 26. VI. 1960

Mein lieber, guter Paul,

nun will ich aber endlich, am Tag vor der Abreise, Gisèle und Dir herzlichst für das Liebe, Schöne, Viele danken, das von Euch gekommen ist.

Jakob küßt Euch dankbar für sein schönes feines Gewändchen und das gedichtete Brieflein. Mir habt Ihr mit dem Koptischen Text etwas sehr Erwünschtes beschert; ich bin ja ein bißchen in diesem Studium, wußte auch von dieser Edition; so habt Ihr wirklich einen Wunsch erraten.[1] Sehr glücklich sind wir im Besitz Deiner neuen Texte.

›Selbdritt, selbviert‹ – wie schön steht Dir die Gelöstheit! Die gelungenste vierte der Doppelzeilen hat den entscheidenden Zauber, sie ist mir, ich weiß nicht wie, fast Hofmannsthalisch! – ›Bei Wein und Verlorenheit‹ hat die Transposition ins Große, Unnennbare; auch der Bezug in »sie schrieben, sie logen uns« geht noch ganz in dieses auf.[2] Er ist, Paul, ganz chassidisch, wie so manches schon im letzten Band. Es ist ein wesentliches, mir wichtiges Gedicht. – Sehr schön, meisterhaft ist das Nelly Sachs gewidmete Gedicht; ich liebe sehr dieses Dein Sprechendes, Redendes, das mit dem Nennen den geraden Weg ins Tiefe, ins Andere »verbringt«. – Wir fassen dies alles auf, Paul, wirklich und ganz; ich muß nicht mehr darüber sagen, gelt? Gar nicht vermag ich das über das ›Gespräch im Gebirg‹; es ist Dir gelungen, unwiederholbar vielleicht.[3] Wie sicher bist Du Deiner Sache, wie klar und persönlich sagst Du sie, die schwierige, die seltene Wahrheit.

Professor Pöggeler hat sich aufrichtig Mühe gegeben.[4] Er ist, leider, ich muß es sagen, ein Mensch, der nur alltäglich zu denken vermag. Dies tut er freilich oft sehr schön, auch noch in Unsicherheit und Irren. Die Deutung der ›Engführung‹ ist eine rührende Leistung. Am wertvollsten erscheint mir seine Zusammenstellung Deiner Grundworte, hier weist er am tiefsten hinein. – Man muß ihm wirklich sehr dankbar sein; sein Unterfangen, der Dichtung selbst gegenüber unwissend, aber von ihr berührt, hat das Rührende deutscher Gelehrsamkeit, sich in ehrlichem Denken Rechenschaft zu geben vom Allerschwierigsten. Es sollte, glaube ich, so wie es ist erscheinen.

Dank Dir für das im Geburtstagsbrief Gesagte, lieber Paul. Es geht mir nicht gut mit dem Schreiben. Vielleicht bin ich pessimistischer noch als Du in meinen Vorstellungen von der Zeit, vom Gedicht; das sich Lohnende, Erforderliche kann ich nur in einem totalen Gegensätzlichen sehen, in unzerstörbarer Schwere. Außer diesem hab ich nichts zu sagen. Mein ganzer Lebensbereich ist, wie Du weißt, auf die alte Welt hin geöffnet und die Bemühung ist es, dieser eine Abschlußbucht zu bauen, in der noch alles anlandet, Trümmer alter Substanz und Herrlichkeit. Gäbe es nicht Dich, würde ich Dichtung für unmöglich geworden halten. Aber Du bist ja nur die Ausnahme, das so ganz unwahrscheinliche Wunder. Ich, der ich die Welt nicht ändern kann und ihr nichts zu sagen, sondern sie im Unberührbaren aufsuchend auszusagen habe, kann nur schreiben, nicht weil, sondern obwohl ihr etwas geschehen ist.

Ich will nun von Millstatt manche Wanderung aufwärts tun und dann, wieder an meinen Tisch, inmitten der Bücher, die lang unterbrochene Arbeit weiterzubringen versuchen.

Lebt wohl, Ihr Lieben, habt schöne Sommerzeit!

Von Herzen   Klaus

Paris, am 2. Juli 1960.[1]

Mein lieber Klaus,
hab herzlichen Dank für Deine beiden Briefe und für die ›Entgegnung‹.

Alles Gute am See und in den Bergen!

Klaus, zum Text: ich glaube, er sollte kürzer und strenger sein.
Ich weiß, Klaus, ich weiß: es ist schwer, dieser Infamie zu begegnen. Der Infamie selbst und allen ihren Komplizen.

Aber, Klaus, glaub mir: der Text in der Rundschau wird noch
lange gegen all das zu stehen haben, und … er wird wohl das
Einzige bleiben, das wirklich dagegen steht. (Vor ein paar Tagen
hatte ich hier einen »Besuch« aus Bremen: irgendein Volkswirt
und Versemacher, der, kaum daß er da war, auch schon mit der
Nachricht aufzuwarten wußte, daß eine der beiden Zeitungen
meiner lieben Hansestadt, der ›Weserkurier‹, ebenfalls eine Zuschrift dieses Weibes gebracht hat …)

Klaus, wir haben jetzt so lange gewartet – es eilt jetzt nicht
mehr. Ich bin leider nicht dazu gekommen, alles photokopieren
zu lassen und es Dir zu schicken. Nelly Sachs war hier,[2] die
Studenten standen vor der Prüfung, ich hatte alle Hände voll
zu tun; und es waren auch Gedichte da, auf einmal, eigene und
übersetzte, darunter manches von Emily Dickinson; ich schicks
Dir in den nächsten Tagen.[3]

Eigentlich sollten wir schon in der Bretagne sein, aber Eric
hat sich im letzten Augenblick noch die Masern geholt, wir
können erst in zehn Tagen fahren. Und nun eine Frage: kann
ich im August, gegen den zehnten etwa, auf einen Sprung nach
Wien kommen und Dir alle Unterlagen bringen? Oder – wenn's
geht –: wir kommen alle, d. h. wir kämen, wenn sich draußen
vor der Stadt, im Wienerwald vielleicht, eine kleine Pension
finden ließe, für vierzehn Tage – möglichst mit einem Garten,
wo Eric spielen könnte –, bis Ende August könnten wir viel-

leicht bleiben, ich versuche, es für möglich zu halten, sicher bin ich leider nicht, denn ich muß ja die Büchner-Rede schreiben, und das gelingt mir wohl doch nur, wenn ich in meinen vier Wänden bleibe. Aber allein und auf einen Sprung könnte ich wohl kommen. Wer weiß, vielleicht läßt uns Dr. Hirsch so lange Zeit: die Rundschau erscheint ja recht unregelmäßig. Frag ihn bitte. Und erinnere ihn bitte auch daran, daß er diesem Exner – den <u>ich</u> für einen Gangster halte – schreiben wollte.

Klaus, ich habe Nani nach der Rückkehr aus Zürich telegraphiert, es sei <u>vieles</u> wieder gut geworden ... Gerne hätte ich geschrieben, es sei <u>alles</u> wieder gut geworden. Aber heute muß ich mir sagen, daß ich der Wahrheit wohl näher gewesen wäre, wenn ich gesagt hätte, <u>einiges</u> sei wieder gut geworden ...

Klaus, hab mehr Vertrauen zu Dir und zu Deinen Worten! Du trägst schwer am Gedicht, ich weiß; aber Du wirst auch getragen – vom Gedicht.
    Sieh Dich um: Deine Worte stehn um Dich her, stehn zu dir, unaustauschbar, Wort-Ketten und -Züge: Dein Gebirg. Jedes zählt – zähl mit, laß auch Deine Feder zählen! Und laß, bitte, <u>sehen</u>, was nur durch Dich sichtbar sein kann, sichtbar sein <u>will</u>!
    Ich grüße Euch alle von Herzen
                    Dein
                    Paul

257 *Paul Celan an Klaus Demus*

                                    Am 3. Juli 1960.[1]
Mein lieber Klaus,
doch noch, schon jetzt, einiges Präzisere zu Deinem Text:
    Nelly Sachs kann ihn nicht mitunterschreiben: ich kenne sie erst seit kurzer Zeit persönlich, und unser Briefwechsel beginnt

erst 1954. Aber es genügt ja, wenn Du, Frau von Kaschnitz und Ingeborg unterschrieben.

Nicht deutlich hervorgehoben ist das, was C. G. sich u. a. von ihren Verleumdungen verspricht – und von welcher Seite. Ich werde ja in jeder Hinsicht als Hochstapler usw. vorgestellt. Ich führe die Leute hinters Licht, mit allerlei Tricks, darunter auch meiner »Legende« von – ich schreibe hier nicht weiter. – Daß der Jude ein Falschspieler ist, einer, der über allerlei Kniffe verfügt, um den guten Leuten etwas vorzumachen, ist ein altes antisemitisches Klischee. Daß die Jüdin Claire G. es wieder in Umlauf setzt, ändert nichts an dieser Tatsache; auch das hat es schon gegeben. Wo das alles wiederkommt und wie, will ich Dir gern zeigen, Klaus; Du wirst es sofort einsehn, es ist <u>überdeut-lich</u>. Wer gerne von der »Legende« der Millionen gemordeter Juden spricht, weißt Du. Sie können ja auch keine Totenscheine vorweisen, die Juden ...

Klaus, die Angriffe richten sich sowohl gegen mich als auch gegen meine Gedichte – bitte, unterscheide nicht dazwischen: der Angriff gegen das eine hat jeweils auch auf die Zerstörung des anderen zum Ziel. –

Die Übersetzungen: hier müßten die <u>Fakten</u> genannt werden, nichts sonst. Daß ich mir deshalb die Feindschaft der Goll-Witwe zugezogen habe, ist hier – und überhaupt – uninteres-sant. Ich bin <u>bestohlen</u> worden, Klaus, und auf diesen Diebstahl hatte dieses Luder es auch angelegt. Vergiß nicht: Noch nach dem Bruch versuchte sie – sie selbst und später über Exner – in den Besitz von Unveröffentlichtem zu gelangen![*)]

Ein Detail: »Lesenmüssen«. Nein, ich <u>mußte</u> nicht. Man muß nie. Ich habe nur damals, da es die Bitte eines Sterbenden war, vorgelesen. Die Erde sei ihm leicht, aber – auch dieser Iwan Goll war kein anständiger Mensch, Du weißt es, Klaus. <u>Leicht-gläubige</u>, das waren wir, Klaus, Einfältige, die diesem »Poeten«-Paar auf den Leim gingen.

Klaus, ich lasse alles photokopieren und schicks Dir oder brings Dir dann.

318

So ekelhaft das Ganze ist, ich glaube, es muß, wenn auch nicht gleich morgen, etwas getan werden. Getan: man muß diesem Gesindel das Handwerk legen. Das hat nichts mit »Literatur« zu tun[**], leider ist Dein Text gegen sein Ende – »Surrealismus« etc. – in dieser Hinsicht nicht dicht genug: da schlüpfen dann die Hohoffs, Blöckers und die übrigen bundesdeutschen Literaturlumpen ein.

Sei gegrüßt, Klaus!

Dein Paul

Was und wieviel von I. G.'s »Nachlaß« ist überhaupt von I. Goll?

[*] Auch die beiden Eber-Zeilen sind mir vermutlich abgehört worden; ich Leichtsinniger habe ja so oft vorgelesen, auch persönl. Bekannten dieses Luders, so z. B. den gewiß nicht unschuldigen Rosenbergs.

[**] es hat aber, wie alles, mit allem zu tun.

258 *Paul Celan an Klaus und Nani Demus [nicht abgeschickt]*

Paris, den 6. Juli 1960.

Schau, wie die Leute sind, Klaus:
Ich hatte das letzte Heft der ›Rundschau‹ – das, wie Du weißt, die beiden Shakespeare-Sonette enthält – nicht bekommen; ich bat nun, es mir zu schicken; nun ist es da.

In der Bücher-Rundschau, an erster Stelle: Goll.[1] Wo man es doch nur allzu gut weiß, daß die Herausgeber dieser ›Werke‹ sich seit sieben Jahren damit beschäftigen, den Fischer-Autor Paul Celan zu verleumden. Sag bitte nicht, es handle sich nur um eine Aufzählung der im Frühjahr erschienenen Bücher – es handelt sich um eine durchaus bewußte Auswahl. Wobei man freilich die erstmals in der ›Rundschau‹ veröffentlichte ›Junge

Parze‹, die noch vor dem infamen Band erschien, nicht der Erwähnung wert fand.

Doppelzüngigkeit überall, Klaus.

Wir sind allein.

Alles Gute!

Dein Paul

259 *Klaus Demus an Paul Celan*

Millstatt, den 8. VII. 60

Mein lieber Paul,

ich danke Dir herzlich für Deinen lang erwarteten Brief und freu mich, daß es auch Gedichte waren, für die Deine Zeit angewandt sein konnte.

Paul, ich glaube nicht, daß es gut wäre, noch lange zu warten, die kommende Nummer sollte doch die Entgegnung schon enthalten. So hab ich mich gleich bemüht, das Ganze noch einmal und, wie Du meintest, straffer und strenger zu schreiben, hier ist es. Vielleicht ist es nicht um vieles kürzer geworden – es sollte ja, wie Dr. Hirsch sagte, mehr als eine Seite sein, und das ist wohl höchstens knapp. (Ich hab hier keine Schreibmaschine, verzeih.) Wenns gut ist, sende es bitte Du gleich weiter; muß Frau von Kaschnitz es vorher lesen? Ich glaube, sie wollte das.

Ob der Verlagsjurist, ob Dr. Hirsch einverstanden sein werden?

Zwei Details: für »trigueur« fand ich nichts Entsprechendes, wollte aber ein Ausweiten vermeiden; auf der letzten Seite schrieb ich zuerst » ... auf dessen Bitte hin machte, willkürlich veränderte und danach unter dem Vorwand ...« – bitte setze das Richtige, es kann sein, daß ich nicht genau Bescheid weiß. Überhaupt bitte ich Dich, Einzelheiten gleich zu verbessern.[1]

Ich glaub nicht, daß ich nicht genug Unterlagen hab, es sind auch Photokopien von Briefen darunter (ich hab alles in Wien). Wenn Du aber meinst, es sollte ganz anders sein und wir sollten es zusammen aufsetzen, dann wär es wohl gut, wenn Du nach Wien kämst. Verzeih, lieber Paul – herrlich wärs in jedem Fall; nur deswegen aber bitte ich Dirs zu überlegen. Am Sachlichen wirds, hoff ich, nicht fehlen diesmal, und die Form, Paul, kann allein die Nüchternheit sein.

– Ich werde – vorausgesetzt, daß keine unvorhergesehene Dienstreise (dies für alle Fälle) dazwischenkommt – 3 August-wochen in Wien sein, allein, Nani und Jakob bleiben hier. Du könntest bei mir wohnen. Für Euer Kommen zu dritt werd ich gleich eine Pension erkunden, wahrscheinlich wirds nur dann leicht möglich sein, wenn Du bald fest zusagen kannst, man wird im voraus bestellen müssen. Wie wir uns aber auch sehen, Paul, in jedem Fall wirds eine Freude sein.

Gestern bin ich von einer dreitägigen Bergwanderung in den Dolomiten zurückgekommen, die unsagbar schön gewesen ist. An Regentagen hier hab ich das Gedicht zwei ganze Zeilen weiter schreiben können. Übermorgen bin ich wieder in Wien.

Dank Dir für Deinen Brief! Ich will bald mehr schreiben.

Habt es schön, im Ginsterland;[2] frohes Meer und frohe Wel-len! Gisèle, Eric, Dir – von Herzen   Klaus

An Doktor Hirsch schreibe ich sogleich.[3] Entschließe Dich, Paul – es handelt sich ja hauptsächlich um ein Mundstopfen, wir können nicht alles ausbreiten!

[*Anlage:*]

260 *Paul Celan und Gisèle Celan-Lestrange an Klaus und*
    Nani Demus

[Trébabu,] 20. 7. 60

Liebe Nani! Lieber Klaus!

Wir sind seit acht Tagen hier, in einem Gärtnerhäuschen am
Rande eines verwilderten Schloßparks – zuweilen, wenn die
Ringeltauben nicht allzu geräuschvoll auffliegen, können wir
die Hasen dabei belauschen, wie sie miteinander Bretonisch
sprechen. Einiges ihnen Abgelauschte hätte ich hier gern auf-
geschrieben, aber Ihr wißt ja, wie schwer sich das transkribieren
läßt. Aber vielleicht läßt sich das, besonders in Kärnten, erraten .. Euer Paul

Bien affecteusement, je vous embrasse tous les trois Gisèle[1]

261 *Paul Celan an Klaus Demus*

Paris, am 26. Juli 1960.

Mein lieber, guter Klaus!

Hab Dank für Deinen Brief, hab Dank für die neue ›Entgegnung‹. (Beides kam erst sehr spät, die Hausbesorgerin in
Paris hatte es nicht weitergesandt.)

Klaus, wir mußten den Aufenthalt in der Bretagne unterbrechen, aus Stockholm waren sehr beunruhigende Nachrichten
von (und über) Nelly Sachs gekommen, man ließ mich wissen,
daß Nelly Sachs mich zu sehen wünsche, gestern dachte ich
noch, ich müßte gleich fahren oder fliegen – glücklicherweise
gehts Nelly Sachs wieder besser. Aber sehen will sie mich offenbar <u>doch</u>, und so warte ich, auch jetzt, auf Nachricht.[1]

Klaus, Bruder: Dein Text ist sehr gut, aber – verzeih diese
Kritik – er muß mehr genaue Daten enthalten, das bloße
»Mundstopfen« genügt nicht mehr. (Es ist mittlerweile wieder
einiges Infame hinzugekommen.)[2]

Auch müssen Frau von Kaschnitz und Ingeborg die Unterlagen sehen und den Text genau lesen. (Klaus, ganz unter uns: Es ist kein gutes Zeichen, daß im letzten Heft der ›Rundschau‹ an erster Stelle der Bücher-Rundschau die ›Werke‹ G's genannt sind. Es handelt sich ja um eine Auswahl, Klaus.)

Klaus, bitte: ich komme, wenn ich nicht nach Schweden muß, am 3. oder 4. August zu Dir und bringe einiges Material mit, das mitberücksichtigt werden muß. Ach, Klaus, die Übersicht, die ich habe! Daß ich komme, sagst Du aber bitte niemand außer Nani! Dr. Hirsch sagst Du, bitte, allenfalls, ich hätte Dir noch Photokopien zu schicken. –

Sonst werden wir eben warten müssen, Klaus. Klaus, wirklich.

Ich gebe Dir bald wieder Nachricht.

Laßt es Euch gut gehn, ihr Guten!

Euer Paul

262 *Klaus Demus an Paul Celan und Gisèle Celan-Lestrange*

Wien 29. VII. 60

Lieber Paul, liebe Gisèle – eben erhielt ich, von Millstatt nachgeschickt, Brief und Karte und danke Euch sehr. Ich will nur schnell fragen, Paul, ob Du vielleicht am 6./7. da sein könntest [*] – unter der Woche bin ich erst ab ½ 5 Uhr frei, Samstag aber ganz. Jedenfalls freu ich mich herzlich, Dich bald bei mir zu haben, liebster Paul, und wir werden etwas Gutes fabrizieren. Dr. Hirsch schrieb auf meine Frage, er würde im Einverständnis mit Dir die übernächste Nummer vorsehen; ich hatte ihm damals geschrieben, Du hättest vor, zu mir zu kommen .. Uns gehts, zweisam dort, einsam hier, recht gut, Jakob läuft schon. – Seid von Herzen umarmt, Gisèle, Eric, Paul – immer Euer Klaus.

[*] wenn Du nicht, was schön wäre, länger bleibst!

Montag – [Paris, 1. 8. 1960]

Mein lieber Klaus,

herzlich danke ich Dir für Deine liebe Karte!

Ich komme am Donnerstag, dem 4., mit dem Orient-Express in Wien an – hol mich aber, bitte, nicht ab, bleib im Museum. – Ich geh ein bißchen durch die Straßen – Gepäck habe ich ja nicht – und steh dann um fünf Uhr vor Deiner Tür.[1]

Ich bleibe bis Montag – wir werden also Zeit und Muße haben.

Dein Paul

Merci, Klaus, merci
Gisèle

264 *Paul Celan an Nani Demus*

[Paris,] Am 9. August 1960.

Nun bin ich wieder hier, seid gestern abend, ein bei Euch und in Eurem Haus Gewesener, ein mit Worten und mit Stille Beschenkter: ich danke Euch, ich danke Dir, Nani.

Vor meiner Abreise am Sonntagabend hatte Klaus noch in Deinem Elternhaus angerufen, ich stand neben ihm, mit der Hoffnung, Deine Stimme zu hören; aber Du warst nicht zuhause, Du warst mit Jakob im Freien, auf Jakobswegen also, unter Bäumen vielleicht, am Wasser vielleicht, im Abendlich-Stillen, im Abendlich-Reinen.

Es war schön bei Euch, Nani, es war schön mit Klaus durch die Stadt zu gehn, im Dunkelwerden, im Dunkelgewordenen, das letzte Mal durch den Stadtpark, ganz spät; da stand dann ein Mann, er hatte sich über den Rasen gebückt, ganz krumm war

sein Rücken, sein Mantel war grau, eine graue Haut und Nacht-
hülle wars, sie hing bis zum Boden herab, geknittert und gefaltet,
der Mann war ein Grauer, er war der Graue, und mit einer Ta-
schenlampe – die nur scheinbar etwas mit Elektrizität und dergleichen zu tun hatte – suchte er den Rasen ab – wonach wohl?
Und da, auf einmal, muß etwas uns Unsichtbares dagewesen
sein, ein Käfer wohl, die Hand des Grauen schlug zu – er hatte
es erwischt, das Gesuchte, und seine Blechdose stand bereit,
die's aufnahm. – Das hatte, wir fühlten es, etwas mit den Dingen
zu tun, die uns angehn, die mit uns umgehn – wir nahmens in die
Augen hinein und gingen weiter. Es war wirklich spät.

Laß es Dir gut gehn, Nani. Und sag dem Jakob, daß die Jahre
wirklich ganz rund sind, ganz, ganz rund, so daß man immer
wieder durch den Sommer kommt – bald auch, so hoffen wir,
durch einen französischen.
                    Dein Paul

265 *Nani Demus an Paul Celan*

                    [Millstatt,] 21. August [1960]
Meinen innigsten Dank, lieber verehrter Paul, für Deinen schönen Brief, der mich in meiner Einsamkeit hier so tief berührte.
    Das Ariadnespiel ist aber nun zu Ende, am Ende dieser Wo-
che noch kommt Klaus, für einige Tage wenigstens – er fährt
mit seinem Vater weiter nach Oberitalien, eine Fahrt die voll
des Schönsten für ihn sein wird, ich freue mich.
    Ohne Ende ist der Sommer hier, wir ertrinken in Waldluft
und Wasserfreuden; Jakobs Seligkeit sind die Tiere, er wird sie
sehr entbehren in der Stadt. Seid mir gegrüßt, schickt bitte einmal ein Bild von Eric dem Einzigsten, ich ersehne es mir sehr.
Von Herzen zu Herzen
                    Nani

Wien, 24. VIII. 60

Mein lieber, mein guter Paul!

Ich hoffe so sehr, daß es Euch recht gut geht und Ihr vielleicht noch einmal aufs Land gefahren seid, – daß die Reise nach Stockholm nicht notwendig war.

Von Frau v. Kaschnitz hab ich schon vorläufige Nachricht, sie ist bei der Familie ihres Bruders im Breisgau; sie findet den Text gut und wird ihn unterschreiben und, wie ich bat, entweder direkt an Inge oder an mich senden. Ein einziges Wort fand sie unpassend – »Gebilde«; Du siehst, ich habs in »Stücke« gemildert; sie fand, man dürfe sich, abgesehen vom ja Wahren, im Ton nichts vergeben. – Leider hat sie große persönliche Sorgen um ihre Schwägerin, die, an Kinderlähmung erkrankt, seit langem bewußtlos im Spital liegt; eine vollkommene Wiederherstellung erhoffe man nicht. Es seien kleine Kinder da, und sie sei froh, helfen zu können. Sie schrieb, sie brauche die Unterlagen, die sie, soweit sie sie sah, gut in Erinnerung habe, nicht zu sehen; so hab ich, unter diesen Umständen, glaub ich in Deinem Sinn gehandelt und sie ihr nicht geschickt. – Von Inge, der ich nach Zürich vorerst einen Durchschlag sandte, noch keine Antwort; vielleicht taucht sie, wie sie vorhatte, in Millstatt auf, die Unterlagen nehme ich mit.

Dr. Hirsch schrieb, auf einen Brief von mir antwortend, in dem ich ihm all das Besprochene sagte.[1] Er ist Dein wirklicher Freund, Paul. Er hatte sich Gedanken um die Zweckmäßigkeit der Veröffentlichung der ›Entgegnung‹ gemacht, aus Sorge um die entstehenden Wellenkreise, ist aber selbstverständlich nach wie vor gerne bereit, den Platz in der Zeitschrift herzugeben. Ich legte ihm die gewichtigen Gründe dafür auseinander und beruhigte ihn vor allem damit, daß Du jetzt eine Entscheidung wünschtest, auch wenn sie Staub aufwirble. Das wird er verstehen. Ich legte ihm auch einen Durchschlag bei, bald werden ja die Unterschriften alle getan sein.

Bei Sexl erfuhr ich nichts Genaues.[2] Man war sehr hilfswillig, hat aber die Anfragen nicht aufgehoben. Der sehr gewissenhafte Buchführer (oder so), Herr Mayer, weiß sich genau zu erinnern, daß in den letzten Jahren u. a. Anfragen der New Yorker deutschsprachigen Auslieferung Stechert-Hafner kamen, und nicht nur einmal, sondern, auf die Absage hin, sehr drängend mit der Bitte, doch zumindest aus den – nicht vorhandenen – Archivexemplaren etwas zu senden. Auch Harrassowitz und Brockhaus, beide Wiesbaden, haben, neben vielen anderen, dringend angefragt. Aufgehoben sei aber davon nichts worden. – Nach langem Zögern versprach er, eine Suchanzeige aufzugeben; es liefen nämlich immer wieder deutsche Suchlisten ein und es sei garantiert aussichtslos. Überhaupt habe er einen enormen Schriftverkehr wegen Deines Buchs gehabt, so daß ihm das Gesagte trotz negativer Suche im Archiv gut in Erinnerung sei. –

Daß Hühnerfeld ums Leben kam,[3] teilte mir Dr. Hirsch durch die Übersendung der Zeitungsnotiz mit. –

Nun wird, liebster Paul, bald unsre Antwort erscheinen und den Fall schließen, so hoffe ich fest.

Morgen abends fahre ich nach Millstatt und werde von dort wieder Kleineres unternehmen, vor allem eine Oberitalienreise mit meinem Vater. Ich freu mich schon so sehr, wieder das Vatersein lernen zu können!

Das Gedicht ist nur noch an geringen Stellen offen – die letzte Klippe war noch sehr hartnäckig (»Felsenmeer« fand ich zuletzt, na ja . . .).[4] – Ein Exemplar der »Jungen Parze« hab ich an Stumfohl, der hier war, weitergegeben – er wird Dir darüber schreiben, einmal. – Alles, alles Gute, Ihr Lieben, seid von Herzen umarmt!

Euer Klaus

78 rue de Longchamp
Paris 16ᵉ

                                        30 août 1960.
Mon cher Klaus,

Après plusieurs télégrammes et lettres de Suède, dont les nouvelles de Nelly Sachs sont toujours mauvaises, Paul a dû ce soir
en quelques heures décider son départ. Il roule maintenant vers
Stockholm, où il sera après-demain matin. J'espère qu'il pourra
aider Nelly Sachs. Nous l'aimons beaucoup et sommes très
inquiets, très inquiets surtout de son entourage, des gens qui
se disent ses amis et ne semblent pas la comprendre ni l'aider. Je
crois que Paul vous avait parlé d'elle à Vienne. Je suis sûre qu'il
fera pour elle tout ce qu'il pourra, j'espère que les gens qui
l'entourent ne lui rendront pas la tâche trop difficile. Je ne sais
quand il pourra rentrer, sans doute dans une dizaine de jours. Je
sais que Paul vous a écrit ces jours-ci plusieurs lettres qu'il
voulait vous envoyer ensemble, mais je ne suis pas sûre qu'il
l'ait fait. C'est un peu pour cela que je vous écris ce soir.

Mais avant d'aller plus loin je veux, cher Klaus, vous remercier pour votre texte et vous dire combien Paul a été touché à
Vienne par votre amitié. Votre texte est si bien! Merci, Klaus, un
grand merci! Nous nous sommes beaucoup réjouis des réactions de Madame Kaschnitz, mais en ce qui concerne celles de
Ingeborg, c'est malheureusement tout différent, et c'est de cela
que Paul vous parlait dans ses lettres.

Il y a quelques jours, nous étions très inquiets de Nelly Sachs,
dont nous n'avions pas de nouvelles, et Paul a téléphoné à Ingeborg à Zurich, qui n'en avait d'ailleurs pas non plus. Paul lui a
demandé si elle avait reçu quelque chose de vous, ce à quoi elle à
répondu que oui mais qu'elle ne trouvait pas votre texte bien,
qu'il y avait trop de détails qui se perdaient dans l'ensemble,
pas assez de dates, que le ton n'y était pas et que sans doute

M. Hirsch aurait été mieux choisi pour l'écrire étant plus au courant que vous de ces choses. Elle essayait d'ailleurs à ce sujet d'écrire à Paul, deux lettres étaient commencées!

Inutile de de vous dire, Klaus, la peine de Paul, je ne dirai pas sa déception, car il s'y attendait et souvent déjà m'avait dit: »Tu verras, elle ne signera pas«.

C'est alors que Paul vous a écrit, mais il attendait la lettre de Ingeborg pour vous envoyer la sienne. Elle est arrivée ce matin.[1] Elle ne dit rien de plus. Seulement que ce texte ne peut que lui faire du tort. Klaus, c'est très triste. Je ne sais pas si elle vous a écrit comme Paul le lui a demandé au téléphone, lui disant que vous étiez à Millstatt. Bien sûr Ingeborg ne dit pas qu'elle ne veut pas signer, mais . . . Il ne faut rien changer à votre texte, et si elle fait des histoires, qu'elle ne signe pas! Cela n'a d'ailleurs aucune importance. Même si vous aviez été seul, c'était suffisant, Madame Kaschnitz avec vous, c'est mieux, mais cela suffit bien. Que le Dr. Hirsch le publie ainsi! Ingeborg et Max Frisch partent dans quelques jours en Espagne pour un long voyage dont ils ne rentreront qu'au début d'octobre. Elle passera à Madrid le 14 septembre, priant Paul, s'il avait à lui écrire, de le faire à la Poste Restante: (LISTA DE CORREOS). Il ne lui écrira sûrement pas. Je crois que vous comprenez la tristesse de Paul devant cette réaction de Ingeborg et que vous savez aussi que vu cet état de fait il ne faut pas compter sur sa signature. Comme je vous le disais, ce n'est pas une déception car Paul s'en doutait. Le texte est écrit, Madame Kaschnitz est à côté et avec lui, espérons que le Dr. Hirsch le publiera, et voilà.

Nous avons été heureux de savoir que vous étiez à nouveau avec Nani et Jakob à Millstatt, heureux aussi pour vous de ce voyage en Italie. J'espère que vous apprendrez beaucoup, que vous reviendrez très riche. J'espère que Nani a autant de joies avec son fils que j'en ai avec le mien. Il a l'air très gentil, et nous nous réjouissons à chaque photo de le voir si beau.

Eric apprend à lire et à écrire avec moi, il fait des progrès. Le 15 septembre il reprendra l'école. Il est content. C'est un enfant heureux, et sa joie me donne de la force et du courage. Nous sommes à chaque instant émus par sa gentillesse, son sérieux et sa compréhension pour les choses qui nous tiennent à cœur. C'est un fils de Paul, un vrai fils de Paul. J'ai toute confiance en lui.

D'un Paris très pluvieux, très gris et qui n'est pas toujours très aimable, mais que malgré tout nous aimons, on ne sait trop pourquoi, je vous envoie, chers, chers grands amis, mon plus affectueux souvenir.

Gisèle.

C'est le moment où les marronniers, certains marronniers, fleurissent pour la seconde fois.[2] C'est très beau!

Si vous venez une année au mois d'août à Paris, Eric pourra les montrer à Jakob. Pensez-y, cela en vaut la peine.

30. August 1960 / Mein lieber Klaus. / Nach mehreren Telegrammen und Briefen aus Schweden mit immer schlechten Nachrichten von Nelly Sachs hat sich Paul heute abend in wenigen Stunden entscheiden müssen zu fahren. Er rollt jetzt in Richtung Stockholm, wo er übermorgen früh ankommt. Ich hoffe, daß er Nelly Sachs helfen kann. Wir mögen sie sehr und sind höchst beunruhigt, höchst beunruhigt vor allem wegen ihrer Umgebung, Leuten, die sich ihre Freunde nennen und sie weder zu verstehen noch ihr zu helfen scheinen. Ich glaube, Paul hat mit Ihnen in Wien über sie gesprochen. Ich bin sicher, daß er für sie alles tut, was er kann, ich hoffe, daß die Leute um sie herum ihm diese Aufgabe nicht allzu schwer machen. Wann er zurückkommen kann, weiß ich nicht, wohl in etwa zehn Tagen. Ich weiß, daß Paul Ihnen in den letzten Tagen mehrere Briefe geschrieben hat, die er zusammen an Sie abschicken wollte, aber ich bin nur nicht sicher, ob er das auch getan hat. Das ist u. a. der Grund dafür, daß Ihnen heute abend schreibe. / Aber bevor ich weiterschreibe, will ich, lieber Klaus, Ihnen für Ihren Text danken und Ihnen sagen, wie berührt Paul in Wien von Ihrer Freundschaft war. Ihr Text ist so gut! Danke, Klaus, ein großes Dankeschön! Wir haben uns über die Reaktionen von Frau Kaschnitz sehr gefreut, aber was die von Ingeborg betrifft, ist das leider ganz anders, und eben davon hat Paul in seinen Briefen zu Ihnen gesprochen. / Vor ein paar Tagen waren wir wegen Nelly

Sachs sehr beunruhigt, von der wir keine Nachricht hatten, und Paul hat Ingeborg in Zürich angerufen, die übrigens auch nichts wußte. Paul fragte sie, ob sie etwas von Ihnen erhalten hätte; ja, antwortete sie, aber sie fände Ihren Text nicht gut, er enthalte zuviele Einzelheiten, die im Ganzen verlorengingen, zu wenige Daten, daß der Ton nicht stimme und daß man wohl besser Herrn Hirsch gebeten hätte, das zu schreiben, weil er in diesen Dingen mehr als Sie auf dem laufenden sei. Sie versuche im übrigen, Paul in dieser Sache zu schreiben, zwei Briefe seien begonnen! / Zu Pauls Schmerz brauche ich Ihnen, Klaus, nichts sagen, ich sage auch nichts über seine Enttäuschung, denn er war darauf gefaßt und hatte schon oft zu mir gesagt: »Du wirst sehen, sie unterschreibt nicht.« / Zu diesem Zeitpunkt hat Paul Ihnen geschrieben, aber er wollte auf Ingeborgs Brief warten, bevor er Ihnen den seinen schickt. Heute morgen ist er gekommen.[1] Sie sagt nichts weiter. Außer, daß dieser Text ihm nur schaden kann. Klaus, das ist sehr traurig. Ich weiß nicht, ob sie Ihnen geschrieben hat, worum Paul sie am Telefon gebeten hat (er hat ihr gesagt, daß Sie in Millstatt sind). Natürlich sagt Ingeborg nicht, daß sie nicht unterschreiben will, aber ... An Ihrem Text darf man nichts ändern, und wenn sie Umstände macht, soll sie halt nicht unterschreiben. Das ist im übrigen völlig unwichtig. Selbst wenn Sie der einzige wären, würde das reichen, Frau Kaschnitz gemeinsam mit Ihnen ist besser, aber das reicht vollkommen. Soll es Dr. Hirsch so veröffentlichen! Ingeborg und Max Frisch brechen in ein paar Tagen zu einer langen Reise nach Spanien auf, von der sie erst Anfang Oktober zurückkommen. Sie ist am 14. September in Madrid und bittet Paul, sollte er ihr zu schreiben haben, dies postlagernd zu tun (LISTA DE CORREOS). Er schreibt ihr sicher nicht. Ich glaube, daß Sie verstehen, wie traurig Paul wegen dieser Reaktion von Ingeborg ist, und daß Sie auch wissen, daß man bei dieser Sachlage mit ihrer Unterschrift nicht rechnen kann. Wie ich Ihnen schon gesagt habe, ist das keine Enttäuschung, denn Paul war darauf schon gefaßt. Frau Kaschnitz ist bei und mit ihm, der Text ist geschrieben, hoffen wir, daß Dr. Hirsch ihn veröffentlicht und basta. / Wir haben uns gefreut, daß Sie mit Nani und Jakob wieder in Millstatt sind, gefreut auch für Sie wegen dieser Reise nach Italien. Ich hoffe, daß Sie viel lernen, daß Sie reich beschenkt zurückkommen. Ich hoffe, daß Nani genauso viel Freude an ihrem Sohn hat wie ich an meinem. Er macht einen lieben Eindruck, und wir freuen uns bei jedem Foto darüber, daß er so hübsch ist. / Eric übt mit mir Lesen und Schreiben, er macht Fortschritte. Am 15. September geht für ihn die Schule wieder an. Er freut sich

331

drauf. Er ist ein glückliches Kind, und seine Freude gibt mir Kraft
und Mut. Wir sind immer wieder gerührt, wie lieb er ist, wie ernst-
haft, und welches Verständnis er für die Dinge hat, die uns am
Herzen liegen. Es ist ein Sohn von Paul, ein wirklicher Sohn von
Paul. Ich habe volles Vertrauen in ihn. / Aus einem recht regneri-
schen, recht grauen Paris, das nicht immer so sehr liebenswürdig ist,
aber das wir trotz allem lieben, ohne so recht zu wissen warum,
schicke ich, meine lieben, meine lieben großen Freunde von Herzen
ein Gedenken. / Gisèle.
Es ist die Zeit, wo die Kastanienbäume, bestimmte Kastanienbäu-
me, zum zweitenmal blühen.[2] *Das ist sehr schön! / Wenn Sie einmal*
im August nach Paris kommen, kann Eric sie Jakob zeigen. Denken
Sie daran, es lohnt sich.

268 *Klaus Demus an Paul Celan*

Millstatt, 1. IX. 60

Mein liebster Paul!
Sicherlich wird bald ein Brief von Dir kommen, da ich aber am
3. für 8 Tage wegfahre – nach Italien mit meinem Vater –, muß
ich Dir ohne um Dein Denken zu wissen schreiben.

   Inge hat mir, ganz im Glauben, die Abfassung des Textes sei
ganz von mir getan worden, das geschrieben, was Du weißt: sie
hält es für höchst bedenklich, ja dem erwünschten Zweck abträglich, sich so stark in die Verteidigung zu begeben und der
schnüffelnden Fama Stoff zu geben, aber auch bei all den noch
Ahnungslosen durch das argumentierende Sicheinlassen der
Eindruck zu erwecken, es müsse etwas mit komplizierter Beweisführung repariert werden, gerade jetzt, wo Dein Name
durch den Preis wieder ein Stück erhöht wird. Sie meint wohl
richtig, wie ja auch Frau v. Kaschnitz und Dr. Hirsch, man dürfe
sich nicht zum »Prozeß« stellen, sondern müsse ganz souverän
abwehren, sich nicht getroffen zeigen. Sie schlägt vor, Dr
Hirsch um die Korrektur oder Abfassung zu ersuchen, der
den objektiven Ton wohl am besten treffen könne.[1]

Ich meine nun, Paul, Dr. Hirsch und Frau Kaschnitz wie Ingeborg sollten mit ihren aus Besorgnis um die richtige Aufnahme herrührenden Bedenken von Dir gehört werden. Die vornehmste, eisigste, nicht in ein Rechten herabsteigende Abwehr, massiv ohne Details, ohne Polemik und Sicheinlassen in Widerlegung, ganz auf Wahrung von Niveau und Distanz bedacht, würde vielleicht doch besser, ja das beste sein. Denke, wie Hofmannsthal selbst oder seine Freunde für ihn reagiert hätten. Es bleibt ja ein Dokument; wie sehr man auch leidet, des Schmutzes kann nur der Frost Herr werden, kein Wegschaufelnwollen.

Ich weiß ja gut Deine Einwände, Dein Besorgen, aber ich glaube doch, man müßte sich wirklich vor Schaden hüten; und vor Spott.

Hier ein Versuch, beiliegend, keine ›Entgegnung‹, sondern eine ›Anzeige‹. Ich glaube, sie »tut«.

Du weißt, liebster Paul, Du kannst auf mich zählen, bedingungslos. Nicht Inge erst hat mich überzeugt; schon Frau v. Kaschnitz – die unterschrieben hat – und Dr. Hirsch sprachen dieselbe Befürchtung aus, Dr. Hirsch eindringlich warnend. Sie, wir alle, sind Deine Freunde. Wir werden, sollte sich das Gift nachher noch rühren, energischest reagieren; eine Presseklage auf Verleumdung und Wahrheitsbeweis wäre mit Stoßkraft einzubringen. Aber in der Öffentlichkeit muß das Detail vermieden werden.

Sei nicht beunruhigt und schreib mir bald.

Sei von ganzem Herzen, in Liebe und Sorge umarmt –

ganz Dein Klaus.

Mes amours à Gisèle[2] –

___

Frau v. Kaschnitz: dzt. Bollschweil im Breisgau. – Ihre Schwägerin ist gestorben.

___

Ingeborg: 10.-15. IX. poste restante Madrid; vom 10. X. an Ueti-
kon am See, Haus Langenbaum. – Für alle Fälle schicke ich Inge
die 4 Exemplare zum unterschreiben.

[*Anlage:*] [3]

ANZEIGE

Reinheit und Rang der Dichtung Paul Celans und die Integrität
seiner Person, deren Stimme im deutschen Gedicht unserer Zeit
von Jahr zu Jahr verpflichtender begrüßt wird, bedürfen der
Verteidigung nicht. Die kurzlebige Infamie hat es dennoch versucht, sich ihr Teil davon zu nehmen. Man zeiht Paul Celan des
Plagiats an den nachgelassenen Versen Iwan Golls, fälschte hie-
für »Parallelen« und unterschlug, daß diese aus einem frühen,
kaum in Handel gelangten, lange vor Golls Versen entstandenen Gedichtband Paul Celans entnommen wurden. Als dieser
Gedichtband sich nicht länger verschweigen ließ, erfand man
neue »Parallelen« und viel, viel Schmutz. Sapienti sat.

Auf die Verleumdung einzugehen, verlohnt der Mühe nicht.
Ihre Helfer seien jedoch gewarnt; wer den Kotzebues[4] seine
Stimme leiht, darf nicht erwarten, auch die Wahrheit und das
Recht für sich zu haben.

269 *Klaus Demus an Paul Celan und Gisèle Celan-Lestrange*

Millstatt, 3. IX. 6c

Liebe Gisèle, lieber Paul!

Danke von Herzen, Gisèle, für Ihren guten lieben Brief. Ich
habe mit meinem gestrigen Brief – bitte nehmt das Gesagte
für vorschnell – nicht recht getan; ich glaube nun fest, daß
die Entgegnung in unsrem Text endgültig und gut ist. Frau v
Kaschnitz hat ja doch, obwohl sie einige Bedenken des Ton-
wegen hatte, voll einverstanden unterzeichnet. Und heut nur

334

erhielt ich Doktor Hirschs Stellungnahme, die lang und mit Sorgen erwartete: er schreibt, er sehe die von mir dargebrachten Argumente für den Text voll ein, der Text scheint ihm »der Sache, auf die es ankommt, aufs denkbar Mögliche zu entsprechen«![1] Die Entgegnung solle ihm willkommen sein, sagt er, wenn sie nur den gewünschten Erfolg, den sachlichen und den subjektiven, hat. So ist nun, bis auf Inges nochmaliges Überlegen, der Weg frei für den Druck, Gottseidank.

Ich habe, wie ich ja im vorigen Brief zeigte, Inges sachliche Bedenken doch verstehen können. Sie wußte vor allem nicht, daß der Text von Dir, Paul, in Formulierung und Einzelheiten gutgeheißen ist und dachte wohl, mein Ungeschick wäre an den »emotionellen« Abweichungen vom trocken Sachlichen schuld; das mit dieser Form Bezweckte entging ihr. Ich glaube nicht, daß man ihre Haltung anders sehen dürfte. Aber auch Frau v. Kaschnitz und Dr. Hirsch – ich werde Dir, Paul, einmal ihre Briefe (ich hab sie in Wien gelassen) zeigen – sahen zunächst im Abgehen vom Nüchtern-Frostigen eine Gefahr, beide sahen aber auch ein, daß sie zu wenig bedacht hatten. Inge schrieb auch, die Abscheulichkeit der C. G. bedürfe für sie überhaupt keiner Beweise und Unterlagen – nur den Ton fand sie ihrer Vorstellung nach dem Zweck abträglich.

– Ich bin so froh, daß Dr. Hirsch ganz hinter uns steht. Er begrüßt »vor allem den ausgewogenen Text und die guten Proportionen, in denen er gehalten ist« – die sind freilich ganz Dein Anteil, Paul.

Bitte grämt Euch nun nicht über mein Schwanken und über Inges Mißverständnis – laßt ihr zur Antwort Gelegenheit. –

Nun erhielt ich die Rundschau mit dem ›Gespräch im Gebirg‹ – ich muß es immer höher bewundern und gernhaben. Es ist nicht leicht, immer größer scheint mir der Bereich, den es überspannt. Die Sprache ist herrlich, unsäglich rührend, lieb und schön ist mir das leichte Jüdische; es steht ja nicht so sehr drin, als es charakterisiert und subsumiert, und gerade dadurch ists so vertraut, das Beispielhafte der Kunstform könnte nicht unaufdringlicher sein. Es ist ein sehr sehr menschliches Stück Sprache und Denken. Daß es unwiederholbar erscheint, ist fast traurig.

Verzeihen Sie, liebe Gisèle, daß ich auf Ihren Brief einzugehen heut nicht die Ruhe finden kann. Wir hoffen so sehr, daß Paul nicht mit dem Schlimmsten von der armen Nelly Sachs zurückkommen mußte, daß es Hoffnung gibt oder zumindest guten Sinn. – Und verzeihen Sie und Paul mir das unsichere Schwanken, es ist leider meine Natur, die beides zu vereinen sucht: das Unbedingtsein und das Vermittelnwollen. So sinds nicht Gesinnungs-, als nur Denkfehler, die mir immer wieder unterlaufen ..

Von Herzen umarme ich Euch, Gisèle, Paul, Eric –

Euer Klaus

Nani und Jakob grüßen von Herzen!

270 *Gisèle Celan-Lestrange an Klaus Demus*

[Paris, 5. 9. 1960]

VOUS PRIE N'ENVOYER ANZEIGE A PERSONNE LETTRE SUIT = GISELE

BITTE ANZEIGE NIEMANDEM SCHICKEN BRIEF FOLGT = GISELE

BILDTEIL

Abb. 1: Paul Celan in der Wohnung rue de Montevideo,
um 1955 (Eric Celan, Paris)

Abb. 2: Paul Celan mit Nani und Klaus Demus in London, März 1955
(Klaus Demus, Wien)

Abb. 3: Klaus Demus und Paul Celan in Paris, Frühjahr 1950
(Klaus Demus)

Abb. 4: Klaus Demus, Paul Celan und Gisèle Celan-Lestrange in Paris,
Mai 1953 (Klaus Demus)

Abb. 5: Paul Celan, Nani Maier und Jean-Dominique Rey in Paris,
Frühjahr 1951 (Klaus Demus)

Abb. 6: Klaus Demus, 1958 (aus Broschüre: Kulturkreis
im Bundesverband der deutschen Industrie, Fotograf ungenannt)

Abb. 7: Nani Maier und Klaus Demus, Herbst 1949 (Eric Celan)

Abb. 8: Demus-Porträt von Paul Celan, 1949 (DLA Marbach)

Abb. 9a-b: Paul und Eric Celan mit Klaus und Nani Demus
im Belvedere in Wien, Juni 1957 (Eric Celan)

Abb. 10a-b: Postkarte von Ingeborg Bachmann, Klaus und Nani Demus
an Paul Celan, 1. August 1953 (Nr. 98), Vorder- und Rückseite
(DLA Marbach)

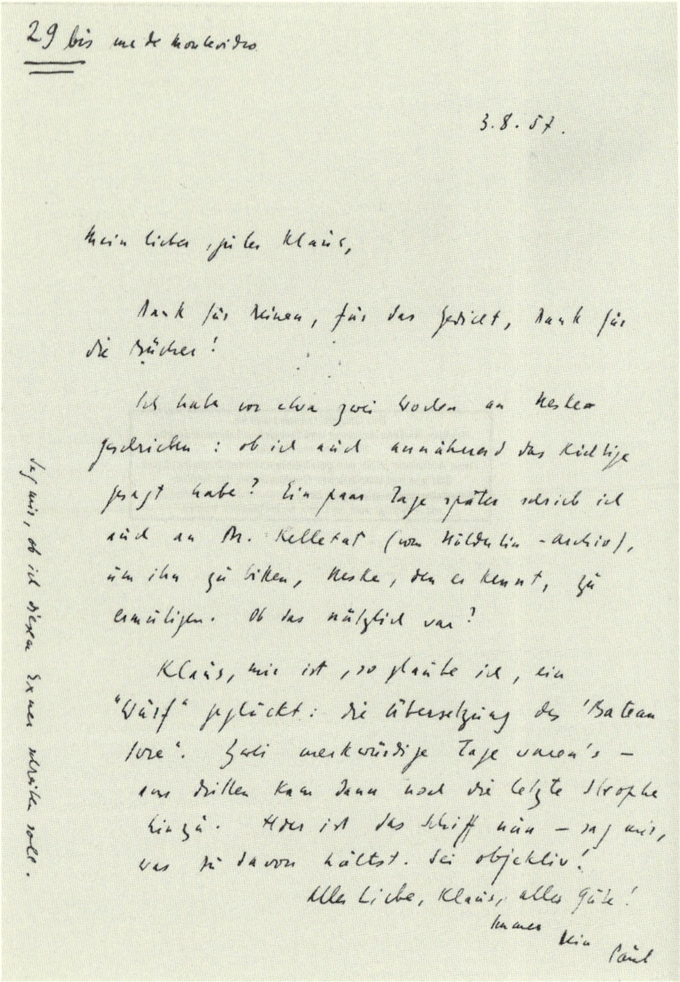
29 bis rue de Montevideo

3.8.57.

Mein lieber, guter Klaus,

Dank für Deinen, für das Gedicht, Dank für die Bücher!

Ich habe vor etwa zwei Wochen an Heske geschrieben: ob ich auch annähernd das Richtige gesagt habe? Ein paar Tage später schrieb ich auch an Dr. Kelletat (vom Hölderlin-Archiv), um ihn zu bitten, Heske, den er kennt, zu ermutigen. Ob das nützlich war?

Klaus, mir ist, so glaube ich, ein "Wurf" geglückt: die Übersetzung des 'Bateau ivre'. Zwei merkwürdige Tage waren's – am dritten kam dann noch die letzte Strophe hinzu. Hier ist das Schiff nun – sag mir, was Du davon hältst. Sei objektiv!

Alles Liebe, Klaus, alles Gute!

Immer Dein Paul

Sag mir, ob ich diesem Exner schreiben soll.

Abb. 11: Brief von Paul Celan an Klaus Demus, 3. August 1957 (Nr. 180) (DLA Marbach)

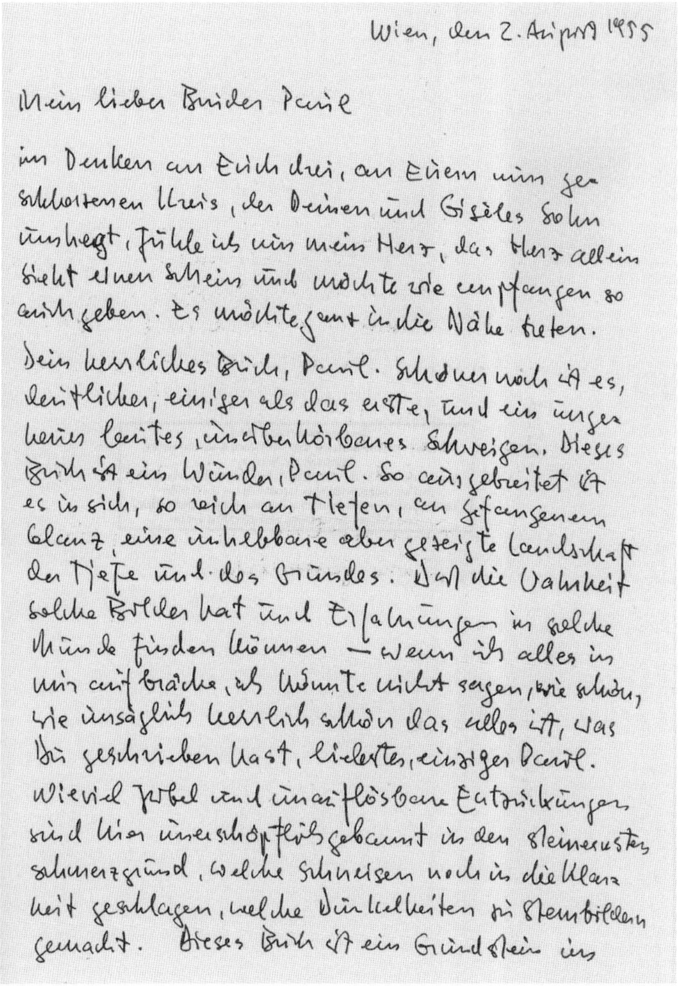

Wien, den 2. August 1955

Mein lieber Bruder Paul

im Denken an Euch drei, an Euern nun geschlossenen Kreis, der Deinen und Giséles Sohn
umhegt, fühle ich nun mein Herz, das Herz allein
sieht einen Schein und möchte wie empfangen so
auch geben. Es möchte ganz in die Nähe treten.

Dein herrliches Buch, Paul. Schöner noch ist es,
deutlicher, einiger als das erste, und ein inniges
heißes leeres, unerhörbares Schweigen. Dieses
Buch ist ein Wunder, Paul. So ausgebreitet ist
es in sich, so reich an Tiefen, an gefangenem
Glanz eine unhebbare aber gezeigte Landschaft
der Tiefe und des Grundes. Daß die Wahrheit
solche Bilder hat und Erfahrungen in solche
Münde finden können — wenn ich alles in
mir aufbräche, ich könnte nicht sagen, wie schön,
wie unsäglich herrlich schön das alles ist, was
Du geschrieben hast, liebstes, einziger Paul.
Wieviel Jubel und unauflösbare Entwicklungen
sind hier unerschöpflich gebaut in den steinernsten
Schmerzgrund, welche Schneisen noch in die Klarheit geschlagen, welche Dunkelheiten zu Sternbildern
gemacht. Dieses Buch ist ein Grundstein in

Abb. 12: Brief von Klaus Demus an Paul Celan, 2. August 1955 (Nr. 145)
(DLA Marbach)

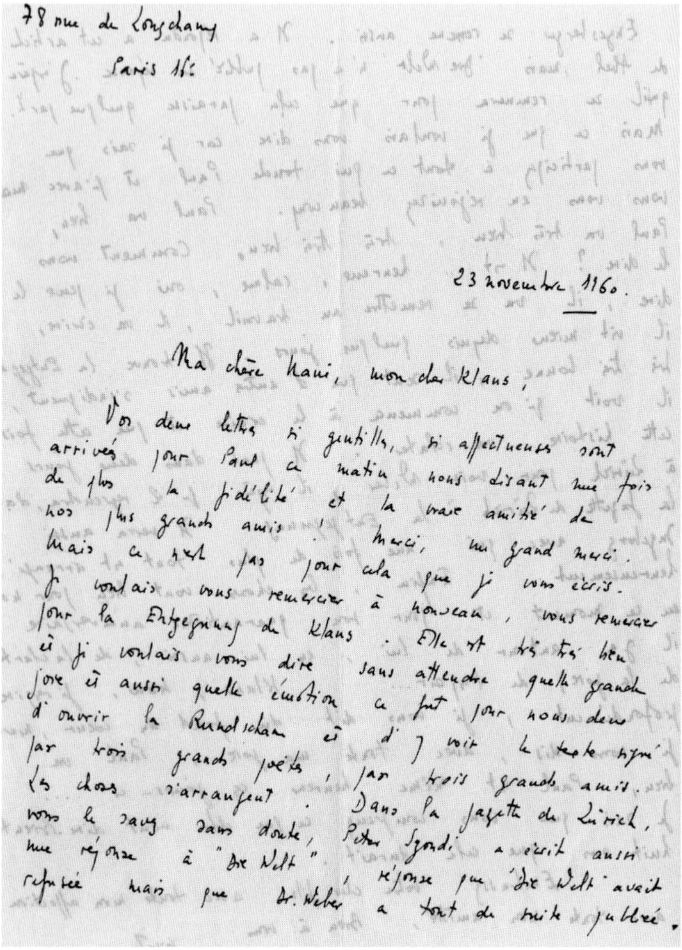

78 rue de Longchamp
Paris 16e

23 novembre 1960.

Ma chère Nani, mon cher Klaus,

Vos deux lettres si gentilles, si affectueuses sont arrivées pour Paul ce matin, nous disant une fois de plus la fidélité et la vraie amitié de nos plus grands amis! Merci, un grand merci. Mais ce n'est pas pour cela que je vous écris. Je voulais vous remercier à nouveau, vous remercier pour la Entgegnung de Klaus. Elle est très très bien et si je voulais vous dire sans attendre quelle grande joie ce aussi quelle émotion ce fut pour nous deux d'ouvrir la Rundschau et d'y voir le texte signé par trois grands poètes, par trois grands amis. Les choses s'arrangent. Dans la gazette de Zürich, vous le savez sans doute, Peter Szondi a écrit aussi une réponse à "Die Welt". réponse que "Die Welt" avait refusée mais que Dr. Weber a tout de suite publiée.

Abb. 13: Brief von Gisèle Celan Lestrange an Klaus und Nani Demus, 23. November 1960 (Nr. 290) (DLA Marbach)

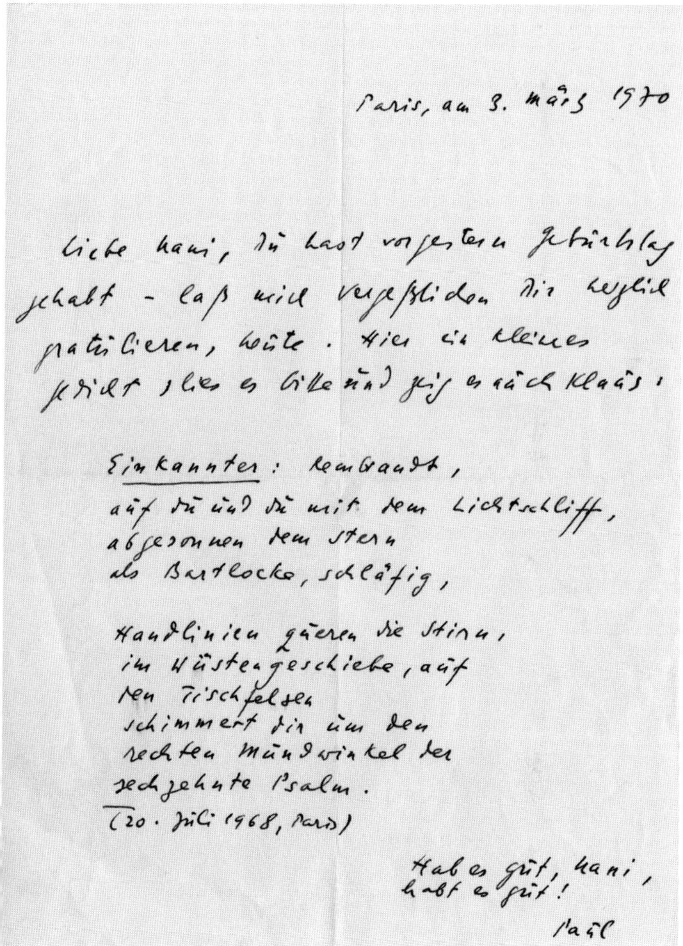

Paris, am 3. März 1970

Liebe Nani, du hast vorgestern Geburtstag gehalt – laß mich verspätet dir herzlich gratulieren, heute. Hier ein kleines Gedicht, lies es Gilen und zeig es auch Klaus:

Einkanter: Rembrandt,
auf du und du mit dem Lichtschliff,
abgesonnen dem Stern
als Bartlocke, schläfig,

Handlinien queren die Stirn,
im Wüstengeschiebe, auf
den Tischfelsen
schimmert dir um den
rechten Mundwinkel der
sechzehnte Psalm.
(20. Juli 1968, Paris)

Hab es gut, Nani,
habt es gut!
Paul

Abb. 14: Letzter Brief von Paul Celan an Nani Demus mit dem Gedicht ›Einkanter‹, Paris, 3. März 1970 (Nr. 379) (DLA Marbach)

78 rue de Longchamp
Paris 16ᵉ

5 septembre 1960

Mon cher Klaus,

Je reçois ce matin la lettre pour Paul avec »Anzeige«. Je vous avais écrit le 31 août, je crois, nos lettres ont dû se croiser, à moins que la mienne ne soit pas arrivée, car je m'aperçois que l'adresse en était incomplète (je n'avais pas mis de numéro). Je vous parlais dans cette lettre des réactions de Ingeborg que Paul avaient apprises par hasard en lui téléphonant à Zurich à propos de Nelly Sachs, je vous disais aussi combien Paul avait été peiné et même fâché qu'elle n'accepte pas votre »Entgegnung«. Paul a dû partir très vite à Stockholm, sans pouvoir vous écrire, et de là-bas les nouvelles ne sont pas très bonnes, et il est bien possible qu'il ne vous ait pas encore écrit.

Klaus, Klaus, votre lettre ce matin me désespère un peu. Paul va être très triste encore une fois, tout est à recommencer. S'il est encore temps, je vous supplie de ne rien faire, de ne rien envoyer avant d'avoir reçu quelque chose de Paul. Ingeborg a peur d'un procès, elle ne veut pas prendre de risques en témoignant pour lui, je trouve ça honteux, honteux. J'imagine tout ce que va penser Paul! Ce texte la dérange, elle ne voulait pas le signer, elle lui doit tant, que serait-elle sans lui? ...

Je ne sais pas quand Paul rentrera de Stockholm, je pense dans une semaine. Je lui écrirai tout de suite. Je sais le mal que cela va lui faire et je vois une fois de plus ce que si souvent il m'a dit. Les gens ne l'aiment pas, sa gloire les dérange, et au fond cela ne les gène pas du tout qu'on le traîne dans la boue, qu'on le calomnie.

C. G.. elle, a des amis, qui ne font pas tant d'histoires pour l'aider, la soutenir, même par des mensonges, mais lui, Paul, lorsqu'il s'agit de dire la vérité sur lui, de la dire une fois, alors non, c'est trop. Je trouve l'attitude de Ingeborg affreuse et c'est avec beaucoup de peine que je vois qu'elle a réussi à vous convaincre d'abandonner la Entgegnung, alors que Paul avait mis tant d'espoir en elle (Entgegnung) et avait eu tant de joie de savoir que Madame Kaschnitz l'avait signée.

Cher Klaus, j'espère que vous aurez eu mon télégramme à temps, j'espère que vous n'avez encore rien envoyé à Ingeborg et que tout pourra se réparer à nouveau. Une chose me semble sûre en tout cas, c'est que Paul ne voudra pas que Ingeborg signe avec vous. Dans l'espoir, très petit ... qu'un jour paraisse enfin votre texte, je vous quitte maintenant, mais je ne peux vous cacher ma tristesse.

Soyez aux côtés de Paul, ne le lâchez pas, malgré toutes les Ingeborg. Paul a droit à un peu de solidarité. Pourquoi ne veut-on pas voir dans cette ignoble histoire C. G. toute l'infamie qui y est et pourquoi ne veut-on pas l'aider? Se révolter contre un fait, même s'il ne s'agissait pas de Paul, il faudrait se révolter et faire tout pour un peu plus de justice, d'autant plus lorsqu'il s'agit d'un ami.

Je vous embrasse tous les trois

Gisèle.

P.S. J'ai recopié, comme je l'ai pu, votre lettre et la Anzeige que j'envoie tout de suite à Paul. Ne sachant quand il rentrera, je préfère garder ici les originaux.

Si ma lettre est un peu dure, peut-être n'ai-je pas tout à fait compris la vôtre, alors excusez-moi.

5. September 1960 / Mein lieber Klaus, / heute morgen erhalte ich für Paul den Brief mit »Anzeige«. Ich habe Ihnen am 31. August geschrieben, glaube ich, unsere Briefe haben sich wohl gekreuzt, oder meiner ist nicht angekommen, denn ich sehe, daß die Adresse nicht vollständig war (ich hatte keine Hausnummer draufgeschrieben). In diesem Brief habe ich Ihnen von Ingeborgs Reaktionen erzählt, die Paul zufällig erfahren hatte, als er sie in Zürich wegen Nelly Sachs anrief, ich habe Ihnen dort auch gesagt, wie betrübt, ja, wütend Paul war, daß sie Ihre

338

»Entgegnung« nicht akzeptiert. Paul mußte sehr schnell nach Stockholm aufbrechen, ohne Ihnen noch schreiben zu können, von dort sind die Nachrichten nicht sehr gut, und es ist sehr gut möglich, daß er Ihnen immer noch nicht geschrieben hat. / Klaus, Klaus, Ihr Brief heute morgen macht mich ein bißchen ratlos. Und Paul wird wieder sehr traurig sein, alles muß nun wieder von vorne anfangen. Wenn noch Zeit ist, bitte ich Sie inständig, nichts zu unternehmen, nichts wegzuschicken, bevor Sie was von Paul bekommen haben. Ingeborg hat Angst vor einem Prozeß, sie will nichts riskieren, wenn sie für ihn zeugt, beschämend finde ich das, beschämend. Ich kann mir vorstellen, was Paul alles denken wird! Der Text irritiert sie, sie wollte ihn nicht unterschreiben, sie, die Paul so viel verdankt, was wäre sie ohne ihn? ... / Ich weiß nicht, wann Paul aus Stockholm zurückkommt, in einer Woche, denke ich. Ich schreibe ihm sofort. Ich weiß, wie weh ihm das tun wird, und ich sehe wieder einmal, was er mir so oft gesagt hat. Die Leute mögen ihn nicht, sein Ruhm irritiert sie, und im Grunde stört sie überhaupt nicht, wenn man ihn in den Schmutz zieht, wenn man ihn verleumdet. / C. G., ja die hat Freunde, die keine so großen Umstände machen, ihr zu helfen, sogar mit Lügen; wenn es aber darum geht, die Wahrheit über ihn, Paul, zu sagen, einmal die Wahrheit zu sagen, dann nicht, dann ist das zuviel. Ich finde Ingeborgs Verhalten schrecklich, und es tut mir sehr weh zu sehen, daß sie Sie erfolgreich davon überzeugt hat, die Entgegnung fallenzulassen, wo Paul doch soviel Hoffnung in sie (die Entgegnung) gesetzt und sich so freute, als er erfuhr, daß Frau Kaschnitz sie unterschrieben hat. / Lieber Klaus, ich hoffe, daß Sie mein Telegramm rechtzeitig bekommen haben, ich hoffe, daß Sie Ingeborg noch nichts geschickt haben und daß alles wieder ins Lot kommt. Eines scheint mir sicher, Paul möchte nicht, daß Ingeborg mit Ihnen zusammen unterschreibt. In der – sehr kleinen ... – Hoffnung, daß Ihr Text doch einmal erscheint, schließe ich jetzt, aber ich kann nicht verbergen, wie traurig ich bin. / Stehen Sie Paul bei, lassen Sie ihn nicht im Stich, allen Ingeborgs zum Trotz. Paul hat das Recht auf ein bißchen Solidarität. Warum will man nicht die ganze Infamie sehen, die in dieser unwürdigen C.-G.-Geschichte steckt, und warum will man ihm nicht helfen? Sich gegen eine Sache auflehnen, auch wenn es sich nicht um Paul handelte, müßte man sich auflehnen, und alles für ein bißchen mehr Gerechtigkeit tun, aber um so mehr, wenn es sich um einen

Freund handelt. / Ich umarme Sie alle drei / Gisèle. / P.S. Ich habe Ihren Brief und die Anzeige, so gut ich konnte, abgeschrieben und schicke das gleich Paul. Weil ich nicht weiß, wann er heimkommt, behalte ich die Originale lieber bei mir. / Wenn mein Brief etwas hart ist, habe ich vielleicht den Ihren nicht ganz verstanden, dann bitte ich um Entschuldigung.

272 *Paul Celan an Klaus Demus*

[Stockholm, 5. IX. 60]
an dich sowie inge gerichtete bitte der niedertracht zu entgegnen hiemit ausdrucklich zurueckgenommen
paul

273 *Klaus Demus an Paul Celan und Gisèle Celan-Lestrange*

Venedig, 10. IX. 60
Liebe Gisèle, lieber Paul,
ich bin am Ende einer schönen Reise in diesem herrlichen Land, hab viel Herrliches an großen Kunstwerken gesehen, bin vor allem mit Lust in der Ausstrahlung großer Architektur gewandelt. Hoffentlich ergeht es Euch recht, recht gut!
Herzlichst
Klaus

274 *Paul Celan an Klaus Demus*

Paris, am 10. September 1960.[1]
Lieber Klaus, ich kann mein Stockholmer Telegramm nicht widerrufen: es hat, nicht nur vom Ort und von dessen Stunde her, seine Wahrheit.

Klaus, ich bitte Dich, nur das zu tun, was Deine Überzeugung Dir diktiert. Über Dich bitte ich auch Frau von Kaschnitz und Dr. Hirsch, nur das zu tun, was sie für richtig halten. Ingeborg Bachmann an dem von Dir Erwogenen beteiligen, hieße mich beleidigen.

Dir und Nani danke ich von Herzen für Eure Freundschaft.

Paul

275 *Klaus Demus an Paul Celan und Gisèle Celan-Lestrange*

Millstatt, 12. IX. 1960

Liebe Gisèle, lieber Paul!

Wieder in Millstatt, habe ich die Post von Euch vorgefunden. Es tut mir furchtbar leid, daß Ihr Euch so unnötig gequält habt. Ich glaube, die Dinge stellen sich uns anders vor, jedem anders. Ich lege Euch die Briefe von Dr. Hirsch und Ingeborg bei.[1]

Ich glaube, Ihr urteiltet nicht recht. Seht, ich habe Dr. Hirsch auf seinen zweifelnden Brief dringend gebeten, in der Sache nicht nur an das rein äußerlich Zweckmäßige – das er bezweifelt hat –, sondern mehr daran zu denken, daß der Text, so wie er ist, genau das darstellt, was Du, Paul, wünschst und daß er, mag es sachlich ungeschickt sein oder nicht, Dir Genugtuung zu geben imstande wäre. Die beigelegte Antwort von Dr. Hirsch kam erst spät, und die Verspätung machte mir Sorge. Vor dieser glücklicherweise so zustimmenden Antwort traf aber Inges beigelegter Brief ein. Ich schrieb ihr genau das gleiche wie Dr. Hirsch, hielt aber den Text aufrecht und setzte ihr auseinander, was sie nicht wissen konnte: daß er Punkt für Punkt unter Deinen Augen, Paul, entstanden ist und Du ihn so wünschst. Von meinen Zweifeln und der ›Anzeige‹ erwähnte ich nichts; ich bat sie, die beigelegten 4 Exemplare der ›Entgegnung‹ zu unterzeichnen. Sie wird es nun auch sicher tun.

Ihr Brief, das ist richtig, gab meinen Bedenken den letzten Ausschlag – nicht, wie Ihr dachtet, mich zurückzuziehen, sondern ruhig und nüchtern mehr auf die sachliche Zweckmäßigkeit und Wirksamkeit des Textes bedacht zu sein. Das steht in meinem letzten Brief. Menschen, die im Beurteilen äußerer Dinge kühler und erfahrener sind als Ihr und ich – Dr. Hirsch, Frau Kaschnitz und Ingeborg – befürchteten der Form wegen eine Dir (nicht uns Unterzeichnenden!) abträgliche Wirkung. Inge schrieb ausdrücklich, alle Punkte, Argumente und Daten würde sie unterschreiben, einzig die Form mache ihr Sorge. Frau Kaschnitz wünschte sich einen sachlicheren, unpolemischen Ton. Dr. Hirsch befürchtete Schaden für Dich wegen des Sicheinlassens auf der Ebene der Rechtfertigung. Die Bedenken dieser drei und meine letzten Endes dazu könnt Ihr ablehnen, ja, aber nur auf der sachlichen Ebene. Alle bis auf Inge, der man wie den beiden anderen Zeit geben muß, meine vorgebrachten Argumente zu bedenken, haben sich dann, auch ich, dazu entschieden, das Klugsein gegenüber Deinem Wunsch, Dir zuliebe, Paul, hintanzustellen. Ihr könnt also unsere Bedenken nicht als Loyalitätsbruch und Verrat oder Feigheit aburteilen, sie galten nicht unserer Verantwortlichkeit, sondern dem <u>Erfolg Deiner Sache</u>. Über unsere Haltung zu Dir, Paul, hättest Du Dir Zweifel nicht erlauben dürfen. Gerade so fiel aber Deine Reaktion aus.

Wenn ich nach all dem einen Wunsch von Euch erbitten darf, so ist es der: Ingeborg nicht zu verdammen, sondern auch ihre Haltung als integre zu verstehen. Ich setze mich seit langem so für sie ein, weil ihre Loyalität und Freundschaft in meinen Augen keinen Zweifel erlaubt, so sehr Euch auch der Schein vorschnell entschiedener Einzelheiten zu trügen imstande war. Mißverständnisse wird es im Menschlichen notwendig immer geben, aber unter Freunden auch immer solche, die sichs zur Pflicht machen, sie zu zerstören.

Machen wir, Ihr Lieben, einen großen Strich unter all das; wol-

len wir immer nur das Beste denken; es zieht das Gute nach sich.
Seid von Herzen umarmt und behaltet lieb
immer Euren Klaus.

Lest alle 3 Briefe genau und mehrmals!

[*Anlagen:*]

276 *Klaus Demus an Paul Celan*

Millstatt, 14. IX. 60

Lieber Paul, ich danke Dir für Deinen Brief. Du sollst nichts
widerrufen, und ich werde niemals akzeptieren, was eine der
Türen der Freundschaft und des Vertrauens schließt. Du kannst
und sollst – ich bitte Dich darum, nie schonend zu mir zu sprechen – es mir sagen, wenn ich in Deinen Augen unrecht handle;
von mir aus gesehen will ichs freilich nie tun, im engen Raum
unserer Beziehung hat, auch wenn ich Dir in liebendem Streit
Widerspruch leiste, unmöglich Gegenstrebung Platz. Darum
genügt es mir aber auch nicht, daß Du mir gut bleibst, ich will,
und möchte es verlangen, daß Du Dir aus nichts, was von mir
kommt, Schmerz bereiten läßt; denn Du weißt es im Grunde
besser. Laß mir also die Redefreiheit, laß mich Dir für Dich
gegen Dich manchmal Widerstand leisten und setze keine
Grenze, Paul, keine; sonst hätte ich Dein Vertrauen nicht.
Kannst Du die Gründe meines Verhaltens einmal nicht verstehen, so halte ihnen zugute, daß sie einem anderen, doch nicht
schlampigeren Ordnungssystem entstammen, das, weit entfernt vom Wehtunwollen, das unselige Weh der Welt kennt,
wie nichts sonst fürchtet und das versucht, es in persönlicher
Reichweite zu entmachten.
Du weißt, Paul, ich habe durch die Trennung meines Vaters
von uns frühzeitig auf Weh zu achten gelernt. Mein Optimis-

343

mus oder Euphorie (so erscheints wohl zuweilen, und ich laß mirs gefallen, da's nun einmal so erscheint) war mir früher nicht zu Gebot; er ist jenseits des Pessimismus, der Angst und der Verletzbarkeit, oder über ihnen, sie sorgsam deckend, entstanden, seit ich begriff, daß das Weh nicht notwendig und durch einzelne Kraft vermeidbar ist. Seitdem glaube ich an die Möglichkeit zur Überwindung, ja, seither glaube ich überhaupt monistisch an das Gute und halte das Gegenteil für ein Verfangensein im Netz. Ich fliehe nicht vor dem Weh, Paul, ich schließe auch nicht die Augen vor dem Furchtbaren, das immer im Menschen ist und in der Welt; ich fürchte es wie nichts, nichts sonst. Aber ich will mich an das Gute halten, das unvermindert, und vielleicht auch ohne einzugreifen, ganz getrennt auch da ist, und wichtiger ist, als das Eigentliche. So kann mir, Paul, ich hoffe es, auch im Weh, auch im Furchtbaren, vor dem ich mich fürchte, nichts geschehen, nichts dem, was ich als Wesen verspüre, verbunden dem Wirklicheren, allein Wirklichen. Die Kraft dorthin ist beschränkt, aber auch die geringste eines so schwachen Menschen wie ichs wohl bin reicht aus, das immer zu sehen, als den einen Stern, der noch Licht hat. Immer wird er Licht haben, Paul.

Ich hab von mir gesprochen, unklar aus der Stunde heraus, vielleicht über den Anlaß hinaus. Aber Dein Vertrauen, Paul, immer ganz zu haben, schien mir ein Erklärendes zu erfordern – Du findest die Linien gewiß zusammen.

Verzeih mir, Paul, daß ich Dir wehtat – wir sind Monaden und leben ein jeder aus eigenem Gesetz. Laß uns denn unser Meinen erkennen; wie sagt Hölderlin – »Gutes mehr denn Böses meinend ...«[1]

Von Herzen

Klaus

Das letzthin Gesagte ist meine Überzeugung: die Entgegnung muß erscheinen, von Dr. Hirsch gebilligt, von Frau v. Kaschnitz, mir und: ich hoffe es, von Ingeborg unterzeichnet.

Paris, am 15. September 1960.[1]

Lieber Klaus,
ich danke Dir – und auch Gisèle dankt Dir – für Deinen Brief
vom 12. September.

Es wäre – <u>ich sehe das jetzt deutlich</u> – nicht richtig, die in
meiner Gegenwart entstandene ›Entgegnung‹ zu veröffentlichen; ich bitte Dich also <u>herzlich</u>, von einer solchen – oder
ähnlichen – Veröffentlichung abzusehen.

Verzeih, aber ich bin jetzt, nach sieben Jahren, <u>müde</u>.
Möchte die Zukunft <u>Dir</u> – nicht mir – Recht geben!

Paul

Wien, 30. IX. 1960

Lieber Paul,
als wir vor zehn Tagen nach Wien zurückkamen, fand ich
Deinen Brief vor.

Ich habe darauf zu antworten versucht, aber es steht zu viel
zwischen Deinen Zeilen, das ich bei aller Herzlichkeit, mit der
Du sprichst, nur so lesen kann, daß Du mir nicht im Getanen
vertraust; als hätte ich durch die als Überredungsargument den
unterschreiben Sollenden gegenüber verwendete Übertreibung
Deiner Mitautorschaft dem Text die Unabhängigkeit und Freiheit genommen. Ich wollte Dir die Briefentwürfe an Dr. Hirsch
und Frau Kaschnitz, die ich aufgehoben habe, schicken, aber
ich finde jetzt, Du müßtest mir vertrauen, nicht taktlos gehandelt oder gar mit der Wahrheit dem Zweck zuliebe gespielt zu
haben.

Hier ist die unterzeichnete Entgegnung. Herr Doktor Hirsch
will nun schon den Text haben, ich schrieb ihm, er bekäme ihn,

er bekäme ihn von Dir oder Du würdest ihm sagen, was geschehen soll.

Wenn Du bei dem in Deinem letzten Brief Gesagten bleibst,
Paul, dann lädst Du mir die Schuld auf für das Ungetane. Dieser
Preis sollte Dir zu hoch sein. Denn es ist im Grunde nichts
geschehen, was Dir zu Zweifeln Anlaß und uns zu brüskieren
ein Recht gibt. Wir haben, das wird Dir jeder von uns bestätigen, nicht bloß Dir zu Gefallen, sondern schließlich aus Überzeugung und um der Sache willen, der Sache der Dichtung,
unterschrieben. Daß Du die Form im einzelnen gebilligt, ja
mitgestaltet hast, war notwendig, ist aber ein Äußeres; Du
halfst meinem Ungeschick, nichts weiter.

Entscheide Dich, Paul, Dr. Hirsch wartet; entscheide Dich, ob
wir es Dir wert sind, für Dich und für die Dichtung zu zeugen.

Dein Freund Klaus

[*Anlagen:*][1]

279 *Paul Celan an Klaus Demus*

[Paris,] 3. X. 60.

Mein lieber Klaus,
herzlich danke ich Dir für Deinen Brief. Ich kann Dir nicht
verschweigen, daß mich diese letzten Wochen mit viel Düster-
nis bedacht haben. Es war wirklich schwer.

Klaus, ich wollte auch den Preis zurückweisen: es sind, ich
sah es nach meiner Rückkehr aus Schweden, mehrere Goll-Ge-
hilfen unter den Mitgliedern der Akademie. – Nun, ich nehme
den Preis an, ich fahre nach Darmstadt.

Klaus, ich hatte Dir vor Monaten etwas geschrieben, das,
glaub mir, sein Gewicht hat: die Niedertracht hat unzählige
Helfer; wir kennen nur einige wenige von ihnen. – Es ist bitter,
wenn man liest, daß der Kafka-Freund und Mitarbeiter des
S. Fischer Verlags Willy Haas der »großen Dichterin« C. G. Bei-

fall klatscht. Im übrigen nimmt sogar das Times Lit. Suppl., auf seine diskret-unverfängliche Weise natürlich, das ›Rundschreiben‹ ernst.[1] (Beiliegend die Seite, es kann jetzt natürlich, aus der Goll-Ecke, eine »Leser-Zuschrift« kommen …) In dem Nachruf der ›Zeit‹ auf Hühnerfeld[2] stand zu lesen, die Redaktion habe ihn nach Paris geschickt, weil dort »aufregende literarische Themen« auf ihn warteten …

Lieber Klaus, es ist, meiner Ansicht nach, leider so, daß kein Preis, auch der Büchner-Preis nicht, so etwas aus der Welt schafft. Du weißt, worauf es mir ankam: darauf, daß etwas Einfaches und Selbstverständliches geschieht, um des Einfachen, um der einfachen Hoffnung willen, die ich mir zu erhalten versuche, die wir uns alle erhalten müssen. Es hat lange gedauert, bis es geschah, und … unter wieviel Schmerz und Verfinsterung und Hin-und-Hergerissenwerden der Beteiligten ist es nun endlich da! Bedenke, Klaus!
Ich danke Dir, Klaus.   Und ich danke Frau von Kaschnitz und Ingeborg.

Zum Text (den Du Dr. Hirsch schicken mußt) noch dies: Er muß datiert werden (Oktober 1960 oder September 1960 –)

Ich sehe auch, daß die von Frau von Kaschnitz vorgeschlagene Änderung (Stück statt »Gebilde«) nachzutragen ist (oder sonstige, mir unbekannte Vorschläge zur endgült. Redaktion.*))

Über den Zeitpunkt der Veröffentlichung sollt Ihr, vor allem Frau von Kaschnitz entscheiden.

Mit dem herzlichsten Dank,
mit den herzlichsten Grüßen
Dein Freund
Paul

Bitte achte bei der Korrektur auf die Jahreszahlen!
Verzeih, hier noch eine »ausgefallene« Bemerkung zum ›Times L. St‹: Vor Wochen berichtete mir Herr Falkenberg, es habe eine längere Unterredung mit dem Redakteur des Blattes gehabt …

Versen (nicht: erschienenen; erschienen sind von G. wohl nur
die vier Stücke im ›Goldenen Tor‹.)[3]

[*Anlage:*]

280 *Klaus Demus an Paul Celan*

Wien, 11. X. 60

Mein lieber Paul,
ich danke Dir von Herzen für Deinen Brief, für Deine Zustimmung und Dein Vertrauen. Doktor Hirsch hat nun den Text
zum Druck, Frau v. Kaschnitz und Ingeborg haben je ein Exemplar, Deinen Dank an sie richte ich aus. Die kommende Nummer wird nun die Situation herstellen.

Die Besprechung im Times Lit. Suppl. betrachtet einen Band
Gedichte als Literatur; unter das literarische Gewand, dessen
Stoff und Zuschnitt man, so fordert es die Fiktion des Gewer-
bes, schön zergliedern und ableiten kann, blickt man eben nicht.
Das ist das Erschütternde für mich, das Flinke des Manipulie-
rens. Gewissenlos ist nicht nur das Abschreiben des Namens
I. G. (dem im Zusammenhang eine weitergehende Absichtlichkeit doch fehlt), und als Glied welcher Kette!, sondern die Verwendung von Hausnummern überhaupt. Ist derart die Leiche
seziert, was doch rein sachlich geschieht (!), ist das Geschäft
erledigt; Gedichte »liest« man doch beileibe nicht.

Ach, Paul, soll man sich mit all dem wirklich abgeben? (Wie
nett übrigens von dem Herrn, mich als Beispiel für Aposiopesis
zu bemühen; wie schade, daß der magister artium hier irrt; ja,
Deutsch ist schwer, besonders im Gedicht.[1] Immerhin, ich bin
befriedigt, zumindest ein Gedankenstrich wird, wenn auch
mißgedeutet, zitiert!)

Schön sind die Übertragungen im Almanach; besonders
die Rahmenstrophe im Rimbaud, ganz ganz herrlich; als Gan-

zes mag ich den Maeterlinck am meisten, der Ton ist so unsäglich.[2] – Köstlich, ganz souverän der Brief Thomas Manns! Ich lese ihn seit langem wieder, verstehe gar nicht, daß ich mich lange Zeit gegen ihn sperrte. Er ist doch einer der größten Künstler seit Goethe, an Formsinn vielleicht der größte. (Wie froh bin ich, daß Du mich damals mitnahmst, zu seiner Rede in der Sorbonne.)[3] – Paul, hat man auch Dir die Briefe Sigmund Freuds geschenkt?[4] Sie sind wunderbar, Du solltest sie lesen. –

Ich wollte Dir erzählen, lieber Paul, von Gedanken, die ich, besonders seit dem Erfahren der alten Kunst Italiens, um Form, um die Zeit, um Möglichkeiten einer Renaissance wie Altweibersommer durch meine beglänzteren Augenblicke ziehe. Der Raum der Poesie, er ist doch die alte Welt, darin Ideen Figuren wurden und alle Geschehnisse Träume. (Die Jeune Parque – sie liegt in diesem Raum ..) Ach, es gab Herrlichkeiten, in Malereien, in Büchern, Tempel und Paläste stehen noch; wie, wenn man den Abgrund, der uns zu trennen scheint vom alten Land, überprüfte, überspränge? Groß denken, in Gegenwelten, wars ein historisches Privileg? – Schilt mich nicht, Paul, als Phantasten; ich muß noch, als letztes im Gedicht, die Sonne aufgehen zeigen; wie ginge das ohne Gedanken an Glorien? –

Seid von Herzen, Gisèle und Du, gegrüßt, habt es gut!

Klaus

[Wien,] 12. X. 60

Liebe Gisèle, lieber Paul,

nun ists also fertig, das Nacht-Stück; nehmt nachsichtig auf,
was nicht weiterzutreiben war. – Dies war der Anfang:

> Inmitten des sehr fernen Abends
> glänzt des Morgens Ziel.

Drei Jahre warens im Sommer; und dies war der erste Ansatz:

[*Rückseite:*]

> Es blühte das Meer, die Nacht
> war traumhaft licht und rot,
> wir sahen die alte Welt.
> Im Morgen steht das Kommende:
> die große Flammensonne
> der klare Monde
> zeugt untertags.

Und dies:

> Auf ist die Nacht, es blühen
> die Ströme im Meer, Dünung
> häuft den sturmalten
> blauen Schnee vor den feinen
> Küsten . .

Die alte Welt . . Gestern schrieb ich Euch davon; und dann war
auch gleich das Letzte da.

Seid von Herzen umarmt –

Klaus

[*Anlage:*][1]

Für Gisèle und Paul –
11. X. 1960   Klaus

Auf ist die Nacht,
durch traumlose Höhen
vom Schnee blühn des Raums
lichte Gebirge, so weit
die Sterne strahlen;
schlafbrandend baun
der Himmelsfreiheit allreine
Meeresreiche im Geleucht –
lichthäusige Gipfel, Totenkronen,
hoch durchmondet, feuergefügt,
getürmt in Helle.

Bergegroß glühn die Sterne
mit schweigenden Namen,
dahinter mit Traumgewalt
die Schluchten der Ewigkeit
offen stehn, weltendurchschäumt:
klar im Sturm dreht der
Urnacht Rad rauhstrahlende
Lichter aus Königsgeblüt
in ihren Gehäusen – herb
hellherziger Schlösser Mahlgang,
feuerblind im Gestein,
der Blaupracht blühfinstrer
Wirbel bricht, kristallschwerer
Gegenscheine Tor.

Entsperrt, erleuchtet, Mauerlosem
eingehängt, tun ihr Nachtwerk
graue Lichterschmieden
– Tausendlicht, die Adler
lohweit im Quall –,
Erznester, glühzart, verhaucht,

wüst harscher Glanz schattend
aus den Geheimnissen:
Fernhimmel, gestuft im Strahlenschlaf;
zeitzerstäubt, durchblitzt von
Bittrem brennen die Träume.

Lichtschutt, geröllklar durch
langsamer Rose Häuser ausgestürzt,
Wildbruch, eishell im Räderschein,
von Klängen gesteuert – verstirnt
in Tiefen, brechend voll Schall,
stehn die Feuer, hochweiß, als
Schneewälder glutdurchhäuft:
groß blitzend, unbehauen
stürmt der Lichtwinter Felsenmeer
im Raumgang, Abgründe kreisen,
schwer aus Klärungen scheitert
tauzerwirkter Gletscher Geström.

Morgennacht, Luft der Dunkelsterne,
Umkehr stillsichtiger Himmel;
gangerloschen, dämmerzerfällt
die Erde im Kar, nebelverstrahlt –
zartgipflige Gebirge, lichtblind,
pflügen sich Ahnung, aufzufahren
ins Vorblühn flutgebauter Höhe;
des Außenmeers Frühlinge schaufeln
im Schleusenkranz, Röten überträumt
schwebt der Gewässer Herz:
hell brennt die Nacht im Gestirn –
die große Flammensonne
der klare Mond
zeugt untertags.

[Paris,] Allerseelen, Allerheiligen 1960.
Klaus! Lieber, lieber Klaus!
Laß mich Dir vor allem für Dein Gedicht, für Dein <u>großes</u>
Gedicht danken![1] Lieber Klaus. Liebe Nani.

Ich hab's überstanden, ich hatte eine solche Angst vor Darmstadt.[2]

Ach, wißt Ihr, es war so furchtbar in Schweden! <u>Furcht</u> <u>bar</u>.
Finsternisse, Finsternisse.

Ihr müßt mir und Gisèle – <u>das ist dasselbe</u> – <u>verzeihen</u>. Ich
war wirklich von Sinnen.

Vor drei Tagen habe ich hier Ingeborg und Max Frisch getroffen und sie um Verzeihung gebeten.

Nein, diese Zustände sollen nie wiederkommen!

Habt Dank, von Herzen.

Paul   Gisèle

[Wien,] 2. XI. 60
Mein lieber Paul!
Ich gratuliere Dir von Herzen zu dem Preis, den Du bekommen
hast. Ich weiß nicht, wann es geschehen ist, aber ich glaube, Du
warst schon in Darmstadt, und so bitte ich Dich, nimm halt
auch meine Glückwünsche und meine Befriedigung darüber
verspätet an. Es hat mir sehr gefallen, was ich über diesen Preis
gelesen habe – daß er an Schriftsteller und Dichter verliehen
wird, »die an der Gestaltung des gegenwärtigen deutschen
Geisteslebens wesentlichen Anteil haben« (so stehts im Brockhaus). – Du wirst eine Rede gehalten haben – Dr. Rosenmayr
sagte mir Deine Grüße und erzählte, daß Du damals gerade an
ihr schriebst –, die ich wohl gerne kennen möchte.[1] Sicherlich

steht sie schon irgendwo – aber Du kennst ja mein ahnungsloses Dahinleben; willst Du mir bitte helfen?

Herzlich danke ich Dir, lieber Paul, mir das Gedicht von St. John Perse geschenkt zu haben[2] (es kam ja alles, was ich von ihm habe, von Dir); es ist wirklich sehr schön, daß man ihn so sehr geehrt, gewürdigt hat. (Hier schrieb eine Zeitung, die ich zufällig in die Hand bekam, man müsse auch diesmal an der Objektivität der Preiszuerteilung zweifeln – Österreich wäre doch gewiß nicht literarisch hinter dem Berg (!), und hier kenne man ihn kaum …)

Herr Wagenbach[3] schrieb mir Ende Oktober, Du wärest gerade im Hause – so denke ich mir, daß Du den Umbruch der Entgegnung schon gesehen hast; es waren fast keine Korrekturen notwendig, so wollte ich ihn Dir nicht schicken. Nun wird die Nummer wohl bald erscheinen. – Ob Prof. Pöggelers Buch schon erschienen ist?[4] Und ob Adorno an den zugesagten, vorgehabten Aufsatz gedacht hat?[5] –

Seit dem Abschluß des Nacht-Stücks, mit dem etwas zu Ende gegangen sein muß, eine Periode, ein Bereich, ein Wachstumsstück, fühle ich mich recht sonderbar im Leeren. Zwar ist etwas Neues begonnen, das schon an die letzte Arbeitsbemühung anschließt, aber ich fühle sehr viel Lust zu neuem Ansetzen, probiere, plane, hänge mancherlei Gedanken an Formen nach. Natürlich hängt dies sehr zusammen mit dem starken Schub an Zeitskepsis vom Sommer, mit der »alten Welt«, alten Dichtern und Bildern und einem alexandrinischen Anhauch. Durch die Vorstellung treten wundersame Gebilde, die ich mit der langsamen Schreibeart nicht bewältige. So vieles muß ich immer durch das Michfügen in das schmale, auf die halbe Kraft der Abendstunden verwiesene Leben unausgeführt lassen, nichts kann wachsen, alles sich Regende muß ich hinunter tun, wieder einschlucken, damit nur ja der schmale Pfad der »Tagesansicht«, der dem sicheren Licht nach ins Schwere vorgetriebene Stollen weitergeführt wird, das Klimmen in der Sprachmauer. Nun, in irgendeiner letzten Hinsicht geht wohl nichts verloren, auch sind ja die unsichtbaren Bereiche offen, zwischen den Zeitquadern, und man hängt im Geiste stets mit einem ganzen Welthaften zusammen, so wie im Traum. Des Wunders ist ja kein Ende, die Möglichkeiten sind immer allesamt da und es gibt keinen Mangel für das Wissen darum – und dieses, einmal da, bleibt ja – und lange Arme schaufeln immer im Fernen, in Morgenröten, im Feuerschein des Tierkreises, im Wetter der oberen, der künftigen Welt.

Seid umarmt, lieber Paul, Gisèle und Du – von Herzen Klaus.

284 *Klaus Demus an Paul Celan und Gisèle Celan-Lestrange*

[Wien,] 6. XI. 60

Liebe Gisèle, lieber Paul,
habt von Herzen Dank. Ach, wie herzlich froh sind wir. Es war die schönste Nachricht, dies: Euch die Düsternisse gelichtet, die auch für uns schwer durchlebte Zeit beendet zu wissen. So wünschen wir Euch: faßt neuen Mut – und haltet Euch Eure Seele, die Gutes braucht und Frieden, frei für das Wirkliche, das Wichtige, das Ihr zu tun und zu geben habt; und lebt gut mit Euch selbst, lastet Euch nicht zu viel des Euch Fremden, des Unverarbeitbaren auf, von dem die Welt voll ist, draußen: erfüllt wird sie, und darum ist auch diese Zeit nicht umsonst, doch nur durch die immer noch sich ereignende Verwandlung, und diese ist zu tun. –

Hoffentlich waren die Tage in Darmstadt so, wie sie sein sollten, eine Ehrung Deiner Leistung, Paul, Deiner Person, der Instanz, die Du immer deutlicher darstellst, und ein Dank, Dank auch für schon so vieles außer Deinen Gedichten selbst: für das Wahre, das Du vertiefst – das Deine Vergeltung ist! – und für die Gaben Deiner Übertragungen.

Wo ein Preis an rechte Stelle fällt, kommt ihm die ganze, die ideale Bedeutung zu; das Objekt gibt ihm sein Maß und wird gleichzeitig als Maßstab deutlich, es ist eine Eindeutigkeit da, Realität und Transparenz. Und so sollst Du Dich recht freuen, es steht gut mit Deiner Sache, an der Dir nichts weiter liegen muß, als daß sie wirkt. Und sie wird es immer mehr.

So lebt denn wohl, habt guten Frieden!

Von Herzen

Klaus

285 *Paul Celan an Klaus und Nani Demus*

[Paris,] 15. XI. 60.

Mein lieber, guter Klaus,

nur ein paar Zeilen – verzeih, daß es nicht mehr werden, um Dich über die jüngsten Früchte der Infamie zu informieren:

Ein gewisser Rainer K. Abel ist nun schon zweimal über mich hergefallen: vor etwa zehn Tagen in der Wochenschrift ›Christ und Welt‹ (. . .) und am 11. Nov. in der Hamburger Tageszeitung ›Die Welt‹.[1] (Ich besitze die Zeitungsausschnitte nicht, habe aber bei Fischers gebeten, sie Dir zu schicken.) Es hat diesmal zwei spontane Reaktionen gegeben: von seiten H. M. Enzensbergers (Brief an die ›Welt‹, meines Wissens jedoch noch nicht abgedruckt) und von Peter Szondi (Dozent an der Freien Universität Berlin) in beiden Fällen (Briefe an die Redaktion, bisher nicht abgedruckt.)[2]

Ich selbst bin ruhig, Klaus, sei, bitte, unbesorgt.

(Erlaub mir denn doch ein Wort: Siehst Du, ich wußte ja, daß auch kein Büchner-Preis der Infamie Einhalt tun würde.)

Ich bin froh, daß jetzt die ›Entgegnung‹ kommt.[3]

Und jetzt eine Bitte, Klaus: Dr. Szondi will – und hier stößt er auf keinen Widerstand – im ›Euphorion‹ eine Richtigstellung veröffentlichen. Ich würde ihm nun gerne ein Exemplar von ›Der Sand a. d. U.‹ geben, möchte aber weder eines der meinen noch eines der Deinen aus der Hand geben. Nun bringt mich ein hiesiger Bekannter auf folgenden Gedanken: das in der Wiener Nationalbibliothek befindliche Exemplar photokopieren bzw. »mikrofilmen« und – mitsamt Katalognummer – (von der Nationalbibliothek) authentifizieren zu lassen.[4] Klaus, bitte, laß das besorgen. (Es wird ein Heidengeld kosten – das ganze Buch muß ja kopiert werden –, wir brauchen auch wohl drei oder vier Exemplare, aber ich kann das ohne weiteres bestreiten; Du mußt mir aber versprechen, es _mich_ tun zu lassen bzw. mir sofort sagen, welchen Betrag ich Dir zu überweisen habe.)

Klaus, jetzt kommt, ach, noch viel Schmutz daher – warum hassen die nur die Gedichte so? –, aber dann ists, schon allein durch die ›Entgegnung‹, gut.

Nochmals: Verzeih, daß ich nur davon rede.

Laßt es Euch gut gehn, Ihr Lieben, und seid von Herzen gegrüßt und bedankt von

  Eurem
  Paul

286 _Paul Celan an Klaus und Nani Demus_

         [Paris,] 18. XI. 60.

Meine Lieben!

Das ist die Büchner-Rede – sie ist, nach vielen Verzweiflungen, in den letzten Tagen entstanden, ich hielt sie für eine Art Halluzination, mir war ganz furchtbar zumute, aber einmal, spät in der Nacht, »bei Wein und Verlorenheit und beider Neige«, hatte ich, von diesen Seiten her, einen einmaligen seltsamen Zustand: ich glaubte, in Beziehung zu stehen mit – vielen Dingen.

Dann gab es, unterwegs, auch mehrere _kleine_ Seltsamkeiten.

Vor ein paar Tagen las ich in dem Aufsatz ›Weltbild und Dichtung im deutschen Barock‹ von Erich Trunz folgendes Kepler-Zitat:

» ... Gott ist symbolisiert in der Kugel; ein Schnitt durch die Kugel ergibt den Kreis; dieser bezeichnet den Menschen.«[1]

Vive le Méridien!

Nani, Klaus, Fischers wollen die Rede drucken – bitte sagt mir, was unbedingt geändert werden muß.[2] (Ich bin z. B. mit meinen Anführungszeichen nicht ganz zufrieden, auch mit typographischen Fragen bin ich noch nicht ganz ins Reine gekommen.)

Laßt es Euch gut gehen! Von Herzen Euer

Paul

Was in der ›Welt‹ steht, ist unbeschreiblich. Ich habe mich an Dr. Weber gewandt – vielleicht fahre ich nächste Woche übers Wochenende zu ihm; ich glaube, es wäre gut, wenn auch die Zürcher Zeitung die Entgegnung brächte.[3]

[*Anlage:*][4]

287 *Klaus Demus an Paul Celan*

[Wien,] 20. XI. 1960[1]

Mein lieber Paul.

Laß Dir heute, an Deinem vierzigsten Geburtstag, den wir mit Dir feiern, besonders unsere Liebe, unsere Verehrung gefallen. Wir kommen kaum mit Gaben, aber wir kommen mit Wünschen, den herzlichsten und besten, und wir kommen mit Dank. Mit Dank für Deine Freundschaft, die Du uns vor zehn, vor elf Jahren in Paris, Du der ältere, der Reife uns noch kaum Mündigen entgegengebracht hast, die wir Dich freilich liebten, uns auswählend, obwohl wir Dir noch nichts sein konnten. Und mit dem anderen Dank, dem nicht minder persönlichen, für das, was Du uns mit Deinen Gedichten gegeben hast. Was würde uns und allen, die Dichtung für ihre Existenz brauchen, ohne Dein Werk fehlen, und was gibt es all denen, für die die Zeit sonst ohne Verankerung im Gedicht wäre. Du weißt, ich rechne seit Hofmannsthal, und er war ein Ende, und im Gedicht schon so früh, nichts mehr zum Gültigen bis zu dem Deinen; und war er ein Wunder für die um ihn, so ist das Unwahrscheinliche des Dir Gelungenen größer und allgemeiner und in seiner Wahrheit etwas anderes als ein schönes Jugendwerk. Ich denke mir oft, wie schwer Dein Leben gewesen ist; wie Du aus einem Ende kamst, mit der letzten Hoffnung, dort anzuknüpfen, wo Du schon einmal warst, und wie schwer dann Deine Jahre waren bis zu Gisèle und Eric und dem durch Dein Schreiben errungenen Grund. Wie Dir alles fehlte, was man zum Schreiben zu brauchen meint, Gegenwart, Zukunft und sogar Vergangenheit, Menschen und selbst Sprache. Und so sehr die Möglichkeit Deines Schreibens, das Gedicht, wie es sonst nicht besteht, ausgeklammert schien, hat es nun den Gipfel der Zeit inne: die Evidenz des Wahren in der Sprache, die die Verknüpfung, die Form bestimmt, ist für heute am Deinigen abzulesen, und nicht nur für das Sprachgewissen; es gibt, Paul, außer Dir seit schon so langem keinen Künstler mehr – was mir vielleicht das Wichtigste ist. So steht es also gut mit Dir für uns alle – und vielleicht mußt Du Dir das sagen lassen, weil Du ringsum nichts für gut erkennen kannst.   So leb nun wohl, mein lieber Paul, ich wünsche Dir von Herzen alles Gute – alles, alles Gute!

Klaus

287a *Nani Demus an Paul Celan*

20. November 1960

Lieber, verehrter Paul –

Es gibt für eine »Hommage à Celan« nichts, das ich Dir darbringen könnte – außer der Versicherung meiner höchsten und tiefsten Verehrung, den innigsten Gefühlen meines Herzens und der aufrichtigsten Anteilnahme an Deinem Schicksal. Als ein Mensch, dem jegliches Schöpferische verwehrt ist – der aber doch nur von ihm allein lebt, weil seiner Seele Nahrung nur von dort allein kommen kann – als ein solcher lieber Paul, bin ich Dir zum Dank verpflichtet, empfinde mich als Dein Schuldner und vermag selbst an Deinem so großen Festtag nichts sonst, als Dir das zu sagen.

Eine ganze Nation müßte Dir an diesem Tag danken kommen, es gibt keine mehr, nur ein Wirrsal blieb zurück von den wenigen, die ihre Träger sein könnten – aber Du bist es, der ihre Reste nicht versinken läßt, Du, ausgezeichnet vor allen anderen. Wissen das auch nur wenige und sind derer, die aus Scheelsucht Steine auf Dich werfen scheinbar viele, so mußt Du doch unbekümmert um alle das Deine tun, Deine Bahn ziehen.

Ein neues Dezennium eröffnet sich – ein glückverheißendes möge es sein, voll Freud und Leid im rechten Maß gemischt, gepflastert von den Wünschen derer, die Dich lieben und zu denen ich so glücklich bin, mich zählen zu dürfen

Nani

Für Eric und Gisèle mein geöffnetes Herz.

288 *Klaus Demus an Paul Celan*

[Wien,] 22. XI. 6o

Mein lieber Paul!

Deine Rede ist ganz vorzüglich, ist etwas ganz für sich, sie ist exemplarisch. Sie erhellt, schafft Licht, ihr unerhörtes Wagnis hat etwas Großes erbracht. Da ist dir, zu später Stunde, wie Du schreibst, höchst Seltsames begegnet. Ja, es lebe der Meridian gegenüber allem Gerede vom über-die-Linie-gelangt-Sein!

Die Rede sollte gedruckt werden wie sie ist, sie ist aus einem Guß; die Form muß so deutlich bleiben, ich finde auch in Zeichen und Abständen nichts zu ändern. Alles hat das eine Datum – das stehengebliebene.

Dank Dir, Paul! – Wir dürfen sie behalten? –

Heut erhielt ich das Heft mit der E.[ntgegnung] Nun wird, gerade da die Sache von neuem warm ist, die Wirkung das beabsichtigte tun – entweder Herausforderung und Demaskierung, weithin sichtbar, oder ohnmächtiges Ende. Ein Aufgreifen durch Dr. Weber könnte wahrscheinlich beschleunigen. Ganz abraten möchte ich Dir aber davon, die E. an anderem Ort nachzudrucken; sie muß ein Dokument bleiben, gerade an der Stelle, wo sie steht, und dort ihr Gewicht behalten; man kann sie in der Tagespresse, auf so viel gemeinerem Niveau, anziehen, aber man darf sie nicht in sie herabziehen, dies hieße doch zu sehr zweckmäßig denken. Überlege es gut!

Hab eine gute Reise, lieber Paul – und denke daran, daß es auch Deine Geburtstagswoche ist!

Herzlichst

Klaus

Verzeih, ich müßte viel mehr sagen zu Deiner außerordentlichen »Leistung« – es ist mehr als Leistung; mit was für Quellen bist Du in Verbindung! Ich kann nur bewundern. Du hast Unglaubliches wahr gemacht. Es ist eine große Rede.

289 *Paul Celan an Klaus und Nani Demus*

[Paris,] Am 23. November 1960.

Nani und Klaus, meine Freunde – meine Freunde immerdar! Womit kann das Herz danken? Mit sich selbst, mit seinem Sichauftun.

Es ist aufgetan, nicht erst seit heute, es ist Euch aufgetan seit vielen Jahren.

Ich bin, Ihr wißts ja, ein Spätgeborener – ich bins gerne. Ich bin, mit meinen Gedichten, spät zur Welt gekommen, nach den Verheerungen, in Eurer Nähe, in Wien, in meinem allerersten

Jahr, in einer Heimat, die, weil sie den Namen Verloren trägt, für immer die unsere bleibt. – Habt es gut, mit Jakob Kaspar, mit Euch. – Darf ich, Klaus wirds erlauben, das nicht mehr Gebräuchliche sagen? Ich ersterbe als Euer Freund Paul[1]

290 *Gisèle Celan-Lestrange an Klaus und Nani Demus*

78 rue de Longchamp
Paris 16ᵉ

23 novembre 1960.

Ma chère Nani, mon cher Klaus,
Vos deux lettres si gentilles, si affectueuses sont arrivées pour Paul ce matin, nous disant une fois de plus la fidélité et la vraie amitié de nos plus grand amis! Merci, un grand merci. Mais ce n'est pas pour cela que je vous écris. Je voulais vous remercier à nouveau, vous remercier pour la Entgegnung de Klaus. Elle est très très bien, et je voulais vous dire sans attendre quelle grande joie et aussi quelle émotion ce fut pour nous deux d'ouvrir la Rundschau et d'y voir le texte signé par trois grands poètes, par trois grands amis. Les choses s'arrangent. Dans la Gazette de Zurich, vous le savez sans doute, Peter Szondi a écrit aussi une réponse à ›Die Welt‹, réponse que ›Die Welt‹ avait refusée, mais que le Dr. Weber a tout de suite publiée. Enzensberger se remue aussi. Il a répondu à cet article de Abel, mais ›Die Welt‹ n'a pas publié sa réponse. J'espère qu'il se remuera pour que cela paraisse quelque part. Mais ce que je voulais vous dire, car je sais que vous participez à tout ce qui touche Paul et qu'avec moi vous vous en réjouirez beaucoup, c'est : Paul va bien, Paul va très bien, très très bien. Comment vous dire? Il est ... heureux, calme, oui je peux le dire, il va se remettre au travail, il va écrire, il vit mieux depuis quelques jours. Il trouve la Entgegnung très très bonne, il sent que d'autres amis s'indignent, il voit qu'on commence à le croire et que cette fois-ci cette histoire va éclater

362

Il part dans deux jours à Zurich pour voir Weber, il espère qu'il reprendra, dans la ›Gazette de Zurich‹, la Entgegnung. Il verra aussi Ingeborg avec qui une fois de plus tout est arrangé, heureusement. Enfin, les choses vont bien pour nous en ce moment et pour son quarantième anniversaire il y a autour de lui, en lui aussi, de la clarté, de la joie, de l'espoir... Klaus, Nani, je respire profondément, je vous dit, du fond du cœur, merci, je vous dis, avec toute ma joie, Paul va bien, Paul est même heureux ces jours-ci ... Je sais que vous comprenez ce que cela veut dire. Bientôt huit ans que cela durait.

Embrassez votre cher fils, avec toute mon affection, avec toute mon amitié.

Bien à vous

Gisèle.

23. November 1960. / Meine liebe Nani, mein lieber Klaus, / Ihre beiden so lieben, so herzlichen Briefe für Paul sind heute morgen gekommen, sie vermitteln uns wieder einmal die Treue und die wahre Freundschaft unserer besten Freunde! Danke, ein großes Dankeschön. Aber ich schreibe Ihnen nicht deshalb. Ich wollte Ihnen noch einmal danken, Ihnen für die Entgegnung von Klaus danken. Sie ist sehr sehr gut, und ich wollte Ihnen ohne Zögern sagen, wie sehr wir uns gefreut haben und wie tief wir berührt waren, als wir die Rundschau aufgemacht und dort den Text mit den Unterschriften von drei großen Dichtern, von drei guten Freunden gesehen haben. Die Dinge kommen ins Lot. In der ›Zürcher Zeitung‹, Sie wissen das sicher, hat auch Peter Szondi eine Antwort auf ›Die Welt‹ geschrieben, eine Antwort, die ›Die Welt‹ abgelehnt hatte, die aber Dr. Weber sofort veröffentlicht hat. / Auch Enzensberger rührt sich. Er hat auf diesen Artikel von Abel geantwortet, aber ›Die Welt‹ hat seine Antwort nicht veröffentlicht. Ich hoffe, daß er sich darum kümmert, daß das irgendwo erscheint. Was ich Ihnen aber sagen wollte, weil ich ja weiß, daß alles Paul Betreffende Sie bewegt und daß Sie sich mit mir sehr darüber freuen: Paul geht es gut, Paul geht es sehr gut, sehr sehr gut. Wie soll ich es Ihnen sagen? Er ist ... glücklich, ruhig, ja, ich kann es sagen, er wird wieder arbeiten, er wird schreiben, seit einigen Tagen geht es ihm mit seinem Leben besser. Er findet die Entgegnung sehr sehr gut, er fühlt, daß nun andere Freunde empört sind, er sieht, daß man ihm nun langsam glaubt und daß diesmal die Sache ans Licht kommt. Er fährt in zwei Tagen nach Zürich, um Weber zu sehen, er hofft, daß der in der ›Zürcher Zeitung‹ die Entgegnung übernimmt. Er sieht auch Ingeborg, mit der wieder mal alles im Lot ist, Gott sei Dank. Es geht uns also im Augenblick gut, und an seinem vierzigsten Geburtstag ist um ihn, auch in ihm, Licht, Freude, Hoffnung ... Klaus, Nani, ich atme zutiefst auf, ich sage Ihnen von ganzem Herzen Dank, ich sage Ihnen mit all meiner Freude, Paul geht es gut, Paul ist sogar glücklich in diesen Tagen ... Ich weiß, Sie verstehen, was das heißt. Fast acht Jahre dauert das nun schon. / Umarmen Sie Ihren lieben Sohn, sehr herzlich und in großer Freundschaft. / Ich grüße Sie / Gisèle.

291 *Paul Celan und Ingeborg Bachmann an Klaus und Nani Demus*

[Zürich,] Auf der Rückfahrt 27. XI. 1960
Ihr Lieben, zwei Zürcher Tage, gute Tage, auch Werner Weber hilft.[1] Es gibt noch Menschen.
  Alles alles Gute
Paul   Ingeborg

292 *Nani Demus an Paul Celan und Gisèle Celan-Lestrange*

[Wien,] 8. Dezember 1960
Lieber Paul, liebe Gisèle –
freut Euch mit uns, Klaus ist vor dem Ärgsten bewahrt geblieben. Vor zehn Tagen erkrankte er mit heftigstem Fieber und unsäglichen Schmerzen im Kopf und Genick, der Arzt konstatierte eine Meningitis. Aber gottlob nicht in der epidemischen Form, sondern der leichteren serösen (durch Virus, nicht Kokken ausgelöst). Da die Penicillin- und Streptomy-

cininjektionen schon am dritten Tag das Fieber senkten, durfte er zuhause bleiben – die Gefahr für das Kindlein war wohl groß, aber gütige Götter halfen.

Heute zum erstenmal fühlt er sich erleichtert, ist aber noch ein Blatt vor dem Wind – äußerste Ruhe durch vierzehn Tage gebot der Arzt.

Doch wie man nach Kriegen Komödien schreiben sollte,[1] möchte man nach solcher überstandenen Krankheit eine Reise tun. Anfang Jänner sollten vom Amt Bilder in Paris abgeholt werden, ob Klaus dazu imstande sein wird, ist freilich ungewiß. Aber wir reden davon, und ich hätte großes Verlangen mitzukommen – auch um einen glücklichen Paul zu sehen, von dem Gisèle schrieb und den wir so lieben.

Nani

293 Paul Celan an Klaus Demus

[Paris 12. 12. 1960.][1]

klaus lieber klaus werd auch mir ganz schnell gesund euer
paul

294 Klaus Demus an Paul Celan

[Wien,] 14. XII. 1960

Lieber, lieber Paul,
ich danke Dir recht von Herzen, es tat gut, herzlich gut, gleich Deinen Beistand zu spüren, dank Dir, lieber Bruder Paul. Sei ohne Sorge, es geht mir schon viel besser, alle Gefahr ist gut vorüber. Nani schrieb ja, damit Ihr Euch nicht sorgt, weil ich so lange nicht schreiben konnte. Ich habe großes Glück gehabt, es war ein leichter Fall, und als ich am dritten Tag abends – am Morgen hat man's erst erkannt – ins Spital sollte, war die Krisis schon gut vorüber und auch für Nani und Jakob bestand keine

Gefahr mehr. Nun muß ich nur noch einige Zeit Geduld haben – und Ihr mit mir, Denken und Schreiben gelingt noch nicht recht. Verzeih mir, daß ich so viel davon redete!

Gisèle schreibe ich nach Montana – wir freuen uns, daß Ihr »Nahrung der Großheit saugen« wollt,[1] laßt es Euch recht gut gehen! Hab Dank, Paul, ich umarme Dich von Herzen.
Dein Klaus

Bitte, wenn Du daran denken magst jetzt: ich bekam den Artikel von P. Szondi geschickt, das ist das letzte, wovon ich weiß ...

295 *Paul Celan an Klaus und Nani Demus*

[Paris, 19. 12. 1960]

Klaus, wie gut, Deinen Brief zu haben!
Wie gut, Klaus!
   Ihr Lieben, laßt es Euch gut gehen!
   Das Hellste, Ihr Lieben! Frohe Weihnachten!
            Euer Paul
   19. XII. 60.
Ich fahre heute abend nach Montana.

296 *Klaus und Nani Demus an Paul Celan und Gisèle Celan-Lestrange*

[Wien,] Weihnachten 1960

Paul, Gisèle, Ihr Lieben, Nahen,
seid von Herzen gegrüßt. Möge Euch die Welt dort, wo Ihr seid, für gute Empfindungen gebaut sein, erd- und himmelvoll in geschütztem Umkreis. Nicht wahr, die »furchtbaren Tage«

werden Euch schneelicht sein; »Bereitet euch auf ungeheure Helle!«[1] des neuen Jahres, eines guten, freundlichen, überglänzten.

Lieber Paul, liebe Gisèle, lieber kleiner Eric, Ihr seid uns herzlichst, herzlichst nah.

Klaus   Nani
JAKOB

297 *Paul Celan an Klaus und Nani Demus*

[Montana, 28. 12. 1960]
Ein Spaziergang, gestern, an Muzot vorbei, an der kleinen weißen Kapelle, mit Gedanken an Euch.[1]
Alles Liebe! Alles Gute!
Jahre und Jahre!
Euer Paul

(Am 1. bin ich wieder in Paris)

298 *Klaus Demus an Paul Celan und Gisèle Celan-Lestrange*

Wien, 30. XII. 60
Lieber Paul, liebe Gisèle,
wir danken Euch – mit Herzen, Mund und Händen. Ich muß mich fragen, ob wir rein genug seien für solches Empfangen, und ich finde die Antwort nicht; aber gerade darum kam es wohl. Und nun regen sich Vorstellungen auf: daß Du, Paul, Martin Buber getroffen haben mußt, daß etwas angeknüpft ist – wie gern möchten wir davon hören.[1]
Unsere herzlichsten Glückwünsche zum Jessenin, der anderen großen Freude. Das ist ein wirklich schönes Buch ge-

worden.[2] Das schmerzlich-wunderbare Rußland und die in Seligkeit und Bitternis zerrissene Stimme, die es singt und schluchzt: wie sehr vergegenwärtigt sich das, geht nah, geht ein und geht nach. Das geliebte und gescholtne Rußland, beides mehr, als ein anderer verstehen könnte, maßlos innerlich und furchtbar, aus dem es keinen Ausweg gibt als den Einweg, das weggeworfne und als solches behaltne, die knirschend unter den Fuß getretne, doch so wie nirgend durchsternte Erde. ›Inonien‹, dies große Gedicht, mit der größten der russischen Gebärden, der, die wüst aufwärts greift und zerbricht, weil das, das die Zärtlichkeit ist, Gebet aus dem Leugnen ersteht und Wüstes und Liebliches zugleich vom Mund geht zwischen so grundloser Erde und so grundlosem Himmel. Paul, wir danken Dir herzlich; wie schön hast Du das gemacht! –

Wir wünschten, Ihr hättet recht schöne Tage, mit Eric rodelnd durch Schnee- und Wort-Kristalle, und einen guten, hellen Jahresanfang. Wir sind nun wieder alle ganz wohlauf (d. h. ich bin es wieder, es ging recht schnell und ist wirklich ganz vorbei).

Lieber Eric, Jakob dankt Dir herzlich für das lustige Äffchen, er liebt es sehr!

Seid herzlich gegrüßt und umarmt – ein gutes Neues Jahr!

Klaus

Das I in »hiefeln«[3] ist lang – oder fandest Du es ohne E?

[Wien,] 15. I. 61

Mein lieber Paul!

Mit großer Freude sahen und nahmen wir auf, wie schön der Pen-Club für Dich eintrat und daß man Dir die Mitgliedschaft antrug.[1] Nicht wahr, es hat Dich recht gefreut?! – Der beigelegte Ausschnitt – er stammt aus der ›Kärntner Volkszeitung‹ – wurde uns von Nanis Mutter geschickt.[2] – Es wird nun bald ganz hell werden, wolkenlos, blitzrein; und wie recht hattest Du, Paul – es mußte etwas geschehen. Letzten Endes hat Dir all das aber nur Ehre eingetragen, und so wird dieses Kapitel schön beschlossen sein.

Paul, es hat sich Dr. Schwarz vom Burgtheater an mich gewendet, ich sollte Dir folgendes vortragen, da er länger von Dir keine Antwort hat. G. Eich hätte Dich gefragt, ob Du mit dem Vorschlag, zusammen mit Ilse Aichinger in Wien zu lesen, einverstanden wärst.[3] (Du erinnerst Dich – aus Besorgnis, das Theater, wie das bei einer Einzellesung leider zu erwarten stünde, nicht all zu leer bleiben zu lassen, hatte man an eine Koppelung gedacht. Ingeborg, die ursprünglich hätte dabei sein sollen, sagte seinerzeit ab, so blieben Du und die Aichinger); Du hättest G. Eich[4] gegenüber, auch in betreff des Termins, des 26. März, zugesagt. Dr. Schwarz, darauf bauend, hatte nun alles eingeleitet – Terminbesetzung, Programm etc., auf sein Schreiben an Dich aber keine Antwort erhalten; er meinte, wenn es an der Honorarfrage läge, könne er eventuell noch ein neues Angebot ermöglichen, daran solle es nicht liegen. Ich sagte ihm zu, Dir seine Not und Verlegenheit sowie sein Bona fide-Handeln zu schildern und Dich um Antwort bzw. Zusage zu bitten. Tu es doch, Paul, wenn Du nicht Gründe zur Ablehnung hast, die ich nicht kenne; die mündliche Zusage über G. Eich, war sie nicht so eindeutig gegeben? Freilich hast Du es nicht nötig, zusammengespannt zu werden – dies hatte aber zum Grund nichts anderes als bürokratische Besorgtheit. Bitte sag mir jedenfalls, was ich Dr. Schwarz, wenn Du ihm nicht direkt schreiben magst, ausrichten soll. –

Gisèle und Dir danken wir herzlichst für Eure »Winterberichte«. Wir hoffen, Du konntest auch etwas arbeiten, Neues, Gutes. (Mir wird es immer schwieriger, dem Anspruch zu genügen; das aufgetane Tor mag nur Klares, Leuchtendes rahmen, und das muß ich, wovor mir immer mehr schaudert, aus Bergen von Trübem gewinnen. Ich bin sehr allein, Paul –)

Seid uns von Herzen gegrüßt, lebt recht, recht wohl.

Klaus

[*Anlage:*]

300 *Paul Celan an Klaus Demus*

Paris, am 2. Feber 1961.

Mein lieber Klaus,

der Tag heute ist grau, er hat eine ehrliche Farbe. Genauso, das heißt <u>grau</u>, sind alle diese letzten Tage und Wochen gewesen; wir haben gelebt und gesehen. Es gibt, ich zweifle nicht mehr daran, ein vorwegnehmendes Wahrnehmen; wenn Du meine Briefe hervorholst, wirst Du sehen, daß ich leider in fast allem recht behalten habe.

Non ridere, non lugere, neque detestari – so weit hab ichs noch nicht gebracht.[1] Dieses Halb-zu-mir- und Halb-zur-Fälschung-und-Lüge-Stehen, das ich in hundert Spielarten erlebe, diese sich literarisch gebende Maffia, alle diese vergoldeten Giftzähne, – ich finde mich damit noch immer nicht ab.

Eines der traurigsten Kapitel ist der Fischer Verlag (inclusive Hirsch).[2]

Ich habe noch viel unternommen in diesen letzten Monaten: um es verantworten zu können, mit Gedichten in <u>diese</u> Öffentlichkeit zu gehen! Es war, ich weiß es, umsonst. Aber ich war es jener sich immer wieder meldenden Instanz schuldig, die in allem Geschriebenen mitspricht – mitverstummt.

Ich habe Schweres hinter mir, Klaus, und Schweres vor mir. (Auch die ›Wolfsbohne‹ ist wahr geblieben.) –

Ich grüße Dich, Klaus, von Herzen.

Dein Paul

301 *Klaus Demus an Paul Celan*

Wien, 5. II. 61

Mein lieber Paul,
endlich kam ein Brief von Dir, ich danke Dir sehr. Er hat uns, trotzdem Gisèle schon davon schrieb, daß es immer, immer noch Schweres gäbe, bestürzt.[1] Armer, armer Paul. Ich möchte mehr wissen von diesen Dingen, und bitte Dich, mir einen Wink zu geben, worin ich helfen könnte.

Bitte sei mir des nun zu Sagenden wegen nicht böse, sei nicht traurig darüber, wenn ich aus Unkenntnis Nutzloses sage – laß es mich sagen, das, womit ich zu trösten, irgendwie vielleicht doch zuzusprechen hoffe. Du schreibst kein Wort von auch Gutem, das geschah, Du scheinst von nichts davon Befriedigung gehabt zu haben, im Gegenteil, es gab Dir Anlaß, das so einfach scheinende Absolute in Gesinnung und Haltung überall vermissen zu müssen – und darüber zu verzweifeln. Vor ein paar Tagen sah ich, was Krolow geschrieben hat (es gefiel mir zwar nicht), sah Szondi das schon Gesagte in den ›Heften‹ wiederholen – ich freute mich, sah, es geschieht doch etwas, und die Solidarität der Leute vom Pen-Club ist doch auch erfreulich.[2] Zu Weihnachten noch hat Hermann Kasack sich für die ›Entgegnung‹ bedankt, Du wirst sie ihm wohl gesandt haben. Mehr, lieber Paul, als all dies Sichtbare, ist die allgemeine Meinung, die sich die Lüge nicht aufbinden läßt und wohl zu richten versteht; die spürt, daß es hier über den Anlaß hinaus um den Feind geht, der halt in der Welt immer wieder in Verlarvung sein Haupt frech erhebt, den man aber kennt und mit Verachtung in Zaum halten kann. Was willst Du mehr, Paul? Der Feind hat sich blamiert, kein Mensch hat ihn ernst genommen, er ist widerlegt, in die Schranken gewiesen, abgetan – und wenn er, ein »trefflicher Minierer«,[3] noch aus anderen Löchern versuchen sollte hervorzutrumpfen, so lohnt das nicht einmal mehr der Aufmerksamkeit, um deren Erregung es ihm ja einzig geht.

Vor allem Du, Paul, hättest anderes zu tun, als den unberechenbaren Schuß aus dem Hinterhalt, der jeden einmal schreckt, und der doch nur mit dem Knall treffen konnte, als Exponenten allgemeiner Weltveränderung zu nehmen, die Dir das Gefüge verschiebt. Unrecht, das Anderen geschieht, wird von den Menschen nur insoweit beachtet, als der Schaden über den Bereich des Subjektiven hinausgeht. Solange die jedem zumutbare, von jedem mehr oder minder dauernd geleistete Kraft, Böses von sich abzuwehren, dem Fall entsprechend von den Anderen als ausreichend betrachtet wird, darf er sich über mangelnde Teilnahme noch nicht ernstlich beklagen. Verfehlt ist es aber gewiß, so erklärbare Indifferenz und sogar auch Lauheit als Feindseligkeit oder gar Komplicentum zu interpretieren und die Betreffenden aufzugeben, ja in Bann zu tun. Selten würde ein Dritter hier auf Eindeutigkeit erkennen können, selten wäre der Beklagte ohne Mittel zu Aufklärung und Rehabilitierung.

Ich möchte hier Dr. Hirsch das Wort sprechen, den allein Du nanntest, weil ich für sicher weiß, wie sehr er Dich erkennt und schätzt und dies ja auch gerade jetzt bekundet hat. Gewiß ist er in seiner Lage nicht jemand, den man allzusehr für sich beanspruchen darf, er hat zuviel auf sich; aber bedenke, wie still, wie haßlos er die Zerstörung seines Lebens trägt, wie er so oft vorurteilslos sein muß, er, der Verurteilte; wie er sich sogar, mit seiner rührenden, schönen Liebe zu Hofmannsthals Sache, das Ideal erhalten hat, der real Zertretene, der doch weiß, daß auch seine Sache im Grunde eine verlorene ist.[4] Verlange von ihm nicht, irgendeinen Fall, und sei es der Deine, für sehr wichtig zu nehmen. Er rechnet, denke ich, nicht mit dem Gegenwärtigen, allein mit dem Bleibenden, und da ist Dir doch, wahrhaftig, nichts geschehen, Paul, nichts auch nur antastbar. Er verlangt vielleicht, so denke ich, daß Du das weißt und Dir, gleichsam durch Unrecht-Ertragen in dieser, Makellosigkeit in der künftigen Welt zu bewahren verstehst. Er wird, denke ich, für wesentlich halten, daß einer sich durch Lastbarkeit, im Stillhalten erworbene, in die Dimension der dauernden Zeit erhebt und sein Hören einzig diesen Bezügen widmet. Und ich kann es mir vorstellen, daß er einem das, vielleicht ungeduldig, zu verstehen gibt. Wenn das geschehen ist – ich weiß ja nichts –, so lege es nicht anders aus.

>Das wahre Wesen aller Dinge bleibt
Und blüht in hoher Luft wie lichte Zinken;
Das Andere war nur da um wegzusinken!<[5]

Noch eines laß dir sagen, Paul. Du wendest Dich oft an Menschen, von denen Du von vornherein nicht allzuviel, will sagen nicht ganz das Gute hältst, und wenns nur wäre, daß sie nach von den Deinen verschiedenen Maßstäben handeln. Du läßt Dich ein mit ihnen und glaubst, sie müßten nun alles so wie Du sehen, und verlangst Unbedingtheit. An solchen Enttäuschungen, Paul, mußt Du die Schuld wohl Dir selbst geben. Läßt Du Dich mit den Kindern der Welt ein, so sei gewiß, daß sie die Welt nicht aufgeben werden Gegenteiligem zulieb. Dir, dem Niveau ein so empfindlicher Begriff ist, geschieht so oft, daß Du die Realitätsschichtung nach Niveaus vergißt. In der realen, der materialistischen Gegenwart haben wir keinen Platz, keine Aussicht, uns, die ganze Wichtigkeit unserer Sache – die ja die Gegenwärtigkeit aufzuheben bestrebt ist – durchzusetzen. Was sind schon Gedichte? Sie stiften das Sein. Frage und Antwort bestehen nicht nebeneinander auf gleichem Niveau. Und der Literaturbetrieb, die Maffia, wie Du sie nennst, er trägt wohl die hohe Antwort auf tönender Zunge, aber die

Anstrengung, die's ihn kostet, läßt er den Dichter entgelten; laß uns tot sein, Paul, dann wird das Unsere in der Distanz der Unverletzbarkeit leben; es wird Text geworden sein, jetzt ist es das noch nicht, man kennt ja den Dichter und weiß, daß er es eben auch nur gemacht hat, wie man wohl Anderes, und Wichtigeres, auch macht. Sollen wir andererseits die condition nicht ernst nehmen, den Preis zu hoch finden dafür, daß es vielleicht gelänge, das Unzugängliche mit ein paar Sternen mehr zu besetzen?

Paul, geht es Dir darum, als Mensch Freunde zu gewinnen mit dem, was Du schreibst? Man liest doch nicht einmal genau. Ich glaube aber nicht, daß man wissentlich zur Lüge steht, man bagatellisiert vielleicht, weil die Sache auch offensichtlich zu dumm ist. Legte man Worte und Handlungen so auf die Goldwaage, wie Du es verlangst – man schriebe Gedichte wie die Deinen.

Doch verzeih, ich konnte Dich wohl nur betrüben, wie stets; so laß Dich bitten, Paul: schildere, zeige mir, was geschehen ist, was Du noch getan hast, was Dich verzweifeln läßt; und sage mir, wie ich irgend etwas tun kann, für Dich da sein kann.

– Dr. Schwarz bat mich von neuem, er kann nicht mehr absagen; er will notfalls, d. h. er muß, Deine Gedichte am 26. März von anderen lesen lassen, wenn Du Dirs nicht doch noch erbitten läßt. Und ich soll ihm bei der Auswahl helfen. Paul, warum tust Du das? Ich kann Deine Gründe nicht sehen; laß Dich doch bewegen! Bitte. –

Schreibe mir, bitte lieber Paul, schreib mir bald. Von Herzen Dein Klaus

Paris, am 9. Feber 1961.[1]

Mein lieber Klaus, herzlich danke ich Dir für Deinen schönen Brief.

Im einzelnen hast Du recht, Klaus – hättest Du aber, wie ich, die Zusammenhänge vor Augen, Du würdest Dein Urteil revidieren.

Ich bin weder ungerecht noch undankbar, Klaus. Ich sehe nur, ich nehme nur wahr. – Du darfst nicht denken, daß die Hand, die meine Gedichte geschrieben hat, eine andere ist als die Briefe schreibende Hand.

Glaub mir, daß es mir nicht um literarische Erfolge oder ähnliches geht. Es geht mir darum, verantworten zu können, was ich tue.

Dein Paul

Die Burgtheater-Lesung habe ich am 20. Dez. vorigen Jahres aus Montana telegraphisch abgesagt. Im übrigen bin ich erst kurz vorher von dem mit Günter Eich festgesetzten Termin verständigt worden. Aber wie immer wird auch hier alles <u>mir</u> in die Schuhe geschoben.

Ich habe beschlossen, vorläufig nicht mehr zu lesen. Es ist schon viel, wenn ich überhaupt etwas veröffentliche.

303 *Klaus Demus an Paul Celan*

Wien, 22. Feber 61

Mein lieber Paul, ich danke Dir sehr für Deinen Brief. Ich wünschte mir, Du erzähltest mir von den Dingen, die geschahen, ich möchte teilnehmen daran, so sehr, wie das zu Deinem Vertrauen gehört, das Du mir immer schenken mußt. Leider wird Dir mein Teilnehmen nicht recht zur Hilfe – ich nehme zu sehr meinen Teil, muß ich doch, soll ich helfen, das mir wahr Erscheinende nennen.

Es gäbe auch ein anderes, ein blindes Zu-Dir-stehen bis in den sehend übernommenen Irrtum (und das Vergessen des Sehens), um der von Dir gelebten, getragenen und unvermischt aufrecht gehaltenen Wahrheit willen. – Wie sehr erkenne ich sie, Paul; sie ist ja die Wahrheit Deiner Gedichte; nein, Du schreibst nicht mit zwei Händen. – Nun weißt Du, mir liegt nichts an der »Welt«, an dem Stellplan der Menschen und Meinungen (zumindest – die Einschränkung muß ich bekennen – außerhalb meiner beruflich-bürgerlichen Existenz; aber ich lebe entschlossen zwei Leben), ich habe nichts zu beachten, keinen Rücksichten zu folgen. Ich denke nicht unfreier zu sein als Du. Und dennoch, Paul, entscheide ich mich nicht dazu, Dein Wahres – ich kenne es, Paul, wirklich – gewaltsam nicht nur in Haltung, sondern eben auch in Inhalt zu dem meinen zu machen. Bitte, verstehe mich richtig; es ist wichtig, daß Du mich verstehst. Alles was Du äußerst, mit der einen, einzigen Hand, ist wahr; Du erkennst es, lebst es, schreibst es; es ist das, was Du zu sagen hast, sagen mußt, als die von Dir wahrgenommene Wahrheit. Diese ist und bleibt. Es kann dies nicht im geringsten relativieren, daß Du Wahrheit – Deine, aber auch die, weil Du, zwar als Person, doch das Überpersönliche ergreifst – auf dem Wege über Wirklichkeit (die von geringeren Graden ist) notwendig auch über Irrtümer hinweg erreichst.

In der Wahrheit fehlst Du nicht. Dennoch wärest Du – verzeih den brutalen Ausdruck! – ein schlechter Detektiv, glaube ich; Du verknüpfst in der nicht einheitlichen, Riemann-geometrischen niederen Wirklichkeit zu »leicht« d. h. Du nimmst an, daß die Einzelheiten der Wirklichkeit nach der Syntax der Wahrheit zusammenzufügen sind – was sie nicht tun.[1] – Die Welt, wie Du sie siehst, sie ist wahr so; schon für mich – und auch für mich sagst Du ihre Wahrheit! – hat sie auch eine andere Wahrheit, die eben, die ich – mit der Hand, die zählt – auszudrücken bemüht bin: eine Wahrheit etwas verschiedenen Inhalts (wie könnte sonst was ich schreibe Dir nicht als unwahr erscheinen bei doch so anderem »Welt«bild). Ich hoffe, ich glaube, Erics und Jakobs Welt wird ihnen besser erscheinen können als unsere uns, ihre Wahrheits<u>inhalte</u> heller – bei gleichem <u>Gehalt</u> an Wahrheit. – Welt »schießt an, ein Tausendkristall«;[2] jede, die nach der Wahrheit anschießt, ist wahr; aber es gibt nur jede, also je Welt, nicht eine (und doch ist jede <u>die</u> eine). Wirklichkeit ist jedoch nicht kristallin, ist ein Gemenge aus Körnchen, daran je eine (verschiedene) Welt anschießen kann, je Körnchen eine. Wahrheit betrifft Welt, Richtigkeit Wirklichkeit. Richtigkeit muß überprüft werden, tausendmal, Wahrheit ist evident. Wahrheit hebt Wirklichkeit auf – sie bestätigt sie nicht; sie ist nicht richtig.

Gerechtigkeit eignet beiden, Wahrheit und Richtigkeit, aber beiden getrennt und nicht kongruent. Ungerecht ist es, Wirklichkeit nach Wahrheit richten zu wollen – statt nach Richtigkeit. Ich glaube nicht, Paul, daß Gott Wirklichkeit richtet; und wir sollen es auch nicht nach der Wahrheit.

Die Wirklichkeit, Paul, fordert Überprüfung, und niemals genug. Dies ist nicht Dein Geschäft, es ist in vielem unmöglich. Vorher aber darfst Du nicht richten. Du mußt es, was Welt betrifft, je Deine, nach dem »Gesetz, nach dem Du angetreten«.[3] Deine Gedichte sind wahr und nichts als das; was Du, mit derselben Hand, in Briefen schreibst und was Du tust, ist, so wie Du es tust, wahr, aber es kann zugleich auch, wenn Du auf Wirkliches Bezug nimmst, unrichtig sein. Dort aber widerspreche ich Dir, wo ich es sehe.

Ich könnte dies, wie gesagt, auch unterlassen und nur mit Deiner Wahrheit gehen, an der ich korrigieren weder wollte noch könnte. Ich hab Dich gewiß lieb genug, dies als das Wichtigste zu nehmen. Aber ich glaube Deiner Wahrheit zu dienen, wenn ich Dir Wirklichkeit schlichte.

Bleib mir gut, liebster Paul. Ich umarme herzlich Gisèle.

Dein Klaus

[Paris,] 24. 2. 1961.

Klaus, ich weiß: ich habe Dir sehr weh getan mit meinem letzten Brief – verzeih.

Aber bedenk auch, Klaus, bedenk – meinen Schmerz.

Und: Gibt es Demütigeres als das Gedicht? Gibt es Demütigeres und – Königlicheres?

Immer Dein Paul

Es ist wieder heller geworden – es soll so bleiben.

305 *Paul Celan an Klaus Demus [nicht abgeschickt]*

[Paris,] Am 26. Feber 1961.[1]

Mein lieber Klaus, hab herzlichen Dank!

Du hast mein <u>ganzes</u> Vertrauen, Klaus, das mußt Du doch wissen! Wenn ich Dich bisher nicht informiert habe, so nur deshalb, weil ich Dir das alles nicht aufbürden wollte. Glaube bitte nicht, daß ich Zusammenhänge <u>wittere</u> – ich bekomme das alles zugestellt, frei Haus. – Wo jetzt beginnen? Es ist jetzt, ich meine nur das Papier, ungefähr zwanzigmal soviel als im Sommer.

Nur das »jüngste«: Exner hat vor ein paar Tagen geschrieben – ich habe ihm geantwortet, so freundlich als möglich.[2]

Auch das mußt Du wissen: Die Akademie – Kasack[*)] und Prof. Martini – spielen ein komisches Spiel mit mir.[3] (Aber woher die Kraft nehmen, Dir alles aufzuzählen?) Schicken kann ich Dir das alles nicht: es wäre ein ganzer Koffer. Aber zeigen will ichs Dir gerne, Klaus – doch wo und wann?

Wir fahren Ostern nach Montana. Ob ich – ich hab ja auch die Schule – auf einen Sprung nach Österreich kann, vielleicht nicht ganz bis Wien? (Übrigens, auch da hats neulich was gegeben, bei einem Vortrag über I. G. im Österr. College – das hiesige österr. Institut hat mich mit einer diesbezüglichen –

freundlichen Nachricht bedacht.[4] – Du siehst: es kommt »von alleine« …)

Oder könntet Ihr einmal, als unsere Gäste, denn doch nach Paris?

Lieber Klaus, glaub mir: ich erfinde nichts. – Grüß die liebe Nani, grüß den lieben Jakob   Von Herzen
Dein Paul

*) Kasack habe ich im Dezember eine Photokopie von ›Der Sand a. d. U.‹ geschickt – er hat sie mir nur mündlich bestätigt.

306 Paul Celan an Klaus Demus

[Paris,] Am 2. März 1961.
Mein lieber Klaus,
Du hast mein ganzes Vertrauen – Du weißt es ja.
Und, Klaus: ich habe Dich niemals um ein anderes als ein sehendes Vertrauen gebeten.

Daß ich Dir nichts geschickt habe, hat nur diesen einen Grund: daß ich Dich, nach Deiner Krankheit, damit zu belasten befürchtete. Es ist jetzt so viel geworden, daß ich wirklich nicht mehr weiß, wo ich beginnen soll. – Ich erfinde nichts, Klaus. Wenn Du einmal wieder nach Paris kommst, wirst Du Dich selbst davon überzeugen.

Eines muß ich Dir denn doch sagen, mit der Bitte, mir zu glauben, daß es nicht auf bloßen Vermutungen, sondern auf nachweisbaren Erfahrungen beruht: Es wird, von sogenannten Freunden, viel intrigiert. Dabei macht man sich zunächst mit allerlei scheinheiligen Worten und Gesten an meine – letzten – Freunde heran; dann erzählt man ihnen eines Tages, daß ich Gespenster sehe – und dann kommts immer besser und schöner.[1] Um etwas bitte ich Dich also, Klaus: Sei umsichtig.
Dein Paul

379

[Paris,] 4. 3. 1961.

Mein lieber Klaus,

ich hatte heute ein längeres Telephongespräch mit Dr. Hirsch –
ich glaube, es ist alles wieder gut bzw. alles wird sich am 15.,
wenn Dr. Hirsch hier ist, klären lassen.[1]

Nicht verschweigen kann ich Dir, daß ich gute Gründe habe,
Kasack und Martini nicht zu trauen.[2]

Dixi et salvavi[3] ... –

Dein Paul

308 *Klaus Demus an Paul Celan*

Wien, 9. III. 61

Mein lieber Paul,

hab herzlichen Dank für Deine Briefe. Du mußt Dir vorstellen,
daß ich ganz ahnungslos bin in bezug auf alles, was sich seit der
Entgegnung, seit Szondis, des Pen-Club und Krolows Artikeln
etwa ereignet hat.[1] Ich weiß nicht, was Kasack tat oder nicht tat
und kenne den Namen Martini nicht. Auch kam mir in Briefen
– ich bekomme fast keine – nicht ein Wort zu über Dich. Du
wolltest mich schonen, Du warst zu besorgt, Du Lieber. Ich
bin aber ganz auf die Kenntnis angewiesen, in die Du mich
setzt. Da ich nicht hoffen kann, bald einmal nach Paris zu kommen – mein Sommer wird sehr gebunden sein und die Reise ist
weit –, muß ich Dich bitten, mir in Briefen die Grundlage zu
geben, an den Dingen teilzunehmen. Ich hoffe, Dr. Hirschs
Besuch wird die guten Erwartungen erfüllen – laß mich dies
dann bitte wissen – ich weiß ja nicht einmal, worum es geht,
hatte ganz ins Blaue hinein geschrieben damals.

Nicht wahr, Paul, es kränkt dich doch nicht, daß ich nichts
verfolge, nicht in Zeitschriften sehe – ich hatte ja auch keine
Ahnung, daß und wo etwas zu finden gewesen wäre. Ich kann
diese allgemeine Haltung auch nicht aufgeben – vom besonde-

ren Fall abgesehen! –, außer der Rundschau, die mir ins Haus kommt, nicht immer übrigens, mag ich nichts in die Hand nehmen, was dem »Gott der neuern Zeiten« dient. Aber das weißt Du ja.

Paul, seit so langem hoffe ich, von Gedichten von Dir zu hören. Es ist doch, sicherlich, manches da, das wir noch nicht kennen? Wo blieb ›Antonius und Cleopatra‹,[2] wolltest Du's nicht auch erweitern? Wieviel Schönes könnte, müßte nun ans Licht kommen, auch aus Dunklem her. Rühre den Webstuhl, tu dies Dein Werk, überlaß es nicht Deinem Stern;[3] grab das Licht aus dem Boden, es muß ja hervor, will leuchten – Wie herrlich sind Deine Gedichte! Setz Dein Innerstes ein, dafür. Es geht ja, grundsätzlich, doch immer.

So hoff ich, Gutes zu hören – laß es hören! –, mit Allem auch Gutes.

Dein Klaus

309 *Paul Celan an Klaus Demus*

[Paris,] Am dreizehnten März 1961,
Nachts, beim Licht einer Kerze[1] –
Mein lieber Klaus,
ich habe soeben diese beiden Briefe geschrieben.
Vive le Roi! Es lebe die Dichtung![2]
_____ Dein Paul

» ...Denn,
wie du anfingst, wirst du bleiben,
soviel auch wirket die Not..«[3]

[Anlagen:][4]

[Montana,] 27. III. 61.

Herzliche Grüße!
Fröhliche Ostern!
Eric, Gisèle und Paul

»Les Fougères«
Montana (Wallis)
(bis zum 7. April)

311 *Klaus Demus an Paul Celan*

[Wien,] 27. März 61

Liebster Paul!
Wir sagen Dir unsere herzlichsten Glückwünsche, Dein Jessenin und Deine Rede kamen, uns überraschend.[1] Welch große
Freude darfst Du haben, wie herrlich ist beides. Die Rede ist ein
bares Wunder. Wir werden nun lesen, eindringen, Besitz ergreifen und ganz zu empfangen suchen, was Du gabst und was nun,
in seinem Weltgewand, wie neu geschenkt ist.

Ich freu mich auch sehr, Paul, daß Du Dr. Hirsch nicht verloren hast, daß er, wie es auch nur recht ist, dies tat. Er weiß
wohl, warum.

Ein recht schöner Monat, der März – so viele Geburtstage!

In den nächsten Tagen, Paul, schicke ich Dir eine Nummer der
Zeitschrift ›Wort in der Zeit‹, darin Wieland Schmid kräftig
gegen die schlechte Sache aufgetreten ist.[2] Auch eine Studentenzeitschrift wird dabei sein, mit einer Besprechung Deiner Gedichte.[3] Ich kenne beides erst indirekt. Alles schließt sich, Paul.
»ein furchtbar Ding, Staub fällt, Korn aber kommet ans Ende«.
Das Wahre ist, Du hast es mir im Sommer in Wien gesagt, Deine
Sache; man sieht es, Paul, es ist ein Ding, das strahlt.

Ich werde warten, ob Du mir jenes Ms. schickst bzw. eine Abschrift und Deine Überlegung, ob, was und in welcher Form etwas zu tun ist, und dann zu Torberg gehen, der mich gern empfangen will. Milo Dor war gefährlich erkrankt, es ist ein wenig besser; ich sah so ganz, wie er Dich liebt, <u>alles</u> täte er für Dich. Paul, Du bist wie selten ein Mensch geliebt.

Wir grüßen beide von ganzem Herzen Gisèle, es möge ihr neues Lebensjahr hellauf glücklich sein! Bitte sage Eric, alle grüßten wir ihn.

Lebwohl, lieber Paul, und sei bedankt.

Dein Klaus

28. mittags. Nani hielt den Brief zurück, da heute erst ein am 17. III. geschriebener Brief von Kasack kam, in dem er mir Hotel, Termine etc. mitteilt und mich zu sprechen wünschte. Der Brief war an die Marxergasse adressiert (!), die elende Post hat 10 Tage getrödelt. Es tut mir furchtbar leid. Natürlich schreibe ich ihm gleich. So lange wars vorbereitet, von allen Seiten, und dann ..

Nun, Paul, es soll halt so sein. Sendest Du mir eine Ms. Abschrift? –

(In den Pen-Club zu K.'s Vortrag konnte ich nicht gehen,[5] besprach das mit M. Dor.)   K.

312 *Klaus Demus an Paul Celan*

[Wien,] 17. IV. 61

Mein lieber Paul!

Dir und Gisèle herzlichsten Dank für Euere Ostergrüße. Wir hoffen, Ihr habt es recht schön gehabt. Und nun sagen wir Dir den großen Dank für das Geschenk Deiner beiden neuen Werke.[1]

Du hast uns, Paul, Nani und mir, mit Deinen Übertragungen ein Tor zu den Russen geöffnet – ein Tor, das wir nicht mehr missen können, das uns nun schon sehr verwandelt ein- und ausgehn sieht; wir beginnen ihm schon vieles zu verdanken. Wir fühlen auch, und sind froh darüber, daß sich von Wien so mancher »un-scheinbare« Seelenweg in den östlichen Bereich gehen läßt; es sind noch Spuren da, Verbindungen noch frisch, eine Zugehörigkeit noch nicht geschwunden. Wenn Wien wieder einmal lebendig werden sollte, wird dies zum Eigentlichsten gehören.

Am Pessach-Vorabend war ich hier in der Hauptsynagoge, sie ist ganz erhalten geblieben. Ein besonders hergeholter Kantor hat gesungen. Der Raum war voll, zwischen den Männern viele Buben. Es war für mich das erstemal, es hat mich sehr ergriffen. Es soll auch chassidische Kreise hier geben, vielleicht gelingt mir ein Zugang. Es ist übrigens auch nicht so schwer, die Reiseerlaubnis nach Prag zu bekommen: die Altneu-Synagoge und der alte Friedhof sollen ganz unverändert geblieben sein; ich möchte schon gerne einmal hin. –

Immer klarer wird mir das Meisterstück Deiner Rede. Wagnis und Geschenk sind unerhört in dieser Zeit, halten sich die Wage, und beider Ergebnis ist das Seltenste: Form. Dies macht Dir keiner nach – es steht über dem Können. Und, nach all den Funden, was für ein Fund: dieser Meridian; was für eine Bestätigung. Herbeigezogen freilich durch die tapferste Wahrheit, diese: » ..in deine allereigenste Enge. Und setze dich frei.«[2]

Man sollte Dir unausgesetzt danken, Paul – auch für das, was man erst noch erhofft.

Leb wohl, lieber Paul, lebt alle recht

wohl.   Klaus

Die Lesung wurde einige Zeit vorher abgesagt, d. h. Schwarz hat mirs mitgeteilt, für Dich: durch viele Erkrankungen unter den Schauspielern sei man so im Gedränge, daß man auch sonn-

tags Proben ansetzen müsse; auch wolle man nicht zweite Kräfte für die Lesung. Sie wurde auf unbestimmte Zeit verschoben.[3]
– Deine Gedichte wollen eben Dich haben, Paul ..!

313 *Paul Celan an Klaus Demus*

[Paris,] 27. IV. 61.

Lieber Klaus,
ich schicke Dir die Abschrift eines Briefes an Marie Luise
Kaschnitz (Rom, Villa Massimo, Via di Villa Massimo 1).
   Ich schicke Euch auch ein Gedicht: Eine deutsche Weise, im
Februar 1961 gesungen von Paul Celan. (Dieses Gedicht habe
ich vor einem Monat Milo Dor für seine Anthologie gegeben.
Bestätigt hat er's bisher nicht.)[1]
                    Euch dreien alles Gute!
                                    Paul

[Anlagen:]

a) EINE DEUTSCHE WEISE, IM FEBRUAR 1961 GESUNGEN
VON PAUL CELAN[2]

                    alla mi presente la nostra signori

Damals, als es noch Galgen gab,
da, nicht wahr, gab es
ein Oben.

Wo bleibt mein Bart, Wind, wo
mein Judenfleck, wo
mein Bart, den du raufst?

385

Krumm war der Weg, den ich ging,
krumm war er, ja,
denn, ja,
er war gerade.

Heia.

Krumm, so wird meine Nase.
Nase.

Und wir zogen auch nach Friaul.
Da hätten wir, da hätten wir.
Denn es blühte der Mandelbaum.
Mandelbaum, Bandelmaum.

Mandeltraum, Trandelmaum.
Und auch der Machandelbaum.
Chandelbaum.

Heia.
Aum.

(26. 2. 1961)

b) *Briefabschrift: Paul Celan an Marie Luise Kaschnitz, 27. 4. 1961*[*]

»Und so kam ich unter die Deutschen«

78. RUE DE LONGCHAMP. XVIe
Paris, am 27. April 1961.

Liebe Freundin, verzeihen Sie, dass ich nicht mit der Hand
schreibe: ich berichte Ihnen von den jüngsten Triumphen der
Niedertracht.

Sie werden in der heutigen F.A.Z. den Bericht über die Tagung
der Deutschen Akademie für S p r a c h e und D i c h t u n g gelesen

haben. Der darin erwähnte Aufsatz von Martini-Döhl zum
›Fall Celan‹ ist mir bekannt: Kasack und Martini haben mir
diese – niederträchtige – Schrift als Manuskript zugehen lassen,
um sie auch noch mit meinem Segen veröffentlichen zu können ...

Damit sind nun Infamie und Fälschung (lies: Fälschung),
damit ist das literarische Gangstertum (lies: Gangstertum) ein
weiteres Mal zu Ehren gekommen.

Mir wurde »kompensatorischerweise« angeboten, korres-
pondierendes Mitglied dieses von einem Mithelfer der Infamie
geleiteten Vereins – ich meine den Intriganten Kasack – zu
werden: man teilte mir das (in diesen Tagen ...) telegraphisch
mit. – ich habe abgelehnt.

Ich sage nicht mehr.

Herzlich

Ich lege diesen Zeilen eine Abschrift meiner Briefe an Kasack
und Martini bei. Diese Briefe sind ohne Antwort geblieben; die
Photokopie des Wiener Gedichtbandes (deren Erhalt Kasack
mir nur mündlich bestätigt hat) ist nicht zurückgekommen ...

314 *Klaus Demus an Paul Celan*

[Wien,] 29. April 61

Lieber Paul,

dank Dir herzlich für Deinen Brief. Ich hatte so sehr gehofft,
daß die Akademie-Untersuchung Dir doch Gutes gebracht hätte. Ist sie schon erschienen?[1] Kasack schrieb mir vor Wochen,
antwortend auf meine Aufklärung über unser Nichtzusammen-
gekommensein. Hier ist der betreffende Absatz:

›Sie werden von P. C. wissen, daß im Jahrbuch Dt. A., das zur
Frühjahrstagung am 24. IV. ausgegeben wird, eine größere

grundsätzliche Arbeit veröffentlicht wird, die eine sachliche, philologische Untersuchung aller Angaben von Frau C. G., Herrn Abel usw. enthalten wird. Sie bezieht sich nicht nur auf die sogenannten »Parallelstellen«, sondern auch auf die bibliographischen Behauptungen und auf Erklärungen von H. Maurer und H. Exner. Celan, der allerdings nur die erste inzwischen stark überarbeitete Fassung des Ms. kannte, hat sich zwar ungünstig darüber geäußert, ich zweifle aber nicht daran, daß durch diese Veröffentlichung den polemischen Angriffen und Unterstellungen ein für alle Mal ein Riegel vorgeschoben wird.‹ (Unterstreichung von mir)

Mein lieber Paul, hör mich bitte ruhig an. Selbstverständlich muß ich den Aufsatz erst kennenlernen (Kasack versprach, einen Sonderdruck schicken zu lassen) und genau studieren. Bis dahin kann ich Dich nur warnen: es wäre sehr schlimm, würdest Du Dir Leute von der Dt. Akademie, die doch immerhin ihre gute Meinung und Achtung vor Dir an den Tag gelegt haben, Feinde schelten. Ich fürchte, Du hast dies schon getan, ihnen und anderen gegenüber. Halt ein, Paul, Du kannst Dir damit nicht schlimmer schaden. Eine Institution, ein Forum wie die Dt. Akademie ist kein literarisches Gangstertum und sie darf diese Verdächtigung auch nicht auf sich sitzen lassen. Wenn Du selbst an Deinem »Ruin« arbeiten willst, wie es leider den Anschein hat – verzeih dies verzweifelte Wort! –, dann brüskiere weiter Mensch um Mensch von denen, die Dir doch Freund sind! (Z. B. Milo Dor, weil er nicht die Sendung bestätigt hat – eine so läßlich aufzufassende Sache! –, ihn, der manches in letzter Zeit getan hat und dessen Kameradschaft und Liebe größer ist, als Du ahnst, sonst würdest Du ihm mehr zurückgeben!) Weißt Du, daß er sterbenskrank war?

Laß mich den Aufsatz erst gelesen haben; ich muß annehmen, Du kennst ihn schon, in der überarbeiteten Fassung. Ich kann mir vorstellen, daß er trotz Sorgfalt im ganzen einzelne Ungenauigkeiten enthalten wird, vielleicht Fehlurteile hat, wo es auf Interpretation von Ähnlichkeiten ankommen mag, die natürlich, wenn man schon untersucht, als Möglichkeiten genannt werden müssen, wenn auch kein tatsächlicher Bezug da ist usf. Der Tenor des Unterfangens, Paul, schon seine Absicht, muß Dir Genugtuung geben (was für Danaidengeschenke hat Hofmannsthal erhalten!); man hat etwas getan, hat den Fall auseinandergelegt und – das ist doch sicher geschehen! – jede Anschuldigung entkräftet. Tun solches Feinde, Intriganten, Fälscher, Gangster? Paul, Paul, es könnte scheinen, Du willst kein Ende haben und konstruierst Gelegenheiten, Deine Bitterkeit zu projizieren. Wenn Du nicht durch diese Schrift verurteilt wirst, Plagiator, Lügner, Ehrabschneider, Dieb etc. zu sein – und nur dann hättest Du das Recht, Dich zu beklagen! –, dann ist alles zu Erwartende getan. Der Kanonenschuß wird C. G. niederstrecken, daran ist doch kein Zweifel. Sind Unrichtigkeiten in der Untersuchung, so kann man – ich oder wer immer, Torberg versprach zu helfen – irgendwo berichtigen, aber das werden doch nur Details sein. Polemik darfst Du Dir in einer Akademieschrift nicht erwarten – aber glaubst Du denn, die Akademie gäbe sich, selbst <u>wenn</u> es Intrige gegeben hätte, bei der einhellig erkannten Eindeutigkeit des Falles die Blöße gröbster Unsachlichkeit? Zu dumm und unvorsichtig sind die Leute doch auch nicht. Kurz: ob Du befriedigt bist oder nicht, die Sache wird für alle zu Deinen Gunsten, im Sinn der Wahrheit erledigt sein; Du hättest die Pflicht Dir, Gisèle und Deinen Freunden gegenüber, einen Schlußstrich zu ziehen. Das meine ich.

Einige Male schon, Paul, hast Du erkannt, Dich geirrt zu haben, hast durch Schlüsse von Details auf Motive und Absichtlichkeit falsch verdächtigt. Du sahst Verschwörungen, wo nichts dergleichen war, hast Freunde nicht nur persönlich, sondern auch manchen Dritten gegenüber schwer brüskiert und der Unwürdigkeit verdächtigt. Ich sage das allein, um Dich auch jetzt unsicher zu machen, Dich vor Folgerungen aus Schlüssen zu warnen, – vor Ungerechtigkeit.

Glaubst Du, C. G. wird sich nicht durch diese Veröffentlichung getroffen fühlen, wird nicht schäumen und jedem erklären, die Dt. Akademie sei von Dir gekauft? Und Du, Paul, Du tust das gleiche? Siehst Du nicht den Widersinn? Wem habens die Herren denn nun recht gemacht? Doch nicht ihr!? Warte doch ab, was sie unternehmen wird, sicherlich keine Freundschaftserklärung für Kasack und Martini. Dann wirst Du vielleicht sehen, daß es ihm um die Sache der Wahrheit zu tun war, aber was wird er dann von Dir denken, wenn er erfährt, wessen Du ihn anderen gegenüber geziehen hast? Das mindeste wäre, daß er Dich überempfindlich, Schlechtes zu leicht denkend und zu sehr auf persönliche Rache anstatt auf Objektivität bedacht nennte; und Dein Verhalten nicht sehr würdig eines Dichters. Gewiß das mindeste, wenn er nicht sehr weitherzig ist.

Um Gisèles, um Erics, um Deines Friedens willen beschwöre ich Dich, mein liebster Freund Paul, Dich zu überwinden; die Wahrheit höher anzusetzen, zeitentzogener, als im Aufspüren inferiorer mutmaßlicher Zusammenhänge; das Netz frei fallen zu lassen, in dem Du und Euer Leben seit Jahren gefangen sind. Niedrigkeit ist nicht eines der letzten Dinge, die Beschäftigung mit jener nicht mehr ein Muß aus Wahrheitsstreben, sondern der Zwang eines Dämons. Was gäbe ich darum, machtest Du Dich frei.

Die ›Deutsche Weise‹ – laß es mich sagen, Paul: es kommt mir vor, als wäre das dem reinen Gedicht gesetzte Maß hier überschritten, – verlassen; Polemik, verallgemeinert doch nicht objektiviert. Es bleibt zu persönlich. Ich glaube, es ist kein gutes Gedicht. – Sehr schön aber ist die ›Grabschrift‹![2] Danke Dir für beides.

So, mein Paul, da wär ich nun wieder einmal mit viel schrecklich Deutlichem zu Dir gekommen, es wird Dich kränken vielleicht, schmerzen, aufregen. Ich bin recht verzweifelt, es mußte gesagt sein, versucht sein, Dir die möglichen Gegenargumente hinzuwerfen, sie sollen Dich bezwingen. Dein Vertrauen läßt mich, das dank ich Dir, auch das äußerste sagen, Du wirst es nicht mißverstehen. Da meine Bitte darum herzlichst dringend ist, wirst Du mich auch nicht zulange auf Deine Antwort warten lassen.

Ich grüße Gisèle und Dich von Herzen.

Klaus

Wenn etwas zu tun ist, laß es mich, bitte, wissen. Laß mich an allem teilnehmen. Paul, mein Herzbruder, bleib mir gut und offen.

315 *Paul Celan an Klaus Demus [nicht abgeschickt]*

[Paris, zwischen dem 17. und 25. 5. 1961][1]

Mein lieber Klaus,

ich freue mich, daß Du wieder geschrieben hast. Verzeih, aber ich kann mich, solange ich Dir nicht gezeigt habe, was es da alles gibt, nur kurz fassen:

Der Goll-Nachlaß ist eine nachweisbare Fälschung. Nachweisbar ist auch, daß Kasack, Kabel und das übrige Gesindel das genau wissen. (Das ganze Gedöhle dient nur der Camouflage.)[2]

Exner ist neben C. G. der Haupt<u>gangster</u> (auch das ist nachweisbar). Er hat sich festgelogen, C. G. hat ihn fest in der Hand.

Laß Dich bitte nicht ein. Schreib weder C. G. noch Kasack.

Dr. Hirsch bitte ich Dich den <u>vollen</u> Wortlaut des C. G. Briefes mitzuteilen. (Die »Intimität« usw. ist schon seit einiger Zeit hinzugekommen – das ist die neue Nahrung des Infamen.)

Du mußt einmal kommen, Klaus – ich sehe, daß Du mir noch immer nicht ganz glauben kannst.

Aber ich sage auch hier, wie in meinen Gedichten, nur das, was ich verantworten kann.

Auch das trage ich, Klaus, – und
grüße Euch herzlich
Euer geduldiger Paul

316 *Klaus Demus an Paul Celan*

Wien, 23. Mai 61

Mein lieber Paul!

Ich hatte herzlich gehofft, Du würdest mir schreiben.[1] Mein Brief war heftig, aber er sollte Dich nicht kränken. Tat er das, so verzeih mir, bitte, Du weißt ja, daß das außer meiner Absicht liegt.

Wie bestürzt war ich, zu sehen, daß Deine Befürchtungen in manchem eingetroffen sind. Du siehst aus der Durchschrift meines Briefes an Kasack, wie ich Döhls Untersuchung beurteile.[2] Noch ist aber genug Grund zur Hoffnung da, Döhls Unziemlichkeiten und Fehler würden hinter der Wirkung der Plagiatsabwehr für die meisten zurücktreten; auch sprechen sich seine Taktlosigkeiten selbst das Urteil. Ein kleines Teilziel, die negative Analyse der behaupteten Parallelen, ist doch erreicht. Im übrigen müßte die Frage des Surrealismus – und das wäre das nächste Ziel – endlich einmal grundsätzlich behandelt werden. Ein eingeführter Kritiker oder Literat – Szondi, Weber –, auf den die Leute hören müßten, könnte das, glaube ich, besser als ich tun; ich täte es gern, aber es hätte wenig Wirkung, abgesehen davon, daß ich die Methoden und die Literatur mir ad hoc kaum zu eigen machen könnte. Torberg wäre möglich, besser aber doch ein Deutscher mit Verbindung zu einem beachteten Organ. Wie immer ich Deiner Ansicht nach helfen könnte, würde es mich freuen.

Fischers schrieben, Du wüßtest von C. G.s Brief. Er erforderte meine Antwort, Du findest sie beiliegend. Dr. Hirsch bat ich, wenn er es für nötig hielte, Frau von Kaschnitz und Ingeborg Abschriften zu schicken. Wahrscheinlich werde ich irgendwie doch Antwort darauf bekommen, hoffentlich privat. Was hat sie sich wieder geleistet! Das Gollzitat hat, ein wahrer Proteus, schon wieder eine andere Gestalt – die soll aber, wenns künftig was zu schreiben gibt, nicht so leicht durchgehen![3] Ich wollte dies für eine wirksamere Gelegenheit aufsparen. Eine Unachtsamkeit ist mir in der Rage passiert – die Drohung mit den »erinnerlichen Details«; es tut mir jetzt leid, aber der Brief ging noch ganz warm weg, ist dahin. Ich hoffe, außer diesem nichts Dir Unrechtes angerichtet zu haben.

Das allerwichtigste jetzt ist mir aber – von Dir, Paul, einen Brief zu bekommen. Ich möchte so gerne genau wissen, wie es Euch geht. Dieses Eine wünsch ich mir: daß Du zu mir sprichst. Jakob – er kann so schön weich »Paul« sagen – soll Dich für mich bitten.

Leb wohl, mein lieber Paul – von Herzen   Klaus

[Anlagen:]

a) *Klaus Demus an Hermann Kasack*[4]

Wien III., Rennweg 4

Wien, am 20. Mai 1961
Sehr geehrter Herr Professor Kasack!

Ich danke Ihnen sehr für Ihren Brief und den darin angekündigten Sonderdruck, und ich danke nun auch sehr für dessen Übersendung. Daß das Jahrbuch der Deutschen Akademie etwas größeres Berichtigendes gebracht hat, wird hoffentlich sehr dazu beitragen, »den polemischen Angriffen und Unterstellungen ein für alle Mal einen Riegel« vorzuschieben, wie Sie schrieben. Zumindest ist zu hoffen, daß die Verleumdung nun so leicht keine Helfershelfer mehr finden wird.

Ein anderes ist es freilich, den guten Klang des Namens Paul Celan wieder herzustellen, und hierin tut die Arbeit Herrn Döhls nicht ganz das Erwartete. Sie werden, sehr geehrter Herr Professor, sicher wissen, daß Paul Celan mit dieser Untersuchung nicht ganz einverstanden ist. Darf ich, ohne von Ihnen dazu berechtigt – und ohne von Paul Celan, dessen Einwände ich nicht kenne, bestimmt – zu sein, Sie mit meiner Meinung, der eines sachlichen Lesers, belästigen?

Es war notwendig, die Anwürfe im einzelnen genau zu prüfen und das Datenmaterial vorzulegen. Ich kann nun – und niemand außer Paul Celan kann dies so leicht – die »bibliographische« Seite selbstverständlich nicht auf Vollständigkeit und Genauigkeit prüfen. Aber es fällt mir rein als Leser doch auf, daß die »wissenschaftliche Objektivität« im Eindruck des Lesers nicht die klärende Evidenz bewirkt; daß ihr zuliebe manches aufgezeigt wird, was, wie Brief- und Kritikstellen, mehr als Datencharakter hat und nicht ohne Widerspruch hätte zitiert werden dürfen; daß eine gewisse auf Verteidigung bedachte Ängstlichkeit vorherrscht, die die Sache an sich belastet. Daß es versäumt wurde, auf den – so gut wie C. Golls Erklärungen in der Gesamtausgabe unbeweisbaren, aber ebenso gedruckt vorliegenden – Hinweis auf die Entstehungszeiten von ›Sand aus den Urnen‹ einzugehen, der in der ›Entgegnung‹ steht, ist andererseits zu großzügig. Man wird durch die Menge früher Entstehungsdaten Gollscher Stücke etwas erschlagen, während für Celan das Datum 1948 als terminus quo und post quem genügen muß. Aber all dies ist mehr Ungeschicklichkeit. Wirklich bedauerlich finde ich, daß die Untersuchung an der Oberfläche des Wortvergleichs bleibt und die Ebene, auf der die Anschuldigungen operieren, damit ernst nimmt. Es hätte gesagt, hätte mit größter Deutlichkeit herausgearbeitet und begründet werden müssen, daß Celans Sprachgebrauch die Worte – und das ist doch seine Leistung! – anders als dies sonstwo geschieht

»ernst« nimmt, daß er eben keine Metaphern verwendet, daß seine Fügungen sinnvoll und thematisch gebunden sind, – kurz, es hätte der Realitätsgehalt von Celans Sprache charakterisiert werden müssen, der sie von der Sprache anderer auf den ersten Blick oder Ton so eindeutig absetzt. Das Gegenteil ist leider geschehen. Ganz verfehlt scheint mir das Nichtbeziehen einer Stellungnahme, wenn zuletzt, statt das Hier und Dort, als Ergebnis der Sonderung, deutlichst abzutrennen, alles doch wieder in einen Topf geworfen wird – was doch nichts anderes heißt, als daß Zusammenhänge auch anders als in flagranten Übernahmen bestehen können und effektiv bestünden. Der Satz auf S. 131, 2. Absatz: »Bei Beachtung – Begründung haben.« ist, entschuldigen Sie, wenn ich Herrn Döhl unrecht tue, wie der eines Armenanwalts, der sich nach auftragsgemäß durchgeführter, besser entledigter Verteidigung von seinem Klienten doch distanziert wissen will und zugibt, daß die Sache an sich oder »naturrechtlich« keineswegs so unschuldig sei, wie ihre formaljuristische Seite zu beweisen scheint; und daß man also mangels an Beweisen nicht verurteilen dürfe, so sehr auch der Augenschein dazu verführen müsse.

Mit dieser »Entschuldigung« schlägt Herr Döhl leider in die übelste Kerbe der Anklage, wie überall, wo er »Wertungen« und Interpretationen gibt. Für ihn mag das »Werturteil C. G.s für den ersten Teil« von ›Sand aus den Urnen‹ (es spricht von »mittelmäßigen, epigonenhaften Versen«!) »noch zutreffen« – hier liegt doch mehr als eine Schwäche rhetorischen Argumentierens, nämlich zumindest Taktlosigkeit vor! Der Erwartung nach hätte gerade an diesem frühen Band gezeigt werden müssen, daß die Herkunft der Dichtung Paul Celans – die sich so eigenständig wie kein anderes lyrisches Werk unserer Zeit entwickelt hat – aber ganz und gar nicht der Surrealismus war, den, nach der kühnen und mehr als taktlosen Behauptung Herrn Döhls, Celan gerade erst im ›Sprachgitter‹ »zu überwinden im Begriff scheint«. Ich brauche Ihnen, sehr verehrter Herr Professor, nicht auszuführen, welchen Mißgriff der Verteidiger hier getan hat, welchen Schaden er anrichtet und wie falsch seine Ansicht ist. Man muß nachgerade jeden, der Celan mit dem Surrealismus, diesem kaum jemals wirklich verstanden gebrauchten Gegenbegriff echter Dichtung, etikettiert, für absolut unzuständig halten, die Sache zu beurteilen, ja für unfähig, Dichtung überhaupt zu vernehmen, wenn er für Celan und Goll die »Gemeinsamkeit der surrealistischen Techniken« behauptet – wahrlich ein sehr schlimmes, ein, schon gar bei solchem Anlaß, vernichtendes Urteil! Und daraus nun, unter Erhärtung durch abträgliche Zitate (Hohoff), die Krönung eines Plädoyers zu machen, wo doch alles darauf ankam herauszuarbeiten, daß Golls Gebilde dank ihrer »surrealistischen Technik« variierbar, Celans Gedichte dank des Fehlens dieser Technik dies eben nicht und grundsätzlich, also maßstäblich etwas Anderes sind – muß dies nicht bezweifeln lassen, daß hier wirklich nur Naivität, um es schonend auszudrücken, im Spiele war?

So ist nun einmal mehr, und von der »eigenen« Seite – oder der der Wahrheit, was hier ja dasselbe ist – Celan mit Goll verunreinigt, vermengt worden und als Ersatz für das Fehlen einer äußeren eine »innere«, literarturwissenschaftlich-objektiv feststellbare Beziehung »philologisch« erhärtet worden – eine Beziehung, auf die doch ohne Frau Golls ›Anzeige‹ gewiß kein Vernünftiger von selbst verfallen wäre. Er hat damit im Grunde das wiederholt, was Herr Exner – der sich übrigens, wenn sein Name schon mißbraucht wurde, hätte distanzieren können, nichts anderes hat ja Herrn Doktor Hirschs Anfrage nahelegen wollen – seinerzeit feststellte, daß Celan auch seine »Lehrmeister« hatte und solche im Surrealismus, siehe Goll, zu suchen sind. Sein Hinweis auf Trakl hat wenig Gewicht, weil Evidenz, bei Trakl gibt es doch keine »surrealistischen Techniken«. Ich glaube, daß Paul Celan durch seine Übersetzungen, besonders der Russen, genügend bekundet hat, welchen Sprachbereichen er sich verpflichtet fühlt – aber dies will man nicht als relevant erkennen, das surrealistische Etikett ist handlicher. Es ist sehr zu fürchten, daß C. Goll mit der festgestellten »Gemeinsamkeit« im Surrealismus eine Autorität mehr gewonnen hat: kürzlich erhielten die Autoren der ›Entgegnung‹, also auch ich, einen Brief von ihr, in dem es heißt, daß Celan – ungeachtet der effektiven Nachweisbarkeit von Übernahmen – ja schon bei seinem ersten Frankreichaufenthalt Gelegenheit gehabt hätte, sich die früher erschienenen Bücher Golls zu besorgen: hier schließt sich die Beweiskette, denn wie hätte Celan den Surrealismus, um den es doch immer und ewig geht, wenn man ihn einordnen will, in Rumänien kennenlernen sollen? Also Paris, also Goll, also Übernahmen schon vor 1949. Ist es nicht wirklich ein Unglück, daß auch diesmal die Fälschung nicht zurückgewiesen, ja sogar noch »philologisch« bestätigt wurde? Ist Celans Name wiederhergestellt, wenn der Protest des Verteidigers sich nur auf das Detail bezieht, doch aber von Ähnlichkeiten spricht, die den Verdacht verständlich erscheinen lassen? Ich muß sagen, daß der Tenor der ganzen Untersuchung, sosehr er Claire Goll diskreditiert, Celan doch nicht von der Sache, deren Repräsentant eben Iwan Goll, der »Lehrmeister«, ist, im geringsten zu distanzieren imstande ist. Fehler im Ton, im Takt, in der Objektivität oder gar Loyalität, die sich häufig finden, tun ein Übriges zur Doppelgesichtigkeit dieses Aufsatzes. Dabei wäre es so einfach gewesen, ein wenig die Grundverschiedenheit beider Sprachen zu charakterisieren und Celans eigenständigen Sprachgebrauch schon im frühen Teil von ›Sand aus den Urnen‹ herauszuarbeiten – freilich hätte man dann die Kontinuität der Entwicklung statt sie zu leugnen (»mittelmäßig, epigonenhaft«) erkennen müssen. Ich will nicht so weit gehen, hinter all diesen Fehlern des fleißigen Autors Feindseligkeit zu vermuten, aber Beziehung zu Celans Dichtung gab er eigentlich nicht zu erkennen und Oberflächlichkeit außerhalb des rein »kriminalistischen« Teils macht den Nutzen dieses leider fragwürdig, denn heraus kommt doch wieder nur die Frage, von wo Celan den Surrealismus überhaupt, für den es im Deutschen ja als

Repräsentanten nur Arp und Goll gibt, übernommen haben könnte.

Ich bitte Sie sehr um Entschuldigung, sehr geehrter Herr Professor, Ihnen meine Meinung so ausführlich dargelegt zu haben. Es geschah nicht zuletzt deshalb, weil mir daran gelegen ist, Paul Celan Ihr Wohlwollen unverändert zu erhalten und Ihnen von dritter, selbständiger Seite Gründe für seine mutmaßliche Unzufriedenheit mit dieser Untersuchung darzulegen. Ich verkenne nicht die Arbeitsbemühung Herrn Döhls und sein manchmal recht kräftiges Eintreten gegen die Verleumdung, aber den Nutzen seiner Arbeit kann man, fürchte ich, angesichts der doch in der Einstellung zur Sache liegenden Fehler nur erhoffen.

Mit dem Ausdruck der vorzüglichsten Hochachtung
Ihr ergebener
[Klaus Demus]

b) *Klaus Demus an Claire Goll*[5]

Dr. Klaus Demus
Wien III., Rennweg 4

                   Wien, am 22. Mai 1961
Frau Claire Goll   in
                   Paris VIIe, 47, rue Vaneau

Durch den S. Fischer Verlag kam mir nach Ihrer Bitte ein Durchschlag des Schreibens zu, das Sie an die Redaktion der ›Neuen Rundschau‹ gerichtet hatten. Als für die Abfassung der zitierten ›Entgegnung‹ Mitverantwortlicher protestiere ich hiemit energisch gegen den Vorwurf der »niederen Auslegung« Ihres darauf bezüglichen Satzes über Paul Celans »Legende«. In diesem Satz haben Sie sich nicht an Paul Celan, sondern an eine öffentliche Leserschaft gewandt, sodaß, was er besagt, nicht von Paul Celans Auffassung oder wohlwollender Deutung abhängen kann, sondern wie es dasteht genommen werden muß. Dieser Satz enthält aber durch die Ausdrücke »Legende« und »eine seiner Techniken« den Versuch, die Glaubwürdigkeit Paul Celans und damit die von ihm berichtete Aussage ehrenrührig in Zweifel zu ziehen. Jede Analyse Ihres Satzes würde ergeben, daß diese Diskreditierung nicht durch einen lapsus scribendi, sondern voll beabsichtigt, »geformt« entstand. Die Zurückweisung in der ›Entgegnung‹ war deshalb sachlich notwendig, umsomehr, als andere Ihrer Äußerungen ebenfalls Verdrehungen zum Zweck der Verunglimpfung und wider besseres Wissen enthalten. Ich verweise hier auf Reinhard Döhls Untersuchung ›Geschichte und Kritik eines Angriffs / Zu den Behauptungen gegen Paul Celan‹ im Jahrbuch 1960 der Deutschen Akademie für Sprache und Dichtung, wo laufend Unrichtigkeiten Ihrer Argumentation nachgewiesen werden. Dort findet sich übrigens auch die Berichtigung weiterer Behauptungen Ihres Schreibens an die Redaktion, auf die ich deshalb hier nicht eingehen muß.

Was Ihre Behauptungen in bezug auf die Bekanntschaft Paul Celans mit Goll betrifft, so wissen Sie, daß ich Zeuge dieser Bekanntschaft bin. Ich glaube nicht, daß Sie Ihre Darstellung beeiden könnten, zumal sie ziemlich variiert. Es wäre Gelegenheit gewesen, in die ›Entgegnung‹ einige der mir gut erinnerlichen Details dieser Bekanntschaft aufzunehmen, die für Golls Andenken recht abträglich wären; auf Bitte Paul Celans, für den Sie »niedere Auslegung« »bezeichnend« finden, habe ich dies jedoch unterlassen; man könnte freilich einmal gezwungen sein, dies rückhaltlos nachzuholen.

Im übrigen mache ich Sie, da Sie sagen, die ›Entgegnung‹ weiter nicht zu kennen, auf die zitierte Untersuchung Herrn Döhls aufmerksam, worin sich Verwahrungen der Herren Exner und Maurer gegen die sie mißbrauchende Zitierung Ihrerseits finden. Die Genannten werden zweifellos nicht einverstanden sein, diesen Mißbrauch fortgesetzt zu finden. Was die von Ihnen angekündigte Straßburger Ausstellung betrifft, so darf man gespannt sein, dort auch die Manuskripte Golls für die postum variierten Fassungen zu sehen zu bekommen, was sicherlich interessante Aufschlüsse über die Authentizität von Golls Spätwerk ergeben wird.

Ich bedauere es sehr, hiemit gezwungen gewesen zu sein, mich auf ein Niveau zu begeben, das dem Ihrer Argumentation ad hominem nähersteht als dem in der ›Entgegnung‹ gewahrten; allein es galt, eindeutig von Ihnen verstanden zu werden.

Doch möchte ich abschließend noch ein ruhiges Wort sprechen. Ich kann es einfach nicht verstehen, daß Sie eine Abhängigkeit Celans von Goll für möglich halten. Selbst wenn Sie Anklänge in der Wortwahl festgestellt zu haben glaubten, welche Fälle Herr Döhl mit großer Akribie untersucht und sämtlich haltlos gefunden hat, muß doch jedem, der Gedichte zu lesen versteht, die völlige Andersartigkeit im Sprachgebrauch, in der Ästhetik, in Ton und Habitus dieser Gedichte so deutlich sein, daß er vernünftigerweise niemals auf den Gedanken einer irgendwie gearteten Vergleichbarkeit kommen kann. Ich bin nicht der erste, der das sagt, daß nämlich ein solches Hineinsehen jeder Handhabe entbehrt, ja im Grunde lächerlich wirkt. Paul Celans Gedichte stehen auf einer ganz anderen Entwicklungsstufe, in einem ganz anderen Bereich der Sprache als die Golls; sie haben einen stets durchgeführten thematischen Zusammenhang, haben eindringliche Sprachmusik und Sprechton, die Sprache wird in ihnen ernsthaft, ohne Spielerei und »Magie« beim Wort genommen. Er gehört einfach einer anderen Generation an. Und überdies ist er ein Dichter, der aus sich selbst heraus schreiben muß. Nicht erst seit kurzem erachtet er Golls Lyrik als keineswegs vorbildlich für das, was er selbst schreiben will und schreibt, im Gegenteil – warum aber hätte er ihn dann »imitieren« sollen, wie Sie behaupten. Das alles ist absurd und unnötig, unreal, und Sie sehen ja, daß dem auch allenthalben widersprochen wird. Letzten Endes tun Sie der Sache, dem Namen Golls damit beträchtlichen Schaden. Die Texte liegen ja vor, man kann sich selbst ein Urteil bilden, und die Zeit urteilt unbeeinflußt. Sie wird klar zeigen, daß Paul Celan mit Iwan Goll nicht das geringste zu tun hat, er ihm literarisch sozusagen den Rücken kehrt. Wird man Sie erst gewaltsam und unter viel Ärger auf beiden Seiten überführen müssen? Können Sie dann aber den Schaden gut machen, den Sie mit einer fixen Idee einem Lebenden und auch einem Toten zugefügt haben? Ich möchte jedenfalls die Gelegenheit, Sie mit einem, wie gesagt, ruhigen Wort zu mahnen und zu warnen, nicht versäumt haben.

K D

317 *Paul Celan an Klaus Demus [nicht abgeschickt]*

[Paris, 26. 5. 1961]

Mein lieber Klaus,
ja, Dein Brief hatte mich gekränkt – nicht weil er so heftig war, sondern weil [er] so blind gegen etwas war, worum ich Dich unzählige Male gebeten habe: gegen meine Verantwortung.

Jetzt hast Du einiges wahrgenommen – bei weitem nicht alles, Klaus! Diese Döhl-»Untersuchung« ist – denk an meine Verantwortung! – das Werk abgefeimter Schurken. Das läuft nicht von ungefähr darauf hinaus, mich, den »Vielleicht-Plagiator«, als ... Altmetaphernhändler hinzustellen und dieses (Altmetaphernhändler-)Leben dort zu fristen, wo es diesen Burschen gefällt.

Ein Detail nur, Klaus: der ›Entwurf‹, den sie mir – in einem Exemplar – geschickt haben, enthielt noch einiges Verlockende – die endgültige Fassung enthält das nicht mehr.

Aber, wie gesagt, das ist nur ein einziges Detail unter zahllosen anderen. Doch noch ein weiteres Detail: die niederträchtige Unterstellung, daß ich Zugang zu »Manuskripten« gehabt hätte. Klaus, hast Du jemals Goll-Manuskripte gesehen? Das gab es ja gar nicht, das ist postumer Schwindel!

Es darf mich und soll mich nicht geben – ergo wird bewiesen, daß es mich nicht geben kann.

Hör zu, Klaus: Du wirst mir, solange Du nicht mit eigenen Augen gesehen hast, was da gegen mich, unter Beteiligung aller[*], angezettelt wurde (und wird: jetzt ist, »nebenbei« der Jessenin »dran«[1]), nicht glauben, denn: das Unglaublichste geschieht.

Also mache ich Dir einen Vorschlag: Du kommst einmal, im September oder später, nach Paris und siehst Dir das alles mit eigenen Augen an. Bis dahin ...mußt Du mir glauben, daß ich nichts erfinde. Und bis dahin mußt Du mir auch dies glauben: daß sich viele meiner Dir – in brüderlichem Vertrauen! – mitgeteilten Befürchtungen bestätigt haben.

Es geht mir nicht um »Hilfe«, Klaus. Es geht mir darum, daß Du einsiehst, daß Du etwas ... für Dich tust.

Ein bitteres, ein wahres Wort noch, Klaus: Ich habe Dir und Marie Luise Kaschnitz und Ingeborg die Ehre erwiesen, Euch um eine Entgegnung zu bitten. Denn es ist eine Ehre, Klaus, und ... Du weißt es auch. Im Namen meiner Mutter habe ich Euch diese Ehre zuteil werden lassen.

Vergiß nicht, Klaus. Vergiß nicht, wo und in welchen Jahren ich Gedichte geschrieben habe – deutsche Gedichte. Vergiß nicht, was ich übersetzt habe – in diese – meine und Deine – deutsche Sprache.

Es gibt viele junge Menschen in Deutschland, bei denen ich – ohne fälschen zu müssen – mehr als nur dieses oder jenes »Bild«, mehr als nur diese oder jene Zeile von mir nachweisen könnte. Ingeborg Bachmann ist hier nur ein Beispiel – das schmerzlichste. Denn, Klaus: Jeder, der Gedichte schreibt, ist hier mitbeleidigt. Und erst recht diejenigen, die mir – laß es mich doch sagen! – in solchem Maße verpflichtet sind wie Ingeborg.

Und nun laß uns dabei bleiben: Komm einmal und sieh, was es gibt.

————————

Du hast jetzt Geburtstag, Klaus: Von Herzen wünsche ich Dir alles, alles Gute!

  Sei gesund!

    Dein Paul

[*] Mach Dir keine Illusion in bezug auf Szondi und Weber ...
(Ich weiß, was ich sage.)

318 *Paul Celan an Klaus Demus*

[Paris,] Am 26. Mai 1961.

Lieber Klaus,

nun hast Du einiges selbst gesehen – bei weitem nicht alles, Klaus.

  Ich kann Dich wirklich nur um dies eine bitten: Glaub mir, daß ich nichts erfinde.

  Am Werk sind – unter welcher Beteiligung! – abgefeimte Schurken.[*] (Ich verantworte dieses Wort, Klaus!) Unter dem Vorwand, »einen Riegel vorzuschieben«, ..wird das Gegenteil unternommen.

  Komm einmal und sieh Dir alles mit eigenen Augen an. Bis dahin mußt Du mir glauben, daß ... Unglaubliches, ja Unglaublichstes geschieht.

  Ich weiß, was ich sage, Klaus.

  Nun hast Du Geburtstag – ich bin froh, Dir von Herzen alles, alles Gute wünschen zu können.

  Ich schicke Dir, mit diesen Wünschen, ein Gedicht: Das siebzigste Shakespeare-Sonett.

  Alles Gute, Klaus!

  Dein Paul

Anfang Juli fahren wir auf zwei Monate in die Bretagne; vielleicht sehen wir uns im September. Sei bis dahin äußerst zurückhaltend, Klaus, – allen gegenüber. (Versprich Dir nichts von Szondi und Weber – ich weiß, auch hier, was ich sage.)

Doch noch etwas – etwas »Heiter-Meridianhaftes«: »Hilfsassistent«,[1] das heißt ja, genau besehen, Helfershelfer ...

*) Die Unterstellung von den G-Manuskripten – »und nicht nur diesen« –, zu denen ich Zugang gehabt haben soll, ist nur ein Detail unter zahllosen ...

[*Anlage:*]

William Shakespeare: Sonett LXX[2]

Nicht an dir liegts, daß sie dich schmähn und schmähen:
kaum zeigt sich Reines, schon wirds schlechtgemacht.
Wo Himmel blaun, da fliegen bald die Krähen.
Der Schönheit Zierde: Argwohn und Verdacht.

Verlästerst du, geliebt auch von den Tagen:
ist Güte dein, dies alles mehrt sie bloß.
Die Knospe duftet und der Wurm muß nagen;
du bist ein Erstling und bist makellos.

Die vielen Hinterhalte schon in jungen Jahren:
du gingst hindurch, zuweilen siegtest du.
Dies ist dein Ruhm, der so wie keiner klare, –
den Mund der Neider schließt auch er nicht zu.

Du, müßtest du nicht so: beargwöhnt, sein,
im Reich der Herzen herrschtest du allein.

Paris, am 28. Mai 1961.

Lieber Klaus, es tut mir leid, aber ich muß Dir, nach der aufmerksamen Lektüre Deines Briefes an Kasack – von dem ich Dir ja ausdrücklich gesagt habe, daß er ein Intrigant ist –, zumindest diesen einen ernsten Vorwurf machen: Wie kannst Du sagen, daß die Entstehungsdaten von ›Der Sand a. d. Urnen‹ unbeweisbar sind?

Sie sind beweisbar, Klaus. Und wenn Du sie für nicht beweisbar hältst (und hieltst), warum hast Du sie dann in die ›Entgegnung‹ aufgenommen? (Und: Mein Wort ist mein Wort, es hat schon allein deshalb respektiert zu werden.)

Es gibt noch alle Manuskripte in Rumänien, und die Menschen, die sie besitzen – Sperber[2] ist nur einer von ihnen – leben noch.

Du weißt, daß die Reihenfolge streng chronologisch ist; Du weißt auch, daß Basil (und Rychner) das Manuskript lange vor der Drucklegung im ›Plan‹ (und der ›Tat‹) bekommen hatten. Es gibt übrigens auch frühere Veröffentlichungen als die im ›Plan‹, eine davon, die Übersetzung der ›Todesfuge‹ ins Rumänische, erschien bereits 46 (oder 45).[3]

Die Fälschungen der G-Ausgaben sind nachweisbar. Also stammt dieser ganze postume G. von Fälscherhand – das steht unverrückbar fest und wird von Kasack-Martini-Döhl bewußt unterschlagen.[4] Mir haben die Kerle am Telephon gesagt, sie wüßten sehr genau, daß es sich um Fälschung handle. Na ja, Telephongespräche hinterlassen ja keine Spuren, das war einer der Köder. – Und, Klaus, was ist das denn für eine Philologie, die der Fälscherin (und dem Exner) zu weiteren – nachweisbar verlogenen – Alibis verhilft? Texte sind Texte. Herr Döhl hilft bei der Rückdatierung mit »medizinischen Mutmaßungen« – damit die Fälscherin sich »erinnern« und – paß auf, ich sehe auch das kommen – photogene Manuskripte fabrizieren kann.

Die hatten hinzugehen und sich diese angeblichen Manuskripte vorlegen zu lassen.

Kabel und Döhl – hör gut zu, ich kann das beweisen! – sind ein und dieselbe Bande. Und: Kabel weiß genau, daß dieser »Nachlaß« eine Fälschung ist.

Was erlaubt man sich da, Klaus?

Solange nicht gesagt wird, wer hier am Werk ist und wer hier in den Kot gezogen wird, ist nichts getan.

Aber dazu müßten ein paar Leute, denen ich die Ehre erwiesen habe, sie zu meinen Freunden zu zählen, sich Gedanken machen – über sich selbst vor allem.

Was übrigens die »Akribie« dieses Döhl betrifft, so geht sie auf Notizen zurück, die sich der Kasack auf Grund meiner – ach wie leichtgläubig bin ich doch! – Mitteilungen gemacht hat … um sie zu entschärfen.

Denn wenn jemand schreibt, anno 48 sei der <u>Band</u> ›Traumkraut‹ erschienen und diese Ausgabe in keiner einschlägigen Bibliographie zu finden ist, so ist das Schwindel … und hat beim Namen genannt zu werden. Aber wozu denn noch alle diese Worte?

Klaus! Wenn man eine auf so infamen Schriften wie ›Baubudenpoet‹, wenn man auf der Verhöhnung meiner gemordeten Mutter aufgebaute Bezichtigungen pseudo-philologisch »nachvollzieht«, so zeigt man sehr deutlich, wer man ist. Du kannst bei Gelegenheit nachlesen, was der Martini in der Nazizeit publiziert hat.[+] Jetzt … gibt er Jakob Wassermann heraus, ohne daß ihm die Hand dabei zittert. Lerne <u>sehen</u> Klaus.

Die Döhl-»Untersuchung« ist Hitlerei, nicht von ungefähr läuft das auf Hohoff, einen weiteren Nazi heraus.

Paß also auf, was Du diesen Burschen schreibst – die werden auch das zu »verarbeiten« wissen – gegen

Deinen Dich herzlich grüßenden

[+] Bedenk, wo ich damals war, wo ich damals <u>was</u> geschrieben habe und in welcher Sprache! Bedenk, bedenk!

[Wien,] 17. Juni 61

Mein lieber Paul!

Dank Dir von Herzen für Deinen Brief, danke, lieber Paul. Ich
hab lang geschwiegen, diese Wochen waren sehr beengend für
mich, aus ganz äußeren Gründen. Dann schrieb ich Dr. Hirsch,
ich wolle die Briefe Exners an ihn in meiner Antwort benützen,
heute traf seine Erlaubnis ein, mit sehr lieben und besorgten
Worten über Dich, die mich recht ängstlich machen.[1] Eben hab
ich die Antwort an C. G. abgeschlossen – ich wollte dies selbständig erledigen, der Kurzschluß ist nun hergestellt und wird
zweifellos wirken, und Exner kommt nächstens zu Dr. Hirsch
und wird sich verantworten müssen.[2] Inzwischen hab ich, im
Auftrag von Kasack, die beiden Abel-Ausschnitte und früher
schon das »Fazit« erhalten.[3] Ich glaube, lieber Paul, es lichtet
sich ganz endgültig – habe bitte Geduld, es wird jeder kleinste
Fleck auf die Urheber zurückfallen und Du wirst endlich, endlich wieder ruhig atmen können. Verzweifle nicht jetzt, wo alles
wieder gut wird – laß es gut werden auch bei Dir.

Der Antwortbrief C. G.s an mich wird Dich beunruhigen.
Dr. Hirsch kennt ihn nur bis zum Ende des 3. Absatzes der
2. Seite, » …intensiv liest«, nicht den infamen Rest.[4] Laß Dich
nicht beunruhigen, mein lieber Paul. Mit dem bis jetzt öffentlich Bestätigten wäre die Grundlage dafür da, jedes weitere
Wort als Verleumdung zu klagen. Vielleicht wird es nicht so
weit kommen, kein Organ wird sich mehr finden, die Infamie
weiter zu drucken, die »assistents« sind gewarnt; wenn sich
aber weiteres begibt, wäre der Rechtsweg wohl der beste,
glaube ich.

Nun möchte ich Dich aber inständig bitten, wirklich wieder:
zum Leben zurückzukehren, zu Deiner Arbeit. Gewiß wird es,
wie bei einem Eisberg, allzuviel an Verstecktem, Zwielichtigem
und vielleicht nur Vermutbarem geben; schenk ihm nicht mehr
Deine Aufmerksamkeit. Gegen das offen Hervortretende gibts

nur das letzte Auskunftsmittel, die Beweisführung ist ja abgeschlossen, und das Vermurren der aufs Maul geschlagenen
Gemeinheit geht von selbst zu Ende, ohne daß man ihm die
Ehre des Vernehmens schenken sollte. Komm wieder zu den
schönen Dingen, Paul, zu denen des höheren Ernstes. –

Ihr fahrt aufs Land, Du schriebst von einer Wiedersehenshoff-
nung im Herbst. Wir werden wahrscheinlich den ganzen Juli in
Millstatt sein, im August bin ich allein in Wien. Nächste Woche
begleite ich einen Transport nach Aix, Bilder von Cézanne, die
jetzt hier sind, bleibe nur kurz und fahre über Italien zurück.[5]
Verzeih, daß ich nicht über Paris komme, es wäre ein Sehen und
Besprechen im Herbst auch wichtiger, um das dann – hoffentlich
nicht! – notwendig Gewordene zu überlegen.

Paul, mein Lieber, Naher, dank Dir für das schöne ernste
Sonett; ich freue mich auch sehr über die Dickinson-Übertra-
gungen.[6] Grüße von Herzen Gisèle von mir. Bleib unverzagt.

Innigst Dein Klaus

[Anlagen:] [7]

Brief von Klaus Demus an Claire Goll

Dr. Klaus Demus
Wien III., Rennweg 4

Wien, am 17. Juni 1961
Frau Claire Goll   in
47, rue Vaneau, Paris VIIe

Seit Ihrem Brief an mich vom 25. Mai 1961 werden Sie wohl
folgendes gesehen haben:

1. Einen Sonderdruck von R. Döhls Untersuchung ›Geschichte und Kritik eines Angriffes‹ im Jahrbuch 1960 der
Deutschen Akademie für Sprache und Dichtung,

2. Zeitungsausschnitte aus ›Die Welt‹ und ›Christ und Welt‹ mit Besprechungen dieser Untersuchung sowie förmlichen Entschuldigungen Herrn Rainer K. Abels bei Paul Celan und bei der Öffentlichkeit.

All dies läßt an Deutlichkeit nichts zu wünschen übrig.

So bleibt zuletzt noch Ihr Brief vom 25. Mai mit den von Ihnen als Stütze und Verantwortung angeführten Briefzitaten Herrn Exners mit der Wahrheit zu konfrontieren übrig. Dies kann hiemit leicht durch eine ebensolche Zitierung aus Briefen Herrn Exners an den S. Fischer Verlag geschehen, zu der ich autorisiert wurde.

Brief R. Exners vom 24. 7. 1960: » ...Nach dem Lesen von Mohn und Gedächtnis sagte ich Frau Goll beiläufig (ich hatte sie gerade kennengelernt) und in der Mitte eines literarischen Gesprächs, daß mich ein oder zwei Genitivmetaphern Celans an eine Stelle im Traumkraut und in (ich glaube) den Georgiques Parisiennes erinnerten. Da schrie sie auf: er hat abgeschrieben und Sie müssen mir helfen, das zu beweisen. Es war mir damals klar und ist mir seitdem so klar geworden, daß ich kaum noch drüber reden kann, daß Claire Goll, was ihres Mannes Werk anbelangt, nicht ganz zurechnungsfähig war. Sie ist eine veuve combative der schlimmsten Art. ... Als Frau Goll immer mehr in meiner Gegenwart (es war, glaube ich 1952 oder 53) auf ihm herumhackte, beschloß ich, einen Aufsatz über Celan zu schreiben, der bereits von Herrn Manfred George in New York (die deutschgedruckte Zeitung Aufbau) angenommen war und dann (wahrscheinlich auf Frau Golls Veranlassung hin) nicht erschien. ... Sie müssen mich ja für rein bekloppt halten (ich komme momentan auf keinen passenderen Ausdruck), wenn Sie meinen, ich stecke hinter Frau Golls Celan-Pathologie. ... ich muß mich verwahren, daß man .. stillschweigend annimmt, ich sei mit Frau Goll im Bunde und ›Mitwisser dieser Machenschaften‹. Ich habe Frau Goll mehrmals brieflich gebeten, meinen Namen außer im Zusammenhang mit Goll nicht zu nennen. Hat sie ihn genannt, so weiß ich es nicht. ... Meines Erachtens würde eine saftige Verleumdungsklage gegen Frau Goll das Ganze zum Stillstand bringen. Sie erzählt aller Welt, Goll habe Celan wie einen Sohn gehalten und behandelt und fügt hinzu, er, Celan, habe Liebe und Verehrung geheuchelt, um dann nur ›abzuschreiben‹. Ernsthafte Leser von Gedichten müssen das absurd finden. ... Ich habe seit Ewigkeiten nichts von Frau Goll gehört. Fragen Sie den Luchterhand-Verlag warum. Sie wollte, da ich nicht gewillt war, nur Lobendes zu schreiben im Nachwort zu ›Dichtungen‹, ihr Imprimatur verweigern und es hat mich ein schönes Geld an Telegrammen und Eilbriefen gekostet, meinen Kopf durchzusetzen. .. Sie tut dem Werke ihres Mannes mehr Schaden als Gutes mit ihrer Art. .. Ich bin sicher, daß Sie einen richtigen Weg finden werden, diese – da stimme ich Ihnen vollkommen bei – unglaublichen Anwürfe seitens Frau Goll zum Schweigen zu bringen. Was ich dazu tun kann, lassen Sie mich bitte wissen.«

Brief R. Exners vom 26. 8. 1960: » .. Beide Dokumente, für deren Übersendung ich danke, befassen sich nur bedingt mit dem Thema Plagiat. Mir scheint nach allem, was Frau Goll sagt und schreibt, der ganze springende Punkt woanders zu liegen. Das Thema Plagiat reitet sie nur deshalb, weil sie anders an Herrn Celan nicht heranzukommen glaubt. Sie werden nicht zwischen den Zeilen zu lesen brauchen, um zu verstehen, daß hier ein sich ins Pathologische immer mehr zuspitzender Komplex liegt .. Gegen diese Art Manifest läßt sich meines Erachtens nicht so sehr mit von Dichtern unterzeichneten Texten kämpfen als mit gerichtlicher Belangung wegen Verleumdung des guten Namens. Was in dieser Münchener Zeitschrift steht, soll ja Herrn Celan nicht so sehr als Dichter denn als Mensch erledigen .. Dagegen helfen meines Erachtens nur drastische Schritte .. Was meine indirekte Nennung in dem »offenen Brief« betrifft – so ist sie lächerlich. Ich war 1952 Student und nicht einmal an der Universität von Californien. Von Ordinarius keine Spur – da sehen Sie schon.

wie übertrieben und verlogen die Aufmachung ist. Meine Aussagen werden ja auch in jeder Nennung anders. Ich habe weder das eine noch das andere gesagt. ... Man kann auf einen solchen Angriff nur wieder einen persönlichen setzen und Frau Golls Persönlichkeit angreifen. Aber glauben Sie mir: die meisten Leute, auf die es ankommt, wissen schon, woher der Wind bläst, wenn sie etwas solches schreibt. Ich rate zu eisernem Schweigen oder aber zu gerichtlicher Belangung oder zur Drohung des Prozesses, wenn diese Angaben nicht widerrufen werden. ..«

Sie sehen, diese Äußerungen Herrn Exners reimen sich schlecht auf die von Ihnen zitierten. Sie stellen vielmehr, wie ich schrieb, eine »Verwahrung« dar, wie man sie schonungsloser kaum formulieren kann.

Zu Ihrem Satz, eine solche Zeile wie die in meinem letzten Brief enthaltene könne einem nur aus Deutschland kommen, sie wäre in Frankreich unmöglich, verweise ich auf die zitierten Besprechungen, wo deutlich genug zu lesen steht, was man von dem von Ihrer Adresse Kommenden zu halten hat.

K D[8]

321 *Paul Celan an Klaus Demus [nicht abgeschickt]*

Paris, am 21. Juni 1961.[1]

Lieber Klaus,

ich kann Dich nur noch bitten, Dich nicht auch noch weiter mit dieser Bande von Rufmördern, Gangstern und Fälschern einzulassen.

<u>Das</u> <u>sind</u> <u>sie</u> <u>alle</u> – <u>so</u> <u>nenne ich sie also.</u>

Ich habe Euch, d. h. I. Bachmann, M. L. Kaschnitz und Dir, die Ehre erwiesen, meine Zeugen zu sein. Daß die beiden Erstgenannten diese Ehre nicht verdient haben, weiß ich jetzt genau.

Es fällt mir nicht mehr leicht, dich ein weiteres Mal daran erinnern zu müssen, daß ich das, was ich sage und schreibe, verantworte.

Ich bleibe bereit, Dir zu zeigen, was und wer am Werk ist.

Ich wünsche Dir das Beste.

322 *Klaus Demus an Paul Celan und Gisèle Celan-Lestrange*

Aix, 26. VI. 61

Lieber Paul, liebe Gisèle –
wie schön, Euch so nahe zu fühlen; ein paar Tage lang in diesem herrlichen Land! Es ist Vollmond – möglich mit ihm für Euch alles zum Guten zu wenden, zu einem schönen Sommer!

Klaus

323 *Klaus Demus an Paul Celan*

Wien, 3. VII. 61

Mein lieber Paul!
Ich kanns mir selbst so wenig verbergen wie ich Dirs durch Unbefangenheit ableugnen könnte: die dunkle Furcht, unserer Freundschaft sei etwas geschehen, eine Verstörung, deren Grund ich nicht erspüre und die mich deshalb umsomehr ängstet, will mir nicht aus dem Gemüt. Es ist zugleich die Angst um Dich, eine durchaus rätselhafte Angst vor etwas Drohendem, das ich hinter Deinem Schweigen spüre wie einen neuen fremden Zustand, zu dem ich mich nicht zu verhalten weiß. Was ist denn geschehen, Paul, was konnte denn zwischen uns geschehen? Bist Du meiner irre geworden, hat Dir meine Freimütigkeit, die Du mir doch halb und halb in Deinem letzten Brief verziehen hast (mit einer freilich mir sehr fremdartigen Fügung:

412

Du wärest froh, mir zum Geburtstag <u>doch</u> alles Gute wünschen <u>zu können</u> ..), mir Dein Vertrauen, ja gar Deine Zuwendung entzogen? Rechnest Du mich – ich kann es nicht denken, aber warum hab ich solch bedrückende Angst! – nicht mehr zu Deinen Freunden, hast Du, Paul, oder glaubst Du, keinen Freund mehr zu haben? Konnten Dir Bande zerreißen, die in den einen wie den anderen schon so lange als Lebensadern eingewachsen waren? Ist es soweit gekommen, daß dies, obwohl sich das Denken sträubt, solches auch nur zu erwägen, doch möglich wurde? Und warum, was sind die Gründe, wie soll das in meinen Kopf? Mutest Du mir zu, auch meinerseits etwas auszureißen, das sich aus dem Ganzen, das ich bin, einfach nicht herauslösen läßt? Du, der Du mir seit jeher ein übergroßes Maß an Liebe, freilich unverdient, zugewendet hast, bist damit am Ende? Kannst Du denn glauben, Du wirst je die meine los? Steh mir doch Rede, Paul, entzieh Dich nicht. Haben Dich Worte gekränkt, so doch gewiß keine Handlungen, gewiß nicht die Haltung. Du schriebst mir in einen Gedichtband: Klaus, dem Bruder; willst Du das ungeschehen machen, gilt das nicht wie damals so jetzt und immer?

– Doch nein, ich will meinerseits nicht zweifeln; ich hab nur so entsetzliche Angst, Angst um Dich, um unsere Freundschaft, um das Gute, an das ich glaube.

Verzeih mir, Paul, es schmerzt. Kannst Du Heilendes sagen, so tus. Wo nicht – so laß mich genug wissen, um Heilmittel selbst finden zu können. Sei klar, ich bitte Dich.

Klaus

4. VII. 61

Hier ein Brief von Exner. Ich hab ihm geantwortet, daß ich in der angegebenen Zeit in Wien wäre und seinen Anruf erwarte.[1] In welchem Sinn soll ich mit ihm sprechen, was hat noch Sinn, außer daß er sich bei Dir entschuldigt und für die Zukunft trachtet, das durch ihn Mitverursachte wo es geht gutzumachen? Gib mir, bitte, Direktiven, Paul – ich mag nicht mit ihm Besprechungen führen, die Dir nicht recht sind; ich habe nichts zu vermitteln, will nur Deine Sache vertreten, soweit Du mir das Recht dazu gibst. Das Eine könnte ich ihm beibringen – daß es seiner Entschuldigung bei Dir bedarf und daß man ihm nicht glauben wird, ehe er Dir die von Dir zu bestimmende Genugtuung gibt. Bitte um Dein Einverständnis und um Anweisungen zum Gespräch. –

Dr. Hirsch schrieb, Exner wolle Dich im August in Paris sprechen, habe Dir im Mai deshalb geschrieben, Dr. Hirsch wollte so wenig wie ich als Dritter vermitteln; vermutlich meinte er, ich solle entscheiden, ob ich Dir zureden solle, diese Begegnung zu akzeptieren. Entscheiden kannst aber nur Du.[2] Wenn Du willst, daß ich Exner etwas ausrichte – oder andeute –, sag es mir bitte vorher.

C. G. hat auf meinen Brief, dessen Kopie Du hast, nicht geantwortet. Von Kasack erhielt ich auf Bitte einen Sonderdruck Döhl, den ich ohne Kommentar an C. G. schickte. Auch an Exner bat ich – noch nach USA – einen zu senden, vor schon längerer Zeit.

Alles scheint sich nun zu lösen, die Verleumdung wird nicht wieder auferstehen können. Für die Öffentlichkeit scheint die Sache abgetan.

Nicht so für die Freunde. Bevor Du, Paul, nicht wieder froh sein kannst, bevor Dein Verhältnis zu den Freunden nicht wieder das alte ist, wirkt der Schaden auf das traurigste fort. Es ist eine überscharf logische Rechnung, das Gesetz von der Erhaltung des Schmerzes.

Vom 10. bis 30. sind wir in Millstatt. Ich werde nicht froh sein können, bevor Du mir nicht geschrieben hast.

K.

[Paris?,] 8. Juli 1961.[1]

Lieber Klaus,

unsere Freundschaft ist schwer erschüttert – durch Deine
Schuld. Du hast Dich mit den Rufmördern und deren Helfern
eingelassen, obwohl ich Dich vor ihnen allen gewarnt habe. Das
bedeutet, daß Du mir nicht glaubst, wenn ich Dir etwas sage.

Rufmord ist Mord. Exner ist einer der Haupttäter (das ist
nachweisbar.)

Ich erwarte, daß Du ihm die Tür weist und kein einziges Wort
mit ihm wechselst.

Ich bleibe – trotz so vieler Dinge (die »Unbeweisbarkeit« der
Datierung meiner in den schwärzesten Jahren geschriebenen
Gedichte ist da nur ein Detail) bereit, Dir alles zu zeigen. Du
bist jetzt im Bilde. Ich gebe Dir, im Namen unserer von mir
niemals in Frage gestellten Freundschaft, eine Chance.

Beiliegend findest Du einen Ausschnitt aus ›Semesterspiegel‹,
Studentenzeitschrift der Universität Münster, Heft 53, Juli 61.[2]
Du siehst: Kabel und Döhl, das ist eine und dieselbe Bande.

Ich hatte Dir ausdrücklich gesagt, daß Kasack ein Schurke ist.
Ich will hoffen, daß Du meine Worte so ernst nimmst, wie sie es
verdienen.

Den Ausschnitt erbitte ich zurück an PC »Kermorvan«,
TREBABU, par Le Conquet, Finistère.

Hirsch verdient nicht das geringste Vertrauen – merk Dir
auch das, ich weiß, was ich sage.

»Kermorvan«, Trébabu par le Conquet, Finistère,
10. 7. 61.

Lieber Klaus,
ich schicke nun meinen – ich weiß: sehr strengen – Zeilen diese
hier nach.

Das Bodenlose ist ... das Bodenlose: es kommt jetzt täglich
schlimmer. Ich bitte Dich herzlich, das alles sehr ernst zu
nehmen.

Hirsch – der seit längerem mit C. G. im Bunde ist – hat sich
etwas Neues ausgedacht: er verbreitet das Gerücht von meinem
geistigen Zusammenbruch. Das hat er, auf die ihm eigene tük-
kische Weise, bereits in Briefen an Dich getan – es genügt ihm
nicht. Er hat jetzt Rolf Schroers – dem ich leichtsinnigerweise
eine menschliche Chance gegeben habe – einen Artikel im ›Vorwärts‹ veröffentlichen lassen, dessen letzte Sätze – also die Kon-
klusion – etwa so lauten: » ...Das alles hat Paul Celan das
Schicksal derer bereitet, die unter der Last ihrer Unschuld zu-
sammenbrechen. Man darf diese Zeilen nicht mythologisch lesen, denn es geschieht konkret«. (Ich zitiere aus dem Gedächtnis, aber wohl wörtlich.)[1]
Was damit bezweckt wird, Klaus, ist deutlich: man will, für
den Fall, daß ich eines Tages zur Feder greife, alles von mir
Geschriebene, auch meine noch unveröffentlichten Gedichte,
im voraus entmündigen.
Klaus, lieber Klaus, ich übertreibe mit keinem Wort.
Ich hatte Schroers für einen Menschen und diese Sätze für
eine ihm und so vielen Deutschen eigene Taktlosigkeit gehalten
und ... mich für den Aufsatz bedankt. Jetzt fordert Hirsch
mich auf, der Verbreitung des Artikels zuzustimmen.[2]
Klaus, es geschieht, glaub es mir doch endlich, noch
Abscheulicheres. Gisèle und ich sind jetzt auf einiges Weitere
gefaßt.

Du mußt entschuldigen, daß ich mit der Maschine schreibe: ich muß, angesichts aller dieser Machenschaften, eine Durchschrift behalten.

Ich bitte dich, jeden weiteren Briefwechsel mit Hirsch ohne Angabe von Gründen so lange zu unterbrechen, als wir nicht miteinander gesprochen haben. Ich habe nichts dagegen, daß Du Marie Luise Kaschnitz und auch Ingeborg informierst[x] – obwohl ich, nach beider bisherigem Verhalten, nur geringe Hoffnung habe. Du mußt in diesem Fall aber unterstreichen, daß all das streng vertraulich behandelt werden muß.

Ich wünsche Euch von Herzen alles Gute!

Paul

[x] Du kannst beiden, wenn Du es für richtig hältst, Abschriften dieses Briefes schicken.

Klaus, je vous prie instamment de prendre tout cela très au sérieux, Paul n'invente rien.

Gisèle[3]

Du hast viele Fehler begangen, Klaus, – aber ich kann Dir das nicht gut übel nehmen, denn ich bin ja, obwohl gewarnt, mehreren Intriganten auf den Leim gegangen ... Ich nehme an, daß es gelungen ist, auch Marie Luise Kaschnitz und Ingeborg hinters Licht zu führen.

326 *Paul Celan an Klaus Demus*

»Kermorvan«, Trébabu, am 11. Juli 1961.
Mein lieber Klaus,
ich habe Dir gestern – irrtümlicherweise an Eure Wiener Adresse – einen Brief geschrieben, der Dich wohl gleichzeitig mit diesen Zeilen erreicht.

Es ist – entschuldige, daß ich es wiederhole – ein sehr ernster Brief. Wir haben darüber nachgedacht, ob es richtig ist, seinen Wortlaut oder Inhalt nun auch Marie Luise Kaschnitz und Ingeborg mitzuteilen, und sind zu dem Schluß gekommen, daß das nicht richtig wäre. Ich bitte Dich also, alles für dich – für Euch – zu behalten.

Wie Du, Klaus, glaube ich an das Gute. Aber dazu bedarf es auch der Wahrnehmung des Bösen. Ich lerne – wir lernen – viel. Tu das doch bitte auch, lieber Klaus.

Von Herzen Euer Paul

Lieber Bruder Klaus: um dem Guten auch jetzt noch, auch hier noch eine Chance zu geben, schicke ich jetzt die beiden beiliegenden Briefe ab.

[*Anlagen:*][1]

327 *Klaus Demus an Paul Celan*

Millstatt, 12. Juli 61[1]

Lieber Paul!

Der Brief, den Du mir schicktest, mit der Maschine geschrieben und selbst ohne Deine Unterschrift, ist wohl der schlimmste und schwerste, den ich in meinem Leben bekam. Voriges Jahr aus Zürich schriebst Du mir, niemals mehr solle sich eine Verdächtigung wiederholen – und nun kam dies. Ich bin mir keiner Schuld bewußt, von der Du sprichst. Ich brauchte mich nicht zu verteidigen, wenn mir nicht daran gelegen sein müßte, jeden Schatten zwischen uns zu beseitigen. Darum bitte ich Dich, mich anzuhören.

Du wirfst mir vor, ich hätte mich mit den Rufmördern – den Mördern – und ihren Helfern eingelassen. Darunter verstehst Du C. G., Exner und Kasack, an welche drei ich geschrieben habe. Du weißt, daß C. G. mir über die Redaktion der N. R. den Brief zukommen ließ, den ich Dir schickte. Er erforderte, wie Du zugeben mußt, eine Antwort. Du hast auch diese. Sie hätte mir ohne weiteres eine Klage einbringen können. Auch die Antwort von C. G. hast Du. Meine Antwort darauf – auch diese hast Du – versuchte ein Äußerstes in der Zitierung fremder Briefe; die Absicht, damit C. G. und Exner endgültig auseinander zu bringen, dürfte wohl gelungen sein. Dies nennst Du nun ein Sicheinlassen, also einen Verrat an Dir! – Ich hatte Dir, bevor ich die Schrift Döhls kannte, Zweifel über Deinen Verdacht, sie sei feindselig, geäußert. Ich habe mich bei Dir dafür entschuldigt. Ich wollte ein Mehreres tun, habe Kasack eine eingehende Kritik dieser Schrift geschickt, worin ich die Objektivität, ja die gerechte Absicht Döhls in Zweifel zog. Du hast aus diesem Brief nun den Ausdruck »Unbeweisbarkeit der Datierung« mir angelastet. Der Ausdruck ist aus dem Kontext gelöst, in welchem Du ihn unmöglich falsch auffassen kannst, beschwere ich mich doch darin, daß Döhl es unterlassen hat, die Angaben über die Entstehungszeiten 1942-48 zu wiederholen! Außer der Kritik enthielt der Brief noch die Auffassung, mein Urteil als das eines Lesers neben Deinem anzunehmen. Dieser Dir in Abschrift zugesandte Brief hat bewirkt, daß Du mir nach Deinem vorhergehenden Schweigen doch zum Geburtstag schriebst. Jetzt aber, sehe ich, hast Du dies wieder zurückgenommen. Was ich sonst noch an Kasack schrieb – Dank für die Antwort, für Zeitungsausschnitte, Bitte um Sendung von Sonderdrucken an Exner und C. G. – kann Dir keinen Anlaß geben, meine Haltung zu bezweifeln, die ich im ersten Brief ausgesprochen habe. – Exner sandte mir eine Karte, in der er sein Kommen nach Wien ankündigte, Du hast sie. Meine Antwort auf einer Postkarte enthielt meine Telephonnummer in der Galerie. Ich konnte nicht warten, bis ich von Dir Anweisungen erhalten hätte, da Exner später nicht mehr zu erreichen gewesen wäre. Ich habe Dich aber gleichzeitig um Deinen Willen gefragt und werde nun danach handeln, werde mit Exner kein Gespräch haben, sondern ihm »die Tür weisen«. – Das ist nun alles; es scheint Dir zu viel, es bedeutet Dir ein verräterisches Sicheinlassen. Ich hab mir viel Mühe gegeben mit diesen Briefen, es geschah ja alles für Dich, aus Freundschaft, aus Sorge, aus Zudirstehen. Ich glaube das Recht des Freundes, wo es nottut aus eigenem zu handeln und zu helfen, so benützt zu haben, daß dem Freund daraus der beste Nutzen erwächst.

Du sagst, ich glaubte Dir nicht, Du bliebest bereit, mir »trotzdem« alles zu zeigen. Was willst Du mir zeigen, Paul? Daß Du im Recht bist, daß C. G., Exner, Döhl, Kabel Schurken sind? Weiß ich das etwa nicht? Allein für Kasack müßtest Du es mir zeigen, ich halte ihn nicht für dumm genug, aber auch mit ihm »lasse ich mich nicht ein«, die Korrespondenz ist so gut wie beendet. Auch für Dr. Hirsch, von dem ich weiß, daß er zu Dir stehen wird, immer, müßtest Du mir Beweise zeigen. Du hast schon mehrmals Freunde verdächtigt, verdächtigst nun auch mich – darin kann ich Dir nicht folgen. Willst Du, ich soll Dir darin glauben, daß Du sagst, ich hätte Dich verraten?

Welche Chance gibst Du mir, Paul, um unserer »von Dir aus nie in Frage gestellten« Freundschaft willen? Ich habe für Dich ein paar Briefe geschrieben, die Du kennst, und werde Exner behandeln, wie Du es willst und wie er es verdient, denn er – und das hat mein Brief an C. G. in der Nebeneinanderstellung seiner Unaufrichtigkeit hier wie dort festgenagelt – ist auch meiner Meinung nach »einer der Haupttäter«, das brauchst Du mir nicht zu sagen. Welche Chance also? Ich habe Dir in meinem letzten Brief – der diese Deine Antwort nicht verdient hat – gesagt, Du würdest mich, wo es nur Kraft der Liebe gilt, niemals los. Nimm auch Du meine Worte so ernst, wie sie es verdienen.

Dein Klaus

Eben kommt die Post, darunter der ›Vorwärts‹ mit Rolf Schroers. Ich freue mich sehr, daß all das Nötige deutlich gesagt ist; ich hoffe, dies bringt alles einen Schritt näher zum guten

Ende, zu einem endlichen Ende für Dich. Und für die, die Dir gut sind; die mit Dir, und um Dich, leiden.

328 *Klaus Demus an Paul Celan*

Millstatt, 15. Juli 61

Mein lieber Paul!
Dank Dir für Deine beiden Briefe vom 10. und 11., sie kamen gestern und heute. Zuerst will ich Dir sagen, Paul, ja ich will, was Du sagst, in seinem ganzen Gewicht ernst nehmen.

Es fällt mir freilich nicht leicht, das, was Du befürchtest, für möglich zu halten. Der Satz von Schroers hat mir nicht gefallen. Und wenn er auch nur melodramatisch gemeint war, als was er zumindest erscheint, hattest Du Recht, ihn streng zurückzuweisen. Zumindest verletzt er im Werben um Mitgefühl gröblich den Takt, tut intim, stößt aufmerksam Hörende ab. Trotzdem spricht er nicht, wie Du schreibst, von geistigem Zusammenbruch. (Das hat mir auch Dr. Hirsch nicht geschrieben – aber ich kann Dir den Brief jetzt nicht zitieren.) Ich hoffe nun, daß Schroers und Hirsch auf die Briefe, die Du, dem Guten eine Chance zu geben, schriebst, klar antworten werden.

Paul, und wenn dem so wäre, wenn es jemandem einfiele, das, was Du schreibst, »zu entmündigen« zu versuchen – kein »geistiger Zusammenbruch« ist schon für das »Geniale« von Texten verantwortlich, wenn sich nicht klar aufzeigen läßt, daß die Syntax gestört, der Gedankenbogen zerbrochen, die Form verkümmert ist usw. »Genie und Irrsinn« ist eine romantische Zusammenstellung.[1] Gottseidank ist der Produzierende eben irgendwo nicht normal – und, allen Ernstes, Paul: welcher Dichter würde sich nicht, um den Preis des höchsten Gedichts, Hölderlins Schicksal wünschen?! Wo aber, und dies zeigt Hölderlin, noch gelungene Gedichte entstehen, da kann noch kein Zusammenbruch sein. Ich würde mich, Paul, nicht wehren ge-

421

gen solche Fama (im Grunde genommen ist sie ja die äußerste Nobilitierung des μαινόμενος ἀοίδης,[2] und Du selbst sprachst von »Zuständen«, die der Schreibende erlebe, von »Besetzbarkeit«; erinnere Dich daran, was Du vom Schreiben der Todesfuge mir erzählt hast![3]). Solcher Rufmord, Paul, schlägt ins Fach. – Freilich, man darf ihn nicht dulden. Das Wort »Genie« bleibt Dir frei, abzulehnen, aber das ist eine Taktfrage; darüber urteilen kann, auf wen es zutrifft, nicht. – Noch einmal: ich würde mich wohl wehren dagegen, aber nur wie gegen eine Absurdität, nicht wie gegen einen Insult. Aktive Abwehr würde hier nicht ziemen.

– Bitte, Paul, schreibe mir von allem, was jetzt geschieht, und sage, ob ich etwas helfend tun kann. Soll ich Schroers schreiben? – Wie Du es willst, schreibe ich Dr. Hirsch nicht, bis wir uns gesprochen haben.

Paul, Lieber! Nimm Du es, bis Du nach wirklichen Gesprächen weißt, woran Du bist, nicht »ehrender«, als es ist: Melodrama, interessantes Gerücht, Absurdität. Man wird sich nicht abhalten lassen, durch nichts, das was Du schreibst für Erzeugnisse Deiner Person, Deines Geistes zu halten – und es über alles zu stellen, was heute geschrieben wird. – Lebt wohl, Du und Gisèle und Eric; denke an Gedichte, Paul, sie sind Deine Antwort. Von Herzen

Dein Klaus

329 *Paul Celan an Klaus Demus [nicht abgeschickt]*

Kermorvan, am 19. Juli 1961.[1]

Mein lieber Klaus,
von Herzen danke ich Dir für Deine Briefe! Unserer Freundschaft ist etwas zugewachsen: Deine Einsicht und meine Freude darüber. Gewiß, Klaus: all das ist <u>unglaublich</u>. Aber Du wirst sehen: es hat <u>Evidenz</u>.

Nun warte ich gerne, bis Du kommst. Wir werden ein paar lange Tage brauchen, Klaus – kannst Du Dich im September so lange freimachen?

Zum Schmerzlichsten gehört, daß Ingeborg versagt hat. (Von Marie Luise Kaschnitz dürfen wir uns so gut wie gar nichts versprechen.)

Vielleicht brichst Du den Briefwechsel mit Hirsch doch nicht ganz ab; laß es dann aber bei Beiläufigkeiten bewenden und behalte die Durchschriften. (Lies aufmerksam, was er schreibt: seine Sprache – auch seine Handschrift – entlarvt ihn, so z. B. die Überbetonung seiner »Sympathie«.

Wie richtig, Klaus, was Du in Deinem zweiten Brief schreibst! Aber, Klaus: das gilt nur »ganz oben«, d. h. da, wo die Dichtung, die durch Demut königliche, gilt. Mit anderen Worten: das gilt nur unter <u>Menschen</u>.

Wir leben in einer Zeit äußerster Perversion –: diese ganze Goll-Affäre (die Dichtung nur zum Vorwand für ausgesprochen Kriminelles nimmt) ist da ein Musterbeispiel.

Ich habe einen neuen Gedichtband[*] abgeschlossen, – Klaus. Laß mich Dir heute zwei Gedichte daraus schicken. (Aber bitte zeig sie nur Nani!)

Klaus, noch etwas: Du wirst eines Tages auch erkennen, daß die ›Deutsche Weise‹ ein Gedicht ist, – wie schon ›Wolfsbohne‹ eines war.

Von Herzen grüßen wir Euch
Paul

———

[*] er soll ›Die Niemandsrose‹ heißen

Kermorvan, am 20. Juli 1961.

Mein lieber Klaus,
hab Dank für Deine beiden Briefe!
Unserer Freundschaft ist etwas zugewachsen: Dein Wunsch
wahrzunehmen und meine Freude darüber.

(Versprich Dir nichts von Briefen an gemeinsame Bekannte –
ich weiß da Bescheid.)

Ich schicke Dir ein Gedicht (›Mandorla‹): es entstammt einem größeren Manuskript, das ich ›Die Niemandsrose‹ genannt
habe.[1] Bitte zeig es niemandem außer Nani.

Von Herzen
Dein Paul

[Anlage:]

Paul Celan

MANDORLA

In der Mandel – was steht in der Mandel?
Das Nichts.
Es stehet das Nichts in der Mandel.
Da steht es und steht.

Im Nichts – wer steht da? Der König.
Da stehet, da stehet der König.
Da steht er und steht.

Judenlocke, wirst nicht grau.

Und dein Auge – wohin steht dein Auge?
Dein Aug steht der Mandel entgegen.
Dein Aug, dem Nichts stehts entgegen.

Es stehet zum König.
So steht es und steht.

Judenlocke, wirst nicht grau.

Leere Mandel, königsblau.

23. 5. 1961.

Für Dich, Klaus, am 20. 7. 1961.
Paul[2]

331 *Klaus Demus an Paul Celan*
Millstatt, 29. Juli 61
Mein lieber Paul,
welche Freude hast Du mir gemacht! Hab herzlichen Dank für
Deinen Brief und für das herrliche, das wunderbare Gedicht.
So hast Du also geschrieben, hast vielblättrig die Niemandsrose wachsen lassen aus allerschwerstem Grund, steinheimlich,
wie man hier in Kärnten sagt. Mögen sich die bitteren Wasser,
die ihr zufließen, aufs Herrlichste verwandeln in Duft und
Leuchten, das, wie Hölderlin sagt, ist »verständlich den Guten,
aber mit Recht die achtungslosen mit Blindheit schlägt, die
entweihenden Knechte.«[1]
Paul, ich habe vom ›Vorwärts‹ diesen höchst infamen Rück-
zieher des feigen Mondstrahl zugeschickt bekommen.[2] Gedenkst
Du etwas zu unternehmen, kann vielleicht ich etwas tun? Ich will
Dich jetzt stets vorher fragen, war ja immer zu unbedacht.
So schicke ich Dir auch Exners jüngste Karte – scheinheilig
und verlogen.[3] Ich habe ihm nicht geantwortet. Du hast Recht,
Paul: nicht die geringste anständige Regung ist vorauszusetzen.
Morgen fahre ich, allein, nach Wien zurück. Einige schöne
Wanderungen gelangen mir, Höhen-Oktaven über dem Grund-

ton der Jahres-Fermate. Dem Schreiben solls zugute kommen. Hab Dank, mein lieber Paul. Seid, Gisèle und Eric und Du, von Herzen gegrüßt

Dein Klaus

332 *Paul Celan an Klaus Demus [nicht abgeschickt]*

[»Kermorvan«, Trébabu,] 1. VIII. 1961.
Mein lieber Klaus,
hab herzlichen Dank für Deinen guten Brief.
Der ›Vorwärts‹ mit dem Mondstrahl ist auch mir zugeschickt worden.

Das Ganze war eine von Hirsch inszenierte (und von mir leider nicht früh genug durchschaute) Provokation. Mondstrahl (d. i. ein gewisser Reinmar Lenz[1]) und Schroers sind Kumpanen.

Bezweckt wird noch etwas: mich als den Schützling des in bösestem Rufe stehenden Schroers erscheinen zu lassen.

(Schau Dir – nebenbei – Edgar Hederer, Gedichte des Abendlandes, S.[*)] Fischer Bücherei an, insbesondere die darin enthaltene Übersetzung des Bateau Ivre.[2] – Das ist eine der zahllosen Machenschaften des Hirsch. Jetzt sind meine Übersetzungen »dran«, Klaus, bei Jessenin hats angefangen. – Doch darüber mehr, wenn wir uns sehen.)

Wir leben in einer Zeit der Perversion: Man läßt den Schroers »Dreyfuß-Affäre«[**)] sagen ... damit diese Affäre (die manches mit der D-Affäre gemein hat) aus der Welt geschafft wird.[3]

Gleichzeitig sorgen die Rufmörder – hier gibt es, wie immer in solchen Fällen, »Juden«, die mittun[4] – für Alibis: sie geben – Beispiel: Martini – Jakob Wassermann heraus usw. Andere Nazis (Heselhaus) werden Mitglieder eines Vereins, der sich »Germania Judaica« nennt.[5] Etc. etc.

Herzlich grüße ich Dich

Paul

Bitte tu nichts, ehe wir uns gesehen haben.

333 *Klaus Demus an Paul Celan*

Wien, am 26. VIII. 61

Mein lieber Paul!
Außer der Freude, zu Dir zu sprechen – und der Erwartung,
Antwort zu bekommen, ist es doch schon so lange her, daß
Dein lieber mich so freuender letzter Brief kam – treibt mich
zum Schreiben auch die Sorge, wie es um unser Zusammentreffen, auf das ich nach Deinen Andeutungen schon lange hoffe,
bestellt sein wird. Und leider muß ich sagen, daß ich da sehr auf
einen günstigen Wind, der Dich zu mir treibt, bauen muß, hoffentlich nicht ganz luftschloßartig. Ich bin jetzt noch allein,
doch nicht mehr lange: am 8. September fahre ich wieder nach
Millstatt, von dort zwei Tage nach Mantua zur Mantegna-Aus-
stellung, am 16./17. sind wir alle wieder in Wien. Bis zum Ende
des September haben wir dann Nanis Schwester mit ihrem Buben bei uns, sie sind, aus Amerika, das erstemal wieder hier und
jetzt noch in Millstatt. Im Oktober, so fürchte ich, werden wohl
Deine Schüler wieder auf Dich warten. So sorge ich mich halt,
bitte schreib mir Deine Überlegungen oder Entschlüsse.

Paul, ich muß Dich um Dein Verzeihen bitten, ich habe eine
Anfrage von Dr. Hirsch, die mich schon ein paar Tage in Wien
erwartete – ich war, halb dienstlich, im August wieder eine
Woche in Millstatt –, ohne Dich um die Lösung meines Versprechens zu bitten, beantwortet. Er schrieb: » ..möchte ich Sie
nur fragen, ob Sie irgendeine Antwort von C. G. hatten, deswegen, weil sie an Exner einen Brief geschrieben hat, in dem der

427

Satz vorkommt: ›Man kann kaum seinen Namen unter die Übersetzung eines Dichters setzen, dessen Frau man vor Gericht bringen wollte, indem man darauf drängte ihr den Prozeß zu machen.‹ Bei der Übersetzung handelt es sich um eine vor sechs Jahren von Exner und seiner Frau angefertigte des Gedicht-Zyklus Traumkraut.«[1] – Ich habe Dr. Hirsch geantwortet, daß ich keinen weiteren Brief empfangen habe. Verzeih mir, bitte, ich hätte mein Versprechen gern ganz gehalten. Aber Dr. Hirsch hat mir Exners zugrundeliegende Äußerungen an ihn damals zu zitieren erlaubt, so war ich ihm die Auskunft schuldig. –

Mein »Sommer-Bericht« enthielte nicht viel, außer Selbst-»Gesprächen im Gebirg«,[2] in klangloser Wildnis, Berichten von Prüfungstagen, in die ich von Mal zu Mal mehr aus Lust am Verzweifeln und am Brechen der Verzweiflung eintrete, dem Zug zur Schwere folgend, zum Knirschend-Bitteren, zum Äußersten, zur selva oscura und zum Läuterungsberg.[3] Es ist nicht mehr die »Burg der Himmlischen« –, »the nymphs are departed«,[4] Dämonen wohnen allein dort unter Kristallen und Rapunzeln. Und wenns gut war, ist man sich selbst begegnet – fast als Feind.

Mein liebster Paul, wie werden wir uns sehen können; die Sehnsucht ist sehr angewachsen.

Grüße bitte von Herzen Gisèle und Eric.

Dein Klaus

334 *Klaus, Nani und Jakob Demus an Paul und Eric Celan*
sowie Gisèle Celan-Lestrange

Mantua, 14. IX. 61

Liebe Gisèle, lieber Paul, lieber Eric,
seid herzlichst gegrüßt von unserer ersten Reise mit Jakob tief
in die alte Welt –
    Euere
    Klaus, Nani
    Jakob

335 *Klaus Demus an Paul Celan*

Wien, 4. Oktober 61

Mein lieber Paul!
Möge es Dir gut gehen, Dir und den Deinen.
Du weißt, Paul, worum ich Dich bitte, daß Du es mir gibst,
wenn Du es gerne gibst. Verzeih, daß mir das zu sagen – erlaubt
scheint.
    Es gibt immer Schuld, vielleicht geschieht nichts unverdient.
Ich denke oft an das Jahr 1949-50, wo ich doch neben Dir lebte.
Gewiß, ich verehrte, liebte Dich, aber es fehlte mir an Mensch-
lichkeit. Ich begriff nicht, daß Du mich vielleicht brauchen
konntest, ich ließ Dich ziemlich allein und nahm, was Du gabst
und entgegenbrachtest, als selbstverständlich. Ein paar unbe-
wußt getane Roheiten – der kleine Teil des Geschehenen, der
mir bewußt wurde, später – werden mich immer drücken; ich
habe freilich, obwohl sie Dich getroffen haben müssen, kein
Zeichen dafür: so sehr überhörtest Du, was Du bloß dem Ungeschick, dem besonders großen Maß an Unausgebackenheit
bei mir zuschriebst.
    Ich wünschte, ich könnte dieses, jenes Jahr noch einmal
neben Dir verleben – nur um die Schuld abzutragen, nein: um

429

alles zu geben zu versuchen. Irreversibel. Und jetzt hat sich vom Uneigentlichen aus etwas verschoben. Ich müßte es verstehen, kann es aber nicht. Hart gesagt ists das: ich bin Dir nicht gewachsen. Weh tut dabei, daß die Zuneigung nichts davon wissen will.

Ich will nicht betteln, nicht mehr. Ich habs getan, noch vor kurzem, in der Hoffnung, das Uneigentliche wegzuräumen. Nun fürchte ich freilich, daß das zu leicht gedacht war.

Wenn ich wüßte, ob ich Dir etwas geben oder einfach ganz real: nützen kann, würde ich mich bemühen, es zu tun, ohne an Lohn zu denken. Setze die Distanz, wie Du mußt, finde Du die Form, sprich Du das nächste Wort, ohne das ich nicht mehr zu Dir sprechen kann.

Leb wohl.

Dein Klaus

336 *Paul Celan an Klaus Demus*

[Paris,] 13. X. 1961.

Lieber Klaus,
hab Dank für Deinen Brief. Ich bin mit meiner Arbeit für die Schule sehr ins Hintertreffen geraten – entschuldige also, daß ich nur ein paar Zeilen schreibe.

Eines – hoffentlich nicht allzu fernen – Tages wird dieses Kesseltreiben ja wohl aufhören; laß uns dann in Ruhe überlegen, was wir von diesem oder jenem Menschen zu halten haben; ich will dann jedes falsche Urteil gerne berichtigen.

Dir und Nani und Jakob
alles Gute von uns dreien!
Herzlichst
Dein Paul

[Wien,] 8. XI. 61

Mein lieber Paul,

sei herzlichst bedankt für Deinen Brief, mit dem Du mir die
groß gewordene Unruhe sänftigtest. Es wird so geschehen, wie
Du sagst: eines Tages werden wir beisammen sitzen und das
endlich Vergangene überdenken.

Nun inzwischen stelle ich mir vor, wunschkräftig, Du könntest, in der eingetretenen Stille, die Rose wieder hissen und
kreisen lassen, die alles was nicht Gestirn ist aus den Himmeln
räumt.[1] »Entzieh dich nicht dem einzigen Geschäfte«[2] – gib uns,
was zu geben bei Dir liegt, daß wir an der eigenen Unfruchtbar-
keit nicht am Ganzen mutlos werden.

Sei Du mit Gisèle und Eric von uns herzlichst gegrüßt –
sprich öfters zu mir –

      Dein Klaus

[Wien,] 20. XI. 61

Mein lieber Paul,

von Herzen alles Gute zu Deinem Geburtstag! Bleib gesund,
erfahre viel Liebes, viel Gutes, viel Dich sehr Freuendes. Das
Wohnen hier soll Dir freundlich scheinen, das Lernen voll naher lichter, das Schreiben immer klarer im Dunkel von Buch zu
Buch.

Habe, lieber Paul, ein gutes neues Lebensjahr, das vieles bin-
det, vieles löst und in dem, was Dir entgegenkommt, hinter Dir
ruhig wie ein Wald aufwachsen kann, der Dir vertraut ist und
gehört.

Möge der Stern über Dir, Dein guter Stern, Dir gut sein.

      Wir grüßen und umarmen Dich –

         Klaus

Wien, 17. I. 62

Mein lieber Paul!

Wir danken Gisèle und Dir von Herzen für das schöne Buch, den ›Tewje‹. Es war besonders schön, es von Euch zu bekommen.[1]

Ich habe eine Hoffnung, Paul, Dich zu sehen, in Berlin, bei der Tagung des Kulturkreises: ob Du wirst kommen wollen und können?[2] Ich hab mich für die Woche vom 17.-24. Feber angemeldet. Bitte schreibe mir ein Wort, ob ich Hoffnung haben kann.

Es ist mir sehr schlimm so lange nicht geschrieben zu haben; ich kanns nicht, Du weißt, wie es ist. Die Möglichkeit, mit Dir, meinem einzigen Freund, zu sprechen, auch sie ist vom Verstummen eingeholt worden. Ich hoffe, es würde sich geben, könnten wir uns bald wiedersehen und uns alles sagen, was wir vielleicht nicht ganz wissen, vielleicht aber nur nicht herausreißen können aus Zweifeln und Scheu und Ängstlichkeit. Ich hab Verlangen nach Dir, mein Paul.

Ich freute mich über Deine Wahl in die Berliner Akademie.[3] Möge Dich alles, alles an Gutem einholen, Dir gut sein. Schreib mir, bitte, ein Wort.

Von Herzen
Dein Klaus

340 *Klaus Demus an Paul Celan und Gisèle Celan-Lestrange*

[Wien,] 12. 2. 62

Liebe Gisèle, lieber Paul!

Ich weiß eine Freude: ich komme nach Paris, wir werden uns wiedersehen.

Mit einem Ausstellungstransport werde ich wahrscheinlich

Dienstag, den 27. Feber, in Paris ankommen und sicherlich bis Freitag abends, zum Konzert von Jörg, bleiben können. Ich werde ein kleines Hotel suchen und Euch von dort am Dienstag, eher schon nachmittags bis abends, anrufen.[1]

Ich vermute, Du, Paul, willst nicht gerne nach Berlin kommen. Ich bin frei von Gründen – die Ahnungslosigkeit hat es leichter – und werde am 17. abends für 7 Tage dort sein, im Hotel am Steinplatz. Die »Tagung« interessiert mich natürlich nicht, aber ich sehe nicht ein, warum ich die Gelegenheit, die Museen zu sehen und vielleicht auch mit Menschen zu sprechen, nicht ausnützen sollte.

Es wäre sehr schön, wenn Nani mit mir nach Paris kommen könnte, wir überlegen die Möglichkeit, Jakob müßte in Millstatt bleiben – Nani wird dort sein, wenn ich in Berlin bin –, wahrscheinlich wird das nicht gut gehen; so stellen wir uns halt einstweilen vor, wie schön es sein würde –

Es könnte, denke ich mir, recht gut sein, daß Ihr um diese Zeit – es sind ja, glaube ich, »Ferien« für Dich, Paul – zu verreisen vorhabt. Bitte: ändert Euere Pläne nicht, laßt uns ganz frei sein. Ich hätte wahrscheinlich gar nicht sehr viel Zeit, das wird sich erst ergeben, und hab auch vor, die Museen und die so sehr mit Sehnsucht geliebte Stadt wieder glücklich ans Herz zu nehmen. Alles soll einfach sein, das Ja und das Nein; darum bitte ich Euch.

So hoffe ich Euch wiederzusehen, liebe Gisèle, lieber Paul – lebt wohl, seid von Herzen gegrüßt.

Euer Klaus

433

Berlin, 23. II. 62

Liebe Gisèle, lieber Paul –
ich freue mich schon so sehr, Euch zu sehen, mit Euch zu sprechen.
Ich werde erst am Mittwoch in Paris ankommen, aber bis Sonntag wahrscheinlich bleiben können. Auf Wiedersehen, Ihr Lieben!

Immer Euer Klaus

Entschuldigt diese Karte!

342 *Klaus Demus an Paul Celan*

Wien, 20. Mai 1962

Mein lieber Paul
verzeih mir – hier sind die Gedichte, die Du uns gabst. Es sind alle.[1] (Zwei Shakespeare-Sonette und das Gedicht von Housman sandtest Du noch – die brauchst Du wohl nicht.)
Ich möchte Dich für manche heftige Worte um Verzeihung bitten, die ich das letzte Mal sagte.[2]
Da ich Dir nicht geben kann, was Du verlangst: Bestätigung Deines Sehens, muß ich warten, bis Du mir die Hand reichen wirst, wann immer es sei. Ich warte, die meine ausgestreckt, auf ein kleines Zeichen.
Möge uns die Zeit wieder zusammen bringen.
Leb wohl.
Bitte sage Gisèle meinen Gruß.

Von ganzem Herzen
immer Dein Klaus

[*Anlage:*][3]

Wien, 17. VI. 62

Mein lieber, mein geliebter Paul!
Wenn Du mich lieb gehabt hast in so vielen Jahren, wie ichs ja
weiß, wenn Du meine Liebe gespürt hast: dann gib diesem
Brief, dem schwersten meines Lebens, soviel Gehör als Du
kannst. Ich habe Dir das Äußerste, das Allerletzte zu sagen.

Ich schwöre es Dir, daß es allein aus mir kommt, daß niemand
mich beeinflußt hat, daß ich allein von mir zu Dir spreche. Alles
hängt davon ab, daß Du mir das glaubst.

Was ich zu sagen habe, kannst Du mir wohl nicht glauben – es
geschähe denn ein Wunder: weil diese winzigste Chance besteht, die letzte und äußerste, die meiner Freundschaft zu Dir
aufgegeben ist, habe ich es zu sagen.

Paul, ich habe den entsetzlichen ganz gewissen Verdacht, daß
Du an Paranoia erkrankt bist.[1]

Es ist gesagt. Gib nun auch noch dem Weiteren Gehör. Verzeih mir vor allem die Ungeheuerlichkeit, es nicht nur zu denken, sondern Dir auch ins Angesicht zu sagen – vergib nicht um
meinetwillen, sondern darum, daß Du sie nicht als feindliche,
sondern integere, unbedingter Freundschaft auferlegte Wahr-
heits- und Hilfepflicht auffassest – wie Du sie an meiner Stelle
auch geübt haben würdest, ja ähnliches, da Du mir »mit allen
anderen« Kranksein vorwarfst, geübt hast.

Etwas in Dir weiß, wie es steht, deshalb mußt Du – mit der
Steigerung in Beweglichkeit und Kälte Deiner außerordentlichen
Klugheit – durch Projektion auf Umwelt und Menschen diesem
Wissen Objekte außer Dir anschaffen. Scharfsichtig hast Du beim
ersten – im Kontext ganz harmlosen – Stichwort (Zusammenbruch, mein Hölderlinhinweis etc.) Dein Abwehrdenken mobili-
siert; es kreist jetzt um diesen Punkt. Es kann nächste Stufen geben,
immer schlimmere – wenn Du Dich nicht in Behandlung begibst.

Dieser Gedanke muß Dir nicht nur absurd vorkommen, so
wie er es jedem Gesunden wäre, Dein Abwehrdenken wird

Dich auch gleich kombinieren lassen, »man« (wenn nicht ich, so doch die »anderen«) habe sich mit Ärzten in Verbindung gesetzt und wolle Dir, wenn Du Dich ihnen ausliefertest, etwas Übles tun. Du hast nur bei größter Ruhe die Möglichkeit, diese Folgerung abzuweisen und zu überlegen, ob Du Dich nicht trotzdem, obwohl Du Dich gesund hoffst und weißt, für alle Fälle in Behandlung oder Untersuchung begeben solltest. Wenn Du Dich dazu durchringen könntest, wäre alles gewonnen. Du weißt, es gibt heute genug Mittel, diese Krankheit mit Erfolg zu bekämpfen. Du würdest dann mit einem Schlag von dem Druck schon so vieler Jahre befreit sein. Du würdest sehen, daß die Plagiatsgeschichte – die selbstverständlich keine Einbildung war, erst die Ausweitung nachher war es, ist es – endgültig beendet ist und daß Du ruhig leben und arbeiten kannst.

Ich habe es Dir geschworen, daß ich ganz allein auf diese Dinge gekommen bin. Noch in Berlin, bevor wir uns das letztemal sahen, bin ich Leuten, die Dir Wahngedanken vorwarfen, über den Mund gefahren; frage Wagenbach, er war dabei.[2] Es gibt aber Symptome, und nach diesen, die mir bei meinem Besuch überdeutlich waren, bin ich zur Gewißheit gekommen, mit Verzweiflung und Schrecken.

Ich kann mir nicht vorstellen, wie ich auf einen Brief reagieren würde, der mir das sagt; ich habe nur die inständige innerste Hoffnung – gegen die Wahrscheinlichkeit –, die Fixierung erlaubt Dir, Dich für einen Moment zweifeln zu lassen, also mein Gesagtes außerhalb Deines Abwehrsystems zu hören (d. h. mich nicht zu verdächtigen) und wider Dein Wissen, wenn auch nicht gegen ein innerstes verkapptes furchtbares Angstgefühl, einen »unverbindlichen« Versuch, in Behandlung zu gehen oder Dich untersuchen zu lassen, einzugehen.

Paul, glaube meiner Wahrhaftigkeit, meiner Freundschaft, meinem Schmerz.

Laß mir ein Wort von Dir zukommen.

Ich bin immer, immer für Dich da.

Für ewig Dein Klaus

[Wien,] 21. November 1962

Lieber Paul

ich wünsche Dir von Herzen alles Gute.

Dein Buch – es freut mich sehr.
Die Krüge gingen nicht verloren: ich danke Dir.[1]

Klaus

345 *Klaus Demus an Paul Celan*

[Jerusalem,] November 1963[1]

Mit Wünschen aus dem Herzen – aus dem Herz.

Klaus

346 *Klaus Demus an Paul Celan*

Millstatt, 26. VI. 64

Paul –

Verzeih: die Wiener Gesellschaft für Literatur hat mich aufgefordert, über Dich einen längeren Aufsatz zu schreiben, der in
der Zeitschrift ›Wort in der Zeit‹ erscheinen soll. Es kommt mir
überraschend, doch möchte ich es gerne tun, doch nur unter der
Voraussetzung, daß es Dir recht ist. Sonst bitte ich dich um ein
Wort, an mich oder an Dr. Otto Breicha,[1] Öst. Ges. f. Lit., Wien
I., Herrengasse 5, dem ich diese Bedingung genannt habe.

K.

[Wien,] 21. November 1968

Lieber Paul

ich habe Dir vor vier Jahren einen Brief geschrieben, dessen Furchtbarkeit noch immer unvermindert lastet: ich bitte Dich: verzeihe mir. Ich hatte ihn damals schreiben müssen, doch ich weiß nun: ich hätte es nicht gedurft. Wenn er Dir weh getan hat, wie nur irgend ein starker Streich – Paul, ich wollte es nicht, ich folgte der bösen Not mit einer Absicht, die nicht böse war. Aber nicht entschuldigen will ich mich, nur Deine Großmut bitten, das Geschehene unerklärt in den Boden wegsinken zu lassen, beschwiegen, versiegelt. Was liegt nicht alles dadrunten, an ewig frischem Leid. Und doch, über den Gräbern leben wir, wir haben kein anderes Recht; ist es auch Unrecht, dieses Recht – wir haben kein anderes.

Ich weiß nicht, ob ich hoffen darf, was gewesen ist, könnte wieder sein. Doch weiß ich auch, daß, weil es nie zu sein aufgehört hat, die ganzen dunklen Jahre nicht, das Wieder des Versuchs wartet. Hier bin ich – und schlecht steh ich vor Dir; bist Du da, Paul, dann hast Du die Kraft, den Schritt herüber zu tun – den Schritt, auf den (etwas in mir weiß es) wir beide warten.

Im Oktober, als ich hörte, Du würdest nach Wien kommen, und unter all den Menschen, die bis zur letzten Minute warteten und hofften, Du würdest noch kommen, dastand und mir das Herz klopfte: da ermaß ich viel: das Dazwischen, das Nichts des Dazwischen, die Möglichkeit und die Notwendigkeit.[1] Und als Du nicht gekommen warst, war es mir wie ein Urteil über mich: »Nicht würdig«. Und obwohl ich Angst gehabt hatte, Dich unter anderen Menschen plötzlich vor mich hintreten zu sehen, der ich dastand wie ein Bettler, war mir dieses Urteil noch furchtbarer. Und ich glaubte zu verstehen, daß Du auf etwas von mir wartest, daß Du mir Dein Kommen nicht schenken kannst, bevor ich mich Dir nicht demütige und Deine Verzeihung erbitte.

Ich hätte es längst getan, und hab viele halbe Versuche gemacht in den Jahren – aber ohne ein Zeichen Deines Aufneh-
menwollens wars mir nicht möglich (»werd' ich Dich denn nie
los?«, hast Du zuletzt gesagt). Daß Du nun nach Wien kommen
wolltest, es überhaupt wolltest: das nehme ich mir nun als dieses
Zeichen, und so sage ich Dir das ungezählte Male Wiederholte
deutlich und ganz.
Gib mir ein Wort, Paul. Bitte.

Klaus

Ich hoffe im März nach Paris zu kommen.[2]

348 *Paul Celan an Klaus Demus*

[Épinay-sur-Orge,[1]] 2. Dezember 1968
Lieber Klaus,
Dein Brief ist ein Schritt auf dem Weg zu Erkenntnis und Einsicht – er soll nicht unerwidert bleiben. Daß ich die Dinge, die
in jenem – länger als nur vier Jahre zurückliegenden – Brief
zusammentraten,[2] anders sehen und erleben mußte, als Du
dachtest und zum Teil auch noch denkst, kann Dich nicht mehr
überraschen – auch das ist ein Schritt.

Im März, wenn Du in Paris bist, werden wir hoffentlich miteinander sprechen können, nicht von diesen Dingen, aber auch
nicht so, als wären sie nicht gewesen. Leben läßt sich nicht
ausklammern.

Hast Du geschrieben – Gedichte und anderes? Vielleicht
schickst Du mir etwas?

Alles Gute!

Paul

Am 2. XII. 1968

P. S. Ich habe André du Bouchet, mit dem ich befreundet bin und der, wie ich seit kurzem, zum Redaktionsstab der Zeitschrift ›L'Ephémère‹ gehört, Deine Adresse gegeben, mit der Bitte, bei Dir anzufragen, ob Du uns nicht einen Beitrag schicken kannst.[3] Solltest Du nichts Unveröffentlichtes bereit haben, so will ich zusehen, daß ein guter Übersetzer aus dem Schweren Land überträgt. Kannst Du A. de Bouchet, 15 rue des Grands Augustins, Paris 6ᵉ, ein Exemplar Deines Gedichtbandes schicken?

349 *Klaus Demus an Paul Celan*

[Wien,] 13. Dezember 1968

Lieber Paul,
ich danke Dir für Deinen Brief.
Ich nehme ihn als Hoffnung, daß ich dir etwas sein kann. Das ist sehr viel. Als welcher freilich, und in welchem Maße, das kann ich aus der Strenge, mit der Dein Brief mich anblickt, noch nicht erkennen. Ich habe aber, laß es mich sagen, viel gutes Vertrauen. Fast nicht bang, fast nur mit Freude sehe ich dem Augenblick entgegen, an dem ich mit Dir werde sprechen können. Ich danke Dir, daß Du mir diese Aussicht gibst. Wie lang hab ichs mir gewünscht.
    Du fragst nach meinem Schreiben: mit Freude möchte ich es Dir zeigen: in einigen Tagen wirst Du das Manuskript eines zweiten Gedichtbandes erhalten (Neske will ihn verlegen), der, ganz schmal, fast alles aus den zehn Jahren seither enthalten wird.[1] Ich wünsche mir, daß es vor Deinen Augen bestehen kann. Wenn Du etwas daraus für L'Ephémère wählen willst, wird mir das eine große Freude sein. (Ein Kreuzl wird das schon Abgedruckte bezeichnen.)

Du hast vieles und Herrliches geschrieben – ich kenne es, lese es. Ich freue mich in der Hoffnung, es von Dir gesprochen zu hören.

Du sagtest, Leben lasse sich nicht ausklammern. Ich glaube das, Paul, wie Du. Denn immer, wo man steht, ist es das ganze.

Nochmals danke ich Dir für Deinen Brief. Leb wohl, lieber Paul – und grüße bitte Gisèle von mir.
Mit Gedanken und Wünschen
Klaus

PS. Sehr gern will ich André du Bouchet das Schwere Land schicken; er möge mir verzeihen, daß es vom Verlag kommen wird: ich habe kein Exemplar mehr.

350 *Klaus Demus an Paul Celan*

[Wien,] 27. XII. 1968

Mein lieber Paul,
wie vermöchte ich zu sagen, wie das, was Gisèle mir berichtet, geklagt hat, mich getroffen hat:[1] Du von Bösem, Dunklem bedroht, Ihr beide dadurch gezwungen, getrennt zu sein, Du nun in einem Spital festgehalten. Was für ein Übermaß. Wie sehr auch mir die Leidenserfahrung wuchs in diesen Jahren, daß ich die Axt schon manchmal schüttern spüre – dies Durchlittene zu erahnen vermöchte ich wohl nicht. Unsäglich fühle ich mit Dir, mit Euch.

Kann ich etwas tun, etwas sein, ach so fern, gebunden und schwach, gibt es etwas in Deinen Augen, wozu ich da sein könnte, um vielleicht ein wenig Hoffnung weiter zu öffnen: ich bitte Dich, bitte Gisèle, die Dir diese Zeilen überbringen wird, es mir zu sagen. Ich kann nun nicht weiter schreiben.

Denke an mich als an einen, den Du brauchen willst, wie ich an Dich denke, Paul, mit ganzer Kraft.
Dein Klaus

[Wien,] 24. Jänner 1969

Lieber Paul,

ich danke Dir für die Zeichen, die Du mir durch Gisèle gibst. Daß nach so langer stehender Zeit zwischen uns ein Lebendiges wieder anhebt, die alten Bindungen in einander erwiderndem Andenken wieder festzuwachsen suchen, daß dies ja immer Vorausgewünschte nun wirklich begonnen hat, wie gut ist das. Es soll noch sehr gut werden, und wie sehr möchte ich schon vorausgreifen können, Dich sehen, mit Dir sprechen. Freilich muß jetzt vor allem das Dunkle, Schreckliche vorübergehen, das Dich umschließt, diese absurde Verkehrung von Schicksal ins gewaltsam Begrenzende des rohen, unteren Weltstoffs. Ich versuche aber zu glauben, daß hierin nichts Notwendiges, keine Rache am so Anderen, keine Verrechnung eines Preises oder Tributs ans Untere schaudernd zu verstehen ist – weil es Freiheit doch gibt und alle Fesseln nicht bis hinauf reichen können, wo unser Schicksal hoch an seinen wandernden Stern sich knüpft. Aus Deinen Gedichten der letzten Jahre will mir freilich erscheinen, und mit Furcht vor der Haltung solcher Herausforderung, wie schrankenlos bereit Du bist, jeden Preis zu zahlen. Ich sage mir aber, daß solches in den Abgrund sich Hinauswagen auch die ganze Distanz zu ihm auseinander hält und daß Deine lichthell angespannte Wachsamkeit übergenau die Tritte kennt, die über dem Dunklen entlangführen. So wird auch jede Wortspur am Kraterrand gleich erstarrter Glanz und trägt Gestirnverwandtschaft, zu der das Tiefe hinauferlöst ist.[1] Und so sehr in Eines versammelt beide Bereiche auch nie noch waren und ein unbedingtes Selbstopfer dafür gebracht scheint: so ist doch das lotrechte Hinab auch wieder auf dem geradesten Weg, in der Richtung des Sterns, nach oben gebracht. Was aber ist das, wenn nicht die äußerste Gestalt der Freiheit, die am Oberen hängt. Ich will es glauben.

Du hast mir einmal, und wie fragend, gesagt, daß die Dinge, denen ich zugewandt bin, nicht die letzten seien; vorletzte hast

Du sie genannt. Du wirst schon Recht haben. Ich entziehe den Blick dem Abgrund, den ich wohl weiß, aber zu einem Schauen darüber weg ins Ferne. Die Bewegung geht nur dort hin, aber kehrt nicht zurück. Nicht ins Hier, ins Jetzt. Sie ist kein Opfer, nur Hingabe. Dabei ist keine Gefahr, nur der Wille zum Entwerden,[2] den man niemals ganz einlöst, zur Teilhabe an dem, was in allem ist. Was dieses absolut ist, weiß ich nicht, das Schauen glaubt nur. Sein Erkennen ist ein Begreifen im Wie, das das Sagen im Haltmachen vor dem Benennen, das ihm versagt ist, aufweisen muß. Niemals ist dieses Begreifen einzuholen, gerade weil das Sagen immer vom Selben spricht. Die Ferne, die noch im Nächsten steht, hat keinen Grund. So ist sie wohl etwas Vorletztes – aber als die Gestalt, in der das Letzte dem glaubenden Schauen sich zeigt.

Das kleine Gebinde, das Neske im Frühjahr gedruckt verlegen wird, trägt einen alten Titel – Du kennst ihn.[3] Ursprünglich dachte ich zwei Motti davorzusetzen, dieses: »Jetzt aber tagt's« Hölderlins, und Grillparzers tiefes Aber:

»... die Nacht liegt schwer am Boden,
Und bis zum Morgen ist noch lange Zeit.«[4]
– aus dem prophetischen Monolog der Libussa. (Aber man soll das Eigene weder erklären noch deuten wollen.) Könnte ich das Schauen in die Ferne reiner sagen, so sollte nichts Bitteres darin stehenbleiben, und ich würde darüber setzen:

Ein großer Tag steigt aus dem weiten Meer
Und reine Berge strahlen ihm entgegen.[5]
Dies gilt immer, und ich glaube es immer mehr. Aber man dürfte es »nur den Weisen« sagen.[6] – Ich weiß nichts Positiveres.

Ich grüße Dich von Herzen, lieber Paul.

Dein Klaus

45 rue d'Ulm
Paris, am 4. Feber 1969

Es ist ein Aufatmen, Klaus, hoffentlich ein langes, anhaltendes: seit gestern bin ich wieder in Paris, in ein paar Tagen will ich die Arbeit in der Ecole wiederaufnehmen.[1]

Das Aufatmen, auch von Deinen Briefen her, mit dem vielen Lebendig-Hohen in ihnen.

Deine Gedichte konnte ich im Spital nicht lesen,[2] André du Bouchet hat sie weitergegeben, an Jean Daive, einen Poeten den ich sehr schätze und der sie vielleicht übersetzen kann.[3] Aber zunächst will ich sie wiederhaben und lesen, ich freu mich darauf.

Seid alle von Herzen gegrüßt

Paul

[Paris,] Am 10. Feber 1969

Lieber Klaus,

Deine Gedichte hatte ich Gisèle zurückgegeben – im Spital konnte ich außer Zeitungen nichts lesen –, inzwischen sind sie wieder bei mir gewesen, bis gestern.

Angeglänzt haben sie mich, in ihrer – hier steht am besten etwas Geologisches – Mächtigkeit, ihrer Dichte. Sie zu übersetzen wird nicht leicht sein, aber ich will mein Bestes tun, um Jean Daive, der sie jetzt hat, zu helfen. Hab Dank dafür, daß Du sie mir ein zweites Mal gibst.

Das Aufatmen war, wie sollte es denn auch anders, ein minutenlanges. Ich muß jede Woche einmal in ein »Dispensaire«, wo, um es nur so zu nennen, über mich befunden wird.[1]

Aber nun kommt der März, der Dich herbringen wird. Alles Liebe für Euch alle

Paul

[Wien,] 12. Feber 1969

Lieber Paul,

ich danke Dir von Herzen für Deine beiden guten Briefe. Es ist mir ein großes Glück, wieder von Dir etwas zu empfangen, und wie sehr freue ich mich auch, daß die Nachricht doch eine sehr gute ist. Möge das Aufatmen lange, lange währen und Du Kraft daraus gewinnen und Zuversicht für eine kommende gute Zeit, aus der Du gut lebst und in der Dir vieles gelingt.

Von meiner Freude über das Zu-Dir-Kommen wage ich noch nichts zu sagen – ich weiß noch nichts Sicheres, denke und hoffe aber, um die Mitte März wirklich da sein zu können.

(Ich soll – nur das gibt mir die Gelegenheit zu Reisen – ein Bild abholen. Du weißt es noch nicht: ich arbeite seit zwei Jahren am Kunsthistorischen Museum, an der Gemäldegalerie, und mein eigener Bereich sind die holländischen Bilder – Rembrandt, Ruisdael, Vermeer. Ich wollte zu den großen alten Dingen, und der Wunsch gelang.)[1]

Es könnte wohl sein, daß ich Dir das Bändchen Gedichte schon mitbringe, es ist schon gesetzt und soll bald fertig werden. Nun habe ich dabei Angst, es könnte dies für die Übersetzung, an die Du für L'Ephémère denkst, zu früh sein, denn es sollte doch, wie ich zu verstehen meinte, noch nicht Veröffentlichtes sein und das wäre es nun nicht mehr: Neske hat sich überraschend entschieden, das so lang auf die Bank Gelegte jetzt herauszubringen, und ich bin ihm freilich großen Dank schuldig. Aber nicht wahr, das wird doch kein Hindernis sein. Ich freue mich so sehr, unter Deinen Augen übersetzt, in Deiner Zeitschrift in einen Zusammenhang gestellt zu werden, der, von Dir bestimmt, mir der liebste und auch einzig wesentliche ist. (Ich muß gestehen, daß es mir noch nicht glückte, L'Ephémère zu sehen und zu bekommen, ich will es aber nachholen.) Und nun bange ich, Dir vielleicht Schwierigkeiten zu bereiten ..

Ich danke Dir für das Schöne, Gute, was Du zu meinen armen, verbissenen Versuchen gesagt hast. Ach, Paul, wie wenig wird es für Dich zu lesen geben, dem Du wirklich den Wert abfragen kannst, und ohne zu Deiner Gerechtigkeit Deine Nachsicht zu fügen. (Mir mangelt diese helfende Gerechtigkeit des Lesens, ich will nur aufschauen können, Höheres sehen, weil auch das Wollen von der Stelle aus, darauf ich stehe, ein soviel größeres sein muß.) –

Das dunkle Gebirge der Zeit, der Jahre –
es steht nun
Eisenhell im Morgengrauen,
lichtüberströmt vom Tagen in den Himmeln –[2]

Nani denkt immer sehr nahe an Dich.

Von Herzen

Klaus

355 *Paul Celan an Klaus Demus*

[Paris,] 14. 2. 69

Lieber Klaus,

laß den Band bei Neske ruhig erscheinen, es kommt nicht unbedingt darauf an, in L'Ephémère – ein Heft der Zeitschrift kommt dieser Tage zu Dir – Unveröffentlichtes zu drucken.

Du bist also bei Rembrandt und Vermeer, den Großen – wie beneide ich Dich darum. Vielleicht weißt Du ›L'Ephémère‹ bei der Auswahl der Reproduktionen von Bildern zu beraten. (Getragen wird L'Ephémère von der Fondation Maeght).

Euch allen das Herzlichste!

Paul

[Paris,] Sonntag, 16. 2. 69

Lieber Klaus,

soeben habe ich mit Jean Daive seine Übersetzung von ›Groß,
sich selbst glühend‹ durchsehen – ich schicke sie Dir, mit der
Bitte, sie zu lesen und mich wissen zu lassen, wo sie verbessert
werden muß. Wenn Du im März kommst, sagst Du uns dazu
und zu den weiteren Übersetzungen, was Du davon denkst.

Herzlich

Paul

[*Anlage:*][1]

[Wien,] 17. Feber 1969

Lieber Paul,

ich danke Dir, das Heft von L'Ephémère ist heute gekommen,
zugleich mit Deinem Brief. (Ich bin ein wenig enttäuscht, Deinen Namen nicht darin zu finden – aber Du wirst mich wohl
aufklären.[1] Überhaupt: wie vieles habe ich, seit wir uns kennen,
mißverstanden, mit Scham denke ich oft an ganz schreckliche
Dummheiten – und weit Ärgeres –, das ich Dir gesagt oder
geschrieben habe: und Du hast mir niemals gezeigt, daß es Dich
getroffen hat . .) Ich wüßte gerne, was durch Dich in dieses Heft
gekommen ist. Das Reisetagebuch Bashôs kenne ich. Hofmannsthals schöne Prosa zeigt mir in der anderen Sprache so
viel an Beweglichkeit und Takt seines scheinbar leichten und
doch so aufs Diffizilste balancierten Sprechens, das sich aller
Brechungsmöglichkeiten im weitesten Bereich so hell, und so
unabsichtlich, bewußt ist; hier darf ich wohl Dich als sehr
beteiligt vermuten? Um André du Bouchets Aufzeichnungen

muß ich mich sehr bemühen, meine schlechte Kenntnis der Sprache läßt mich das Gedachte – ein sicher sehr Bemühtes, rein Ausgespartes – noch kaum erkennen. Das Zuchtvolle, Unbedingte ist mir allein erst deutlich.

Wie soll ich verstehen, was Du von der Möglichkeit einer Beratung beim Bilderteil sagst? Es darf wohl nur wenig Bekanntes oder ganz Unbekanntes sein? Für das Letztere wüßte ich im Augenblick allerdings gleich etwas zu nennen – sehr schöne Zeichnungen von Joannis Avramidis und von Sepp Pillhofer: von diesem vor allem Landschaftszeichnungen, Gebirge und Istrien, von Avramidis (ich bin mit ihm befreundet; er lehrt hier an der Akademie Bildhauerei; er ist, Du weißt es wohl, einer der ersten, reinsten Künstler unserer Zeit) Figuren, Studien für Plastiken, auch Landschaftliches, und selbstverständlich gibt es seine plastischen Arbeiten.[2] Würde Dich das interessieren? – Von Altem gibts wohl schwerlich Unbekanntes. Kennst Du übrigens die Radierungen, meist Gebirgstäler, des so außerordentlichen Hercules Seghers?[3] (Man hat in letzter Zeit mehrere Ausstellungen seines rätselhaft großartigen Werks gemacht. Außer ein paar Bildern – Rembrandt hat 8 davon besessen – gibt es ein paar Dutzend oft nur in einem Exemplar vorhandener Landschaftsradierungen, die zusätzlich, und jedes Blatt individuell mit Pinsel oder Farbplatten zum Original gemacht sind. Die größte Sammlung besitzt Amsterdam, auch in der Albertina sind ein paar. – Aber verzeih die Ausführlichkeit! Mir fällt noch ein: Blätter von Seghers wären eine außerordentliche Illustration zu Deinem ›Gespräch im Gebirg‹.)

– Wenig bekannt – um beim Gebirge zu bleiben – sind auch manche der Alpen-Zeichnungen des älteren Bruegel, und sie sind freilich das Erhabenste, Wundervollste dieses Themas.[4] Schöne Blätter besitzt Graf Antoine Seilern, ein Altösterreicher, in seiner Sammlung in London[5] – Doch nochmals, verzeih die unerbetene Breite.

Noch weiß ich nichts über meine Reise, aber ich freue mich darauf als auf etwas ganz Gewisses.

Entschuldige mich für heute, lieber Paul – ich will Dir bald wieder schreiben.

Von Herzen Klaus

358 *Klaus Demus an Paul Celan*

[Wien,] 19. II. 69

Lieber Paul,

wie könnte ich Dir je für die Müh und Plage danken, Dir und Jean Daive, die diese Übersetzung kostet! Wie sehr bewundere ich die Meisterung der Schwierigkeiten, sofern ich sie ganz ermessen kann. Du forderst mich auf, kritisch anzumerken; wirst Du mir auch gut bleiben, wenn ich, in der anderen Sprache nicht erfahren, kaum als barbarischer Gast zuhause, nun Zeile für Zeile vorgehen werde? Natürlich, gleich vorweggenommen: es sollen keine Vorschläge, nur Winke, oft bloß Fragen sein. Und wenn Dir's zu viel erscheint, verzeih, und beachte es weiter nicht. Ich will beginnen.

I.1 sich selbstglühend meint hier, daß das Gestirn, auftauchend, mit dem Strahlen noch an sich hält, nur erst (für) sich selbst glüht; die Übersetzung scheint mir das einen Grad egozentrischer, prunkender auszubilden. Ich weiß keine Abhilfe.

2 das Gestirn träumt, im Steigen durch die Tiefen herauf, und noch über ihnen; es taucht nicht aus dem Traum, es träumt sich selbst und die Welt, statt schon in diese einzuwirken, ist noch fremd, abgeschlossen.

3 nicht reflet, Widerschein; der Nachglanz ist halb Leiden, halb Tun, er nimmt langsam ab, kühlt aus. Gewaltig gehört eher zu Nachglanz, im gewaltigen Nachglanz, dans le reflet énorme(s); zumindest ist beides gemeint.

4 Taukronen ist Dativ, die Sonne ist ihnen, Baumkronen, Gegenhebungen der Erde voll Tau, noch »rauchwüste Nebelglut.«

5 »noch .. zu baun« ist Finalsatz. »zerstrahlt« zu zerlegen: durch Strahlung aufgelöst. Wildnisse sind voll, erfüllt, von Gewölk und den Vorgängen mit / in ihnen; das Wort steht überhaupt für »Gewölk«.

6 ich habe hier einen Lokativ versucht, um nicht sagen zu müssen »um ... statt der Sterne (die nächtens die ›Häuser‹ des Tierkreises bildeten) ›Häuser‹ zu baun.« »Sterne statt« würde den Genitiv nicht ausdrücken, so verkürzte ich »an Sternen-Statt« zu dieser Gewaltsamkeit. Das war freilich ganz mißverständlich.

9/10 nicht von, aus den Gletschern brechen Blitze; eine Akzentfrage.

11 Fallmauern: die Wassermauern der Mündungsfälle (vom Kontinentsockel), die das Licht schütten, gießen; nicht häufen.

II, 1 Hochüber Land (vom Meer aus gesehen).

3 konstruiert werden müßte so: überflammt par la tête neigeuse comme par un presentiment clair.

4/5 die Stelle ist schwierig: qui, seule dans la nuit (étant) belle, (par) le projètement de l'aurore sur la construction ancienne, s'éclaira

6 Garten, gepflanzt

8/9 peu-à-peu les vallées pleines du luisant surtombé, se tiennent, grand'ouvertes

13 schattendurchstrahlt: die Schatten durchstrahlt

III, 1 Avec des

2 (avec) des ciels doux-fauves, hauts de bleuité

3 schwerausleuchtend! ich kann es freilich nicht übersetzen. En cercles de feu ist zu starr; roulants en feux?

4 champs élysées ist freilich zu vermeiden, aber doch kaum ersetzbar

7 encore illustres le soir.

10 constellé (?) (par? à travers?) de fumée, de flots,

11 Hier mache ich jetzt einen Absatz und fange groß an: Jour
. .

Einige Male scheint es mir, als müßte die Übersetzung ausführ-
licher, ausschreibender sein; so II 7/8 Geist der Sonne, miteinander ein Leben, . . Ich getraue michs aber im Deutschen nicht
zu ergänzen. Die wörtliche Übersetzung läuft bei der paratak-
tischen Konstruktion sicher Gefahr, den Zusammenhang, die
Abhängigkeit (und Notwendigkeit) der einzelnen Glieder,
nicht so hervorzubringen. Aber über dieses Generelle wolltest
Du erst mündlich gesprochen haben.

So danke ich Dir von Herzen, lieber Paul. Jean Daive will ich,
wenn es geht, mündlich danken. Tief fühle ich mich in seiner
Schuld. Und möchte sie durch diese Anmerkungen nicht un-
gebührlich werden lassen. Du wirst den richtigen Weg wohl
finden, ich bitte Dich darum.

Alles Gute, Liebe dir, lieber Paul –
Herzlich
Klaus

359 *Paul Celan an Klaus Demus*
[Paris, 27. II. 1969]
bin sechzehnten bis achtzehnten in frankfurt[1] kannst du deinen
aufenthalt danach einrichten herzlich
paul

360 *Klaus Demus an Paul Celan*
[Wien,] 2. März 1969
Lieber Paul,
dank Dir für Dein Telegramm. So wirst Du nach Frankfurt
fahren – alles Gute für die Reise! Ich denke nun Donnerstag,

den 20. früh anzukommen und bis Montag abend zu bleiben.[1] Leider kann es nicht länger sein. Wie freu ich mich aber auf diese Tage.

In die Aufzeichnungen A. du Bouchets versuche ich tiefer einzudringen (aber es fällt mir nicht leicht; meine Schwierigkeiten sind freilich zunächst schon ganz elementarer Art) – und ich fürchte mich ein wenig vor der Begegnung mit ihm,[2] ich kann kein Gespräch mehr führen, habe es nie gekonnt und werde es nie können. Wie klug, wie genau denkt er – und doch ein wenig mit der Raschheit, die eine Antwort vor sich sieht; nicht als ob es gälte, sie zu finden, sondern wie sich auf ihr zu drehen, mit dem Fuß, weil die nächste, schon sie sichtbar, in etwas anderer Richtung liegt; fast ein Voltigieren, dem Anschein nach, eindrucksvoll, wie ein Kranichtanz (ich bin sehr frei); aber ich hab die Schwierigkeit, am Ende weder über den Tänzer noch das Terrain etwas Greifbares zu behalten (es ist freilich auch ein Vor-Tanz, ein vorgetanzter, der Pause – oder doch wieder nur scheinbar?). Und so bin ich mir meiner Plumpheit, Tumbheit ängstlich bewußt (und freue mich sehr, ihn kennen zu lernen).

Ich bin selbst in einer tiefen Pause; rings glänzen noch die Stücke der eben verlassenen Landschaft, die verdämmert und fernrückt, als Nachbilder, und ich weiß noch nicht, wohin nun oder doch in ihr zu bleiben. Es war freilich jedes der Stücke wie ein letztes und ich konnte mich nur schwer von jedem trennen (an einem schrieb ich drei Jahre). Jetzt verwandeln sie sich mir sehr. Was ich sagen wollte, in ihnen, eine leise Unterscheidung im Sehen, ist in ihnen verpuppt – und vielleicht, es wäre möglich, für immer ohne Flügel zu gewinnen. Ich hab noch nicht den Mut, dieselbe Art Geschöpfe wieder aus dem punctum saliens ins Vergebliche hinzubilden. –
Alles Gute, Liebe – herzlich Klaus

361 *Nani Demus an Paul Celan*[1]

[Wien,] 5. 3. 69

Paul, Lieber – hast mir mein unbedeutendes Fest mit Deiner
vollendeten festlichen Gabe erhöht.[2] Hab Dank und lebe Du
wohl, in guter Hut.

N.

362 *Paul Celan an Klaus Demus*

[Paris,] Donnerstag, den 13. 3. 69

Lieber Klaus,

heute in acht Tagen bist Du da – ich freu mich. Dich abzuholen
ist mir leider nicht möglich, da ich am Donnerstag vormittag
meine Studenten habe, ebenso am frühen nachmittag des da-
rauffolgenden Tages. Aber wir können uns am Donnerstag
nachmittag treffen, am besten in der Ecole, gegen drei Uhr.
Dann besprechen wir alles Weitere, Samstag und Sonntag bin
ich ganz frei, auch Montag nachmittag. Am Sonntag gegen neun
Uhr abends erwartet uns André du Bouchet.

Dir, Nani und Jakob Kaspar das Herzlichste

Paul

Meine Telephonnummer:
Danton 07-25, Poste 31-30

363 *Klaus Demus an Paul Celan*

[Wien,] 14. März [1969]

Mein lieber Paul,

Das Wiedersehen mit Dir, auf das ich mich aus dem Grunde
meines Lebens freue, ist nun ganz nahe heran gekommen, es
liegt als das gute Geschehnis schon vor der Tür.

Ich will Dir sagen, daß ich durch Gisèle die Nummer weiß, die ich zu wählen habe, um Dein erstes Wort zu vernehmen und Dir zu sagen, daß ich da bin. Ich will das gegen Mittag am 20. März tun.

Die vielen Gedanken, die durch die langen Jahre vom einen zum andern gingen, mögen als eine lichte, gute Wolke von Zeugen über unserem Wiedersehen stehen.

Klaus

364 *Klaus Demus an Paul Celan*

[Wien,] Ostermontag [7. April] 1969

Lieber Paul,

einen herzlichen Gruß zu Deiner Rückkehr von der Reise! Ich hoffe, daß es Dir wohl erging, Dir Menschen, Meer und Himmel freundlich waren.

Die Wiedersehenstage mit Dir, in allen Einzelheiten gegenwärtig, halten mir die Zeit davor und die danach wie Lebensabschnitte auseinander – düster, ängstlich-geduckt und nur gegen sein Ende von Hoffnung erhellt der eine, der neue aber voller Tag. Die Welt steht mir wieder fester, der Himmel, der mir über Paris eingestürzt war, an einem Kardinalpunkt, und einen ganzen Erd- und Lebensquadranten verschüttend, ist wieder hoch, und des Herzens Reisegedanken ist diese Richtung nicht mehr verboten.

Ich hab es wohl gemerkt, lieber Paul, daß Dich meine persönlichen Grenzen – ›Positionen‹ hast Du's genannt – von neuem enttäuscht haben. Ich sollte diesen Punkt vielleicht nicht so sicher berühren. Aber da Du dies hingenommen hast, will ich Dir sagen, daß ichs weiß und Dir danke. Auch hast Du meine Schwierigkeiten, beim Lesen dessen, was Du mir zeigtest, gesehen: ich war aber nur langsam, Paul, und will, und werde, das weiß ich, zum »ganzen« Verstehen kommen; ich

454

muß mirs erst bilden, und schon jetzt würde mirs besser gelingen.[1]

Wir lesen die Bücher, die Du uns gabst. Ich will nächstens
versuchen, Dir etwas darüber zu sagen.[2] Auch Nani will es tun.
Du übst große Wirkung auf uns aus, Paul.

Jean Daive ist noch nicht gekommen – ich hatte mich darauf
gefreut.

Seit ich wieder da bin, hab ich wieder zu schreiben begonnen,
auf die gewohnte mühsame Weise, auf die allein es mir noch
gelingen will und die ich als die meinige akzeptiere – sonst
müßte sie mir wohl absurd erscheinen.

Neske will in der nächsten Zeit nach Wien kommen und das
fertige Bändchen mitbringen. –

Nimm mit diesem vorlieb, Paul – Du weißt ja, nach einem
Wiedersehen ists schwer, Briefe schreiben.

Dir alles Liebe – herzlich Klaus

365 *Klaus Demus an Paul Celan*

[Wien,] 18. Mai 1969

Lieber Paul,
verzeih mir – das Jahr, das Frühjahr geht ins Land, die Wälder
blühen, wir haben sie auf langen Wegen wohl schon durch-
streift, die erste kleine Reise steht vor der Tür – nach Tirol –,
manches sonst hat sich ereignet, und ich habe Dir noch nicht
geschrieben, Dir das Büchlein sogar ohne ein begleitendes Wort
schicken müssen: zuviel Zeit hat mir eine Arbeit, eine Übersetzung, Kunsthistorisches, geraubt, mich kaum leben und
nicht schreiben lassen. Auch dies ist nur ein erklärendes Wort,
vor allem, um Dir zu sagen, daß ich mit den ›Fadensonnen‹ nun
vertraut geworden bin. Wie viele vollendet meisterhafte Dinge
stehen darin – wie harte, glatte, wunderbar ausgeformte Samen,

die sich in Ohr und Hirn festsetzen, herausgezüchtete Prim-
zahlen, mutierende Sprachkristalle mit neuen Sinnfärbungen:
ich nehme das alles auf und in mich hinein, und es füllt sich
in mir.

Ich habe so lange von Dir kein Wort empfangen – ich hoffe
und wünsche, es geht Dir gut.   Verzeih mir, bitte, die Kürze!
Von Herzen
Klaus

366 *Paul Celan an Klaus Demus*

[Paris, 30. 5. 69]
VON HERZEN DANKE ICH DIR WUENSCHE ICH DIR DAS
BESTE = PAUL

367 *Klaus Demus an Paul Celan*

[Wien,] 12. VI. 69
Lieber Paul,
von Herzen dank ich Dir für Deinen herzlichen Zuruf, der mir
den Tag sehr freudig gemacht hat.
Es war mir in dieser Zeit eine Zahl groß sonnenrollender Tage
im Herzen der Welt geschenkt – hoch oben im Schnee am Rand
starkstrahlender Gletscher, die zu freien herrlichen Gipfeln auf-
gingen; auf einem hohen Punkt gegenüber der länderweit hin-
ziehenden Hauptkette mit den gewaltigsten Stöcken und Wun-
derbergen, deren Gletscherhäupter dann abends über dem
dunkelnden Seespiegel ins Grauliche verglommen und erlo-
schen. Dann in Venedig, persönlich durch so Vieles vertraut
und unsäglich wundervoll, wie ein einziges herrliches Haus,
in dem überall alles zugleich ist, vom hell lebendigem Morgen-

licht bis ins immer noch tiefer werdende Licht abends. Sehr glückliche Tage, wie ganz oben auf dem Rad, die höchsten Punkte durchschreitend. Augenblicke als Weltzeit empfundener Zeit untertags, und Lese- und Schreibenächte, warm davon – so sollte es immer sein – ich bin noch gern da auf der Welt.

Ich wünsche, Du lebest wohl, lieber Paul.

Sei von Herzen umarmt.

Dein Klaus

368 *Klaus Demus an Paul Celan*

Haarlem, 14. IX. 69

Herzlichste Grüße Dir, lieber Paul, nach einem langen Bergsommer, der hier, wie alles, am alten, ewigen Meer mir zu Ende geht (die Priele ..).[1]

Alles Liebe, Gute –

Dein Klaus

369 *Paul Celan an Klaus und Nani Demus*

[Jerusalem, 8. 10. 69]

Euch allen einen herzlichen Gruß aus Jerusalem[1]

Paul

8. 10. 69

370 *Klaus Demus an Paul Celan*

[Wien,] 19. XI. 1969

Lieber Paul,

von Herzen wünsche ich Dir alles Gute zu Deinem Geburtstag und zu einem guten neuen Lebensjahr. Alles Gute und Liebe.

Deine Karte aus Jerusalem, wie hat sie mich gefreut. Ich hoffe, Deine Reise hat Dir manches Vorgestellte erfüllt. Wie gern wüßte ich etwas darüber. Ich denke mir, daß Dir daraus manches entstanden sein wird, Gedichte – und wünschte mir wohl, daß Du sie mir zeigen magst; ich möchte Dich darum bitten. Und auch um anderes, das Du geschrieben hast und, wie ich mir vorstelle, immer schreibst. Du würdest mir viel damit geben.

Ich hab gesehen, daß die Leute, die Germanisten, sich mit Dir viel beschäftigen,[1] und wünsche und hoffe, daß es richtig geschieht und Dich freut; daß es gescheite Leute sind, bei denen auch etwas dabei herauskommt. Doch hab ich im ganzen darum keine Sorge, ja bin ganz sicher, daß Dein Gesetztes und Getanes durch alle Spiegelstellungen hindurch, mit denen sie es einzufangen suchen, in seiner Gestalt immer deutlicher werden muß – wie kein Zweites in dieser Zeit; sie hat ja auch kein Zweites. Dessen bin ich ganz gewiß, daß es nämlich allmählich vollkommen deutlich sichtbar wird, ist es das doch schon bei vielen, und längst bei den Lesern, die Dich brauchen. Alle, die heute Gedichte brauchen, im Deutschen, leben ja seit langem fast von Dir allein. Wieviel stiller Dank wird Dir seit so vielen Jahren bereitet sein. Einer ganzen Generation hast Du das Wertvollste gegeben.

Auch mir, Paul – seit ich die ersten Stücke im ›Plan‹ las, mit dem plötzlichen untrüglichen Gefühl, hier ist das Höchste, das wir suchen und brauchen, hier ist es da, für unsere ganze Zeit. Und so möcht ich Dir sagen, wie sie den Kinderkönig gebeten haben: »Sprich zu uns.«

Mit innerstem Dank – Dein Klaus

[Paris,] 21. XI. 69

Nani, Klaus, Ihr Lieben,

das schöne Buch, das Ihr mir geschenkt habt![1] Werde ich es lesen können? Ich bin seit Jahren nicht mehr fähig, Bücher richtig zu lesen, hie und da ein paar Gedichte, das geht noch.

Gisèle habe ich ganz verloren.

In Israel habe ich ein wenig gelebt, wunderbarerweise.

Meine neue Adresse:

6 Avenue Emile Zola

Paris 15^e

Telephon: 828-92-78[2]

Die Wohnung – ich verdanke sie Gisèle – ist sehr schön und groß, aber laut, höllisch laut, ich werde mich kaum an den Lärm gewöhnen können. Aber warum sollte ich mich auch an etwas gewöhnen können? Die Dinge haben keine Dauer in mir.

Grüßt Euren Jakob und nehmt, mit meinem herzlichsten Dank,

meine herzlichsten Wünsche und Grüße

Paul

372 *Paul Celan an Klaus Demus*

[Paris,] 24. XI. 69

Mein lieber Klaus,

ich wollte, ich könnte Deinen wunderbaren Brief richtig beantworten. (Ein guter Briefschreiber bin ich ja wohl nie gewesen, aber doch: längere Briefe schreiben, das konnte ich ein bißchen.)

Verzeih, verzeiht, daß ich Euch diesen Jammerbrief geschrieben habe, aber ich bin nun eben so ziemlich zerrissen, ein wenig – ich zitiere –: l'homme coupé en tranches. Es war so vieles in mir – und eine Einheit, ein Ganzes.

Klaus, ich kann Dir das, was ich nach Israel, und das war hauptsächlich Jerusalem, geschrieben habe, noch nicht zeigen: es ist etwas sehr Persönliches und es gehört nicht mir.[1] Versteh das bitte.

Gerne hätte ich Deinen Rat im Zusammenhang mit dem Titel meines nächsten Gedichtbandes: Ursprünglich wollte ich das Buch »Bakenmeister« nennen, aber das mißfiel meinem Verleger. Später kam ich, von einem der Gedichte her, auf »Sinneinwärts« – was meinem Verleger gefiel, nicht aber einigen Menschen, denen ich es nannte. – Und Du, Klaus, was meinst Du? Und was meint Nani? Mir fiel jetzt noch »Bakensaat« ein[2] – Im März, anläßlich der Hölderlin-Feiern in Stuttgart, werde ich aus dem Manuskript lesen –[3]

Vor einem Jahr lag ich im Krankenhaus, und es kam Dein Brief, Klaus. Wie gut, daß ich ihn beantworten konnte.

Sei herzlich gegrüßt
Paul

Ich schicke Dir das letzte
Gedicht des nächsten Bandes

[Anlage:]

WIRK NICHT VORAUS,
sende nicht aus,
steh
herein:

durchgründet vom Nichts,
ledig allen
Gebets,
feinfügig, nach
der Vor-Schrift,
unüberholbar,

nehm ich dich auf,
statt aller
Ruhe[4]

373 *Klaus Demus an Paul Celan*

[Wien,] 30. XI. 69

Mein lieber Paul,
hab herzlichen Dank für Deine beiden Briefe und für das wunderbare Gedicht!
    Die Sätze Deines ersten Briefes haben uns freilich erschüt-
tert. Ich vermag Dir dazu, oder dagegen, kaum etwas zu sagen –
nur auch wieder den Dank, daß Du uns von Deiner Lebensnot
sprachst. Wenn ich nun auch nichts zu sagen vermag, weil ich
auch zu wenig weiß, und du wirklichen Rat von mir nicht erwartest und alles zu grob und unangemessen wäre, was ich
fragen könnte: so will ich Dir doch sagen, Paul, daß Dein Leben
in meinen Augen unter einer Fügung steht, in der der Schmerz –
es ist, klingt fast zu hart, dies zu äußern – als mit der guten,
leitenden Absicht Verbundenes, vielleicht Nötiges, oder wahrer
gedacht als mit Deinem Wahrnehmen und Deuten des Lebens
verwachsenes, niemals zu verabschiedendes Prinzip auch für
Dich selbst unentrinnbar sein mag. Ich rede da aber wie die
schlechten Freunde des Hiob, und möchte doch ausdrücken,
daß ich der Führung Deines Daseins vertraue, weil ich meine,
daß Dir nichts als das Schwerste gemäß, aber als für Dich Be-
stimmtes zugemessen ist; es trifft Dich, aber es stößt Dir nicht
zu; weil Du es wiederum triffst. Verzeih mir – mir stehts nicht
zu in meinem Mangel an Maß, zu Dir über das ganz Deinige zu
sprechen, und niemand weiß wohl über diese Dinge so aus dem
Grund wie Du alles zu durchschauen. Manchmal könnte es
freilich sein, daß einen Solchen ein Geringerer, der's nicht hat,
mit der Mahnung an dessen Selbst zu trösten hätte – aber das ist
auch eine bloße Rede; und doch hast Du geklagt. Lieber Paul,

461

ich glaube an Dich. Ich glaube auch, Paul, daß Du niemals ganz allein sein kannst – in dem Maß zumindest, als Du Menschen brauchst und zuläßt, vielleicht nicht zuläßt gegen Dein größeres Verlangen – aber doch nach Deinem innersten Bedürfen, das um Dich eine Schutzzone frei hält, wo das Dir selber Geheimnisvolle beginnt, wo die Gewichte unabgeschwächt, unabgenommen alles auswägen müssen. Aber verzeih abermals, daß sich mein Reden zu weit vorwagt, in ein Harmonisieren fallend, das zu schnell alles zu begreifen meint und zum ruhenden Kreis kürzt. Dieser mein Trost – er stammt aus einem Kinderglauben – kann nicht der Deine sein: Dir muß alles offen bleiben, nicht unbegütigt, aber das Unvordenkbare erwartend, das sich aus dem Offenhalten, dem Austragen ergibt, nur ihm ereignet. Meine Stärke, die mich vor vielem schützt, mich fast alles tragen ließe, freilich auch auf der Stelle läßt, mit dem innersten Gewißheitsfünklein »Alles ist gut« – wie kann sie die Deine sein, der Du ins Dunkle schaust und noch Dein eigenes Licht in Dir begraben mußt, um besser zu sehen; um das Dunkle tiefer zu bereiten, denn es ist nicht Licht, längst nicht, und nicht entschieden ob Licht für uns, und wie, und wann, sein wird. Der Glaube nimmt vorweg, auch sich selbst, so daß dem Jetzt kein Ereignen, kein Austrag und geheimstes Herbeizwingen möglich bleibt; er hält sich ans Scheinbild der Ewigkeit, die wir doch nur als leere begreifen können. Hier bin ich begrenzt, aus Natur, auch Zuwenig an Wagnis und Einsatz wohl – aber ich sehe, was mehr ist, und versuche so das Deine zu begreifen. –

Der Titel »Bakenmeister« schiene mir – und Nani – wahr, richtig und schön; ich finde nichts, was gegen ihn stünde. »Sinneinwärts« ist sehr schön – vielleicht nicht ganz so eindeutig in seinem ganzen Gehalt für alle: etwas möglicherweise zu Zartes, Empfindsames könnte die Tiefe überdecken; doch im Grunde ist das als Einwand nicht wichtig und haltbar: er gefiele mir sehr gut (»Bakenmeister« hätte aber doch höheren Rang). »Bakensaat« – das Kompositum scheint mir einen Grad mehr das Zusammengesetzte zu behalten, das Wort verdinglicht sich nicht sofort, sondern braucht die Hilfe des Gedankens dazu; dann allerdings nistet es sich sehr ein im Ohr. –

Zu Deinem Einstand in Deiner neuen Wohnung wünschen wir Dir alles Gute, lieber Paul. Ich freue mich auf den Tag, an dem ich dort bei Dir eintreten werde.

Verzeih mir diesen wortreichen Brief – mein direkteres Gefühl fand doch nicht das rechte Sagen –

Wie schön ist das Gedicht.
Von Herzen
Dein Klaus

374 *Klaus und Nani Demus an Paul Celan*

[Wien, vor dem 22. 12. 1969]
Mein lieber Paul,
zum alten Jahr, zum langen, reichen, guten, dem Jahr der Nähe, und zum neuen, das Dir in allem, lieber Paul, gut und schön werden möge, umarmen wir Dich mit unseren herzlichsten, heißesten Wünschen –
Nani und Klaus

375 *Paul Celan an Klaus und Nani Demus*

[Paris,] 22. XII. 69
Meine liebe Nani, mein lieber Klaus,
wieder hab ich Euch für so vieles zu danken, für die Briefe, die Wünsche, die Bücher, Dir, Klaus, jetzt auch für Dein großes Gedicht[1] – aufs herzlichste danke ich Euch, aufs herzlichste wünsche ich Euch und Eurem Sohn ein gutes Jahr.

Dein Gedicht, Klaus – erlaub mir eine Bemerkung: ich glaube, Du solltest Deine Gedichte großporiger, luftiger machen, es ist alles so dicht gedrängt, so als stünden viele Gedichte in einem Gedicht.[2]

Ich schicke Euch den ersten Zyklus von ›Sinneinwärts‹, es sind die Gedichte, die zusammen mit vierzehn Radierungen von Gisèle unter dem Titel ›Schwarzmaut‹ bibliophil erschienen sind.[3] Meine Exemplare sind noch beim Drucker, eines davon ist Euch zugedacht, es kommt bald den Abschriften nach.

Habt es gut!

Von Herzen

Paul

376 *Klaus Demus an Paul Celan*

[Wien,] 16. I. 70

Mein lieber Paul,

sei von Herzen bedankt für Deinen Brief und für die wundervollen Gedichte – sie liegen schon lang und vertraut vor uns, und wir freuen uns sehr auf die schöne Ausgabe mit Gisèles Radierungen, die Du uns ankündigst. Sie liegen offen, Deine Gedichte, wir gehen vorbei und nehmen eines der kleinen Stücke auf, und es bleibt lange, scharf, kantig und voll tätiger Verwandlungskraft. Nichts, das an ihnen ausließe, sich entfernte – klar und genau, und doch unfaßlich, bleiben sie wirksam, symbolische Paradigmen, gedeutete Stützpunkte, für die das Leben dankbar ist. Wir sind Dir sehr dankbar, Paul.

Dann danke ich Dir auch sehr für Deine Bemerkung zu meinen stets unsicheren, unglücklichen Versuchen: ein Jahr Bemühung steckt in jenem Stück, und es ist mißlungen. Dein Rat, Paul, soll mir gegenwärtig bleiben. Aber Du siehst, daß ich weder den Knoten meines Inneren, noch das Versperrtsein meines Mundes noch freimachen, lösen werde können. Die Armut treibt mich ins zerklüftetste Gestein, zu unübersehbaren Türmen von Blockwerk und Schutt, daß hieraus vielleicht eine Tugend entstünde. Sie hat dann nicht viel Kunst, nichts Freigeborenes, Glückhaftes; es wird, wenns so wird, wie ichs will, eine komplizierte pausenlose chromatische Fuge, die niemand anhören kann – ein nicht nachlassender Sprachlärm in ewig gleicher Anspannung und Monotonie – ein Bild aus Alptraum und Vorhölle, Obsession; kein »Lichtzwang«[1] – kein Gespräch: und doch, mit wieviel Sehnsucht danach. – Dein Rat und Deine Kritik wird mir immer von größter Bedeutung und Hilfe sein. Ich versuchte, ihn zu befolgen, er war der Anstoß zu dem beiliegenden Blatt. Welche unendliche Sehnsucht habe ich danach, ein Dichter zu sein! Und – muß verzweifeln. War jemals noch einer mit solcher Mühe so streng geschieden? Verzeih mit, Paul. Bleib mir gut.

Alles, alles Liebe Dir.
Von Herzen Dein
Klaus

[*Anlage:*][2]

377 *Paul Celan an Klaus Demus*
[Paris,] 21. 1. 70
Mein lieber Klaus,
aber natürlich bist Du ein Dichter! Nur: diese Zeit ist nicht dichterisch, sie kann es nicht mehr sein, und sie will, daß wir das Wissen um ihr Nicht-dichterisch-Sein hineinnehmen in das, was wir schreiben. Genauer: das will sie vielleicht noch, unter anderem, – vielleicht.

Du hast soviel Sprache, Klaus – mir kommt die Sprache mehr und mehr abhanden. Bald werde ich nur noch mit den Knochen denken können, ein wenig Übung habe ich schon darin.

Seid bedankt, seid gegrüßt
Paul

[Wien,] 28. I. 70

Mein lieber Paul,

sei von Herzen bedankt für Deinen guten Zuspruch, er hat mir in einer Schwäche sehr geholfen.

Ich bin arm an Sprache, Paul, nicht nur Dir gegenüber, mein ganzes Schreibenwollen entspringt daraus – wie es ebenso aus dem nicht-dichterisch-Sein dieser Zeit seine Bemühung hernimmt. So ist meine Lage eine andere als die Deine, wie mein Zweifeln, und oft Verzweifeln, ein ganz anderes ist. Die Verwehrung des Dichterischen, die ich in mir spüre, macht, daß der Anspruch das Nicht, das in der Zeit liegt, für ein nicht in Wahrheit Bestehendes hält: ganz zusammengenommen muß, so glaube ich, wie die Verwehrung so auch dieses Nicht der Zeit zu überwinden sein. Beides ist dasselbe; bringe ich es aber zustande, dann ist, in Wahrheit, auch ein Doppeltes getan. In meinem Schreiben in dieser Zeit ist das Wissen und das Leiden um ihr Nichtdichterisches eben gerade als der unbedingte Glaube an das Dichterische der Ausdruck, der meiner Lage entspricht: ihn, und nur ihn, habe ich in es hineinzunehmen, als die Wende der eigenen und der größeren Not. Und ich sehe etwas jenseits der Not – im noch Größeren, dem gegenüber auch diese Zeit klein ist und das immer da ist und für das Schauen voll Anspruch, es zu sagen und zu deuten. Und ich finde es auch in mir, im Ernst, in der Bemühung, in der Begeisterung, und auch da ist es stärker als das Wissen um Not, Leid und Verwehrung. Was aber ich in meiner Schwäche erfahren kann, muß etwas sein, was eine viel mächtigere Wahrheit und Seiendheit hat als das, was wir für das Geschick dieser Zeit nehmen. Daher, Paul, nehme ich mir das Recht, gegen die Zeit, wie es scheinen mag, aber gerade aus ihr heraus das Dichterische zu wollen: um der Wahrheit willen, die zu sagen aufgetragen ist, in der reinsten erkannten Gestalt.

Sei von Herzen gegrüßt –

Dein Klaus

Paris, am 3. März 1970

Liebe Nani, Du hast vorgestern Geburtstag gehabt – laß mich Vergeßlichen Dir herzlich gratulieren, heute. Hier ein kleines Gedicht, lies es bitte und zeig es auch Klaus:

<u>Einkanter</u>: Rembrandt,[1]
auf du und du mit dem Lichtschliff,
abgesonnen dem Stern
als Bartlocke, schläfig,

Handlinien queren die Stirn,
im Wüstengeschiebe, auf
den Tischfelsen
schimmert dir um den
rechten Mundwinkel der
sechzehnte Psalm.

——

(20. Juli 1968, Paris)[2]

Hab es gut, Nani,
habt es gut!
Paul

Wien, am 16. April 1970[1]

Vertrauter, Lieber – Paul – !

War es auch nur so wenig, was ich damals als Mädchen von Dir begreifen konnte, so ist es unentwegt in mir weitergewachsen seither, Dein Dasein, Deine Existenz als Leidender, Fühlender, als Denkender, der es zu äußern vermag, wie kein anderer in dieser bitteren Zeit, mit den vorgetriebensten Organen, dem lebendigsten Puls, was nicht mehr faßbar ist mit Worten und auch darüber hinaus hineinragen will in ein Kommendes, ein Weiteres – in dieser Welt ohne Hoffnung – da stehst Du Paul, und bist mir nah und vertraut und wirst es mit meinem Älterwerden immer mehr und meine innere Dankbarkeit gegen Dich wird stets größer. Daß Du es tust, was so schwer ist, daß Du es kannst! Durch alle Unmöglichkeit hindurch in ein Wahres hineinzureichen! Ausgesetzt in Dir selber, am nackten Fels Deines Schicksals – daseiend für uns alle.

Und beschämst mich und denkst mit Gaben der schönsten, kostbarsten Art an die Dienerin von Klaus und Jakob – wie sollen mir da nicht die Worte fehlen, Dir zu danken.

Nani

Postskriptum

Als noch lebender Partner dieses Briefwechsels fühle ich mich zum Bekenntnis einer Schuld verpflichtet, die ich einzulösen habe. Es ist die Schuld, eine in der bewahrten Treue wachsende Untreue dem Freund gegenüber verborgen zu haben. Sie betraf das Dilemma zwischen der Bewunderung des Sprachgenius auch des sich schon verirrenden, verirrt Habenden einerseits und dem Zweifel am, und der Abwendung vom, Celanschen Gedicht andrerseits – ein den späteren Briefwechsel quälend durchziehendes, aber unausgesprochen bleibendes Dilemma. Meine Aufrichtigkeit gebrauchte zweierlei Maß.

Von Anfang an stand meinem Sprachgefühl Celans Natur-begabung in einer Weise fest, die Schillers Formulierung von der »Liebe dem Vortrefflichen gegenüber« zur Konsequenz hatte. Dieses Aufschauen zum »miglior fabbro« blieb mir be-stehen – auch als mir, etwa seit ›Niemandsrose‹, Celans Ge-dichtbegriff zunehmend ungültig wurde. (Für mich selbst be-zog ich längst andere Ausrichtung – wovon aber hier nicht die Rede ist.)

Als mit der durch die »Infamie« losgetretenen Katastrophe sich meine Hinwendung immer mehr zum Dienenwollen ent-schied, verbot sich mir jede Äußerung außer der den Freund bestärkenden – aufrichtig allein in Ansehung des Sprachlichen: seine Sprachfähigkeit – als caput mortuum – allein blieb mir fortgesetzter Bewunderung Substrat. Unaufrichtigkeit dem nicht mehr den Gegensatz vertragenden Freund gegenüber habe ich nun als Schuld zu bekennen.

März 2008   K. D.

Kommentar

Nachwort

Als Paul Celan am 17. Dezember 1947 nach mehrwöchiger Flucht über Rumänien und Ungarn in Wien eintraf, kam er als »Displaced Person« (DP), wie es offiziell hieß, als Flüchtling und staatenloser Jude in die vom Krieg gezeichnete Donau-metropole. Wie viele der jüdischen DPs war der 27jährige Dichter heimatlos geworden. Die verlorene Heimat beschreibt Celan in der ›Ansprache zur Verleihung des Bremer Literatur-preises‹ als eine Gegend, in der »Menschen und Bücher *lebten*«, und als eine »der Geschichtslosigkeit anheimgefallene ehema-lige Provinz der Habsburgermonarchie« (GW III, 185). Sicher, das Habsburger-Reich war schon untergegangen, als Celan geboren wurde, doch die »Provinz« mit ihrer unerreichbaren Hauptstadt Wien, von der hier die Rede ist, blieb ihm zeitlebens eine dichterische, geistige Provinz, lebendig durch die Namen jener Menschen, deren Büchern er in der Bukowina, dem *Bu-ch*enland, begegnet war. Es war eine ›erlesene‹ Heimat, die ihm geblieben war, nachdem die wirkliche Landschaft verloren, die Menschen, die er liebte und die ihm Heimat bedeutet hatten, geflohen oder, wie seine Eltern, verschleppt und ermordet wor-den waren. Unverloren geblieben war ihm allein die deutsche Sprache, der er in seinen Gedichten, die ihm nach Wien voraus-geeilt waren, die Abgrund- und Verlusterfahrung unauslösch-lich eingeprägt hatte. Sein Schreiben, so hat er es in der ›Meri-dian‹-Rede formuliert, war die Suche nach den Orten seiner »eigenen Herkunft«, die nur noch auf seiner »Kinder-Land-karte« verzeichnet sind, und zu denen er nur im Gedicht eine Verbindung herzustellen vermochte. Allein im Gedicht blieb Begegnung möglich: »Ich finde etwas – wie die Sprache – Im-materielles, aber Irdisches, Terrestrisches, etwas Kreisförmiges, über die beiden Pole in sich selbst Zurückkehrendes und dabei – heitererweise – sogar die Tropen Durchkreuzendes –: ich finde ... einen *Meridian*« (GW III, 202). Wien, mit seinen in Czernowitz gelesenen Dichtern und Denkern, war für Celan eine geistige Lebensform. Das alte, kaiserliche Wien, immerhin auch ein beliebtes Ausflugsziel seiner Mutter und der vorübergehende Zufluchtsort seiner Tante Berta Antschel, die 1938 nach London emigrierte, war für Celan das »Bild für eine Epoche, für eine Atmosphäre, eine geistige Haltung, eine Lebensweise – und es ist nicht zuletzt ein deutschsprachiges Nicht-Deutschland« (Displaced: Wiedemann, 151f.). So weisen denn auch die Hinweisschilder zu seinem Grab auf dem Friedhof Thiais bei Paris Paul Celan-Antschel als »poète autrichien« aus. Er verstand sich als »österreichischer Dichter« aus einer »geistigen Zugehörigkeit« heraus, wie er gegenüber Milo Dor betonte, aber als französischer Staatsbürger.

Als der 27jährige Dichter mit »schmalem Gesicht und dunklen, traurigen Augen« im Redaktionsbüro der Avantgarde-Zeitschrift ›Plan‹ auf dem Opernring auftauchte, kannte der Herausgeber Otto Basil bereits seine Gedichte und hatte entschieden, eine Auswahl der ihm von Celans Bukarester Mentor, Alfred Margul-Sperber, übersandten Typoskriptkonvolute zu publizieren. Bereits am 14. November 1947 hatte Basil nach Bukarest geschrieben: »Was die Gedichte Paul Celans betrifft, so finde ich sie – gleich Ihnen – außerordentlich schön und bedeutend. [...] Im *Plan* will ich einige Gedichte bringen, wenn möglich (und es die Platzverhältnisse gestatten) schon im Heft 6« (Displaced: Goßens, 59f.). Im Februar 1948, im sechsten und letzten Heft der Zeitschrift ›Plan‹, erschienen unter dem Titel ›Der Sand aus den Urnen‹ 17 Gedichte Paul Celans – darunter auch Gedichte wie ›Schnee ist gefallen‹, ›Nähe der Gräber‹ und ›Espenbaum‹, die auf das Schicksal des jungen Dichters verweisen und die Erinnerung an die ermordete Mutter wachhalten. In einer Notiz am Ende des Heftes hatte Basil aus Margul-Sperbers Brief zitiert, in dem Paul Celan als »*der* Dichter unserer westöstlichen Landschaft« vorgestellt wird, den er »ein halbes Menschenalter von ihr erwartet habe und der diese Gläubigkeit reichlich lohnt«. Sein Gedichtbuch sei »das einzige lyrische Pendant des Kafkaschen Werkes«. Basil selbst bekannte später: »Seit Trakl hatte kaum mehr ein Dichter einen so großen Eindruck auf mich gemacht.«

Diese Publikation war für ihn die Eintrittskarte in den Kreis der Wiener Surrealisten, die sich in der Agathon-Galerie des Schriftstellers und Künstlers Leopold Wolfgang Rochowanski trafen. Sie war im gleichen Haus untergebracht wie die Redaktion des ›Plan‹. Celan las in der Galerie und im Rundfunk Gedichte, nahm an einer Surrealismus-Ausstellung teil, verkehrte bei dem Maler Edgar Jené, in dessen Atelier am Althanplatz ebenfalls viele junger Künstler, Literaten und Schauspieler anzutreffen waren, und wurde »zum prägenden Teil einer Kultur, die mit seiner Abreise im Juli 1948 ihr Ende fand« (Displaced: Goßens/Patka, 10). Für Celan waren die wenigen Monate in Wien eine wichtige und produktive Phase. Hier publizierte er unter schwierigen Bedingungen nicht nur die Gedichte im ›Plan‹, sondern brachte auch zwei Buchprojekte auf den Weg, die allerdings erst nach seiner Abreise erschienen: den Gedichtband ›Der Sand aus den Urnen‹ (A. Sexl 1948) und die Schrift ›Edgar Jené. Der Traum vom Traume‹ (Agathon Verlag 1948), die 30 Abbildungen von Werken Jenés enthielt und eine kurze Vorbemerkung Basils. Die kurze Wiener Zeit half Celan, Beziehungen zu entwickeln, die ihm auch nach seinem Weggang Veröffentlichungen im deutschsprachigen Raum ermöglichten – etwa in den von Jené und Max Hölzer herausgegebenen ›Surrealistischen Publikationen‹ (1950) und in der von Hans Weigel herausgegebenen Anthologie ›Stimmen der Gegenwart 1951‹. In Wien knüpfte er aber auch eine Reihe von Freundschaften. Zu Milo Dor etwa und zu Reinhard Federmann, Edgar Jené und Erika Lillegg-Jené, die ihn allesamt in der schwierigen Anfangszeit in Paris besuchten. Letztere blickte unmittelbar nach Celans Ausreise nach Paris in einem Brief an Margul-Sperber auf die Wiener Zeit zurück: »Und Sie schickten ihn uns und er kam und brachte seine Gedichte und sich selbst. Es gibt auch hier nicht Viele, die sahen, welch ein schönes Wunder er für diese Welt bedeutet, aber die es taten, werden es nie wieder vergessen können. Und ich glaube, dass das Äpfelchen, das Sie ins Rollen brachten, den richtigen Weg rollen wird – und die Dummheit der Menschen nicht doch stärker ist, als seine Genialität«.

Zu jenen Menschen, die Celans Genialität erkannten, gehörten auch Ingeborg Bachmann und Klaus und Nani Demus geb. Maier, die alle drei zu den mit Abstand wichtigsten Bekanntschaften aus dieser Zeit zählen. Während der Briefwechsel zwischen Bachmann und Celan bereits vorliegt und die Geschichte einer besonderen, in der deutschen Literaturgeschichte vielleicht einzigartigen Liebe zwischen zwei Dichtern im 20. Jahrhundert dokumentiert, ist der Briefwechsel mit Klaus Demus das Zeugnis einer außergewöhnlichen Freundschaft. Paul Celan jedenfalls hat sich keinem Menschen – seine Frau Gisèle Celan-Lestrange ausgenommen – mehr geöffnet, hat keinen anderen Menschen näher an sich herangelassen. »Meine Lieben, habt Dank für alles, habt Dank dafür, daß Ihr da seid, daß Ihr dieses weite Tor der Freundschaft geöffnet habt –: Ihr seid meine endlich wirklich gewordene Welt«, schreibt Celan im November 1951 an die Freunde, und im August 1954 liest man: »Ich weiß unter meinen Freunden niemand, der mir so nahe wäre wie Ihr«. In den Wiener Gedichtband ›Der Sand aus den Urnen‹ hatte der Dichter die Widmung geschrieben: »Klaus, dem Bruder // Paul«. Man muß sich beim Lesen dieses Briefwechsels immer wieder ins Gedächtnis rufen, dass man hier einem Äußersten an Nähe bei Celan begegnet, eine Nähe, die ohne Fremdheit nicht auskommt. Wenn Celan im Zusammenhang mit seinen Übersetzungen die beiden gegensätzlich scheinenden Begriffe verknüpft und von »Fremder Nähe« spricht, dann gilt diese Wortprägung nicht nur für seinen Umgang mit Büchern, sondern auch für den mit Menschen. Ingeborg Bachmann, die er in dem ihr gewidmeten Gedicht als »Fremde« anspricht, die sie trotz größter Nähe bis zum Ende bleibt, ist *ein* Beispiel für diese zwischenmenschliche Form der Bindung, die

vom Erlebten und Erlittenen bestimmt wird. Seine Freundschaft mit Klaus und Nani Demus, die noch heute in der Wiener
Wohnung im Rennweg 4 leben, in der Celan sie mit Frau und
Kind besuchte, ist ein weiteres Beispiel dafür. Sie beschreiben
ihn als einen einzigartigen und einsamen Menschen, der in Paris, obwohl er viele Menschen kannte, doch sehr einsam lebte
und keine wirklichen Freunde besaß. »Paul lebte meistens
schweigend«, berichtet Nani Demus und erinnert sich, daß er
sich oft erst bei Spaziergängen durch das nächtliche Paris oder
Wien öffnete. Celan stand einsam in der Welt der Dichtung.

Klaus Demus und seine spätere Frau waren durch die Veröffentlichung im ›Plan‹ auf Celan aufmerksam geworden. Seine
Gedichte hatten die beiden tief beeindruckt, und als Nani Demus ihrer Freundin Ingeborg Bachmann von ihrer Begeisterung
berichtete, arrangierte diese ein erstes Treffen zwischen Celan
und Demus. Es sei sehr wichtig, daß Demus den Dichter rasch
kennenlerne, denn Celan sei nicht mehr lange in Wien, sondern
plane die Ausreise nach Paris. Ingeborg Bachmann stiftete also
die Freundschaft. Sie hatte mit Nani Demus in Klagenfurt ma-
turiert und war ihr während des Studiums in Graz und später in
Wien wieder begegnet. Nani Demus studierte Literaturwissenschaft und Geschichte, und es entwickelte sich eine Freundschaft, die bis zu Bachmanns Tod fortbestand. Klaus Demus
traf mit Celan zum ersten Mal im Café Landtmann am Burgtheater zusammen. Das Kaffeehaus ist in Wien traditionell ein
beliebter Treffpunkt für Gespräche über Literatur und Kunst,
doch das erste Gespräch zwischen den beiden kam nur langsam
in Gang und verlief sehr stockend. Er sei sehr schüchtern gewesen, erinnert sich Demus, als er dem Dichter erstmals begegnete. Ein zweites Treffen fand Ende Juni 1948 in einer Buchhandlung in der Nähe der Oper statt, wo Celan ein Geschenk
für Ingeborg Bachmanns Geburtstag kaufen wollte. Er entschied sich, wie wir heute wissen, u. a. für den Matisse-Band
›Peintures 1939-46‹ (Introduction d'André Lejard, Paris 1946),
dem er das Gedicht ›In Ägypten‹ »Für Ingeborg« beilegte. In

einem Brief vom 25. 6. 1948 schreibt sie dazu: »Von Paul Celan zwei prächtige Bände moderner franz. Malerei mit den letzten Werken von Matisse und Cézanne, ein Band Chesterton (ein berühmter engl. Dichter) Blumen, Zigaretten, ein Gedicht, das mir gehören soll, ein Bild, das ich Euch in den Ferien zeigen kann. (Er fährt morgen nach Paris). Ich war daher gestern, am Geburtstagsvorabend noch sehr festlich mit ihm aus, Abendessen und ein wenig Wein trinken« (IB/PC, 251). Bei diesem letzten Treffen unmittelbar vor Celans Abreise, gab ihm Demus sein Gedicht ›Und wieder steigt der Rauch‹, mit dem der umfangreiche Briefwechsel einsetzt.

Es ist bezeichnend, daß der Briefwechsel mit einem Gedicht von Klaus Demus im Juni 1948 beginnt und mit Versen Celans im März 1970 endet, denn die Freundschaft ist auch eine Dichterfreundschaft. Gespräche über die Dichtung nehmen einen großen Raum innerhalb der Korrespondenz ein, wobei der Anteil des jüngeren »Bruders« ungleich größer ist. Celan äußert sich selten zu seiner Dichtung, und auch die Lyrik des Freundes beurteilt er – trotz mehrerer Nachfragen – selten. »Klaus, ich freue mich mit jedem Deiner Gedichte«, heißt es einmal, »sie sind jetzt reiner, geläuterter, deutlicher eins mit der Welt, aus der sie kommen. Wenn ich nur wüßte, wie man über Gedichte sprechen muß! Aber ich weiß es nicht, es ist mir nicht gegeben, und jedesmal, wenn ich es mir eingestehn muß, verzweifle ich«. Demus spricht dagegen sehr ausführlich und intensiv über die Dichtung Celans, teilweise aus einer Nähe und Intimität heraus, die den Anschein erwecken, als finde der Freund die Worte, die Celan selbst nicht äußern kann. Die Tatsache, daß Celan daran denkt, Demus' Worte zu dem ›Sprachgitter‹-Band und den Jessenin-Übertragungen als gültige Texte für den Band bzw. den Schutzumschlag zu verwenden, zeigt, wie sehr er seine Dichtung von dem Freund erkannt sieht. Klaus Demus ist übrigens bis zum heutigen Tag ein Dichter geblieben, wie die Bibliographie seiner Werke im Anhang zeigt. Der Dichter Michael Guttenbrunner bezeichnete ihn einmal als einen Lyriker, »der mitten unter uns lebt, aber so wenig gesehen wird, als ob er ferne von uns stünde, hinter der Krümmung des Raumes« (Guttenbrunner 2007, 462). Demus spricht häufig über seine eigene Dichtung, und Celan ermutigt den oft von Selbstzweifeln geplagten Freund, nicht aufzugeben, und bestärkt ihn in seinem Tun. Er setzt sich bei einigen Verlegern entschieden für Demus ein und empfiehlt dessen Gedichte. Daß Demus' erster Gedichtband ›Das schwere Land‹ 1958 bei S. Fischer erscheint, verdankt sich auch dem Werben Celans. Noch stärker als bei Celan, dokumentiert der Briefwechsel Demus' Entwicklung als Dichter. Von den sprachspielerischen Texten der Anfangszeit führt der Weg bereits in den 50er Jahren zum Poeta doctus, der seine Dichtung in einer Traditionslinie mit dem Werk antiker Dichter über Goethe und Hölderlin bis zu Hofmannsthal und Borchardt sieht und der sich damit bewußt in eine deutliche Gegenposition zum Sprachpessimismus und Nihilismus der modernen Dichtung stellt. Heute liegen von ihm 15 Gedichtbände vor, von denen Celan nur die beiden ersten erlebte: ›Das schwere Land‹ und ›Morgennacht‹ (1969).

Von Anfang an waren die Rollen in dieser ungleichen Beziehung zwischen Demus und dem sieben Jahre älteren Dichter, der in Wien mit seiner Lyrik für Furore sorgte, festgelegt. Celan ist der große, bedeutende moderne Dichter, Klaus Demus der von Selbstzweifeln geplagte, bewundernde Schüler, der den ›Meister‹ anfangs zu imitieren versucht. »Ich hab lange geglaubt, Ihren Gedichten nachfolgen zu sollen«, schreibt er in einem frühen Brief: »Aber wie schwach war das, was ich mit Ihrem Atem sagen konnte. Nun bin ich auch ganz erschrocken über das unerlaubte Verhältnis der Abhängigkeit«. Was beide verband, war die Verehrung bestimmter Dichter (u. a. Hölderlin, Hofmannsthal, Borchardt) und Denker (Heidegger) sowie das Gefühl, allein zu stehen. Demus sah in Celan den Dichter, der, wie es ihm vorschwebte, die Tradition trägt. Die Abwendung von dem, was sich »Moderne« nennt, vollzieht er früh. In seinem Brief vom 20. Februar 1955 heißt es: »Noch kann ich eine Hoffnung nicht aufgeben, die früheren Ansätze fortzusetzen. Neu beginnen – ist nicht möglich, ich wills auch nicht, glaube nicht an ein Neues, Anderes. Es müßte die Tradition sein, die ununterbrochene Arbeit am Wirklichkeitsbegriff, die geforderte Interpretation. Weit und breit bist Du, Paul, der Einzige, der sie leistet in der dürftigen Zeit, der einzige Sachwalter des deutschen Gedichts, der deutschen Sprache. Mit aller Kraft muß man wünschen, daß Dir die Gabe erhalten bleibe«. Das Urteil des Freundes mag viele befremden, die in Celans Lyrik gerade den Bruch mit der Tradition herauslesen wollen. Dabei stand der aus der Bukowina stammende Dichter wie kein zweiter *in* der Tradition und resümierte in seiner Person und seinem Werk, wie Harald Weinrich einmal bemerkte, ein ganzes Jahrhundert europäischer Lyrik. Über sein Verhältnis zur Tradition hat er in der ›Antwort auf eine Umfrage der Librairie Flinker‹ Auskunft gegeben und dabei klargestellt, daß eine deutsche Lyrik nach Auschwitz eine »grauere« Sprache sprechen muß: »Düsteres im Gedächtnis, Fragwürdigstes um sich her, kann sie, bei aller Vergegenwärtigung der Tradition, in der sie steht, nicht mehr die Sprache sprechen, die manches geneigte Ohr immer noch von ihr zu erwarten scheint. Ihre Sprache ist nüchterner, faktischer geworden, sie mißtraut dem ›Schönen‹, sie versucht wahr zu sein. Es ist also [. . .] eine ›grauere‹ Sprache, eine Sprache, die unter anderem auch ihre ›Musikalität‹ an einem Ort angesiedelt wissen will, wo sie nichts mehr mit jenem ›Wohlklang‹ gemein hat, der noch mit und neben dem Furchtbarsten mehr oder minder unbekümmert einhertönte« (GW III, 167). Mit dieser Position war er unter den deutschsprachigen Nachkriegsdichtern ein Außenseiter und blieb es als deutschsprachiger jüdischer Dichter mit französischem Paß auch im deutschen Literaturbetrieb nach 1945. Celans ›Empfang‹ in der ›Gruppe 47‹, von der auch in diesem Briefwechsel die Rede ist, darf als ein Beispiel dafür gelten.

Beide Freunde waren auf ihre Art Außenseiter. Klaus Demus hat nie die Nähe zur Wiener Avantgarde gesucht. Dem Kreis um Jené gehörte er nie wirklich an, ebensowenig fühlte er sich der Wiener Gruppe zugehörig, jenen Künstlern und Intellektuellen, die sich im Wiener Art-Club trafen. Fast scheint es, als habe er diese Orte und Menschen nur Celan zuliebe aufgesucht. Im März 1958 bekennt Demus dem Freund: »Ich bin ein Außenseiter, Paul, und aus dem heraus hab ich mich auch der Verantwortlichkeit entschlagen, wie Du sie immer sichtbarer auf Dich nimmst. Dem bloßen, auch dem reinen Schauen, wozu ich mich halten möchte, ist nicht der ganze Kreis des Sagbaren offen; es geht vom Gesetz aus, nicht vom Menschen. Das Schwere, ja, das Unvollkommene, auch das, es ist der Welt immanent, aber ich glaube an das Gerechte: alles ist gerecht vom Ewigen her. Das ist mir der Grund der Welt. Und diese ist in jedem Augenblick, den sie durchrollt, überherrlich und vollkommen. Ist das nicht ein guter Trost, eine feste Burg?« Hier tritt aber auch das Trennende deutlich zutage: Für Demus war es ein selbstgewähltes Außenseitertum, mit dem er zeitweise kokettierte, für Celan war es ein erzwungenes Außenseitertum, unter dem er litt. Was dem Freund der Grund der Welt war, war ihm ein Abgrund geworden. An eine Gerechtigkeit, die vom Ewigen herkommt, konnte Celan damals nicht glauben. Die leidvolle Erfahrung der Shoa trug er allein und konnte sie mit dem Freund nicht teilen. Es ist auffällig, daß dieses Thema und Celans jüdisches Schicksal in diesem Freundesbriefwechsel seltsam ausgeklammert bleiben. Erst im Zusammenhang mit der Goll-Affäre kommt Celan darauf zu sprechen, etwa wenn er im Juli 1960 schreibt: »Wo das alles wiederkommt und wie, will ich Dir gern zeigen, Klaus; Du wirst es sofort einsehn, es ist *überdeutlich*. Wer gerne von der ›Legende‹ der Millionen gemordeter Juden spricht, weißt Du. Sie können ja auch keine Totenscheine vorweisen, die Juden«. Damals hatten die perfiden, haltlosen Verleumdungen sein Trauma aktualisiert, ein überlebender Jude zu sein. Über Celans eigenes Schicksal wird zwischen den beiden jedoch nicht direkt gesprochen – weder brieflich noch im Gespräch. Der Brief, in dem er von der »Verhöhnung meiner gemordeten Mutter« spricht, wird nicht abgeschickt, und im persönlichen Gespräch waren die Lagererfahrung und der Tod der Eltern, so erinnert sich Klaus Demus, fast nie ein Thema. Celan sei seiner Natur nach ein stiller, verschlossener Mensch gewesen, der kaum von seinen Eltern oder seiner Familie erzählt habe. Selbst seine Tante Bertha Antschel in London, die ihn besuchte, als Klaus und Nani Demus gerade bei ihm waren, hat er ihnen nicht vorgestellt, sondern in ein Nebenzimmer geführt. Das Jüdische habe in den Gesprächen über Celans Gedichte ohnehin nie eine Rolle gespielt, jüdische Anspielungen seien nicht hervorgehoben worden. Doch während Nani Demus daraus schließt, daß es für ihn im Frühwerk offenbar keine Bedeutung hatte und er es erst später für sich entdeckte und ihm eine Bedeutung gab, äußert sich Klaus Demus vorsichtiger: »Wir wissen es nicht. Vielleicht hat er nur mit uns nicht davon gesprochen. Individuum est ineffabile *[Das Individuum ist nicht zu fassen]*. Und das galt besonders für Paul«.

Nicht leicht faßbar sind auch die Gründe, die aus den zwei kurzen Begegnungen im Sommer 1948 in Wien Celans engste Freundschaft entstehen ließ. Klaus Demus wurde 1927 in St. Pölten geboren, wo er auch die Volksschule besuchte. Sein Vater war der berühmte Byzantinist und Kunsthistoriker Otto Demus, der im Jahr 1929 zum ersten hauptamtlichen Landeskonservator für Kärnten ernannt worden war. 1936 wurde er in die ›Zentralstelle für Denkmalschutz im Bundesministerium für Unterricht‹ versetzt und übersiedelte mit der Familie – seiner Frau, der Geigerin Erika Demus geb. Budik und den beiden Söhnen Jörg und Klaus – nach Wien, wo die Kinder das Humanistische Gymnasium besuchten. Otto Demus emigrierte 1939 nach England, nachdem er von Freunden gewarnt worden war, daß seine Verhaftung durch die Gestapo unmittelbar bevorstehe. Nach der Machtübernahme durch die Nationalsozialisten war er u. a. auch dafür zuständig gewesen, Ausfuhrgenehmigungen für jüdische Kulturgüter zu erteilen, und verfuhr nach Meinung der neuen Machthaber, dabei zu großzügig. Nach seiner Emigration und einer kurzen Internierung in einem kanadischen Lager nach Kriegsbeginn arbeitete er seit 1941 am Courtauld Institute of Art der Universität London, wo er Vorlesungen abhielt, später als Bibliotheksassistent am Warburg Institute und als Rundfunkmitarbeiter in der österreichischen Sektion der BBC. Schon 1945 erhielt er einen offiziellen Rückruf nach Österreich, wo er ab 1946 das Bundesdenkmalamt in Wien leitete. 1963 wurde er zudem zum Ordinarius für Kunstgeschichte an der Universität Wien berufen, wo er mit Otto Pächt die Tradition der Wiener Schule der Kunstgeschichte fortsetzte. Obwohl seine Forschungsschwerpunkte der mittelalterlichen und byzantinischen Kunst galten, interessierte er sich auch für moderne österreichische Malerei und war u. a. mit den Malern des ›Nötscher Kreises‹, Franz Wiegele, Anton Mahringer und Gerhart Frankl, befreundet. Von ihm hat Klaus Demus, der 1944 in Wien die Kriegsmatura ablegte, wohl die Begeisterung für die Kunst geerbt. Den Krieg verbrachte Demus mit seinem Bruder Jörg, dem bekannten Musiker und Pianisten, bei der Mutter in Wien. Schon vor Otto Demus' Flucht nach England lebte das Ehepaar getrennt. Nach einem kurzen Kriegseinsatz als Pionier in Pommern kehrte Klaus Demus bereits 1945 zuerst nach Kärnten und dann nach Wien zurück, wo er das Studium der Kunstgeschichte und Klassischen Archäologie begann, das er im Juli 1951 bei dem Kunsthistoriker Karl Maria Swoboda mit seiner Dissertation ›Der Kubismus und die formalen Strömungen in der Malerei des 20. Jahrhunderts‹ abschloß.

Die moderne Kunst, von der Österreich, wie Deutschland, in den Jahren der nationalsozialistischen Herrschaft abgeschnitten war, beschäftigte den damals 21jährigen Wiener Kunststudenten schon lebhaft, als er im Sommer 1948 mit Celan zusammentraf. Mit einem Stipendium kam er im Herbst 1949 für ein Semester nach Paris, um dort an seiner Dissertation über moderne Kunst zu arbeiten und in der französischen Hauptstadt die Moderne erst einmal kennenzulernen, die in Deutschland und Österreich seit 1933 bzw. 1938 als ›entartet‹ galt und aus den Museen entfernt worden war. In Wien war Demus auch der erste Student am Kunsthistorischen Institut, der über moderne Kunst forschte. Sein Doktorvater Swoboda war damals der Meinung gewesen, daß die Kunst des 20. Jahrhunderts wissenschaftlich erforscht werden müsse. In Paris verfolgte Demus aber noch ein weiteres Projekt, das er mit viel Engagement auf eigene Faust betrieb: Er bemühte sich bei Künstlern der Moderne, von Picasso bis Moore, von Léger bis Miró, um Gemälde und Skulpturen für ein Museum der modernen Kunst in Wien. Sein Ziel war es, für Österreich eine repräsentative Sammlung moderner Kunst als Donationen der Künstler oder von deren Erben zusammenzutragen. Dafür suchte er die Künstler – wie etwa Picasso – persönlich auf, bat sie um eine Donation für das Museum und erhielt auf diese Weise etwa 25 Zusagen. Zu den Bedingungen gehörte, daß erst ein neuer Museumsbau errichtet sein sollte. Danach sollten die geschenkten Kunstwerke übergeben werden. Als Demus die Liste der zur Schenkung bereiten Künstler in Wien an das Ministerium weiterleitete, war sogar bereits ein Architekt gefunden, der das Museum bauen wollte: Eduard F. Sekler, der Wiener Architekt, der 1945 sein eigenes Architekturbüro eröffnet hatte und mit dem Projekt auf sich aufmerksam machen wollte. Politisch ließ sich das Projekt im Wien der Nachkriegszeit aber schließlich nicht durchsetzen, weil sich die entsprechenden Grundstücke für den Bau im Besitz von Gemeinde und Bund befanden und sich beide nicht einigen konnten oder wollten. So starb das schöne Projekt, in das Demus viel Arbeit und Tatkraft investiert hatte, und schadete ihm sogar, weil sein Engagement für die moderne Kunst, die Vertreter der traditionellen öffentlichen Museen in Wien, bei denen er sich bewarb, irritierte.

Im Briefwechsel ist von diesem Projekt nur am Rande die Rede, und doch war dieser kleine Exkurs notwendig, um deutlich zu machen, wer der junge Bewunderer war, auf den Celan im Sommer 1948 traf. Demus gehörte schon früh zu dem Kreis um das Österreichische College in Wien und nahm an den ›Internationalen Hochschulwochen‹ (seit 1949 ›Europäisches Forum Alpbach‹) in dem Tiroler Dorf Alpbach teil. Außerdem stand er dem ›Institut zur Förderung der Künste in Österreich‹ nahe und dem ›Forschungsinstitut für europäische Gegenwartskunde‹, in dessen Jahrbuch ›Perspektiven 52/53‹ er seinen Text ›Über das *Neue* in der modernen Kunst‹ publizierte. Überhaupt war er im Wien der frühen 50er Jahre ein gefragter Redner über die moderne europäische Kunst. Auch seine Lyrik ist durch die Kunst moderner Österreicher beeinflußt. In seinem Brief vom 8. April 1954 schreibt er Celan: »Durch Bilder und Plastiken (Rainer, Pillhofer, Boeckl und andere hier) kommt mir un-regelmäßig großer Anstoß, ›Stachel‹; ich kann die Dinge gut von innen verstehen, und das Hineinkommenkönnen wird zum Wollen des Tuns. Zwischen Kunstwerk und Gedicht geh ich immer hin und her – erfahrend, zurücktragend; die beiden kehren sich den Rücken, doch weiß ich die Schicht, die dieselbe bleibend durch beider Fundament durchreicht. Nur wird damit dem Ausschließlichen des Gedichts zu wenig Gewicht gezollt. Freilich seh ich das ›Plastische‹ (ein Begriff für das Künstlerische der bildenden Kunst) als Möglichkeit in der Sprache, und es wird wohl meine Quelle bleiben: ›Redner‹ bin ich keiner – so sehr das – und das ›Leben der Lehre‹ – meine große Sehnsucht ist«. Mit seinen Verbindungen ist er Celan, vor allem in der Anfangszeit in Paris, eine große Hilfe. Während der Aufenthalte von Klaus und Nani Demus in Paris lernt er durch sie viele junge österreichische Künstler und Wissenschaftler kennen. Gerade in der für Celan schwierigen Anfangszeit in Paris, als er sich erfolglos bemüht, seinen Gedichtband in einem deutschen Verlag unterzubringen, sind es die Freunde aus Wien, die ihm Bestätigung geben und Mut zusprechen. »Du bist unter all den Leuten, die im vorigen wie auch diesem Jahr zu unseren Freunden zählen, ein ruhender, ein Mittelpunkt«, schreibt Demus im November 1950: »Das erkenne ich deutlich. Du bist der sicherste, zahlst freilich auch dafür, aber es ist Dir bestimmt. Du wirst sehen, es werden sich gute Menschen immer fester ansetzen um Dich Mittelpunkt«. Als Demus Paul Celan zwischen Oktober 1949 und Mai 1950 erstmals in Paris besuchte, lebte der Dichter in ärmlichsten Verhältnissen und hielt sich mit Übersetzungen und Sprachunterricht über Wasser oder lieh sich Geld von den wenigen Freunden, die er hatte. Er war sehr einsam damals, erinnert sich Demus. Ihr gemeinsamer Freund, der spätere Kunstkritiker Jean-Dominique Rey, sei einer der wenigen Franzosen in Celans Pariser Bekanntenkreis gewesen. In dieser Einsamkeit war ihm die Erinnerung an Wien und die Wiener Freunde eine große Hilfe. Der Briefwechsel zeigt deutlich, daß es Klaus und Nani Demus waren, die die Verbindung zu Wien über viele Jahre hinweg aufrechterhielten, zu jener Stadt also, mit der Celan so viel Zuneigung verband. Zahlreiche Aufträge hat Celan aus Paris den Freunden erteilt, die beide bereitwillig ausführten. Bei allen späteren Gedankenspielen, in denen eine Übersiedlung nach Wien erwogen wird, hebt er den Wunsch nach Nähe zu den beiden Freunden hervor: »Ich sage mir, wir sagen uns immer wieder, um wie vieles es leichter wäre, wenn Ihr in unserer Nähe wäret, in Paris, oder wir in Wien. Aber Wien liegt für uns (für mich besonders) immer noch in weiter Ferne – manchmal habe ich auch das Gefühl, daß die Leute, die mich dort kennen, irgendwie froh sind, mich an Deutschland ›losgeworden‹ zu sein – Wien, ja, ist unerreichbar«.

Die Freundschaft zwischen Klaus Demus und Paul Celan ist wohl auch die persönlichste und einzige, die die ganze Familie mit einschloß. Klaus und Nani Demus waren die ersten, denen er seine neue Freundin Gisèle de Lestrange vorstellte, die dann wie selbstverständlich – wie später auch die Kinder Eric und Jakob – in den Briefwechsel mit einbezogen wurden. Man nahm Anteil an der Freude und am Leid der anderen, schickte Postkarten von Reisen, informierte über das Tagesgeschehen und sprach über gemeinsame Freunde und Bekannte. Was beide aber von Anfang an verband, war neben den Gesprächen über Dichtung die gemeinsame Freundschaft mit Ingeborg Bachmann. Der gerade publizierte Briefwechsel zwischen den beiden dokumentiert die einzigartige Beziehung, informiert aber auch über die vielen menschlichen Probleme, die aus dieser Verbindung erwuchsen, in der Klaus und Nani Demus nicht selten als Vermittler auftreten mußten. Nani Demus hat den Versuch der beiden, 1950 in Paris zusammenzuleben, miterlebt. Im November 1950 kam sie für ein Studiensemester nach Paris und blieb bis Sommer 1951. Als sie in Paris eintraf, war die Beziehung zwischen Celan und Bachmann schon schwierig geworden. Sie hatte gehofft, Celan verwandelt und glücklich zu finden, aber das Gegenteil sei der Fall gewesen, wie sich Nani Demus erinnert. Beide habe eine große Liebe verbunden, die zeitlebens nicht aufhörte, doch die Voraussetzungen für ein Zusammenleben waren nicht gegeben. Celan suchte eine Frau, die für ihn sorgte, die ihm »Heimat« sein sollte und bereit war, mit ihm die Armut, in der er damals lebte, zu teilen. Bachmann wollte aber selbst als Dichterin leben, selbständig sein und nicht auf alles verzichten müssen. Celan hatte im Juli 1950 gerade die Universität mit der ›Licence ès lettres‹ abgeschlossen und sich für einen Magisterstudiengang immatrikuliert, den er mit einer Arbeit über Franz Kafka abschließen wollte. Nani und Klaus Demus drängten ihn, sein Studium zu einem Abschluß zu bringen, um bessere Berufsaussichten zu haben. Seine Lebenssituation war damals noch äußerst schwierig. Er wollte als Dichter und *für* die Dichtung leben, aber kein deutscher Verlag wollte seine Gedichte drucken. Seinen bescheidenen Lebensunterhalt verdiente er sich mit gelegentlichem Sprachunterricht, zeitweise auch mit Fabrikarbeit. Er lebte damals im fünften Stock des Hôtel d'Orléans in armseligsten Verhältnissen, in einem winzigen Zimmer, in dem ein Vorhang das Bett vom übrigen Zimmer abtrennte. Bad und Toilette waren nur über den Flur zu erreichen. Ingeborg Bachmann konnte und wollte so nicht leben und erkannte wohl damals die Aussichtslosigkeit eines gemeinsamen Zusammenlebens. In einem Brief an Hans Weigel schrieb sie, daß sie sich »aus unbekannten, dämonischen Gründen [...] die Luft zum Atmen wegnehmen«. Klaus Demus vermittelte auch hier. In seinem Brief vom 6. Dezember 1950 analysierte er, aus einer großen Nähe heraus, die problematische Beziehung der beiden eindrucksvoll: »Es tut mir furchtbar leid, daß es nicht gut gegangen ist. Du hast es aber nicht wissen können, hast in wirklich von mir bewunderter Art einen großen Entschluß tun wollen. Ich bin überzeugt, daß Du Inge aus einer sehr verzweifelten Lage geholfen hast, auch wenn es nun so anders gekommen ist. Gib ihr nicht alle Schuld, Paul; sie ist genau so in sich verkapselt wie Du und ich, auf ihre Weise nur kann sie leben. Von einem Bösen, also einer wirklichen Schuld kann man da nicht sprechen. – Du sollst Dir keine Vorwürfe machen, Lieber. Du sollst auch keine wie immer gearteten Konsequenzen ziehen. Denn ich glaube, daß das Denken nach Richtlinien in wirklich schweren Lebensfällen auch gar nicht nützlich ist. [...] Daß Du Inge kommen ließest, war etwas sehr Gutes und Richtiges. Aber Du hast nicht bedacht, daß Deine Welt sehr kompliziert, und einfach zu gleich, also sehr in sich geschlossen ist; niemand kann da so leicht hinein. Sie ist sehr individuell und hermetisch, Paul. Nun es Differenzen mit der Welt von Inge gegeben hat, mußt Du Dir eben klarmachen, daß etwas anderes kaum zu erwarten war, weil sie aus ihrer auch nicht herauskann. – Daß Du das nicht ganz bedacht hast, wie mir scheint, gehört sehr zu Deinem Wesen, zum Ganzen von Dir, und man muß Dich auch gerade darum sehr gern haben. Du hast etwas sehr Echtes und Treues zu Dir selbst. Nie wirst Du etwas tun können, was nicht zu Dir paßt; nur Du selbst zweifelst daran. Ich weiß, daß Du nie Dein Niveau verlassen kannst. [...] Paul, Du gehst Deinen Weg ganz richtig. Du mußt all diese Erfahrungen machen, die Dich verletzen, weil Du Perlen hervorbringen mußt. Du lebst ganz im Grund, deshalb sind Deine Schätze auch so schwerwiegend und groß. Du mußt aber lernen, das als gegeben zu sehen. Es kann Dir niemand helfen, aber Du wirst nie verlassen sein. – Mein lieber lieber Paul, tu Dich jetzt nicht quälen. Du hast einfach das Unmögliche versucht, und Inge, die mir sehr leid tut, konnte halt nicht anders sein als Dir fremd. Du darfst nicht in Grundsätzen denken. Ihr seid beide sehr arm, es gibt aber keine Schuld. – Du hast ein großes scheues Liebebedürfnis; vielleicht kommt einmal der für Dich richtige Mensch, ich wünsche Dirs so sehr. Einstweilen darfst Du nicht verzagen, Du hast Deine Welt als Aufgabe«. Mit Gisèle de Lestrange sollte Celan bald den Menschen finden, der zu einer Beziehung in seinem Sinn bereit und fähig war. Die Freundschaft zu Ingeborg Bachmann wird aber auch später zu Trübungen im Verhältnis zu Celan führen – etwa im Zusammenhang mit der Blöcker-Kritik des Bandes ›Sprachgitter‹ im Herbst 1959 und der ›Entgegnung‹ zur Goll-Affäre.

Demus' Brief und seine aus großer menschlicher Nähe heraus gegebene Analyse der Celanschen »Welt« offenbart aber noch einen weiteren wichtigen Grund für diese besondere Freundschaft: Die uneingeschränkte und bedingungslose Bewunderung für die große dichterische Begabung des Freundes. Wie kein zweiter bestärkt er Celan in seinem Dichtertum, setzt sich gemeinsam mit anderen Freunden für die Veröffentlichung des Bandes ›Mohn und Gedächtnis‹ ein und drängt den Dichter sogar dazu, Kontakt mit Ernst Jünger aufzunehmen. Paul Celan hat diesen Zuspruch gebraucht und geschätzt, ebenso wie die zahlreichen geistigen Anregungen, die er durch den kunst- und geistesgeschichtlich gebildeten und interessierten Freund erhielt. Der Briefwechsel zeigt auch, wie viele literarische und philosophische ›Begegnungen‹ Celan Demus verdankt. Unzählige Bücher erhält der Dichter aus Wien zugeschickt, von Benn über Borchardt und Stifter bis hin zu Meister Eckhart, Hamann, Heidegger oder Buber. Auch die große Wertschätzung für Hölderlins Werk verband die beiden und führte zu anregenden Gesprächen, von denen der Briefwechsel nicht viel erzählt. Beherrschend bleibt das Gespräch über Dichtung, zumeist über die eigenen Gedichte. Demus' frühe Lyrik wird noch von dem Gefühl getragen, die Welt neu erschaffen zu müssen, eine Vorstellung, die ihm heute völlig fremd erscheint. Manche Formulierungen aus den frühen Briefen hätte er gerne gestrichen gesehen, weil sie, ins Blaue hineingesprochen, für ihn nicht lange Gültigkeit besaßen. Doch die Briefe dokumentieren seine Entwicklung recht gut und zeigen schon bald eine Phase der »Mauserung«, die auf die ersten Versuche folgte. »Im Schreiben umsteht mich das alles; an das Moderne denke ich jetzt viel weniger«, heißt es bereits in einem Brief vom September 1951.

Die Dichtung Celans war für ihn bis zu den Gedichten des Bandes ›Die Niemandsrose‹, die ihm zu deutlich die Spuren der Goll-Affäre tragen, das Non plus ultra, einzigartig und unerreichbar. Celans späterer Gedichtbegriff blieb ihm dagegen fremd. Er hat die Gedichte seit der ›Niemandsrose‹ gelegentlich als die Dichtung eines Kranken bezeichnet und ihnen die Sinnhaftigkeit abgesprochen. Die Celan-Forschung hat ihn dafür weitgehend mit Mißachtung gestraft. Aber auch wenn man die Aussage als grobe Verallgemeinerung entschieden zurückweisen muß, darf man nach der Lektüre des Briefwechsels vielleicht auch daran erinnern, daß Demus die Krankheit und das Leid des Freundes, denen er spätestens seit 1961 hilflos gegenüberstand, schmerzhafter empfunden hat als andere. Der Schmerz und die Bitterkeit, die aus vielen der späten Gedichte Celans spricht, mußten ihn besonders treffen und immer auch an den Freund erinnern, den er an die Krankheit verloren hatte. In seinem letzten Brief an den Freund hatte ihm Celan im Januar 1970 aus Paris geschrieben: »Du hast soviel Sprache, Klaus – mir kommt die Sprache mehr und mehr abhanden. Bald werde ich nur noch mit den Knochen denken können, ein wenig Übung habe ich schon darin«. Wie hätte Demus – von seinem anderen Dichtungsbegriff einmal ganz abgesehen – die »Knochen«-Gedichte des leidenden Freundes lieben können? Im persönlichen Gespräch hat Demus einmal bekannt, daß der Freund durch die

Krankheit seine Liebenswürdigkeit verloren habe, die er wie kein anderer besaß. Eine besondere menschliche Wärme habe Celan ausgezeichnet, eine außergewöhnliche Zartheit und ein Empfindungsreichtum, der im Zwischenmenschlichen aber auch viele Mißverständnisse heraufbeschwor. Von seiner Dichtung und seinem Dichtungsauftrag überzeugt, sei er zugleich leicht beirrbar gewesen. Bald 40 Jahre nach seinem Tod bezeichnet Demus den Freund noch immer als ein Geschenk für die Welt und für sich selbst, aber auch als einen Menschen mit einem unglücklichen Bewußtsein und einer krankhaften Suche nach Zuwendung und Zustimmung. Sein Innenleben habe sich durch eine ungeheure Weite ausgezeichnet, die Raum für unterschiedlichste Menschen bot. Gerade in der Begegnung habe er seinen Reichtum ausgebreitet, nicht um seine Seele zu öffnen, aber um Mauern zu überwinden. Celan sei ein »Beau ténébreux« gewesen, eine melodische, dunkle Laute. Den Begriff habe Celan selbst gerne zitiert und für sich in Anspruch genommen. In der französischen und spanischen Literatur beschreibt der Begriff einen jungen, edlen, schöngeistigen Menschen, dem das Glück, das er sieht, immer versagt bleibt. Don Quijote etwa ist ein »bel tenebroso«, der am Rande des Wahnsinns steht. Auch Gérard de Nervals Gedicht ›El Desdichado‹, das Celan 1957 übersetzt, beschreibt einen »Beau ténébreux«, einen Bewohner ständiger Finsternis, der zum Unglück, zu einer Nacht ohne Sterne und zum Tod verdammt ist. Das Gedicht beginnt mit den Versen: »Je suis le ténébreux, – le veuf, – l'inconsolé«, was Celan mit den Worten übersetzt: »Ich bin der Immerdüstre, der Witwer trostverwaist«.

In seinem ›Postskriptum‹ zu diesem Briefwechsel hat Demus die außerordentliche Begabung für Sprache betont, die Celan eigen war und die ihn, der ständig nach Worten suchte, auch quälte. Er habe geschrieben, um leben zu können, habe aber die Mitteilbarkeit seiner Lyrik überschätzt. Das Besondere an Celans Dichtung hat Demus schon in einem der ersten Briefe zum Ausdruck zu bringen versucht, als er im Dezember 1948

schreibt: »Das Lied. Eins nach dem andern, viele. Unübersichtlich. Bruchstücke des Ganzen, tragisch und anonym. Gemacht
um zu dauern, außer Ihnen, nach Ihnen, ohne Sie. Durch die
unbeschreiblich traurige Melodie«. Seine Kunst der Wortfin-
dung faszinierte Demus von Anfang an, sein sprunghaftes As-
soziieren, mehrdeutig und dunkel funkelnd, war seine eigenste
dichterische Richtung.

Die sogenannte Goll-Affäre hat sich schon früh als Schatten
über die Freundschaft gelegt. Klaus Demus war als bester
Freund und Zeuge der Begegnung mit Yvan Goll in Paris Celans
wichtigster Ansprechpartner. Dieser hatte ihm bereits im August 1956, als Claire Goll in einem Rundbrief an verschiedene
Redaktionen und Persönlichkeiten des deutschen und französischen Kulturlebens versucht hatte, den Dichter des Plagiats zu
beschuldigen, an Celan geschrieben: »Im übrigen ist es doch gar
keine Frage, daß Dein Name und Deine Person, Paul, über
flüchtigste Augenblicke hinweg durch die Golls doch niemals
irgendwie verschattet werden könnte; sie machen sich wahrscheinlich keine Freunde mehr, und Du bist in Deiner ganzen
Person zu einsam, nichts kann Dir verbunden oder angehangen werden. Die kurzlebige Infamie aber sollte Dir nicht ans
Leben rühren dürfen«. Es sollte anders kommen. Man muß die
Briefe, die zwischen Oktober 1959 und Juni 1962 zwischen
den beiden gewechselt werden, nicht kommentieren. Sie er-
schließen sich von selbst. Man kann sie nicht ohne Rührung
lesen, weil sie den schmerzlichen und verzweifelten Kampf
zweier Freunde zeigen, die rettungslos einander verlorengehen.
Von seiner »Schuld« dem Freund gegenüber spricht Klaus Demus heute, von der Schuld, »eine in der bewahrten Treue wachsende Untreue dem Freund gegenüber verborgen zu haben«.
Ich konnte ihm nicht die Wahrheit sagen, weil ich Angst hatte,
ihn zu verlieren, weil ich wußte, ich werde ihn verlieren, wenn
ich ihm die Wahrheit sage, bekennt der 82jährige heute: Das
muß ich mir bis zuletzt vorwerfen. Erst am 17. Juni 1962 hatte
er sich entschlossen, dem Freund die Wahrheit, das »Äußerste«

zu sagen: »Wenn Du mich lieb gehabt hast in so vielen Jahren, wie ichs ja weiß, wenn Du meine Liebe gespürt hast: dann gib diesem Brief, dem schwersten meines Lebens, soviel Gehör als Du kannst. [...] Paul, ich habe den entsetzlichen ganz gewissen Verdacht, daß Du an Paranoia erkrankt bist«. Kann man sich vorstellen, was es für Demus bedeutet haben muß, diesen Brief zu schreiben und alles auf eine Karte zu setzen? Ingeborg Bachmann hatte bereits Ende September 1961 einen ähnlichen Brief formuliert, aber nicht abgeschickt. Dort heißt es: »Es kann jetzt nur von Dir abhängen, ihm [dem Erbärmlichen] richtig zu begegnen, Du siehst ja, dass alle Erklärungen, jedes Eintreten, so richtig es auch gewesen sein mag, in Dir das Unglück nicht verringert hat, wenn ich Dich sprechen höre, kommt es mir vor, als sei alles wie es vor einem Jahr war, als gelte es Dir nichts, was dass viele Menschen sich bemüht haben, als gelte nur das andere, der Schmutz, das Hämische, die Torheit. Du verlierst auch Freunde, weil die Menschen fühlen, dass es Dir weniger gilt, dass auch ihr Widerspruch nicht gilt, wo er ihnen vonnöten scheint. Der Widerspruch fällt leicht unglücklicher aus als das Einverständnis, aber nützlicher ist er manchmal doch, und seis auch nur, dass man für sich selber danach besser herausfindet, als die anderen, wo der Fehler liegt. [...] Das ist Dein Unglück, das ich für stärker halte als das Unglück, das Dir widerfährt. Du willst das Opfer sein, aber es liegt an Dir, es nicht zu sein [...]. Du willst der sein, der dran zuschanden wird, aber ich kann das nicht gutheissen, denn Du kannst es ändern« (IB/PC, 153 ff.).

Demus hatte Celan gelegentlich widersprochen, ihn kritisiert und aufgefordert, nicht nur die schlechten Stimmen zu hören, sondern auch die guten. Noch im Sommer 1961 hatte er ihm geschrieben: »Bevor Du, Paul, nicht wieder froh sein kannst, bevor Dein Verhältnis zu den Freunden nicht wieder das alte ist, wirkt der Schaden auf das traurigste fort. Es ist eine überscharf logische Rechnung, das Gesetz von der Erhaltung des Schmerzes«. Gegen dieses traurige Gesetz kam die Freundschaft nicht an. Der Brief vom Juni 1962 bedeutete das bedingungslose Ende der Freundschaft. Keine Zeile, kein Wort hat Celan dem »Bruder« mehr zukommen lassen. So dokumentiert der Briefwechsel auch das verzweifelte Ringen um eine Freundschaft, die am Ende beide hilflos zurückließ: den einen, der in den Abgrund des 20. Jahrhunderts geblickt hatte und den Todeslagern, in denen seine Eltern ermordet wurden, nur knapp entkommen war und nun allein in einer Welt von Bosheit und Feinden zu leben glaubte; den anderen, der machtlos mit ansehen mußte, wie ihm der geliebte Freund rettungslos entglitt. »Ich kanns mir selbst so wenig verbergen wie ich Dirs durch Unbefangenheit ableugnen könnte: die dunkle Furcht, unserer Freundschaft sei etwas geschehen, eine Verstörung, deren Grund ich nicht erspüre und die mich deshalb umsomehr ängstet, will mir nicht aus dem Gemüt. Es ist zugleich die Angst um Dich, eine durchaus rätselhafte Angst vor etwas Drohendem, das ich hinter Deinem Schweigen spüre wie einen neuen fremden Zustand, zu dem ich mich nicht zu verhalten weiß«, schrieb Demus knapp ein Jahr vor dem entscheidenden Brief, als er spürte, daß die große Zuneigung und Nähe allmählich in Mißtrauen und menschliche Kälte umschlug. An der Treue des Freundes zerbrach diese Freundschaft, weil Celan sie als Untreue und Verrat empfand. Klaus Demus ist es daher auch nicht leichtgefallen, diesen Briefwechsel zur Publikation frei-, ihn der Öffentlichkeit preiszugeben. Doch diese Zurückhaltung und Verschwiegenheit muß man als einen Freundschaftsdienst sehen. Daß er sich nun für die Veröffentlichung entschied, geschah auch, wie er dem Herausgeber gegenüber betonte, aus dem Wunsch heraus, sich von einer Last zu befreien.

Zu Celans Geburtstag 1968 versucht Demus den Faden wieder aufzunehmen und bittet um Vergebung für den Brief, »dessen Furchtbarkeit noch immer unvermindert lastet«. Celan nennt den Brief des Freundes einen »Schritt« und schreibt: »Im März, wenn Du in Paris bist, werden wir hoffentlich miteinander sprechen können, nicht von diesen Dingen, aber auch nicht so, als wären sie nicht gewesen. Leben läßt sich nicht ausklammern«. Die Wahrheit dieses Satzes bestätigen auch die folgenden Briefe, die ein bewegendes Bild des kranken Dichters zeigen. Noch einmal treffen die Freunde im Frühjahr 1969 in Paris zusammen. Celan empfängt Demus in seinem Zimmer in der rue Tournefort, in dem er von November 1967 bis November 1969 wohnt, und zeigt ihm Mappen mit neuen Gedichten. Viele Gedichte, so habe ihm Celan erzählt, seien in den Kliniken entstanden, wo er Gedichte geschrieben habe, um sich am Leben zu erhalten. Daß Demus mit seinen neuen Gedichten wenig anfangen konnte, zeigt auch der Brief, den er dem Freund nach seiner Rückkehr aus Paris schreibt (»Auch hast Du meine Schwierigkeiten, beim Lesen dessen, was Du mir zeigtest, gesehen: ich war aber nur langsam, Paul, und will, und werde, das weiß ich, zum ›ganzen‹ Verstehen kommen; ich muß mirs erst bilden«). Demus mochte die Gedichte nicht, weil er in ihnen eine zerstörerische, aggressive Tendenz zu bemerken glaubte. Dennoch werden wieder Gespräche über Gedichte geführt, und erneut versucht Demus, dem Freund Mut zuzusprechen. In seinem letzten Geburtstagsbrief schreibt er: »Auch mir, Paul – seit ich die ersten Stücke im ›Plan‹ las, mit dem plötzlichen untrüglichen Gefühl, hier ist das Höchste, das wir suchen und brauchen, hier ist es da, für unsere ganze Zeit. Und so möcht ich Dir sagen, wie sie den Kinderkönig gebeten haben: ›Sprich zu uns‹«. Doch schon die Antwort Celans ist besorgniserregend: »Ich bin seit Jahren nicht mehr fähig, Bücher richtig zu lesen, hie und da ein paar Gedichte, das geht noch. Gisèle habe ich ganz verloren. In Israel habe ich ein wenig gelebt, wunderbarerweise. [...] Die Wohnung – ich verdanke sie Gisèle – ist sehr schön und groß, aber laut, höllisch laut, ich werde mich kaum an den Lärm gewöhnen können. Aber warum sollte ich mich auch an etwas gewöhnen können? Die Dinge haben keine Dauer in mir«. Celans letzter Brief an die Freunde, ein Geburtstagsbrief für Nani Demus, ist auf den 3. März 1970 datiert. Einen Tag zuvor hat er die Freundin Ilana Shmueli am Pariser Bahnhof mit den Worten verabschiedet: »Ich glaube, wir werden uns nicht mehr wiedersehn« (PC/IS, 175f.). Auch der Brief an die Wiener Freunde ist ein Abschiedsbrief. Er endet mit dem traurigen Gruß: »Hab es gut, Nani, / habt es gut!« Auch das Gedicht, das er als Geburtstagsgeschenk beifügt und das er Werner Weber gegenüber im April 1970 als dasjenige bezeichnet, das ihm »in diesem Augenblick« am nächsten stehe, ist ein poetisches Abschiedswort:

> <u>Einkanter</u>: Rembrandt,
> auf du und du mit dem Lichtschliff,
> abgesonnen dem Stern
> als Bartlocke, schläfig,
>
> Handlinien queren die Stirn,
> im Wüstengeschiebe, auf
> den Tischfelsen
> schimmert dir um den
> rechten Mundwinkel der
> sechzehnte Psalm.

Ilana Shmueli, der Freundin aus Czernowitzer Tagen, mit der ihn seit seinem Israel-Besuch eine enge Beziehung verbindet, sendet er das Gedicht zur gleichen Zeit mit einem traurigen Brief, in dem es am Ende heißt: »Du ›fremdest‹, wie ja auch ich ›fremde‹, aber denk nicht, daß, wenn ich aus meiner Misere nicht herauskann, Du ›versagt‹ hättest – nein, Ilana, Du hast nicht versagt, keineswegs, nur: es ist spät geworden in meinem Leben, vor der Zeit« (PC/IS, 116). Auch an sie, die Jüdin, sein Bezugspunkt zu Czernowitz und zu Israel, war das Gedicht eine Botschaft: dieses düstere Gedicht, das auf das Jüdischsein anspielt (»Stern«, »Bartlocke, schläfig«, »Wüstengeschiebe«) und mit dem Hinweis auf den 16. Psalm endet, auf den nur noch ein Schimmer des »Lichtschliff[s]« fällt. Die Freundin wird gewußt haben, daß dieser Psalm bei jüdischen Bestattungen als Gebet, als Zidduk ha-din, verwendet wird, mit dem sich Juden zur göttlichen Gerechtigkeit bekennen. Danach folgt das Kaddisch für den Toten. Der Hinweis auf das »gülden Kleinod Davids«, das in Luthers Übersetzung mit den Worten einsetzt: »Bewahre mich Gott; denn ich traue auf dich. / Ich habe gesagt zu dem HERRN: Du bist ja der HERR; ich weiß von keinem Gute außer dir« und endet: »Darum freut sich mein Herz, und meine Ehre ist fröhlich; auch mein Fleisch wird sicher liegen. Denn du wirst meine Seele nicht dem Tode lassen und nicht zugeben, daß dein Heiliger verwese. Du tust mir kund den Weg zum Leben; vor dir ist Freude die Fülle und liebliches Wesen zu deiner Rechten ewiglich«, war ihr gegenüber auch ein Bekenntnis zum Judentum.

Für die Wiener Freunde, Nani und Klaus Demus, hielt das Gedicht auch eine andere Botschaft bereit. Schon die Erwähnung des Malers Rembrandt, der zum Arbeitsgebiet seines Freundes im Kunsthistorischen Museum zählte, und vielleicht auch auf das Gemälde, das diesem Gedicht als Anregung diente (und das Demus aus seinen Besuchen in der London ›National Gallery‹ sicher kannte), ›A Man Seated at a Table in a Lofty Room‹, war ein Hinweis an die Freunde. Der lesende Mann darauf, klein, unkenntlich, aber allein, im großen Dunkel sitzend, »abgesonnen dem Stern«, aber vom hellen Licht berührt, das hinter ihm mächtig ins Zimmer fällt: Die Situation scheint jener im Gedicht verwandt. Aber selbst ohne Kenntnis des Bildes sprachen Celans Verse zu den Freunden, weil sie Worte nennen, die in seiner Lyrik viel bedeuten: der Stein (»Einkanter«), der alleine steht, von den Gezeiten gezeichnet, der Stern, die Handlinien, als Lebensschrift auf der Stirn, und schließlich der Psalm, das geistliche Lied und Saitenspiel, auf den die zehn Verse zulaufen. Es ist auch ein Stück Exegese, die Celan hier betreibt, der in einem zur gleichen Zeit entstandenen Gedicht für seinen Sohn Eric (›24 Rue Tournefort‹; KG, 525) das Eingangswort des achten Psalmverses, »Schiwiti«, benutzt und hervorhebt, das soviel bedeutet wie »stellen«, »hinstellen«, »hinlegen«. Der Vers lautet übersetzt: »Ich habe den HERRN allezeit vor Augen; denn er ist mir zur Rechten, so werde ich fest bleiben«. Im 16. Psalm steht Gott vor dem Beter als sein Gegenüber. Von erfahrbarer Gottesnähe ist hier also die Rede, von einem Gott, der sich dem Beter »vor Augen stellt« und ihn schützt und behütet. Wie das Du, der ›Einkanter‹, im Gedicht »auf du und du mit dem Lichtschliff« steht, tritt der Sänger des Psalms seinem Gott gegenüber, allein (»um den / rechten Mundwinkel«), aber auch als Teil des Volkes Israel. So ist das Gedicht Bekenntnis eines leidenden, duldenden Künstlers, der, gezeichnet vom Leben, standzuhalten versuchte, dessen Hoffnungen sich aber nun auf eine Gerechtigkeit »jenseits / der Menschen« richten. Nani Demus hat im Gespräch geäußert, daß Celans Leben in den letzten Jahren ein Leben zum Freitod hin gewesen sei, das durch die Medikamente und die Aufenthalte in den psychiatrischen Kliniken nur aufgehalten wurde. Mit dem Sprung in die Seine habe er seinen Frieden gefunden, nach dem er sich lange gesehnt hatte. Wahrscheinlich erreichte ihn der letzte Brief vom 16. April 1970 noch, der ein berührendes Dokument einer großen Liebe und Freundschaft ist, die mit der Begeisterung für Celans Gedichte begann und mit einem einfühlsamen, verständnisvollen Freundeswort für seine Dichtung endet: »Dein Dasein, Deine Existenz als Leidender, Fühlender, als Denkender, der es zu äußern vermag, wie kein anderer in dieser bitteren Zeit, mit den vorgetriebensten Organen, dem lebendigsten Puls, was nicht mehr faßbar ist mit Worten und auch darüber hinaus hineinragen will in ein Kommendes, ein Weiteres – in dieser Welt ohne Hoffnung – da stehst Du Paul, und bist mir nah und vertraut und wirst es mit meinem Älterwerden immer mehr und meine innere Dankbarkeit gegen Dich wird stets größer. Daß Du es tust, was so schwer ist, daß Du es kannst! Durch alle Unmöglichkeit hindurch in ein Wahres hineinzureichen! Ausgesetzt in Dir selber, am nackten Fels Deines Schicksals – daseiend für uns alle«. Dieser Last konnte und wollte Celan nicht länger standhalten. »In der Nacht von Sonntag auf Montag, 19. auf 20. April, verließ er seine Wohnung, um nie mehr zurückzukommen«, schrieb Gisèle Celan-Lestrange an Ingeborg Bachmann und fügte hinzu: »Ich habe ihm nicht helfen können, wie ich es gerne gewollt hätte« (IB/PC, 197). Auch Klaus und Nani Demus vermochten es nicht. Aber daß sie es bis zuletzt aufrichtig versucht haben, davon zeugt dieser Briefwechsel.

Joachim Seng

Editorischer Bericht

Überlieferung

Die Originale liegen zum größten Teil im Deutschen Literatur-archiv Marbach (DLA) im Nachlaß Paul Celan (D: Celan) und im Vorlaß Klaus Demus (A: Demus) sowie in der ›Sammlung Klaus Demus‹. Einige Karten und Fotos befinden sich im Nachlaß Paul Celans in Paris und wurden mir von Eric Celan und Bertrand Badiou zur Verfügung gestellt. Ein Brief (Nr. 126) befindet sich in der Harvard University / Houghton Library, Cambridge, USA (›Sammlung Demus‹), ebenso wie eine Reihe von Dokumenten und Widmungsexemplaren, die für den Kommentar herangezogen wurden. Ich danke Leslie A. Morris, Curator of Modern Books and Manuscripts an der Houghton Library, Harvard University in Cambridge für die Erlaubnis zum Abdruck. Weitere Hinweise auf Widmungsexemplare in Paul Celans Bibliothek (BK) stellte mir Bertrand Badiou (Unité de recherche Paul Celan/ENS, Paris) zur Verfügung.

Zur Edition

Die Ausgabe liefert 385 Korrespondenzstücke mit Entwürfen, davon stammen 144 von Paul Celan, 9 von Gisèle Celan-Le-strange und 232 von Klaus und Nani Demus. Von den insge-samt 23 Briefen von Gisèle Celan-Lestrange wurde in Absprache mit Eric Celan eine Auswahl getroffen; diese Briefe sind teil-weise im Hauptkorpus, teilweise in Auszügen im Kommentar abgedruckt worden. Dennoch sind einige Korrespondenzstük-ke verlorengegangen, wie aus den vorhandenen Briefen hervor-geht.

Die Briefe im Hauptkorpus sind weitestgehend vollständig abgedruckt, nur in wenigen Briefen wurden auf Wunsch von

Klaus und Nani Demus Auslassungen vorgenommen, die allzu private Angaben zur Familie Demus enthielten. Die Auslassungen sind mit eckigen Klammern und Punkten gekennzeichnet.

Alle Briefbeigaben werden im Kommentar erwähnt und angeführt. Im Hauptkorpus wurden aber nur jene abgedruckt, die im Verlauf des Briefwechsels eine Rolle spielen und das weitere Verständnis erleichtern. Dies war deshalb gut möglich, weil vor allem die vielen Briefe Dritter an Dritte oder Briefe von Celan an Dritte, die er im Verlauf der sogenannten ›Goll-Affäre‹ mit Demus austauscht, zum überwiegenden Teil bereits in dem von Barbara Wiedemann herausgegebenen Band ›Paul Celan – Die Goll-Affäre‹ (Frankfurt am Main 2000) veröffentlicht und kommentiert vorliegen. Außerdem liefert mittlerweile die Edition ›Paul Celan, *Mikrolithen sinds, Steinchen*. Die Prosa aus dem Nachlaß. Kritische Ausgabe‹ (hrsg. von Barbara Wiedemann und Bertrand Badiou, Frankfurt am Main 2005) eine Reihe wichtiger Dokumente und Erläuterungen. Gleiches gilt für die Werkmanuskripte, die den Briefen beilagen. Da es sich, gerade in der Anfangsphase, um einen Briefwechsel zweier Dichter handelte, die auch mit Versen kommunizieren, wurden vor allem frühe Gedichte von Klaus Demus, die bisher unpubliziert blieben, als Teil der Korrespondenz in den Lesetext aufgenommen; von Paul Celan nur solche, die besondere Varianten enthalten oder für den Briefwechsel und dessen Verständnis von Bedeutung sind.

Die Gedichtmanuskripte wurden im DLA vom eigentlichen Briefkorpus getrennt und den Materialien der einzelnen Gedichtbände Celans zugeordnet. Das erschwerte die Zuordnung der Gedichte, die vom Herausgeber erneut vorgenommen werden mußte. In nicht eindeutigen Fällen hat der Herausgeber seine Entscheidung im Kommentar vermerkt. Briefentwürfe oder nicht abgeschickte Briefe Celans wurden nur in Ausnahmefällen in das Hauptkorpus aufgenommen, sie sind aber allesamt im Kommentar abgedruckt. Im Kommentar vermerkt werden auch Widmungen in Büchern, Sonderdrukke, Buchgeschenke und Manuskripte, die sich in der ›Sammlung Klaus Demus‹ im DLA und in der ›Sammlung Demus‹ (Harvard University/Houghton Library, Cambridge, USA) befinden.

Bei dem vorliegenden Briefwechsel handelt es sich über weite Strecken um eine Korrespondenz, in die alle vier Briefpartner einbezogen sind. Auch wenn einige Briefe sich ganz persönlich an ein einzelnes Gegenüber wenden, so muß doch berücksichtigt werden, daß oft alle Beteiligten angesprochen werden.

Die Briefe von Gisèle Celan-Lestrange sind in französischer Sprache verfaßt, ebenso einige Briefe an sie von Klaus und Nani Demus. Die Transkription der französischen Briefe übernahm Bertrand Badiou, die Übersetzung der Briefe ins Deutsche Barbara Wiedemann. Die französischsprachigen Briefe werden im Original wiedergegeben, die deutsche Übersetzung im Anschluß. Die Brieftexte sind in der überlieferten Form vollständig abgedruckt. Dabei wurden Orthographie und Interpunktion der Originale beibehalten. Offensichtliche Schreib- oder Tippfehler sind stillschweigend korrigiert, Ergänzungen des Herausgebers sind durch eckige Klammern [ ] als solche gekennzeichnet. Zudem wurden der wechselnde Gebrauch von ss und ß sowie die Schreibung der Umlaute (ue statt ü) vereinheitlicht, die zum großen Teil mit der Verwendung nicht in Deutschland hergestellter Schreibmaschinen zu erklären sind. Bei Telegrammen wurde die Originalschreibung beibehalten. Korrekturen und Einfügungen durch die Briefschreiber werden nur in Ausnahmefällen im Kommentarteil dokumentiert, Texttilgungen in den Briefen und Briefentwürfen als solche gekennzeichnet ebenso wie Unterstreichungen.

Die meisten Briefe sind datiert; fehlt ein Datum, hat der Herausgeber nach Rücksprache mit Klaus und Nani Demus die Einordnung vorgenommen, diese aber im Kommentar für den Leser transparent gemacht. Auch Barbara Wiedemann sei an dieser Stelle für ihre Hilfe bei der Zuordnung in strittigen Fällen gedankt. In einigen Fällen wurden auch nicht abgeschickte Entwürfe in den Textkorpus aufgenommen, weil sie entweder als eigenständige Briefe gelten können oder ihr Abdruck für das Verständnis hilfreich ist; sie sind unter gleicher Nummer mit Buchstabenzusatz gekennzeichnet. In wenigen Fällen war nicht eindeutig zu klären, ob Briefe zusammen verschickt wurden; diese Korrespondenzstücke erhielten gleiche Nummern mit Zahlenzusatz (z. B. 112.1). Die Briefumschläge fehlen bis auf wenige Ausnahmen. Bei Bildpostkarten wird das Motiv im Kommentar genannt, weil es sich in manchen Fällen um Anspielungen auf den Briefpartner handelt. Die Korrespondenz ist ein Freundesbriefwechsel, was auch darin zum Ausdruck kommt, daß fast alle Briefe handgeschrieben sind. Nur in der schlimmsten Phase der Goll-Affäre griff Celan bei einigen Briefen zur Schreibmaschine. Die wenigen maschinengeschriebenen Briefe Celans sind im Anmerkungsteil ausgewiesen (Masch.).

Die Anmerkungen zu den Briefen geben notwendige sachliche Erläuterungen und Hinweise auf Zusammenhänge innerhalb des Briefwechsels. Erwähnte Personen werden, soweit dies möglich und sinnvoll ist, im Kontext ihrer Beziehung zum jeweiligen Briefpartner erläutert. Die Lebensdaten werden – soweit sie zu ermitteln waren – nach der ersten Nennung des Namens angeführt. Im Kommentarteil wurden nach Möglichkeit auch andere Korrespondenzen Celans ausgewertet. Barbara Wiedemann, Bertrand Badiou und Wolfgang Kaußen seien dafür bedankt, daß sie mir den Briefwechsel zwischen Ingeborg Bachmann und Paul Celan schon vor der Drucklegung zur Auswertung überließen. Darüber hinaus wertete Bertrand Badiou die Notizkalender und Tagebücher von Paul Celan und Gisèle Celan-Lestrange nach Hinweisen auf die Beziehung zu Klaus und Nani Demus aus. In einigen Fällen konnten ihnen wichtige Informationen für den Kommentar entnommen werden, wofür ich ihm und der ›Unité de recherche Paul-Celan‹/

École normale supérieure (Paris) zu großem Dank verpflichtet bin. Fremde Texte, auf die im Briefwechsel Bezug genommen wird, werden, soweit es für das Verständnis notwendig scheint, in begrenztem Maße wiedergegeben. Im Brieftext genannte Werkangaben werden vervollständigt. Querverweise innerhalb der Anmerkungen sollen schließlich auf Zusammenhänge hindeuten und dem Leser bei dieser von 1948 bis 1970 reichenden Korrespondenz das Verständnis erleichtern.

Da das umfangreiche Werk von Klaus Demus kaum bekannt ist, hat sich der Herausgeber entschlossen, an das Literaturverzeichnis noch eine Auswahlbibliographie seiner Dichtungen und kunsthistorischen Schriften anzuhängen. Bei der Zusammenstellung konnte ich auf die Vorarbeiten von Peter Goßens zurückgreifen, dem ich für seine Hilfe herzlich danke.

Danksagung

Daß diese Ausgabe entstehen konnte, ist vor allem der Initiative von Klaus Demus zu verdanken, ohne dessen aktive Erinnerungs- und Mitarbeit der Kommentar nicht hätte entstehen können. Der Herausgeber ist ihm und seine Frau Nani Demus in mehr als nur einem Sinn zu großem Dank verpflichtet: für ihre Gastfreundschaft in Wien, für ihre tatkräftige Unterstützung dieses Editionsprojekts und vor allem dafür, daß und wie sie mich in den gemeinsamen Gesprächen an ihren Erinnerungen, den schönen und den schmerzhaften, mit so großer Selbstverständlichkeit teilnehmen ließen. Voller Bewunderung für die noch heute spürbare Liebe und Treue dem Freund Paul Celan gegenüber und für die außergewöhnliche Kraftanstrengung, die notwendig gewesen sein muß, sich noch zu Lebzeiten von dieser übermäßigen Last zu befreien, sage ich den beiden Dank.

Auch ohne die bereitwillige und tatkräftige Hilfe vieler anderer Menschen hätte der Briefwechsel nicht vorgelegt werden können. Ganz besonderen Dank schulde ich Barbara Wiedemann für ihre sorgfältige kritische Lektüre des Manuskripts, die viele Fehler zu vermeiden half und wichtige Anregungen gab. Auch Bertrand Badiou (École normale supérieure, Paris) gilt mein herzlicher Dank für die große und unermüdliche Unterstützung bei der Klärung Paul Celan betreffender biographischer Fragen und die Bereitstellung wichtiger Informationen und Materialien. Für die Bereitstellung der Quellen, die Erteilung der Publikationsgenehmigung und vielfach gewährte freundliche Unterstützung danke ich Eric Celan, Klaus und Nani Demus, der Handschriftenabteilung des Deutschen Literaturarchivs Marbach, der Houghton Library/Harvard University, (Cambridge, USA) sowie Isolde und Christian Moser und Heinz Bachmann.

Dank schulde ich ferner Ulrich von Bülow und Nikola Herwig, stellvertretend für die Mitarbeiter der Handschriftenabteilung und Bibliothek des Deutschen Literaturarchivs Marbach a. N., Arno Barnert (Göttingen), Irma Bergknecht (Frankfurt), Giuseppe Bevilacqua (Florenz), Bernhard Böschenstein (Genf), Holger Gehle, Andreas Lohr und Heino Schmull (Bonner Arbeitsstelle für die Celan-Ausgabe), Peter Goßens (Bochum), Hans Grüters (Frankfurt), Konrad Heumann (Frankfurt), Dorothee Hock (Rom), Ferenc Katona (US Holocaust Memorial Museum, Washington), Jean-Pierre Lefebvre (Unité de recherche Paul Celan/ENS, Paris), Rudolf Mitlöhner (Archiv ›Die Furche‹, Wien), Jean-Dominique Rey (Paris), Catherine Schlaud (Frankfurt) und Heike Wilms (Kulturkreis der deutschen Wirtschaft im BDI e.V., Berlin).

Ohne Wolfgang Kaußen (Suhrkamp Verlag), der das allmähliche Wachsen dieser Edition geduldig und allzeit fördernd begleitet hat, wäre das Buch weder begonnen noch abgeschlossen worden.

Last but not least danke ich meiner Frau Daniela und meinen Kindern Miriam und Lukas dafür, daß sie mich ihren Ärger und ihre Enttäuschung über die vielen Wochenenden und Abende, die ich am Schreibtisch und nicht mit ihnen verbrachte, nicht merken ließen.

Maintal, im Februar 2009   Joachim Seng

Stellenkommentar

Brief 1
Klaus Demus an Paul Celan, Masch., [Wien,] Mai/Juni 1948

1 Klaus Demus (*1927; KD) übergab das bislang unpubliziertе
Gedicht ›Und wieder steigt der Rauch‹ Paul Celan (PC)
kurz vor dessen Abreise nach Paris (nach dem 17. 5., aber spätestens am 23. 5. 1948). Ingeborg Bachmann (1926-1973; IB),
Freundin von Anna (Nani) Demus (*1925; ND) geb. Maier hatte
das erste Treffen im Café Landmann vermittelt. Die zweite Zusammenkunft fand in einer Buchhandlung gegenüber der Oper
statt, wo PC für IB den Matisse-Kunstband ›Peintures 1939-46.
Introduction d'André Lejard‹ (Paris 1946) kaufte, dem er das
Gedicht ›In Ägypten‹ »Für Ingeborg« beilegte (vgl. IB/PC, 251).
Bei dieser Gelegenheit übergab ihm KD sein Gedicht.

Brief 2
*Paul Celan an Klaus Demus, [Paris,] 5. 9. 1948; Stempel: Öster-
reichische Zensurstelle – Z. 1/35*
*[Bildpostkarte: »Cathédrale Notre Dame / Les chimères/et pano-
rama sur le nord de Paris«]*

1 Der Brief trägt den Stempel: »Österreichische Zensurstelle –
Z. 1/35«. Für die Auslandspost gab es in Österreich seit Januar
1946 eine Briefzensur in allen vier alliierten Zonen. Da für die
Hauptstadt Wien besondere Regelungen galten, wurde die Post
hier noch bis August 1953 zensiert. Briefsendungen aus dem
Ausland wurden der Zensurstelle beim Postamt Wien 1 zuge-
leitet, die einen Kreisstempel verwendete, der ab Herbst 1947
erst die Inschrift »Österreichische«, später »Alliierte Zensurstelle« mit dem Zusatz »Z. 1« und einer Nummer trug. Für die
Zensurstelle 1 sind die Nummern 1 bis 919 nachweisbar (vgl.
dazu: Majörg 2005). Jedes Blatt einer Sendung wurde mit der
gleichen Nummer gestempelt, so daß eine genaue Zuordnung
von Briefbeilagen möglich ist.
2 Anspielung auf KDs Gedicht ›Und wieder steigt der Rauch‹.
3 Anspielung auf PCs Gedicht ›Lob der Ferne‹ (KG, 37).
4 Nach seiner Ankunft in Paris am 13. 7. 1948 wohnte PC für fünf
Jahre, bis Juli 1953, in der Nähe der Sorbonne im Hôtel
d'Orléans (heute: Hotel de Sully), 31, Rue des Écoles, 5ᵉ. Seit
Dezember 1952 teilte sich PC das kleine Zimmer mit seiner Frau

Gisèle Celan-Lestrange (1927-1991; GCL), bevor die beiden zwei kleine Zimmer in der Rue de Lota (No. 5), 16ᵉ beziehen konnten, in einem Haus, das der Familie de Lestrange gehörte.

Brief 3
Klaus Demus an Paul Celan, [Wien,] 13. 9. 1948; Stempel: Öster-
reichische Zensurstelle – Z. 1/226

1 KD hatte zwischen dem Zusammentreffen mit PC in Wien und dem Erscheinen der Buchausgabe von SU in einem gefalteten Heft eine eigenhändige Abschrift eines Ts. von Celan angefertigt, das insgesamt 46 Gedichte enthielt. Von den Gedichten, die im ›Plan‹ (2. Folge, Heft 6, 363-369) bzw. später im Gedichtband SU erschienen, fehlen ›Irrsal‹, ›Deukalion und Pyrrha‹ sowie ›Auf Reisen‹ (›Sammlung Demus‹; jetzt Harvard University/ Houghton Library; vgl. Katalog Fritsch, 8f.). KD erhielt von PC schon sehr früh beinah alle Gedichte, Übersetzungen und Prosa-Texte in Abschriften zugeschickt. Auch nicht in die Buchausgaben aufgenommene Gedichte wie ›Der Tod‹, ›Beisammen‹, ›Lästerwort‹ sowie Aphorismen aus dem Konvolut ›Gegenlicht‹ fanden sich bei KD (vgl. HKA I 11, 19). Außerdem kursierten Tss. von Gedichten PCs im Kreis um Edgar Jené (1904-1984) sowie bei IB, zu denen KD Zugang hatte.

2 Zum Kreis der Wiener Surrealisten um die Zeitschrift ›Plan‹ und den Maler Edgar Jené gehörte PC nur zeitweise. Dort spielte der Surrealismus – auch als eine in den Nazi-Jahren unterdrückte moderne Kunstform – eine wichtige Rolle (vgl. Displaced: Bugs, 71ff.).

3 Zitat aus Rainer Maria Rilke, ›Die Sonette an Orpheus‹, Zweiter Teil, III: »Spiegel: noch nie hat man wissend beschrieben / was ihr in euerem Wesen seid.«

4 Anspielung auch den Schluß des Gedichtes ›Plötzlich‹ von Christian Morgenstern (1871-1914) aus den ›Galgenliedern‹: »Auf zwei Sekunden Wahrheit, hier für drei / zuviel schon. Gleichwohl. Plötzlich ... Schluß.«

5 In dem Tiroler Dorf Alpbach fanden seit 1945 die ›Internationalen Hochschulwochen‹ des Österreichischen College (seit 1949 ›Europäisches Forum Alpbach‹) statt. Der NS-Widerstandskämpfer Otto Molden (1918-2002), damals Wiener Student, und Simon Moser (1901-1988), Dozent der Philosophie in Innsbruck, hatten den internationalen Kongreß für Wissenschaft, Wirtschaft, Politik und Kultur gegründet, der noch heute jährlich im August abgehalten wird. Zu den Persönlichkeiten,

die in Alpbach miteinander diskutierten, gehörten Theodor W. Adorno (1903-1969), Ernst Bloch (1885-1977), Friedrich Dürrenmatt (1921-1990), Werner Heisenberg (1901-1976) und Fritz Wotruba (1907-1975). KD nahm an einem der Treffen teil.

6 Birgit von Schowingen-Ficker (1911-2001) war die Tochter von Ludwig von Ficker (1880-1967), dem Förderer Georg Trakls (1887-1917). Sie war dabei, als PC am 5. 7. 1948 auf seiner Reise nach Paris in Innsbruck Station machte, Trakls Grab besuchte und abends Ludwig von Ficker Gedichte vorlas. PC schrieb über sie an seinen rumänischen Förderer, den Dichter Alfred Margul-Sperber (1898-1967): »Birgit von Ficker, die Tochter des Alten, ist, wie ihr Vater, ein Mensch, der viel von Gedichten weiß.« Sie leitete damals die Innsbrucker Bibliothek des Institut Français. PC und sie trafen sich noch 1953 in Paris und 1967 und 1970 in Freiburg. Sie schrieb über ihn: »Celan war eine Gestalt der vornehmsten Prägung – scheu, zurückhaltend, wie flehend Verständnis erhoffend. Das Leise, Scheue ist mit Worten nicht zu umschreiben, man konnte nur tief ergriffen sein von seiner Erscheinung, seiner ungemein verletzlichen seelischen Ausstrahlung, leise sprechend und dann bei Lesungen eine metallene Stimme, in der die ganze Tragik seines Wesens mitschwang« (vgl. Displaced: Methlagl, 124f.).

7 Unveröffentlichtes Gedicht.

Brief 4
Klaus Demus an Paul Celan, Wien, 7. 12. 1948; Stempel: Österreichische Zensurstelle – Z. 1/813

1 KD und ND besaßen den Gedichtband SU in mehreren Exemplaren. Ein Exemplar, aus dem PC die beiden Illustrationen von Jené herausgetrennt und Korrekturen eingetragen hatte, erhielt KD von PC während seines Paris-Aufenthalts 1950. Der Band trägt die eigenhändige Widmung: »Klaus, dem Bruder // Paul // Paris, im Juli 1950.« (›Sammlung Demus‹/Harvard; Katalog Fritsch, 14f.). In einem zweiten Exemplar ohne Widmung hatte PC eigenhändig zehn Druckfehler korrigiert und im Inhaltsverzeichnis jene Gedichte mit einem Kreuz markiert und mit ›Plan‹ bzw. ›MuG‹ (für ›Mohn und Gedächtnis‹) überschrieben, die in den genannten Sammlungen abgedruckt waren (ebd., 10ff.).

2 Anspielung auf ›Deukalion und Pyrrha‹ (später: ›Spät und Tief‹). In SU lauten die Schlußverse des Gedichts: »Ihr mahnt uns: Ihr lästert – / Wir wissen es wohl, / es komme die Schuld über uns. / Es komme die Schuld über uns aller warnenden Zeichen, / es

komme das gurgelnde Meer, / der geharnischte Windstoß der Umkehr, / der mitternächtige Tag, / es komme, was niemals noch war! // Es komme der Mensch mit der Nelke.« In MG heißt das Gedicht ›Spät und Tief‹, und der Schlußvers lautet: »Es komme ein Mensch aus dem Grabe« (vgl. HKA I 2-3/2, 192f.).

Brief 5
Klaus Demus an Paul Celan, Wien, 26. 5. 1949; Stempel: Öster-
reichische Zensurstelle – Z. 1/37

1 KD kam erst nach PCs Weggang aus Wien mit Edgar Jené und Erica Lillegg-Jené (1907-1988) sowie den jungen Literaten und Künstlern in deren Umkreis in Berührung. Der Kontakt war lose und bestand fast ausschließlich wegen PC.

2 PC schickte seinen Wiener Freunden immer wieder Gedicht-Blätter, die untereinander weitergereicht wurden. Aus Erica Lillegg-Jenés Besitz – zu ihr unterhielt PC eine besondere Beziehung – haben sich 13 Gedichte aus MG erhalten, die PC ihr zwischen 1949 und 1951 zusandte, darunter auch die beiden Gedichte ›Wer wie du‹ und ›Wer sein Herz‹ (vgl. HKA I 2-3/1, 32 und 46). Ein Ds. des Gedichts ›Wer wie du‹ befindet sich auch in der ›Samm-lung Klaus Demus‹ (DLA). Überhaupt gleichen sich die Gedicht-Tss. in den Konvoluten Jené und Demus in Schriftbild und Pa-piersorte. Die Blätter aus dem Besitz von Jené und seiner Frau tragen jedoch zumeist den österreichischen Zensurstempel, wäh-rend der auf den Dss. in der ›Sammlung Klaus Demus‹ fehlt. Es ist daher gut möglich, daß Celan die ms. Gedichtabschriften KD persönlich übergeben hat, als dieser zwischen Anfang Oktober 1949 und Sommer 1950 in Paris studierte.

3 Nach eigener Auskunft wußte KD damals noch nichts über PCs Herkunft, auch über die Ermordung seiner Eltern und den Auf-enthalt in einem Arbeitslager hatte PC zu diesem Zeitpunkt noch nicht mit ihm gesprochen.

4 Anspielung auf das Gedicht ›Mohn‹, das in SU enthalten ist. In der Mittelstrophe heißt es: »Du mußt der Pracht des heißen Mohns vertrauen, / der stolz verschwendet, was der Sommer bot, / und lebt, daß er am Bogen deiner Brauen / errät, ob deine Seele träumt im Rot.« (HKA I 2-3/1, 17)

5 Anspielung auf Celans Gedicht ›Ein Lied in der Wüste‹ und den Prosatext ›Edgar Jené und der Traum vom Traume‹, in dem es gleich zu Beginn heißt: »Ich schlug eine Bresche in die Wände und Einwände der Wirklichkeit und stand vor dem Meeres-spiegel. Ich hatte eine Weile zu warten bis er zersprang und ich

den großen Kristall der Innenwelt betreten durfte« (GW III, 155).
Etwa zur Zeit dieses Briefes erhielt KD von Jené den Band ›Edgar
Jené. Der Traum vom Traume. Mit 30 Abb. und einer Vorbemer-
kung von Otto Basil‹ (Wien: Agathon 1948) geschenkt. Die Wid-
mung lautet: »à Klaus Demus bien amicalement / Edgar Jené /
Wien 1949« (›Sammlung Demus‹ / Harvard; Katalog Fritsch, 16).

Brief 6
Paul Celan an Klaus Demus, Masch., Paris, Juni 1949, Stempel:
Österreichische Zensurstelle – Z. 1/163
1 Ursprünglicher Titel des Gedichts ›Die Krüge‹ aus MG, das PC
KD widmete. In einem auf »Paris, um Mitternacht / am 15. Juni
49« datierten Brief hatte PC das Gedicht zuerst an Erica Lillegg-
Jené mit den Worten geschickt: »Und hier ist eines, verlegen und
scheu, ein verirrtes und ungewisses. Ich werde es dem kleinen
Klaus schenken, aber vor ihm, das weißt Du, gehört es Dir, und
allen Früheren und Kommenden.« (TCA, MG, 84) Der Ds. des
Gedichts ist von PC eigenhändig unterschrieben und datiert.
Außerdem trägt das Blatt einen österreichischen Zensurstempel,
was zeigt, daß es KD auf dem Postweg erreicht hat.

Brief 7
Klaus Demus an Paul Celan, [Paris,] 25. 10. 1949
1 Zwischen Anfang Oktober 1949 und Sommer 1950 hielt sich KD
als Stipendiat für ein Studienjahr in Paris auf. Das Gedicht ›Die
letzten Hallen des Schlafs sind dunkel und grausam‹ (bisher
unpubliziert) übergab er PC bereits in Paris. Aus einem Brief
PCs an Diet Kloos-Barendregt (*1924) geht hervor, daß KD
Anfang Oktober in Paris eintraf (»vor drei Tagen kam ein Wiener
Freund, ein junger Dichter«, Brief vom 7. 10. 1949, PC/DKB, 75).

Brief 8
Klaus Demus an Paul Celan, [Paris,] November 1949
1 Die Gedichte ›Winter‹, ›Unter gestirntem Himmel‹, ›Im Wasser
läuten Glocken‹ und ›Wenn das Weiß noch ruhiger wird‹ erhielt
PC ebenfalls von KD in Paris. KD lebte damals in einem kleinen
Hotel in der Nähe der Place de l'Odéon (beim Jardin du Luxembourg). Die Gedichte entstanden um PCs Geburtstag herum und
blieben unveröffentlicht. Zu seinem Geburtstag erhielt er von KD
auch den Band: Paul Eluard, Choix de poèmes. 1914-1941 (Paris
1942) mit der Widmung: »Für Paul, am 23. Nov. 1949, / aus
Freundschaft – / Klaus«.

Brief 9
Nani Demus an Paul Celan, [Wien,] 11. 12. 1949; Stempel: Öster-
reichische Zensurstelle – Z. 1/895
1 Nani Maier, seit 1952 Ehefrau von KD, war in Millstatt geboren
  und besuchte die Schule in Klagenfurt, wo sie in der Matura-
  Klasse IB kennenlernte. Später trafen sich die beiden in Graz
  und schließlich in Wien beim Studium wieder. ND studierte
  Literaturwissenschaft und Geschichte in Wien, IB Philosophie.
  Die Freundschaft blieb bis zu IBs Tod 1973 bestehen. KD und ND
  kam daher auch immer die Vermittlerrolle in der schwierigen
  Beziehung zwischen PC und IB zu.
2 KDs Vater, Otto Demus (1902-1990), war Byzantinist und Kunsthistoriker. 1929 war er vom Bundesdenkmalamt zum ersten
  hauptamtlichen Landeskonservator für Kärnten ernannt worden,
  1936 wechselte er in die Zentralstelle für Denkmalschutz nach
  Wien. Zwischen Winter 1937 und Sommer 1939 lehrte er in Wien
  Kunstgeschichte. Nach der Machtübernahme durch die Nationalsozialisten mußte er von Amts wegen jüdischen Kunstbesitz
  begutachten und im Sinne des Ausfuhrverbotsgesetzes zur Anzeige bringen. Nach Meinung der Nazis erteilte er zu viele Ausfuhrgenehmigungen. Nach der Warnung eines Freundes, daß er
  verhaftet werden sollte, entschloß er sich im Juni 1939 zur Emigration nach England. Während des Krieges konnte er ab 1942 in
  England als Bibliotheksassistent am Warburg Institut und
  schließlich für die BBC arbeiten. 1945 wurde er offiziell nach
  Österreich zurückberufen, um den Wiederaufbau des Bundes-
  denkmalamtes zu leiten (vgl. Feichtinger, 403-408, 422-425).

Brief 10
Paul Celan an Nani Demus, Paris, 20. 12. 1949

Brief 11
Klaus Demus an Paul Celan, [London,] 21. 12. 1949
[Bildpostkarte: ›Tintoretto: St. George and the dragon (16)‹]
1 Anspielung auf die Bildpostkarte der National Gallery (Card
  No. 1083).

Brief 12
Klaus Demus an Paul Celan, [Paris,] 25. 1. 1950
1 Das Gedicht (unveröffentlicht) hatte KD in PCs Hotelzimmer
  abgegeben.

Brief 13
Klaus Demus an Paul Celan, [Paris, 25. 1. 1950]
1 Der Text ›Unter dem Grasturban‹ erschien 1959 mit anderen ›Gedichten in Prosa‹ in der Zeitschrift ›Merkur‹ (13. Jg., H. 3, 245).
2 Die Malerin Traute Wolsegger, war ebenfalls österreichische
Stipendiatin in Paris. Sie heiratete später Markus Zemb.

Brief 14
Klaus Demus an Paul Celan, [Paris,] 28. 1. 1950
1 Unpubliziertes Prosagedicht von KD.
2 KD spricht hier wohl von dem Gedicht ›Kristall‹, das sich in der
›Sammlung Klaus Demus‹ (DLA) befindet und von KD und ND
im folgenden immer wieder zitiert werden wird (vgl. u. a. Nr. 37
und 61).

Brief 15
Paul Celan an Nani Demus, Paris, 3. 3. 1950
1 ND hat am 1. März Geburtstag.
2 Am 27. 2. war Yvan Goll (YG, 1891-1950) in Paris gestorben und
am 2. 3. beigesetzt worden. Vermutlich spielt PC darauf an.
Zwischen November 1949 und Ende Februar 1950 hatten PC
und zeitweise auch KD den todkranken YG im Krankenhaus
besucht. PC war von dem Dichter YG anfangs sehr angetan, der
»alle Großen unserer Zeit« gekannt habe (Brief an Erica Lillegg-
Jené vom 12. 11. 1949; vgl. GA, 18f.). Auch YG war von PCs
Dichtung – er besaß den Band SU – beeindruckt. Zur Beziehung
PC/YG vgl. GA, 15-181.

Brief 16
Klaus Demus an Paul Celan, [Paris,] 5. 3. 1950
1 Das Prosagedicht aus dem Jahr 1949/50 erschien erstmals 1958
mit der Widmung: »für Paul Celan« in dem Band: Das Mondbuch. Der Mond in der deutschen Dichtung. Ausgewählt und
eingeleitet von Brigitte Neske (Pfullingen: Neske 1958, 67).
Der Band enthielt auch das Gedicht ›Weiss und Leicht‹ von PC
(35f.). Ohne Widmung erschien KDs Text 1959 in der Zeitschrift
›Merkur‹ (13. Jg, 1959, H. 3, 246).

Brief 17
Klaus Demus an Paul Celan, [Paris, Anfang März 1950]
1 Unpubliziertes Prosagedicht von KD.
2 Der französische Maler Fernand Léger (1881-1955) drehte 1924

seinen einzigen Film, den Experimentalfilm ›Le ballet méchani-
que‹. Um welchen Vortrag es sich handelte, war nicht festzustellen. Léger war damals im kulturellen Leben von Paris sehr prä-
sent: Im Musée National d'Art Moderne in Paris war 1949 eine
große Léger-Retrospektive zu sehen gewesen.
3 PC hatte KD eine Schülerin vermittelt, der er Deutschunterricht
gab.

Brief 18
Nani Demus an Paul Celan, [Wien,] 8. 3. 1950; Stempel: Öster-
reichische Zensurstelle – Z. 1/35

Brief 19
Klaus und Nani Demus an Paul Celan, Fécamp, 14. 7. 50
[Bildpostkarte: »Mole mit Leuchtturm und Kieselstrand am Hafen
von Fécamp«]
1 Die Reise durch Frankreich und Italien hatte KD von seinem
  Stipendiatengeld zusammengespart. KD und ND trafen um den
  21. 7. 1950 herum mit PC in Paris zusammen (vgl. IB/PC, 256).

Brief 20
Klaus (recte) *und Nani Demus* (kursiv) *an Paul Celan, Avallon,*
22. 7. 1950
[Bildpostkarte: »Avallon (Yonne) / L'Eglise Saint-Lazare vue des
chaumes«]
1 Gemeint ist das Gedicht ›Flügelrauschen‹ aus dem Band SU, das
  mit dem Vers »Die Taube aber säumt in Avalun« einsetzt und
  endet: »Ich aber seh die Taube kommen, weiß, aus Avalun.«
  (KG, 18)

Brief 21
Klaus und Nani Demus an Paul Celan, Nice, 2. 8. 1950
[Bildpostkarte: »Musée d'Antibes / Stèle de l'Enfant Septentrion qui
mourut l'âge de douze ans ...«]
1 Griech. theatron = »Schauplatz«.
2 Das Treffen mit Picasso war über den Kunsthändler Daniel-
  Henry Kahnweiler (1884-1979) in Paris zustande gekommen,
  der KD an Pablo Picasso (1881-1973) empfohlen hatte. KD
  besuchte Picasso und dessen Lebensgefährtin Françoise Gilot
  (*1921) in Vallauris, der kleinen Stadt zwischen Cannes und
  Antibes, in welcher der Maler zwischen 1948 und 1955 lebte,
  um Werke von ihm für ein geplantes Museum der Moderne in

Wien zu erhalten. Picasso, so berichtet KD, sei sehr hilfsbereit gewesen und habe eine Donation versprochen. Beide hatten den großen Künstler erwartet und trafen »ein großes Kind«, ausgelassen und jederzeit zu Späßen aufgelegt.

3 »Klaudios Paulophilos«, ein ans Griechische angelehnter Gruß, der soviel bedeuten sollte wie: »der den Paul liebende Klaus«.

Brief 22
Klaus und Nani Demus an Paul Celan, Venezia, 4. 8. 1950
[Bildpostkarte: »Venezia – Piazza S. Marco di notte«]
1 Frei übersetzt lautet der multilinguale Text: »Lieber Paul! Ich bin gut angekommen und wir hatten gute Laune. 3 Tage in Antipolis (im Schatten des großen Meisters), danach, von Nizza aus, die bedauernswerte Ausreise aus dem unvergeßlichen Frankreich. [...] – Wir wünschen Dir von ganzem Herzen das Beste.«

Brief 23
Klaus Demus an Paul Celan, Schloß Weißenstein, 18. 8. 1950
1 Schloß Weißenstein liegt bei Matrei/Osttirol. KDs Mutter, Erika Demus geb. Budik (1896-1975) und sein Bruder Jörg (*1928), der Pianist, verbrachten dort als Gäste einige Sommer.
2 Hinweis auf den Studienaufenthalt in Paris, aber auch Anspielung auf Celans Gedicht ›Erinnerung an Frankreich‹ (KG, 34f.).
3 Traute Wolsegger.
4 Der österreichische Maler Herbert Boeckl (1894-1966) gilt als Hauptvertreter der österreichischen Malerei der Moderne. KD schätzte Boeckls Kunst und setzte sich während seiner Zeit in der Österreichischen Galerie im Belvedere für ihn ein. Vgl. Nr. 109.
5 Im Haus von NDs Eltern in Millstatt/Kärnten verbrachten beide fast jedes Jahr die Sommerferien.
6 Der Kunsthistoriker Franz Balke kümmerte sich seit etwa 1940 um die Familie Demus. Er arbeitete für die Österreichische Galerie im Belvedere.
7 Der Text ›Mitten in den Sommer‹ erschien in der Zeitschrift ›Merkur‹ (13. Jg., 1959, H. 3, 247).

Brief 24
Nani Demus an Paul Celan, Wien, 1. 9. 1950; Stempel: Österreichische Zensurstelle – Z. 1/81
1 ND war im Juni 1950 nach Paris gereist, um KD nach dem Ende seines Auslandssemesters abzuholen und mit ihm die gemein-

same Reise in Frankreich und Italien anzutreten. Sie sollte in dem schwierigen Verhältnis zwischen IB und PC vermitteln. PC war zu dieser Zeit verärgert und verletzt über IBs langes Schweigen. Sie hatte PC im August 1949 ihren Aufenthalt in Paris als Stipendiatin für ein Semester angekündigt, war dann aber nicht gekommen und hatte PC bis November 1949 auf eine Antwort warten lassen. In einem Brief IBs an PC vom Juni 1950 heißt es aber: »in wenigen Tagen fährt Nani Maier nach Paris, und ich werde sie bitten, was ich schwer in einem Brief sagen kann, mit Dir zu besprechen« (IB/PC, 16). Die Verbindung zwischen ND und IB war eng. Ihre Dissertation (Anna Maier, Franz Kafka und Robert Musil als Vertreter der ethischen Richtung des modernen Romans, Wien 1949) wurde von IB getippt.

2 In einem Brief vom 6. 9. 1950 schrieb IB: »nun, da unsere Freunde, Nani und Klaus, zurück sind und ich einen Abend lang mit ihnen sprechen konnte, sehe ich erst, wie viele Mißverständnisse sich zwischen uns gelegt haben. Glaub mir, ich habe, zumindest bewußt, nicht die Fehler gemacht, die mich Dir so entfernt und entfremdet haben« (vgl. IB, 17).

Brief 25
Klaus Demus an Paul Celan, Wien, 2. 9. 1950; Stempel: Österreichische Zensurstelle – Z. 1/81

1 KD bemühte sich auch in der Folge darum, PC den Kontakt zu Ernst Jünger (1895-1998) zu vermitteln. PC reagierte lange nicht auf KDs Drängen, so daß dieser erst am 18. 5. 1951 in dieser Sache aktiv wurde und an Jünger schrieb. Ein Brief PCs folgte am 11. 6. 1951 (vgl. dazu Buck 2005 sowie die Nrn. 27, 35, 46, 49f. und 55).

2 Hermann Hakel (1911-1987), österr. Lyriker und Erzähler, seit 1934 in Wien als freier Schriftsteller tätig. 1939 emigrierte er wegen seiner jüdischen Herkunft nach Italien, wo er zwischen 1940 und 1944 interniert war. 1945 emigrierte er nach Palästina, kehrte jedoch 1948 nach Wien zurück. Dort gründete er die Zeitschrift ›Lynkeus‹ für Dichtung, Kunst und Kritik. Von 1948 bis 1951 war Hakel Vorstandsmitglied des Österreichischen P.E.N.-Clubs. Er war Kulturredakteur bei verschiedenen Zeitungen und Zeitschriften sowie Herausgeber zahlreicher Anthologien und Sammlungen.

3 Das Buch SU, das PC aus dem Verkehr ziehen ließ, sah KD nicht als »richtigen« Gedichtband an. Daran, daß PCs Gedichtband MG 1952 in der Deutschen Verlags-Anstalt (DVA) erscheinen

konnte, hatte Jünger keinen Anteil (vgl. Nr. 56). Zur Entstehungsgeschichte von MG vgl. Celan-Handbuch, 54-63.

4 Leopold (*1925) und Hilde Rosenmayr waren österreichische
Freunde von KD. Rosenmayr war von 1963 bis 1995 Universi-
tätsprofessor der Soziologie und Sozialphilosophie an der Universität Wien.

5 Zu YG vgl. Nr. 15. Ein Text über YGs Tod kam nicht zustande.

6 KD schloß sein Promotionsverfahren im Juli 1951 ab. Seine
Dissertation trägt den Titel: ›Der Kubismus und die formalen Strömungen in der Malerei des 20. Jahrhunderts‹ (Wien
1951).

7 KD besaß zwar Blätter mit ›Gegenlicht‹-Aphorismen von PC
(vgl. HKA I 11, 19 und PN, 20 u. 300f.), hier könnte es sich aber
um erzählende Prosaprojekte PCs handeln (vgl. PN, 64f.).

Brief 26
Paul Celan an Klaus Demus, Etretat (Seine-Inférieure), [Poststem-
pel: 11. 9. 1950]; Stempel: Österreichische Zensurstelle – Z. 1/209
[Bildpostkarte: »Etretat (S.-I.) – Le Manneporte, l'aiguille, la porte
d'aval«]

Brief 27
Klaus Demus an Paul Celan, Wien, 4. 10. 1950; Stempel: Öster-
reichische Zensurstelle – Z. 1/740 [?]

1 IB traf erst am 14. 10. in Paris ein und blieb bis Mitte Dezember.

2 Die Monatsschrift ›Wort und Wahrheit‹ für Religion und Kultur
erschien zwischen 1946 und 1973. Zu den maßgebenden Persönlichkeiten der Redaktion gehörten Otto Mauer und Otto Schul-
meister; wichtigster Essayist war bereits in den Anfangsjahren
Friedrich A. Hansen-Löve (1919-1997). Von KD erschienen keine
Gedichte in der vom modernen Katholizismus beeinflußten Zeitschrift, Gedichte von PC wurden im Oktober 1951 und im Juli
1952 abgedruckt (vgl. Nrn. 50f. u. 71).

3 Zu KDs Projekt eines Museums der modernen Kunst für Österreich in Wien vgl. Nr. 21 und Nachwort 481f.

4 Josef Pillhofer (*1921) ist österreichischer Bildhauer und Schüler
von Fritz Wotruba (1907-1975). Er studierte zwischen 1946 und
1953 an der Akademie der bildenden Künste in Wien; 1950/1951
war er Stipendiat in Paris, im Atelier Ossip Zadkine (1890-1967).
Seit 1954 Lehrtätigkeit an der Wiener Akademie; zwischen 1970
und 1981 leitete er die Abteilung für Bildhauerei an der Kunst-
gewerbeschule in Graz. Yvonne Stadler war eine Freundin aus

der Schweiz, die sich später für PCs Gedichtband in der Schweiz einsetzen sollte (vgl. Nr. 48).

5 ND hielt sich als Stipendiatin vom Spätherbst 1950 bis zum Sommer 1951 in Paris auf.

6 Nicht ermittelt.

7 Im Juli 1950 hatte PC die Universität mit der ›Licence ès lettres‹ abgeschlossen. Zwar immatrikulierte er sich Anfang November, um seine »maîtrise« zu machen, schloß das Projekt – er begann mit einer Arbeit über Franz Kafka (1883-1924) – aber nicht ab. PCs Situation war damals schwierig. Seinen bescheidenen Lebensunterhalt verdiente er sich vor allem mit Spachunterricht, zeitweise auch mit Fabrikarbeit. ND und KD drängten ihn, sein Studium im Hinblick auf bessere Berufsaussichten abzuschließen.

8 Evtl. das Prosagedicht ›Mitten in den Sommer ist Stille und Schwarz gekommen‹ (in: ›Merkur‹, 13. Jg., 1959, H. 3, 247).

9 Das Prosagedicht ›Meerstern‹ erschien erstmals im Frühjahrsheft der Zeitschrift ›Botteghe Oscure‹ (Rom), 19. Jg., 1957, 455.

Brief 28
Klaus Demus an Paul Celan, [Wien,] 5. 10. 1950
1 Da das Blatt keinen Zensurstempel trägt, kann das Gedicht nicht auf dem Postweg nach Paris gelangt sein. Wahrscheinlich hat ND, die sich im November/Dezember 1950 in Paris aufhielt, PC das Gedicht, das unpubliziert blieb, mitgebracht; evtl. auch bereits IB, die am 14. 10. bei PC eintraf.

Brief 29
Paul Celan an Klaus Demus, Paris, 16. 10. 1950; Stempel: Österreichische Zensurstelle – Z. 1/293
1 Erica Lillegg-Jené war seit 1938 mit Edgar Jené verheiratet, der zu PCs engstem Wiener Bekanntenkreis gehörte. Mit PC und dem Maler und Graphiker Arnulf Neuwirth (*1912) hatte Jené 1948 die erste Surrealistische Ausstellung in Wien organisiert. Auch für die Publikation des Wiener Gedichtbandes SU trugen die Jenés die Verantwortung: Sie sammelten das Geld für das Buch und übernahmen nach PCs Abreise die Redaktion (vgl. Displaced: Seng, 99-108). Zwischen 1950 und 1965 lebten Erica und Edgar Jené zeitweise in Paris. Zwischen Erica Lillegg und PC muß, wie die erhaltenen Briefe zeigen, zeitweise eine große Nähe bestanden haben.

2 In einem zerbombten Haus am Althanplatz hatte Jené sein

Atelier, das damals ein Treffpunkt junger Künstler, Literaten und Schauspieler war.

3 Nicht ermittelt.

4 Zu IBs Aufenthalt in Paris vgl. Nr. 27/1.

Brief 30
Klaus Demus an Paul Celan, Wien, 21. 10. 1950; Stempel: Öster-
reichische Zensurstelle – Z. 1/914

Brief 31
Klaus Demus an Paul Celan, Wien, 9. 11. 1950; Stempel: Öster-
reichische Zensurstelle – Z. 1/338

1 Nach Abschluß ihrer Dissertation (Dezember 1949) und ihrer Prüfungen kam ND im November 1950 nach Paris und blieb bis Sommer 1951. Bis Dezember 1950 waren ND und IB gemeinsam in Paris.

Brief 32
Klaus Demus an Paul Celan, Wien, 13. 11. 1950

1 Den Brief hatte wohl ND PC bei ihrer Ankunft in Paris übergeben.

Brief 33
Klaus Demus an Paul Celan, Wien, 29. 11. 1950; Stempel: Öster-
reichische Zensurstelle – Z. 1/149

1 PCs Brief hat sich nicht erhalten. Offenbar hatte er um ein Buch für die zeitweise in Paris lebende Schweizer Malerin Irmgard Burchard (1908-1964) gebeten. Sie gehörte zu CGs Bekanntenkreis, und PC erwähnt in einer Notiz, ihr Gedichte gezeigt zu haben (vgl. GA, 435f.).

2 PC lud andere österreichische Stipendiaten, auch ND zuliebe, in sein kleines Kabinett-Zimmer im fünften Stock des Hôtel d'Orléans ein und las Gedichte vor.

3 Bei einem der beiden Gedichte handelt es sich wohl um ›So bist du denn geworden‹. Einen hs. Entwurf des Gedichts aus der ›Sammlung Klaus Demus‹ (DLA) hat ND auf »November 1950« datiert (abgedruckt in: TCA, VS, 90). Das zweite Gedicht war vielleicht ›Vom Blau‹, von dem sich ebenfalls ein Ts. in der ›Sammlung Klaus Demus‹ (DLA) befindet.

4 Vgl. Nr. 25/7.

5 Nicht nur für die österreichischen Stipendiaten in Paris war PC ein Mittelpunkt, auch viele Wiener Freunde besuchten ihn in

Paris. Außer KD und IB kamen in den frühen Pariser Jahren Milo Dor (im Frühjahr 1949), Edgar Jené (Ende 1949) und Ursula Schuh-Dietrich (März 1949). Vgl. Displaced: Wiedemann, S. 139ff.

Brief 34
Klaus Demus an Paul Celan, Wien, 6. 12. 1950; Stempel: Österreichische Zensurstelle – Z. 1/430

1 Über die Beziehung zwischen PC und IB in Paris vgl. IB/PC, 218. In einem Brief vom 27. 6. 1951 spricht IB von den »alten Missverständnissen«, die sie »so gerne wegräumen möchte«. Der Satz: »Weisst Du eigentlich noch, dass wir doch, trotz allem, sehr glücklich miteinander waren, selbst in den schlimmsten Stunden, wenn wir unsre schlimmsten Feinde waren?«, beschreibt die schwierige Situation in Paris sehr anschaulich, ebenso wie die Zeilen aus dem Brief vom 17. 7.: »ich bin heute, ganz in Deinem Sinne, für das wahrheitsgetreue Erinnern. In einem Winkel meines Herzens bin ich jedoch eine romantische Person geblieben; das mag Schuld daran tragen, dass ich mir etwas, in wenn auch unbewusster Unredlichkeit, verschönt zurückbringen wollte, was ich einmal, weil es mir nicht schön genug schien, fallen liess«. Das Besondere dieser Liebesbeziehung charakterisiert IB im Brief vom 27.6., wenn sie bekennt: »Ich fange ja langsam zu verstehen an, warum ich mich so sehr gegen Dich gewehrt habe, warum ich vielleicht nie aufhören werde, es zu tun. Ich liebe Dich und ich will Dich nicht lieben, es ist zuviel und zu schwer« (IB/PC, 23-30).
2 Nicht ermittelt. Der Brief ist wohl verlorengegangen.
3 Zu PCs schwieriger Lebenssituation vgl. Nr. 27/7.
4 Für das Ms. seines Gedichtbuches hatte PC seit Sommer 1949 mehrere Absagen von Verlagen erhalten (u. a. Karl Rauch Verlag, Suhrkamp Verlag). Im Oktober 1950 hatte er ein erweitertes Ts. mit dem alten Titel SU zusammengestellt, das er u. a. an Ludwig von Ficker und Hilde Spiel schickte. Bislang waren nur wenige Gedichte von ihm in deutschen und österreichischen Publikationen erschienen (vier Gedichte in ›Die Wandlung‹ im März 1949 und sechs Gedichte in den ›Surrealistischen Publikationen‹ im April 1950).

Brief 35
Klaus Demus an Paul Celan, Wien, 17. 12. 1950.

1 In London lebte PCs Tante Berta Antschel (1894-1981), die 1938 aus Wien emigriert war. Schon in den Osterferien 1939 hatte er

die Schwester seines Vaters von Tours aus besucht. London war ihm ein Ort familiärer Bindungen; er pflegte eine enge Beziehung zu seiner Tante und besuchte die Stadt von Paris aus mehrfach – nach dem Krieg erstmals 1949. Über einen Besuch im Winter 1950 ist zwar nichts bekannt, wohl aber über den Plan dazu (vgl. GA, 161f.). Vielleicht wollte er in London mit IB zusammentreffen, die sich zu diesem Zeitpunkt dort aufhielt. PC reiste schließlich erst im Sommer 1951 nach London. Vgl. Celan-Handbuch, 234f.

2 Anspielung auf PCs Angewohnheit, bei Spaziergängen in der Nacht russische und französische Lieder zu singen.

Brief 36
Paul Celan an Nani Demus, [Paris, Dezember 1950]
1 Vermieterin des Zimmers in Paris, in dem ND wohnte. Die Wohnung befand sich im 14. Bezirk, in der Rue Rémy Dumoncel.

Brief 37
Klaus Demus an Paul Celan, Wien, 1. 1. 1951; Stempel: Österreichische Zensurstelle – Z. 1/904
1 Anspielungen auf Gedichte aus dem ›Stundenbuch‹ von Rainer Maria Rilke, wo es im ›Buch vom mönchischen Leben‹ heißt: »Ich kreise um Gott, um den uralten Turm, / und ich kreise jahrtausendelang; / und ich weiß noch nicht: bin ich ein Falke, ein Sturm / oder ein großer Gesang« oder »Du bist ein Rad, an dem ich stehe: / von deinen vielen dunklen Achsen / wird immer wieder eine schwer / und dreht sich näher zu mir her, // und meine willigen Werke wachsen / von Wiederkehr zu Wiederkehr« (zu Celan und Rilke vgl. Celan-Handbuch, 299ff.)
2 KD erinnert hier vor allem an das Gedicht ›Kristall‹, das bereits Ende 1949 entstanden war und von dem er eine Abschrift besaß: »Nicht an meinen Lippen suche deinen Mund, / nicht vorm Tor den Fremdling, / nicht im Aug die Träne. // Sieben Nächte höher wandert Rot zu Rot, / sieben Herzen tiefer pocht die Hand ans Tor, / sieben Rosen später rauscht der Brunnen« (KG, 44).

Brief 38
Klaus Demus [durch Nani Demus] an Paul Celan, [Paris, 1. 1. 1951]
1 Das Gedicht und die Schlußformel sind in der Handschrift NDs geschrieben. Wahrscheinlich kopierte sie das Gedicht für PC in Paris.

Brief 39
Nani Demus an Paul Celan, [Paris,] Mittwoch [Januar 1951]
1 Im Dezember war IB von Paris aus nach London abgereist, wo sie bis Februar blieb. Von dort aus kehrte sie erneut nach Paris zurück.

Brief 40
Nani Demus (für Klaus Demus) an Paul Celan, [Paris, 6. 2. 1951]
1 Es handelt sich hier um den ersten Teil des Gedichts ›Regen, abends‹, aus SL (9ff.).
2 David Gascoyne (1916-2001), englischer surrealistischer Dichter, der auch französische Surrealisten ins Englische übersetzte. Seit 1937 lebte Gascoyne gelegentlich in Frankreich, teilweise in Paris, wo er u.a. mit Salvador Dalí, André Breton und Paul Eluard zusammentraf. 1936 war er einer der Organisatoren der Internationalen Surrealisten-Ausstellung in London. KD schätzte das Gedicht ›Lachrymae‹.

Brief 41
Paul Celan an Klaus Demus, Paris, den 17. 2. 1951; Stempel: Österreichische Zensurstelle – Z. 1/904
1 Bei Max Scheler (1874-1928) heißt es: »Echtes Bildungswissen weiß daher auch immer genau das mit, was es *nicht* weiß. Es ist immer zugleich jene edle ›docta ignorantia‹, über die der deutsche Kardinal Nikolaus von Cues ein so tiefes Buch geschrieben hat, ist immer auch zugleich jenes echt sokratische Wissen des Nichtwissens, jene ›Ehrfurcht vor dem Filigran der Dinge‹ – wie es Friedrich Nietzsche nannte« (Max Scheler, Die Formen des Wissens und die Bildung, Bonn 1925, 27f.). Das Zitat von Friedrich Nietzsche (1844-1900) stammt aus: ›Der Fall Wagner. Ein Musikanten-Problem‹. PC hat sich intensiv mit dem Werk Max Schelers beschäftigt (vgl. CPB, 435-450).

Brief 42
Paul Celan an Nani Demus, [Poststempel: Carte pneumatique, Paris, 22. 2. 1951]
1 IB blieb bis zum 7. 3. 1951 in Paris (vgl. Nr. 39).
2 Wahrscheinlich meint PC das Gedicht ›Sie kämmt ihr Haar‹, dessen Hs. er auf »Paris, 22. Februar 1951« datiert hat.

Brief 43
Paul Celan an Nani Demus, [Paris, März 1951]
1 In der ›Sammlung Klaus Demus‹ (DLA) befinden sich insgesamt
30 Gedicht-Mss. und Tss. (davon einige Dss.) zu MG, von denen
nur sechs einen österreichischen Zensurstempel tragen, also mit
der Post verschickt wurden (D: Celan AB/1-25; D 90.1.21-45).
Die anderen müssen also KD und ND in Paris geschenkt worden
sein. Es läßt sich daher nicht mit Sicherheit sagen, welche Gedichte Celan ND hier übergab. Aus der Zeit stammen u. a. die hs.
Abschrift des Gedichtes ›Schlaf und Speise‹, die ND auf den
»19. 3. 51« datiert. Weitere hs. Gedichtniederschriften gibt es
von ›Auf Reisen‹ und ›Die Ewigkeit‹ – von letzterem hat sich
auch eine ms. Abschrift erhalten, die wiederum im Schriftbild
mit den Niederschriften von ›Der Reisekamerad‹ und ›Chanson
einer Dame im Schatten‹ übereinstimmt.
2 Anspielung auf KDs Gedicht ›Vorüber zieht im Himmel /
Ägypten‹ (SL, 13f.).

Brief 44
Paul Celan an Nani Demus, [Paris, April/Mai 1951]
1 Celan hatte zu dem Baum, der nach der russischen Großfürstin
Anna Pawlowna benannt wurde und messerförmige Fruchtstän-
de sowie herzförmige Blätter aufweist, eine besondere Beziehung. Auch deshalb, weil der Baumnamen seinen Vornamen
enthält. In dem sehr persönlichen Gedicht ›La Contrescarpe‹
erwähnt der Dichter den Baum: »Über Krakau / bist du gekommen, am Anhalter / Bahnhof / floß deinen Blicken ein Rauch zu, /
der war schon von morgen. Unter / Paulownien / sahst du die
Messer stehn, wieder, / scharf von Entfernung« (KG, 160f.).
Paulownien blühen von April bis Mai.

Brief 45
*Klaus Demus an Paul Celan, [Wien,] 27. 4. 1951; Stempel: Öster-
reichische Zensurstelle – Z. 1/671*
1 KD erinnert hier an einen früheren Aufenthalt in Paris. Er war
Ende Januar/Anfang Februar für kurze Zeit nach Paris gekom-
men, weil ND krank geworden war. Auch IB hielt sich zu diesem
Zeitpunkt (bis zum 7. 3.) noch in Paris auf, bevor sie wieder nach
Wien zurückkehrte.

Brief 46
Paul Celan an Nani Demus, [Paris, Mai 1951]

1 Die Datierung erklärt sich daraus, daß KD am 18. 5. 1951 in Sachen PC an Jünger geschrieben hatte.

2 PC hatte sich auf KDs Drängen hin entschlossen, nun doch Kontakt mit Jünger aufzunehmen, um in Erfahrung zu bringen, ob sich dieser für die Publikation seines Gedichtbandes einsetzen würde. Er schrieb ihm am 11. 6. 1951. Vgl. die Nrn. 25, 27, 35, 50f. und 55.

3 Florence Henri (1893-1982), Fotografin und Malerin; studierte zunächst in Berlin bei Kurt Schwitters (1887-1948), später in Paris bei Léger. 1927 wechselte sie an das Bauhaus in Weimar, seit 1929 lebte sie in Paris, wo sie als Porträt- und Modefotografin erfolgreich war. Sie hatte auch Kontakte zu den Surrealisten.

Brief 47
Klaus Demus an Paul Celan, [Wien,] 18. 5. 1951

1 Zu Friedrich A. Hansen-Löve vgl. Nr. 27. Der ›homme de lettre‹ in Wien war nicht nur Redakteur (›Wort und Wahrheit‹, ›Hochland‹) und einflußreicher Kritiker, sondern engagierte sich auch für das außeruniversitäre ›Forschungsinstitut für europäische Gegenwartskunde‹ im Rahmen des Österreichischen Colleges, aus dem später die Alpbacher Hochschulwochen hervorgingen. Außerdem war er Mitherausgeber der Publikation ›Perspektiven 52/53‹ und später auch an der Gründung der österreichischen Zeitschriften ›FORVM‹ (gemeinsam mit Friedrich Torberg und Alexander Lernet-Holenia) und ›Magnum‹ beteiligt. Seit den 50er Jahren arbeitete er für den Österreichischen Rundfunk (Rot-Weiß-Rot), ab 1958 war er Programmdirektor des Österreichischen Fernsehens.

2 KD hatte am selben Tag (18. 5.) in Sachen PC an Jünger geschrieben, ein Brief PCs folgte am 11. 6. (vgl. Nrn. 25, 27, 35, 46 und 56/6)

Brief 48
Klaus Demus an Paul Celan, [Wien,] 20. 5. 1951; Stempel: Österreichische Zensurstelle – Z. 1/202

1 Evtl. hatte Yvonne Stadler versprochen, sich in der Schweiz für PCs Gedichtband einzusetzen. PC benötigte Empfehlungen für seine Reise in die Schweiz. Claire Goll (CG; 1890-1977) schickte ihm am 7. 6. 1951 einen Brief des Schriftstellers Ossip Kalenter (eigentl. Johannes Burckhardt; 1900-1973), der in Zürich lebte und

mit dem PC zusammentraf (vgl. GA, 164f.). Jedenfalls berichtet Kalenter in einem Brief an CG vom 9. 7. 1951 von PCs Zürich-Besuch, in dem es um die mögliche Publikation seines Gedicht-bandes ging. Aus dem Brief wird auch ersichtlich, daß PC mit großen Hoffnungen in Zürich eintraf. Doch Kalenter konnte ihm nur ein paar Zeitungs- und Zeitschriftenadressen nennen, aber keinen Buchverlag. Mit Traute Wolsegger war PC mehrfach in Paris zusammengetroffen. Am 15. 7. 1951 besuchte er mit ihr, Pillhofer, Rey und ND den Bildhauer Constantin Brancusi (1876-1957) in dessen Pariser Atelier (vgl. dazu PC/GCL II, 409).

2 Gedichte von PC erschienen erstmals im Oktober-Heft der Zeit-schrift ›Wort und Wahrheit‹: die Gedichte ›Wie sich die Zeit ver-zweigt‹ und ›So schlafe‹ (6. Jg., 1951, H. 10, 740).

3 Die Lesung fand in der Wiener Buchhandlung Heger, Wollzeile, statt. Die Inhaberin der Buchhandlung, Christiane Wagner, hatte sie organisiert. Die Buchhandlung war der Treffpunkt für die Avantgarde unter den Wiener Intellektuellen. Autoren der Wie-ner Gruppe gehörten zum Stammpublikum ebenso wie Marlen Haushofer (1920-1970), Albert Drach (1902-1995), Thomas Bernhard (1931-1989) oder Künstler wie Friedensreich Hundert-wasser (1928-2000) und Helmut Qualtinger (1928-1986). Auch IB verkehrte dort. Eine andere Lesung fand im Wiener ›Art-Club‹ statt, dem das kulturelle Leben im Wien der Nachkriegszeit seit Anfang 1947 wichtige Impulse verdankt (so ging die ›Wiener Gruppe‹ um H. C. Artmann (1921-2000) und Gerhard Rühm (*1930) aus ihm hervor). Ihm gehörten vor allem Maler und Bild-hauer an – u. a. Arnulf Rainer (*1929), Ernst Fuchs (*1930), Ar-nulf Neuwirth (*1912), Edgar Jené, Albert Paris Gütersloh (1887-1973) –, aber auch Musiker und Schriftsteller verkehrten gern in dem legendären »Strohkoffer«, einem Kellerlokal unter der Kärntnerbar von Adolf Loos (1870-1933), das mit Schilfrohr austapeziert war. Im engen Art-Club-Lokal gab es regelmäßig wechselnde Ausstellungen moderner österreichischer Künstler, Lesungen und Konzerte. Vgl. auch Nr. 67.

4 Im Verlag Sexl war PCs erster Gedichtband SU erschienen. KD übernahm die Abwicklung der auf PCs Wunsch hin zurück-gezogenen Publikation. Die Schlußabrechnung, die nur neun verkauften Exemplare auswies, erhielt KD erst im März 1952 (vgl. Displaced: Seng, 99-108).

5 KD bestätigte zwar, daß Gedichte von PC im Radio gelesen wurden, erinnert sich aber nicht mehr an die näheren Umstände.

6 Milo Dor (1923-2005), österreichischer Schriftsteller serbischer

Herkunft. PC hatte den 1942 zur Zwangsarbeit nach Wien deportierten Dor 1948 in der Redaktion des ›Plan‹ kennengelernt, und der freie Autor und Journalist hatte ihn früh in Paris besucht. Der Wiener Freund setzte sich dafür ein, daß PC 1952 von Hans Werner Richter zur Tagung der Gruppe 47 nach Niendorf eingeladen wurde (vgl. IB/PC, 49). Am 17. 9. 1951 schrieb er an Richter: »Ich schreibe Dir express wegen eines anderen Kollegen, der meiner Ansicht nach unbedingt eingeladen werden sollte. Das ist Paul Celan, von dem Du einige Gedichte in unserem Jahrbuch [›Stimmen der Gegenwart‹] lesen kannst. Er ist auch in der Besprechung im Monat sehr hervorgehoben worden. Ich weiss, was Du von seinen Gedichten hältst, aber ich glaube, dass es nur wenige Lyriker gibt, die seine Musikalität und seine Formkraft besitzen. Er lebt in Paris (5, rue des Ecoles 31, Hotel d'Orleans), wo er sich als Dolmetsch und Fabrikarbeiter durchschlägt. Es wäre mehr als nur eine literarische Tat, wenn man ihm den Anschluss an die deutsche Literatur, zu der er zweifellos gehört, vermitteln würde. [...] Bitte sei so freundlich und lade ihn ein [...] ich spreche auch mit Dr. Koch von der DVA darüber« (Richter, Briefe, 127ff.). Dor publizierte auch immer wieder Gedichte von PC in Anthologien. In seinem gemeinsam mit Reinhard Federmann (1923-1976) verfaßten Roman ›Internationale Zone‹ (Frankfurt am Main und Wien: Forum 1953) ist die Figur »Petre Margul« PC nachempfunden. Er publizierte verschiedene Erinnerungen an PC (in: Displaced, 131-138; Gaisbauer u. a., 146-157; Über Paul Celan, 281-285). Um welche »Sache« es hier ging, ließ sich nicht ermitteln.

7 IB, die zu dieser Zeit wieder in Wien war, sprach damals häufig mit KD und ND. Am 4. 7. 1951 schrieb sie an PC: »Klaus habe ich sehr lieb gewonnen: wir haben einander in letzter Zeit oft gesehen und gesprochen, und es wäre schön, wenn wir vier einander nie ganz aus den Augen verlieren würden« (IB/PC, 21).

8 Die junge Malerin Hedwig Wagner war ebenfalls Stipendiatin in Paris. Sie arbeitete bei dem Maler Fernand Léger.

9 Maria Bilger-Biljan (1912-1997) gehörte zu den Hauptrepräsentantinnen zeitgenössischer Kunst in Wien. Sie war Mitbegründerin des Art-Clubs, wo sie 1952 im »Strohkoffer« eigene Werke ausstellte. Ein Zusammentreffen mit PC ist nicht belegt.

10 KD schloß seine Prüfungen am 4. 7. 1951 ab. Sein Professor war der Kunsthistoriker Karl Maria Swoboda (1889-1977).

Brief 49
Paul Celan an Nani Demus, Dienstag, [Paris, 1951]
1 Der Brief wurde von KD oder ND auf 1951 datiert.

Brief 50
Paul Celan an Nani Demus, [Paris, 1951]

Brief 51
Klaus Demus an Paul Celan, [Wien,] 2. 6. 1951; Stempel: Öster-
reichische Zensurstelle – Z. 1/131
1 Vgl. Nr. 48/3.
2 Walter Toman (1920-2003), Psychologe und Schriftsteller. Dozent für Psychologie am psychologischen Institut der Stadt Wien, später ging er als Universitätsdozent für Psychologie an die Harvard University. Schon seit 1946 hatte er in Wien Gedichte und Erzählungen publiziert. Sein Erzählungsband ›Busse's Welttheater‹ erschien 1952.
3 Andreas Okopenko (*1930), österreichischer Schriftsteller. Er gab zwischen 1951 und 1953 die Literaturzeitschrift ›publikationen‹ heraus, in der die jungen Autoren der österreichischen Avantgarde ihre Werke veröffentlichten. 1957 erschien sein erster Gedichtband ›Grüner November‹.
4 KD las wohl die Gedichte des letzten Zyklus' von MG, der den Titel ›Halme der Nacht‹ trägt. Vgl. Nr. 67.
5 Um welche Übersetzungen von Gedichten Guillaume Apollinaires (1880-1918) es sich handelt, ist nicht exakt zu bestimmen. Eine Einleitung zu eigenen Apollinaire-Übertragungen lag bereits im Sommer 1951 vor, ebenso wie Gedicht-Übersetzungen, wenn auch nicht immer in der Schlußfassung (vgl. Nachwort PN, 247f.). Harbusch nimmt an, daß bis spätestens 1953 alle sieben übersetzten Gedichte in einer ersten Fassung vorlagen (Harbusch, 116). Das Gedicht ›Signe‹/›Zeichen‹ hatte Celan bereits im Oktober 1949 an Erica Jené-Lillegg nach Wien geschickt (vgl. FN, 75), und 1952 erschien die Übertragung des Gedichts ›Clair de lune‹/›Mondschein‹ in der von Felix Braun (1885-1973) hrsg. Anthologie ›Die Lyra des Orpheus. Lyrik der Völker in deutschen Nachdichtungen‹ (Wien 1952, 556). Die anderen Apollinaire-Übertragungen wurden erst im Jahr 1954 in der Zeitschrift ›Die Neue Rundschau‹ veröffentlicht (›Salome‹, ›Schinderhannes‹, ›Der Abschied‹; 316-321), das Gedicht ›Die Herbstzeitlosen‹ erstmals im ›Insel-Almanach auf das Jahr 1959‹ (31). In Hansen-Löves Zeitschrift ›Wort und Wahrheit‹ erschien keine von

PCs Apollinaire-Übertragungen. KD hatte in Wien als Abschiedsgeschenk von Celan den Apollinaire-Band ›Alcools. Poèmes 1898-1913‹ (Paris 1947) erhalten. Er trägt die Widmung: »Für Klaus Demus / von Paul Celan / Wien, 24. Juni 48.« (›Sammlung Demus‹/Harvard; Katalog Fritsch, 36).

Brief 52
Paul Celan an Klaus und Nani Demus, [Paris, Juli 1951]
1 KD fuhr am 4. 7. 1951 nach Paris (vgl. PC/IB, 21) und reiste gemeinsam mit ND Anfang August ab. PC lebte zu diesem Zeitpunkt hauptsächlich in der Pariser Vorortgemeinde Levallois-Perret bei den aus der Bukowina stammenden Schwiegereltern seines Schulfreundes Sigfried Trichter (vgl. IB/PC, 260).
2 Jean-Dominique Rey (*1926), französischer Schriftsteller und Kunstkritiker; war in der Pariser Anfangszeit einer der wenigen Franzosen in Celans Bekanntenkreis. Mit KD und ND ist er bis heute freundschaftlich verbunden. Über seine Begegnung mit PC vgl. ›Voix de Paul Celan‹ (in: Mémoires des autres. Écrivains et rebelles, Paris 2005, 85-95). Er ist auf einem Foto mit PC und ND in Paris zu sehen (vgl. Abb. 5).
3 Alain Jouffroy (*1928), französischer Schriftsteller und Kunstkritiker, der zwischen 1946 und 1949 in Verbindung mit den Surrealisten stand. Beziehungen zu Breton, später auch zu Henri Michaux. Schrieb u. a. Bücher über Miró und Picabia.

Brief 53
Klaus Demus an Paul Celan Mulhouse, Gare, [Poststempel: 3. 8. 1951]
[Bildpostkarte: »Mathis Nithart Grünewald (1455-1528), Die Geburt Christi, Musée des Unterlinden à Colmar«]
1 PC hatte KD und ND zur Gare de l'Est begleitet und verabschiedet.

Brief 54
Klaus Demus an Paul Celan, Schloß Weißenstein, Sonntag, 12. 8. 1951
1 Der Augentrost war für PC eine besondere Blume, die er in einem Brief an GCL mit seiner Zeit im Lager in Verbindung brachte: »der Augentrost – l'euphraise –, wovon ich Dir ziemlich oft, wie ich glaube, erzählt habe. Im Krieg, in der Moldau, war ich, mit zwei Eimern (Wasser? Suppe?) beladen, die ich, vor Mittag, in die kleine Stadt holengehen sollte, um sie zur ›Baustelle‹ zu bringen, diesem Augen-*Trost* begegnet« (PC/GCL 1, 126). Wahrscheinlich

hatte Celan auch seinem Freund von der besonderen Bedeutung dieser Blume für sein Leben erzählt. In seinem von ihm selbst publizierten Werk taucht der Blumenname nur ein einziges Mal auf: in dem Martin Heidegger (1889-1973) gewidmeten Gedicht ›Todtnauberg‹ (KG, 282).

2 KD hatte Martin Heideggers ›Holzwege‹ (Frankfurt am Main 1950) von IB geschenkt bekommen. Er bezieht sich hier auf die Abschnitte ›Wozu Dichter?‹ und ›Der Ursprung des Kunstwerkes‹. PC las die ›Holzwege‹ zwischen dem 4. 7. und dem 9. 8. 1953 sehr gründlich. Zu Celans Heidegger-Lektüren vgl. CPB, 338-418, zu den ›Holzwegen‹ bes. 356-368.

Brief 55
Paul Celan an Nani Demus, London, 9. 9. 1951
[Bildpostkarte: British Museum, »Chrysanthemum, Asters and Arum / Drawing in colour by Hokusai (b. 1760, d. 1849) / Japanese: Ukiyo-e school«]

1 PC hielt sich im September zwei Wochen in London auf. Vgl. Nr. 35.

Brief 56
Klaus Demus an Paul Celan, [Wien,] 12.-19. 9. 1951; Stempel: Österreichische Zensurstelle – Z. 1/209

1 Im 1. Wiener Bezirk war am 6. 8. 1951 das erste österreichische Raumfilmkino im Hintertrakt des Café Herrenhof eröffnet worden. Dort wurden auch »plastische Filme«, sogenannte 3-D-Filme, gezeigt, für die man aber ein eigenes Sehgerät brauchte.

2 Anspielung auf den ersten Zyklus von SU, ›An den Toren‹, der jene frühen Gedichte enthielt, die PC nicht wieder in MG aufnahm.

3 Hans Weigel (Pseud. Julius Hansen; 1908-1991) war seit 1934 in Wien als Kabarettautor tätig, emigrierte 1938 in die Schweiz und kehrte 1945 nach Wien zurück, wo er u. a. als Autor, Übersetzer und Theaterkritiker tätig war. Zudem war er Herausgeber diverser Anthologien und Zeitschriften und ein entschiedener Förderer der jungen österreichischen Literatur. Weigel begründete im Nachkriegs-Wien einen Kreis österr. Autoren, der sich im Café Raimund traf und zu dem seit Herbst 1947 auch IB gehörte, mit der Weigel zeitweise liiert war. In seinem Roman ›Unvollendete Symphonie‹ trägt eine Figur die Züge PCs während seines Wien-Aufenthalts (vgl. Displaced: Lütz, 112ff.).

4 Im Verlag für Jugend und Volk/Verlag Jungbrunnen erschien 1951 die Anthologie ›Stimmen der Gegenwart‹, die im Auftrag der Gesellschaft für Freiheit der Kultur von Weigel herausgegeben war. Der Band enthielt von PC die Gedichte ›Wer sein Herz‹, ›In Ägypten‹, ›So schlafe‹ und die ›Todesfuge‹ (130-133). Wieder erschienen PCs Gedichte mit einer Zeichnung von Edgar Jené. Die Reihe erschien bis 1956 in wechselnden Verlagen.

5 Arnold Schönberg (1874-1951) war am 13. 7. 1951 in Los Angeles gestorben. Der in Wien geborene Komponist ging 1925 als Leiter einer Meisterklasse für Komposition nach Berlin an die Preußische Akademie der Künste. 1933 emigrierte er in die USA. Schönberg war der Begründer der Zweiten Wiener Schule, zu der noch Alban Berg (1885-1935) und Anton Webern (1883-1945) gehörten. Er entwickelte die Zwölftonmusik. Zu seinen Vokalwerken gehören zahlreiche Vertonungen von Gedichten (etwa von Stefan George und Rilke), aber auch Stücke mit explizit jüdischen Themen (etwa das Oratorium ›Die Jakobsleiter‹ und die Oper ›Moses und Aaron‹). Das Stück ›Ein Überlebender aus Warschau‹ (UA 1948) für einen Sprecher, Männerchor und Orchester, das sich mit der Niederschlagung des Aufstands im Warschauer Ghetto beschäftigt, gilt als eine der wichtigsten musikalischen Auseinandersetzungen mit der Shoa. PC interessierte sich – vermittelt durch die Lektüre verschiedener Texte Theodor W. Adornos (1903-1969) – für Schönbergs Werk (vgl. TWA/PC, 419-430). Über einen Kontakt zwischen PC und Schönberg wegen der Vertonung von Gedichten ist nichts bekannt.

6 Armin Mohler (1920-2003) war zwischen 1949 und 1953 Privatsekretär von Ernst Jünger. In dieser Funktion teilte er PC mit, daß sich Jünger nicht für ihn einsetzen könne (Mohler an PC, Brief vom 7. 8. 1951 im Nachlaß PC). Der konservative Publizist promovierte 1949 bei Karl Jaspers (1883-1969) mit einer Arbeit über ›Die konservative Revolution in Deutschland‹. In den 50er Jahren arbeitete er als Auslandskorrespondent für verschiedene deutschsprachige Zeitungen in Paris, wo er auch PC kennenlernte. In der Goll-Affäre trat er 1960 in Zeitungsartikeln für Celan ein (vgl. GA, 307ff.).

7 IB hatte bis August 1951 für die amerikanische Besatzungsbehörde gearbeitet. Im September begann sie als Script-Writer für den Sender Rot-Weiß-Rot.

8 KD las das Buch von Werner Haftmann (1912-1999): Paul Klee. Wege bildnerischen Denkens (München 1950). Dort heißt es: »Franz Marc sagt einmal: ›Kunst ist wahrscheinlich *das som-*

nambule Sehen des Typischen‹« (124). Goethe-Zitate findet man auf den folgenden Seiten.

9 Unter dem 28. 8. 1787 notiert sich Johann Wolfgang Goethe (1749-1832) in der ›Italienischen Reise‹: »In der Naturgeschichte bring' ich dir Sachen mit, die du nicht erwartest. Ich glaube dem *Wie* der Organisation sehr nahe zu rücken. Du sollst diese Manifestationen (nicht Fulgurationen) unsres Gottes mit Freuden beschauen und mich belehren, wer in der alten und neuen Zeit dasselbe gefunden, gedacht, es von eben der Seite oder aus einem wenig abweichenden Standpunkt betrachtet.« Das zweite Zitat teilt Friedrich von Müller (1779-1849) aus einem Gespräch mit Goethe vom 29. 4. 1818 mit: »Wenn man das Tun und Treiben der Menschen seit Jahrtausenden überblickt, so lassen sich einige wenige allgemeine Formeln erkennen, die je und immer eine Zauberkraft über ganze Nationen wie über die Einzelnen ausgeübt haben, und diese Formeln, ewig wiederkehrend, ewig unter tausend bunten Verbrämungen *dieselben*, sind die geheimnisvolle Mitgabe einer höhern Macht ins Leben. Wohl übersetzt sich jeder diese Formeln in die ihm eigentümliche Sprache, paßt sie auf mannigfache Weise seinen beengten individuellen Zuständen an und mischt dadurch oft so viel Unlautres darunter, daß sie kaum mehr in ihrer ursprünglichen Bedeutung zu erkennen sind. Aber diese letztere taucht doch immer unversehens wieder auf, bald in diesem bald in jenem Volke, und der aufmerksame Forscher setzt sich aus solchen Formeln eine Art Alphabet des Weltgeistes zusammen.«

10 Zitat nicht ermittelt. Juan Gris (1887-1927), spanischer Maler des Kubismus, der 1906 nach Frankreich übersiedelt und später Mitglied der avantgardistischen Montmartregruppe um Pablo Picasso, Georges Braque (1882-1963) und Guillaume Apollinaire wird.

11 Christiane Draxlmayr promovierte 1950 an der Wiener Universität mit der Arbeit ›Die österreichische Lyrik im Zeitraum 1945-1950‹. Der Kontakt zu PC kam vermutlich aufgrund dieser Arbeit zustande.

Brief 57
Paul Celan an Klaus Demus, Paris, 20. 9. 1951; Stempel: Österreichische Zensurstelle – Z. 1/582

1 PC hatte seit Anfang Juli (bis zu seinem London-Aufenthalt) in Levallois gewohnt und kehrte erst jetzt wieder in sein Zimmer in der Rue des Ecoles zurück. Vgl. Nr. 52/1.

2 KD sollte in der Albertina als Volontär beginnen, doch er lehnte ab, weil er nur Architekturzeichnungen des 19. Jahrhunderts bearbeiten sollte.

3 Wahrscheinlich die Briefe vom 17. 7. und 30. 8. 1951 (IB/PC, 28ff.).

4 Ernst Schönwiese (1905-1991), österreichischer Schriftsteller und Lyriker. Er war 1935-37 und 1946-52 Herausgeber der literarischen Zeitschrift ›das silberboot‹. Zwischen 1945 und 1954 leitete Schönwiese die literarische Abteilung des Senders Rot-Weiß-Rot in Salzburg, zwischen 1954 und 1971 war er Programmdirektor für Literatur, Hörspiel und Wissenschaft beim ORF. IB hatte in ihrem Brief vom 30. 8. an PC geschrieben, daß sie »aus Deinen neuen Gedichten, die mir Klaus gab, eine Sendung zusammenstellen darf« und bereits mit Schönwiese darüber gesprochen habe (IB/PC, 31). Zu der Sendung kam es nicht.

5 Edith Mill (*1925); österreichische Theater- und Filmschauspielerin. Sie spielte am Burgtheater dramatische Rollen, bevor sie 1949 an der Seite von Curd Jürgens (1915-1982) in der österreichischen Produktion ›Schuß durchs Fenster‹ ihre erste Filmrolle bekam. Offenbar hatte sich PC die Schauspielerin gewünscht, denn IB schreibt am 30. 8.: »Ob ich allerdings Edith Mill als Sprecherin bekomme, weiss ich nicht« (IB/PC, 31).

6 Die Gedichte ›Unstetes Herz‹ und ›Brandung‹ sind handschriftlich und befinden sich auf der Vorder- und Rückseite eines Blattes. Die Vorderseite trägt – wie der Brief – den österreichischen Zensurstempel mit der Nummer 582. ›Unstetes Herz‹ (in der ›Sammlung Klaus Demus‹ [DLA] finden sich noch ein Mss. und ein Tss. des Gedichts) ist datiert: »London, Golders Green / 29. VIII. 51«, ›Brandung‹: »Paris, 16. VIII. IX. 51«.

Brief 58
Klaus und Nani Demus an Paul Celan, Wien, 3. 10. 1951
1 Die Gedichte ›Unstetes Herz‹ und ›Brandung‹.
2 Zu Hedwig Wagner vgl. Nr. 48/8.
3 Der Zensurstempel fehlt, so daß der Brief jemandem mitgegeben wurde – evtl. mit dem Buch für Rey.

Brief 59
Nani Demus an Paul Celan, Wien, 22. 9. - 19. 10. 1951
1 Der Brief entstand über einen längeren Zeitraum. Der erste Teil wurde in Wien am 22. 9. 1951 geschrieben, der letzte am 19. 10.

Die Auslassungen (ND klagt über ihre Situation) erfolgten auf Wunsch von ND.

2 Dieser Teil des Briefes wurde am 23. 9. 1951 geschrieben. Es folgen noch zwei Sätze am 19. 10., doch der Brief bleibt ohne Unterschrift. Bei der Unterredung mit IB ging es wohl um die Rückgabe des Ringes (vgl. Nr. 61/3).

Brief 60
Klaus Demus an Paul Celan, [Wien,] 11. 11. 1951

1 PC wird KD das Gedicht am 14. 11. 1951 übersenden. In der ›Sammlung Klaus Demus‹ (DLA) befindet sich noch ein weiteres Ts. des Gedichts mit dem Stempel »Österreichische Zensurstelle / Z. 1/24«. Das Gedichtblatt, das KD bei IB sah, lag dem Brief vom 30. 10. 1951 bei (IB/PC, 34ff.).

2 Seit Sommer 1947 veranstaltete das ›Salzburg Seminar in American Civilisation‹, eine der Universität Harvard nahestehende US-amerikanische Bildungseinrichtung, seine ›Summer Sessions‹ in den Räumlichkeiten von Schloß Leopoldskron. Die Idee für diese wissenschaftlich-kulturelle Völkerverständigung stammte von dem Harvard-Absolventen Clemens Heller (1917-2002), dem Sohn des legendären Wiener Buchhändlers und Verlegers Hugo Heller (1870-1923). Helene Thimig (1889-1974), die Witwe Max Reinhardts (1873-1943), dem das Schloß bis zu seiner Emigration gehörte, hatte die Einladung zum ersten Seminar ausgesprochen, und 90 Studenten aus 18 europäischen Ländern waren der Einladung gefolgt. Bis heute ist das ›Salzburg Seminar in American Studies‹ ein Forum des Austausches zwischen Politik, Kultur, Kunst und Wissenschaft. IB wohnte während ihres ersten Paris-Aufenthaltes 1950 bei Heller, dessen Frau Mathilda Mortimer in Paris einen Salon führte. Auch PC kannte beide (vgl. IB/PC, 264).

3 Der Wiener Kunsthistoriker Gerhard Schmidt (*1924) war ein Studienkollege von KD und hatte im Juni 1951 mit einer Arbeit über ›Das französische Relief 1250-1400‹ promoviert. Nach seinem Studium arbeitete er als Assistent von KDs Doktorvater Karl M. Swoboda. Ab 1966 lehrte er als Professor am Institut für Kunstgeschichte in Wien.

4 In der Monatsschrift ›Wort und Wahrheit‹ waren auch Buchrezensionen abgedruckt. KDs Buchbesprechungen erschienen nicht. Vgl. Nr. 160.

5 Im Oktober-Heft waren die Gedichte ›Wie sich die Zeit verzweigt‹ und ›So schlafe‹ (740) erschienen. Vgl. Nr. 27.

6 Das Gedicht ›Morgensonne‹ (SL, 21-24).

7 KD hatte PC den Band ›Fragmente. Neue Gedichte‹ (Wiesbaden 1951) von Gottfried Benn (1886-1956) zum Geburtstag geschickt. Vgl. Nr. 62/1.

8 In der von Alain Bosquet (1919-1998), Alexander Koval (1922-1986) und Edouard Roditi (1910-1992) hrsg. Zeitschrift ›Das Lot‹ erschienen erst im Juni 1952 Gedichte von PC (unter dem Zyklustitel ›Mohn und Gedächtnis‹ die Gedichte ›Wasser und Feuer‹, ›Sie kämmt ihr Haar‹ und ›Nachts, wenn das Pendel‹ [Bd. VI, 67f.]). In der Zeitschrift ›Merkur‹ erschienen PCs erste Gedichte sogar erst im Dezember 1954 (8. Jg., 1954, H. 12, 1121-1123). Allerdings hatte PC seinen Apollinaire-Text bzw. die Übersetzungen an die Redaktion des ›Merkur‹ gesandt, war aber abgelehnt worden (vgl. Nr. 51/5).

9 Gerard Manley Hopkins (1844-1889), englischer Lyriker und Jesuit, ab 1884 Professor für klassische Philologie an die Universität Dublin. Seine späteren Gedichte (die früheren hatte er beim Eintritt in den Orden verbrannt) übergab er einem Freund, der sie erst 1918 veröffentlichte. Hopkins hatte großen Einfluß auf die englische Lyrik des 20. Jahrhunderts. Zu seinen prosodischen Experimenten gehört insbesondere der ›sprung rhythm‹, dessen Eigenart es ist, daß allein die Hauptbetonungen die Anzahl der Versfüße bestimmen. Die freiere Handhabung der metrischen Regeln nähert die Verse oft der Prosa an.

10 KD wurde immer wieder von PC beauftragt, ihm deutschsprachige Bücher für seine Bibliothek zu besorgen. Viele Bücher in PCs Bibliothek tragen auch Widmungen von KD und ND. Vermutlich besorgte ihm KD später die Ausgabe: Georg Christoph Lichtenberg (1742-1799), Gesammelte Werke (hrsg. u. eingel. von Wilhelm Grenzmann, 2 Bde., Frankfurt am Main 1949), die sich mit Anstreichungen in PCs Bibliothek befindet (vgl. IB/PC, 266).

11 Die Rezension des Benn- und Goll-Buches hatte KD unter dem Gesichtspunkt »Dichtung und Poesie als dichterische Bewegung« betrachtet (vgl. Nr. 160/3).

Brief 61
Nani Demus an Paul Celan, [Wien,] 28. 10. – 16. 11. 1951

1 Auslassung auf Wunsch von ND.

2 Anspielung auf das Gedicht ›Kristall‹ (vgl. Nrn. 14 und 37).

3 PC hatte IB in Paris einen Ring geschenkt, den er als »Andenken« an seine ermordete Familie aufbewahrte. In einem nicht abge-

sandten Brief vom 25. 9. 1951 schildert IB ausführlich die Hinter-
gründe des Geschenks und berichtet auch von ihrem Gespräch
mit ND, die PC offenbar beauftragt hatte, den Ring zurückzu-
fordern (vgl. IB/PC, 32f.).
4 Über ein Treffen von NDs Studienkollegin, der Romanistin
Hermi Unger, mit PC ist nichts bekannt.

Brief 62
Paul Celan an Klaus und Nani Demus, Paris, 14. 11. 1951; Stempel:
Österreichische Zensurstelle – Z. 1/35
1 KD und ND hatten PC zum Geburtstag zwei Bücher geschickt:
Gottfried Benns ›Fragmente. Neue Gedichte‹ (Wiesbaden 1951)
mit der Widmung »Von Nani und Klaus – 23. XI. 1951«, und ›Das
Erwachen. Lieder und Bruchstücke aus der griechischen Früh-
zeit‹ (übertr. u. eingel. v. Manfred Hausmann, Berlin 1949) mit
gleicher Widmung.
2 Die beiden Gedicht-Tss. ›Wasser und Feuer‹ und ›Landschaft‹,
die dem Brief beilagen, tragen – wie der Brief – den österreichischen Zensurstempel mit der Nummer 35. Das Ts. von
›Landschaft‹ befindet sich mittlerweile im Bachmann-Nachlaß,
was zeigt, daß die Freunde die von PC gesandten Gedichte
weiterreichten und/oder tauschten (›Wasser und Feuer‹, mit hs.
Korr., AB 24c, und ›Landschaft‹, IB-ÖNB Cod. Ser. n. 25.202c; zu
beiden vgl. HKA I 2-3/2, 255 u. 258). Das Gedicht ›Landschaft‹ ist
von ND datiert: »Am 10. 11. 1951«. In der ›Sammlung Klaus
Demus‹ (DLA) befindet sich auch ein Ds. des Gedichts ›Landschaft‹.
3 PC meint hier u. a. das Gedicht ›Morgensonne‹ (vgl. Nr. 60/6).

Brief 63
Klaus Demus an Paul Celan, [Wien, November 1951]
1 Werner Riemerschmid (1895-1967), Schriftsteller und Rund-
funkautor; zwischen 1928 und 1945 Dramaturg und Spielleiter
beim Wiener Rundfunk. Er gehörte zu den Wegbereitern des
Surrealismus in Österreich und trat 1948 gemeinsam mit PC bei
der surrealistischen Lesung in der Agathon-Galerie auf. Auch in
den ›Surrealistischen Publikationen‹ ist er mit eigenen Gedichten
neben denen PCs vertreten. Riemerschmid war offenbar von PCs
Gedichten begeistert, während PC ihm mit Vorbehalten begegnete, wie aus einem Brief vom 11. 2. 1948 an seinen Bukarester
Mentor, Margul-Sperber, hervorgeht, wo es heißt: »er war jahre-
lang Leiter der Literatursendung der Ravag, war es auch unter

den Nazi, und da hat er wohl anderes getan als zu einem jüdischen Dichter zu sagen: ›Endlich soll der homo alpinus sehen,
was ein Dichter ist‹.« (PC/AMS, 50) Zu Riemerschmid vgl.
Displaced: Ivanovic, 64ff. und Stigl, 95f.

Brief 64
Paul Celan an Klaus und Nani Demus, Paris, 15. 12. 1951
1 Wien war für PC ein deutschsprachiges Nichtdeutschland (vgl.
   Displaced: Wiedemann, 139-153). Auch PCs Mutter war in den
   Ferien immer ein paar Tage in Wien gewesen. Für viele, die in
   Czernowitz lebten, war Wien eine Sehnsuchts-Stadt.
2 Vgl. Nr. 60.
3 PC war Erich Fried (1921-1988) wohl erstmals während eines
   frühen Aufenthalts in London begegnet (1948/1949), wo dieser
   seit 1938 lebte. In Frieds Wohnung hatte er jungen deutschsprachigen Autoren – darunter Michael Hamburger – Gedichte vorgelesen. Zum Verhältnis Celan – Fried vgl. Celan-Handbuch,
   320f.
4 Vgl. Nr. 51 und 70.
5 Das Kosmos-Kino in der Siebensterngasse in Wien-Neubau war
   Anfang der 50er Jahre eine beliebte Kleinkunst-Bühne. Das
   Programm zu der Lesung hat sich nicht erhalten. Vgl. Nr. 66f.
6 Das Gedicht ›Da du geblendet von Worten‹ befindet sich als Ts.
   und als Ds. mit dem Zusatz »PAUL CELAN« in der ›Sammlung
   Klaus Demus‹ (DLA). Laut PCs Datierung entstand es am 19. 11.
   1951.
7 Vgl. Nr. 24/1. PC benötigte den Band für seine eigenen Kafka-
   Studien, die sich nicht erhalten haben.

Brief 65
Nani Demus an Paul Celan, [Wien, 20. 12. 1951]
1 Giuseppe Bevilacqua (*1926), italienischer Literaturwissenschaftler, seit 1967 Ordinarius an der Universität Florenz. Freund
   von ND und KD. Diese machten ihn auch schon 1950 mit PCs
   Dichtung bekannt, die einen starken Eindruck bei ihm hinter-
   ließen. Später gab es mehrere Zusammentreffen zwischen PC
   und Bevilacqua, der als einziger Übersetzer PCs Gesamtwerk,
   also seine Lyrik und Prosa, ins Italienische übersetzte (vgl. auch:
   Bevilacqua 2004).

Brief 66
Klaus Demus an Paul Celan, Wien, 12. 1. 1952; Stempel: Alliierte
Zensurstelle – Z. 1/173
1 Zu dem Verkauf von SU vgl. Nr. 48/4.

Brief 67
Klaus Demus an Paul Celan, [Wien,] 5. 2. 1952
1 Zur Lesung im Art-Club vgl. Nr. 51.
2 Zum ›Forschungsinstitut für europäische Gegenwartskunde‹, für
  das die Stadt Wien hinter dem Volkstheater ein paar Räume
  gemietet hatte, in denen Vorträge, Filme und Ausstellungen zur
  modernen Kunst stattfanden, vgl. Nr. 50. KDs Vortrag ›Über
  das *Neue* in der modernen Kunst‹ erschien 1953 in: ›Perspektiven
  52/53. Ein Jahrbuch‹ (hrsg. vom Forschungsinstitut für europäische Gegenwartskunde, Wien 1953, 40-61).
3 Dem Brief lag ein sprachspielerischer Prosatext bei, der wohl
  durch die Lektüre von ›Finnegans Wake‹ von James Joyce
  (1882-1941) angeregt war. Auf Wunsch von KD nicht abgedruckt.
4 Nicht ermittelt.
5 Die Nietzsche-Auswahl ›Werke‹ (hrsg. von August Messer, Leipzig
  1930) aus PCs Bibliothek wurde in der Wiener Akademischen
  Buchhandlung und Antiquariat gekauft, ebenso die Lichtenberg-
  Ausgabe (vgl. Nr. 60/10). Zu beiden vgl. IB/PC, 266.

Brief 68
Paul Celan an Nani Demus, Paris, 27. 2. 1952; Stempel: Alliierte
Zensurstelle – Z. 1/160
1 PC legte dem Geburtstagsbrief auch noch ein Buchgeschenk bei:
  Gottfried Benn, Gesammelte Prosa, Potsdam: Kiepenheuer 1928,
  mit der Widmung: »Dem lieben Nanilein zum 1. März 1952 die
  allerherzlichsten Glückwünsche! Paul Paris, Februar 1952«
  (›Sammlung Demus‹/Harvard; Katalog Fritsch, 36).
2 PC bedankt sich für die Dissertation über Kafka und Musil von
  ND (vgl. Nr. 24/1).

Brief 69
Klaus Demus an Paul Celan, Epidauros, 5. 4. 1952
[Bildpostkarte: »Mycenes. Porte des Lions«]
1 Die griechische Grußformel »Chaire« bedeutet soviel wie »Sei
  gegrüßt« oder »Freue Dich«, sie kann aber auch als Abschieds-
  gruß im Sinne von »Lebe wohl« verwendet werden.

Brief 70
Klaus Demus an Paul Celan, Wien, 5. 5. 1952; Stempel: Alliierte
Zensurstelle – Z. 1/7
1 PC nahm, gemeinsam mit seinen Wiener Bekannten IB, Milo Dor
   und Reinhard Federmann, an der Tagung der Gruppe 47 vom 23.
   bis zum 25. 5. 1952 in Niendorf bei Lübeck teil. Insgesamt hielt er
   sich vom 21. 5. bis zum 6. 6. 1952 in Deutschland auf und besuchte Hamburg und Frankfurt am Main. KD war von IB ausführlich über den Ablauf der Reise und der Tagung informiert
   worden.
2 Nicht ermittelt.
3 KD las damals Gedichte aus dem Schlußzyklus von MG (›Halme
   der Nacht‹).
4 In ›Wort und Wahrheit‹ erschienen im Juli-Heft 1952 die Gedichte ›Die Ewigkeit‹, ›Stille!‹ und ›Zähle die Mandeln‹ (7. Jg., H. 7,
   498 u. 506).
5 Laut Abrechnung vom 19. 3. 1952 wird der Verkaufserlös mit
   146 Schilling angegeben (vgl. Displaced: Seng, 100).
6 Seine Dissertation (vgl. Nr. 25/6) nutzte KD auch für zahlreiche
   Vorträge über moderne Kunst in Wien.

Brief 71
Klaus Demus an Paul Celan, [Wien,] 13. 5. 1952
1 Dem Brief lag das Gedicht ›Ozean‹ (SL, 32f.) in einer ms.
   Abschrift bei, die hs. auf den 13. 5. 1952 datiert ist.

Brief 72
Klaus Demus an Paul Celan, [Wien,] 14. 5. 1952; Stempel: Alliierte
Zensurstelle – Z. 1/246
1 Ernst Schnabel (1913-1986), deutscher Schriftsteller und Rund-
   funkpionier, den PC erstmals im Mai 1952 in Hamburg traf.
   Zwischen 1946 und 1949 war Schnabel für den Nordwestdeut-
   schen Rundfunk (NWDR) tätig, zuletzt als Leiter der Abteilung
   Wort. Von 1951 bis 1955 war er Intendant des NWDR.

Brief 73
Paul Celan an Klaus und Nani Demus, [Poststempel: Lübeck, 26. 5.
1952]; Stempel: Alliierte Zensurstelle – Z. 1/5
[Postkarte: »Lübeck/Die Marienkirche von der Schrangenfreiheit
aus gesehen«]

Brief 74
Paul Celan an Klaus Demus, Frankfurt am Main, 31. 5. 1952;
Stempel: Alliierte Zensurstelle – Z. 1/112

1 Janheinz Jahn (1918-1973), deutscher Schriftsteller und Übersetzer; widmete sich seit den 50er Jahren der Sammlung von
afrikanischen Reisebeschreibungen, Essays und Übersetzungen.
1954 erschien die Sammlung: ›Schwarzer Orpheus. Anthologie
moderner afrikanischer und afroamerikanischer Poesie‹. Zwischen 1966 und 1968 war er Generalsekretär des deutschen
P.E.N.-Clubs. PC lernte ihn bei der Tagung der Gruppe 47 in
Niendorf kennen.

2 Vgl. IBs Brief an Celan vom 10. 7. 1952 (IB/PC, 50f.).

3 PC meint wohl das Gedicht ›Dunkles zu sagen‹, das als einziges in
der Zeitschrift ›Die Literatur‹, dem ›Haus‹-Blatt der Gruppe 47,
in dem der Tagung gewidmeten Heft 6 am 1. 6. 1952 erschien.

4 Hans Werner Richter (1908-1993), deutscher Schriftsteller, Mit-
begründer und Chef der Gruppe 47.

5 PC las in Niendorf einige Gedichte, darunter auch die ›Todesfuge‹. »Als Celan zum ersten Mal auftrat, berichtet Walter Jens,
da sagte man: ›Das kann doch kaum jemand hören!‹, er las sehr
pathetisch. Wir haben darüber gelacht. ›Der liest ja wie Goebbels!‹ sagte einer. Er wurde ausgelacht, so daß dann später ein
Sprecher der Gruppe 47, Walter Hilsbecher aus Frankfurt, die
Gedichte noch einmal vorlesen mußte. Die ›Todesfuge‹ war ja
ein Reinfall in der Gruppe! Das war eine völlig andere Welt«
(vgl. Richter, Briefe, 128f.; dort auch andere Berichte; vgl. ebenfalls PC/GCL II, 52).

6 Ilse Aichinger (*1921) hatte in Niendorf mit ihrer ›Spiegel-
geschichte‹ den Preis der Gruppe 47 gewonnen (16 Stimmen),
PC hatte für seine Gedichte sechs Stimmen erhalten (nur Walter
Jens [*1923] hatte mit 14 Stimmen noch mehr Zuspruch). Zu den
»Menschen«, die von PC beeindruckt waren, gehörten neben Jens
auch Rolf Schroers (1919-1981), Paul Schallück (1922-1976),
Janheinz Jahn sowie der Lektor Willi August Koch (1903-
1960), der für die DVA in Niendorf nach neuen Talenten Aus-
schau hielt. Im Juni 1952 ließ er Celan wissen: »Der Eindruck,
den Sie und Ihre Lyrik in Niendorf auf mich machten, ist in mir
immer noch unvermindert stark und lebendig. Ich besitze nur die
Anthologie von Hans Weigel, in der drei Ihrer Gedichte stehen.
Ich habe sie schon mehrere Male im Verlag vorgelesen und kann
Ihnen zu meiner grossen Freude sagen, dass sie offene Ohren und
große Beachtung gefunden haben. Der Wunsch, mehr von Ihren

Gedichten zu lesen, ist nicht nur mein eigener, sondern auch der des Verlages. Bitte, schicken Sie uns doch möglichst bald eine Auswahl aus Ihren Manuskripten zu, damit sie hier gelesen werden können. Wir wollen sehr ernsthaft prüfen, ob wir vielleicht Ihnen und uns eine Freude machen können, etwas daraus zu veröffentlichen« (vgl. Celan-Handbuch, 56).

7 Die Lesung in Stuttgart fand nicht statt. PC reiste am 6. 6. aus Deutschland ab. Sie wurde aber Mitte Juli 1952 in Stuttgart nachgeholt, damals wohl im alten Verlagsgebäude der DVA in der Mörikestraße 17. IB schrieb in ihrem Brief vom 10. 7.: »Von München aus bin ich auch noch nach Stuttgart gefahren und habe dort Dr. Koch gesprochen, der sehr unglücklich über Deine Absage war. Er hatte schon eine Lesung für Dich arrangiert, die wahrscheinlich sehr wichtig gewesen wäre. Dingeldey, der Direktor der Verlagsanstalt wollte Dich kennenlernen. Du musst unbedingt Koch schreiben, damit diese Übersetzungen und vielleicht der Gedichtband zustande kommen« (IB/PC, 50).

Brief 75
Paul Celan an Klaus Demus, Frankfurt am Main, 4. 6. 1952;
Stempel: Alliierte Zensurstelle – Z. 1/243
[gedruckte Karte]

1 Friedrich Minssen (1909-1989), Literaturkritiker und Gründungsmitglied der Gruppe 47.

2 Aus einer Besprechung der Lesung durch Godo Remszhardt (›Kunst als Traum und Erkenntnis. Gedichte und Bilder in der Frankfurter Zimmergalerie Franck‹, in: Frankfurter Rundschau vom 9. 6. 1952) geht hervor, daß Celan u. a. die Gedichte ›Schlaf und Speise‹ und die ›Todesfuge‹ las (vgl. PC/GCL II, 55). Hier lernte er vermutlich auch seinen späteren Lektor Rudolf Hirsch (1905-1996) kennen (vgl. PC/GCL I, 14).

Brief 76
Paul Celan an Klaus Demus, [Frankfurt am Main, Anfang Juni] 1952
[gedruckte Karte, wie Nr. 75, aber ohne Adreßangabe und Zensurstempel, daher lag die Karte wohl einer Sendung bei.]

Brief 77
Klaus Demus an Paul Celan, [Wien,] Ende Juni 52 [bis 18. Juli 1952]

1 IB war zu diesem Zeitpunkt nicht in Paris.

2 Von ›Zähle die Mandeln‹ befindet sich ein ms. Ds. in der

›Sammlung Klaus Demus‹ (DLA). In ›Wort und Wahrheit‹ erschien das Gedicht im Juli-Heft (vgl. Nr. 70/4).

3 Auch Ernst Rowohlt (1887-1960) hatte sich an der Tagung in Niendorf beteiligt. Während PCs Gedichte schließlich in der Stuttgarter DVA erschienen, publizierte der Rowohlt Verlag PCs Übertragung von Émile Michel Ciorans (1911-1995) ›Die Lehre vom Zerfall‹ (1953). Vgl. Nr. 75.

4 In der zweiten Julihälfte 1952 unternahm PC mit seiner späteren Frau Gisèle de Lestrange eine Reise nach Österreich. Beide waren eine Woche lang Gäste in NDs Elternhaus in Millstatt und besuchten auch Klagenfurt und Graz.

5 Auf einem der Fotos der Tagung in Niendorf ist PC mit IB und Milo Dor zu sehen, das zweite Foto konnte nicht ermittelt werden.

Brief 78
Paul Celan an Klaus Demus, St. Johann ob Hohenburg, 23. 7. 1952

1 Brief Nr. 77 hatte PC nicht erreicht, da er sich zu diesem Zeitpunkt nicht in Paris, sondern bereits in Stuttgart aufhielt.

2 Der Dichter und Übersetzer Max Hölzer (1915-1984), der mit Edgar Jené die ›Surrealistischen Publikationen‹ herausgegeben hatte, lebte damals auf Schloß St. Johann ob Hohenburg bei Graz. PC besuchte ihn dort.

3 Am 17. oder 18. 7. hatte PC in Stuttgart in der DVA Gedichte gelesen. Seine negative Selbsteinschätzung trog in diesem Fall, denn die Verlagskonferenz der DVA hatte bereits am 18. 7. entschieden, seine Gedichte zu publizieren (vgl. Celan-Hand-buch, 56).

4 Anspielung auf den Nachnamen seiner Frau; Lestrange klingt wie L'étrange (franz. die Fremde, die Seltsame). Auf einer gemeinsamen Wanderung faßten beide Paare den Entschluß, bald zu heiraten, wie KD berichtet (vgl. Nr. 88).

5 PC besaß damals noch nicht die französische Staatsbürgerschaft, hatte also noch den Status eines Staatenlosen inne (vgl. Nr. 81/2). In Wien, in dem alle vier Alliierten regierten, fürchtete er als Flüchtling aus Rumänien Schwierigkeiten mit den sowjetischen Besatzern.

Brief 79
Paul Celan an Nani Demus, St. Johann ob Hohenburg, 23. 7. 1952

1 Es war die erste gemeinsam Reise von PC und GCL.

Brief 80
Paul Celan, Gisèle de Lestrange und Klaus Demus an Nani Demus,
[Poststempel: Klagenfurt, 2. 8. 1952]
[Bildpostkarte: »Klagenfurt, Lindwurmbrunnen«]
1 »Wir denken sehr an Sie und vermissen Sie / Gisèle«.
2 Evtl. Anspielung auf das Gedicht ›WER wie du‹, wo es heißt:
»WER wie du und alle Tauben Tag und Abend aus dem Dunkel
schöpft, / pickt den Stern aus meinen Augen, eh er funkelt, / reißt
das Gras aus meinen Brauen« (KG, 43).

Brief 81
Gisèle de Lestrange an Nani und Klaus Demus, Rochefort-en-
Yvelines, Sonntag [10. 8. 1952]
1 Die Kaiser-Franz-Josef-Höhe bildet den Endpunkt der Großglockner Hochalpenstraße, welche die Länder Salzburg (Zell
am See) und Kärnten (Heiligenblut) verbindet. Sie ist ein beliebtes Ausflugsziel. Der Großglockner ist mit 3.798 m Seehöhe der
höchste Berg Österreichs.
2 Bis 1955 war Österreich, wie Deutschland, in Besatzungszonen
aufgeteilt. Kärnten gehörte zur britischen, Salzburg zur amerikanischen Besatzungszone, Wien wurde von allen vier Alliierten
kontrolliert. Für Staatenlose wie PC konnten Reisen ins Ausland
mit Schwierigkeiten verbunden sein.
3 Die ehemalige Wassermühle ›Le Moulin‹ befand sich im Besitz
von GCLs Mutter. Hier verbrachten die Celans in den 50er Jahren
oft ihre Ferien.
4 PC unterstützte GCL bei ihren Bemühungen, etwas über die deutsche Literatur zu erfahren und die deutsche Sprache zu lernen. Im
Sommer 1952 las GCL Thomas Manns ›Der Zauberberg‹ in der
franz. Übertragung von Maurice Betz (Paris 1931). Vgl. PC/GCL
II, frz. Ausgabe, 66 (Dok. 18/4).

Brief 82
Klaus und Nani Demus an Paul Celan und Gisèle Celan-Lestrange,
Venedig, 30. 8. 1952
[Bildpostkarte: »Nachtansicht des Markusplatzes«]

Brief 83
Klaus Demus an Paul Celan, Wien, 4. 10. 1952
1 KD nahm Ende 1952 eine Stelle als Kunsthistoriker am Heeresgeschichtlichen Museum an.
2 PC las während seines Aufenthaltes in Kärnten in der Klagenfur-

ter Wohnung des Dichters Michael Guttenbrunner (1919-2004), mit dem KD befreundet war. Auch Max Hölzer war zugegen. Nach der Lesung entbrannte ein Streitgespräch zwischen Hölzer und PC über dessen Zugehörigkeit zum Surrealismus, wie sich KD und ND erinnern (Gespräch im Mai 2008).

3 René Guènon (1886-1951), französischer Schriftsteller und Metaphysiker. Luc Benoist (1893-1980), französischer Kunsthistoriker, der sich sehr für das Werk Guènons interessierte und in dessen Zeitschrift ›Études Traditionnelles‹ publizierte.

4 KD spielt hier auf die ›Ethik‹ von Baruch de Spinoza (1632-1677) an.

5 Anspielung auf Gottfried Benn, dessen ›Statische Gedichte‹ mit ihren freien Rhythmen KD beeinflußt haben. Hier verweist KD allerdings auf Benns Essay ›Provoziertes Leben‹, der erstmals 1949 in dem Band ›Ausdruckswelt‹ erschienen war, den PC zu seinem Geburtstag 1952 von KD geschenkt bekam (vgl. Nr. 87). PC strich sich in dem Aufsatz u. a. die Stelle an: »*Existenz heißt Nervenexistenz*, d. h. Reizbarkeit, Zucht, enormes Tatsachenwissen, Kunst. Leiden heißt am Bewußtsein leiden, nicht an Todesfällen. Arbeiten heißt Steigerung zu geistigen Formen. Mit einem Wort: *Leben heißt provoziertes Leben.*« (Gottfried Benn, Sämtliche Werke, Bd. IV, 318).

6 Helmut Stumfohl (1922-1996), Studienfreund von ND und guter Freund der beiden; Grazer Sprachwissenschaftler und Anglist.

7 Evtl. das Buch: René Char, Feuillets d'Hypnos. Collection Espoir, dirigée par Albert Camus. 5. Aufl., Paris: Gallimard [1946], das die Widmung trägt: »Für Nani und Klaus« (›Sammlung Demus‹/Harvard; Katalog Fritsch, 36).

8 »Meine ganz herzlichen Grüße an die liebe Gisèle.«

Brief 84
Paul Celan an Klaus Demus, Paris, 27. 10. 1952

1 Am 15. 10. 1952 wurde PCs Antrag auf Einbürgerung um drei Jahre zurückgestellt.

2 PC hatte im August – nach seinem Österreich-Urlaub – erfahren, daß die DVA seinen Gedichtband herausbringen wollte.

3 In der ›Sammlung Klaus Demus‹ (DLA) befindet sich ein hs. Inhaltsverzeichnis des Bandes MG (D 90.1.21-45).

4 Dem Brief lagen offenbar die Dss. von ›Nächtlich geschürzt‹ (dat.: »Paris, 9. 9. 52«), ›Der Gast‹ (»Paris, 27. X. 52«), ›Strähne‹ (»Paris, 18. 10. 52«) und ›Gemeinsam‹ (»Paris, 21. 8. 52«) bei, die auf zwei Doppelblättern abgetippt sind (HKA I 4/2, 28f.) und

später in VS aufgenommen wurden. Das Gedicht ›Der Gast‹ entstand nach der Datierung also am selben Tag wie der Brief.

Brief 85
Klaus Demus an Paul Celan, Wien, 17. 11. 1952
1 Strenggenommen PCs zweites Buch, nach SU (1948). MG erschien am 17. 12. 1952.
2 Gemeint ist PCs Gedicht ›Nächtlich geschürzt‹ mit den Schlußversen: »Laß uns sie waschen, / laß uns sie kämmen, / laß uns ihr Aug / himmelwärts wenden« (KG, 80). Das Gedicht sollte zuerst KD und ND gewidmet werden. Die Eingangsverse, etwa die »Schäfte der Fichten«, gehen auf PCs Besuch in Millstatt zurück. In VS trägt das Gedicht die Widmung »Für Hannah und Hermann Lenz«.
3 Gemeint ist die Zeitschrift ›Spirale‹ [Internationale Zeitschrift für junge Kunst], die in Bern von Dieter Roth (1930-1998) und Marcel Wyss (*1930) herausgegeben und von Eugen Gomringer (*1925) redaktionell betreut wurde. Im ersten Heft der Zeitschrift (April 1953, in 600 Ex.), noch im Eigenverlag (ab Nr. 3: Spiral Press), erschien PCs Gedicht ›Nächtlich geschürzt‹ noch ohne Titel und Widmung. Die Zeitschrift war ein Forum für zeitgenössische Grafik, Dichtung, Fotografie mit verschiedenen theoretischen Schriften für die junge Avantgarde. In ihr erschienen vor allem Texte der Konkreten Poesie, etwa von Gomringer, Hans Arp (1886-1966) oder Helmut Heissenbüttel (1921-1996) sowie künstlerische Beiträge von Imre Reiner (1900-1987) und Sophie Taeuber-Arp (1889-1943). Von KD erschien offenbar kein Gedicht in der Zeitschrift (vgl. Nrn. 86 u. 95).
4 Nicht ermittelt. Vgl. Buchgeschenk Nr. 83.
5 »Alles, alles Liebe für Gisèle.«

Brief 86
Nani Demus an Paul Celan, Wien, 19. 11. 1952
1 Anspielung auf PCs Gedicht ›Kristall‹.

Brief 86.1
Nani Demus an Paul Celan, [Wien, November 1952]
1 Es läßt sich nicht eindeutig klären, ob die beiden Blätter, die weder datiert noch signiert sind, zu dem Brief vom 19. 11. gehören. Wahrscheinlich schon. Da alle Blätter keinen Zensurstempel tragen, wäre es aber möglich, daß eines oder alle dem Band ›Ausdruckswelten‹ beilagen.

2 Gottfried Benn, Ausdruckswelt, Wiesbaden 1949 (vgl. Nr. 83).
Einer der PC zugesandten Vorträge war vielleicht ›Über das
›Neue‹ in der modernen Kunst‹ (vgl. Nr. 67).
3 Jean Dewasne (1921-1999), französischer Maler, Bildhauer und
Schriftsteller. Er gehörte zu der Gruppe abstrakter Künstler, die
zwischen 1945 und 1956 in der Pariser Galerie Denise René aus-
stellten – gemeinsam mit Hans Hartung (1904-1989) und Serge
Poliakoff (1900-1969). Mit Arp und anderen war er Mitbegrün-
der des Salon des Réalités Nouvelles in Paris. KD hatte ihn schon
1949 und 1950 in Paris kennengelernt und war von ihm beeindruckt. Um welches Buch es sich handelte und ob KDs Text darin
erschien bzw. von PC übersetzt wurde, konnte nicht ermittelt
werden.
4 Nicht ermittelt.

Brief 87
Klaus Demus an Paul Celan, Wien, 17. 12. 1952
1 KD hatte sich intensiv mit dem Werk Martin Heideggers beschäftigt und auch mit PC viel über das Werk des Philosophen
gesprochen (vgl. Nr. 54/2).
2 PC hatte von Marianne Moore (1887-1972) die Gedichte ›Geist
ist ein Ding, das verzaubert‹, ›Poesie‹, ›Ein Grab‹ und ›Was sind
Jahre?‹ übertragen, die erstmals 1952 in der Zeitschrift ›Perspektiven‹ erschienen (Perspektiven 1, 1952, 130-139), die in Deutschland durch den S. Fischer Verlag veröffentlicht wurde. Die
Redaktion der Zeitschrift, die auch in englischer, französischer
und italienischer Sprache erschien, saß in New York. Verantwort-
licher Redakteur der dt. Ausgabe war Fritz Arnold (1916-1999).
Zu PCs früher Beschäftigung mit Moore vgl. Displaced:
Wiedemann, 142.

Brief 88
Nani Demus an Paul Celan, Millstatt, 4. 12. 1952
1 ›Partl‹ ist die Bezeichnung des Knecht Ruprecht in Kärnten
(›Bartl‹ in der Steiermark). ›Perchten‹ sind im Brauchtum der
Alpen heimische Schreckgestalten, die vor allem im Dezember
und Januar auftreten.
2 KD und ND planten, um Weihnachten herum zu heiraten.

Brief 89
Klaus und Nani Demus an Paul Celan, [Poststempel: Graz, um den
20. 12. 1952]
1 KD und ND heirateten in Graz. GCL und PC vermählten sich nur
wenige Tage später am 23. 12. 1952. Bereits am 11. 12. hatte GCL
den beiden von ihren Hochzeitsplänen erzählt: »Je crois que Paul
et moi allons nous marier bientôt, c'est tellement merveilleux.
Quelle chance j'ai! Je suis contente de savoir que Klaus et vous
connaissiez ma chance, si peu de gens le savent.« [Ich glaube, daß
Paul und ich bald heiraten werden, das ist so wunderbar. Was für
ein Glück habe ich! Ich freue mich, daß Sie und Klaus mein
Glück kennen, so wenige Leute wissen davon.]

Brief 90
Paul Celan und Giséle Celan-Lestrange an Nani Demus, [Paris,
Weihnachten 1952?]
1 »Sehr herzliche Grüße Ihnen beiden und ganz auf bald, hoffe
ich / Gisèle«.
2 PC meint hier den Gedichtband MG, den er aber frühestens in der
ersten Januarwoche 1953 verschickt haben kann, da er ihn erst
nach der Rückkehr aus den Flitterwochen in Paris vorfand, wie
aus einem Brief an seinen Lektor von der DVA, Willi A. Koch,
hervorgeht, dem er am 4. 2. 1953 schrieb: »Als ich in der ersten
Januarwoche mit meiner Frau – ich habe kurz vor Weihnachten
geheiratet – aus Südfrankreich zurückkehrte und das Buch vorfand, schlug meine Freude in ihrer Unbändigkeit einen seltsamen
Weg ein« (MuG 2000, 83). KD und ND besaßen aber zwei Exemplare der Erstausgabe. Eines trägt die Widmung: »Nani und
Klaus, / den Freunden, / von ganzem Herzen / Paul / Paris,
Januar 1953.« Das andere, für ND, könnte zu den wenigen Bänden der ersten Auflage gehören, die bereits im Dezember 1952 als
Weihnachtsgabe für Freunde des Verlags verschickt wurden
(›Sammlung Demus‹/Harvard; Katalog Fritsch, 18f.). Es wäre
also denkbar, daß PC den Verlag vor seinem Aufbruch in die
Flitterwochen beauftragt hatte, ND den Gedichtband zuzu-
senden, und den Brief vor seiner Abreise ohne Buch abschickte.

Brief 91
Paul Celan und Giséle Celan-Lestrange an Klaus und Nani Demus,
Vallauris, 30. 12. 1952
[Bildpostkarte: »Vallauris / Fabrique de Poteries«]
1 »Sehr sehr herzliche Wünsche, in Freundschaft Gisèle«. Dem

Schreiben lag vermutlich das Buch bei: Franz Kafka, Briefe an Milena, hrsg. u. mit einem Nachwort versehen von Willy Haas (Frankfurt am Main 1952). Es trägt die Widmung: »Für Nani und Klaus. Gisèle« und von PC hinzugefügt: »und Paul, Paris, Weihnachten 1952.« (›Sammlung Demus‹/ Harvard; Katalog Fritsch, 36).

Brief 92
Klaus Demus an Paul Celan, [Wien,] 20. 1. 1953
1 Das Telegramm, in dem PC und GCL ihre Hochzeit bekanntgeben, hat sich nicht erhalten. Vgl. Nr. 89/1.
2 Der Gedichtband MG.
3 Jörg Demus gab sein sensationelles Debüt in Paris am 26. 1. 1953 in der Salle Gaveau. Der ›Figaro‹ veröffentlichte eine begeisterte Kritik unter der Überschrift ›Jörg Demus joue et gagne‹. Demus hatte an der Wiener Musikakademie studiert und 1950 sein Konzertdebürt in London gefeiert. Danach folgte ein Studienaufenthalt in Paris. Vgl. Nr. 23.

Brief 93
Klaus Demus an Paul Celan, [Wien,] 23. 3. 1953
1 Gertrude und Hans Aurenhammer (1920-1995), Kunsthistoriker, älterer Kollege und Studienkollege von KD, der ihn ans Heeresmuseum holte. Von 1969 bis 1982 Direktor der Österreichischen Galerie Belvedere. Zahlreiche Publikationen, insbesondere zur Kunst des Barock. Aurenhammer nahm KDs Brief nach Paris mit.

Brief 94
Nani Demus an Paul Celan, Wien, 13. 4. 1953; Stempel: Alliierte Zensurstelle – Z. 1/303
1 ND hatte am 1. 3. Geburtstag.
2 Im August 1952 hatte PC bei einem Bouquinisten in Paris eine Reihe von Kafka-Erstausgaben erworben. Die ›Verwandlung‹ (Leipzig 1917) schenkte er offenbar ND.
3 Die Radiosendung konnte nicht ermittelt werden. Ein kurzer Text von Hermann Hesse (1877-1962) über die Besonderheit der Gedichte PCs in MG wurde aber von der DVA für Werbezwecke verwendet. Darin heißt es: »Die Gedichte von Paul Celan haben mir in der Tat sofort starken Eindruck gemacht, das ist ein schönes Talent. Die Art, wie dieser Dichter Neues wagt, ohne den Zusammenhang mit der guten Überlieferung zu verlieren oder gar bewußt abzubrechen, ist mir sehr sympathisch.«

Brief 95
Gisèle Celan-Lestrange und Paul Celan an Nani Demus, Paris,
4. 5. 1953
1 Hinweis auf die Schwangerschaft von GCL (vgl. Nr. 101).
2 PC verdiente sich damals seinen Lebensunterhalt mit Übersetzungen, u. a. für die Zeitschrift ›Perspektiven‹ (Celan-Handbuch,
   185ff.), und mit Nachhilfeunterricht. Bei den eigenen Gedichten,
   von denen GCL spricht, handelt es sich wohl um ›Ich hörte
   sagen‹, ›Im Spätrot‹ und ›Das Schwere‹, die seit Jahresbeginn
   entstanden waren. Seit Sommer 1952 lagen außerdem die folgenden Gedichte vor: ›Gemeinsam‹, ›Nächtlich geschürzt‹, ›Strähne‹,
   ›Der Gast‹, ›In Gestalt eines Ebers‹, ›In memoriam Paul Eluard‹
   und ›Ein Körnchen Sands‹. Von all diesen Gedichten befinden
   sich Mss., Tss. und Dss. in der ›Sammlung Klaus Demus‹ (DLA).
3 Zur Berner Zeitschrift ›Spirale‹ vgl. Nr. 85/3.

Brief 96
Klaus und Nani Demus an Paul Celan und Gisèle Celan- Lestrange,
Wien, 14. 5. 1953; Stempel: Alliierte Zensurstelle – Z. 1/35
[Bildpostkarte: »BITTERORANGEN UND KAKIFRUCHT / Aus:
Bildersammlung der Zehnbambushalle (Erstausgabe 1622/1643)
Nanking«]
1 KD und ND wohnten schließlich im »Hôtel d'Orient«. Bei dem
   Paris-Aufenthalt im Mai/Juni 1953 entstanden auch Fotos auf
   dem Balkon des Zimmers im Hôtel d'Orleans, 31, rue des Ecoles
   (vgl. Abb. 4).

Brief 97
Klaus und Nani Demus an Paul Celan und Gisèle Celan-
Lestrange, [Wien,] 15. 7. 1953; Stempel: Alliierte Zensurstelle – Z. 1/
223
[Postkarte: »Wien Heldenplatz«]
1 Die Postkarte ging an die Urlaubsadresse der Celans nach Tour-
   nebride, Grand-Bourg par Evry-Petit-Bourg (Seine-et-Oise), das
   ebenfalls im Besitz der Familie Lestrange war.
2 GCL hatte Malerei und Zeichnung an der Académie Julian in
   Paris studiert und war schon lange künstlerisch tätig gewesen,
   bevor sie im Jahr 1954 ihre Technik im Bereich Radierungen im
   Atelier Friedlaender, Paris, verfeinerte. KD und ND besaßen eine
   frühe Radierung ohne Titel (ein Stilleben), das die Datierung trug:
   »Lestrange 48«.
3 Mauriz Schuster, Alt-Wienerisch. Ein Wörterbuch veralteter

und veralteter Wiener Ausdrücke und Redensarten der letzten sieben Jahrzehnte, Wien 1951.

Brief 98
Klaus und Nani Demus, Ingeborg Bachmann an Paul Celan und Gisèle Celan-Lestrange, 1. 8. 1953; Stempel: Alliierte Zensurstelle – Z. 1/272; Aufkleber: »Mit Flugpost«
[Postkarte: Absender sind »Inge, Nani, Klaus, Ehemalige Hofstallungen, Weinstube an der Schwarzen hohen Mauer«]

1 Die Karte war eine Gemeinschaftsproduktion von ND (kursiv) und KD (recte) sowie IB (kursiv fett). Vgl. ED in IB/PC, 55.

2 IB verließ Wien am 2. August 1953 über Klagenfurt und ging zu Hans Werner Henze (*1926) nach San Francesco bei Forio auf der Insel Ischia. Im Oktober übersiedelte sie bereits nach Rom, wo sie bis 1957 ihren Hauptwohnsitz hatte.

3 In der Weinstube an der Schwarzen hohen Mauer bei den ehemaligen Hofstallungen, die heute nicht mehr existiert, trafen sich PCs Wiener Freunde häufiger. Auch PC gehörte zu den »Eingeweihten«.

4 Zitat aus dem Gedicht ›Des Abendlandes Nacht‹ von KD, wo es heißt (SL, 41): »Die auf den Flüssen fahren, sehen / weizeinweiß die Küsten der Welt / im Bild der Nacht«.

5 »Gisèle, von ganzem Herzen«.

Brief 99
Nani Demus an Gisèle Celan-Lestrange, [Wien,] 12. 8. 1953; Stempel: Alliierte Zensurstelle – Z. 1/135
[Bildpostkarte: »Blick vom Belvedere auf Wien«]

1 Das Gedicht ›Des Abendlandes Nacht‹ (SL, 40-42).

Brief 100
Klaus und Nani Demus an Paul Celan und Gisèle Celan-Lestrange, Mönchsberg, 13. 9. 1953
[Bildpostkarte: »Salzburg, Mirabellgarten mit Dom und Festung«]

Brief 101
Paul Celan an Klaus und Nani Demus, [Paris,] 8. 10. 1953

1 François überlebte seine Geburt am 7. 10. 1953 nur um wenige Stunden. Am 8. 10. starb er infolge eines Geburtshilfefehlers.

Brief 102
Paul Celan und Gisèle Celan-Lestrange an Klaus und Nani Demus,
[Poststempel: Florenz, 16. 11. 1953]
[Bildpostkarte: »Die Kirche des St. Miniato al Monte (Innen-
ansicht)«]
1 Nach dem Tod von François reisten GCL und PC im November
   nach Italien (Florenz, Siena, San Gimignano, Assisi, Ravenna).
   Vom 10. bis zum 16. 11. hielten sie sich in Florenz auf.

Brief 103
Klaus Demus an Paul Celan, [Wien, Ende Oktober 1953]
1 KD spricht hier offenbar von einer Karte PCs aus Paris, die sich
   nicht erhalten hat und die evtl. die Italien-Reise ankündigte.
   Da KD erwähnt, »in den nächsten Tagen« an eine neue Stelle
   versetzt zu werden, und man eine solche in der Regel zu Anfang
   des Monats beginnt, dürfte der Brief von Ende Oktober stammen.
2 Zu ›Des Abendlandes Nacht‹ vgl. Nr. 99.
3 KD hatte PC zu dessen Geburtstag den Band: Martin Heidegger,
   Erläuterungen zu Hölderlins Dichtung, Frankfurt am Main 1951,
   geschenkt, mit der Widmung: »Für Paul / 23. XI. 1953 / Nani und
   Klaus« (vgl. CPB, 355).
4 Seit November arbeitete KD in der Österreichischen Galerie
   Belvedere als wissenschaftlicher Angestellter für die Kunst des
   19. und 20. Jahrhunderts. Beginn der Arbeit an dem Katalog:
   ›Österreichische Galerie des 19. und 20. Jahrhunderts im Oberen
   Belvedere. Katalog der Neuaufstellung‹ (Wien 1954).

Brief 104
Klaus Demus an Gisèle Celan-Lestrange, [Wien, November 1953]
1 Der Brief ist zu PCs Geburtstag geschrieben. Er könnte dem geschenkten Heidegger-Buch beigelegen haben (vgl. Nr. 103/3).

Brief 105
Nani Demus an Paul Celan und Gisèle Celan-Lestrange, Wien,
19. 11. 1953

Brief 106
Paul Celan und Gisèle Celan-Lestrange an Klaus und Nani Demus,
[Ravenna], 23. 11. 1953
[Bildpostkarte: »Ravenna – Hl. Apollinar in Classe – Einzeln – Das
Abele Opfer (VII Zeitalter)«]

Brief 107
Gisèle Celan-Lestrange an Klaus und Nani Demus, Paris, 3. 12. 1953
1 Eines der Bücher war Heideggers ›Erläuterungen zu Hölderlins Dichtungen‹, vgl. Nr. 103/3.
2 E. M. Cioran, Lehre vom Zerfall (Hamburg 1953), vgl. Nr. 77.
3 Guillaume Apollinaire, Dichtungen. Ausgewählt und hrsg. von Flora Klee-Palyi. Geleitwort von René Char. Vorwort von Fritz Usinger. Zweisprachige Ausgabe (Wiesbaden 1953). Der Band enthielt nur die Übersetzungen des Gedichts ›Signe‹/›Zeichen‹ (85) von PC.

Brief 108
Klaus und Nani Demus an Gisèle Celan-Lestrange und Paul Celan, Wien, 21. 12. 1953
1 Anspielung auf den zen-buddhistischen Patriarchen Daruma, der vor dem Felsen sitzend erleuchtet wurde, wobei ihm die Beine abfaulten. Vgl. das Gedicht ›Die Wanderer III. Der Jünger‹, in KDs Gedichtband ›Hinausgang‹ (Pfullingen 1990, 78).
2 Gemeint ist das Gedicht ›Nächtlich geschürzt‹, das sich in der ›Sammlung Klaus Demus‹ (DLA) in zwei Dss. befindet; zu den anderen Gedichten, die PC den beiden im Frühjahr 1953 während ihres Paris-Aufenthalts vorgelesen haben könnte, vgl. Nr. 95f.
3 Friedrich Hölderlin (1770-1843), Sämtliche Werke. Im Auftrag des Württembergischen Kultusministeriums hrsg. von Friedrich Beissner (Kleine Stuttgarter Ausgabe), Stuttgart: Kohlhammer 1944-1959. Im Jahr 1953 war Band 2 (Gedichte nach 1800) erschienen, in den PC später Anstreichungen und Bemerkungen – etwa zu ›Der Rhein‹ – einträgt. PC besaß auch andere Bände der Ausgabe, die ihm ebenfalls KD schickte (Bd. 1 zu Weihnachten 1958, Bd. 5 im November 1956).

Brief 109
Klaus Demus an Paul Celan, Wien, 24. 2. 1954
1 Gemeint sind die Gedichte ›Des Abendlandes Nacht‹ (SL, 40), ›Der ausganglosen Nacht‹ (SL, 45) sowie ›Aber die Sonne‹ (SL, 43).
2 Zu Herbert Boeckl vgl. Nr. 23/4.
3 Martin Heidegger, » ... dichterisch wohnet der Mensch ...«, in: Akzente. Zeitschrift für Dichtung, hrsg. von Walter Höllerer und Hans Bender, 1. Jg., Februar 1954, H. 1, 57-71. Celan kannte die Rede (vgl. CPB, 339). Dem Mitherausgeber der Zeitschrift, dem Schriftsteller Walter Höllerer (1922-2003), begegnete er am 26. 3.

in Frankfurt am Main. Am Ende des Heftes waren in einer Vorschau auf weitere Hefte auch Gedichte von PC angekündigt worden. Bereits in H. 2 des Jahrgangs erschien das Gedicht ›Assisi‹ (174).

4 Die Idee, daß der Wisser auch im Tod noch wahrnimmt und denkt, ohne den Körper als helfendes Organ.

5 Bei ihrem Paris-Besuch im Mai/Juni 1953 hatten die drei den Plan zu einer österreichischen Gedicht-Anthologie gefaßt. KD sollte von Wien aus den Kontakt zu den Dichtern herstellen, PC wollte als Herausgeber auftreten. Bis September 1953 schickten folgende Dichter Gedichte und eine autobiographische Notiz: IB, H. C. Artmann, Christine Busta (1915-1987), Jeannie Ebner (1918-2004), Herbert Eisenreich (1925-1986), Michael Guttenbrunner, Ernst Klein (*1928), Andreas Okopenko, Wieland Schmied (*1929), Helmut Stumfohl, Hanns Weissenborn (*1932), Herbert Zand (1923-1970) (vgl. Displaced: Wiedemann 2001, 144 sowie IB/PC, 271). Das Projekt wurde schließlich nicht realisiert.

6 Die Gedicht-Mss. lagen dem Brief im Nachlaß nicht mehr bei. Sie werden hier nach SL zitiert. Das Gedicht ›Des Abendlandes Nacht‹, mit dem sich KD lange quälte und das im Briefwechsel immer wieder erwähnt wird, lag dem Brief bei, die beiden anderen nach KDs Erinnerung ebenfalls (Gespräch, Mai 2008).

Brief 110
Paul Celan und Gisèle Celan-Lestrange an Nani Demus, Wien, 1. 3. 1954, [Radiogramm]
1 Es handelt sich um ein Telegramm zum Geburtstag von ND.

Brief 111
Gisèle Celan-Lestrange an Klaus und Nani Demus, Paris, 24. 3. 1954
1 Vermutlich erhielten die beiden eine ähnliche Zusammenstellung, wie PC sie am 5. 4. 1954 nach seiner Lesung in München für Joachim Moras (1902-1961) anfertigte, der einige Gedichte daraus in ›Jahresring‹ und ›Merkur‹ publizieren wollte (vgl. HKA I 4/2, 11). Dabei handelte es sich um die Gedichte: ›Ich hörte sagen‹, ›Stilleben‹, ›Das Schwere‹, ›Auge der Zeit‹, ›Hier‹, ›Aus dem Meer‹, ›In Gestalt eines Ebers‹, ›Mit wechselndem Schlüssel‹, ›Gut‹, ›Zu zweien‹, ›Mit Äxten spielend‹, ›Zwiegestalt‹, ›Im Spätrot‹, ›Abend der Worte‹, die sich alle in der ›Sammlung Klaus Demus‹ (DLA) in Dss. auf gleichem Papier und mit derselben Maschine geschrieben befinden.

2 PC hielt sich vom 24. 3. bis zum 9. 4. 1954 in Deutschland auf. Am
24. 3. war er nach Frankfurt gereist. Dort traf er u. a. mit Höllerer
und seinem späteren Lektor und Mentor Rudolf Hirsch zusammen, der ihn am 25. 3. in den Räumen des S. Fischer Verlags
empfing und der mit ihm über die Pessoa-Übertragungen sprach,
die erst 1956 in der ›Neuen Rundschau‹ (67. Jg., 1956, H. 2/3, 401-
410) erschienen. PCs Apollinaire-Übertragungen der Gedichte
›Salome‹, ›Schinderhannes‹ und ›Der Abschied‹ wurden dafür
bereits in ›Die Neue Rundschau‹ (65. Jg., 1954, H. 2, 316-321)
publiziert. Von Hirsch erfuhr PC auch erstmals von dem ›Rundschreiben‹, in dem CG ihn des Plagiats an ihrem Mann YG und
der Undankbarkeit bezichtigte (vgl. PC/RH, 7ff. und 212ff.). PC
las in Frankfurt (26. 3.), in München (5. 4.), in Stuttgart (7. 4.) und
in Esslingen (8. 4.) und hielt sich außerdem in Düsseldorf und
Köln auf, wo er mit Heinrich Böll (1917-1985) durch die zerstörte Stadt lief. In Köln erhielt er vom Verlag Kiepenheuer &
Witsch auch den Auftrag zur Übertragung der beiden Kriminal-
romane von Georges Simenon (1903-1989): ›Hier irrt Maigret‹
(Köln 1955) und ›Maigret und die schrecklichen Kinder‹ (Köln
1955). Zu einer Rundfunklesung kam es in Stuttgart im Süddeut-
schen Rundfunk, wo PC Karl Schwedhelm (1915-1988) ein Inter-
view gab und anschließend einige Gedichte las (gesendet am 15. 6.
1954; PN, 188-193). Vgl. dazu PC/GCL II, 415f.

3 Die zweite Auflage von MG erschien im April 1954. Das Gedicht
›Die Krüge‹ trug jetzt die Widmung »Für Klaus Demus«. PC
schickte KD den Band noch von Deutschland aus mit der Widmung: »Die wiedergefundenen Krüge, / Paul / April 1954«
(›Sammlung Demus‹/Harvard; Katalog Fritsch, 18).

4 Der neue Gedichtband VS erschien erst 1955.

5 Zwischen 1954 und 1957 arbeitete GCL als Graphikerin im Atelier Friedlaender in Paris, wo sie sich auch – etwa 1955 – an
Ausstellungen beteiligte. Sie hatte sich zu diesem Zeitpunkt
wieder stärker der Graphik zugewandt.

Brief 112
Klaus und Nani Demus an Paul Celan, [Wien,] 8. 4. 1954

1 Evtl. meint KD hier das Gedicht ›Vor einer Kerze‹ aus VS
(KG, 73f.).

2 Martin Bubers (1878-1965) Werk war häufig Gesprächsgegenstand der beiden Freunde. PC las Bubers Bücher aufmerksam (vgl. CPB, 467f.) und verehrte den jüdischen Religionsphilo-
sophen seit seiner Jugend (vgl. Nr. 145/2). Ein Zusammentreffen

mit ihm in Paris, im September 1960, verlief enttäuschend (vgl. Nr. 298/1).

3 Arnulf Rainer, österreichischer Maler und bedeutender Vertreter der abstrakten informellen Kunst. Zunächst vom Surrealismus geprägt (1951 hatte er in Paris Breton besucht), ab 1954 Hinwendung zu »Formzerstörungen« wie in seinen Schwarzbildern und vor allem Übermalungen (von Graphiken und Fotografien). Rainer stand dem Art-Club nahe.

Brief 112.1
Klaus und Nani Demus an Gisèle Celan-Lestrange, Wien, 8. 4. 1954

1 Beide Briefe wurden wahrscheinlich gemeinsam verschickt.

2 Im Juli 1954 wurde die Galerie des 19. und 20. Jahrhunderts (im Oberen Belvedere) wiedereröffnet.

3 KD und ND besaßen insgesamt vier Radierungen ohne Titel aus dem Jahr 1954.

Brief 113
Nani Demus an Paul Celan und Gisèle Celan-Lestrange, München, 4. 5. 1954
[Bildpostkarte: »München, Schloß Nymphenburg«]

1 1954 gab es eine Ausstellung mit Boeckl-Bildern in der Städtischen Galerie München. Außerdem wurde die ›Galerie nächst St. Stephan‹ mit einer Ausstellung von Boeckl-Zeichnungen eröffnet (vgl. Nr. 169/1).

2 Anspielung auf das KD gewidmete Gedicht ›Die Krüge‹ (KG, 45).

Brief 114
Klaus und Nani Demus an Paul Celan und Gisèle Celan-Lestrange, Auf dem Schiff von Dürnstein (Wachau) nach Wien, 30. 5. 1954
[Bildpostkarte: »Burg Aggstein a. d. Donau«]

Brief 115
Paul Celan und Gisèle Celan-Lestrange an Klaus und Nani Demus, [Poststempel: Cambridge, 8. 6. 1954]
[Bildpostkarte: »Cambridge, Trinity Collage, Great Gate«]

1 Vom 29. 5. bis zum 10. 6. 1954 hielten sich PC und GCL in England auf, vor allem in London.

Brief 116
Klaus Demus an Paul Celan, Wien, 4. 8. 1954
1 Die Anrede »großer Sternenverdunkelter« könnte sich auf Gedichte von Nelly Sachs (1891-1970) beziehen, die PC den Freunden weiterreichte. Im Mai 1954 hatte Sachs den S. Fischer Verlag
   gebeten, PC ihren Band ›Sternverdunkelung‹ (1949) zu schicken.
   Im Juni-Heft der Zeitschrift ›Akzente‹ waren gerade neue Gedichte unter dem Titel ›Unterm Polarstern‹ von ihr erschienen
   (vgl. PC/Sachs, 9; 115).
2 Das Werk des Dichters Hugo von Hofmannsthal (1874-1929)
   war häufig Gesprächsgegenstand zwischen KD und PC. Die Entwürfe zum ›Meridian‹ zeigen, daß der Wiener Dichter für PCs
   Poetik keine unbedeutende Rolle spielt. Seine Lektüre-Liste
   reicht vom ›Andreas‹ über die Rede ›Der Dichter und diese Zeit‹
   bis zum ›Kleinen Welttheater‹. Zur Bedeutung Hofmannsthals
   für PCs Werk, vgl. Robert Vilain, Hofmannsthal and Celan,
   172-195, sowie Seng, »Mitsprechende Gedankenwelt«.
3 ND hatte sich in ihrer Dissertation intensiv mit dem Werk Robert
   Musils (1880-1942) beschäftigt (vgl. Nr. 24/1).
4 Der zitierte »Beginn« wurde schließlich das Ende des Gedichts
   ›Der ausganglosen Nacht/fremd‹ (SL, 45).

Brief 117
Nani Demus an Paul Celan, Wien, 4. 8. 1954

Brief 118
Klaus und Nani Demus an Paul Celan und Gisèle Celan-
Lestrange, Venedig, 18. 8. 1954
[Bildpostkarte: »Piero della Francesca, Der hlg. Hieronymus und
ein Anbetender«]
1 Marco Polo (ca. 1254-1324), venezianischer Händler, der bereits
   im Mittelalter Asien bereiste und als erster umfangreiche Reise-
   berichte über China und andere asiatische Länder verfaßte.
2 Giotto di Bondone (1266-1337), italienischer Renaissancemaler.
   Zu Giottos Hauptwerken gehört der große Freskenzyklus in der
   Scrovegni-Kapelle in Padua, der zwischen 1304 und 1306 entstand
   und in mehr als 100 Szenen das Leben von Maria und Jesus schildert.

Brief 119
Paul Celan und Gisèle Celan-Lestrange an Klaus und Nani Demus,
[Poststempel: Rochefort-en-Yvelines, 23. 8. 1954]
[Bildpostkarte: »Rochefort-en-Yvelines, L'Église«]

Brief 120
Klaus und Nani Demus an Paul Celan und Gisèle Celan-Lestrange,
Millstatt, 31. 8. 1954
[Bildpostkarte: »Millstättersee – Abendstimmung«]

Brief 121
Klaus und Nani Demus an Paul Celan und Gisèle Celan-Lestrange,
Rotterdam, 14. 10. 1954
[Bildpostkarte: »Erasmus 1598«]

Brief 122
Paul Celan und Gisèle Celan-Lestrange an Klaus und Nani Demus,
La Ciotat, 23. 10. 1954

1 PC kam erst im Sommer 1957 wieder nach Wien. Für ihn, den
  1954 noch Staatenlosen, war die Reise nach Wien zu gefährlich.
  In PCs Ansprache in Bremen wird es 1958 heißen: »Das Erreichbare, fern genug, das zu Erreichende hieß Wien. Sie wissen,
  wie es dann durch Jahre um diese Erreichbarkeit bestellt war«
  (GW III, 185).

2 Franz Löffelholz (Pseudonym: Franz Mon; *1926), Dichter der
  Konkreten Poesie, arbeitete seit 1956 als Verlagslektor in Frankfurt. Gemeinsam mit Walter Höllerer und Manfred de la Motte
  gab er 1960 die Anthologie ›movens‹ heraus.

3 Offenbar zeigte PC während seines Aufenthalts in Frankfurt (vgl.
  Nr. 111/2) Höllerer Gedichte von KD. Es dauerte aber noch bis
  1956, ehe in der Zeitschrift ›Akzente‹ das Gedicht ›Das schwere
  Land‹ erschien (3. Jg., 1956, H. 6, 499f.).

4 PC hielt sich zwischen dem 19. 9. und dem 30. 10. 1954 als Gast
  der Schriftsteller- und Künstler-Stiftung ›La Rustique Olivette‹
  in der Hafenstadt La Ciotat im Departement Bouches-du-Rhône
  auf und erlebte dort eine produktive dichterische Phase. In La
  Ciotat entstanden die Gedichte: ›Andenken‹ (27. 9.), ›Auch heute
  Abend‹ (19. 10.), ›Die Halde‹, ›Mit zeitroten Lippen‹, ›Breto-
  nischer Strand‹ und ›Schibboleth‹. Bereits vor der Reise nach
  La Ciotat waren im Sommer 1954 die Gedichte ›Inselhin‹
  (22. 6.), ›Der uns die Stunden zählt‹ (23. 7.), ›Ich weiß‹ (29. 7.)
  und ›Die Felder‹ (15. 8.) entstanden (vgl. KG, 73ff.). Zählt man
  diese neu hinzugekommenen Gedichte mit, konnte PC durchaus
  an die Herausgabe eines neuen Gedichtbuches denken. In einem
  Brief an die DVA schreibt er am 26. 8. 1954: »Ich hoffe, Ihnen
  Ende des Jahres einen neuen Gedichtband vorlegen zu können«
  (TCA, VS, 137). Zu den meisten dieser Gedichte sind Dss. oder

Tss. in der ›Sammlung Klaus Demus‹ (DLA) enthalten – nur Abschriften zu ›Schibboleth‹ und ›Die Halde‹ fehlen.

5 KD und ND hatten PC den Band ›Altionische Götterlieder. Unter dem Namen Homers. Deutsch von Rudolf Borchardt‹ (München: Verlag der Bremer Presse 1924) zugeschickt und mit einer Widmung versehen: »Für Paul – in Liebe«. In dem Buch befand sich ein Zettel der beiden: »16. 9. 54 / Für einen dieser schönen Septembertage in Liebe und Verehrung Dir zugedacht – / Nani und Klaus.« Die Übersetzung von Borchardt (1877-1945) inspirierte PC zu eigenen Gedichten. PC erhielt viele der insgesamt 21 Borchardt-Bücher in seiner Bibliothek von KD (vgl. Seng, »Mitsprechende Gedankenwelt«).

Brief 123
Klaus und Nani Demus an Paul Celan, Wien, 18. 11. 1954
1 PCs zweiter Gedichtband VS erschien Mitte Juni 1955.
2 Zur zyklische Struktur des Bandes vgl. Seng, Auf den Kreis-Wegen der Dichtung, 141-168.

Brief 124
Paul Celan an Klaus und Nani Demus, [Paris, nach dem 7. 12. 1954]
1 Ein Begleitbrief zu den beiden Gedichten, die sich in der ›Sammlung Klaus Demus‹ (DLA) befinden, ist nicht vorhanden. Es handelt sich um hs. Mss. der Gedichte ›Von Dunkel zu Dunkel‹ und ›Wir sehen dich‹, die hier ohne Titel vorliegen (vgl. HKA I 4/2, 88 u. 193). Die Datierung und der Hinweis KDs im folgenden Brief könnten aber auch darauf hinweisen, daß PC die Gedichte ohne Begleitschreiben verschickte.

Brief 125
Klaus und Nani Demus an Paul Celan und Gisèle Celan-Lestrange, [Wien,] Weihnachten 1954
1 »Der Himmlische und die Himmlische«, Wortspiel mit dem Namen Celan.
2 Vom 23. 1. bis zum 5. 2. 1955 hielt sich PC in Deutschland auf und las am 31. 1. in Esslingen.
3 PC traf Ende Februar/Anfang März 1955 mit KD und ND in London zusammen (vgl. Nrn. 128-131), wo er ihnen, zu NDs 30. Geburtstag, VS in der Wohnung seiner Tante vorlas. Am selben Tag entstand auch das Foto von den dreien auf der Waterloo-Bridge (Abb. 2).
4 Zu Weihnachten 1954 erhielten KD und ND von PC auch

ein Buchgeschenk: Norbert von Hellingrath, Hölderlin. Zwei Vorträge (Hölderlin und die Deutschen – Hölderlins Wahnsinn), 2. Aufl., München: Bruckmann 1922. Das Buch, das wahrscheinlich mit gesonderter Post verschickt wurde, trägt die Widmung: »Für Nani und Klaus Weihnachten 1954 G. und P.« (›Sammlung Demus‹/Harvard; Katalog Fritsch, 38).

5 In SL trägt das Gedicht die Widmung: »Für Gisèle und Paul Celan« (46). Es handelt sich hier um ein Ts.; die Widmung und die Schlußwendung mit Datum sind hs. hinzugefügt.

Brief 126
Paul Celan an Klaus und Nani Demus, Tübingen, 3. 2. 1955
1 Der Brief befindet sich in der ›Sammlung Demus‹/Harvard (Hollis-Nr. 008938035; vgl. Katalog Fritsch, 6f.).
2 Nach Gesprächen in Stuttgart mit Vertretern der DVA über den neuen Gedichtband VS besuchte PC mit dem Dichter Johannes Poethen (1928-2001) das Hölderlin-Archiv in Bebenhausen und das Grab des Dichters in Tübingen. Dem Brief lag ein Immergrün »von Hölderlins Grab« bei.
3 PC hatte dem Brief an die Freunde offenbar ein Foto von Hölderlins Gedicht ›Lied der Freundschaft‹ (StA 1, 107ff.) beigefügt (vgl. Nr. 219/1).

Brief 127
Klaus Demus an Paul Celan und Gisèle Celan-Lestrange, [Wien,] 20. 2. 1955
1 Anfang September 1955 bezogen KD und ND ihre Wohnung am Rennweg 4 (vgl. Nr. 146).
2 Prinz Eugen von Savoyen (1663-1736) ließ zwischen 1713 und 1723 das Belvedere in Wien erbauen.
3 In Goethes ›Maximen und Reflexionen‹ (Über Kunst und Kunstgeschichte, Nr. 1070) heißt es: »Natur und Idee läßt sich nicht trennen, ohne daß die Kunst sowie das Leben zerstört werde.«
4 Im Londoner Autographenhandel war 1954 eine Handschrift von Hölderlins später Hymne ›Friedensfeier‹ aufgetaucht. Noch im selben Jahr erschien der Band: Friedrich Hölderlin, Friedensfeier, hrsg. und erläutert von Friedrich Beißner (Stuttgart 1954), der sich in PCs Bibliothek befindet.

Brief 128
Paul Celan und Gisèle Celan-Lestrange an Klaus und Nani Demus,
[Paris, 23. 2. 1955,] [Radiogramm]
1 Auf dem Radiogramm hat KD hs. vermerkt: »Demander lettre
   Royal Academy Piccadilly«.
2 Ursprünglich war geplant, daß GCL ihren Mann begleiten sollte,
   sie verzichtete jedoch wegen ihrer Schwangerschaft darauf (vgl.
   Nr. 131).

Brief 129
Klaus und Nani Demus an Paul Celan und Gisèle Celan-Lestrange,
[London, 26. 2. 1955]

Brief 130
Paul Celan an Klaus und Nani Demus, Montag [28. 2. 1955]
1 Frz.: »Bis gleich«.

Brief 131
Paul Celan an Klaus und Nani Demus, [London, 1. 3. 1955]
1 PC hatte KD und ND am 1. 3. in London Gedichte vorgelesen,
   wie aus einer gemeinsam verfaßten Bildpostkarte aus der National Gallery – KD und ND hatten die Karte unterschrieben und
   mit einem kurzen Gruß versehen – an GCL hervorgeht: »Ma
   chérie, ich habe einen sehr guten Tag mit Klaus und Nani verbracht. Ich habe ihnen gerade die Gedichte vorgelesen« (PC/GCL
   I, 65). Bei dieser Gelegenheit übergab er den beiden wohl auch
   das Gedicht ›Die Winzer‹ – vielleicht als persönliches Geschenk
   für Nani, die am 1. 3. Geburtstag hatte. Das Gedicht trägt in VS
   die Widmung: »Für Nani und Klaus Demus«.

Brief 132
Paul Celan an Klaus und Nani Demus, [Paris,] 8. 3. 1955
1 PC, der durch seine Arbeit als Schriftsteller und Übersetzer
   seinen Lebensunterhalt verdienen wollte, hatte im Januar bei
   seinem Aufenthalt in Stuttgart mit verschiedenen Verlagsmit-
   arbeitern über den neuen Vertrag gesprochen. Der Vertragsentwurf ließ aber lange auf sich warten und enthielt schließlich
   Fehler und Änderungen, die nicht mit PC abgesprochen waren.
   PC reagierte verärgert und drohte mit einem Verlagswechsel (vgl.
   PC/HHL, 28ff.). Das Gefühl, die DVA behandle ihn als Autor
   schlecht, verließ ihn jedoch nicht mehr und führte schließlich
   1958 zum Wechsel zum S. Fischer Verlag.

2 Joachim Spiegel, Das Werden der Alt-Ägyptischen Hochkultur. Ägyptische Geistesgeschichte im 3. Jahrtausend vor Christus, Heidelberg 1953.

Brief 133
Nani Demus an Gisèle Celan-Lestrange, [Wien,] 18. 3. 1955

1 ND schickte GCL das Buch: Macht auf das Tor! Alte Deutsche Kinderlieder – Reime, Scherze und Singspiele, zum Teil mit Melodien. Ausgewählt von Maria Kühn, Königstein i. Ts. 1950, mit der Widmung: »Für das Jahr 1955 – Nani, Klaus«.

Brief 134
Klaus Demus an Gisèle Celan-Lestrange, Wien, 18. 3. 1955

1 Eine Radierung ohne Titel aus dem Jahr 1955 mit der Widmung: »pour Klaus et Nani Demus« (›Sammlung Demus‹/Harvard).

2 GCL beteiligte sich an einer Gruppenausstellung des Ateliers Friedlaender in der Pariser Galerie La Hune.

Brief 135
Klaus Demus an Paul Celan, Wien, 26. 3. 1955

1 Bezieht sich auf ein Honorar des Senders Rot-Weiß-Rot. Für welche Sendung das Honorar gezahlt werden sollte, konnte nicht ermittelt werden.

2 Hofmannsthal verbrachte zwischen 1896 und 1928 regelmäßig einige Wochen im Sommer mit seiner Familie in Alt-Aussee. Um die Jahrhundertwende formierte sich dort ein künstlerischer Kreis, den man auch als »Dependance von Jung Wien« bezeichnete und zu dem neben Hofmannsthal u. a. Jakob Wassermann (1973-1934), Arthur Schnitzler (1862-1931) und Richard Beer-Hofmann (1866-1945) gehörten. Hofmannsthal wohnte dort in einem einfachen Bauernhaus, Obertressen 14.

3 KD schickt PC im November 1955 die Ausgabe: Adalbert Stifter (1805-1868), Die Mappe meines Urgroßvaters. Volksausgabe mit einem Nachwort von Franz Hüller (Reichenberg 1940). Der Band trägt die Widmung: »Liebster Paul, das Reinste des Hiesigen will zu Dir, Dich zu uns holen. / Dein Klaus / November 1955« (vgl. Nr. 149).

4 PC besaß bereits vier Prosa-Bände der von Herbert Steiner (1892-1966) zwischen 1946 und 1959 hrsg. Werkausgabe, die Bände ›Gedichte und lyrische Dramen‹ und ›Erzählungen‹ sind in seiner Bibliothek nicht vorhanden. Erst 1957 bekam er von seinem Lektor Rudolf Hirsch die zweibändige Ausgabe ›Ausgewählte

Werke‹ (Frankfurt am Main 1957) geschenkt; vgl. Seng, »Mitsprechende Gedankenwelt«.

Brief 136
Paul Celan an Klaus und Nani Demus, Rochefort-en-Yvelines,
[10. 4. 1955]
[KD datiert den Brief: »IV. 1955«]
1 Die Lektüre von Stifters ›Mappe meines Urgroßvaters‹ durch PC
  ist belegt. Im Arbeitsheft 16 finden sich Lektürenotizen dazu
  (vgl. CPB, 134).

Brief 137
Klaus und Nani Demus an Paul Celan und Gisèle Celan-Lestrange,
Millstatt, 17. 4. 1955
[Bildpostkarte: Millstättersee]

Brief 138
Gisèle Celan-Lestrange an Nani und Klaus Demus, Rochefort-en-
Yvelines, Dienstag [wohl 26. 4. 1955]
1 Vgl. Nr. 132. Wegen der Streitigkeiten mit der DVA wurde
  der Vertrag für VS erst Ende April 1955 unterschrieben, ein
  Erscheinungstermin im Frühjahr, wie von PC gewünscht, kam
  also nicht mehr in Frage.
2 Am 28. 4. traf sich PC mit dem französichen Dichter Jean Cayrol
  (1911-2005) (NkPC; Hinweis Bertrand Badiou). Er hatte gerade
  Cayrols Roman ›L'espace d'une nuit‹ (›Im Bereich einer Nacht‹)
  übersetzt. Seine deutsche Übersetzung erschien aber erst 1961.
  Im Jahr 1956 übertrug PC Cayrols Text zu dem französischen
  Dokumentarfilm ›Nuit et brouillard‹ (›Nacht und Nebel‹) ins
  Deutsche (vgl. dazu Seng, Schrei der Opfer, 166-172).

Brief 139
Nani Demus an Paul Celan und Gisèle Celan-Lestrange,
[April 1955]
1 Es handelt sich um einen schmalen Zettel, der wahrscheinlich
  einer anderen Sendung beilag. Da ND hier für den Osterbrief
  (Nr. 136) dankt, wurde er auf April datiert.
2 Das Honorar erhielt PC für den Erstdruck des Gedichtes ›Hier‹
  in der Wiener Zeitschrift ›Alpha‹ (1. Jg., Mai 1955, Folge 4, 3).

Brief 140
Klaus Demus an Paul Celan, Wien, 22. 5. 1955
1 Evtl. ›Schauer‹ (SL, 49).
2 Der Ausdruck »tat tvam asi« entstammt der altindischen
Gelehrtensprache Sanskrit und lautet übersetzt: »Das bist Du«.
Arthur Schopenhauer (1788-1860) verwendet ihn häufig, u. a. in
seiner Schrift ›Die Welt als Wille und Vorstellung‹, wo es in § 63
heißt: »Die indischen Weisen haben die Erkenntnis der ewigen
Gerechtigkeit in den Veden oder in der esoterischen Weisheits-
lehre direkt mitgeteilt: durch Aussprechen des Wortes ›tat tvam
asi‹ (›dies bist du‹) über jedes lebende und leblose Wesen der
Welt«. In Schopenhauers Ethik des Mitleids hat nur die aus Mitleid geborene Handlung moralischen Wert. Mitleid ist Teilnahme
am Leiden eines Anderen, der mit uns eins ist. Auch in Hofmannsthals ›Chandos-Brief‹ (vgl. Nr. 155/4) spielt diese Vorstellung eine wichtige Rolle, etwa in der Ratten-Erzählung, in dem
plötzlich die Identität zwischen Täter und Opfer hergestellt wird.
3 Nicht ermittelt. Vgl. Nr. 135/1.

Brief 141
Klaus und Nani Demus an Paul Celan und Gisèle Celan-Lestrange,
[21. Juni 1955]
1 ›Wege dunkelklaren Staubs‹ ist das Schlußgedicht von SL (50).

Brief 142
Paul Celan an Klaus und Nani Demus, Paris, 28. 6. 1955
1 PC verwechselt hier etwas, denn einen Heiligen Klaus gibt es
nicht. Allerdings gibt es einen Heiligen Claudius (Claude), der
im 7. Jahrhundert Abt des Klosters Condat, wahrscheinlich auch
Bischof von Besançon war und in Frankreich sehr verehrt wird.
Er starb am 6. Juni um 700. Der Name Klaus stammt aber von
Nikolaus ab. Zwar gib es den Heiligen Nikolaus, doch dessen
Namenstag ist der 6. Dezember.

Brief 143
Paul Celan an Klaus und Nani Demus, [Paris,] 4. 7. 1955

Brief 144
Klaus und Nani Demus an Paul Celan und Gisèle Celan-Lestrange,
Wien, 8. 7. 1955

Brief 145
Klaus und Nani Demus an Paul Celan, Wien, 2. 8. 1955
1 VS war Mitte Juni erschienen. KD und ND hatten das Buch mit der Widmung erhalten: »Nani und Klaus, / den Freunden, Freunden, Freunden / Immer / Ihr / Paul / Paris, im Juni 1955.« (›Sammlung Demus‹/Harvard; Katalog Fritsch, 20f.). Das Buch ist GCL gewidmet und erschien wenige Tage nach der Geburt des Sohnes Claude François Eric.
2 PC kannte chassidische Geschichten, wie sie später Martin Buber auf Deutsch erzählte (Die Erzählungen der Chassidim, Zürich 1949), schon aus seiner Jugend in Czernowitz. Celans Mutter, Friederike (›Fritzi‹) Antschel geb. Schrager (1895-1942), war in dem kleinen ›Stetl‹ Sadagora geboren worden, das ganz in der Nähe von Czernowitz liegt. Im Jahre 1842 hatte sich dort der Rabbi Israel Friedmann aus Ruschin (1796-1850) niedergelassen, ein direkter Nachfahre des berühmten Rabbi Dow Bär, des großen Maggid von Meseritsch (um 1710-1772). In seinem Gefolge kam eine große Zahl chassidischer Juden aus Galizien in die Stadt, die ihrem Zaddik folgten. Auch die Dichterin Nelly Sachs (1891-1970) stellt in ihrem Brief an PC vom 28. 10. 1959, nach der Lektüre von SG, einen Vergleich mit den Chassiden her: »Paul Celan, lieber Paul Celan – gesegnet von Bach und Hölderlin – gesegnet von den Chassiden« (PC/Sachs, 25). Zu Celan und Buber vgl. Nr. 112.
3 Das Gedicht ›Die Winzer‹ (GW I, 140) ist »Nani und Klaus Demus« gewidmet.

Brief 146
Klaus und Nani Demus an Paul Celan und Gisèle Celan-Lestrange, Wien, 5. 9. 1955
1 Johann Lukas von Hildebrandt (1668-1745) war neben Johann Bernhard Fischer von Erlach (1656-1723) der bedeutendste Architekt des österreichischen Barock. Schüler von Carlo Fontana (1638-1714) in Rom und Festungsingenieur in den italienischen Feldzügen unter Prinz Eugen, dessen bevorzugter Baumeister er wurde. Hildebrandt kam 1696 nach Wien und wurde 1700 Hofingenieur, 1711 Leiter des Hofbauamts, 1723 Hofbaumeister. Von ihm stammen auch das Palais Schwarzenberg sowie zahlreiche Stadtpaläste (etwa Daun-Kinsky, 1716) und Sakralbauten (z. B. Piaristenkirche Maria Treu) in Wien und das Belvedere (vgl. Nr. 127/2).

2 Hofmannsthals Geburtshaus befindet sich im III. Wiener Bezirk, Salesianergasse 12.

Brief 147
Gisèle Celan-Lestrange an Klaus und Nani Demus, [Rochefort-en-Yvelines/Paris, vor dem 23. 9. 1955 begonnen]
[KD notiert als Ankunftsdatum: »26. IX. 55«]

1 Im Juli 1955 waren PC und GCL in eine Zweizimmer-Wohnung in der 29bis Rue de Montevideo, Paris 16e, umgezogen, die der Familie de Lestrange gehörte. Auch GCLs ältere Schwester Marie-Thérèse (*1925) wohnte dort.

2 PC hielt sich vom 24. 9. bis zum 3. 10. 1955 in Deutschland auf (Köln, Düsseldorf, Wuppertal, Stuttgart). In Wuppertal las er am 29. 9., in Düsseldorf am 30. 9.

3 Aus dem geplanten längeren Besuch in Wien wurde nichts.

4 PC lernte René Char (1907-1988) im Sommer 1954 in Paris kennen. Christoph Schwerin (eigentl. Christoph Andreas Graf von Schwerin von Schwanenfeld; 1933-1996) hatte den Kontakt hergestellt. In einem Brief an PC vom 17. 7. 1954 erwähnt er einen Besuch bei Char und berichtet, daß er ihn, PC, als den bedeutendsten deutschsprachigen Lyriker und als möglichen Übersetzer für Chars Dichtung vorgeschlagen habe. Char habe daraufhin den Wunsch geäußert, mit PC zusammenzutreffen. Über seinen ersten Besuch bei Char schreibt PC am 24. 8. 1954 an Schwerin: »Mein Umgang mit den Worten wird immer schwerfälliger, unbeholfener – hie und da, in weiten Abständen, ein Gedicht: das ist alles, was ich ›hervorbringe‹. Und mit dieser meiner Unbeholfenheit ging ich auch zu René Char – wie muß ich ihn enttäuscht haben! Er ist ganz, wie Sie ihn mir geschildert haben, so völlig im Mittelpunkt, im Herzen seiner Sprache, die sich ihm nie zu verweigern scheint. Seltsam, wie diese Sprache noch da, wo sie das Gegenständlichste, Konkreteste zitiert, es mit der Aura des Universalen zu umgeben weiß! Von welcher Sprachebene immer es auch kommen mag, das einzelne Wort ist hier beziehungsreicher als im Deutschen. Wird es ins Gedicht ›gehoben‹, so hebt es irgendwie seine ganze Umwelt mit« (Schwerin, Als sei nichts gewesen, 199). Bereits 1955 war PCs Übertragung von Chars ›Der Schlange zum Wohl‹/›A la santé du serpent‹ im ersten Heft der von Alfred Andersch herausgegebenen Zeitschrift ›Texte und Zeichen‹ (81-83) publiziert worden, 1958 folgte ›Hypnos. Aufzeichnungen aus dem Maquis (1943/44)‹/›Feuillets d'Hypnos‹ in der ›Neuen Rundschau‹ (69. Jg.,

1958, H. 4, 565-601). Schließlich erschien 1959 bei S. Fischer der Band ›Poésies/Dichtungen‹ (Vorwort von Albert Camus, hrsg. von Jean-Pierre Wilhelm unter Mitarbeit von Christoph Schwerin. Ins Deutsche übers. von Paul Celan, Johannes Hübner, Lothar Klünner und Jean-Pierre Wilhelm), der den Dichter in Deutschland erstmals einem breiteren Publikum bekannt machte. ›À une sérénité crispée‹/›Einer harschen Heiterkeit‹ war das dritte und letzte Werk Chars, das PC ins Deutsche übertrug (erstmals publiziert in: ›Poésies/Dichtungen‹, 267-297). Das Buch ›À une sérénité crispée‹ (Paris 1951) hatte Celan bereits Ende 1954 vom Autor mit der Widmung erhalten: »Pour Paul Celan / avec la sympathie / très vive de / R. Char«. Die beiden Dichter trafen sich gelegentlich, auch um über ihre Dichtungen bzw. über PCs Übersetzungen zu sprechen.

Brief 148
Klaus und Nani Demus an Paul Celan, Wien, 17. 11. 1955
1 Franz Grillparzer (1791-1872), österreichischer Dichter und Dramatiker.

Brief 149
Paul Celan an Klaus und Nani Demus, Paris, 23. 11. 1955
1 PC erhielt das Buch: Adalbert Stifter, Die Mappe meines Urgroßvaters (vgl. Nr. 135), als Geburtstagsgeschenk.
2 Am 8. 7. 1955 war Paul Antschel französischer Staatsbürger geworden (veröffentlicht im ›Journal officiel‹ am 17. 7. 1955).
3 Anspielung auf die diversen ›Brot-Übersetzungen‹, mit denen er für sich und seine Familie den Lebensunterhalt bestreiten wollte (vgl. Celan-Handbuch, 185ff.). Er meint hier wohl vor allem die beiden Simenon-Übertragungen, die 1955 erschienen waren (vgl. Nr. 111/2), und Cayrols Roman ›Im Bereich einer Nacht‹.
4 ND hat auf dem hs. Ms. ›Es wird noch ein Auge sein‹ vermerkt: »Aus Brief vom 23. 11. 55«.

Brief 150
Klaus und Nani Demus an Paul Celan und Gisèle Celan-Lestrange, Wien, 21. 12. 1955
1 Gemeinsam mit dem Brief erhielt PC wahrscheinlich das Buch: Franz Grillparzer, Sämtliche Werke. Hist.-krit. Gesamtausgabe, hrsg. von August Sauer, Bd. 16: Prosaschriften IV, Wien 1925, mit der Widmung: »Paul zugedacht / Weihnachten 1955 / Nani Klaus«.

Brief 151
Paul Celan und Gisèle Celan-Lestrange an Klaus und Nani Demus,
Paris, Weihnachten 1955
1 Die Karte mit dem Gedicht ›Auch wir wollen sein‹ und der
signierten Radierung von GCL verschickten die Celans als Neu-
jahrsgruß an Freunde. Text und Bild sind hier, im Jahr der
Geburt des gemeinsamen Sohnes, bewußt nebeneinandergestellt.
Das Exemplar von KD trägt die Nummer 2/25.

Brief 152
Klaus Demus an Paul Celan, [Wien,] 21. 1. 1956

Brief 153
Paul Celan und Gisèle Celan-Lestrange an Nani Demus, Genf,
27. 2. 1956
1 PC hatte vom 2. 1. bis zum 30. 4. 1956 einen Zeitvertrag als Übersetzer am Bureau International du Travail in Genf. GCL und Eric
waren mitgekommen und wohnten ebenfalls in Genf. Von Genf
aus schicken die Celans mit Widmung »Für Nani, zum 1. März
1956 G. und P.« das Buch: Hermann Broch, Dichten und Erkennen. Essays (Bd. I, Zürich 1955) mit der hs. Notiz: »Genf, Januar
1956« (›Sammlung Demus‹/Harvard; Katalog Fritsch, 38). ND
hatte 1951 für ihre Dissertation Kontakt mit Broch aufgenommen, der sie im Mai 1951 in Paris treffen wollte. Er starb jedoch
unmittelbar vor dem Termin. In CPB findet sich der Band:
Hermann Broch, Tod des Vergil, Zürich 1947, mit der Widmung:
»23 II. 50 von Klaus und Nani«.
2 Seit gut einem Jahr hatte PC kaum ein Gedicht mehr geschrieben.
Die letzten Gedichte von VS waren im Winter 1954 entstanden,
von dem späteren Gedichtband SG lagen zu diesem Zeitpunkt
lediglich die Gedichte ›Unter ein Bild‹, ›Heute und Morgen‹,
›Zuversicht‹, ›Schliere‹ und ›Mit Brief und Uhr‹ als Entwürfe vor
– zumeist noch nicht in der endgültigen Fassung.

Brief 154
Paul Celan an Klaus und Nani Demus, [Poststempel: Avallon, 30. 4.
1956]
[Bildpostkarte: »Eglise Saint-Lazare«]
1 KD und ND waren im Juli 1950 in Avallon gewesen (vgl. Nr. 20).
PC nahm vom 28. 4. bis zum 2. 5. 1956 an dem deutsch-franzö-
sischen Schriftstellertreffen in Vézelay zum Thema ›Der Schriftsteller vor der Realität‹ teil.

Brief 155
Klaus Demus an Paul Celan und Gisèle Celan-Lestrange, Wien,
7. 5. 1956

1 Erinnerung an PCs Gedicht ›Flügelrauschen‹ (KG 18) und den
  Vers: »Die Taube aber säumt in Avalun.«

2 Der Band SL enthält insgesamt 20 Gedichte. Daneben gab es aber
  noch eine Reihe früher Gedichte, die nicht publiziert wurden.

3 Hofmannsthal verwendete den Begriff »Konservative Revolution« am Ende seiner Münchener Rede ›Das Schrifttum als geistiger Raum der Nation‹ (1927): »Der Prozeß, von dem ich rede,
  ist nichts anderes als eine konservative Revolution von einem
  Umfange, wie die europäische Geschichte ihn nicht kennt. Ihr
  Ziel ist Form, eine neue deutsche Wirklichkeit, an der die ganze
  Nation teilnehmen könne.« (HvH, GW, RuA III, 41). Ihm
  schwebte vor, anhand von Sprache und Literatur – ähnlich wie
  in Frankreich – ein nationales Traditionsbewußtsein zu schaffen,
  das in Zeiten historischer Umwälzungen eine geistige und kulturelle Einheit sichern würde. KD las damals in den ›Neuen Deutschen Beiträgen‹, einer Zeitschrift, die Hofmannsthal zwischen
  1922 und 1927 in der Bremer Presse herausgab.

4 Hinweis auf ein Gespräch in London während des gemeinsamen
  Aufenthaltes im März 1955.

5 Fiktiver Brief des Lord Chandos an Francis Bacon, den
  Hofmannsthal 1902 unter dem Titel ›Ein Brief‹ veröffentlichte
  (HvH, GW, E, 461-472). Zentrales Thema des sprachkritischen
  Prosatextes ist der Verlust der Sprache als Ausdrucksmittel, den
  der Dichter Hofmannsthal allerdings sehr wortmächtig formuliert. Er warnt darin vor der kalten Sprache der Wissenschaft, vor
  den Technokraten und Bürokraten, die ohne Herzen denken und
  durch die Vergröberung der Worte auch ein vergröbertes Weltbild entstehen lassen. Der Chandos-Brief gilt als poetischer
  Schlüsseltext des 20. Jahrhunderts. Vgl. Nr. 140/2.

6 Die Literaturzeitschrift ›Wort in der Zeit‹ erschien seit 1955.
  Herausgeber der Zeitschrift war der Schriftsteller Rudolf Henz
  (1897-1987), Schriftleiter war der Schriftsteller und Übersetzer
  Hanns Winter. Von PC erschien dort kein Gedicht.

7 Transit. Lyrikbuch der Jahrhundertmitte, hrsg. mit Randnotizen
  von Walter Höllerer, Frankfurt am Main 1956. Die Anthologie
  enthält neun Gedichte von PC, darunter auch die ›Todesfuge‹
  (177ff.), und fünf Gedichte von KD: ›Gemischt mit Hell und
  Dunklem‹ (72), ›Aber die Sonne‹ (94), ›Rostige Sonne‹ (248),
  ›Mit dünnen Brücken wandern‹ (249) und ›Schiffshimmel‹

(310). Nicht nur PC, sondern auch IB hatte Höllerer auf KDs Gedichte aufmerksam gemacht.

8 Zu dem PC gewidmeten Prosagedicht ›Weiße Flügel des Wassers‹, das nicht in ›Transit‹ erschien, vgl. Nr. 16. Offenbar war auch für das Gedicht ›Mit dünnen Brücken wandern‹ eine Widmung für PC vorgesehen, die nicht berücksichtigt wurde.

9 KD erinnert hier an eine Szene im 3. Kap. von Kafkas Roman ›Das Schloß‹, in der sich K. hinter dem Ausschankpult versteckt und nur von Frieda entdeckt wird, die ihn nicht verrät und sich ihm in der Bierlache auf dem Boden hingibt: »Dort vergingen Stunden, Stunden gemeinsamen Atems, gemeinsamen Herzschlags, Stunden, in denen K. immerfort das Gefühl hatte, er verirre sich oder er sei so weit in der Fremde, wie vor ihm noch kein Mensch, einer Fremde, in der selbst die Luft keinen Bestandteil der Heimatluft habe, in der man vor Fremdheit ersticken müsse und in deren unsinnigen Verlockungen man doch nichts tun könne als weiter gehen, weiter sich verirren«. Die zweite Szene spielt auf die dreigliedrige Erzählung ›Beschreibung eines Kampfes‹ an, die postum erschien. KD spricht hier vom Übergang von der I. zur II. Szene, die »Belustigungen oder Beweis dessen, daß es unmöglich ist, zu leben« überschrieben ist, und bezieht sich auf das sich kleinmachende Hinunterbücken der Hauptperson in der ersten Szene.

10 KD verbrachte in St. Pölten einige Jahre seiner Kindheit.

11 Evtl. eine Anspielung auf Hofmannsthals Dramenfragment ›Das Leben ein Traum‹ (1901-1904), das auf das bekannteste Versdrama ›La vida es sueño‹ (›Das Leben ein Traum‹) des spanischen Dichters Pedro Calderón de la Barca (1600-1681) zurückgeht. Hofmannsthal wird den Stoff später in seinem Drama ›Der Turm‹ (1924) aufnehmen.

Brief 156
Klaus und Nani Demus an Paul Celan und Gisèle Celan-Lestrange, Millstatt, 25. 5. 1956
[Bildpostkarte: »Der Weißensee, Kärnten«]

Brief 157
Paul Celan an Klaus Demus, Rochefort-en-Yvelines, 23. 7. 1956

1 Im August 1953 hatte CG erstmals einen Rundbrief an Verlage, Rundfunk- und Zeitschriftenredakteure verschickt, in denen sie PC des Plagiats am Werk ihres Mannes YG beschuldigte.

2 Richard Exner, Yvan Goll – zu seiner deutschen Lyrik, in: German Life and Letters, 1954/55, 252-259; vgl. auch Exners Beitrag

›La Poésie allemande d'Yvan Goll‹ (in: Poètes d'auhourd'hui 50 –
Yvan Goll, Paris 1956, 63-79), den CG übersetzt hatte (vgl. GA,
205f. und 213f.).

3 Im März 1956 wiederholte CG die Verleumdungsaktion, diesmal
anonym und unter Verwendung des angeblich von Georg Maurer
(1907-1971) stammenden Zitats (das dieser später abstritt). Auch
Richard Exner (1929-2008) wurde von ihr immer wieder als
Kronzeuge für die Plagiatsthese angeführt. Curt Hohoff (*1913)
und Hans Egon Holthusen (1913-1997) hatten zudem bereits in
Publikationen versucht, die Nähe von PCs Lyrik zu YG festzustellen (vgl. GA, 206-213).

4 Im April 1956 waren vier Gedichte mit PCs Hilfe übersetzt und
eingeleitet von Jean-Pierre Wilhelm in der Zeitschrift ›Cahiers du
Sud‹ (Nr. 334, 401ff.) erschienen. Darauf hatte die Zeitschrift
einen Brief von N. Bluerse erhalten, in dem PC offen des Plagiats
beschuldigt wird (abgedruckt in GA, 199ff.). Außerdem erschien
im Herbst 1956 die YG-Übertragung ›Pariser Georgika‹ (zweisprachig), die PCs Übersetzungen von YG verpflichtet war (vgl.
GA, 110-151).

5 Der Luchterhand Verlag plante die Herausgabe der Ausgabe:
Yvan Goll, Dichtungen. Lyrik, Prosa, Drama, die 1960 hrsg.
von Claire Goll und mit Nachworten von Helmut Uhlig und
Richard Exner erschien.

Brief 158
Klaus Demus an Paul Celan, [Wien,] 29. 7. 1956
1 Celan verzichtete vorerst auf eine öffentliche Reaktion. Eine
öffentliche ›Entgegnung‹ sollte erst 1960 erscheinen (vgl. Nrn.
245ff.).

2 ›Der Tod‹ und ›Aus scharfen Kräutern‹.

3 PC hatte KD das Buch: G. W. F. Hegel, Ästhetik. Mit einem
einführenden Essay von Georg Lukacs, hrsg. von Friedrich
Bassange (Berlin: Aufbau 1955) geschickt, das die Widmung enthält: »Für Klaus, mit den Grüßen des Herzens Paris, Juni 56
Gisèle und Paul« (›Sammlung Demus‹/Harvard; Katalog Fritsch,
39). Celan besaß das Buch ebenfalls. Er hatte vor allem im 3. Teil
des Buches das 3. Kap. zur ›Poesie‹ gründlich durchgearbeitet
und mit einer Reihe von Anstreichungen versehen. Lektürenotizen dazu finden sich in einem seiner Arbeitshefte (vgl. CPB, 125-
137).

4 Zusatz von ND.

Brief *159*
Paul Celan an Klaus Demus, Rochefort-en-Yveline, 4. 8. 1956.

1 Der Brief an Alfred Andersch vom 27. 7. 1956 lag in Abschrift bei. Darin beschreibt PC die Vorgänge ausführlich (vgl. PN, 153-162; 699-724).

2 PC hatte Hermann Lenz (1913-1998) die Angelegenheit in einem Brief vom 17. 7. 1956 geschildert (vgl. PC/HHL, 53-56 und 189-192). Zu Hermann Kasack (1896-1966) vgl. Nrn. 305ff.

3 Curt Hohoff hatte in seinem Artikel ›Poeta magnus – Wilhelm Lehmann‹ geschrieben: »Heimanns intellektuelle Nüchternheit muß jenen früh auf die Nerven gegangen sein«, und in dem Beitrag ›Flötentöne hinter dem Nichts‹ (beide Texte in: C. H., Geist und Ursprung, München 1954, 52-60 und 232-243; vgl. auch GA, 209-211) heißt es zu PC: »Wenn die Sprache eine innere Wahrheit spiegelt, verdient der Dichter Celan Mitleid. [...] Die Philologie zersplittert an solchen Gedichten wie an jenen Stellen der Mischna, wo die Wissenschaft resigniert.« Beide Formulierungen – zu Heimann und zu ihm selbst – empfand PC als antisemitisch (vgl. auch PC/GCL, 60). In seiner Büchnerpreis-Rede zitiert PC deshalb auch gleich zu Beginn Moritz Heimann (1868-1925), den Schriftsteller und langjährigen Lektor des S. Fischer Verlags (von 1895 bis 1923), mit seinem Wort vom »fahleren Gewitterlicht«, das »tief ins Dunkel des Gedichts hineingefunden haben« muß, »wenn es erglänzen und strahlen soll« (so PC in einem Entwurf; vgl. TCA, Meridian, 60).

4 Daß CG PCs Übersetzung des YG-Gedichts auf Lesungen herumzeigte, dokumentiert ein Brief vom Juni 1951, als sie in Stuttgart YG-Gedichte las und PC mitteilte: »Ich schreibe Dir absichtlich so ausführlich über Schwedhelm, der ein charmanter Mensch und Kenner der Dichtung ist, weil ich ihm dich und Deine Zukunft anvertraut habe und glaube, daß sie gesichert ist. Und das besonders auf die Lesung Deiner Übersetzung von ›Roter Hund meines Todes‹ hier, von der er begeistert war« (vgl. GA, 712f.). Zu ›Todeshund‹ vgl. GA, 67ff.

5 Zu ›Der Tod‹ vgl. KG, 438 u. 917.

6 Jürgen Rausch (1910-1995), Philosoph und Schriftsteller, war damals PCs Lektor bei der DVA. Er veröffentlichte seit 1949 Bücher bei der DVA und arbeitete dort zwischen 1953 und 1958. 1962 wurde er Professor für Philosophie und 1967 erster Rektor der Pädagogischen Hochschule in Bonn. Er stand den Autoren Max Bense (1910-1977) und Ernst Jünger nahe. Auf dem Schutzumschlag seines Romans ›Nachtwanderungen‹ (Stuttgart 1949)

wird Bense mit den Worten zitiert: »Seit Kafka hat niemand die zugleich reale und imaginäre Existenz der Dämonen durch das Mittel der Dichtung so dargestellt und erfaßt wie Jürgen Rausch«. Sein Beitrag ›Ernst Jüngers Optik‹, der zuerst in der Zeitschrift ›Merkur‹ publiziert worden war, erschien 1951 in der DVA als Einzeldruck.

7 Die Beziehung von »Atem« und »Gedicht« spielt für Celans Dichtung eine wichtige Rolle. In der Büchnerpreis-Rede heißt es bei der Frage nach der Dichtung: »Das sind wohl, Büchners Stimme fordert mich zu dieser Vermutung auf, alte und älteste Unheimlichkeiten. Daß ich heute mit solcher Hartnäckigkeit dabei verweile, liegt wohl in der Luft – in der Luft, die wir zu atmen haben« (GW III, 192).

8 Der Besuch fand nicht statt. KD hat Hermann und Hanne Lenz (*1915) nie kennengelernt (vgl. PC/HHL, 91ff.).

9 Gemeint ist die Anthologie ›Flügel der Zeit. Deutsche Gedichte 1900-1950. Auswahl und Nachwort von Curt Hohoff‹ (Frankfurt am Main 1956). Der Band enthält keine Gedichte Celans. Von den Dichtern seiner Generation sind aber IB, Höllerer, Karl Krolow (1915-1999) und Heinz Piontek (1925-2003) vertreten. Auch zwei Gedichte von YG sind darin enthalten.

10 PC schickt KD hier alle Gedichte, die in den letzten anderthalb Jahren entstanden sind, und beginnt nun damit, seine eigenen Gedichte konsequent zu datieren.

11 Dem Brief lagen neben der Abschrift des Andersch-Briefes auch die Tss. und Dss. der Gedichte ›Zuversicht‹, ›Stilleben mit Brief und Uhr‹, ›Unter ein Bild von Vincent van Gogh‹, ›Heimkehr‹, ›Unten‹, ›Heute und Morgen‹ und ›Schliere‹ bei. Auch Teile des ›Stimmen‹-Zyklus lagen wahrscheinlich bei (vgl. Nr. 173/2). Unter den Gedichten hat PC die Datierungen hs. ergänzt bzw. hinzugefügt (vgl. HKA I 5/2, 44f./D 90.178-97/ad AD 1/20).

Brief 160
Klaus Demus an Paul Celan, Wien, 9. 8. 1956

1 Am 8. 8. 1956 hatte KD – ohne es vorher mit PC abzusprechen – einen eingeschriebenen Brief an Andersch geschickt, um »zum Verständnis der unseligen Sache« beizutragen (vgl. GA, 239-242). Der Brief lag dem Schreiben bei.

2 KD hatte in seinem Brief die Gedichte ›Der Tod‹ und ›In Memoriam Paul Éluard‹ mitgeteilt.

3 Vgl. Nr. 60.

Paul Celan an Klaus Demus, Paris, 25. 8. 1956

1 Andersch antwortete PC am 6. 9. 1956 knapp und versprach, mit Eduard Reifferscheid (1899-?), dem Leiter des Luchterhand Verlages, zu reden (GA, 235).

2 Jules Romains (1885-1972; eigentl. Louis Henri Farigoule), französischer Romancier. Seine Rede ›Ansprache am Grabe Yvan Golls‹ wurde abgedruckt in: Das Goldene Tor, 5. Jg., 1950, H. 2, S. 153f.

3 YG wurde auf dem Pariser Friedhof Père Lachaise beigesetzt. PC berichtet hier über YGs Beerdigung, an der auch der surrealistische Dichter Paul Éluard (1895-1952; eigentl. Eugène-Émile-Paul Grindel) teilgenommen hatte. Seit 1927 war Eluard Mitglied der Kommunistischen Partei Frankreichs (KPF), wurde aber 1933 ausgeschlossen. 1938 mußte er auch aus der surrealistischen Gruppe um Breton ausscheiden. Den Zweiten Weltkrieg verbrachte er im Untergrund in Paris und schloß sich der Resistance an, seit 1942 auch wieder Mitglied der KPF.

4 Gemeint ist der tschechische Surrealist Závi Kalandra (1902-1950), ein Überlebender der Shoah wie PC, der 1949 von den Kommunisten erneut festgenommen und im Jahr 1950 in einem stalinistischen Schauprozeß zum Tode verurteilt und hingerichtet worden war. Breton hatte in einem ›Offenen Brief‹ an Éluard – damals einer der herausragendsten intellektuellen Repräsentanten des Kommunismus im Westen – gefordert, dieser möge sich für den in Prag zum Tode verurteilten Dichter einsetzen. Éluard weigerte sich aus ideologischen Gründen, für den Dichter, den er gut kannte, ein Wort einzulegen (vgl. Felstiner, Paul Celan, 101). PCs Gedicht ›In Memoriam Paul Éluard‹ spielt darauf an, und es ist kein Zufall, daß er die Verse nach Éluards Tod am 18. 11. 1952 schrieb.

5 Hinweis auf PCs Ansicht von der »Mitwisserschaft« des Autors beim Gedicht. Am 18. 11. 1954 hatte er an Hans Bender (*1919) geschrieben: »Ich fürchte, es gehört zum Wesen des Gedichts, daß es die Mitwisserschaft dessen, der es ›hervorbringt‹, nur so lange duldet, als es braucht, um zu entstehen ... Denn gelänge es dem Dichter, das freiwerdende Wort zu belauschen, es gleichsam auf frischer Tat zu ertappen, so wäre es damit wahrscheinlich um sein weiteres Dichtertum geschehen: ein solches Erlebnis duldet keinerlei Wiederholung und Nachbarschaft. So ephemer das einzelne Gedicht auch sein mag – und Gedichte *sind*, trotz allem, vergänglich: das ›freigewordene‹ Wort kehrt zuletzt wieder in die

›alte‹ Sprache zurück, wird Sprichwort, Wendung, Klischee –, es erhebt dennoch Anspruch auf Einmaligkeit, lebt und speist sich mitunter auch aus diesem Anspruch, ja dieser Arroganz, glaubt immer, die ganze Sprache zu repräsentieren, der ganzen Wirklichkeit Schach zu bieten … Welch ein Spiel! So ephemer, so königlich auch« (PN, 504f.).

Brief 162
Klaus Demus an Paul Celan, Millstatt, 31. 8. 1956
1 KD schrieb zu diesem Zeitpunkt keinen Brief an CG. Erst im Mai 1961, nach CGs Stellungnahme zur ›Entgegnung‹, schreibt er ihr persönlich (vgl. GA, 611ff.).
2 Griech. deinótaton »das Ungeheuerste«.
3 KD zitiert hier Goethe: »Hätte mich nur das Schicksaal in irgend eine grosse Gegend heissen wohnen, ich wollte mit jedem Morgen Nahrung der Grosheit aus ihr saugen, wie aus meinem lieblichen Thal Geduld und Stille.« (Brief an Charlotte von Stein, Münster, 3. 10. 1779)
4 Aquileia, Stadt in der italienischen Provinz Udine. Zur Zeit des römischen Reiches eine bedeutende Stadt, deren Reste in einem Freigelände und in zwei Museen zu besichtigen sind.

Brief 163
Klaus Demus an Paul Celan und Gisèle Celan-Lestrange, Amsterdam, 9. 9. 1956
[Bildpostkarte: »Amsterdam, Klovenierburgwal met Waag«]

Brief 164
Klaus Demus an Paul Celan, Wien, 11. 10. 1956
1 Zu ›Transit. Lyrikbuch der Jahrhundertmitte‹ vgl. Nr. 155/8. Erschrocken war KD über die merkwürdigen Gegenüberstellungen von Gedichten PCs und YGs (vgl. GA, 212) – z. B. YGs ›Die Nacht ist unsere rauhe Schale‹ und PCs ›Assisi‹ (68f.), YGs ›Sahst du in meiner Lunge den dürren Wald‹ und PCs ›In Gestalt eines Ebers‹ (267f.) oder die ›Todesfuge‹ (177-180) und YGs ›Nie wieder‹ (180). Viele Druckfehler in KDs Texten waren nicht zu ermitteln, nur in ›Mit dünnen Brücken wandern‹ wurde auf S. 250 fälschlich ein Wort eingefügt: »Lang [und] von viel Schmerz«.
2 Daß KD PC hier mit Hofmannsthal vergleicht und sich mit Borchardt, ist eine interessante Konstellation. Zu Celan, Demus, Hofmannsthal und Borchardt vgl. Seng, »Mitsprechende Gedankenwelt«.

3 In KDs Gedicht ›In großen graugehörnten Lüften‹ (SL, 47) findet sich der Vers: »Ins Herrliche gehn neue Himmel«.

Brief 165
Klaus Demus an Paul Celan, [Wien,] 27. 10. 1956

Brief 166
Klaus und Nani Demus an Paul Celan, [Wien,] 20. 11. 1956

Brief 167
Klaus und Nani Demus an Paul Celan, [Wien,] Dezember 1956
1 Den Brief begleitete wohl eine Büchersendung mit: Franz Grillparzer, Studien zur Literatur (hrsg. von Fritz Stein, Wien o. J.) und Hugo von Hofmannsthal, Das Salzburger Große Welttheater (Leipzig 1922); beide mit der Widmung: »Weihnachten 1956 / Klaus und Nani«.
2 Anspielung auf das Gedicht ›Nächtlich geschürzt‹ (vgl. Nr. 85/ 2).

Brief 168
Nani Demus an Gisèle Celan-Lestrange, [Wien,] 19. 3. 1957
1 KD schrieb GCL ebenfalls einen sehr poetischen Geburtstagsbrief am 19. 3. 1957 in französischer Sprache.

Brief 169
Klaus Demus an Paul Celan, Wien, 16. 5. 1957
1 PC kam am 14. 6. 1957 nach Wien. Zuvor hielt er sich zwischen dem 1. und dem 7. 6. in Deutschland auf, wo er bei Hanne und Hermann Lenz in Stuttgart wohnte. Er las in Tübingen (3. 6.) und Stuttgart (4. 6.). Mit GCL und Eric reiste er dann nach Österreich (Bad Gastein) und von dort aus weiter nach Wien, wo er etwa eine Woche blieb, bevor er mit der Familie über Zürich nach Verbier ins Wallis weiterreiste. Der österreichische Maler Arnulf Rainer (vgl. Nr. 112) hatte 1956, zusammen mit anderen österreichischen Künstlern, die Gruppe »Galerie nächst St. Stephan« gegründet, die der Herausgeber der Zeitschrift ›Wort und Wahrheit‹, der Kunstsammler und Mäzen Otto Mauer (1907-1973), leitete. Mauer sammelte für die Galerie etwa 3000 Werke österreichischer Künstler von der klassischen Moderne bis zur informellen Malerei, die sich heute im Wiener Dom- und Diözesanmuseum befinden (Displaced: Wiedemann, 145-153). Zu einer Lesung im Rundfunk kam es nicht. – Siehe Abb. 9a-b.

Brief 170
Klaus Demus an Paul Celan und Gisèle Celan-Lestrange, Wien,
28. 5. 1957
1 Zu einer Lesung in der »Galerie nächst St. Stephan« kam es nicht,
  PC las nur bei KD am Rennweg vor einer kleinen Gruppe von
  Freunden, zu denen G. Bevilacqua und Pillhofer gehörten.
  Allerdings besuchte PC gemeinsam mit KD eine Lesung in Wien.
  Welche, konnte nicht ermittelt werden.
2 In ›Wort und Wahrheit‹ erschienen keine neuen Gedichte PCs.
3 »Ich umarme Sie herzlich, liebe Gisèle«.

Brief 171
Paul Celan an Klaus und Nani Demus, o. O., 30. 5. 1957
1 PC hatte den Brief versehentlich auf den 30. 6. 1957 datiert, was
  von KD hs. korrigiert wurde.
2 PCs Tante Berta Antschel (vgl. Nr. 35) hatte die Familie eingeladen.

Brief 172
Nani Demus an Paul und Eric Celan sowie Gisèle Celan-Lestrange,
[wohl 7. 6. 1957]
[Bildpostkarte: Wien III., Oberes Belvedere]
1 Adressiert war die Postkarte an: »Familie / Paul Celan /
  Badgastein / Haus Imperial«. Die Karte trägt keinen Poststempel,
  die aufgedruckte Briefmarke ist durchgestrichen.

Brief 173
Paul Celan an Klaus und Nani Demus, Bad Gastein, 8. 6. 1957
1 KD hatte sich um ein kleines Zimmer in der Nähe bemüht, aber
  als PC schließlich die Wohnung am Rennweg zum ersten Mal sah,
  wollte er doch mit der Familie bei den Freunden bleiben.
2 Zum ›Stimmen‹-Zyklus vgl. Nr. 159/11. Interessant ist, daß PC
  hier davon spricht, einen Teil der ›Stimmen‹-Gedichte verloren
  zu haben. Vielleicht ist das der Grund dafür, daß er die Arbeit an
  dem Zyklus erst 1957 wieder aufnahm.
3 Wohl bei seiner Lesung in Stuttgart am 4. 6. (vgl. PC/HHL, 7f.);
  über eine Lesung im SDR ist nichts bekannt.

Brief 174
Nani Demus an Paul und Eric Celan sowie Gisèle Celan-Lestrange,
[Wien,] Dienstag früh, 11. 6. 1957
1 Zu der Aufnahme im Rundfunk kam es nicht.

Brief 175
Paul Celan an Klaus und Nani Demus, [Telegramm: Bad Gastein,
11. 6. 1957]

Brief 176
Paul Celan an Klaus und Nani Demus, Wien, 14. 6. 1957
1 PC hatte die Gedichthandschrift seinen Freunden in Wien
geschenkt (vgl. dazu Barbara Wiedemann, ›Sprachgitter‹. Paul
Celan und das Sprechgitter des Pfullinger Klosters, Marbach
a. N. 2008).

Brief 177
Klaus Demus an Paul Celan und Gisèle Celan-Lestrange, Wien,
5. 7. 1957
1 Günther Neske (1913-1997) hatte bereits am 9. 6. 1957 eine Bildpostkarte an PC nach Wien in den Rennweg gesandt, die das
ehemalige Klarissen-Kloster in Pfullingen mit dem Sprechgitter
zeigt, in dem der Verlag untergebracht war (ein Foto davon befindet sich auf der hinteren Umschlagseite der Broschüre ›Zehn
Jahre Neske Verlag‹, Pfullingen 1962; vgl. auch den Umschlag
von Wiedemann 2008; dort auch Faksimile der Karte von Neske,
S. 2). PC hatte mit Neske Gespräche aufgenommen, weil er
überlegte, seinen neuen Gedichtband im Verlag von Heidegger,
Jünger, Hans Mayer (1907-2001) und Walter Jens zu publizieren.
Auch für den Gedichtband seines Freundes setzte er sich bei
Neske ein. KDs Gedichtbände erschienen aber erst zwischen
1969 und 1994 im Neske Verlag. Anfang Juli hatte KD das Ms.
seines Gedichtbuches an Neske geschickt (vgl. Nr. 182/1).
2 Gotthold Ephraim Lessing, Gesammelte Werke, hrsg. von Ludwig Krähe, Waldemar Olshausen, Moriz Heimann, Julius Zeitler,
Leipzig o. J. (Tempel-Klassiker).
3 Gemeint ist das Buch: Die grossen Trobadors. Deutsch von Rudolf Borchardt (München: Verlag der Bremer Presse 1924). PC
erhielt den Band mit Widmung zu »Weihnachten 1957«.
4 Die Notiz PCs findet sich – wie die Mitteilung von ND – auf der
Rückseite des Blattes. Worum es sich bei dem Notat handelt
(Vers, Übersetzung, Lektürenotiz?), konnte nicht ermittelt werden.
5 Dem Brief lag ein von ND versehentlich geöffnetes Schreiben
Neskes an PC bei, das dieser am 16. 7. 1957 erhielt und auf das
er noch am gleichen Tag antwortete (vgl. Nr. 182).

Brief 178
Paul Celan an Klaus und Nani Demus, Paris, 16. 7. 1957.

1 KD hatte den Band ›Tauernreise‹ (Salzburg: Otto Müller Verlag 1938) von Otto Reicher (1887-1963), den er sehr schätzte, PC zur Lektüre gegeben. Der Text war 1927 erstmals im letzten Heft von Hofmannsthals ›Neuen Deutschen Beiträgen‹ abgedruckt worden (2. Jg., H. 3, 111-133). KD hatte Reicher im Zusammenhang mit seiner Arbeit in der Österreichischen Galerie kennengelernt und blieb mit ihm in brieflicher Verbindung. Reicher, der von 1954 bis 1963 Honorarprofessor für Museumskunde am Institut für Kunstgeschichte der Universität Graz war, schätzte KDs Gedichte.

2 Am 14. 7. 1957 hatte PC – wie die Datierung in seiner Jean-Paul-Ausgabe belegt (Jean Paul's Werke, 60 Theile, Berlin: Hempel, o. J.) – die Lektüre der Erzählung ›Das Kampaner Thal oder über die Unsterblichkeit der Seele‹ abgeschlossen und dabei u. a. die Stelle angestrichen: »Als wir uns aus der wetterleuchtenden Demant- und Zaubergrube in die verdickte Nacht begaben: so sahen wir den Mantel des Erebus in schweren nassen Falten niederhängen, und dünne Blitze quollen aus dem nächtlichen Dunst, die Blumen rauchten aus zugedeckten Kelchen, und unter dem tiefer einsinkenden Gewitter schlugen die Nachtigallen lauter, gleichsam als lebendige Gewitterstürmer, hinter blühenden Sprachgittern«. Das Zitat schrieb sich Celan auch in sein Notizbuch und benutzte es, wie eine andere Passage aus dem ›Kampaner Thal‹, für die Materialien zum ›Meridian‹ sowie als Motto für das Gedicht ›Wolfsbohne‹ (KG, 455). Zu PCs Jean Paul-Rezeption vgl. Seng, Von blühenden Sprachgittern, 157-161.

3 Gemeint sind die Gedichte ›Schneebett‹ und ›Jakobsstimme‹. Während sich zu ›Schneebett‹ nur ein späteres Ts. in der ›Sammlung Klaus Demus‹ (DLA) findet (vgl. Nr. 189/2), ist zu ›Jakobsstimme‹ ein hs. Blatt mit zwei Entwürfen vorhanden (HKA I 5/2, H17, 73f.).

4 Alexander Auer (1915-?) war Präsident des Österreichischen College in Wien, das u. a. die Sommerkurse in Alpbach/Tirol veranstaltete, und engagierte sich im ›Institut zur Förderung der Künste in Österreich‹. Auer hatte schon im Oktober (31. 10. 1956) im Zusammenhang mit der Zeitschrift ›alpha‹ Kontakt mit PC aufgenommen. Für den Band ›Continuum. Zur Kunst Österreichs in der Mitte des 20. Jahrhunderts‹ (hrsg. vom Institut zur Förderung der Künste in Österreich, Wien: Brüder Rosenbaum 1957), in dem das Gedicht ›Regen, abends‹ (164-166) von KD abgedruckt war, hatte er die Gesamtredaktion inne.

1 Der Name »phoenician sailor« ist eine Anspielung auf ›The
   Waste Land / Das wüste Land‹ von T. S. Eliot (1888-1965), wo
   gleich im ersten Abschnitt ›Das Begräbnis der Toten‹ die
   »berühmte Seherin« Madame Sesostris mit blinden Tarockkarten
   spielt, von denen die erste, die sie dem Gegenüber gibt, den
   »ertrunkenen phönizischen Seemann« zeigt, dessen Augenlicht
   sich in Perlen verwandelt hat: »Is your card, the drowned
   Phoenician Sailor, / (Those are pearls that were his eyes. Look!)«
   (V. 47f.). PC hat den Begriff des »beau ténébreux«, der in der
   französischen und spanischen Literatur bekannt ist, gern zitierte
   und für sich in Anspruch genommen. Er beschreibt oft einen
   jungen, edlen, schöngeistigen Menschen, dem das Glück, das er
   sieht, immer versagt bleibt (z. B. Don Quijote). Das Gedicht ›El
   Desdichado‹ von Gérard de Nerval (1808-1855), das Celan 1957
   übersetzt, beginnt mit »Je suis le ténébreux, – le veuf, –
   l'inconsolé« (»Ich bin der Immerdüstre, der Witwer trostverwaist«) und beschreibt einen »beau ténébreux«, einen Bewohner
   ständiger Finsternis, der zum Unglück, zu einer Nacht ohne
   Sterne und zum Tod verdammt ist.
2 Schillers sämtliche Werke in 13 Bdn. (mit Ergänzungsband), hrsg.
   von Fritz und Walter, Leipzig o. J. (Tempel-Klassiker).
3 GCL und PC bezogen am 19. 11. 1957 ihre erste eigene Wohnung:
   78, Rue de Longchamp, 16ᵉ.
4 Wahrscheinlich das Buch: Martin Buber, Der heilige Weg. Ein
   Wort an die Juden und an die Völker (Frankfurt am Main
   1919), das Buber »Dem Freunde Gustav Landauer aufs Grab«
   gewidmet hatte und in das PC die Datierung »4. 8. 57« eintrug. In
   Wien hatte sich PC bereits die beiden Bücher ›Die Rede, die Lehre
   und das Lied. Drei Beispiele‹ (Leipzig 1917) und ›Ereignisse und
   Begegnungen‹ (Leipzig 1917) gekauft, beide auf dem Vorsatz mit
   dem Eintrag »Wien, Juni 1957« versehen und mit dem Lektüre-
   datum »25. 6. 57« auf der letzten Seite. Bei dem Gomperz handelt
   es sich um: Theodor Gomperz, Griechische Denker. Die Geschichte der antiken Philosophie, 3 Bde. (Leipzig und Berlin,
   div. Aufl.).
5 KD bezieht sich dabei auf den 1957 erschienenen, von Marie
   Luise Borchardt und Herbert Steiner hrsg. Band ›Gedichte‹
   (Stuttgart 1957) innerhalb der Gesammelten Werke in Einzelbänden, in dem es eine mit ›Späte Gedichte‹ überschriebene

Abteilung gibt. Evtl. schrieb KD den Jambus ›Urlaub‹ ab, den Werner Vordtriede in seinem Essay ›Über Rudolf Borchardt‹ (Akzente, 1. Jg., 1954, H. 5, 475-483) exemplarisch hervorhob, vielleicht auch das Gedicht ›Tiefe Nacht‹.

6 GCL hatte einen Fotoapparat mit nach Wien gebracht, mit dem sie Fotos von einem gemeinsamen Besuch mit PC in Rodaun, von Hofmannsthals Wohnhaus und seinem Grab auf dem Kalksburger Friedhof anfertigte. Ein Foto, das PC und KD vor dem Hofmannsthal-Schlößl zeigt, schickte PC nicht an KD, mit der Begründung, die Freunde seien dieses Hintergrunds nicht würdig. Die Fotos schickte PC auch an Hanne und Hermann Lenz (»Dann kam Wien, das schöne (und heiße), zehn Tage [...]. Wir waren schon am zweiten Tag draußen in Rodaun: hier sind drei Photos, aufgenommen in Gedanken an Euch«; Brief vom 15. 7. 1957, in: PC/HHL, 87).

7 Aus der Erzählung ›Der Wolkenfürst und der Urnebel‹ des taoistischen Philosophen und Dichters Dschuang Dsi (365-290 v. Chr). KD zitiert hier die Übersetzung von Richard Wilhelm (›Das wahre Buch vom südlichen Blütenland‹, Jena 1912). Auch Martin Buber übertrug unter dem Titel ›Reden und Gleichnisse‹ (Leipzig 1910) eine kleine Auswahl der Texte des Dschuang Dsi und erwähnte in seinem Vorwort, daß das Büchlein zu Hofmannsthals Lieblingsbüchern zählte.

8 Hinweis auf ein im Entstehen begriffenes Gedicht. Die angeführten Worte gehören zu KDs poetischem Vokabular und erinnern an das PC und GCL gewidmete Gedicht ›Mit dünnen Brücken wandern‹, in dem von Gipfeln »blinden Bergwerks«, »Schneeläufen« und »Morgenräumen« die Rede ist.

Brief 180
Paul Celan an Klaus Demus, [Paris,] 3. 8. 1957.

1 Alfred Kelletat (1916-1995), Literaturwissenschaftler, von 1950 bis 1955 Leiter des Hölderlin-Archivs der Württembergischen Landesbibliothek in Bebenhausen bei Tübingen. Seit 1957 lehrte er an verschiedenen Hochschulen in Berlin. PC traf ihn 1967 während seines Berlin-Aufenthalts.

2 Zwischen dem 29. und dem 31. 7. 1957 entstand die Übersetzung von Arthur Rimbauds ›Bateau ivre‹ (vgl. Rimbaud, Le Bateau ivre/Das trunkene Schiff, übertr. von Paul Celan, Frankfurt am Main und Leipzig 2008).

3 In einem Brief an Andersch vom 13. 10. 1956 hatte Exner Stellung zu den Vorwürfen bezogen, die PC und KD gegen ihn erhoben

hatten. Er bat Andersch, den Inhalt dieses Briefes PC mitzuteilen (vgl. GA, 244ff.).

4 Dem Brief lag das erste Ts. von ›Das trunkene Schiff‹ bei.

Brief 181
Gisèle Celan-Lestrange an Nani und Klaus Demus, Rochefort-en-Yvelines, [August 1957]

1 Was GCL hier anmerkt, hatte sie aus erster Hand, denn mit dem Zeichen »- i -« (für idée) markierte PC Ideen, Wörter, Formulierungen, manchmal auch Aphorismen oder Gedichte, die ihm während der Lektüre auffielen und von denen er glaubte, sie könnten einmal für seine eigenen Dichtungen relevant werden. Es wird für ihn ein »Zeichen der Inspiration oder eines in Entstehung begriffenen Textes« (PC/GCL II, 78).

2 Jean Bazaine, Notizen zur Malerei der Gegenwart [Notes sur la peinture d'aujourd'hui]. Deutsch von Paul Celan, Frankfurt am Main 1959. Der Verlagsvertrag war am 31. 7. 1957 unterschrieben worden. Am 15. 11. 1957 traf der frz. Maler Jean Bazaine (1904-2001), Vertreter des ›Art informel‹, in Paris mit PC zusammen.

3 Im Mai 1957 hatte PC, nach einem Gespräch mit Schwerin vom S. Fischer Verlag in Paris, angeboten, die beiden Stücke ›Das Bad‹ und ›Die Wanze‹ von Wladimir Majakowskij (1893-1930) neu zu übersetzen. Das Stück ›Die Wanze‹ hatte er bereits für ein französisches Theater adaptiert. PC hielt sich die Möglichkeit offen, lehnte dann aber, nach einem Vergleich mit der Übersetzung von Alfred Edgar Thoss, eine Neuübertragung ab (vgl. PC/RH, 220f.).

4 Bei dem Gespräch im Mai 1957 hatte Schwerin mit PC über die geplante Ausgabe mit Gedichten von René Char gesprochen. 1959 erschien der Band: R. C., Poésies / Dichtungen. Vorwort von Albert Camus, hrsg. von Jean-Pierre Wilhelm unter Mitarbeit von Christoph Schwerin. Ins Deutsche übers. von Paul Celan, Johannes Hübner, Lothar Klünner und Jean-Pierre Wilhelm (Frankfurt am Main 1959).

5 Im Juli 1957 hatte der Insel-Verlag bei PC angefragt, ob er für eine geplante Valéry-Ausgabe einige Texte übernehmen wolle. PC beteiligte sich schließlich nicht, bekundete aber Interesse an den theoretischen Schriften Paul Valérys (1871-1945). Zu Celan und Valéry vgl. FN, 274 und Harbusch, Gegenübersetzungen, 293-448.

6 Im Frühjahrsheft der Zeitschrift ›Botteghe Oscure‹, Rom (19. Jg., Frühjahr 1957, 455-459) waren die Gedichte ›Meerstern‹, ›Vorüber zieht im Himmel‹ und ›Traum von Gipfelkalmen‹ erschienen (vgl. Nr. 190/3).

Brief 182
Klaus Demus an Paul Celan, Wien, 7. 8. 1957
1 PC setzte sich bei verschiedenen Verlagen für eine Publikation
der Gedichte seines Freundes ein. So wandte er sich an Neske
(vgl. Nr. 177/1) und hatte auch Anfang 1957 mit dem Verlagslektor Otto F. Best (*1929), Kiepenheuer & Witsch, der eigentlich
wegen Gedichten und Übersetzungen von PC nach Paris gekommen war, über KDs Gedichte gesprochen, deren Publikation er in
Aussicht stellte. Auch im Piper-Verlag hatte PC für KDs Gedichte
geworben (vgl. Nr. 185f.).
2 KD hat den Absatz mit einer großen Klammer am Rand
hervorgehoben.

Brief 183
Klaus Demus an Paul Celan, Stockholm, 14. 8. 1957
[Bildpostkarte: »Stockholm. Molins fontän och Jakobs Kyrka«]

Brief 184
Klaus Demus an Gisèle Celan-Lestrange, Stockholm, 14. 8. 1957
[Bildpostkarte: »Stockholm – Utsikt fran Stadshusets torn i kvälls-
belysning«]
1 Die Karte ging zuerst nach Rochefort-en-Yvelines und wurde
von dort nach Paris nachgesandt.

Brief 185
Klaus Demus an Paul Celan, Wien, 30. 8. 1957
1 KDs erster Gedichtband SL wurde im Herbst 1958 bei S. Fischer
publiziert. In der Zeitschrift ›Die neue Rundschau‹ (69. Jg., 1958,
H. 1, 82-88) erschienen vorab die Demus-Gedichte: ›An den
weißen Blättern gemessen‹, ›O Herz des Lichts‹ und ›Der Pol
des Jahres‹. Vgl. Nr. 182/1.
2 Gerhard Mauz (1925-2003), später berühmter Justiz-Reporter
bei den Zeitungen ›Die Welt‹ und ›Der Spiegel‹, arbeitete damals
im Lektorat des S. Fischer Verlags.
3 SG, PCs dritter Gedichtband (mit SU der vierte), erschien im
Frühjahr 1959 bei S. Fischer.
4 Best arbeitete damals als Verlagslektor. Für den S. Fischer Verlag
gab er in der Reihe ›Schulausgaben moderner Autoren‹ den Band
›Deutsche Lyrik und Prosa nach 1945‹ (Auswahl u. Nachwort
von Otto F. Best, Frankfurt am Main 1957) heraus, in dem auch
KD (›Schiffshimmel‹, 18) und PC (›Todesfuge‹, 9f.) vertreten
waren.

5 E. M. Cioran, Lehre vom Zerfall. Essays. Übertragen von Paul Celan, Hamburg: Rowohlt 1953 (vgl. Nrn. 75, 77 und 106).

Brief 186
Paul Celan an Klaus und Nani Demus, [Paris,] 17. 9. 1957
[Bildpostkarte: »Paul Klee: Reicher Hafen«]
1 PC hatte sich am 16. 8. in einem Brief an den Piper-Lektor Gert Woerner für KDs Gedichte stark gemacht: »Darf ich Sie jedoch bei dieser Gelegenheit auf den im Ms. vorliegenden Gedichtband eines jungen österreichischen Lyrikers aufmerksam machen, dessen Aussage, wie kaum eine andere seiner und meiner Generation, das Gepräge des Dichterischen trägt. Es ist, hymnisch und herb, die Sprache dessen, der diese Erde, ein letztes Mal vielleicht, als Stern schaut, mit wortnahem Auge und ohne Zugeständnisse an die Eitelkeiten des Ich. Ich spreche von Klaus Demus« (D 90.1.1938). Piper war auch der Verlag, in dem IBs Gedichte erschienen, die sich ebenfalls für KD einsetzte.

Brief 187
Klaus und Nani Demus an Paul Celan und Gisèle Celan-Lestrange, Millstatt, 21. 9. 1957
1 Die in Mailand erscheinende Zeitschrift ›Il Verri. Rivista di Letteratura‹ war eine Publikation der sogenannten »Neo-Avantgarde«. In ihr veröffentlichten Autoren wie Umberto Eco (*1932) und Germano Lombardi (1925-1991). Zwei Gedichte von KD, ›Tempo torbido‹ und ›Grande è la raggiante stella notturna‹, erschienen übersetzt in Heft 4 des Jahrgangs 1957 (91f.).

Brief 188
Nani Demus an Paul Celan und Gisèle Celan-Lestrange, 22. 10. 1957
1 Der Umzug der Familie Celan in die Rue de Longchamp im 16. Pariser Bezirk fand erst am 19. 11. statt.

Brief 189
Paul Celan an Klaus und Nani Demus, Paris, 12. 11. 1957
1 Zwischen dem 2. und 11. 12. hielt sich PC in Deutschland auf. Er las in Stuttgart (4. 12. im SDR) und in Tübingen (6. 12.). Vom 7. bis zum 9. 12. besuchte er IB in München, die er im Oktober 1957 in Wuppertal bei einer Tagung des ›Bund‹ wiedergesehen hatte (vgl. IB/PC, 57ff. und 274ff.). Vom 9. bis zum 11. 12. führte er in Frankfurt Gespräche bei S. Fischer und Suhrkamp.

2 Im Spätsommer und Herbst 1957 waren die Gedichte ›Schnee-
bett‹, ›Matière de Bretagne‹, ›Windgerecht‹, ›Nacht‹, ›Köln, Am
Hof‹, ›In Mundhöhe‹ und ›Allerseelen‹ entstanden, die PC seinen
Wiener Freunden in der genannten Reihenfolge wohl zu Weihnachten 1957 in hs. numerierten Tss. (vgl. Nr. 195) schickte. Das
Gedicht ›Jakobsstimme‹ hatte KD bereits früher in einem
doppelten hs. Entwurf erhalten (vgl. Nr. 178/3). Das Gedicht
›Schuttkahn‹, das PC auf den 6. 10. datiert, fehlt in der ›Sammlung
Klaus Demus‹ (DLA). Hier spricht PC von den Gedichten, die seit
der Wiederbegegnung mit IB geschrieben wurden (ab ›Köln, Am
Hof‹).
3 PCs Rimbaud-Übertragung ›Das trunkene Schiff‹ erschien zuerst
im Frühjahrsheft 1958 der Zeitschrift ›Botteghe Oscure‹
(Quaderno XXI, 375-378). IB und PC besorgten die deutsche
Textauswahl, die jeweils nur in den Frühjahrsheften vertreten
war, seit 1958 gemeinsam. IB war mit Marguerite Caetani
(1880-1963), der Herausgeberin der in Rom zwischen 1949 und
1960 halbjährlich erscheinenden Kulturzeitschrift, befreundet
und hatte den Kontakt zu PC hergestellt. In der Zeitschrift erschienen unveröffentlichte Texte von Dichterinnen und Dichtern
aus aller Welt in amerikanischer, deutscher, englischer, französischer, italienischer und spanischer Sprache.

Brief 190
Klaus und Nani Demus an Paul Celan, [Wien,] November 1957
1 KD zitiert zwei Strophen von Friedrich Hölderlins Gedicht ›Gott
der Jugend‹.

Brief 191
Klaus Demus an Paul Celan, [Wien,] 19. 11. 1957
1 Solstitien sind die Sonnenwenden, die im Lauf des Sonnenjahres
nur zweimal erreicht werden (Sommer- oder Wintersonnen-
wende).
2 Zu Alexander Auer vgl. Nrn. 178/4 und 210/4.
3 KD erhielt kein Stipendium für Paris, vgl. Nr. 197.

Brief 192
Paul Celan an Klaus und Nani Demus, Paris, 25. 11. 1957
1 Ein Buch, das PC zum Geburtstag im November 1957 von KD
erhielt, war: Georg Simmel, Goethe, Leipzig 1923, mit der
Widmung: »Wien, Nov. 1957 / Herzlichst, lieber Paul, in Liebe. /
Klaus Nani«.

Brief 193
Paul Celan und Ingeborg Bachmann an Klaus und Nani Demus,
München, 9. 12. 1957
1 Zu PCs Reise nach Deutschland und seiner Lesung in Tübingen
vgl. Nr. 189. PC hatte in Wuppertal an einer Tagung zum Thema
›Literaturkritik – kritisch betrachtet‹ teilgenommen, die der
»Bund«, eine literarische Gesellschaft, vom 11. bis zum 13. 10.
1957 veranstaltet hatte. PC traf dort u. a. mit Peter Huchel (1903-
1981), Walter Jens, Hans Mayer und IB zusammen (vgl. dazu: PN,
106ff. u. 530-537, sowie Uwe Eckardt, Paul Celan [1920-1970]
und der Wuppertaler ›Bund‹, in: Geschichte im Wuppertal, 4. Jg.,
1995, 90-100).
2 Anspielung auf die Gedichte ›Corona‹ aus MG und ›Köln, Am
Hof‹ aus SG.

Brief 194
Klaus Demus an Paul Celan und Gisèle Celan-Lestrange (Bildpost-
karte: »Halmstad. Millesfontänen«), Halmstad, 17. 12. 1957
1 Anspielung auf Johann Georg Hamann (1730-1788), den
Königsberger Philosophen und Schriftsteller, Freund und Widersacher Immanuel Kants (1724-1804), dessen vernunfts- und
kulturseliger Aufklärung er ein auf dem Grund der Bibel fu-
ßendes erneuertes Christentum entgegenstellte. Wegen seines
dunkel-prophetischen, schwer verständlichen und orakelhaften
Stils erhielt er schon zu Lebzeiten den Namen »Magus im Nord-
en«.

Brief 195
Klaus Demus an Paul Celan und Gisèle Celan-Lestrange, Wien,
1. 1. 1958
1 KD hatte von PC am 13. 12. 1957 die Dss. zur Satzvorlage jener
Gedichte erhalten, die er auch an Höllerer für eine Publikation in
Heft 1/1958 der Zeitschrift ›Akzente‹ (5. Jg., 18-24) geschickt
hatte (TbPC; Hinweis Bertrand Badiou). Vgl. Nr. 189.
2 Die Erzählungen aus den Tausendundein Nächten. Vollständige
deutsche Ausgabe. Zum ersten Mal nach dem arabischen Urtext
der Calcuttaer Ausgabe aus dem Jahre 1830 übertragen von Enno
Littmann. Eingeleitet von Hugo von Hofmannsthal, 6 Bde.,
Leipzig 1921-1928.

Brief 196
Paul Celan an Klaus Demus, [Paris,] 4. 1. 1958.

1 Josef Bernfeld war u. a. Übersetzer ins Ost-Jiddische (Glikl Hamil, Zikhroynes, trans. into Yiddish by Joseph Bernfeld, Buenos Aires 1967). Für die Ausgabe: Nelly Sachs, Gedichte (Zürich: Coron-Verlag 1966) verfaßte er einen einleitenden Text zu ›Leben und Werk‹ (25-36) und wird dort als »Professor für Literatur an der Universität Tchyrnowitz« vorgestellt. Er war aber nicht Professor in Czernowitz, sondern arbeitete wohl für das Yivo (= Yidischer Visnshaftlekher Institut) in Paris.

2 Der hs. Zusatz steht auf einem eigenen Blatt, das wahrscheinlich dem Brief vom 4. 1. beigefügt war. Da die Zeilen undatiert und nicht unterschrieben sind, kann man davon ausgehen, daß PC sie nicht allein mit separater Post schickte. IB hatte PC am 27. 12. 1957 mitgeteilt: »Aus Wien (!) habe ich überraschend einen Anruf bekommen, ich soll in zwei Wochen dort lesen. Ich habe zugesagt, fahre aber in Ängsten hin, nur für 1, 2 Tage. Am liebsten möchte ich's rückgängig machen. Bitte begleit mich in Gedanken, damit das Häßliche dort mich nicht berühren kann! Unsre Zeit dort ist mein einziger Schutz«. Celan antwortete am 2. 1. 1958: »Du fährst nach Wien, mein Herz begleitet Dich, sei ohne Sorge – Geh zu Nani und Klaus« (vgl. IB/PC, 79 f.).

Brief 197
Klaus Demus an Paul Celan, Wien, 20. 1. 1958

1 PC hatte die offizielle Nachricht, daß ihm der Bremer Literatur-preis zugesprochen worden war, bereits am 10. 12. 1957 erhalten. Die Presse meldete die Entscheidung aber erst im Januar 1958. Im Jahr 1958 fiel die Preisverleihung an PC mit dem 80. Geburtstag von Rudolf Alexander Schröder (1878-1962) am 26. 1. zusam-men. Der Preis wurde seit 1954 vergeben, Preisträgerin des Vor-jahres war IB (gemeinsam mit Gerd Oelschlegel) gewesen.

2 KD traf erstmals mit dem Verlegerehepaar Gottfried (1897-1995) und Brigitte Bermann Fischer (1905-1991) zusammen.

3 Rudolf Hirsch, Kunsthistoriker, Verleger, Gelehrter. In den 30er Jahren mit Mutter und Bruder nach Amsterdam emigriert, wo er bereits Kontakte zu den deutschen Exilverlagen Querido und Allert de Lange knüpfte. Nach dem deutschen Einmarsch mußte er als Jude untertauchen und überlebte im Versteck. Nach dem Krieg zuerst Lektor des Verlags Bermann-Fischer/Querido, dann von 1950 bis 1962 Cheflektor und Geschäftsführer des S. Fischer Verlags, zwischen 1948 und 1962 Herausgeber der Zeitschrift

›Die neue Rundschau‹. PC war mit Hirsch schon lange im Gespräch und bereitete gerade den Verlagswechsel zu S. Fischer vor. Hirsch saß auch in der Jury des Bremer Literaturpreises und hatte sich bereits seit 1954/55 für PC als Preisträger eingesetzt, war jedoch am Widerstand Schröders gescheitert (vgl. PC/RH, 343-374). Mit KD traf er zwischen dem 8. und dem 10. 1. in Wien zusammen, um über den Gedichtband zu sprechen. KD schrieb ihm am 16. 1. 1958: »Mit Ihnen durfte ich noch einem Menschen aus der großen Zeit, der Zeit Hofmannsthals begegnen, für die ich – wie oft bedauere ich dies – zu spät geboren bin. Es wäre nicht auszudenken, wie gut es meinem armseligen, ungeleiteten Entwicklungsgang getan hätte, wenn es in Wien für mich jemanden wie Sie gegeben hätte, einen freundlichen Lehrer des großen Maßstabs und des Sittlichen im Geistigen« (›Sammlung Demus‹ / Harvard; Katalog Klaus Demus, Entgegnung für Paul Celan. Briefwechsel mit Rudolf Hirsch, Georg Fritsch Antiquariat). Obwohl nur ein Gedichtband bei S. Fischer erschien, hielt der Kontakt bis zuletzt. Hirsch schätzte KDs Lyrik sehr. Am 14. 12. 1994 schrieb er KD: »Sie sind der einzige unter denen, die ich kenne, der die Poesie als solche weiter trägt, und das ist tröstlich, wo überall Verrat am Dichterischen um sich greift« (ebd.).

4 »O morgendliche Nacht«, heißt es am Ende des Gedichts ›Des Abendlandes Nacht‹ (SL, 41). Den Titel ›Die Morgennacht‹ verwendete KD erst für seinen nächsten Gedichtband, der 1969 bei Neske erschien.

5 Die Übertragung »Die Cydalisen« von Gérard de Nerval erschien erstmals 1958 in der ›Anthologie der französischen Dichtung von Nerval bis zur Gegenwart‹ (hrsg. von Flora Klee-Palyi, Wiesbaden 1958, 17). Hirsch publizierte sie ebenfalls in der ›Neuen Rundschau‹ (69. Jg., 1958, H. 1, 119). In diesem Heft erschienen auch sechs Jessenin-Übertragungen PCs (31-35), die ›Bremer Rede‹ (117f.) sowie Erhart Kästners ›Rede für Paul Celan‹ (110-116). An einem Projekt mit dem Titel ›Französische Anthologie‹ arbeitete PC seit 1955. Wie aus einem Brief von Flora Klee-Palyi (1897-1961) hervorgeht, wollte sich PC dem Vorhaben im November 1957 wieder widmen, was allerdings nicht geschah.

6 Der Band SG erschien im März 1959 bei S. Fischer. Bereits bei seinem Deutschland-Besuch im Juni 1958 hatte PC in Frankfurt am Main (19. 6.) mit Hirsch über den Verlagsvertrag gesprochen. PC erhielt ihn erst am 18. 12. 1958 und unterzeichnete ihn am 25. 12. in Paris.

Brief 198
Klaus Demus an Paul Celan und Gisèle Celan-Lestrange, [Wien,]
3. 3. 1958
1 Anspielung auf den griech. Redner Demosthenes (384-322 v. Chr.), dessen sogenannte Kranzreden als Meisterwerke der antiken Rhetorik gelten.
2 Anfang Februar 1958 hatte PC in nur wenigen Tagen das Poem ›Die Zwölf‹ von Alexander Block (1880-1921) ins Deutsche übersetzt. Das Buch erschien im Herbst 1958 im S. Fischer Verlag. PC hatte den Freunden das Ts. (26 Bl. Durchschl. mit hs. Korr.) mit Widmung und Datierung auf den 17. 2. 1958 zugeschickt (›Sammlung Klaus Demus‹, DLA). Ein Begleitbrief dazu hat sich nicht erhalten.
3 Griech. theorein »schauen«.
4 Bei dem Geschenk handelte es sich nach Mitteilung von ND um: Hermann Broch, Briefe von 1929 bis 1951, hrsg. und eingeleitet von Robert Pick, Zürich 1957. Außerdem erhielt ND Dss. der Jessenin-Übersetzungen ›Sechs Gedichte‹, die für die ›Neue Rundschau‹ bestimmt waren (vgl. Nr. 197/5) mit einer Widmung PCs vom 27. 2. 1958 (›Sammlung Klaus Demus‹, DLA).

Brief 199
Klaus Demus an Paul Celan und Gisèle Celan-Lestrange, [Wien,]
20. 4. 1958
1 Gemeint ist hier das ›Akzente‹-Heft (1/1958) mit den Gedichten ›Schneebett‹, ›Windgerecht‹, ›Matière de Bretagne‹, ›Nacht‹, ›Köln, Am Hof‹, ›Allerseelen‹ und ›In Mundhöhe‹, die KD und ND mit der Widmung (auf S. 18) erhalten: »Für Nani und Klaus mit herzlichen Grüßen Paul« (›Sammlung Demus‹ / Harvard; Katalog Fritsch, 20). Die Worte »zeittief«, »herznah« und »mundgerecht« sind Anspielungen auf die Gedichte ›Schneebett‹ und ›Mundgerecht‹.
2 KD zitiert zwei Verse aus der vorläufigen Schlußszene von Goethes Fragment gebliebener ›Nausikaa‹-Dichtung, die während des Sizilienaufenthalts im Frühjahr 1787 entstanden war.

Brief 200
Klaus und Nani Demus an Paul Celan und Gisèle Celan-Lestrange,
Segesta, 2. 5. 1958
[Bildpostkarte: »Segesta – Dintorni del Tempio«]

Brief 201
Klaus und Nani Demus an Paul Celan und Gisèle Celan-Lestrange,
Catania, 9. 5. 1958
[Bildpostkarte: »Etna – Cratere centrale«]

Brief 202
Klaus und Nani Demus an Paul Celan und Gisèle Celan-Lestrange,
Pästum, 12. 5. 1958
[Bildpostkarte: »Paestum – Tempio di Nettuno – Fronte«]
1 Die Inschrift auf der Grabstele ist von KD falsch zitiert. Sie ergibt
   in dieser Form keinen Sinn und konnte nicht nachgewiesen
   werden.
2 KD spielt hier auf Goethes Gedicht ›Ein Gleiches‹ an, das mit den
   Versen endet: »Warte nur! Balde / Ruhest du auch.«

Brief 203
Paul Celan an Klaus Demus, [Radiogramm, Paris, 12. 5. 1958]

Brief 204
Klaus Demus an Paul Celan, Wien, 23. 5. 58
1 Am 13. 5. 1958 hatten in Algier die französischen Streitkräfte
   unter General Jacques Massu (1908-2002) gegen die Zentralregie-
   rung in Paris geputscht. Frankreich stand am Rande eines Bürger-
   krieges, so daß am 17. 5. für drei Monate der Notstand verkündet
   worden war. Die letzte Regierung der Vierten Republik unter
   Pierre Pflimlin (1907-2000) mußte schließlich zurücktreten, und
   General Charles de Gaulle (1890-1970) wurde am 1. 6. zum Re-
   gierungschef berufen. Anfang Juni reiste de Gaulle bereits nach
   Algerien, wenige Wochen später trat er auf der Konferenz in
   Tunis für eine friedliche Beilegung des Algerien-Konfliktes ein.
2 KD hatte, gemeinsam mit Günter Grass (*1927), Rainer Bram-
   bach (1917-1983), Gerhard Neumann (*1928) u. a., den Preis des
   ›Literarischen Förderungswerkes‹ des Kulturkreises im Bundesverband der deutschen Industrie erhalten. Die Verleihung fand
   zwischen dem 8. und dem 10. 9. 1958 in Trier statt, von wo aus es
   mit einem Sonderzug nach Reims ging, wo im Rathaus ein Empfang zu Ehren des Kulturkreises gegeben wurde. Zur Preisverleihung in der Trierer St. Irminen-Kirche sagte Hermann Reusch:
   »Von Klaus Demus haben die wenigen in Zeitschriften und Anthologien verstreuten Gedichte genügt, uns zu überzeugen, daß
   sein schon jetzt unverwechselbares Talent eine besondere Förderung verdient« (vgl. trier '58, hrsg. vom Kulturkreis im BDI, 17;

auch in der Publikation ›ars viva trier '58‹ wird KD erwähnt). In dem vom Kulturkreis hrsg. Jahrbuch ›Jahresring 58/59‹ waren drei Gedichte von KD abgedruckt: ›Der Tiefe traumklar einge-wachsen‹, ›Im Gelb der Sonnen hängt‹ und ›Einer Gestalt, oder zweier‹ (35f.). PC hatte den Förderpreis am 10. 9. 1957 in Lübeck erhalten (vgl. PN, 528f.). In ›Jahresring 57/58‹ sind die Gedichte ›Sprachgitter‹, ›Tenebrae‹, ›Zuversicht‹, ›Heute und Morgen‹, ›Blume‹ und ›Schliere‹ abgedruckt (129-133). In der Vorstellung der Autoren heißt es über PC: »Die beiden schmalen Gedicht-bände *Paul Celans* haben ihn als eine der wenigen leitenden Stim-men der modernen Lyrik ausgewiesen. Der originale Klang dieser Stimme, die im Raume einer surrealistischen Modernität doch immer wie aus den südosteuropäischen, Chagall benachbarten Märchenbereichen der Jugend des Dichters zu uns dringt, ist über den selbstverständlich gegebenen zeitbedingten Anklängen nicht überall sogleich vernommen worden. Daß, was sich langsamer durchsetzt, auch länger währt, war ein zusätzliches Motiv dieser Gabe des Dankes« (394f.). Der Text stammt wohl von Joachim Moras, der das Jahrbuch, das in Celans Verlag DVA erschien, mit herausgab und auch die Preisvergabe an PC als eine direkte Reak-tion auf die Hohoff-Veröffentlichung initiiert hatte. PC war bereits in ›Jahresring '54‹, dem ersten Band des Jahrbuches, mit Gedichten vertreten gewesen (›In Gestalt eines Ebers‹, ›Nachts, wenn das Pendel‹, ›Ich hörte sagen‹; 53ff.). Sodann war im fol-genden Band Curt Hohoffs Aufsatz ›Die Metaphernsprache des neuen Gedichts‹ erschienen, in dem der Autor gerade an dem Gedicht ›In Gestalt eines Ebers‹, eine Nähe zu YG herzustellen versuchte (vgl. GA, 211ff.). In der biographischen Notiz, die in ›Jahresring '54‹ abgedruckt ist (und wohl von PC selbst stammt), wird auf PCs Gedichtpublikationen in der Zeitschrift ›Plan‹ und auf den Gedichtband SU – mit Jahres- und Verlagsangaben – hin-gewiesen, die zeigten, daß seine Gedichte vor denen von YG publiziert worden waren. Zu PC heißt es: »war einige Jahre in Bukarest beruflich tätig und wurde dort von dem deutsch-rumä-nischen Dichter Alfred Margul-Sperber entdeckt und gefördert. Vor dem Regime der Ana Pauker nach Österreich geflüchtet, ging er zunächst nach Wien und lebt seit Jahren als Übersetzer in Paris« (290).

Brief 205
Klaus Demus an Paul Celan und Gisèle Celan-Lestrange, Wien,
12. 6. 1958
1 Zu PCs Publikationen in ›Die neue Rundschau‹ (1/1958) vgl.
  Nr. 197/5, zu KDs Gedichten Nr. 185/1.
2 Erhart Kästner (1904-1974), Schriftsteller und von 1950 bis 1968
  Direktor der Herzog August Bibliothek in Wolfenbüttel. Kästner
  saß in der Jury des Bremer Literaturpreises und hatte sich, gemeinsam mit Hirsch, für PC eingesetzt. Zur Preisverleihung hielt
  er die Laudatio auf PC.

Brief 206
Paul Celan an Klaus und Nani Demus, Paris, 20. 7. 1958.
1 Dem Brief lag das Gedicht ›Engführung‹ bei, das auf dem hs.
  Titelblatt die Datierung »17. 2. - 3. 5. 1958« trägt. Bei den rest-
  lichen acht numerierten Seiten handelt es sich um ein Ts. mit
  wenigen hs. Korr. (vgl. HKA I 5/2, H$^{3a/b}$, 297).
2 Neben seiner übersetzerischen Arbeit an Block und Jessenin
  hatte PC im Mai 1958 begonnen, Gedichte von Ossip Mandelstamm (1891-1938) ins Deutsche zu übersetzen. Auch in Briefen
  an Hirsch u. a. äußert sich PC Anfang Juni ganz euphorisch über
  die Gedichte des russischen Dichters, der sein eigenes Dichtungs-
  verständnis stark beeinflußte (vgl. PC/RH, 37f.). Der Band ›Ossip
  Mandelstamm, Gedichte. Deutsch von Paul Celan‹ erschien im
  Herbst 1959 bei S. Fischer. In der ›Sammlung Klaus Demus‹
  (DLA) befindet sich eine Zusammenstellung mit Gedichten von
  Mandelstamm (inges. 28 Bll., zumeist Dss.), die wohl mit der zur
  gleichen Zeit an Hirsch gesandten identisch ist (vgl. dazu: PC/RH,
  235f.). Dem Brief könnte auch der Sonderdruck: Arthur Rimbaud, Das trunkene Schiff, aus der Zeitschrift ›Botteghe Oscure‹
  beigelegen haben, der die Widmung trägt: »Für Nani und Klaus, /
  Paul / Juli 1958« (›Sammlung Demus‹ / Harvard; Katalog Fritsch,
  22).

Brief 207
Klaus und Nani Demus an Paul Celan, Wien, 28. 8. 1958
1 KD hielt sich vom 10. bis zum 13. 9. 1958 in Paris bei PC und GCL
  auf.
2 KD spricht hier von den Bdn. II (Schriften über Philosophie/Phi-
  lologie/Kritik) und III (Schriften über Sprache/Mysterien/Ver-
  nunft) der Ausgabe: Johann Georg Hamann, Sämtliche Werke.
  Historisch-kritische Ausgabe von Josef Nadler in 6 Bdn. (Wien

1949-1957). Zahlreiche Lektürenotizen aus Hamanns Werken belegen PCs Interesse an dem Philosophen (vgl. CPB, 108-115). Zu Hamann vgl. Nr. 194.

3 Das Gedicht ›Engführung‹ (vgl. Nr. 206/1).

4 Vgl. Nr. 197/5.

5 Auf Anraten von KD wird PC in Strophe 5, Zeile 4 des ›Bateau ivre‹ die Fügung »der Enterhaken sank« in »der Draggen barst und sank« abändern.

6 Die Mandelstamm-Gedichte ›Dein Gesicht, das quälend umrißlose‹ und ›Nachts, vorm Haus, da wusch ich mich‹ gehörten zu dem Konvolut, das PC an KD gesandt hatte (vgl. Nr. 206). Die Schreibung »Schimäre« (in ›Diebsvolk, nachts‹) und »Fiole« (in ›Venedigs Leben‹) wurde für den Druck in »Phiolen« und »Chimären« abgeändert. ›Venedigs Leben‹ erschien mit diesen Änderungen‹ bereits im ED in: ›Die neue Rundschau‹ (69. Jg., 1958, H. 3, 403-407) zusammen mit sieben weiteren Gedichten, darunter auch ›Dein Gesicht, das quälend umrißlose‹.

7 Unter dem Titel: Paul Celan, Ansprachen bei Verleihung des Bremer Literaturpreises an Paul Celan, hatte die DVA eine Broschüre herstellen lassen, die neben den beiden Reden auch ein Foto enthielt, das PC neben Schröder zeigt. Der zwölfseitige Sonderdruck wurde im August fertiggestellt und als Verlagsprospekt den Zeitschriften ›Akzente‹ und ›Merkur‹ beigelegt. Schröder gehörte zum Kreis der Zeitschrift ›Neue Deutsche Beiträge‹ und damit zum Kreis um Hofmannsthal und Borchardt, die KD beide sehr verehrt.

Brief 208
Klaus und Nani Demus an Paul Celan und Gisèle Celan-Lestrange,
Millstatt, 3. 9. 1958
[Bildpostkarte: »Millstatt«]

1 Auf dem Weg nach Trier machte KD in Frankfurt Station, wo er neben Verlagsgesprächen auch das Frankfurter Goethe-Haus im Großen Hirschgraben besuchte.

2 Anspielung auf PCs Gedicht ›Der Gast‹, dessen erste beiden Verse lauten: »Lange vor Abend / kehrt bei dir ein, der den Gruß getauscht mit dem Dunkel.« (GW I, 102)

Brief 209
Paul Celan an Klaus und Nani Demus, [Telegramm, Paris,
8. 9. 1958]

Brief 210
Klaus und Nani Demus an Paul Celan und Gisèle Celan-Lestrange,
Wien, 14. 10. 1958
1 Über den Besuch von KD bei IB in München vgl. IB/PC, S. 95.
2 PC hatte gegenüber dem Insel-Verlag den blau-gelb-schwarz
  marmorierten Buntpapierbezug des bibliophilen Bändchens
  kritisiert (vgl. Rimbaud 2008, 42). In das Widmungsexemplar
  von KD hat PC geschrieben: »Für Nani und Klaus, Ihr alter
  Freund Paul / Paris, am 1. Oktober 1958« (›Sammlung Demus‹/Harvard; Katalog Fritsch, 22).
3 Bei der »zweiten Freude« könnte es sich um den Band: Alexander
  Block, ›Die Zwölf‹ (Frankfurt am Main: S. Fischer 1958) handeln, den
  KD mit der Widmung erhielt: »Für Nani und Klaus – Paul / Oktober
  1958« (›Sammlung Demus‹/Harvard; Katalog Fritsch, 22), oder um
  die zwei Blatt der ›Ansprache anläßlich der Entgegennahme des
  Literaturpreises der Freien Hansestadt Bremen‹, die KD und ND
  mit einer Widmung vom 26. 9. 1958 erhielten (›Sammlung Klaus
  Demus‹, DLA); evtl. ist auch der Insel-Almanach 1959 gemeint.
4 PCs Übersetzungen der Gedichte ›Airs‹ von Jules Supervielle
  (1884-1960), ›Die Nacht ist begangen‹ von Paul Éluard (1895-
  1952) und ›Rondel‹ von Stéphane Mallarmé (1842-1898) erschienen im Insel-Almanach 1959 (32f.).
5 Zu Christiane Wagner vgl. Nr. 48/3. Zu einer von Auer
  organisierten Lesung PCs in Wien kam es nicht.
6 Zu Guttenbrunner vgl. Nr. 83/2.
7 Vgl. Nr. 215/1.
8 KD las damals gerade Werke der genannten Philosophen. Die
  Bezeichnung »windiger Geomant« spielt ironisch auf KDs Interesse für die Geologie an, die in seinen Gedichten zum Ausdruck
  kommt. Orakelhafte Ratschläge im Sinne eines »Geomanten«
  gab KD auch PC gelegentlich.

Brief 211
Klaus und Nani Demus an Paul Celan, Wien, 20. 11. 1958
1 Jakob Kaspar Demus wurde am 9. 6. 1959 geboren (vgl. Nr. 224).
2 Im Neske-Verlag waren 1958 die Schallplatten erschienen: ›Lyrik
  der Zeit. Es lesen eigene Gedichte: I. Ingeborg Bachmann, Helmut Heissenbüttel, Karl Krolow, Günter Eich. II. Hans Arp, Paul
  Celan, Walter Höllerer, Günter Grass‹ (Pfullingen: Verlag Günther Neske [1958]). PC las auf der zweiten Platte die Gedichte:
  ›Zähle die Mandeln‹, ›Todesfuge‹, ›Nächtlich geschürzt‹, ›Die
  Winzer‹, ›Tenebrae‹ und ›Köln, Am Hof‹.

Brief 212
Paul Celan an Klaus und Nani Demus, [Paris,] 4. 12. 1958
1 Geburtstagsgeschenke, nicht ermittelt.

Brief 213
Klaus Demus an Paul Celan und Gisèle Celan-Lestrange, Wien,
21. XII. 58
1 KD zitiert hier aus den Mundaka-Upanishad. Mit den angeführten Versen beginnt die erste Hälfte des dritten Mundakam
   (vgl. ›Upanishaden. Die Geheimlehre des Veda‹. In der Übersetzung von Paul Deussen, hrsg. und eingel. von Peter Michel,
   Wiesbaden 2006, 675).
2 Zitat aus Hamanns ›Aesthetica in nuce‹, wo es gleich zu Anfang
   heißt: »Bacon vergleicht daher die Wissenschaften mit den Ge-
   wässern über und unter dem Gewölbe unserer Dunstkugel. Jene
   sind ein gläsern Meer, als Krystall mit Feuer gemengt; diese hingegen kleine Wolken aus dem Meer, als eine Manneshand.« Vgl.
   Nr. 207.
3 KD hatte PC und GCL je ein Exemplar seines Gedichtbandes SL
   geschickt. Der Band für PC trug die Widmung: »Meinem Bruder
   Paul in Liebe / sein Buch – / Klaus / Dez. 1958«. In der Widmung
   des Gedichts ›Mit dünnen Brücken wandern‹ (SL, 46) war ein
   Druckfehler stehengeblieben: »Für Gisèle und Paul Celan«.

Brief 214
Paul Celan an Klaus Demus [Telegramm, Paris, 26. 2. 1959]

Brief 215
Klaus Demus an Paul Celan und Gisèle Celan-Lestrange, [Frank-
furt am Main,] 27. 2. 1959
[Bildpostkarte: »Goethehaus Frankfurt am Main / Dichterzimmer«]
1 Hans-Geert Falkenberg (1919-2005) war damals Cheflektor für
   deutsche Literatur im S. Fischer Verlag. Er hatte nicht nur KDs
   Lesung, sondern auch PCs Lesung am 19. 3. 1959 organisiert, in
   der PC als neuer Autor vorgestellt und die Kritiker auf den neuen
   Gedichtband hingewiesen werden sollten. Falkenberg hatte um
   »frühe Gedichte« PCs gebeten, weil er mit einem kleinen Vortrag
   über Celans Lyrik in den Leseabend einführen wollte. Daß er bei
   der Veranstaltung PCs ›Schlaflied‹ aus SU las, kritisierte PC später
   (vgl. auch PC/RH, 242ff.).

Brief 216
Klaus und Nani Demus an Paul Celan und Gisèle Celan-Lestrange,
[Wien,] 15. 3. 1959
1 Der Band SG war im März 1959 erschienen.
2 Der Band ›Poésies / Dichtungen‹ von René Char erschien ebenfalls im Frühjahr 1959 im S. Fischer Verlag. Die Char-Ausgabe
machte den Dichter in Deutschland erstmals einem breiteren
Publikum bekannt. 1968 erschien ein zweiter Band der Ausgabe,
an dem PC aber nicht mehr beteiligt war. Hier ist wohl der
›Hypnos‹-Abdruck in der ›Neuen Rundschau‹ (4/1958) gemeint
(vgl. Nr. 147/4). Eine erheblich überarbeitete Übertragung des
Textes erschien 1963: René Char, Hypnos und andere Dichtungen. Eine Auswahl des Autors, Frankfurt am Main 1963
(vgl. dazu B. Wiedemann, Wörtlichkeiten. Paul Celans Anmerkungen zu René Char-Übersetzungen von Franz Wurm, in:
Johann Strutz und Peter V. Zima [Hrsg.], Literarische Poly-
phonie. Übersetzung und Mehrsprachigkeit in der Literatur,
Tübingen 1996, S. 51-63).
3 KD verfaßte tatsächlich einen Text über PCs SG, der aber nicht
gedruckt wurde (vgl. Nr. 223).
4 Zu Otto Reicher vgl. Nr. 178/1.
5 Erich Heller, Enterbter Geist. Essays über modernes Dichten und
Denken, Frankfurt am Main 1954. KD hatte Erich Heller (1911-
1990) in Trier getroffen, wo dieser ebenfalls ausgezeichnet worden
war. Heller, der 1939 nach England emigriert war, nahm damals
verschiedene Gastprofessuren für deutsche Sprache und Literatur
an amerikanischen Universitäten wahr.
6 IB hatte für ›Der gute Gott von Manhattan‹ den Hörspielpreis der
Kriegsblinden bekommen (FAZ am 11. 3. 1959). PC hatte ihr
bereits am 12. 3. 1959 gratuliert (IB/PC, 106).

Brief 217
Paul Celan an Klaus und Nani Demus, [Paris,] 22. 3. 1959
1 KD und ND erhielten SG mit der Widmung: »Klaus und Nani,
den Freunden – Paul / Frankfurt, am 20. März 1959« (›Sammlung
Demus‹ / Harvard; Katalog Fritsch, 22).
2 Zur ihrem Geburtstag hatte ND den Band: Franz Kafka, Briefe
1902-1924 (Frankfurt am Main 1958) mit der Widmung: »Für
Nani / mit unseren herzlichsten Wünschen / Gisèle und Paul /
1. 3. 59« erhalten (›Sammlung Demus‹/Harvard; Katalog Fritsch,
39). GCL erhielt zu ihrem Geburtstag am 19. 3. den Band: ›Mor-
genländische Erzählungen – *Palmblätter*‹. Nach der von J. G.

Herder u. A. J. Liebeskind besorgten Ausg. neu hrsg. von Hermann Hesse, [Leipzig] 1957, mit der Widmung: »Für Gisèle ein Lesebuch – / von Herzen / Nani + Klaus / März 1959«.

3 Der Schriftsteller und Kulturredakteur Horst Bienek (1930-1990) hatte den Band SL in der FAZ schlecht besprochen. Am 28. 2. 1959 war KDs Gedichtband unter dem Titel ›Neue österreichische Lyrik‹ gemeinsam mit dem Band ›Scheune der Vögel‹ von Christine Busta rezensiert worden. Bienek schreibt: »Die Schwierigkeit seiner Verse entspringt aber nicht etwa jener poetischen Wahrheit, die ein echtes Kunstwerk oft ›schwer zu verstehen‹ macht, sondern einer flüchtigen, unkontrollierten Assoziation. Dabei fehlt es ihm nicht an Wortmagie, sondern einfach an poetischer Substanz. Er schreibt Stichworte, Stenogramme, Abbreviaturen hin. Substantive und Adjektive jagen und häufen sich in Überzahl, Wortreihen werden sinnfremd und austauschbar an die Leine der Zeilen gehängt«. Der Artikel schließt: »Es gibt in der gegenwärtigen Lyrik kaum Gedichte, die so viel poetischen Schein haben und dabei so wenig poetische Substanz besitzen«. Dagegen war in der Zeitschrift ›Zeitwende. Die neue Furche‹ im März 1959 eine Besprechung des Lyrikers Heinz Piontek erschienen, die recht positiv ausfiel und von »einer lyrischen Begabung spricht, die im Begriff steht, sich zu finden«. Kritisch heißt es nur: »Um die Macht seiner inneren Bilder zu demonstrieren, baut Klaus Demus wahre Wortgebirge auf. Die deutsche Hymnik – von Klopstock über Hölderlin bis zu Trakl – setzt im Schweren Land zu einer späten Blüte an. [...] Daß ein so anspruchsvoller Lyrismus den größten Gefahren ausgesetzt ist, braucht wohl nicht besonders hervorgehoben zu werden« (H. P., Bücher – junge Lyrik, in: Zeitwende, Nr. 3, März 1959, 197).

4 In der ›Stuttgarter Zeitung‹ war am 14. 3. 1959 der Artikel von Oliver Storz: ›Die schimmernden Gitter der Sprache Paul Celans‹ erschienen, in dem es im Zusammenhang mit den neuen Gedichten heißt, »Celans Bilder bedeuten nichts«, sie seien sich selbst genug und »unübersetzbar« (vgl. dazu Celans Brief an Hermann Lenz, in: PC/HHL, 111f.). Der Theaterkritiker Siegfried Melchinger (1906-1988) leitete von 1953 bis 1962 das Feuilleton der ›Stuttgarter Zeitung‹.

5 Über PCs Zustand und die Enttäuschungen in Deutschland schreibt GCL in einem Brief vom 17. 3. 1959 an ND und KD: »Paul est en Allemagne pour quelques jours, il lira le 19, chez Fischer, et aura des nouvelles du passage de Klaus. J'espère qu'il n'aura pas de nouvelles déceptions avec les gens de là-bas qui le

comprennent si mal et qui ont pourtant beaucoup à apprendre de lui. Ces derniers temps ont été riches en déceptions, en amertumes, très riches, très riches. Les gens ont fait tant de mal à Paul, si vous saviez combien ils l'abîment, combien ils le salissent. Il y en a si peu qui savent qui il est, si peu qui l'ont reconnu. Nous venons de passer des semaines bien tristes. Maintenant le nouveau livre va paraître, mais les poèmes ne protègent pas les poètes! Ils les exposent. De partout se sont levés autour de nous les mensonges, les infamies. C'est dur, très dur pour Paul, et souvent dans notre solitude je pense à votre »chez vous«, à votre grand parc, à votre solitude, à cet enfant que vous attendez. Pour nous aussi maintenant il n'y a que notre maison avec notre fils et aussi ce petit îlot à Vienne. Mais le contact avec les humain, je crois que nous savons enfin qu'il y a peu à attendre de lui. / Paul a peu travaillé ces temps-ci, il était trop malheureux, trop découragé, cela lui était difficile de vivre. J'espère qu'une nouvelle période va commencer maintenant. Il a beaucoup de choses dans sa tête, dans son cur. Comment s'exprimeront-elles? Après la ›Engführung‹, c'est difficile d'aller encore plus loin, n'est-ce pas?«. *[Paul ist einige Tage in Deutschland, er liest am 19. bei Fischer und wird das Neueste über Klaus' Besuch dort erfahren. Ich hoffe, es gibt keine neuen Enttäuschungen mit den Leuten drüben, die ihn so schlecht verstehen, die aber so viel von ihm zu lernen haben. Die letzte Zeit war reich an Enttäuschungen, an Bitterkeiten, sehr reich, sehr reich. Die Leute haben Paul so weh getan, wenn Sie wüßten, wie sehr sie ihn zugrunde richten, wie sehr sie ihn beschmutzen. Es gibt so wenige, die wissen, wer er ist, so wenige, die ihn erkannt haben. Wir haben gerade ziemlich traurige Wochen hinter uns. Jetzt erscheint das neue Buch, aber die Gedichte schützen die Dichter nicht! Sie stellen sie an den Pranger. Von allen Seiten haben sich gegen uns Lüge, Infamie erhoben. Das ist hart, sehr hart für Paul, und oft denke ich in unserer Einsamkeit an Ihr »Zuhause«, Ihren großen Park, Ihre Einsamkeit, das Kind, das Sie erwarten. Auch für uns gibt es jetzt nur unser Zuhause mit unserem Sohn und auch die kleine Insel in Wien. Aber ich glaube, daß wir es endlich wissen: Vom Kontakt mit den Menschen haben wir wenig zu erwarten. Paul hat in der letzten Zeit wenig gearbeitet, er ist zu unglücklich, zu mutlos, er hatte Schwierigkeiten mit dem Leben. Ich hoffe, daß jetzt eine neue Phase anfängt. Er hat viel in seinem Kopf, in seinem Herzen, wie wird das Ausdruck finden? Nach der ›Engführung‹ ist es schwierig, noch weiter in diese Richtung zu gehen, nicht wahr?]*

Brief 218
Klaus und Nani Demus an Paul Celan [Telegramm, Wien, 23. 3.
1959]

Brief 219
Klaus und Nani Demus an Paul Celan und Gisèle Celan-Lestrange,
[Wien,] 30. 3. 1959

1 KDs Exemplar des Bandes SU enthielt die Widmung: »Klaus, dem
Bruder / Paul«; aus Tübingen hatte PC dem Freund ein Foto von
Hölderlins Gedicht ›Lied der Freundschaft‹ geschickt. Mit der
Schlußwendung spielt KD auf PCs Gedicht ›Vor einer Kerze‹ an,
wo es heißt: »im Namen des dritten, der weiße / Steine häuft in
der Mitte, – / sprech ich dich frei« (KG, 74).

2 Im März 1959 schickte KD noch das Heft der Zeitschrift
›Merkur‹, in dem seine ›Gedichte in Prosa‹ abgedruckt waren
(Merkur, 13. Jg., 1959, H. 3, 245-247). Es enthielt die Prosa-
gedichte ›Seeschraubengeräusch‹, ›Die meerdunklen Engpässe‹,
›Unter dem Grasturban‹, ›In meinem Herzen‹, ›Weiße Flügel
des Wassers‹, ›Wenn das Land‹, ›Mitten in den Sommer‹, ›Heiliges
Brot‹ und ›Die Fahnen des Traums‹. Das Heft trug die Widmung:
»Tausend Grüße, liebster Paul – Klaus / März 1959«, und über
dem Gedicht ›Weiße Flügel des Wassers‹ war hs. »Für Paul
Celan« eingefügt worden (Hinweis B. Badiou). Bereits beim
Erstdruck des Gedichts in Neskes ›Mondbuch‹ (1958) war es
mit der Widmung »für Paul Celan« versehen (vgl. Nr. 16).

Brief 220
Paul Celan an Klaus Demus, [Paris,] 10. 4. 1959

1 PC bezieht sich wohl vor allem auf die Sammelrezension ›Auf die
Versfüße sehen / Vier junge Oesterreicher‹ von Karl Schwedhelm
in der ›Deutschen Zeitung und Wirtschaftszeitung‹ vom 8. 4.
1959 (besprochen werden darin Bücher von KD, Guttenbrunner,
Bernhard und Fritsch). Zu KD heißt es dort: »[...] so überfordert
die Thematik des mittleren [Teils] eindeutig die sprachlichen
Fähigkeiten des Autors.« Auf derselben Seite befindet sich die
SG-Rezension von Karl Krolow: ›Das Wort als konkrete Materie‹. Evtl. hatte PC auch bereits von der kritischen Rezension des
Bandes durch Werner Weber (1919-2005) erfahren, die aber erst
im Mai in der NZZ (Wb., Der Lyriker Klaus Demus, in: NZZ,
Fernausgabe Nr. 134 vom 17. 5. 1959) erschien. Nach KDs Erinnerung hatte IB die Rezension vorab gesehen und im Gespräch
mit Weber für KDs Lyrik gesprochen, so daß dieser seine Kritik

abmilderte, aber in der gedruckten Version immer noch sehr scharf mit KDs Sprache ins Gericht ging: »Sofern ich damit recht habe, ist in den Gedichten des Klaus Demus weniges richtig, denn fast alles an ihnen ist auffällig. Man merkt die Art und Mach-Art. [...] Klaus Demus gehört nicht zu den Falschmünzern. Seine Anlage ist eigenartiger, kräftiger, als es die Gedichte jetzt glauben machen. [...] Andrerseits ist es längst ausgemacht, daß ins zeit-genössische Gedicht nicht nur Fremdwort, sondern auch ein we-nig Fremdsprachliches hineingehört. Allgegenwärtigkeit der Zeiten und Räume, abgebildet in Sprache – ich weiß, ich weiß. [...] Warum all dies? Um einem begabten ernsten Menschen zu sagen, er arbeite noch unter seinen Verhältnissen. [...] Seine Widersacher sind Moden, Marotten. Er hat das Zeug, sie zu über-winden.« Vgl. auch Nr. 217/3.

Brief 221
Klaus Demus an Paul Celan, Wien, 3. 5. 1959
1 Nicht ermittelt, evtl. die Ausgabe: Homer, Die Odyssee. Über-setzt in deutsche Prosa von Wolfgang Schadewaldt, Hamburg 1958. PC hat sich das Buch am 20. 3. 1959 gekauft.

Brief 222
Klaus Demus an Paul Celan und Gisèle Celan-Lestrange, Düssel-dorf, 9. 5. 1959
[Bildpostkarte: »Düsseldorf – Schloß Eller«]
1 KD war auf Vortragsreise in Düsseldorf.

Brief 223
Klaus Demus an Paul Celan, [Wien, 30. Mai 1959]
1 Der Text, dessen Typoskript sich unter dem Titel: »Über P. Celans ›Sprachgitter‹« im Celan-Nachlaß befindet (DLA Marbach a. N., D 90.1.2713), ist auf den 30. 5. 1959, KDs Geburtstag, datiert. Es ließ sich nicht klären, ob der Text einem Brief beilag oder einzeln an PC verschickt wurde.

Brief 224
Klaus Demus an Paul Celan und Gisèle Celan-Lestrange, Wien, 14. 6. 1959
1 Jakob Kaspar Demus wurde am 9. 6. 1959 geboren. PC wohnte zu diesem Zeitpunkt mit Frau und Kind in Wien bei KD. Zwischen dem 23. 5. und dem 24. 7. hielt er sich mit der Familie in Deutsch-land, Österreich und der Schweiz auf. PC hatte den Freunden am

8. 6. aus seiner Übertragung von Paul Valérys ›Die junge Parze‹ vorgelesen und nach der Lesung hatten bei ND die Wehen eingesetzt.

2 Anspielung auf den Patriarchen Jakob, der mit dem Engel rang und in PCs Werk eine wichtige Rolle spielt (vgl. Wiedemann, Jakobs Stehen. Jüdischer Widerstand in den Gedichten Paul Celans, Warmbronn 2007).

3 Den Ausdruck »strahlen gehen« verwenden die Kristallsucher in den Alpen.

4 Nach KDs Erinnerung wollte PC für die Arbeit an einem Gedicht den genauen Wortlaut des hebräischen Textes wissen. Wahrscheinlich benötigte PC ihn für seine Jessenin-Übersetzung von ›Der Frühlingsregen weint‹ (GW V, 190ff.), wo es in V. 26 heißt: »O Eli, lama sabachthani, wende / mich gegen Untergang.« Da das Neue Testament aber fast durchgängig in einer damals weitverbreiteten umgangssprachlichen Form des Griechischen geschrieben wurde, das nur einige aramäische Begriffe und Zitate enthält, teilte KD ihm den Text der ›Septuaginta‹, der griechischen Bibelübersetzung, mit. Der Verweis auf den Itazismus betrifft die Aussprache des Griechischen: das Eta (langes e) wird dabei wie Ita (i) ausgesprochen.

Brief 225
Paul Celan an Klaus und Nani Demus, Innsbruck, 28. 6. 1959

1 Mit der Übersetzung von Paul Valérys ›Die junge Parze‹ hatte PC bereits im Januar 1959 begonnen. Bevor er die Übertragung im Juli in Sils Maria abschloß, hatte er die Verse 1-173 an Hirsch geschickt, der sie in der ›Neuen Rundschau‹ (70. Jg., 1959, H. 3, 499-504) abdruckte (PC/RH, 72f. u. 257f.). In Buchform erschien die ›Junge Parze‹ im Frühjahr 1960 im Insel-Verlag.

2 Joachim Moras, Herausgeber der Zeitschrift ›Merkur‹, veröffentlichte im August-Heft des ›Merkur‹ (13. Jg., 1959, H. 138, 717-721) unter dem Titel ›Sieben Gedichte‹ PCs Übertragungen der Jessenin-Gedichte ›Blaue Himmelsschüssel‹, ›Du Land, dem Regen lieb wie keines‹, ›Keine Halme mehr, kein Blatt‹, ›Ihr Äcker, nicht zu zählen‹, ›Der Frühlingsregen‹, ›Alles wie Apfelblust: vergangen‹ und ›Fall nicht‹.

Brief 226
Paul Celan und Gisèle Celan-Lestrange an Klaus Demus, [Post-
stempel: 6. 7. 1959]
[Bildpostkarte: »Das Nietzsche-Haus in Sils-Maria. Hier sann und
schrieb Friedrich Nietzsche«]

1 Anfang Juli 1959 kam PC auf Einladung von Peter Szondi (1929-
1971) nach Sils-Baselgia, wo er mit seiner Familie bis zum 23. 7. in
der Pension Chasté abstieg.

Brief 227
Klaus Demus an Paul Celan und Gisèle Celan-Lestrange, [Wien,]
9. 7. 1959

1 Lat.: »So groß ist die Kraft der Erinnerung, die Orten inne-
wohnt.« Das Zitat findet sich bei Cicero (106-43 v. Chr.) in der
Schrift ›De finibus bonorum et malorum‹.

2 Vers 18 von PCs Übertragung der ›Jungen Parze‹ lautet: »Großmächtige Gestirne, ihr fremd-und-unumgänglich«. »Ruinenzier«
(V. 54) wurde nicht geändert, ebensowenig wie der »Unreim« in
den Versen 234f. (»schwimmt«/»Kimm«).

3 IB hatte eine schwere Zeit hinter sich. Max Frisch (1911-1991)
war im Mai 1959 an einer schweren Hepatitis erkrankt. Am 31. 5.
hatte IB an PC geschrieben »Mir geht es auch nicht gut, wohl auch
weil ich so gar nichts tun kann, so überflüssig bin; auch arbeiten
kann ich nicht, obwohl ich noch nie soviel Zeit dafür gehabt habe.
Wir sind nun aus diesen und noch einigen andren Gründen über-
eingekommen, dass ich in etwa vierzehn Tagen vorausfahre, nach
Rom« (vgl. IB/PC, 110). Die Hoffnungen, die sie mit Rom verband, erfüllten sich nicht. An PC schrieb sie nach ihrer Rückkehr,
dass es »in Rom so schlecht ging« (Brief vom 5. 8. 1959, in: IB/PC,
115).

4 Anspielung auf KDs Gedicht ›Schwarzer Advent‹ aus dem Jahr
1949, das PC sehr schätzte, das aber unpubliziert blieb:

Schwarzer Advent

Versintert das Rad an der Mühle des Winters, ein Halt wird gebote
Der Stirn deines Kahns mit den Hörnern aus Holz, wo sonst
                                                              sommer
Das gläserne Blatt einer Sonnenuhr träumte vom Regen,
Du kamst und durchstießest es schattig als tönender Laubfall.
Es quillt nur mehr leuchtender Schnee aus dem Mahlgang des
                                                              Donner.

Vertrieben der müllernde Herbst aus blütenstaubbraunem
Gemach,
Er hängt nun im Salzkatarakt, an den Haaren gekreuzigt,
Die Farbe des Donners ist blau, er färbt dir das Wasser, den Kahn.
Ein Feuer brennt schon im Walde, von Funken der Vögel
entzündet,
Das glühende Herz eines Baums ihre flammende Weihnacht.
Der Ast, der die Sterne gefangen, zerfällt schon zu Staub,
Ihn ißt du, vermischt mit den giftigen Beeren des Dämmers,
Die Scherben zerbrechender Quellen vertrinken dein Blut.
Am Kreuzweg verblüht der Hortensien furchtsame Farbe,
Im Traum wird errichtet ein Zelt und man lockt dich mit Messern,
Der finstere Wind weht dir Spinnengewebe ins Herz.

So bleibet dir nur, den die Schwingen der Vögel befuhren,
Die Blumen der Luft blühen hell auf dem Weg übers Meer.
Gleich dir fährt ein silbernes Schiff durch die endlose Schneenacht,
Hoch oben vom Mast ruft einer Laternenworte umher,
Wie du fährt es heim in die Weihnacht und findet sein Dorf nicht,
wie du.

Daheim ward die Brücke niedergelegt in den Staub,
Der Berg abgeholzt und den Blumen die Farbe verkehret.
Man holte die Tanne vom Waldrand und sandte zur Mühle um
Schnee.
Und als du nicht kamst, zündet tiefschwarze Kerzen man an.

5 Jakob Böhme (1575-1624), Mystiker und Naturphilosoph. In
seiner Schrift ›Von den drei Prinzipien Göttlichen Wesens‹
(1618/1619) versetzt er die Dualität von Gut und Böse in das
Innerste der Gottheit selbst.

Brief 228
Paul Celan an Klaus Demus, [Sils-Baselgia,] 16. 7. 1959
1 Am 15. 7. hatte PC die Übersetzung der ›Jungen Parze‹ abgeschlossen.

Brief 229
Paul Celan an Klaus Demus, [Paris,] 26. 7. 1959
1 In einem Brief an Werner Weber hatte PC über den Unterschied
zwischen der dt. u. franz. Sprache geschrieben: »Bedenken Sie,
sehr verehrter Herr Dr. Werner Weber, die *Viel*silbigkeit, die

*Schwer*silbigkeit des Deutschen im Vergleich mit dem Französischen! Daß es mir gelang, unter Hinzunahme einer *einzigen* Silbe auszukommen, d. h. das im Französischen Wort Gewordene noch einmal in seiner – dichterischen – Wörtlichkeit zu aktualisieren: das danke ich – verzeihen Sie die Emphase –, das danke ich … den Göttern« (FN, 396ff.). In seiner Besprechung der Valéry-Übertragung (NZZ vom 20. 3. 1960) hatte Weber angemerkt: »Paul Celan hat mit dem Alexandriner, bei dem eine siebente Silbe in die Pause hineinschwingt, ein Richtmaß gefunden, das den Fortlauf des inneren Gesprächs, rezitativisch gedacht, schwebend zwischen Sprechen und Singen, nicht zwängt.«

Brief 230
Klaus und Nani Demus an Paul Celan und Gisèle Celan-Lestrange,
[Wien,] 29. 7. 1959
1 Ende Juli 1959 war Jakob Demus getauft worden. Dem Brief lag wahrscheinlich auch ein Foto von ND mit Jakob im Taufkleidchen bei, das die Widmung trägt: »Jakob Kaspar grüßt als Täufling –.« ND hatte es für GCL beigefügt und auf den 23. 7. datiert (NPC-Paris).
2 KD spricht hier wohl von seinem ›Sprachgitter‹-Text (vgl. Nr. 223), der jedoch nicht gedruckt erschien.
3 Eine zweiseitige Liste mit KDs detaillierten Anmerkungen zu Wörtern und Wendungen der Valéry-Übertragung ab Vers 173 hat sich im Nachlaß erhalten (ÜF 19.8, D 90.1.496). PC hat KDs Anregungen teilweise übernommen oder sich von ihnen zu neuen Lösungen anregen lassen (vgl. Harbusch, Gegenübersetzungen, 325f.).
4 Bei der Briefbeilage könnte es sich um einen Zeitungsartikel handeln, mit dem Hinweis, daß IB die erste Poetik-Stiftungsdozentur an der Frankfurter Johann Wolfgang Goethe-Universität angenommen hatte.

Brief 231
Klaus Demus an Paul Celan und Gisèle Celan-Lestrange, Hallstatt,
24. 8. 1959
[Bildpostkarte: »Gosausee, der idyllisch gelegene Bergsee in 933 m
Höhe, mit Dachstein, 3004 m und Kopfwand (Salzkammergut)«]
1 In der Salzburger Residenz war aus Anlaß des 30. Todestages des Dichters vom 26. 7. bis zum 30. 9. 1959 die Ausstellung: ›Hugo von Hofmannsthal‹ zu sehen. Der von Franz Hadamowsky bearbeitete Katalog enthielt als besondere Beigabe die am 22. 4.

1907 aufgenommene Lesung des Gedichts ›Manche freilich‹ durch Hofmannsthal als Schallbildkarte.

Brief 232
Klaus Demus an Paul Celan, Wien, 12. 10. 1959
1 Im Herbst war der Band: Ossip Mandelstamm, Gedichte. Deutsch von Paul Celan (Frankfurt am Main 1959) erschienen. KD erhielt ihn im November mit der Widmung: »Alles Gute, lieber Klaus! / Alles Gute, liebe Nani! / Alles Gute, lieber Jakob Kaspar! / Euer Paul / November 1959« (›Sammlung Demus‹/ Harvard; Katalog Fritsch, 24).

Brief 233
Klaus Demus an Paul Celan, Luxemburg, 19. 11. 1959
1 Von Emily Dickinson (1830-1886) war das Gedicht ›Der Tod da ich nicht halten konnt‹ in PCs Übersetzung im Almanach des S. Fischer Verlags erschienen (73. Jg., 1959, 59).
2 KD meint hier wohl die Übertragung von ›Feuillets d'Hypnos/ Hypnos. Aufzeichnungen aus dem Maquis (1943/44)‹, die erstmals in dem Band ›Poésies / Dichtungen‹ erschien, der im Frühjahr 1959 bei S. Fischer herausgekommen war.
3 Wohl PCs Prosatext ›Gespräch im Gebirg‹, der im August 1959 in Erinnerung an die Tage in Sils-Maria und die »versäumte Begegnung« mit Adorno entstanden war, und den PC am 19. 10. auch an Hirsch geschickt hatte (vgl. PC/RH, 85f.). In der ›Sammlung Klaus Demus‹ (DLA) befindet sich ein sechsseitiger Ds. mit hs. Zusätzen PCs.

Brief 234
Paul Celan an Klaus Demus, [Paris,] 28. 11. 1959 [nicht abgeschickt]
1 Der Brief von KD vom 23. 11. 1959 hat sich nicht erhalten. KD hatte ihn – nach seiner Erinnerung – nach der Rückkehr aus Zürich geschrieben, wo er mit IB und Max Frisch zusammengetroffen war, um mit ihnen über die Blöcker-Rezension des Bandes SG zu sprechen. KD vertrat in dem Brief wohl eine ähnliche Position wie die beiden und riet PC, Blöcker nicht so ernst zu nehmen. Vgl. Nr. 235f. Die Rezension von Günter Blöcker (1913-2006) war am 11. 10. 1959 im Berliner ›Tagesspiegel‹ unter dem Titel ›Gedichte als graphische Gebilde‹ erschienen, und PC empfand sie als eindeutig antisemitisch. PCs Gedichte seien »graphische Gebilde«, deren Metaphernfülle

nicht der Wirklichkeit abgewonnen sei; die ›Todesfuge‹ oder die ›Engführung‹ bezeichnet er als »kontrapunktische Exerzitien auf dem Notenpapier« und schreibt weiter: »Celan hat der deutschen Sprache gegenüber eine größere Freiheit als die meisten seiner dichtenden Kollegen. Das mag an seiner Herkunft liegen. Der Kommunikationscharakter der Sprache hemmt und belastet ihn weniger als andere. Freilich wird er gerade dadurch oftmals verführt, im Leeren zu agieren.« Nachdem PC den Brief von KD vom 23. 11. 1959 erhalten hatte, versuchte er seit dem 28. 11. eine Antwort zu formulieren. Drei hs. Briefe bzw. Entwürfe haben sich erhalten, die nicht abgeschickt wurden. Die beiden Entwürfe vom 28. und 29. 11. 1959 sind unterschrieben, bei dem dritten, undatierten Blatt handelt es sich um ein Brieffragment.

Brief 234a
Paul Celan an Klaus Demus, [Paris,] 29. 11. 1959 [nicht abgeschickt]

Brief 234b
Paul Celan an Klaus Demus, [Paris, 29. 11. 1959, nicht abgeschickt]
1 Hier bricht das Schreiben ab. Es ließ sich nicht mit Sicherheit klären, ob es sich um ein Brieffragment handelt, also einen Entwurf, den PC nicht beendete, oder ob ein Blatt fehlt.

Brief 235
Klaus Demus an Paul Celan, [Wien,] 1. 12. 1959

Brief 236
Paul Celan an Klaus Demus, [Paris,] 4. 12. 1959
1 PC hatte IB am 17. 10. 1959 die Blöcker-Rezension geschickt und sie gebeten, ihm zu sagen, was sie davon halte. IB antwortete erst am 10. 11. (vgl. IB/PC, 125f.). In der Zwischenzeit hatte sich PC auch an Max Frisch gewandt und ihm seinen Brief an die Feuilleton-Redaktion des ›Tagesspiegel‹ gemeinsam mit einem eigenen Brief geschickt, in dem es hieß: »Hitlerei, Hitlerei, Hitlerei. Die Schirmmützen. Sehen Sie, bitte, was Herr Blöcker, erster deutscher Nachwuchs-Kritiker von Herrn Rychners Gnaden, Autor, ach, von Kafka- und Bachmann-Aufsätzen, schreibt.« Frisch hatte ihm – nach vier nicht abgeschickten Entwürfen – am 6. 11. geantwortet: »Ich finde die Kritik von Blöcker nicht gut, nicht frei von zwielichtigen Wendungen, das gebe ich Ihnen zu, wenn ich das andere auch sagen darf: Ich finde Ihre Entgegnung, obschon sie ein Meisterstück sprachlichen Scharf-

sinns ist, auch nicht gut. Sie zwingt mich (und ich verehre Sie ja freiwillig), Sie zu verehren, nämlich ohne Frage zu glauben, daß Sie, lieber Paul Celan, vollkommen frei sind von Regungen, die mich und andere heimsuchen, Regungen der Eitelkeit und des gekränkten Ehrgeizes, denn sollte auch nur ein Funke davon in Ihrem Zorn sein, so wäre die Anrufung der Todeslager, scheint mir, unerlaubt und ungeheuer. Wem sage ich das! Wenn Sie aus einer Kritik, wie der von Blöcker, ein politisches Phänomen machen, so stimmt das zum Teil, glaube ich, zum andern Teil aber nicht, und ein Problem fälscht das andere« (vgl. IB/PC, 171; PCs Brief an die ›Tagesspiegel‹-Redaktion, in: PC/RH, 87f.). Auch seinem Lektor Falkenberg warf PC vor, das Antisemitische in der Blöcker-Rezension übersehen zu wollen (vgl. PC/RH, 264ff.).

2 IB hatte vom 23. bis zum 25. 10. 1959 an der 21. Tagung der Gruppe 47 in Schloß Elmau bei Mittenwald teilgenommen.

3 Im Wintersemester 1959/60 übernahm IB als erste Dozentin die vom S. Fischer Verlag eingerichtete Gastdozentur für Poetik an der Johann Wolfgang Goethe-Universität in Frankfurt am Main. Zwischen November 1959 und Februar 1960 hielt IB fünf Vorlesungen zum Thema ›Fragen zeitgenössischer Dichtung‹ (später publiziert unter dem Titel ›Probleme zeitgenössischer Dichtung‹). Die erste Vorlesung hatte am 11. 11. stattgefunden, die zweite stand für den 9. 12. an.

4 Am 12. und am 17. 11. 1959 hatte PC weitere Briefe an IB geschrieben. In dem vom 12. 11. heißt es: »Du weisst auch – oder vielmehr: Du wusstest es einmal –, was ich in der Todesfuge zu sagen versucht habe. Du weisst – nein, Du wusstest – und so muss ich Dich jetzt daran erinnern –, dass die Todesfuge auch dies für mich ist: eine Grabschrift und ein Grab. Wer über die Todesfuge das schreibt, was dieser Blöcker darüber geschrieben hat, der schändet die Gräber. Auch meine Mutter hat nur dieses Grab« (vgl. IB/PC, 127).

5 Am 1. 10. 1959 hatte PC seine Arbeit als Deutschlektor an der École normale supérieure in der Rue d'Ulm in Paris begonnen, der er – mit einigen krankheitsbedingten Unterbrechungen – bis zu seinem Tod 1970 nachging.

Brief 237
Klaus Demus an Paul Celan, [Wien,] 8. 12. 1959

1 Am selben Tag hatte Nani Demus an Gisèle geschrieben: »Klaus fährt diesen Samstag nach Luxemburg und Belgien. Gerne möchte ich ihn für einen Tag nach Paris schicken zu Paul – werden Sie

ihn bitte aufnehmen? Mit so großer Sorge denke ich an Sie, meine Liebe gehört Ihnen so ganz Gisèle und meine Verehrung. Paul steht so allein in der Welt, so ausgesetzt – Sie müssen mit Eric seine ganze Heimat sein. Und alles Leid mittragen, abnehmen, heilen. Woher kommen Ihnen diese Kräfte?« (NGCL-Paris).

2 KD kam am 19. 12. kurz nach Paris, um mit PC zu sprechen.

3 KD zitiert hier die letzten Verse seines Gedichts ›Mit dünnen Brücken wandern‹ aus SL, das er den Celans gewidmet hatte.

Brief 238
Klaus Demus an Paul Celan und Gisèle Celan-Lestrange,
Luxemburg, 15. 12. 1959
[Bildpostkarte: »Luxembourg. Chemin de la Corniche«]

Brief 239
Klaus Demus an Paul Celan, Wien, 19. 1. 1960

1 KD spielt hier auf die antisemitischen Angriffe in Deutschland im Winter 1959/1960 an, die auch im Ausland für Schlagzeilen sorgten. So war in der Weihnachtsnacht 1959 die neu eingeweihte Kölner Synagoge mit Hakenkreuzen und antisemitischen Parolen beschmiert worden, und auch in anderen deutschen Städten nahmen Anfang 1960 antisemitische Übergriffe zu (vgl. dazu Barbara Wiedemann, Das Jahr 1960, 44-59, bes. 44f.). In einem Brief vom 9. 1. 1960 hatte GCL ND über PCs Gefühlszustand berichtet und über wachsenden Antisemitismus geklagt: »Je suis loin de Paul pour encore deux semaines à peu près. J'espère que tout va bien. J'espère qu'on le laisse tranquille, qu'il peut travailler, lire, écrire. J'espère que tout va bien. / Si vous saviez par où il a dû passer. Si vous saviez ce que tout est difficile pour lui. Si vous saviez ce que les gens sont injustes avec lui, comme ils le laissent tomber, comme ils le laissent tout seul à la moindre occasion. Et pourtant c'est lui qui a raison, c'est lui qui sait, c'est lui qui est dans le vrai. Seulement la vérité est presque toujours méchante et difficile, alors il est plus facile de dire qu'il exagère ou qu'il se trompe, mais je vous assure, il sait voir, il sait reconnaître la vérité, il se trompe rarement et ... quand il se trompe il le reconnaît toujours. / Nani, Klaus, il faut écouter Paul même quand c'est difficile, même quand c'est incroyable, est-ce que je peux dire aussi même s'il se trompe, s'il vous plaît! C'est rare qu'il se trompe. Mais je sais bien que vous savez tout cela, mais je sais aussi que c'est très difficile, très difficile à vivre. / Vous qui êtes les amis de Paul, ne le lâchez jamais, tous le lâchent, tous le lâchent. C'est

difficile, difficile. / [...] / C'est difficile d'être juif. Ne l'oubliez pas! La seule façon d'aider Paul, c'est de savoir reconnaître avec lui quand on l'attaque à cause de cela. Je vous en supplie soyez très ouverts sur ces choses-là. C'est trop grave, et vous savez cela va très loin. Ça ne s'arrête jamais. Cela tue, Nani et Klaus, cela tue et ça fait très mal. Si vous en souffrez avec nous, dites-le de temps en temps à Paul. Qui le lui dit? / L'antisémitisme ne regarde pas que les juifs, il regarde tout le monde, tous ceux qui vivent pour une vérité, tous ceux qui vivent de la poésie et par elle. Je sais que c'est très difficile, ça l'est pour moi aussi, et pourtant j'ai Paul tous les jours avec moi.« *[Ich bin von Paul noch ungefähr zwei Wochen getrennt. Ich hoffe, daß alles gutgeht. Ich hoffe, daß man ihn in Ruhe läßt, daß er arbeiten, lesen und schreiben kann. Ich hoffe, daß alles gutgeht. / Wenn Sie wüßten, was er durch-machen mußte. Wenn Sie wüßten, wie schwer alles für ihn ist. Wenn Sie wüßten, wie ungerecht die Leute zu ihm sind, wie sie ihn fallenlassen, wie sie ihn bei der kleinsten Gelegenheit im Stich lassen. Dabei hat er Recht, weiß er, ist er in der Wahrheit. Nur, die Wahrheit ist fast immer böse und schwer zu ertragen, und es ist einfacher zu sagen, daß er übertreibt oder sich täuscht, aber ich versichere Ihnen, er weiß zu sehen, die Wahrheit zu erkennen, er täuscht sich selten und ... wenn er sich täuscht, gesteht er das immer ein. / Nani, Klaus, man muß Paul selbst dann zuhören, wenn das schwer ist, selbst, wenn es unglaublich ist, wenn er sich – darf ich das sagen – täuscht, ich bitte Sie! Er täuscht sich selten. Aber ich weiß ja, daß Sie all das wissen, aber ich weiß auch, daß das sehr schwer, sehr schwer zu leben ist. / Sie, die Sie Pauls Freunde sind, lassen Sie ihn nie im Stich, alle lassen ihn im Stich, alle lassen ihn im Stich. Es ist schwer, schwer. / [...] / Es ist schwer, Jude zu sein. Vergessen Sie das nicht! Man kann Paul nur helfen, wenn man mit ihm zu erkennen weiß, daß man ihn aus diesem Grunde angreift. Ich bitte Sie flehentlich, seien Sie ganz offen bei diesen Dingen. Es ist zu ernst, und Sie wissen, das geht sehr weit. Das hört nie auf. Das tötet, Nani und Klaus, das tötet, und das tut sehr weh. Wenn Sie mit uns daran leiden, sagen Sie es Paul doch von Zeit zu Zeit. Wer sagt es ihm denn? / Der Antisemitismus geht nicht nur die Juden an, er geht die ganze Welt an, all die, die für eine Wahrheit leben, all die, die aus der Dichtung leben und durch sie. Ich weiß, daß das sehr schwer ist. Auch für mich ist es das, obwohl ich doch Paul tagtäglich um mich habe.]*

ND hatte GCL am 23. 1. geantwortet: »Ihre weißen Schneegrüße voll Sonne – danke dafür! Sie kamen zu uns, vermischt mit Ihren

Tränen, Ihrem Schmerz. Und wir nahmen beide auf, wir teilen sie beide. / Die Absurdität der Welt, die Grausamkeit der Menschen, ihre Dummheit und Schwäche – sie ist der Leviathan, gegen den Paul kämpft. Ich stehe zu ihm, denn er ist im Rechte, im Besitz der Wahrheit, sie engt ihm den Lebensraum ein – welcher Schmerz für Sie Gisèle, alle Wunden bluten zu sehen, immer Tag und Nacht« (NGCL-Paris). Dem Brief lag wohl auch ein Foto Jakobs mit Grüßen an Eric bei.

Brief 240
Paul Celan an Klaus Demus, [Paris,] 25. 1. 1960

1 Am 4. 1. 1960 war Albert Camus (1913-1960) bei einem Auto-unfall ums Leben gekommen. In einem nicht abgeschickten Brief an Char hatte PC am 7. 1. 1960 geschrieben: »Die Zeit stürzt sich auf die, die es wagen, menschlich zu sein – es ist die Zeit des Gegen-menschlichen. Lebendig sind wir tot, auch wir« (PC/GCL II, 112).

2 Evtl. das Gedicht ›Wolfsbohne‹, das als Reaktion auf Blöckers Kritik am 21. 10. 1959 entstanden war (GW VII, 45-48 und 359-363) und das PC ursprünglich für eine Veröffentlichung im ›Fischer-Almanach‹ vorgesehen hatte. KD riet davon ab, weil es »eigentlich kein Gedicht sei« (PC/RH, 116f.). Auch die Gedichte ›Es war Erde in ihnen‹, ›Das Wort vom Zur-Tiefe-Gehn‹ und ›Bei Wein und Verlorenheit‹ aus dem späteren Band NR waren zu diesem Zeitpunkt entstanden. Sie befinden sich aber nicht als Mss. in der ›Sammlung Klaus Demus‹ (DLA).

3 PC hielt sich vom 14. bis zum 18. 1. 1960 in Frankfurt am Main auf. Am 15. sprach er mit verschiedenen Mitarbeitern des Verlags, am 16. las er im S. Fischer Verlag die ›Junge Parze‹ vor wenigen ausgewählten Zuhörern – darunter Rudolf Hirsch und Gottfried Bermann Fischer, Theodor W. Adorno und Marie Luise Kasch-nitz (1901-1974). Letztere berichtet in einem Brief an ihre Toch-ter über die Lesung: »Vorige Woche besuchte mich Celan, trau-riger und antisemitismusempfindlicher denn je, und jetzt kann man doch nicht mal etwas dagegen sagen. Er lud mich dann zu einer Vorlesung im kleinsten Kreis bei S. Fischer, wo er seine sehr schöne Übertragung der Jungen Parze von Valéry las« (Marie Luise Kaschnitz, Tagebücher aus den Jahren 1936-1966, Frank-furt am Main 2000, 1173). Bei der Lesung traf PC auch zum ersten Mal mit Adorno zusammen.

4 Gustav René Hocke (1908-1985) hatte in seinem Buch ›Manie-rismus in der Literatur‹ (Hamburg 1959) geschrieben: »›Die Mo-dernen‹ in Paris von Apollinaire über Yvan Goll bis Paul Celan

kennen die Technik der paralogischen Metapher auch ›inwendig‹« (GA, 296). Zu PCs Kritik an Hocke vgl. das Vortragsprojekt ›Von der Dunkelheit des Dichterischen‹ (PN, 131f.).

5 PC plante einen Wien-Besuch und wollte diesen gerne mit einer Lesung im Burgtheater verbinden (zu den Einzelheiten vgl. Nr. 240).

6 Anspielung auf den Beginn der von Georg Büchner (1813-1837) mitverfaßten Flugschrift ›Der Hessische Landbote‹: »Friede den Hütten! Krieg den Palästen!«

7 Moritz Heimann, Prosaische Schriften in drei Bänden, Berlin 1918. Es erschienen noch zwei Nachtragsbände: Wintergespinst. Zehn Novellen, 1921 (Bd. 4), und Nachgelassene Schriften, hrsg. und mit einem Nachwort von Oskar Loerke, 1926 (Bd. 5). KD schickte PC die drei Bände, die dieser u. a. für seine Büchnerpreis-Rede nutzte.

Brief 241
Klaus Demus an Paul Celan, Wien, 8. 2. 1960

1 Helmut Schwarz (*1928) vom Burgtheater hatte bei PC im August 1959 angefragt, ob er zu einer Lesung in der Spielzeit 1959/60 bereit sei. Der Schauspieler und Theaterleiter Ernst Haeussermann (1916-1984), nach seiner Emigration 1938 u. a. Assistent von Max Reinhardt in den USA, hatte 1959 die Direktion des Burgtheaters übernommen, die er bis 1968 innehatte. Zuvor war er schon Programmleiter des Senders Rot-Weiß-Rot gewesen und hatte seit 1949 das ›Kosmos-Theater‹ geleitet. Vgl. Nrn. 299 u. 312.

2 Die Matinée ›Österreichische Dichter im Ausland‹ fand nicht statt. PC verzichtete Ende Dezember 1960 auf eine Teilnahme.

3 KD selbst besitzt noch die Besprechungen von Heinz Piontek und Werner Weber, die von Bienek hat sich bei ihm nicht erhalten.

4 Friedrich Heer (1916-1983) schrieb u. a. für die Zeitschrift ›Die Furche‹. Eine Besprechung unter dem Titel ›Junge Lyrik: Klaus Demus – Paul Celan – H. C. Artmann‹ fand sich nicht, lediglich eine kurze Besprechung des Bands SL von Wieland Schmied (Die Furche, Nr. 3, 16. 1. 1960). Wahrscheinlich verwechselt KD diese Besprechung mit jener von Piontek: ›Bücher – junge Lyrik‹ in ›Zeitwende‹ (vgl. Nr. 217/3).

Brief 242
Klaus Demus an Paul Celan, Wien, 20. 2. 1960

1 KD verweist hier wohl auf ein Telefongespräch, das PC mit ihm führte, nachdem er IBs Brief vom 19. 2. erhalten hatte. Am selben

Tag wie an KD hatte er nämlich auch an Nelly Sachs geschrieben (Hinweis von B. Wiedemann): »Sie ahnen nicht, wer alles zu den Niederträchtigen gehört, nein, Nelly Sachs, Sie ahnen es nicht! Denn es ist nicht allein Indolenz, es ist Niedertracht und Gemeinheit. Soll ich Ihnen Namen nennen? Sie würden erstarren. Es sind solche darunter, die Sie kennen, gut kennen. Sie wissen nicht, wieviel Freundschaft ich diesen Menschen (Menschen?) entgegen gebracht habe! Einige schreiben sogar Gedichte. Sie schreiben, diese Menschen, *Gedichte*.« (PC/Sachs, 29f.)

2 Zu KDs Besuch bei PC in Paris und den Gesprächen über die Blöcker-Kritik und den Antisemitismus vgl. Nr. 237.

3 Isaak Luria (1534-1572), bedeutender Vertreter der nachspanischen Kabbala, entwarf das letzte kabbalistische System. Elemente der »lurianischen Kabbala« sind die Lehre vom Zimzum, die Vorstellung vom Bruch der Gefäße und die Lehre vom Tikkun. PC hatte sich 1957 in Wien das Buch ›Die Geheimnisse der Schöpfung‹ (Berlin 1935) des jüdischen Religionshistorikers Gershom Scholem (1897-1982) gekauft und es im Juni 1957 gelesen. Diese Lektüre war bereits in Gedichte des Bandes SG eingegangen (vgl. Seng, Auf den Kreis-Wegen der Dichtung, 216f.). Die Lehre vom Zimzum, nach der sich Gott bei der Erschaffung der Welt auf sich selbst zurückzieht und ein selbstgewähltes Exil wählt, ist für PC von großer Bedeutung. Die Idee vom »Exil« Gottes, die Spannung zwischen dem Zimzum und der schöpferischen Emanation Gottes sowie die Symbolik der zehn Sefirot – mystischer Urpotenzen, mit der ›Schechina‹ als deren letzter – übten auf PC große Faszination aus. KDs Wendungen weisen auf Scholems Buch, in dem nicht nur das Wort »Ungrund« (für das in sich verborgene Wesen Gottes) vorkommt, sondern auch die Schechina als Meer bezeichnet wird, an dessen Oberfläche sich im »Unteren« das Licht der oberen Gottheit spiegelt. Beim Aufprall des Lichtes der zehn Sefirot ist ein Teil der Gefäße zerbrochen, nun gilt es nach Lurias Lehre, aus dem heilenden Licht, das aus der Stirn des Adam Kadmon erstrahlt, die zerstörte Ordnung wiederherzustellen. Die Kinder Israels müssen sich im Exil bewähren und versuchen, einen Funken der Schechina neu zu entzünden. Auch der Chassidismus kennt diese Vorstellung.

4 Am Ende von Hofmannsthals Lustspiel ›Der Unbestechliche‹ sagt der Diener Theodor: »Es sind Euer Gnaden die irdischen Dinge sehr gebrechlich.«

Brief 243
Klaus Demus an Paul Celan, [Wien,] 5. 4. 1960
1 Paul Valéry, Die junge Parze. Ins Deutsche übertragen von Paul
  Celan, Wiesbaden: Insel 1960. Dem Band war ein hs. Widmungs-
  blatt beigefügt: »Für Nani und Klaus und Jakob Kaspar von
  Herzen Paul / Paris, am 11. März 1960.«
2 KD meint hier die ›Bremer Rede‹ von PC. Zu PCs Prosa-Werk vgl.
  PN.
3 Schluß von Hofmannsthals Vorwort zur Publikation ›Wert und
  Ehre deutscher Sprache‹ (vgl. HvH, GW, RuA III, 133).

Brief 244
Klaus Demus an Paul Celan, [Wien,] 24. 4. 1960
1 Offenbar hatte Otto Reicher über KD zwei Parzen-Abbildungen
  aus der berühmten Figurengruppe am Westgiebel des Zeus-
  tempels in Olympia an PC schicken lassen, die sich im dortigen
  Archäologischen Museum befinden. Die Abbildungen lagen dem
  Briefwechsel nicht bei.
2 Der österreichische Dichter Max Mell (1882-1971) stand mit
  Hofmannsthal seit 1907 in Kontakt und arbeitete mit ihm
  bei verschiedenen Buchprojekten zusammen (z. B. ›Österreichische Bibliothek‹) sowie bei der Redaktion der Zeitschrift ›Neue
  Deutsche Beiträge‹.
3 Viktor Hammer (1882-1967), Maler, Graphiker und Typograph,
  zwischen 1912 und 1929 Mitglied der Wiener Sezession, seit 1922
  in Settignano bei Florenz tätig. 1938 wurde er Professor an der
  Akademie der bildenden Künste in Wien, emigrierte aber 1939 in
  die USA. Die Zeitschrift ›Mesa‹ gab Herbert Steiner heraus, der
  schon zwischen 1930 und 1942 für Bodmers Zweimonatsschrift
  ›Corona‹ die Redaktion innehatte. 1943 war er in die USA emigriert. In ›Mesa‹ erschienen u. a. Texte von Hofmannsthal, Rilke
  und Valéry. Die Zeitschrift wurde nicht von Viktor Hammer,
  sondern von dessen Sohn Jacob in Lexington/USA gedruckt.

Brief 245
Paul Celan an Klaus Demus, [Paris,] 5. 5. 1960
1 Die Sorge um den Sohn Eric hatte PC schon im Zusammenhang
  mit der Blöcker-Kritik formuliert. In dem Gedicht ›Wolfsbohne‹
  heißt es: »Mutter, ich / bin verloren. / Mutter, wir / sind verloren.
  / Mutter, mein Kind, das / dir ähnlich sieht.« (GW VII, 309)
2 PC hielt sich vom 12. bis zum 14. 5. in Frankfurt am Main auf und
  traf dort mit Hirsch, Klaus Wagenbach (*1930), damals Lektor

des Verlages, und Dr. Ferdinand Sieger (*1912), dem Anwalt des S. Fischer Verlages, zusammen, der von einer juristischen Auseinandersetzung abriet. Auch KD war nach Frankfurt gekommen und hatte sich mit Hirsch und PC darauf verständigt, eine »Entgegnung« auf CGs Vorwürfe zu publizieren. Auch mit Kaschnitz und Adorno hatte PC gesprochen. Die ›Entgegnung‹ erschien im 3. Heft der ›Neuen Rundschau‹ (71. Jg., 1960, 547-549; vgl. dazu GA, 280-289).

3 Karl August Horst, »In Ketten tanzen«, in: FAZ, 9. 4. 1960. Horst (1913-1973) hatte die Übertragung vor allem im Formalen beanstandet und Verbesserungsvorschläge unterbreitet. Am Ende heißt es: »Es muß betont werden, daß Celan an vielen Stellen die ungeheuren Schwierigkeiten des Textes verblüffend gemeistert hat.«

4 PC hat die Angriffe auf sein Werk und seine Person (was für ihn nicht zu trennen war) durch Horst, CG, Blöcker u. a. als Ausdruck eines wiederaufkeimenden Antisemitismus gesehen. Der Jude PC sollte als geldgieriger Abschreiber und Dieb diffamiert werden. Auch das Georg Maurer in den Mund gelegte Wort vom »Meisterplagiator« gehört in diesen Zusammenhang.

5 Nelly Sachs erhielt am 29. 5. 1960 den Meersburger Droste-Preis und kam dafür erstmals wieder nach Deutschland.

6 Dem Brief lag eine Abschrift des Artikels von Claire Goll, Unbekanntes über Paul Celan (in: Baubudenpoet, März-April 1960, H. 5, 115f.) bei. PC hatte das Heft (vgl. GA, 251ff.) am 3. 5., nachmittags, in der Buchhandlung Flinker in Paris entdeckt. Am 5. 5. erhielt PC das Heft der Zeitschrift und fertigte Abschriften für Hirsch und KD an (NkPC).

Brief 246
Klaus Demus an Paul Celan, [Telegramm, Wien,] 9. 5. 1960

Brief 247
Paul Celan an Klaus Demus, Frankfurt am Main, 13. 5. 1960

1 Zwei Aphorismen im Zusammenhang mit der Goll-Affäre (vgl. PN, 25 u. 317f.), die PC offenbar nach den Gesprächen im S. Fischer Verlag mit Hirsch, Wagenbach, Falkenberg und Sieger niederschrieb. Auf dem Blatt hatte sich PC maschinenschriftlich die Ankunftszeiten der Züge aus Wien notiert, in denen er den Freund KD erwartete. Am Morgen des 13. 5. hatte PC den Freund vom Bahnhof abgeholt. Am 14. 5. sprach er lange mit KD und Hirsch und erfuhr durch GCL am Telefon, daß ihm der

Büchnerpreis zuerkannt worden war, worüber er KD informierte (NkPC).

Brief 248
Paul Celan an Klaus Demus, [Paris,] 23. 5. 1960

1 Die beiden Schreiben vom selben Tag wurden offenbar zusammen verschickt.

2 Wie wichtig die Wiener Freunde in dieser Phase für PC waren, bezeugt auch ein Brief von GCL an ND vom 14. 5. 1960, in dem sie ebenfalls für die Hilfe dankt. In dem Brief, den sie gemeinsam mit einem zweiten, ebenfalls am 23. 5., verschickte, informierte sie ND über das Gespräch zwischen PC, KD und Hirsch in Frankfurt: »Tout à l'heure Paul m'a téléphoné et Klaus aussi, cela m'a fait un grand plaisir de l'entendre, de savoir que vous alliez bien et aussi que tout s'était bien passé à Francfort. Je suis si contente que Klaus ait pu venir rencontrer Paul. J'espère que dans quelque temps le public allemand sera mis devant la vérité de toute cette histoire si triste et cette infâme C. Goll dans l'impossibilité de nuire à nouveau. Si Klaus et Hirsch aident Paul, c'est déjà beaucoup. Pour les autres, il ne faut pas trop compter dessus. J'espère des jours meilleurs. J'espère pour Paul le calme retrouvé et la possibilité de se remettre au travail. Cette dernière semaine a été si dure et ... les derniers mois aussi. Peut-être y aura-t-il quelques bonnes réactions à l'article de Klaus, je l'espère. Que l'on propose à Paul le prix Georg Büchner juste en ce moment a dû lui faire plaisir. J'espère qu'il pourra l'accepter. Qui le mériterait autant que lui? Bien sûr il est déjà glorieux et très connu, mais, vous le savez bien, cela ne console pas de toutes les infamies qui circulent sur lui. C'est autre chose, mais cela fait tout de même plaisir, n'est-ce pas?« *[Gerade hat mich Paul angerufen, und Klaus ebenfalls, es hat mich sehr gefreut, ihn zu hören, zu erfahren, daß es Ihnen gutgeht und auch, daß in Frankfurt alles gut abgelaufen ist. Ich bin so froh, daß Klaus kommen und Paul treffen konnte. Ich hoffe, daß in einiger Zeit das deutsche Publikum mit der Wahrheit dieser ganzen, so traurigen Geschichte konfrontiert wird und daß dieser infamen C. Goll die Möglichkeit genommen wird, weiter zu schaden. Wenn Klaus und Hirsch Paul helfen, ist das schon viel. Auf die andern darf man sich nicht allzusehr verlassen. Ich hoffe auf bessere Tage. Ich hoffe, daß Paul seine Ruhe wiederfindet und sich wieder an die Arbeit machen kann. Die letzte Woche war so hart und ... die letzten Monate auch. Vielleicht gibt es einige gute Reaktionen auf Klaus' Artikel, ich hoffe es. Daß man Paul gerade*

in diesem Augenblick den Büchnerpreis anbietet, hat ihn sicher
gefreut. Ich hoffe, daß er ihn auch wird annehmen können. Wer
verdient ihn denn so wie er? Natürlich ist er schon zu Ruhm und
Ehren gelangt und sehr bekannt, aber, Sie wissen es gut, das tröstet
nicht über all die Infamie hinweg, die über ihn in Umlauf sind.
Es ist etwas anderes, aber es freut trotzdem, nicht wahr?]

Brief 248a
Paul Celan an Klaus Demus, [Paris,] 23. 5. 1960

1 Brief vom 19. 5. 1960, vgl. IB/PC, 136f.

2 Wolfgang Hildesheimer (1916-1991) hatte sich am 27. 12. 1959
bei PC dafür entschuldigt, im Zusammenhang mit Frischs
Reaktion auf den Blöcker-Artikel das Wort »suspekt« gebraucht
zu haben (vgl. den Briefwechsel in: W. Hildesheimer, Briefe, 97-
101).

3 In seinem Brief an IB hatte PC angemerkt, daß er am 24. 5. nach
Zürich kommen werde, um Nelly Sachs zu sehen, und er schrieb:
»Ich weiss, dass Du sie auf dem Flugplatz erwartest. Ich hätte
Dich gerne dorthin begleitet – nun musste ich Nelly Sachs sagen,
dass mir diese Möglichkeit genommen sei.« (IB/PC, 137) Auf ein
Telegramm von PC vom 15. 5. hatte Sachs am 18. 5. geantwortet:
»So werden wir uns dennoch in der Hoffnung begegnen – in
dunkler Sternzeit aber doch in der Hoffnung!« (PC/Sachs, 40)
Sachs wurde am Flughafen in Zürich von IB und PC mit Familie
in Empfang genommen. Am 26. 5. traf PC allein mit Sachs im
Zürcher Hotel Zum Storchen zusammen, wovon das Gedicht
›Zürich, Zum Storchen‹ ein Zeugnis gibt (vgl. Nr. 251).

4 Dem Schreiben lag ein Ds. von PCs Brief an Hans Bender bei (zu
PCs ›Ein Brief‹ vgl. die Angaben und den Kommentar in GA,
404ff.). Im Februar 1961 bat PC den Titel ›Wahre Hände schreiben wahre Gedichte‹ in den »adäquateren« Titel ›Ein Brief‹ ab-
zuändern, der sehr an den Titel von Hofmannsthals bedeutendem
sprachkritischen Text ›Ein Brief‹, den Chandos-Brief, erinnert.
Außerdem lag dem Schreiben – lt. Tgb. – eine Abschrift des
Gedichts ›Bei Wein und Verlorenheit‹ für ND bei (TbPC).

5 Den Satz hatte PC hs. hinzugefügt. Goethe hatte die Angriffe
Kotzebues mit den Versen beantwortet: »Ich sehe schadenfroh
im Stillen zu, / Wie dieser Feind sich selbst vernichtet.« Vgl.
Nr. 268.

Brief 249
Paul Celan und Gisèle Celan-Lestrange an Klaus Demus, [Paris,
24. 5. 1960]
1 Grüße zum Geburtstag von KD am 30. 5., die PC laut Tagebuch
   schon am 24. 5. verschickte (TbPC), weil er an diesem Tag nach
   Zürich abreiste. Außerdem finden sich im Nachlaß noch zwei
   weitere, undatierte Karten mit Grüßen: »Alles, alles Gute! /
   Gisèle und Paul« heißt es auf der einen von PC geschriebenen
   Karte; »Bon anniversaire Klaus et bien affectueusement à tous
   trois / Gisèle« *[Alles Gute zum Geburtstag, Klaus, und herzliche*
   Grüße an alle drei / Gisèle.] auf der Karte von GCL.

Brief 250
Paul Celan an Klaus Demus [Telegramm, Paris, 30. 5. 1960]

Brief 251
Paul Celan an Klaus, Nani und Jakob Demus, [Paris, 31. 5. 1960]
1 Bredeney ist ein südlicher Stadtteil von Essen. KD hielt sich dort
   auf und kehrte am 3. 6. nach Wien zurück (vgl. Nr. 252).
2 Laut Tagebuch sandte PC den »Reimbrief« für KD, das Gedicht
   ›Zürich, Zum Storchen‹ für ND und die »Reimwünsche« für
   Jakob Demus am 31. 5. nach Wien (TbPC). Von dem spaßigen
   Geburtstagsgedicht für KD, das bislang unveröffentlicht ist,
   bewahrte sich PC keine Abschrift auf. Außerdem lag der Sendung
   wahrscheinlich noch der Zettel bei: »Alles Herzliche, Klaus, alles
   Liebe! / Happy Birthday! / *Gisèle.* Paul«.
3 Den Ds. von ›Zürich, Zum Storchen‹ (HKA I 6/2, 57ff.) versah PC
   mit einer hs. Widmung für ND und datierte ihn auf den 30. 5.
   1960.
4 Gemeint ist Eric Celan.
5 Von dem Gedicht zu Jakob Demus' erstem Geburtstag bewahrte
   PC »Abschriften und erste Nied.« auf (TbPC). Später dachte er
   soger an eine Publikation der Verse (vgl. HKA I 11, 261f. und GW
   VII, 77 u. 385). Während die Briefkarte mit dem Gedicht, die sich
   im Besitz von Jakob Demus befindet, undatiert ist, sind die Tss.
   und Dss. des Gedichts auf »Paris, 31. 5. 60.« datiert.

Brief 252
Klaus Demus an Paul und Eric Celan sowie Gisèle Celan-
Lestrange, [Wien,] 5. 6. 1960
1 Dem Brief lag noch ein Geburtstagsbrief für Eric Celan bei.

Brief 253
Klaus Demus an Paul Celan, Wien, 22. 6. 1960
1 KD hat den Brief, mit dem er den ersten Entwurf für die ›Entgegnung‹ verschickte, irrtümlich auf den »22. VII. 1960« datiert.
2 KDs Text war nach dem Gespräch mit PC und Hirsch in Frankfurt am Main ein erster Versuch, eine ›Entgegnung‹ zu formulieren, welche die unberechtigten Vorwürfe CGs zurückweisen
und in der ›Neuen Rundschau‹ erscheinen sollte. Zur ›Entgegnung‹ und ihrer Entstehungsgeschichte vgl. die ausführlichen Erläuterungen in PN, 207-210 und 886-925, hier bes. 887ff.

Brief 254
Paul Celan an Klaus Demus [nicht abgeschickt], Paris, 24. 6. 1960
1 PC hatte vorübergehend auch daran gedacht, Nelly Sachs und
Adorno die ›Entgegnung‹ unterschreiben zu lassen.
2 PC hielt sich vom 4. bis zum 7. 8. 1960 in Wien auf, um mit KD über
die ›Entgegnung‹ zu sprechen und Änderungen vorzunehmen.
3 Nicht der ›Weser-Kurier‹, sondern die Tageszeitung ›Bremer
Nachrichten‹ hatte am 24. 5. 1960 unter dem Titel ›Claire Goll:
Unbekanntes über Celan‹ den Brief aus dem ›Baubudenpoet‹ fast
vollständig abgedruckt.
4 Gertrud Rosenberg war die Frau von CGs Anwalt Charles
Rosenberg. Elisabeth Sachs war eine Freundin CGs, der PC in Paris
das Ms. des Gedichts ›In Gestalt eines Ebers‹ vorgelesen hatte.

Brief 255
Klaus Demus an Paul Celan, Wien, 26. 6. 1960
1 Evangelium nach Thomas. Koptischer Text herausgegeben und
übersetzt von A. Guillaumont, H. Ch. Puech [u. a.], zweisprachig,
koptischer Originaltext und deutsche Übersetzung, Leiden 1959.
2 Die Gedichte ›Selbdritt, selbviert‹ (vgl. HKA I 6/2, 63f.) sowie ›Bei
Wein und Verlorenheit‹ (ebd., 53ff.) wurden von PC mit der Post
verschickt. Unklar ist jedoch, welchen Briefen sie beilagen. Das
erste Gedicht ist auf den 11. 6. datiert, ›Bei Wein und Verlorenheit‹
entstand schon am 15. 3. 1959 und war im Mai an ND geschickt
worden (vgl. Nr. 248/4). In der »Sammlung Klaus Demus« (DLA)
findet sich das Gedicht-Ts. unter den Gedichten aus NR. Ebenfalls
auf dem Postweg erhielten KD und ND zu dieser Zeit einen ihnen
gewidmeten Sonderdruck aus ›Die Neue Rundschau‹ (71. Jg., 1960,
H. 1, 98f.) mit den beiden dort abgedruckten Shakespeare-Sonetten
90 und 137 (William Shakespeare, *Zwei Sonette*. Ins Deutsche übertragen von Paul Celan). Ein auf den 23. 9. 1959 datiertes Blatt mit

dem 90. Sonett (›Mußt du mich hassen‹) hatte KD bereits früher erhalten (vgl. »Sammlung Klaus Demus«, DLA). Vgl. Nr. 258.

3 PCs ›Gespräch im Gebirg‹ erschien in: Die Neue Rundschau, 71. Jg., 1960, H. 2, 199-202. KD besaß sowohl das Einzelheft als auch einen Ds. des Textes mit hs. Zusätzen (»Sammlung Klaus Demus«, DLA, 96.8.48).

4 Otto Pöggeler (*1928) hatte damals keinen Text zur Lyrik PCs publiziert. Offenbar schickte er PC ein Ms., das dann aber nicht veröffentlicht wurde (Hinweis O. Pöggeler). In seinem Beitrag ›Dichtungstheorie und Toposforschung‹ (in: Jahrbuch für Ästhetik und Allgemeine Kunstwissenschaft, Nr. 5, 1960, 89-201) ist nicht von PC die Rede (vgl. Nr. 283/5). Allerdings hatte Pöggeler im Rundfunk über PCs Gedichte gesprochen: ›Ein Buch und eine Meinung – Otto Pöggeler spricht über Paul Celans neuen Gedichtband *Von Schwelle zu Schwelle*‹ (Sendemanuskript SDR vom 19. 7. 1955 im Nachlaß PC vorhanden; Hinweis B. Wiedemann). Eine umfangreiche Publikation zu PCs Lyrik (O. P., Spur des Wortes, Freiburg und München) erschien erst 1986.

Brief 256
Paul Celan an Klaus Demus, Paris, 2. 7. 1960
1 Von diesem Brief liegen zwei ms. Abschriften vor.
2 Nelly Sachs hielt sich mit ihrer Freundin Eva-Lisa Lennartsson (1910-1999) vom 13. bis zum 17. 6. in Paris auf.
3 Anfang Juni 1960 hatte PC u. a. das Gedicht ›Zwölf Jahre‹ verfaßt und einige Gedichte von Emily Dickinson (1830-1886) übersetzt, darunter ›Ein Feld ist, einsam, drauf vier Bäume stehn‹ (vgl. dazu GA, 798ff.). ›Acht Gedichte‹ von Dickinson erschienen in PCs Übersetzung 1961 im 1. Heft der ›Neuen Rundschau‹ (72. Jg., 36-39).

Brief 257
Paul Celan an Klaus Demus, 3. 7. 1960
1 Von diesem Brief liegen zwei ms. Abschriften vor.

Brief 258
Paul Celan an Klaus und Nani Demus, Paris, 6. 7. 1960 [nicht abgeschickt]
1 Es gehörte zu den Besonderheiten der von Hirsch verantworteten Jahrgänge der Zeitschrift, daß in der ›Bücher-Rundschau‹ im Anhang nationale und internationale Neuerscheinungen angeführt wurden, aber keine Bücher des S. Fischer Verlags. An

erster Stelle unter der Rubrik ›Gesammelte Werke‹ wird auf die YG-Ausgabe von Luchterhand hingewiesen (71. Jg., H. 1, 165).

Brief 259
Klaus Demus an Paul Celan, Millstatt, 8. 7. 1960
1 Zum zweiten Entwurf der ›Entgegnung‹, der hier als Anlage mit-geschickt wurde, vgl. PN, 901ff. Der von KD angeführte Satz mit Anmerkung lautet im Entwurf: »Die Witwe Goll hat Paul Celan bestohlen, indem sie die Übersetzungen dreier französischer Gedichtbände Iwan Golls, die Celan auf seine Bitte hin machte, unter dem Vorwand, sie seien schlecht zurückwies und danach* eigene Übersetzungen verfertigte. [. . ..] /* die Doppelbedeutung, instrumental und temporal, ist juristische Vorsicht – hier kenn ich mich nicht ganz aus« (PN, 903). Das von KD angeführte »triqueur« soll wohl »truqueur« heißen und einen Menschen bezeichnen, der mit Tricks arbeitet (ebd., 904). PC fand den neuen Text erst nach der Rückkehr aus der Bretagne nach dem 24. 7. vor (vgl. Nr. 261).
2 PC hielt sich mit der Familie vom 10. bis zum 24. 7. 1960 in Trébabu (Bretagne) auf. Das Wort »Ginsterland« ist auch eine Anspielung auf PCs Gedicht ›Matière de Bretagne‹.
3 KD schrieb Anfang Juli an Hirsch, der am 19. 7. antwortete: »Wegen der Entgegnung habe ich mit Paul Celan korrespondiert und wir waren so verblieben, dass Ihr Text erst in das übernächste Heft der Rundschau aufgenommen werden soll, während im kommenden Gespräch im Gebirg zu publizieren ist. Von Exner finde ich gerade in BOOKS ABROAD eine Besprechung des Bandes SPRACHGITTER, in der er aus einzelnen Sichten heraus wiederholt die Originalität von MOHN UND GEDÄCHTNIS, geradezu vom Neuen enttäuscht, betont. Dennoch will ich ihm schreiben und ihn auffordern mir zu sagen, wie er sich damals verhielt« (›Sammlung Demus‹/Harvard; Katalog Klaus Demus, Entgegnung für Paul Celan. Briefwechsel mit Rudolf Hirsch, Georg Fritsch Antiquariat).

Brief 260
Paul Celan und Gisèle Celan-Lestrange an Klaus und Nani Demus,
[Trébabu,] 20. 7. 1960
[Bildpostkarte: »TREBABU (Finistère) Dans un cadre pittoresque la charmante église paroissiale du XVIIe siècle avec son clocher Renaissance«]
1 »Sehr herzlich, ich umarme Sie alle drei Gisèle«.

Brief 261
Paul Celan an Klaus Demus, Paris, 26. 7. 1960
1 Am 24. 7. hatte PC aus Stockholm von Inge Waern (*1918)
  beunruhigende Nachrichten über den psychischen Zustand von
  Nelly Sachs erhalten. Anfang September besuchte er die Dichterin in Stockholm (vom 1. bis zum 8. 9.) und kam täglich zu ihr in
  die Klinik.
2 Anspielung auf den Literaturkritiker Paul Hühnerfeld (1926-
  1960), der PC im Juli 1960 um ein Gespräch in Paris gebeten hatte,
  das – wie PC richtig vermutete – in Verbindung mit der Goll-
  Affäre stand. In der ›Zeit‹ hatte der Kritiker den Band ›Dichtungen‹ von YG besprochen (P. H., Deutscher Geist – französisches
  Herz, in: Die Zeit, 20. 5. 1960) und Material für einen Artikel zur
  Goll-Affäre gesammelt. CG hatte Hühnerfeld nach seinem ›Zeit‹-
  Artikel angeschrieben und den frischernannten Büchnerpreis-
  träger PC beschuldigt. Daraufhin hatte Hühnerfeld um ein persönliches Gespräch gebeten und war nach Paris gereist, um am 17. und
  18. 7. 1960 mit CG zu sprechen (vgl. GA, 297). Hühnerfeld starb
  auf der Rückreise von Paris an den Folgen eines Verkehrsunfalls.
  Vgl. Nr. 266.

Brief 262
Klaus Demus an Paul Celan und Gisèle Celan-Lestrange, Wien
29. 7. 1960
[Bildpostkarte: »Wien, Blick vom Belvedere«]

Brief 263
Paul Celan an Klaus Demus, Montag, [Paris, 1. 8. 1960]
1 PC traf am 4. 8. um 15.45 Uhr am Wiener Westbahnhof ein und
  sprach nicht nur mit KD, sondern traf sich auch mit Dor und
  Federmann. Bei einem Besuch mit KD in der Buchhandlung
  Heger begegnete er außerdem Hansen-Löve (NkPC).

Brief 264
Paul Celan an Nani Demus, [Paris,] 9. 8. 1960

Brief 265
Nani Demus an Paul Celan, [Millstatt], 21. 8. [1960]
[NPC-Paris]

Brief 266
Klaus Demus an Paul Celan, Wien, 24. 8. 1960

1 Am 9. 8. hatte KD – auch in PCs Auftrag – an Hirsch geschrieben und ihm mitgeteilt, daß Exner die Unterlagen zugeschickt werden sollten, in denen von seiner Kronzeugenschaft die Rede ist, um »sein Gewissen« anzusprechen. Hirsch antwortete am 19. 8.: »Exner habe ich die Unterlagen geschickt. Ich bleibe [...] selbstverständlich bei meiner Zusage, Ihren Text zu veröffentlichen, aber gerade jetzt, wo ich ihn noch nicht kenne, möchte ich sagen, dass es eigentlich etwas Unwürdiges hat, vor der Öffentlichkeit einen Beweis zu führen, dass Paul Celan kein Plagiator ist [...]. Ich bin immer dafür, dass man das Schlechte schlecht nennt, das Böse böse, das Hässliche hässlich, aber muss man nicht auch Schmutziges zu ignorieren verstehen, muss wirklich ein Kreis bedeutungsvoller Namen in Erscheinung treten, um für etwas zu argumentieren? Wenn Menschen, die wir sehr hoch schätzen, sich der Terminologie von Frau Goll bedient hätten, läge es schon anders, aber jeder der Celan richtig gelesen hat, wird das Diskriminierende mit Abscheu von sich weisen. [...] Ich habe eine Scheu gegen das zu Laute, zu sehr inszenierte unseres Vorgehens. Dem möchte ich Ausdruck geben, aber wenn Sie nach langer Überlegung und vor allem Celan zu dem ursprünglichen Plan steht, gebe ich Ihnen wie gesagt, ohne Missmut den gewünschten Raum in der Zeitschrift. Ich vertraue vor allem Ihrem Instinkt als Freund, der einerseits die Sorge und den Kummer Celans kennt, andererseits aber ermessen kann, wie weit man in solchen Fällen gehen darf, ohne einen Fehler, den man später bereuen könnte, zu begehen« (›Sammlung Demus‹/ Harvard; Katalog Fritsch, Demus–Hirsch).

2 KD holte in PCs Auftrag im Verlag A. Sexl Informationen ein, ob man sich im Ausland bemüht habe, an ein Exemplar von PCs erstem Gedichtband SU zu gelangen. Bereits während seines Wien-Aufenthalts hatte PC Sexl aufgesucht und ihn darum gebeten zu prüfen, ob sich CG oder Exner um den Wiener Gedichtband bemüht hätten (NkPC).

3 Vgl. Nr. 261/2.

4 Gemeint ist das Gedicht ›Auf ist die Nacht‹ (InS, 26ff.).

Brief 267
Gisèle Celan-Lestrange an Klaus Demus, Paris, 30. 8. 1960
1 IBs Brief an PC vom 28. 8. 1960, vgl. IB/PC, S. 138f.
2 »fleurissent pour la seconde fois« bzw. »zum zweitenmal blühen.«: Hinweis auf »Dunkles Aug im September«.

Brief 268
Klaus Demus an Paul Celan, Millstadt, 1. 9. 1960
1 Vgl. Hirschs Brief an KD vom 19. 8. 1960, Nr. 266/1.
2 »Alles Liebe für Gisèle –«.
3 Die dem Brief beigefügte ›Anzeige‹ wurde von PC von KDs Brief
getrennt. Sie hat sich in PCs Nachlaß erhalten (D 90.1.3351). Hier
zitiert nach GA, 285.
4 Zu Kotzebue vgl. Nr. 248a/5.

Brief 269
*Klaus Demus an Paul Celan und Gisèle Celan-Lestrange, Mill-
statt, 3. 9. 1960*
1 KD hatte am 22. 8. an Hirsch über die Folgen der Goll-Affäre für
PC geschrieben: »Sie wissen, wie lange es nun schon her ist, daß
Paul Celan in diesem schrecklichen Ausmaß darunter leidet.
Dem ein Ende zu setzen, ist der nun geplante Schritt ja vor allem
gedacht. Ich weiß, daß der Text, so wie er ist, vielleicht etwas zu
heftig ist, zu viel Detail hat und vielleicht zu wenig Noblesse.
Aber, und dies rechtfertigt für mich alles, er hat in Form und
Inhalt die Fassung, die sich Paul Celan wünscht und die seiner
Verwundung Genüge zu tun imstande wäre«. Hirsch antwortet
am 26. 8.: »ich danke Ihnen für Ihren Brief und für den Text, der
mir der Sache, auf die es ankommt, aufs denkbar Mögliche zu
entsprechen scheint. Ich beuge mich Ihrem Argument. Wenn Sie
meinen, dass die Veröffentlichung Celan beruhigt, von ihm vieles
wegräumt, was ein Teil seiner dunklen Stimmung ist, soll sie mir
willkommen sein. [...] Nun bin ich soweit das, was geschieht gut
zu finden und bin vor allem Ihnen für den ausgewogenen Text
und die guten Proportionen, in denen Sie ihn gehalten haben,
dankbar« (›Sammlung Demus‹/Harvard; Katalog Fritsch,
Demus–Hirsch).

Brief 270
*Gisèle Celan-Lestrange an Klaus Demus, Telegramm, [Paris, 5. 9.
1960]*

Brief 271
Gisèle Celan-Lestrange an Klaus Demus, Paris, 5. 9. 1960

Brief 272
Paul Celan an Klaus Demus, Stockholm, Radiogramm, 5. 9. 1960

Brief 273
Klaus Demus an Paul Celan und Gisèle Celan-Lestrange, Venedig,
10. 9. 1960
[Bildpostkarte: »Platea S. S. Johannis et Pauli, eorum Templum et
Schola D. Marci«]

Brief 274
Paul Celan an Klaus Demus, Paris, 10. 9. 1960
1 Von diesem Brief findet sich eine hs. Abschrift in PCs Nachlaß.

Brief 275
Klaus Demus an Paul Celan und Gisèle Celan-Lestrange, Millstatt,
12. 9. 1960
1 Dem Brief lagen wohl der Brief von IB an KD vom 28. 8. sowie der
Brief von Hirsch vom 26. 8. 1960 (vgl. Nr. 269/1) bei. In ihrem
August-Brief hatte IB geschrieben: »Ich halte die Entgegnung, der
Formulierungen wegen, für ungünstig, ja für unselig; sie würde
Paul schaden. Ich unterschreibe sie selbstverständlich sofort,
wenn allein alle die Fakten, die das Ms. ja enthält, dargelegt werden. Darf ich etwas vorschlagen? Sollte man nicht Dr. Hirsch
bitten, die Formulierung zu übernehmen; seine Erfahrung könnte helfen, den richtigen Ton zu finden, die Entgegnung so ab-
zufassen, daß sie sich keinem Missverständnis und Befremden
aussetzt. Ich war sehr bestürzt – und zugleich kann ich mir gut
vorstellen, warum Ihnen die Erwiderung nicht gelingen wollte.
Sie dürfen sich nichts vorwerfen, sich kränken oder gar durch
meine Worte gekränkt fühlen! Bitte, verstehen Sie mich recht:
ich brauche auch die Unterlagen nicht zu sehen; ich weiß ja sehr
gut, daß es sich so verhält, wie Sie schreiben – diese ganze Abscheulichkeit von Claire Goll bedarf für mich keiner Bestätigung
mehr. Und doch ist die Entgegnung in dieser Form Paul abträglich, indem sie sich einläßt, nicht souverän bleibt. Ich glaube, daß
man Paul nichts Gutes tut, wenn man eine notwendige juristische
Klarstellung gegenüber dieser bösartigen Frau mit emotionellen,
unfreien Sätzen belastet. Eines ›Eintretens‹ gar (dieser Art! meine
ich) bedarf es nicht, womöglich zu der Zeit, in der Paul den

Büchner-Preis bekommt. Niemand wird das verstehen« (zu IBs Brief an PC vom 28. 8. 1960 vgl. IB/PC, 138f.).

Brief 276
Klaus Demus an Paul Celan, Millstatt, 14. 9. 1960
1 KD zitiert hier aus Hölderlins ›Rhein-Hymne‹: »Auch ruht und zu der Schülerin jetzt, / Der Bildner, Gutes mehr / Denn Böses findend, / Zur heutigen Erde der Tag sich neiget. –«

Brief 277
Paul Celan an Klaus Demus, Paris, 15. 9. 1960
1 In einem Entwurf zu diesem Brief, der sich ebenfalls in PCs Nachlaß findet, hatte PC am 15. 9. geschrieben: »Lieber Klaus, / ich danke Dir – und auch Gisèle dankt Dir herzlich für Deinen Brief vom 12. September. / Ich weiß wirklich nicht, was ich meinen bisherigen Briefen noch hinzufügen könnte. Doch, eine Bitte: die in meiner Gegenwart in Wien entstandene ›Entgegnung‹ nicht zu veröffentlichen, da sie ja durch alles mittlerweile Geschehene unwahr geworden ist. / Um unserer Freundschaft willen, Klaus: handle, d. h. schreibe oder schweige Deiner Überzeugung gemäß, d. h. nicht, wie aus Deinem Brief hervorgeht, mir zuliebe. / Und versteh, bitte, daß ich jetzt, nach sieben Jahren, müde bin. / Möchte die Zukunft Dir – nicht mir Recht geben! // Paul.« (D 90.1.746/6).

Brief 278
Klaus Demus an Paul Celan, Wien, 30. 9. 1960
1 Dem Brief lag die unterzeichnete ›Entgegnung‹ bei und evtl. auch ein Brief IBs an KD vom 12. 9. 1960, in dem die Dichterin aus Spanien schreibt: »Es tut mir nun doppelt leid, daß ich Sie so bekümmert habe, und doch habe ich Ihnen meine Bedenken sagen müssen, es wäre mir unrecht vorgekommen, sie zu verschweigen. Ihre Erklärung läßt mich manches begreifen, doch ganz unbegreiflich wird nun die Reaktion Pauls auf meinen Brief. Ich glaube, dieser Brief war weder unverständlich, noch mißverständlich, sondern einfach in der Annahme geschrieben, daß ich zu einem Text, den ich mitvertreten will und soll, mich auch äußern müßte und notfalls etwas vorzuschlagen hätte. Wenn Paul jedoch die Entgegnung genau so haben und nun unterzeichnet wissen will – gut, aber dann erübrigt sich das Mitdenken und ein Gespräch darüber. Aber ich will jedenfalls Post von Paul abwarten, um ihm nicht unrecht zu tun. Und, lieber Klaus, er wird

nun ja gleich durch Sie beruhigt werden und von dem Zustandekommen aller Unterschriften erfahren. Das ist im Moment das
Vordringliche« (IBs Brief liegt dem Schreiben von KD als Dok.
bei; DLA: A: Demus 96.8.16/17).

Brief 279
Paul Celan an Klaus Demus, [Paris,] 3. 10. 1960
1 Im ›Times Literary Supplement‹ war am 23. 9. ein ungezeichneter
  Artikel erschienen, in dem Trakl und YG zu PCs geistigen Vätern
  gezählt werden. Der Beitrag ›Poetic Reorientation‹ stammte von
  S. S. Prawer, nicht, wie PC vermutete, von Michael Hamburger
  (Hinweis B. Wiedemann).
2 Unter dem Sammeltitel ›Adieu, P. H.!‹ waren am 19. 8. 1960
  zwei Artikel in der ›Zeit‹ erschienen: R. W. Leonhardt, ›Paul
  Hühnerfeld und die Kritik‹, sowie Josef Müller-Marein, ›Paul
  Hühnerfeld und die ZEIT‹. PC zitiert hier den ersten: »Ist dies
  der geeignete Anlaß, auch Einschränkendes zu sagen? Ich weiß,
  daß P. H. es Wort für Wort unterschrieben hätte, wenn ich ihn
  noch darum hätte bitten können. Aber bittet man jemanden um
  so etwas, wenn man eine Paris-Fahrt mit ihm ausmacht
  (aufregende literarische Themen warteten dort), die sich alle
  Beteiligten eher als eine Fahrt in den Sommer vorgestellt hatten?
  Sie wurde zur Fahrt in den Tod.« Das in der Klammer Stehende
  hat sich PC mehrfach markiert (Hinweis B. Wiedemann).
3 In der Zeitschrift ›Das Goldene Tor‹ erschienen insgesamt zehn
  Gedichte YGs (nur acht verschiedene) in zwei unterschiedlichen
  Heften (vgl. GA, 697).

Brief 280
Klaus Demus an Paul Celan, [Wien,] 11. 10. 1960
1 Prawer hatte in seinem Beitrag geschrieben: »It is not surprising,
  therefore, that the most characteristic grammatical forms of
  recent German poetry should be aposiopesis (Klaus Demus:
  ›Schiffshimmel‹, Günter Eich: ›Herrenchiemsee‹, Helmut Heissenbüttel: ›Heimweh‹), which leaves the poem open at the end,
  pointing beyond itself; and anaphora (Paul Celan: ›Köln, am
  Hof‹, Ingeborg Bachmann: ›Was wahr ist‹), which summons up
  hidden realities through incantation.«
2 Der S. Fischer Almanach für das Jahr 1960 enthält ›Drei Übertragungen‹ PCs: Charles Baudelaires ›Der Tod der Armen‹,
  Arthur Rimbauds ›Wiedergefunden‹ und Maurice Maeterlincks
  ›Und sollt er wiederkommen‹ (74. Jahr, 80-82).

3 Gemeint ist Thomas Manns Brief an Kurt Martens vom 28. 3. 1906, der ebenfalls im Almanach abgedruckt ist (16-20). Während seines Studienjahres in Paris hatte KD am 11. 5. 1950 zusammen mit PC einen Vortrag von Thomas Mann (*Meine Zeit*) an der Sorbonne gehört (NkPC; Hinweis von B. Badiou).
4 Gerade erst war im S. Fischer Verlag die Ausgabe: Sigmund Freud, Briefe 1873-1939, hrsg. von Ernst L. Freud, erschienen.

Brief 281
Klaus Demus an Paul Celan und Gisèle Celan-Lestrange, [Wien,] 12. 10. 1960
1 Das Gedicht »verwandelte« sich und erschien 1974 als ›Auf ist die Nacht‹ und ohne Widmung (InS, 26-28). Hier handelt es sich um ein Ts. mit hs. Widmung. Vgl. Nr. 375.

Brief 282
Paul Celan an Klaus und Nani Demus, [Paris,] Allerseelen, Allerheiligen [1. / 2. 11.] 1960
1 ›Auf ist die Nacht‹ (vgl. Nr. 375). Im S. Fischer Almanach auf das Jahr 1960 war außerdem KDs Prosagedicht ›Der Berg‹ erschienen (83f.).
2 Die Verleihung des Georg-Büchner-Preises fand am Samstag, dem 22. 10. 1960, in Darmstadt statt. PC war am 20. 10. nach Frankfurt gereist, wo er seine ›Meridian‹-Rede im ›Haus Bienenkorb‹ an der Konstablerwache Mitarbeitern des S. Fischer Verlags vorgelesen hatte. Am Abend vor der Preisverleihung las PC im Darmstädter Schloß Gedichte, darunter auch die ›Todesfuge‹. Bis zum Nachmittag des 23. blieb er in Darmstadt, am 24. und 25. 10. hielt er sich erneut zu Gesprächen im S. Fischer Verlag auf.

Brief 283
Klaus Demus an Paul Celan, [Wien,] 2. 11. 1960
1 Vgl. Nr. 285/1.
2 Nicht ermittelt. Saint-John Perse, eigentl. Marie-René-Alexis Saint-Léger (1887-1975), erhielt 1960 den Nobelpreis für Literatur.
3 Wagenbach war seit Dezember 1959 Lektor des S. Fischer Verlags. Er hatte teilweise die Position von Falkenberg übernommen, der den Verlag 1960 verlassen hatte und zum Kindler Verlag nach München gewechselt war.
4 Ein Buch Pöggelers, das KD meinen könnte, lag zu diesem Zeitpunkt nicht vor (vgl. Nr. 255/4).

5 Adorno hatte PC zugesagt, einen Beitrag über seine Lyrik zu schreiben, und der Dichter wartete seit der Zusendung des Gedichtbandes SG an Adorno auf die Einlösung des Versprechens. Mehrfach erinnerte er Adorno, auch durch Freunde, daran. Die einzigen erhaltenen Äußerungen zu PCs Lyrik finden sich in den Paralipomena der ›Ästhetischen Theorie‹ und wurden zu PCs Lebzeiten nicht veröffentlicht (vgl. PC/Adorno, 197ff.).

Brief 284
Klaus Demus an Paul Celan und Gisèle Celan-Lestrange, [Wien,]
6. 11. 1960

Brief 285
Paul Celan an Klaus und Nani Demus, [Paris,] 15. 11. 1960.
1 Am 11. 11. 1960 war in der Tageszeitung ›Die Welt‹ der Artikel ›Umstrittener Ausflug in die Vergangenheit. Anleihe oder Verleumdung? – Zur Kontroverse um Yvan Goll und Paul Celan‹ von Rainer Kabel (gezeichnet mit »Rainer K. Abel«) erschienen. In ›Christ und Welt‹ war bereits am 27. 10. eine Besprechung Kabels von YGs ›Dichtungen‹ (›Jeder ein Orpheus. Yvan Goll und die Befreiung aus dem Hades des Alltags‹) publiziert worden – und das wenige Tage nach der Büchnerpreis-Verleihung. Darin hieß es: »Es wäre eine Untersuchung wert, einmal die Abhängigkeit Paul Celans von seinem ›Meister‹ Yvan Goll festzustellen. Bis in einzelne Zeilen und Bilder hat Celan Yvan Goll nachgeahmt«. In dem ›Welt‹-Artikel hatte Kabel die Frage gestellt: »Hat Paul Celan, wie manche Kritiker behaupten, seinen Freund Yvan Goll bestohlen?« und zudem angemerkt: »Warum sollte die Persönlichkeit des großen Wortmagiers den jungen Celan, der ihn fast täglich am Krankenbett besuchte, der die Entstehung der letzten Gedichte des ›Traumkrauts‹ miterlebte und Zugang zu allen Manuskripten hatte, nicht begeistert und angeregt haben?« (vgl. GA, 259-269).
2 Hans Magnus Enzensberger (*1929) hatte PC am 11. 11. seinen Brief an die Redaktion der ›Welt‹ gesandt. Der Leserbrief erschien aber erst am 16. 12. 1960 unter dem Titel »Was zum Fall Paul Celan zu sagen ist / Zwei Stimmen« gemeinsam mit einem Leserbrief von Dietrich Schaefer. Enzensberger bezeichnet in seinem Leserbrief Kabels Artikel als Höhepunkt einer »Verleumdungskampagne«, die von CG ausgehe und »nicht unter literarischen, sondern eher schon unter medizinischen Gesichtspunkten« zu beurteilen sei (vgl. GA, 301-307). Peter Szondi reagierte auf den Artikel in ›Christ und Welt‹ und schickte am 3. 11. »Eine

Richtigstellung« an die Redaktion, die aber erst am 1. 12. abgedruckt wurde. Dagegen war im Feuilleton der NZZ am 18./19. 11.
ein Beitrag Szondis erschienen (›Anleihe oder Verleumdung? Zu
einer Auseinandersetzung über Paul Celan‹), in dem er auf
Kabels Artikel in der ›Welt‹ reagierte. Ursprünglich hatte Szondi
den Leserbrief schon am 11. 11. an die ›Welt‹ gesandt, doch deren
Feuilletonchef Georg Ramseger (1912-1996) hatte den Abdruck
abgelehnt. (Zu Szondis Artikel vgl. GA, 272-277.)
3 Die ›Entgegnung‹ erschien etwa am 20. 11. 1960 im 3. Heft der
›Neuen Rundschau‹.
4 KD ließ in der Wiener Nationalbibliothek das Exemplar von SU
vervielfältigen.

Brief 286
Paul Celan an Klaus und Nani Demus, [Paris,] 18. 11. 1960
1 Erich Trunz, Weltbild und Dichtung im deutschen Barock, wohl
aus: Aus der Welt des Barock, Stuttgart 1957, 1-35; das Kepler-
Zitat auf S. 5. Dasselbe Zitat führt PC auch in einem Brief an
Pöggeler vom 30. 8. 1961 an (vgl. O. P., Spur des Worts, 162).
2 Wohl schon bei den Gesprächen im S. Fischer Verlag Ende Oktober 1960 war entschieden worden, die Büchnerpreis-Rede als
eigenständige Publikation herauszubringen. Der Band: Paul Celan, Der Meridian. Rede anläßlich der Verleihung des Georg-
Büchner-Preises 1960, erschien 1961.
3 Nachdem die Artikel von Kabel erschienen waren, dachte man
auch daran, die ›Entgegnung‹ im Feuilleton der NZZ abzudrucken. Werner Weber entschied sich schließlich für Szondis
Text.
4 KD erhielt von PC einen Ds. des ›Meridian‹-Textes (›Sammlung
Klaus Demus‹; DLA: A: Demus 96.8.49).

Brief 287
Klaus Demus an Paul Celan, [Wien,] 20. 11. 1960
1 Die beiden Geburtstagsbriefe wurden sicher gemeinsam verschickt.

Brief 287a
Nani Demus an Paul Celan, [Wien,] 20. 11. 1960

Brief 288
Klaus Demus an Paul Celan, [Wien,] 22. 11. 1960

Brief 289
Paul Celan an Klaus und Nani Demus, [Paris,] 23. 11. 1960
1 Eine alte Höflichkeitsformel, die im 18. und 19. Jhd. in Briefen gebräuchlich war; etwa: »Ich ersterbe als Euer Königlichen Hoheit unterthänigster...«

Brief 290
Gisèle Celan-Lestrange an Klaus und Nani Demus, [Paris,] 23. 11. 1960

Brief 291
Paul Celan und Ingeborg Bachmann an Klaus und Nani Demus, [Zürich,] 27. 11. 1960
[Bildpostkarte: »Zürich. Fraumünster und St. Peterskirche«]
1 PC reiste am 25. 11. nach Zürich, wo er mit Weber und IB sprach (vgl. IB/PC, 329ff.).

Brief 292
Nani Demus an Paul Celan und Gisèle Celan-Lestrange, [Wien,] 8. 12. 1960
1 Anspielung auf ein Wort von Novalis (eigentlich: Georg Friedrich Philipp Freiherr von Hardenberg; 1772-1801). Hofmannsthal zitiert es gleich zu Beginn seiner kleinen Betrachtung über ›Die Ironie der Dinge‹ (1921): »Es war lange vor dem Krieg, daß ich in den ›Fragmenten‹ des Novalis diese Bemerkung fand: ›Nach einem unglücklichen Krieg müssen Komödien geschrieben werden‹.«

Brief 293
Paul Celan an Klaus Demus, Radiogramm, Paris, 12. 12. 1960
1 In einem Brief vom gleichen Tag schrieb GCL an ND: »Nous pensons tous les trois beaucoup à vous – à Klaus – nous avons été très tristes de savoir Klaus malade. [...] Paul a tout de suite pensé partir voir Klaus, peut-être est-il trop fatigué en moment. Ecrivez-nous s'il vous plaît, Nani, nous sommes anxieux avec vous. Si vous croyez que ça serait bien pour Klaus que Paul vienne le voir, il faut le dire, peut-être au début de janvier.« [Wir denken alle drei viel an Sie – an Klaus –, wir waren sehr traurig, Klaus krank zu wissen. [...] Paul hat sofort daran gedacht, zu Klaus zu fahren, vielleicht ist er im Augenblick zu erschöpft. Schreiben Sie uns bitte, Nani, wir sorgen uns mit Ihnen. Wenn Sie meinen, es wäre gut für Klaus, wenn

Paul zu ihm führe, müssen Sie es sagen, vielleicht Anfang Januar.]

Brief 294
Klaus Demus an Paul Celan, [Wien,] 14. 12. 1960
1 KD zitiert hier aus einem Goethe-Brief aus der Schweiz an Frau von
Stein vom 3. 10. 1779 (vgl. Nr. 162/3). Am selben Tag schrieb KD auch
an GCL und beruhigte sie über seinen Gesundheitszustand (NGCL).

Brief 295
Paul Celan an Klaus und Nani Demus, [Paris,] 19. 12. 1960

Brief 296
Klaus und Nani Demus an Paul Celan und Gisèle Celan-Lestrange,
[Wien,] Weihnachten 1960
1 Hofmannsthals ›Das Salzburger große Welttheater‹ endet mit den
Versen des Engels: »Hinauf! Vor Meisters Angesicht! / Bereitet
euch auf ungeheures Licht.«

Brief 297
Paul Celan an Klaus und Nani Demus, [Poststempel: Montana,
28. 12. 1960]
[Bildpostkarte: »Sierre. Château de Muzot (XIIIe siècle)«]
1 Im Jahr 1921 entdeckte Rilke das Château de Muzot bei Sierre im
Wallis für sich und verbrachte den Rest seines Lebens überwiegend dort. Seine Förderer, die Brüder Georg (1877-1955)
und Hans Reinhart (1880-1963), hatten es zunächst für ihn ange-
mietet und später gekauft.

Brief 298
Klaus Demus an Paul Celan und Gisèle Celan-Lestrange, Wien,
30. 12. 1960
1 Am 13. 9. 1960 war PC mit Buber im Pariser Hotel Saints-Pères in
Saint-Germain-des-Prés zusammengetroffen. PC hatte ihm seine
Gedichtbände und die Mandelstamm-Übertragungen geschenkt
und sich das Buch: Martin Buber, Ich und Du (Leipzig 1923) von
ihm signieren lassen, das PC erst am 25. 8. 1960, in Vorbereitung der
›Meridian‹-Rede, gelesen und mit zahlreichen Anstreichungen ver-
sehen hatte. Jean Bollack (*1923) berichtet von der Begegnung:
»Der Besuch hatte etwas von einer Audienz, die ein Magier zwei
Jüngern gewährt. Die erwiesene Hommage entsprach der von
Celan in einem tiefen Sinn vorbereiteten Inszenierung; sie mußte

zu einer Beschuldigung Bubers führen. Seine Schuld bestand in Celans Augen in den Kompromissen einer ›Wiederversöhnung‹, die die Wahrheit des jüdischen Schicksals auslöschten. Das Gespräch hatte in einer gewissen Ergriffenheit begonnen und eine Hoffnung erweckt; es nahm ein schlimmes Ende, ein schreckliches sogar. [...] Celan wies Buber auf seine Widersprüche hin, indem er von den seinen sprach« (Bollack 2000, 133). Die Widmung Bubers in ›Ich und Du‹ lautet: »Martin Buber / 13. 9. 60«, und sie enttäuschte PC ebenfalls, weil sie ihm zu unpersönlich erschien. Er schenkte das Buch wenig später KD. Von KD erhielt PC 1961 das Buch: Die vier Zweige des Mabinogi. Ein keltisches Sagenbuch. Deutsch von Martin Buber (Leipzig 1922).

2 PC hatte KD offenbar das Ms. für das Jessenin-Buch (Sergej Jessenin, Gedichte. Ausgewählt und übertragen von Paul Celan, Frankfurt am Main: S. Fischer 1961) geschickt, das erst im April 1961 erschien. Am 19. 12. 1960 hatte PC die Jessenin-Gedichte an den S. Fischer Verlag geschickt (vgl. PC/RH, 148f.). Die nachfolgende Textpassage gefiel PC so gut, daß er sie am 3. 1. 1961 an Hirsch mit der Bitte schickte, sie als Klappentext für den Band abzudrucken. Doch Hirsch lehnte ab (vgl. PC/RH, 150ff.).

3 In PCs Übersetzung des Jessenin-Gedichtes ›Dort übern Teich‹ heißt es in V. 6: »das Heu, gehiefelt, wartet schon, wir brauchen nicht zu stehn.« (GW V, 165)

Brief 299
Klaus Demus an Paul Celan, [Wien,] 15. 1. 1961

1 In der Literaturzeitschrift ›Forum‹ war im Januar 1961 eine Erklärung von Franz Theodor Csokor (1885-1969) und Friedrich Torberg (1908-1979) ›In Sachen Paul Celan‹ erschienen. Unterzeichnet hatten die Stellungnahme die Dichter Felix Braun, Christine Busta, Heimito von Doderer (1896-1966), Milo Dor, Herbert Eisenreich, Ludwig von Ficker, Friedrich Heer, Fritz Hochwälder (1911-1986) und Alexander Lernet-Holenia (1897-1976), die öffentlich bekannten, daß sie die gegen PC erhobenen Anschuldigungen ebenso »für indiskutabel« hielten wie die Tatsache, »daß dieser peinliche Diffamierungsversuch nicht augenblicklich durch einen allgemeinen Entrüstungssturm vom Podium des öffentlichen Gesprächs weggefegt wurde«. Dies sei eine »literarische und geistige Schande, an der sie keinen Anteil haben wollen« (vgl. dazu GA, 320ff.). Der Text meldete auch, daß PC die Einladung zur Mitgliedschaft im Österreichischen P.E.N.-Club angenommen habe. PC, der an den Formulierungen des Textes

mitgearbeitete hatte, bedankte sich schon am 2. 1. 1961 sehr herzlich bei Torberg: »Ich verdanke Ihnen in einer für mich wirklich nicht leichten Zeit diese Hilfe – ich verdanke Ihnen die Hilfe. / Ich vergesse das nicht. / Ich danke Ihnen von Herzen.« Von deutscher Seite erschien im Januar 1961 eine dpa-Erklärung der Träger des Georg-Büchner-Preises, die in vielen deutschen Tageszeitungen abgedruckt wurde. Unterzeichnet war der Text von Kasimir Edschmid (1890-1966), Günter Eich, Max Frisch, Ernst Kreuder (1903-1972), Karl Krolow und Fritz Usinger (1895-1982) (vgl. GA, 325ff.).

2 Der Artikel lag dem Brief nicht mehr bei und konnte nicht ermittelt werden.

3 Zu der geplanten Lesung im Burgtheater vgl. Nr. 240/5 und 312.

4 Günter Eich (1907-1972), deutscher Schriftsteller, Mitglied der Gruppe 47 und Büchnerpreis-Träger des Jahres 1959. PC hatte Eich und dessen Frau, die Dichterin Ilse Aichinger, 1952 auf der Tagung der Gruppe 47 in Niendorf kennengelernt.

Brief 300
Paul Celan an Klaus Demus, Paris, 2. 2. 1961

1 PC zitiert hier Spinoza: »Sedulo curavi humanas actiones non ridere, non lugere neque detestari, sed intellegere« (»Ich habe mich stets bemüht, das Tun der Menschen weder zu belachen noch zu beweinen, auch es nicht zu verabscheuen, sondern es zu begreifen«; aus: Spinoza, Tractatus politicus I 4). Zum Spinoza-Zitat vgl. auch PN, 325.

2 PCs Mißtrauen gegen seinen Verlag und seinen Lektor Rudolf Hirsch war zu diesem Zeitpunkt bereits groß. Schon im Juli 1960 begann er, Hirschs Verhalten kritisch zu hinterfragen, der ihm in einem Brief vom 6. 12. 1960 geraten hatte, mehr an die Freunde zu denken »als an die kleine, aberlaute Schar der Feinde«. PC bezeichnete Hirsch später sogar in einem Brief an Alfred Margul-Sperber als »Hauptdrahtzieher« (Brief vom 9. 3. 1962) der Goll-Affäre (vgl. PC/RH, 146f. und 354f.).

Brief 301
Klaus Demus an Paul Celan, Wien, 5. 2. 1961

1 GCL hatte in einem Brief an ND am 16. 1. 1961 geschrieben: »Pour Paul le séjour à Montana a été trop court et trop plein de soucis pour qu'il puisse en profiter.« [Für Paul war der Aufenthalt in Montana zu kurz und zu sorgenbeladen, als daß er davon etwas hätte haben können.] Auf einem separaten Blatt, von dem

nicht ganz sicher ist, ob es zu diesem Brief gehört, hatte sie noch hinzugefügt: »Paul a eu ces temps-ci encore et encore beaucoup d'attaques, beaucoup de déceptions et de trahisons, dites-moi franchement s'il peut en parler à Klaus. Il est calme en ce moment, mais c'est très dur pour lui de supporter tout cela. Cela occupe toute sa pensée, tout le temps.« *[Paul mußte in der letzten Zeit wieder und wieder viele Angriffe, viel Enttäuschung und Verrat erleiden, sagen Sie mir offen, ob er darüber mit Klaus sprechen kann. Im Augenblick ist er ruhig, aber all das zu ertragen ist sehr hart für ihn. Das besetzt sein ganzes Denken, die ganze Zeit.]*

2 Vermutlich meint KD hier Krolows Artikel ›Deutsch mit französischem Schliff. Die lyrische Sprache des Dichters und Übersetzers Paul Celan‹ (in: Das Schönste, München, Februar 1961 S. 42 f.), den PC ebenfalls sehr kritisch sah (vgl. GA, 330ff.). Szondis Text ›Anleihe oder Verleumdung?‹ erschien im Januar 1961 unter dem Titel ›Zu einer Auseinandersetzung über Paul Celan‹ in der Zeitschrift ›Neue Deutsche Hefte‹ (H. 78, 949f.). Zur P.E.N.-Club-Erklärung vgl. Nr. 299/1.

3 Anspielung auf Shakespeares ›Hamlet‹, der zum ›Geist‹ sagt: »Brav, alter Maulwurf! Wühlst so hurtig fort? O trefflicher Minierer!« und gegenüber Horatio fortfährt: »So heiß als einen Fremden es willkommen. / Es gibt mehr Ding' im Himmel und auf Erden, / Als Eure Schulweisheit sich träumt, Horatio.« (I 5).

4 Hofmannsthals Erben hatten Hirsch als Verwalter des Hofmannsthal-Nachlasses eingesetzt.

5 KD zitiert hier in leicht abgewandelter Form die erste Strophe von Hofmannsthals Gedicht ›An eine Frau‹. Bei Hofmannsthal lauten die ersten Verse: »Die wahre Ernte aller Dinge bleibt / Und blüht in hoher Luft wie lichte Zinken / Das andre war nur da um da um wegzusinken«.

Brief 302
Paul Celan an Klaus Demus, Paris, 9. 2. 1961
1 Zu dem Brief hat sich auch ein hs. Ds. im Nachlaß PCs erhalten (ohne die Zusätze am Rand). Zu diesem Brief hat sich ein persönlicherer Entwurf erhalten, den PC nicht abschickte und dessen Schriftduktus sich erheblich von dem abgeschickten unterscheidet:

Paris, am 8. Feber 1961.

Herzlich danke ich Dir, Klaus.
Du hast recht, Klaus, in vielem. Aber: hättest Du alles vor

Augen, das Geschriebene und das Ungeschriebene, Du würdest wohl einiges revidieren. Vielleicht habe ich eines Tages Gelegenheit, Dir zu zeigen, was es gibt. (Und ich besitze ja bei weitem nicht alles.)

Du vergißt etwas, Klaus. Du vergißt, <u>womit</u> <u>was</u> erreicht wurde (– es geht weiter).

Du vergißt, daß ich, ob ich Gedichte schreibe oder »nur« Zeilen wie diese hier, derselbe bin. Du vergißt, daß ich etwas zu verantworten habe; daß es mir nicht gleichgültig sein kann, wenn das Grab meiner Mutter geschändet wird und man findet, daß es das nun einmal gebe. Du vergißt noch einiges andere.

Ich bin nicht ungerecht, Klaus, – ich sehe nur. Ich bin dankbar und – sehe. Der Platz im Pantheon der Literatur ist mir egal. Gedichte führen nicht dorthin.

Herzlich Dein Paul

Brief 303
Klaus Demus an Paul Celan, Wien, 22. 2. 1961
1 Bernhard Riemann (1826-1866), deutscher Mathematiker, Begründer der Riemannschen Geometrie. Sein abstrakter geometrischer Ansatz kommt ohne umgebende Räume aus (»riemannschen Mannigfaltigkeiten«, »riemannschen Räume«). Seine »topologischen Räume« sind nicht dreidimensional, sie lassen sich über geeignete Parametrisierungen darstellen. Riemann beschrieb mathematisch die geometrischen Eigenschaften n-dimensionaler Flächen und wurde mit seiner Geometrie zu einem Wegbereiter von Albert Einsteins (1879-1955) ›Allgemeiner Relativitätstheorie‹.
2 Anspielung auf PCs Gedicht ›Engführung‹, V. 124f. (KG, 113-118).
3 KD zitiert hier aus dem Beginn von Goethes ›Urworte. Orphisch‹: »Wie an dem Tag, der dich der Welt verliehen, / Die Sonne stand zum Gruße der Planeten, / Bist alsobald und fort und fort gediehen / Nach dem Gesetz, wonach du angetreten.«

Brief 304
Paul Celan an Klaus Demus, [Paris,] 24. 2. 1961

Brief 305
Paul Celan an Klaus Demus, [Paris,] 26. 2. 1961
1 Der Brief gehört zu dem Konvolut mit nichtabgeschickten Briefen; er ist aber von PC unterschrieben, so daß sich die Dich-

ter wohl kurzfristig dazu entschied, das Schreiben zurückzuhal-
ten.

2 Zu Exners Brief vom 17. 2. und PCs Antwort vom 24. 2. 1961 vgl.
GA, 489ff.

3 Das »komische Spiel« von Kasack und Martini bezieht sich u. a.
auf einen Brief Martinis vom 15. 2. 1961 (GA, 519f.), in dem PC
aufgefordert wird, für den Döhl-Bericht Fragen über seine
Beziehung zu YG zu beantworten; vgl. dazu auch PCs Antwort
an Martini vom 21. 2. 1961 (ebd., 521f.).

4 Ein Vortrag über YG im Österreichischen College konnte nicht
ermittelt werden.

Brief 306
Paul Celan an Klaus Demus, [Paris,] 2. 3. 1961
1 Kasack schreibt Robert Minder am selben Tag (2. 3. 1961), daß er
sich Sorgen über PCs seelischen Zustand mache (vgl. GA, 561).

Brief 307
Paul Celan an Klaus Demus, [Paris,] 4. 3. 1961
1 Am 4. 3. hatte Hirsch telefonisch seinen Besuch in Paris für den
15. 3. angekündigt. Er meldete sich aber erst am 18. 3. bei PC
und besuchte ihn gemeinsam mit Ida Chagall (1916-1994), der
Tochter des Malers Marc Chagall (1887-1985) (vgl. PC/RH, 312).

2 Hermann Kasack war damals Präsident der Deutschen Akademie
für Sprache und Dichtung, Fritz Martini (1909-1991) hatte den
Lehrstuhl für Literaturwissenschaft und Ästhetik an der Techni-
schen Hochschule Stuttgart inne. Kasack bat Martini, die Untersuchung im Jahrbuch der Akademie zu schreiben, doch Martini
gab die Aufgabe an seinen Assistenten Reinhard Döhl (1934-
2004) weiter, der den Beitrag ›Geschichte und Kritik eines Angriffs. Zu den Behauptungen gegen Paul Celan‹ (in: Jahrbuch der
Akademie für Sprache und Dichtung 1960, 101-132) verfaßte.
Sein Beitrag war die offizielle Reaktion der Akademie auf die
Angriffe gegen ihren Preisträger PC und erschien gemeinsam
mit PCs Büchnerpreis-Rede. Am 15. 2. 1961 hatte PC einen Brief
Martinis erhalten, in dem dieser einen Beitrag zur Goll-Affäre
im Namen der Akademie und den Besuch von Döhl in Paris
ankündigte. PC lehnte das ihm im März zugesandte Ms. von Döhl
schließlich in »Anlage und Methode« ab (vgl. GA, 346-363 und
519-526).

3 »Dixi et salvavi« heißt soviel wie: »Ich habe gesprochen und
gerettet«.

Brief 308
Klaus Demus an Paul Celan, Wien, 9. 3. 1961
1 Zu Krolows Artikel ›Deutsch mit französischem Schliff‹ vgl.
Nr. 301/2 (zu Krolow auch GA, 515ff.).
2 PC hatte nur die Schluß-Szenen von ›Antonius und Cleopatra‹
übersetzt (vgl. FN, 429).
3 Anspielung auf V. 3 von PCs Gedicht ›Spät und Tief‹: »Wir tuen
ein Werk, das man gern seinem Stern überläßt« (KG, 38).

Brief 309
Paul Celan an Klaus Demus, [Paris,] 13. 3. 1961
1 Auf die linke obere Ecke des Blattes hat PC eine Menorah
gezeichnet, auf der links eine einzige Kerze brennt. Eine ebensolche Zeichnung befindet sich auf einem Entwurf des Briefes an
Fritz Martini vom 13. 3. 1961 (vgl. GA, 525 u. Abb. 5).
2 Anspielung auf die Büchnerpreis-Rede und Luciles Schlußwort
des Dramas ›Dantons Tod‹: »Es lebe der König«.
3 PC zitiert hier aus Hölderlins Hymne ›Der Rhein‹. Dort heißt es:
»Ein Rätsel ist Reinentsprungenes. Auch / Der Gesang kaum darf
es enthüllen. Denn / Wie du anfingst, wirst du bleiben, / So viel
auch wirket die Not, / Und die Zucht, das meiste nämlich / Vermag die Geburt, / Und der Lichtstrahl, der / Dem Neugebornen
begegnet.« In seinem Gedicht ›Tübingen, Jänner‹, das am 29. 1.
1961 entstand, hatte er die unmittelbar vorangehenden Verse der
Hymne zitiert. Die Stelle ist auch in PCs Hölderlin-Ausgabe
angestrichen.
4 Dem Schreiben lagen Abschriften von Briefen PCs an Fritz Martini und an Hermann Kasack (beide vom 13. 3. 1961) bei. Der
Brief an Martini ist in GA abgedruckt und kommentiert (vgl. GA,
524ff.); in dem Schreiben an Kasack erbittet PC die Kopien von
SU zurück. Weiter heißt es: »Das von Herrn Döhl verfaßte Ms.
habe ich vor fünf Tagen erhalten; ich adressiere es jetzt, zusammen mit einem Brief, an Herrn Prof. Martini. Eine Durchschrift geht gleichzeitig auch Herrn Dr. Rudolf Hirsch (S. Fischer
Verlag) zu.«

Brief 310
Paul Celan an Klaus Demus, Montana, [Poststempel: 27. 3. 1961]
[Bildpostkarte: »Château de Muzot/St. Sierre«]

Brief 311
Klaus Demus an Paul Celan, [Wien,] 27./28. 3. 1961
1 PCs Rede ›Der Meridian‹ und der Band mit Gedichten Jessenins waren beide um den 20. 3. herum erschienen. KD hatte die Bände wohl erst vom Verlag erhalten, denn die von PC geschickten Bände erhielt er jeweils mit der Widmung: »Für Nani und Klaus. / Paris, am elften April 61. / Paul« (›Sammlung Demus‹/Harvard; Katalog Fritsch, 26).
2 Wieland Schmid, Literarischer Rufmord, in: Wort in der Zeit (Graz), Februar 1961, 4ff.
3 Nicht ermittelt.
4 KD zitiert hier Verse aus der Hymne ›Patmos‹ von Friedrich Hölderlin. Es folgen die Verse: »Nicht gar ein Übel ists, wenn einiges / Verloren gehet manchmal, von Reden / Verhallet der lebendige Laut. / Denn göttliches Werk auch gleichet dem unsern«.
5 Hermann Kasack sprach am 20. 3. 1961 im Österreichischen P.E.N.-Club.

Brief 312
Klaus Demus an Paul Celan, [Wien,] 17. 4. 1961
1 Vgl. Nr. 309/1.
2 Zitat aus der Büchnerpreisrede: »Die Kunst erweitern? / Nein. Sondern geh mit der Kunst in deine allereigenste Enge. Und setze dich frei.« (GW III, 200)
3 Zur Lesung im Burgtheater vgl. Nr. 240/5 und 299.

Brief 313
Paul Celan an Klaus Demus, Paris, 27. 4. 1961
1 PC meint hier wohl die von Milo Dor hrsg. Anthologie ›Die Verbannten‹ (Graz 1962), in der insgesamt 13 Gedichte PCs abgedruckt wurden, darunter die ›Todesfuge‹, nicht aber ›Eine Gauner- und Ganovenweise‹.
2 Das Gedicht erschien später unter dem Titel ›Eine Gauner- und Ganovenweise‹ in dem Gedichtband ›Die Niemandsrose‹. Vgl. dazu GA, 756f., hier: Signatur D 90.1.129/4 (ad AE 2, 4), ›Sammlung Klaus Demus‹, DLA (vgl. HKA I 6/2, 112ff.).
3 Ein weiterer, nicht abgeschickter Brief an Marie Luise Kaschnitz vom 25. 5. 1961 ist abgedruckt in GA, 535f.

Brief 314
Klaus Demus an Paul Celan, [Wien,] 29. 4. 1961
1 PC erhielt das Heft mit Döhls Bericht erst am 17. 5. 1961, das
Jahrbuch war aber bereits zur Frühjahrstagung der Akademie am
22. 4. 1961 an die Mitglieder ausgeliefert worden (vgl. GA, 354).
2 Alfred Edward Housman, Grabschrift für ein Söldnerheer (vgl.
GA, 805f.).

Brief 315
Paul Celan an Klaus Demus, [Paris, zwischen dem 17. und 25. 5.
1961, nicht abgeschickt]
1 Das hs. Schreiben, das bereits PCs Unterschrift trägt, kann frühestens am 17. 5. enstanden sein, weil PC an diesem Tag den Brief
von CG an den S. Fischer-Verlag erhielt, von dem der Brief bereits
spricht. Da KDs Brief vom 23. 5. (Nr. 316) noch nicht erwähnt
wird, der PC am 26. 5. erreichte, kann dieser Brief spätestens am
25. 5. verfaßt worden sein.
2 Für PC stand fest, daß Döhl ein Parteigänger von CG war (vgl.
dazu B. Wiedemann, Die Goll-Affäre, in: Celan-Handbuch,
20ff.).

Brief 316
Klaus Demus an Paul Celan, Wien, 23. 5. 1961
1 PC hatte Nr. 315 nicht abgeschickt.
2 Zu Döhls Beitrag im ›Jahrbuch der Deutschen Akademie für
Sprache und Dichtung‹ vgl. Nr. 314/1.
3 Auf die Anschuldigung in der ›Entgegnung‹, sie habe mit ihren
infamen Behauptungen das »Andenken der in einem K. Z. ums
Leben gekommenen Eltern Paul Celans« verunglimpft, antwortet CG in ihrem Schreiben vom 1. 5. 1961: »Celan weiß nur zu
genau *was* ich mit diesem Satz meinte. Er weiß ebenso genau, daß
ich selbst meine Mutter und deren zwei Schwestern [...] in
deutschen Gaskammern verlor. Er weiß ferner, daß acht Ange-
hörige Yvan Golls vergast wurden. Goll, der schon 1944 ein
längeres Gedicht gegen den Gastod seiner Brüder schrieb, und
französ. veröffentlichte: ›Schwarze Milch des Elends / Wir
trinken dich / In den Schlachthäusern / Der ermordeten Brüder«.
4 Der Brief ist ausführlich kommentiert in GA, 644ff.
5 KD nimmt in seinem Schreiben auf einen Brief von CG an die
Redaktion der ›Neuen Rundschau‹ sowie an Marie Luise Kaschnitz, IB und KD Bezug, den PC bereits von Hirsch erhalten hatte.
CGs Brief vom 1. 5. 1961 ist abgedruckt und kommentiert in: GA,

608-611, ebenso wie KDs Brief an CG vom 22. 5. 1961 (GA, 611-614).

Brief 317
Paul Celan an Klaus Demus, [Paris, 26. 5. 1961; nicht abgeschickt]
1 Am 19. 5. 1961 war in der ›Zeit‹ ein Artikel von Karl Dedecius über deutsche Jessenin-Übertragungen erschienen, der auf einen längeren Aufsatz in der Zeitschrift ›Osteuropa‹ zurückging (K. D., Slawische Lyrik – übersetzt – übertragen – nachgedichtet). In diesem hatte Dedecius seine und andere Jessenin-Übertragungen miteinander verglichen und behauptet, PC habe Jessenin verkannt, syntaktisch verändert und »entfremdet (in diesem Fall celanisiert)«. Daß nun gerade in der ›Zeit‹ Dedecius' allgemeiner Beitrag und keine Rezension seines aktuellen Jessenin-Buches erschien, interpretierte PC offenbar als weitere Folge der allgemeinen und von CG angezettelten Kampagne gegen seine Person.

Brief 318
Paul Celan an Klaus Demus, [Paris,] 26. 5. 1961
1 Döhl war wissenschaftlicher »Hilfsassistent« von Martini.
2 Das Ms. lag dem Brief im Nachlaß nicht mehr bei, daher wird es hier zitiert nach: GW V, 337. Über den Bezug der Übersetzung zur Goll-Affäre vgl. GA, 806f. Das Sonett sollte als Motto vor dem ersten Zyklus des Bandes NR stehen, der u. a. die Gedichte ›Gauner- und Ganovenweise‹, ›Zürich, Zum Storchen‹ und ›Selbdritt, Selbviert‹ enthielt, die PC allesamt auch KD geschickt hatte.

Brief 319
Paul Celan an Klaus Demus, Paris, 28. 5. 1961 [nicht abgeschickt]
1 Der Brief ist ms. und ohne Unterschrift. Er ist in großer Erregung geschrieben, worauf die zahlreichen Korrekturen und Flüchtigkeitsfehler hindeuten (vgl. GA, 536ff.).
2 Ein Konvolut mit über 300 einzelnen Tss. und Dss. von Gedichten aus dem Frühwerk befindet sich im Nachlaß Alfred Sperber, heute im Rumänischen Literaturmuseum (MLRs) in Bukarest (vgl. HKA I 1/2, 37-51).
3 Ein »umfangreiches, mehrere Zyklen umfassendes Konvolut mit Gedichten Celans« mit dem Titel ›Paul Celan / Der Sand aus den Urnen / Bukarest, 1946‹ hatte Max Rychner (1897-1965), der Leiter des Feuilletons der in Zürich erscheinenden Tageszeitung ›Die Tat‹ bereits im Herbst 1946 von Margul-Sperber zugeschickt bekommen. Es befindet sich heute im Schweizerischen Literatur-

archiv (SLA) in Bern (Teilnachlaß Max Rychner, Bestand: Erwin Jaeckle; vgl. HKA I 1/2, 53-57). Otto Basil hatte das Gedichtmanuskript mit einem Brief von Margul-Sperber am 9. 10. 1947 erhalten (vgl. Seng, »Dem Haupte des Zeus entsprungen«, 58-62).

4 Zu den Umdatierungen der Ms. YGs von 1950 auf 1949 und früher durch CG vgl. ›Zu den Problemen der Edition von YGs Nachlaß-Gedichten‹, in: GA, 697-706.

Brief 320
Klaus Demus an Paul Celan, [Wien,] 17. 6. 1961

1 Hirsch schrieb am 15. 6. 1961 an KD: »Ein Brief, der heute aus Paris kam, ist der Ausdruck einer starken Depression unseres Freundes und ich bin, ohne dass ich es genau begründen könnte, sehr bang um die nächste Zukunft« (›Sammlung Demus‹/Harvard; Katalog Fritsch, Demus – Hirsch). Ein Brief von PC an Hirsch vom 13. 6. ist nicht vollständig überliefert (vgl. PC/RH, 186f.).

2 Exner besuchte Hirsch am 21. 6. 1961 in Frankfurt. Hirsch schrieb KD darüber noch am selben Tag: »soeben war Herr Exner bei mir, den ich mit den Auszügen aus dem Brief von Frau Goll an Sie konfrontierte. Er las mir daraufhin den vollständigen Brief vor, d. h. auch die von Frau Goll ausgelassenen Stellen. In ihnen weist er auf die Fragwürdigkeit und Unwürdigkeit der Beleidigung hin, die Frau G. gegen Celan im Baubudenpoeten laut werdenließ« (›Sammlung Demus‹/Harvard; Katalog Fritsch, Demus – Hirsch).

3 Anfang Juni erschienen kurz hintereinander drei Schuldgeständnisse in den beiden Zeitungen, welche die Goll-Affäre angeheizt hatten. Zuerst erschien am 2. 6. 1961 in der ›Welt‹ ein »Fazit«, das mit dem redaktionellen Kürzel der Zeitung, »D. W.«, gezeichnet war und das »Attentat Frau Claire Golls auf den Ruf des Lyrikers Paul Celan« für »endgültig vereitelt« erklärte (vgl. GA, 364f.). Am 9. 6. folgte unter dem Titel »Celan ist rehabilitiert« ein Beitrag von Eckart Kleßmann (*1933) in ›Christ und Welt‹, in dem über die Ergebnisse von Döhls Untersuchung berichtet und erklärt wurde: »Was aber den Leser dieser vorzüglichen Schrift so traurig stimmt, ist die Tatsache, daß es möglich war, acht Jahre lang einen unschuldigen Dichter dermaßen zu diffamieren, wie es bisher durch die Witwe Yvan Golls geschehen ist.« In Kleßmanns Text integriert ist auch eine »Erklärung« von Rainer Kabel, die am 12. 6., leicht verändert, separat in der ›Welt‹ erschienen. Darin heißt es: »Nach dem genaueren Studium der Werke beider

Dichter und bisher unbekannter Manuskripte erscheint mir ein Plagiatsvorwurf gegen Paul Celan als ein Unrecht. Ich hoffe, daß diese Erklärung dazu beiträgt, dieses Unrecht wiedergutzumachen, und daß die Werke beider Dichter Paul Celan und Yvan Goll in Deutschland die ihnen gebührende Anerkennung finden« (vgl. GA, 375-377).

4 Der »infame Rest« des Briefes von CG lautet: »Zu Ihrem Satz: ›was Ihre Behauptungen in Bezug auf die Bekanntschaft P. Celans mit Goll betrifft, so wissen Sie, daß ich Zeuge dieser Bekanntschaft bin.‹ / Sie waren nicht Zeuge als Celan, Ende Oktober 49, zum ersten Mal zu uns kam und sich als ein genauer Kenner und Bewunderer der Goll'schen Lyrik vorstellte. Wenn er das nicht gewesen wäre, hätte er dann so insistiert uns aufsuchen zu dürfen? / Und auch Sie, der Sie unaufhörlich zu Goll ins Krankenhaus kamen, taten es doch wohl nicht aus Neugier um einen Herrn Goll sterben zu sehen, sondern weil Sie den außergewöhnlichen Dichter spürten, dessen ›Andenken‹ Sie heute so *hoch* halten. So *hoch*, daß Sie von gut erinnerlichen ›Details, die für Golls Andenken abträglich wären‹ schreiben. (Eine solche Zeile kann einem *nur* aus Deutschland kommen. Sie wäre in Frankreich unmöglich.) Warum kamen Sie dann fortgesetzt ins Amerikanische Spital? So unausgesetzt, daß Goll eines Tages zu mir sagte: ›Ich habe die beiden Jungen gern, aber könntest Du nicht verhindern, daß sie mich so überlaufen. Ich wäre so gern einmal allein.‹ / Sie wissen, daß ich Celan bis zu Yvans Tod sehr lieb hatte. Nicht umsonst wollten wir ihn adoptieren. Mein heftiges persönliches Ressentiment ist auf eine starke, durch ihn hervorgerufene menschliche Erschütterung zurückzuführen, die mich in der, nach Yvans Tod entstandenen Intimität, bis in die Wurzeln traf. Celan wird nicht reden. Ich auch nicht. Aber Sie waren auch hier nicht ›Zeuge‹. Wie können Sie sich anmaßen Schiedsrichter zu spielen? / Die ›Authentizität‹ des Manuskriptes von ›Traumkraut‹ aus dem Straßburger Spital 1948 werden Tausende von Besuchern der Ausstellung konstatieren. Die Titelseite mit Datum (von Yvans Hand) erscheint im Katalog. Somit werden die deutschen ›Mime‹ es mit ihren *Anspielungen* nicht mehr leicht haben.«

5 In der Österreichischen Galerie im Oberen Belvedere war vom 14. 4. bis zum 18. 6. 1961 die Ausstellung »Paul Cézanne 1839-1906« zu sehen, die KD mit kuratiert hatte. Auch den Katalog der Ausstellung (Wien: Steyermühl 1961) hatte er gemeinsam mit Erika Neubauer und Fritz Novotny erarbeitet.

6 Im 1. Heft der ›Neuen Rundschau‹ (72. Jg., 36–39), das im Juni
  1961 erschien, waren »Acht Gedichte« von Emily Dickinson in
  Celans Übertragung publiziert worden.
7 Dem Schreiben lag auch die Abschrift des Briefes von CG an KD
  vom 25. 5. 1961 bei (s. o.), die vollständig abgedruckt und
  kommentiert vorliegt in: GA, 614ff.
8 KD hat die ms. Abschrift mit einem hs. Kürzel versehen.

Brief 321
Paul Celan an Klaus Demus, Paris, 21. 6. 1961 [nicht abgeschickt]
1 Hierbei handelt es sich um ein nicht signiertes Ts. Der Brief liegt
  jedoch in drei leicht voneinander abweichenden ms. Entwürfen
  mit erhaltenen Dss. vor.

Brief 322
*Klaus Demus an Paul Celan und Gisèle Celan-Lestrange, Aix,
26. 6. 1961*
*[Bildpostkarte: »Environs d'AIX-EN-PROVENCE. Stèle à Cézanne
au Tholonet – Dans le fond le Massif de Sainte-Victoire«]*

Brief 323
Klaus Demus an Paul Celan, Wien, 3. und 4. 7. 1961
1 Der Brief von Exner, in dem er KD um ein Gespräch bat, hat sich
  nicht erhalten. Zu einem Gespräch kam es nicht.
2 Im Nachlaß PC hat sich nur der Briefumschlag des Briefes (Post-
  st.: 24. 6. 1961) mit Aufschrift von ND erhalten (D 90.1.3359).
  Exners hatte bereits am 5. 5. 1961 an PC geschrieben und einen
  Besuch bei Hirsch sowie den Wunsch eines Gesprächs mit PC in
  Paris ausgesprochen (GA, 494ff.). Hirsch hatte in seinem Brief
  vom 21. 6. 1961 geschrieben: »Exner möchte gern Paul Celan im
  August in Paris sehen. Er hatte dies auch im Mai nach Paris
  geschrieben, ohne eine Antwort zu erhalten. Meinen Sie, dass
  man eine solche Begegnung fördern soll?« Exner kündigte PC
  in einem Brief vom 20. 8. 1961 (GA, 497) seinen Besuch in Paris
  an. Zu einem Zusammentreffen zwischen Exner und PC kam es
  nicht. Vgl. Nr. 327.

Brief 324
Paul Celan an Klaus Demus, Masch., [Paris?,] 8. 7. 1961
1 Den ms. Brief o. U. schrieb PC wohl noch aus Paris, in Trébabu
  traf er vermutlich am 9. 7. ein.
2 Jürgen P. Wallmann (*1939) hatte in ›Semesterspiegel. Studenten-

zeitschrift an der Universität Münster‹ (8. Jg., Juli 1961, H. 53, 23)
eine Rezension des Jahrbuchs der Deutschen Akademie für
Sprache und Dichtung 1960 publiziert, in der es am Ende heißt:
»Es ist zu begrüßen, daß die jedem Einsichtigen offenbare
Unhaltbarkeit der Vorwürfe jetzt auch wissenschaftlich nachgewiesen ist: erstaunlich bleibt allerdings, daß diese Untersuchung
von dem Stuttgarter Studenten Reinhard Döhl stammt, der noch
vor nicht allzu langer Zeit zu denen zählte, die sich den leicht-
fertigen Anschuldigungen gegen den bedeutenden Lyriker ange-
schlossen hatten«. Der Autor publizierte noch weitere Artikel
zum »Fall Celan« (vgl. GA, 384ff.).

Brief 325
Paul Celan an Klaus Demus, Masch. mit hs. Zusatz, »Kermorvan«,
Trébabu, 10. 7. 1961
1 Rolf Schroers, Literatur-Skandal, in: Vorwärts, H. 26 (28. 6.
   1961), S. 16 (vgl. GA, 377-381). PC hatte Schroers in einer ersten
   Reaktion für den Beitrag gedankt, ihn in einem weiteren
   Schreiben aber darauf hingewiesen, daß er ihm mit »der Passage
   von meinem ›Zusammenbruch‹ und dem Wort ›Genie‹« einen
   schlechten Dienst erwiesen habe (vgl. GA, 380). PC befürchtete,
   daß Gerüchte über eine psychische Schwäche in Umlauf kämen.
   Schroers hatte gleich zu Beginn seines Artikels im Zusammenhang mit PC von einer »Diskriminierung des echten Genies«
   gesprochen. Am Ende findet sich die von PC zitierte Stelle.
2 PCs Verdächtigung, Hirsch sei mit CG im Bunde und habe den
   Artikel bei Schroers in Auftrag gegeben, entbehrt jeder Grundlage und ist ein Beleg für PCs kritischen psychischen Zustand. In
   einem Brief vom 5. 7. hatte sich Hirsch PC gegenüber erfreut über
   Schroers Artikel geäußert – ähnlich wie KD (vgl. Nr. 327) und PC
   anfangs selbst –, den Dichter aber ausdrücklich gefragt, ob ihm
   daran gelegen sei, den Beitrag »sinnvoll und methodisch zu ver-
   breiten« (vgl. PC/RH, 187ff.). In einem Brief an KD vom 15. 8.
   1961 merkt Hirsch an: »Mir gegenüber schweigt C. Nur einmal
   schrieb er sehr kurz, dass er sich von dem verteidigenden Aufsatz,
   den Schroers verfasst hatte, distanziere« (›Sammlung Demus‹/
   Harvard; Katalog Fritsch, Demus-Hirsch).
3 Frz.: »Klaus, ich bitte Sie <u>inständig</u>, nehmen Sie all das sehr ernst,
   Paul erfindet nichts. / Gisèle«.

Brief 326
Paul Celan an Klaus Demus, »Kermorvan«, Trébabu, 11. 7. 1961
1 Dem Brief lagen die beiden Schreiben PCs an Hirsch (vgl. PC/RH,
  188f.) und Schroers bei, die er am gleichen Tag verfaßt hatte. An
  Schroers schrieb er: »Du hast an mehreren Stellen, besonders am
  Schluss Deines Aufsatzes keine glückliche Hand gehabt, Rolf.
  Mit der Passage von meinem ›Zusammenbruch‹ und dem Wort
  ›Genie‹, das ich weiss Gott nicht akzeptieren kann und das man,
  um den bereits zirkulierenden Gerüchten Nahrung zu geben, nur
  allzu gerne mit dem ›Zusammenbruch‹ zusammenlesen wird,
  hast Du mir leider einen schlechten Dienst erwiesen« (GA, 380;
  dort irrtümlich auf den 11. 6. 1961 datiert).

Brief 327
Klaus Demus an Paul Celan, Millstatt, 12. 7. 1961
1 Der Brief bezieht sich auf Nr. 324, die beiden folgenden Briefe
  PCs hatte KD noch nicht erhalten.

Brief 328
Klaus Demus an Paul Celan, Millstatt, 15. 7. 1961
1 »Genie und Wahnsinn« ist in der Charakterisierung bedeutender
  Dichter und Denker – nicht nur für solche der Romantik – ein
  beliebtes Begriffspaar. In der Redewendung »Genie und Wahnsinn liegen dicht beieinander« ist es im Deutschen sogar sprich-
  wörtlich geworden. KD weist daher zu Recht auf die Büchnerpreis-Rede hin, denn PCs Wort von der »Majestät des Absurden«,
  der die Dichtung huldigen soll, weist ebenfalls in diese Richtung.
  Auch in Pöggelers Aufsatz ›Dichtungstheorie und Toposforschung‹, den PC für den ›Meridian‹ studierte, findet sich ein
  Kapitel über den ›Topos vom göttlichen Wahnsinn der Dichter‹
  (112-123; vgl. Nr. 255/4). Vgl. dazu auch: B. Wiedemann, »Ins
  Hirn gehaun« – Paul Celans Deutung des Wahnsinns (in: GRMs,
  54. Jg., 2004, H. 4, 433-452).
2 Griech. mainomenos aoides »der rasende Sänger«.
3 PC hatte KD erzählt, daß er beim Schreiben der ›Todesfuge‹
  immer in den Spiegel geschaut hätte, um den zu sehen, der das
  Gedicht schreibt.

Brief 329
*Paul Celan an Klaus Demus, Kermorvan, 19. 7. 1961 [nicht abge-
schickt]*
1 Von dem Brief existiert auch ein hs. Ds. m. U.

Brief 330
Paul Celan an Klaus Demus, Kermorvan, 20. 7. 1961
1 Die Arbeit an NR schloß PC erst im Mai 1963 ab, den Titel erwähnt er erstmals am 31. 1. 1961. Der Band erschien im Oktober 1963 bei S. Fischer.
2 Das Ts. des Gedichts ›Mandorla‹ mit hs. Widmung PCs befindet sich in der ›Sammlung Klaus Demus‹ (D 90.1.129/1; ad AE 2, 1; vgl. HKA I 6/2, 167).

Brief 331
Klaus Demus an Paul Celan, Millstatt, 29. 7. 1961
1 KD zitiert hier erneut Hölderlins Hymne ›Der Rhein‹ (V. 148f.).
2 Der mit Felix Mondstrahl gezeichnete Leserbrief ›Eine sehr merkwürdige Sache‹ erschien am 19. 7. 1961 in der Wochenzeitung ›Vorwärts‹ (vgl. GA, 381ff.).
3 Nicht ermittelt.

Brief 332
Paul Celan an Klaus Demus, [»Kermorvan«, Trébabu,] 1. 8. 1961
[nicht abgeschickt]
1 Hier war PC falsch informiert. Hinter dem Pseudonym verbarg sich der Lyriker Richard Salis (1931-1988). Dieser war es gewesen, der mit seinem Beitrag ›Statt einer Rezension‹ in der Zeitschrift ›Baubudenpoet‹ (21. 12. 1959, H. 3, 62f.) CG den Anlaß gegeben hatte, in ihrem Artikel ›Unbekanntes über Paul Celan‹ mit ihren Verleumdungen an die Öffentlichkeit zu treten. Mondstrahl hatte damals den Gedichtband SG im Stil nationalsozialistischer Hetzblätter verunglimpft und seinem Beitrag eine infame Karikatur zur Seite gestellt, die PC mit offenem Mund, heraushängender Zunge und einem Gitter als Maulkorb darstellt, aus dem einzelne Worte wie Blut, Sand und Uhr herausfallen.
2 Der Band ›Gedichte des Abendlandes. Auswahl und Vorwort von Edgar Hederer‹ erschien als 400. Bd. der ›Fischer Bücherei‹ im Juli 1961. Rimbauds ›Trunkenes Schiff‹ war in der Anthologie vertreten, aber nicht in PCs Übersetzung, sondern übertragen von Walter Flemmer (251ff.).
3 Schroers hatte in seinem Artikel CGs Verhalten gegenüber PC erstmals öffentlich mit der Dreyfus-Affäre in Frankreich in Verbindung gebracht. Während PC es hier noch kritisiert, stellt er später selbst Analogien zu der Affäre her, z. B. in einem Briefentwurf an Jean-Paul Sartre, vermutlich vom Januar 1962 (vgl. GA, 544), um damit deutlich zu machen, wie sehr er die Äußerungen

als Angriffe gegen sein gelebtes »Judesein« empfand (vgl. Brief an Siegfried Lenz vom 30. 1. 1962, in: GA, 558).

4 In einem Brief an Lenz vom 27. 1. 1962 wird PC vom »doppelten Spiel« gegen ihn sprechen und darauf hinweisen, daß auch die Juden dabei nicht fehlen (GA, 554). Das war – wie hier – auf Hirsch, die Fischers sowie auf CG bezogen.

5 Der Verein ›Germania Judaica. Kölner Bibliothek zur Geschichte des deutschen Judentums, e. V.‹ wurde 1959 von Kölner Bürgern, darunter auch Böll und Schallück, gegründet, mit dem Ziel, eine wissenschaftliche Spezialbibliothek zur Geschichte des deutschsprachigen Judentums seit der Frühen Neuzeit aufzubauen. Ähnlich wie hier äußert sich PC in einem Brief an Alfred Margul-Sperber vom 8. 2. 1962: »Neu ist an dieser Nazi-Renaissance nur, daß man mittlerweile auch herausbekommen hat, wie man's im Unterschied zu Hitler, ›besser‹ macht: durch das doppelte Spiel nämlich. (Meine ›Verteidiger‹ sind diejenigen, die's mit angezettelt haben...) Die Herren Goebbels-Mitarbeiter schreiben heute nicht mehr im ›Reich‹ – sie sitzen u. a. in der Kölner ›Germanica Judaica‹ (so Herr Prof. Dr. Heselhaus)« (PC/AMS, 56).

Brief 333
Klaus Demus an Paul Celan, Wien, 26. 8. 1961
1 Vgl. Hirschs Brief vom 15. 8. 1961 (vgl. Nr. 325/2).
2 Anspielungen auf PCs Gedicht ›Sommerbericht‹ aus SG und den Prosatext ›*Gespräch im Gebirg*‹.
3 Anspielung auf den Beginn der ›Göttlichen Komödie‹ von Dante Alighieri (1265-1321): »Nel mezzo del cammin di nostra vita / mi ritrovai per una selva oscura / che la diritta via era smarrita.«/»Als unseres Lebens Mitte ich erklommen, / Befand ich mich in einem dunklen Wald, / Da ich vom rechten Wege abgekommen.« (Übertr. v. Wilhelm G. Hertz)
4 Zitate aus Hölderlins Hymne ›Der Rhein‹ (V. 6) und T. S. Eliots ›The Waste Land‹ (V. 175).

Brief 334
Klaus, Nani und Jakob Demus an Paul und Eric Celan sowie Gisèle Celan-Lestrange, Mantua, 14. 9. 1961
[Bildpostkarte: »Mantova – Monumento a Virgilio«]

Brief 335
Klaus Demus an Paul Celan, Wien, 4. 10. 1961

Brief 336
Paul Celan an Klaus Demus, [Paris,] 13. 10. 1961

Brief 337
Klaus Demus an Paul Celan, [Wien,] 8. 11. 1961
1 Die ›Rose‹ spielt in PCs Gedichten eine wichtige Rolle –
zumindest bis zu dem Band VS. Der Vers »sieben Rosen später
rauscht der Brunnen« aus dem Gedicht ›Kristall‹ spielt sowohl im
Briefwechsel mit KD eine Rolle als auch in der Goll-Affäre
(vgl. GA, 187).

2 KD zitiert hier die Anfangsverse des Gedichts ›Inschrift‹ von
Hofmannsthal, an das er PC vor dem Hintergrund der Goll-
Affäre wohl nicht ohne Grund erinnert: »Entzieh Dich nicht
dem einzigen Geschäfte! / Vor dem Dich schaudert, dieses ist
das deine: / Nicht anders sagt das Leben, was es meine, / Und
schnell verwirft das Chaos deine Kräfte.«

Brief 338
Klaus Demus an Paul Celan, [Wien,] 20. 11. 1961

Brief 339
Klaus Demus an Paul Celan, Wien, 17. 1. 1962
1 Scholem-Alejchem (eigentl. Schalom Yakov Rabinowitsch;
1859-1916), Tewje, der Milchmann. Aus dem Jiddischen übertragen von Alexander Eliasberg. Mit einem Nachwort versehen
von Max Brod (Wiesbaden 1960). KD und ND hatten PC zu
Weihnachten 1961 das Buch: Micha Josef bin Gorion (Hrsg.),
Die Sagen der Juden. Mose. Jüdische Sagen und Mythen. Übersetzt und hrsg. von Rachel und Emanuel bin Gorion (Frankfurt am Main 1926) geschenkt. Die Widmung lautet: »Gisèle
und Paul / von Herzen // Nani und Klaus / Weihnachten
1961«.

2 Die Tagung des Kulturkreises im Bundesverband der Deutschen
Industrie im Februar in Berlin fand in der Akademie der Künste
statt. KD traf dort u. a. mit Wagenbach, Günter Grass und
Herbert Heckmann (1930-1999) zusammen.

3 PC hatte bereits am 22. 11. 1961 von Hugo Hartung (1902-1972)
erfahren, daß ihn die Akademie der Künste in Berlin zum außerordentlichen Mitglied gewählt habe. Er nahm die Mitgliedschaft
erst an, zog seine Zustimmung aber wieder zurück, nachdem er
im Mitgliederverzeichnis auch die Namen von Curt Hohoff und

Hans Egon Holthusen gefunden hatte (vgl. GA, 546f. und PC/ HHL, 147-150 und 241f.).

Brief 340
Klaus Demus an Paul Celan und Gisèle Celan-Lestrange, [Wien,] 12. 2. 1962
1 KD traf sich am Samstag, dem 3. 3. 1962, mit PC in Paris und bekam von diesem die Dokumente gezeigt, die PCs Meinung nach die ›Verschwörung‹ gegen ihn belegten. PC zeigte KD auch unveröffentlichte Gedichte und bat ihn, ihm die NR-Gedichte zurückzugeben. KD erinnert sich an die unerfreuliche Atmosphäre des Gesprächs. PC sei ihm gegenüber kalt, ja teilweise feindselig gewesen und vollständig verwandelt erschienen. Zum Abschied habe nicht PC, sondern GCL, die dem Gespräch nicht beiwohnte, ihn zur Tür gebracht. PC vermutete, wie aus seinen Tagebuchaufzeichnungen hervorgeht, daß Hirsch, den KD gegen PCs Vorwürfe in Schutz nahm, den Freund instruiert habe, die »Verschwörung« gegen ihn nicht wahrzunehmen. PC ordnet KD in die »Linie« Schroers – Hirsch ein (NkPC).

Brief 341
Klaus Demus an Paul Celan und Gisèle Celan-Lestrange, Berlin, 23. 2. 1962
[Bildpostkarte: »Berlin, Kurfürstendamm mit Gedächtniskirche«]

Brief 342
Klaus Demus an Paul Celan, Wien, 20. 5. 1962
1 Offenbar hatte PC die Freunde gebeten, ihm die Ms. und Ts. von seinen Gedichten zurückzuschicken, die er ihnen in den Jahren gegeben hatte. Dies mag der Grund dafür sein, daß sich die meisten Gedichtbeigaben PCs nicht in der ›Sammlung Klaus Demus‹ im DLA, sondern in PCs Nachlaß befinden.
2 Am 1. 4. 1962 war KD wegen eines Kunsttransportes noch einmal in Paris gewesen und hatte telefonisch um ein Treffen gebeten. PC empfing ihn an diesem Tag nicht, auch in den nächsten Tagen sind keine Zusammenkünfte verzeichnet (NkPC).

Brief 343
Klaus Demus an Paul Celan, Wien, 17. 6. 1962
1 Bereits im Herbst 1961 waren bei PC schwerwiegende psychische Probleme in Zusammenhang mit der Goll-Affäre aufgetreten. KD hatte nach eigenen Aussagen schon länger den Verdacht,

daß PC krank sei und sich behandeln lassen müsse. Ende 1962 wird es dann bei PC zu ernsten psychischen Problemen kommen, die zum Jahreswechsel 1962/63 eine erste stationäre psychische Behandlung in einer privaten Klinik notwendig machen. GCL vermerkt am 21. 6. 1962 im Notizkalender enttäuscht, daß KD ihrem Mann seit der ›Entgegnung‹ nicht mehr recht geglaubt habe, und hält fest, daß PC die Entscheidung getroffen habe, KD nicht mehr zu schreiben und nicht mehr zu antworten (NkPC/GCL).

2 Im Februar 1962 hatte PC Wagenbach in Paris empfangen, Hirsch aber ein Gespräch verwehrt. Infolge seines Mißtrauens gegenüber Hirsch wurde Wagenbach immer mehr zu seinem Ansprechpartner im S. Fischer Verlag. Ende Mai hatte PC mit Wagenbach über eine Gedichtauswahl für die Reihe ›S. Fischer Schulausgaben. Texte moderner Autoren‹ gesprochen, der im September 1962 erschien (P. C., Gedichte. Eine Auswahl, Frankfurt am Main 1962) sowie über den Band ›Drei russische Dichter – Alexander Block, Ossip Mandelstamm, Sergej Jessenin‹ (Frankfurt am Main *1963*).

Brief 344
Klaus Demus an Paul Celan, [Wien,] 21. 11. 1962
1 Wohl Anspielung auf die Zusendung des Bändchens: Paul Celan, Gedichte. Eine Auswahl, Frankfurt am Main 1962 [S. Fischer Schulausgaben], in dem das Gedicht ›Die Krüge‹ (20) die Widmung für KD enthielt. Evtl. dankt KD aber auch für die 5. Aufl. des Bandes MG (erschienen Anfang August 1961), in dem das Gedicht wieder die Widmung trug, die in der 4. Aufl. (1960) gefehlt hatte.

Brief 345
Klaus Demus an Paul Celan, [[Jerusalem]], November 1963
[Bildpostkarte: »JERUSALEM Mount Zion King Davids tomb«]
1 Die Postkarte von König Davids Grab auf dem Berg Zion lag in dem Buch: Jehuda Halevi, Zionslieder. Mit der Verdeutschung von Franz Rosenzweig und seinen Anmerkungen, Berlin: Schocken Verlag 1933. KD nahm damals an einem Kongreß des Internationalen Kunstkritikerverbandes (AICA) in Israel teil.

Brief 346
Klaus Demus an Paul Celan, Millstatt, 26. 6. 1964
1 Otto Breicha (1932-2003), Kunsthistoriker, Publizist, Kultur-

manager, gründete 1966 mit Gerhard Fritsch die Zeitschrift
›protokolle‹. Er war Autor und Herausgeber zahlreicher Publikationen zur österreichischen Kunst und Literatur des 20. Jahrhunderts. Die Österreichische Gesellschaft für Literatur war
1961 von dem Kulturpublizisten Wolfgang Kraus (1924-1998)
als Gesellschaft zur »Förderung und Propagierung österreichischer Literatur; Pflege kultureller Kontakte mit anderen Staaten,
vor allem mit den Nachbarländern« gegründet worden. Breicha
war seit 1962 als stellvertretender Leiter der Gesellschaft tätig, die
Lesungen, wissenschaftliche Vorträge und Symposien veranstaltete. Zu einem Artikel von KD über PC kam es nicht.

Brief 347
Klaus Demus an Paul Celan, [Wien,] 21. 11. 1968
1 PC sollte am 2. 10. 1968 auf Einladung der ›Österreichischen
  Gesellschaft für Literatur‹ im Wiener Palias Palffy lesen. Trotz
  seiner Zusage blieb PC der Veranstaltung kommentarlos fern,
  und 500 Menschen, darunter KD und viele Wiener Freunde des
  Dichters, gingen schließlich enttäuscht nach Hause (vgl. Displaced: Wiedemann, 149f.).
2 KD hielt sich vom 20. bis zum 24. 3. 1969 in Paris auf und traf
  täglich mit PC zusammen.

Brief 348
Paul Celan an Klaus Demus, [Épinay-sur-Orge,] 2. 12. 1968
1 Am 15. 11. 1968 war PC in das Psychiatrische Krankenhaus
  Vaucluse in Épinay-sur-Orge (Departement Essonne) einge-
  wiesen worden, wo er bis zum 3. 2. 1969 blieb.
2 PC erinnert sich richtig. Der Brief von KD datiert auf den
  17. 6. 1962, lag also 5 ½ Jahre zurück.
3 André du Bouchet (1924-2001), französischer Dichter und
  Übersetzer, den PC bereits in den 50er Jahren kennenlernte. Er
  übersetzte PCs Gedichte und Prosatexte ins Französische.
  Gemeinsam mit Yves Bonnefoy (*1923) u. a. gab er seit 1967
  die Zeitschrift ›L'Ephémère‹ heraus, deren erstes Heft mit seiner
  Übersetzung von PCs Büchnerpreis-Rede ›Der Meridian‹ eröff-
  nete. Seit 1968 (H. 7 der Zeitschrift) gehörte auch PC dem Her-
  ausgebergremium an. Im selben Jahr erschien PCs Übersetzung
  von du Bouchets Gedichtbuch ›Dans la chaleur vacante‹/›Vakan-
  te Glut‹ bei Suhrkamp. KD lernte du Bouchet in Paris kennen.
  Zur Publikation von Gedichten KDs in ›L'Ephémère‹ kam es
  nicht.

Brief 349
Klaus Demus an Paul Celan, [Wien,] 13. 12. 1968
1 Der Gedichtband MNs erschien erst 1969 bei Neske. Das Ms., das
  KD dem Freund zuschickte, trägt die Widmung: »Für Paul von
  Herzen / Klaus«.

Brief 350
Klaus Demus an Paul Celan, [Wien,] 27. 12. 1968
1 Da KD keine Einzelheiten über PCs Leben in den Jahren seit dem
  Bruch kannte und nichts von der Trennung von GCL wußte,
  schickte er die Briefe an die alte Adresse Rue de Longchamp.
  PC hielt sich zu diesem Zeitpunkt nicht in Paris auf, sondern
  war seit dem 15. 11. 1968 in Épinay-sur-Orge in psychiatrischer
  Behandlung (vgl. Nr. 348/1). GCL überbrachte ihm dort die Briefe von KD und vermittelte auch die Zusammenkunft in der Rue
  d'Ulm im März. GCL hatte sich mit KD in Verbindung gesetzt
  und ihn über PCs Zustand informiert.

Brief 351
Klaus Demus an Paul Celan, [Wien,] 24. 1. 1969
1 KD hatte zu PCs Gedichten seit NR ein kritisches Verhältnis
  (vgl. Nr. 364/1). Evtl. spielte er hier auf das Gedicht ›Dein vom
  Wachen‹ an:

DEIN VOM WACHEN stößiger Traum.
Mit der zwölfmal schrauben-
förmig in sein
Horn gekerbten
Wortspur.

Der letzte Stoß, den er führt.

Die in der senk-
rechten, schmalen
Tagschlucht nach oben
stakende Fähre:

sie setzt
Wundgelesenes über.

2 ›Morgennacht‹ hatte KD schon 1958 als Titel für einen neuen
  Gedichtband ins Spiel gebracht (vgl. Nr. 197/4).

3 KD verwendet den Begriff »Entwerden« hier im Sinne des Mystikers Meister Eckhart (1260-1327). Der Mensch soll sich nicht in die Welt hineinbegeben, sondern er soll sich aus ihr herausbegeben, er soll nicht werden, sondern »entwerden«, muß sein Ich und seine Welt preisgeben (Hinweis KD).

4 KD zitiert hier aus Hölderlins ›Wie wenn am Feiertage‹: »Jetzt aber tagts! Ich harrt und sah es kommen, / Und was ich sah, das Heilige sei mein Wort.« Dem Gedicht und den Versen hat auch Martin Heidegger eine »Erläuterung« gewidmet. Das zweite Zitat stammt aus Franz Grillparzers Trauerspiel ›Libussa‹, wo die Titelheldin in ihrem prophetischen Monolog sagt: »Doch soll's nicht sein, die Nacht liegt schwer am Boden / Und bis zum Morgen ist noch lange Zeit. / Die Kraft versiegt, mein Auge schwimmt im Dunkel. / Fort alles, was um mich noch Gegenwart, / Die Luft der Zukunft soll mich frei umspielen.«

5 Zitat aus dem Gedicht ›Ein großer Tag‹ von KD (InS, 29).

6 Anspielung auf Goethes Gedicht ›Selige Sehnsucht‹ aus dem ›West-östlichen Divan‹: »Sagt es niemand, nur den Weisen, / Weil die Menge gleich verhöhnet, / Das Lebend'ge will ich preisen, / Das nach Flammentod sich sehnet.«

Brief 352
Paul Celan an Klaus Demus, Paris, 4. 2. 1969

1 Vgl. Nr. 348. Seine Arbeit an der ENS nahm PC im Frühjahr 1969 wieder auf (vgl. PC/PS, 234f.).

2 PC hatte zwar nicht die neuen, aber die alten Gedichte von KD gelesen. Von GCL hatte er sich den Band SL in die Klinik schicken lassen. Darüber äußerte er sich in einem Brief an GCL vom 8. 1. 1969: »Nach so vielen Jahren den Gedichtband von Klaus wiedergelesen: Leider sind nur wenige Seiten darunter, die überdauert haben. Damals sah ich darin Vorläuferisches, und als ich Dich um das Buch bat, dachte ich, es wiederzufinden. Womit muß man die Poesie wohl füttern, um ihr das zu bewahren, was an ihr unzähmbar ist?« (PC/GCL I, 562f.)

3 Jean Daive (d. i. Jean de Schrynmakers; *1941), französischer Schriftsteller und Übersetzer. Daive übersetzte Gedichte von PC ins Französische, PC übertrug Daives ›La Décimale blanche‹/›Weiße Dezimale‹. Daive sollte auch Gedichte von KD für ›L'Éphémère‹ übersetzen (vgl. Nrn. 349ff.). Zwei Übersetzungen (eine nur fragmentarisch) mit Korrekturen von PC und du Bouchet haben sich in einer von PC beschrifteten Mappe er-

halten. Vollständig übertragen wurde das Gedicht ›Groß, sich selbst glühend‹.

Brief 353
Paul Celan an Klaus Demus, [Paris,] 10. 2. 1969

1 PC mußte sich regelmäßig in einer Ambulanz der Departements-Verwaltung melden, wo sein Zustand beurteilt und die Medikation überwacht wurde.

Brief 354
Klaus Demus an Paul Celan, [Wien,] 12. 2. 1969

1 Zwischen 1967 und 1987 war KD Kustos am Kunsthistorischen Museum in Wien, wo er später für die holländischen Meister des 15. bis 17. Jahrhunderts zuständig war. Seinen Einstand gab KD aber mit Einrichtung der »Neuen Galerie« in der Stallburg, die Kunst des europäischen 19. Jahrhunderts zeigte (vgl. dazu Klaus Demus [Bearb.], Katalog der Neuen Galerie in der Stallburg, Wien 1967). Zu seiner Arbeit im Kunsthistorischen Museum vgl. u. a. die Kataloge: Klaus Demus, Holländische Meister des 15., 16. und 17. Jahrhunderts. Vorwort: Friederike Klauner, Wien 1972, und Klaus Demus [Mitarb.], Peter Paul Rubens (1577-1640). Ausstellung zur 400. Wiederkehr seines Geburtstages, Wien 1977.

2 Zitat aus KDs Gedicht ›Noch strahlt der Finsternis‹ (InS, 15).

Brief 355
Paul Celan an Klaus Demus, [Paris,] 14. 2. 1969

Brief 356
Paul Celan an Klaus Demus, [Paris,] 16. 2. 1969

1 Vgl. Nr. 348/2.

Brief 357
Klaus Demus an Paul Celan, [Wien,] 17. 2. 1969

1 KD hatte das 6. Heft der Zeitschrift ›L'Ephémère‹ erhalten, in dem kein Text von PC enthalten war. Dafür enthielt das Heft ›La Sente Etroite du Bout-du-Monde‹ von Matsuo Bashô (1644-1694), Hofmannsthals ›Deux lettres du voyageur à son retour‹ (aus den insg. fünf ›Briefen des Zurückgekehrten‹) sowie André du Bouchets Aufzeichnungen ›Sous les pavés, la plage‹.

2 Joannis Avramidis (*1922), Bildhauer griechischer Abstammung, seit 1943 in Wien, zwischen 1968 und 1992 Professor an der Akademie der bildenden Künste. Avramidis, mit KD befreundet, hat

im Jahr 1982 Porträts von ihm angefertigt (abgebildet in: Joannis Avramidis, Zeichnungen, Staatsgalerie Stuttgart, 1986, S. 42-46). KD hat sich in mehreren Publikationen zum Werk von Avramidis geäußert, zuletzt in: Dieter Brusberg (Hrsg.), Joannis Avramidis. »Agora«. Skulpturen und Zeichnungen 1953-1988, Berlin 1989.

3 Hercules Pieterszoon Seghers (1590-1639), holländischer Maler und Radierer. Ungewöhnlich für die Zeit sind seine kühnen Experimente auf dem Gebiet der Radiertechnik. Seine Landschaften sind bizarre Einöden. GCL war von Seghers Arbeiten sehr beeindruckt.

4 KD hat sich mit dem Werk des niederländischen Renaissancemalers Pieter Bruegel d. Ä. (1568-1625) mehrfach wissenschaftlich beschäftigt, u. a. in der Studie ›Die Gemälde Pieter Bruegels d. Ä. im Kunsthistorischen Museum‹ (Wien 1973) sowie in dem Katalog ›Flämische Malerei von Jan van Eyck bis Pieter Bruegel d. Ä.‹ (bearb. von Klaus Demus, Friderike Klauner, Karl Schütz, Wien 1981), in dem die Eintragungen zu Bruegel (61-136) von KD stammen. Die Alpen-Zeichnungen, von denen KD hier spricht, werden übrigens mittlerweile dem niederländischen Maler und Zeichner Roelant Savery (1576-1639) zugeschrieben.

5 Antoine Graf von Seilern (1901-1978), englischer Kunstsammler aus österreichischem Adel. Beraten von österreichischen Künstlern und Kunstfachleuten, baute er eine große europäische Privatsammlung auf. Nach seinem Tod erhielt das Courtauld Institute of Art der Londoner Universität die bedeutende Sammlung als Legat.

Brief 358
Klaus Demus an Paul Celan, [Wien,] 19. 2. 1969

Brief 359
Paul Celan an Klaus Demus, Telegramm, [Paris,] 27. 2. 1969
1 PC sprach in Frankfurt mit seinem Verleger Siegfried Unseld (1924-2002). Auf der Rückseite des Telegramms plante KD schon seine Reise nach Paris und notierte: »19. Mi – 22. Mo / 20. Do. 23. Di // W 14^{00} – 8^{05} / P → 22^{15} – 14^{50}«.

Brief 360
Klaus Demus an Paul Celan, [Wien,] 2. 3. 1969
1 KD traf am 20. 3. 1969 in Paris ein und blieb bis zum 24. 3.
2 Das Zusammentreffen mit du Bouchet fand am Abend des 23. 3. 1969 statt (vgl. Nr. 348/2).

Brief 361
Nani Demus an Paul Celan, [Wien,] 5. 3. 1969

1 Es ist nicht auszuschließen, daß die Karte, die auf der Rückseite die Widmung »Paul« von NDs Hand trägt, einem anderen Brief von KD oder einer Sendung an PC beilag.

2 PC hatte ND zum Geburtstag ein Exemplar der bibliophilen Edition des Gedichtes ›Todtnauberg‹ geschickt (Paul Celan, ›Todtnauberg‹, Vaduz, Brunidor: 1968; eines von 50 numerierten und von PC im Druckvermerk signierten Exemplaren auf Bütten). Dem Band lag ein hs. Widmungsblatt bei: »Der lieben Nani, mit den herzlichsten Glückwünschen / Paul«.

Brief 362
Paul Celan an Klaus Demus, [Paris,] 13. 3. 1969

Brief 363
Klaus Demus an Paul Celan, [Wien,] 14. 3. [1969]

Brief 364
Klaus Demus an Paul Celan, [Wien,] Ostermontag [7. 4.] 1969

1 PC hatte KD in seinem Zimmer in der École normale supérieure Mappen mit Gedichten gezeigt, die er zuletzt geschrieben hatte. Mit PCs neuen Gedichten konnte KD wenig anfangen, äußerte vorsichtige Kritik und sprach hauptsächlich über die Sprachstruktur (Hinweis KD).

2 In Paris hatte PC dem Freund den Band FS überreicht und die Widmung hineingeschrieben: »Für Klaus, / in Paris, am 21. März 1969, / Paul« (›Sammlung Demus‹ / Harvard; Katalog Fritsch, 30f.). KD besaß auch die von PC und GCL gemeinsam gestaltete Edition ›Atemkristall‹ (Nr. III; Vaduz, Brunidor: 1965) und die gemeinsame Arbeit ›Schlafbrocken, Keile‹ (Paris, Edition Brunidor: Paris 1966), die er evtl. in Paris erhielt.

Brief 365
Klaus Demus an Paul Celan, [Wien,] 18. 5. 1969

Brief 366
Paul Celan an Klaus Demus, Telegramm, [Paris,] 30. 5. 1969

Brief 367
Klaus Demus an Paul Celan, [Wien,] 12. 6. 1969

Brief 368
Klaus Demus an Paul Celan, Haarlem/NL, 14. 9. 1969
[Bildpostkarte: Strand und Meer]
1 Anspielung auf das Bildmotiv der Karte und evtl. auf PCs
Gedicht ›Niedrigwasser‹.

Brief 369
Paul Celan an Klaus und Nani Demus, [Jerusalem,] 8. 10. 1969
[Bildpostkarte: »Jerusalem – Damascus Gate«]
1 PC hielt sich vom 30. 9. bis zum 17. 10. 1967 in Israel auf, wo er
Freunden aus der Bukowina wiederbegegnete. Am 8. 10., als er
die Karte an KD schrieb, traf er in Jerusalem mit Gershom
Scholem zusammen, dessen Bücher zur jüdischen Mystik er sehr
schätzte. Zu PCs Israel-Reise vgl. PC/IS, 143-178, und Lydia
Koelle, Paul Celans pneumatisches Judentum, 232-268.

Brief 370
Klaus Demus an Paul Celan, [Wien,] 19. 11. 1969
1 Zu diesem Zeitpunkt lagen schon Dissertationen zu PCs Werk
vor, z. B. Jean Firges, Die Gestaltungsschichten in der Lyrik Paul
Celans ausgehend vom Wortmaterial (Diss. Köln 1959), James
K. Lyon, »Nature«. Its idea and use in the poetic imagery of
Ingeborg Bachmann, Paul Celan and Karl Krolow (Diss.
Harvard University 1962), und Peter Mayer, Paul Celan als
jüdischer Dichter (Heidelberg 1969). Auch das Buch von Peter
Horst Neumann (Zur Lyrik Paul Celans, Göttingen 1968), das
sich in seiner Bibliothek befand, könnte gemeint sein, das PC
allerdings kritisch sah (vgl. PN, 124 u. 613ff.). Dagegen schätzte
PC die Studie von Peter Paul Schwarz, Totengedächtnis und
dialogische Polarität in der Lyrik Paul Celans (Düsseldorf 1966;
Wirkendes Wort, Beiheft 18).

Brief 371
Paul Celan an Klaus und Nani Demus, [Paris,] 21. 11. 1969
1 Evtl. das Buch: ›Palästina. 188 Bilder nebst einer Übersichtskarte
und einer viersprachigen Bildbeschreibung. Eingeleitet und
herausgegeben von Georg Landauer‹ (Berlin: Jüdische Buch-Ver-
einigung 1935), das PC von KD geschenkt bekam. Der Band
enthält zwei undatierte Notizen von KD: die Widmung »Nimms
als Zeichen des Gedenkens – / herzlichst Klaus« sowie die Notiz
»Lieber Paul – im Katalog stand: von G. Landauer; leider wurde
es kein Gustav!«. KD schenkte PC aber auch die Ausgabe: Meister

Eckharts Mystische Schriften (übertr. v. Gustav Landauer, Berlin 1920), die PC in Wien bei ihm immer bewundert hatte.

2 Anfang November 1969 hatte PC eine neue Wohnung in der Avenue Émile Zola bezogen.

Brief 372
Paul Celan an Klaus Demus, [Paris,] 24. 11. 1969

1 PC bezeichnet sich hier als einen »in Scheiben geschnittenen Menschen«. Ein Buch des französischen Schriftstellers und Karikaturisten Vercors (Pseudonym von Jean Bruller, 1902-1991) trug den Titel ›Un homme coupé en tranches‹ (Paris 1929).

2 Unmittelbar nach PCs Jerusalem-Aufenthalt waren eine Reihe von Gedichten entstanden, die an Ilana Shmueli (*1924) gerichtet waren, eine Jugendfreundin aus Czernowitz, der er in Israel wiederbegegnet war und mit der er bis zu seinem Tod eng verbunden blieb. In dem Nachlaßband ZG bilden die Jerusalem-Gedichte den zweiten Zyklus, den PC noch zu Lebzeiten als etwas »sehr Persönliches« gekennzeichnet hatte, indem er ihm den Arbeitstitel ›Ilana‹ gab. Auch Ilana Shmueli erinnert sich: »Ich las die Gedichte als Teil seiner Briefe, ich las sie wie Briefe an mich. Die meisten Gedichte sind eins mit unserem Erleben, sie erzählen unsere Geschichte, sie sprechen von unserem Gang durch Jerusalem – sie sprechen von Israel. Ich habe seine Gedichte ursprünglich als eine für mich bestimmte Aussage gelesen – er hat in seinen Briefen betont, daß sie so gedacht waren« (PC/IS, 169).

3 Der Band war im Dezember 1967 weitgehend fertiggestellt und trug den Titel ›Bakensammler‹. Später schwankte PC zwischen den Titeln ›Bakenmeister‹, ›Sinneinwärts‹ und ›Bakensaat‹. Für den Titel ›Lichtzwang‹, den er erstmals am 29. 9. 1969 auf einem Aktendeckel notiert und doppelt unterstrichen hatte, entschied er sich schließlich im Februar 1970 (vgl. HKA I 9/2, 11f. und 26f.). Vgl. zur Titelfindung auch PC/IS, 199.

4 PC las am 21. 3. 1970 im Rahmen der Tagung der Hölderlin-Gesellschaft in Stuttgart Gedichte aus dem Ms. des Bandes LZ, der erst postum erschien. Über PCs letzten öffentlichen Auftritt berichtet Hans Mayer in seinen ›Erinnerungen an Paul Celan‹ (H. M., Repräsentant und Märtyrer, 1971, S. 185f.; vgl. auch PC/FW, 239f.).

5 Das hs. Ms. des Schlußgedichts des Bandes LZ, das bereits im Dezember 1967 entstanden war, befindet sich heute im Nachlaß Martin Heideggers (vgl. HKA I 9/2, 258f.). KD schenkte dem

Philosophen das Blatt im April 1971, genau ein Jahr nach Celans Tod. In seinem Dankesbrief an KD schreibt Heidegger: »als ich Ihren Brief vom Ostersonntag öffnete fiel der Blick zuerst auf das Blatt mit der mir vertrauten Handschrift des selbst ›unüberhol-baren‹ Gedichtes von Paul Celan, das ich ›auswendig‹ kenne, schöner gesagt, par cœur« (›Sammlung Demus‹ / Harvard; Kata-log Fritsch, Heidegger – Demus – Celan).

Brief 373
Klaus Demus an Paul Celan, [Wien,] 30. 11. 1969

Brief 374
Klaus und Nani Demus an Paul Celan, [Wien, vor dem 22. 12. 1969]
[Karte: »Wilhelm List – Illustration aus VER SACRUM 1900«]

Brief 375
Paul Celan an Klaus und Nani Demus, [Paris,] 22. 12. 1969
1 Vielleicht die Gedichte ›Hochtorig dämmern‹ oder ›Morgen-ländische Träume‹ (InS, 20-28); evtl. auch erneut ›Auf ist die Nacht‹, von dem sich in PCs Nachlaß ein Ts. befindet, auf dem PC mit dem Zeilenfall experimentiert: »Lichtschutt, geröllklar / durch langsamer Rose Häuser / ausgestürzt« (Hinweis von B. Wiedemann).
2 PC verweist mit dieser Aussage auch auf sein eigenes Werk. In einer poetologischen Notiz heißt es: »Gedichte sind poröse Gebilde: Das Leben strömt und sickert hier aus und ein, unberechenbar eigenwillig, erkennbar und in fremdester Ge-stalt.« (Vgl. PN, 108.)
3 Die bibliophile Edition mit 14 Gedichten, die später den ersten Zyklus des Bandes LZ bilden, erschien unter dem Titel ›Schwarz-maut‹ (Nr. X; Brunidor: Vaduz) mit 15 Radierungen von GCL im Herbst 1969.

Brief 376
Klaus Demus an Paul Celan, [Wien,] 16. 1. 1970
1 Im Gedicht ›Wir lagen‹ aus dem ersten Zyklus des neuen Gedichtbandes findet sich das spätere Titelwort des Buches: »WIR LAGEN / schon tief in der Macchia, als du / endlich heran-krochst. / Doch konnten wir nicht / hinüberdunkeln zu dir: / es herrschte / Lichtzwang.« (KG, 277)
2 Nicht ermittelt.

Brief 377
Paul Celan an Klaus Demus, [Wien,] 21. 1. 1970

Brief 378
Klaus Demus an Paul Celan, [Wien,] 28. 1. 1970

Brief 379
Paul Celan an Nani Demus, Paris, 3. 3. 1970

1 Eh. Abschrift des Gedichts ›Einkanter‹ aus dem 4. Zyklus des Gedichtbandes SP, der als Nachlaßband 1971 erschien (vgl. HKA I 10/2, 164f.). PC wußte, daß Rembrandt zu jenen Malern zählte, die KD in Wien im Museum betreute (vgl. Nr. 354). Auch PC interessierte sich für Rembrandts Werk. Im Jahr 1955 hatte er den Freunden das Buch: Georg Simmel, Rembrandt. Ein kunstphilosophischer Versuch (Leipzig: K. Wolff 1919²) geschenkt, mit der Widmung: »Für Nani und Klaus in Herzlichkeit / Gisèle et Paul. / Weihnachten 1955« (›Sammlung Demus‹/Harvard). Das Gedicht geht auf das Gemälde ›A man seated reading at a table in a lofty room‹ zurück, das PC in der National Gallery in London gesehen hatte, das aber heute nicht mehr als Werk Rembrandts, sondern als eines seiner Schule angesehen wird.

2 PC sandte das 1968 entstandene Gedicht auch Ilana Shmueli zu ihrem Geburtstag am 6. 3. 1970 (PC/IS, 116f.). Werner Weber gegenüber bezeichnete PC das Gedicht im April 1970 als dasjenige, das ihm »in diesem Augenblick« am nächsten stehe (Weber 1970, 202).

Brief 380
Nani Demus an Paul Celan, Wien, 16. 4. 1970

1 Wahrscheinlich erhielt PC den Brief noch, bevor er seinem Leben in der Nacht vom 19. auf den 20. 4. 1970 mit einem Sprung in die Seine, wohl vom Pont Mirabeau aus, ein Ende setzte.

Siglen

(sofern nicht anders vermerkt, werden im Kommentar
Seitenzahlen angegeben)

AW	Paul Celan, Atemwende, Frankfurt am Main 1967.
BK	Bonner Arbeitsstelle für die Celan-Ausgabe. Katalog der Bibliothek Paul Celans (Paris und Moisville), erarbeitet in den Jahren 1972-1974 (Paris) und 1987 (Moisville) von Dietlind Meinecke und Stefan Reichert u. a., transkribiert mit Korrekturen, Ergänzungen und kritischen Bemerkungen u. a. zum heutigen Standort der Bücher von Bertrand Badiou.
Celan-Handbuch	Celan-Handbuch. Leben – Werk – Wirkung. Hrsg. von Peter Goßens, Jürgen Lehmann, Markus May, Stuttgart und Weimar 2008.
CG	Claire Goll.
CJb	Celan-Jahrbuch. Hrsg. von Hans-Michael Speier, Heidelberg 1987ff. (+ Band, + Jahr).
CPB	Paul Celan, La bibliothèque philosophique/Die philosophische Bibliothek. Catalogue raisonné des annotations établi par Alexandra Richter, Patrik Alac et Bertrand Badiou. Préface de Jean-Pierre Lefebvre. Publié par l'Unité de recherche Paul Celan de l'École normale supérieure, Paris 2004 (+ Seitenzahl).
Displaced	»Displaced«. Paul Celan in Wien 1947-1948. Hrsg. von Peter Goßens und Marcus G. Patka im Auftrag des Jüdischen Museums Wien und Frankfurt am Main 2001 (+ Autor).
DLA	Deutsches Literaturarchiv Marbach.
ENS	École normale supérieure (45, rue d'Ulm, Paris).
FAZ	Frankfurter Allgemeine Zeitung.
FN	»Fremde Nähe«. Paul Celan als Übersetzer. Hrsg. von Axel Gellhaus u. a., Marbach am Neckar 1997 (Marbacher Kataloge 50).
FS	Paul Celan, Fadensonnen, Frankfurt am Main 1968.
GA	Paul Celan – Die Goll-Affäre. Dokumente zu einer Infamie. Zusammengestellt, hrsg. und kommentiert von Barbara Wiedemann, Frankfurt am Main 2000.
GBF/BBF	Gottfried Bermann Fischer und Brigitte Bermann

	Fischer, Briefwechsel mit Autoren. Hrsg. von Reiner Stach unter redaktioneller Mitarb. von Karin Schlapp, Frankfurt am Main 1990.
GCL	Gisèle Celan-Lestrange.
GRMs	Germanisch-Romanische Monatsschrift.
GW	Paul Celan, Gesammelte Werke in sieben Bänden. Hrsg. von Beda Allemann und Stefan Reichert unter Mitwirkung von Rolf Bücher (Bde. I-V), Barbara Wiedemann (Bd. VI = Das Frühwerk) und Bertrand Badiou, Jean-Claude Rambach und Barbara Wiedemann (Bd. VII = Die Gedichte aus dem Nachlaß), Frankfurt am Main 2000 (+ Band in römischen Zahlen, + Seite in arabischen Zahlen).
HKA	Paul Celan, Werke. Historisch-kritische Ausgabe (Bonner Celan-Ausgabe), begründet von Beda Allemann, besorgt von der Bonner Arbeitsstelle für die Celan-Ausgabe, Frankfurt am Main 1990ff. (+ Bandzahl).
IB	Ingeborg Bachmann.
IB/PC	»Herzzeit«. Ingeborg Bachmann – Paul Celan, Der Briefwechsel. Mit den Briefwechseln zwischen Paul Celan und Max Frisch sowie zwischen Ingeborg Bachmann und Gisèle Celan-Lestrange. Hrsg. und kommentiert von Bertrand Badiou, Hans Höller, Andrea Stoll und Barbara Wiedemann, Frankfurt am Main 2008.
InS	Klaus Demus, In der neuen Stille, Pfullingen 1974.
KD	Klaus Demus.
KG	Paul Celan, Die Gedichte. Kommentierte Gesamtausgabe in einem Band. Hrsg. und kommentiert von Barbara Wiedemann, Frankfurt am Main 2003.
LZ	Paul Celan, Lichtzwang, Frankfurt am Main 1970.
MN	Klaus Demus, Morgennacht, Pfullingen 1969.
MuG	Paul Celan, Mohn und Gedächtnis, Stuttgart 1952.
MuG 2000	Paul Celan, Mohn und Gedächtnis. Mit einem Nachwort von Joachim Seng, Stuttgart und München 2000.
ND	Nani Demus.
NGCL	Nachlaß Gisèle Celan-Lestrange (Eric Celan, Paris).
NkPC	Notizkalender PCs (DLA).
NPC-Paris	Nachlaß Paul Celan (Paris, Eric Celan).
NR	Paul Celan, Die Niemandsrose, Frankfurt am Main 1963.

NZZ	Neue Zürcher Zeitung.
PC	Paul Celan.
PC/AMS	[Paul Celan:] Briefe an Alfred Margul-Sperber. In: Neue Literatur, 26. Jg., Juli 1975, H. 7, S. 50-63.
PC/DKB	Paul Celan, »Du mußt versuchen, auch den Schweigenden zu hören«. Brief an Diet Kloos-Barendregt. Hrsg. von Paul Sars, Frankfurt am Main 2002.
PC/FW	Paul Celan – Franz Wurm, Briefwechsel. Hrsg. von Barbara Wiedemann in Verbindung mit Franz Wurm, Frankfurt am Main 1995.
PC/GCL	Briefwechsel Paul Celan – Gisèle Celan-Lestrange. Mit einer Auswahl von Briefen Paul Celans an seinen Sohn Eric. Aus dem Französischen von Eugen Helmlé. Hrsg. und kommentiert von Bertrand Badiou in Verbindung mit Eric Celan. Anmerkungen übersetzt und für die deutsche Ausgabe eingerichtet von Barbara Wiedemann, Frankfurt am Main 2001 (+ Nummer des Briefes).
PC/HHL	Paul Celan – Hanne und Hermann Lenz, Briefwechsel. Mit drei Briefen von Gisèle Celan-Lestrange. Hrsg. von Barbara Wiedemann in Verbindung mit Hanne Lenz, Frankfurt am Main 2001.
PC/IS	Paul Celan – Ilana Shmueli, Briefwechsel. Hrsg. von Ilana Shmueli und Thomas Sparr, Frankfurt am Main 2004.
PC/RH	Paul Celan – Rudolf Hirsch, Briefwechsel. Hrsg. von Joachim Seng, Frankfurt am Main 2004.
PC/Sachs	Paul Celan – Nelly Sachs, Briefwechsel. Hrsg. von Barbara Wiedemann, Frankfurt am Main 1993.
PC/PS	Paul Celan – Peter Szondi, Briefwechsel. Mit Briefen von Gisèle Celan-Lestrange an Peter Szondi und Auszügen aus dem Briefwechsel zwischen Peter Szondi und Jean und Mayotte Bollack. Hrsg. von Christoph König, Frankfurt am Main 2005.
PN	Paul Celan, »Mikrolithen sinds, Steinchen«. Die Prosa aus dem Nachlaß. Kritische Ausgabe. Hrsg. von Barbara Wiedemann und Bertrand Badiou, Frankfurt am Main 2005.
SG	Paul Celan, Sprachgitter, Frankfurt am Main 1959.
SL	Klaus Demus, Das schwere Land, Frankfurt am Main 1958.
SP	Paul Celan, Schneepart, Frankfurt am Main 1971.

SU	Paul Celan, Der Sand aus den Urnen, Wien 1948.
TbPC	Tagebuch Paul Celans (DLA).
TCA	Paul Celan, Werke. Tübinger Ausgabe. Hrsg. von Jürgen Wertheimer, bearbeitet von Heino Schmull, Frankfurt am Main 1996ff. (+ Werktitel).
TWA/PC	Theodor W. Adorno – Paul Celan, Briefwechsel 1960-1968. Hrsg. von Joachim Seng. In: Frankfurter Adorno Blätter VIII. Im Auftrag des Theodor W. Adorno Archivs hrsg. von Rolf Tiedemann, München 2003, S. 177-200.
VS	Paul Celan, Von Schwelle zu Schwelle, Stuttgart 1955.
YG	Yvan Goll.
ZG	Paul Celan, Zeitgehöft. Späte Gedichte aus dem Nachlaß, Frankfurt am Main 1976.

Abkürzungen und Transkriptionszeichen

Ds./Dss.	Durchschlag/Durchschläge
Hs./hs.	Handschrift bzw. handschriftlich
masch.	Maschinenschriftlich
Ts./Tss.	Typoskript / Typoskripte
[ ]	Ergänzungen des Herausgebers
[...]	Auslassungen des Herausgebers

Bibliographie

1. Briefe und primäre Quellen
(soweit nicht unter ›Siglen‹ genannt)

Benn, Gottfried: Sämtliche Werke. Stuttgarter Ausgabe. In Verbindung mit Ilse Benn hrsg. von Gerhard Schuster, Stuttgart 1986ff.

Braun, Felix (Hrsg.): Die Lyra des Orpheus. Lyrik der Völker in deutschen Nachdichtungen, Wien 1952.

Buber, Martin: Ich und Du, Leipzig 1923.

Ders.: Die Erzählungen der Chassidim, Zürich 1949.

Celan, Paul: Mohn und Gedächtnis. Mit einem Nachwort von Joachim Seng, Stuttgart 2000.

Dor, Milo (Hrsg.): Die Verbannten, Graz 1962.

Eckardt, Uwe: Paul Celan (1920-1970) und der Wuppertaler »Bund«. In: Geschichte im Wuppertal, 4. Jg., 1995, S. 90-100.

Frisch, Max: Jetzt ist Sehenszeit. Briefe, Notate, Dokumente 1943-1963. Hrsg. und mit einem Nachwort versehen von Julian Schütt, Frankfurt am Main 1998.

Goethe, Johann Wolfgang: Sämtliche Werke. Briefe, Tagebücher und Gespräche. Frankfurter Ausgabe. Hrsg. von Dieter Borchmeyer u. a., 40 Bde. in 2 Abtlg., Frankfurt am Main 1985ff.

Heidegger, Martin: Holzwege, Frankfurt am Main 1950.

Hildesheimer, Wolfgang: Briefe. Hrsg. von Silvia Hildesheimer und Dietmar Pleyer, Frankfurt am Main 1999.

Hölderlin, Friedrich: Sämtliche Werke. Im Auftrag des Württembergischen Kultusministeriums hrsg. von Friedrich Beissner (Kleine Stuttgarter Ausgabe), Stuttgart 1944-1959.

Hofmannsthal, Hugo von: Gesammelte Werke in zehn Einzelbänden. Hrsg. von Bernd Schoeller in Beratung mit Rudolf Hirsch, Frankfurt am Main 1979f. [HvH, GW; RuA = Reden und Aufsätze; E = Erfundene Gespräche u. Briefe].

Kaschnitz, Marie Luise: Tagebücher aus den Jahren 1936-1966. Hrsg. von Christian Büttrich, Marianne Büttrich, Iris Schnebel-Kaschnitz. Mit einem Nachwort von Arnold Stadler, Frankfurt am Main 2000.

Katalog Fritsch: Gisèle Celan-Lestrange (de L'Estrange) 1927-1990, Graphik 1948-1974. Katalog Georg Fritsch Antiquariat, Wien 2002.

Katalog Fritsch: Klaus Demus, Entgegnung für Paul Celan. Briefwechsel mit Rudolf Hirsch. Katalog Georg Fritsch Antiquariat,
Wien 2002.

Katalog Fritsch: Martin Heidegger, Im Andenken an Paul Celan.
Briefe an Klaus Demus. Katalog Georg Fritsch Antiquariat,
Wien 2002.

Katalog Fritsch: Paul Celan, Die Sammlung Demus. Katalog
Georg Fritsch Antiquariat, Wien 2002.

Pizzingrilli, Massimo: »Votre aide qui est / m'est si précieuse«. Paul
Celans Mitarbeit an der Zeitschrift ›Botteghe Oscure‹ und sein
Briefwechsel mit Margherite Caetani. In: Celan-Jahrbuch 9
(2003-2005), S. 7-26.

Richter, Hans Werner: Briefe. Hrsg. von Sabine Cofalla, München
und Wien 1997.

Rimbaud, Arthur: Das trunkene Schiff / Le Bateau ivre. Übertragen von Paul Celan. Mit Dokumenten, Abbildungen und
einem Nachwort hrsg. von Joachim Seng, Frankfurt am Main
und Leipzig 2008.

Scheler, Max: Die Formen des Wissens und die Bildung, Bonn 1925.

Schwerin, Christoph Graf von: Als sei nichts gewesen, Berlin 1997.

2. Andere Literatur

Amann, Klaus: Ein unbekannter Brief Paul Celans aus dem Jahr
1949. In: Sichtungen. Archiv, Bibliothek, Literaturwissenschaft,
4./5. Jg., Wien 2001/2002, S. 102-128.

Basil, Otto: Wir leben unter finstern Himmeln. In: Literatur und
Kritik 52, März 1971, S. 102-105.

Berger, Albert: Schwieriges Erwachen. Zur Lyrik der jungen
Generation in den ersten Nachkriegsjahren (1945-1948). In:
Friedbert Aspetsberger (Hrsg.): Die literarische Situation der
Nachkriegszeit und der fünfziger Jahre in Österreich, Wien
1984.

Bevilacqua, Giuseppe: Auf der Suche nach dem Atemkristall.
Celan-Studien. Aus dem Italienischen übers. von Peter Goßens
und Marianne Schneider, München 2004.

Bollack, Jean: Paul Celan. Poetik der Fremdheit. Aus dem Französischen von Werner Wögerbauer, Wien 2000.

Buck, Theo: Celan schreibt an Jünger, Aachen 2005.

Dor, Milo: Erinnerung an Paul Celan. In: Unverloren. Trotz allem.

Paul Celan-Symposion Wien 2000. Hrsg. von Hubert Gaisbauer
u. a., Wien 2000, S. 146-157.

Dor, Milo: Paul Celan. In: Über Paul Celan. Hrsg. von Dietlind
Meinecke, Frankfurt am Main 1970, S. 281-285.

Federmann, Reinhard/Dor, Milo: Internationale Zone, Frankfurt
am Main und Wien 1953.

Feichtinger, Johannes: Wissenschaft zwischen den Kulturen.
Österreichische Hochschullehrer in der Emigration 1933-1945,
Frankfurt am Main und New York 2001.

Felstiner, John: Paul Celan. Eine Biographie. München 1997.

Firges, Jean: Die Gestaltungsschichten in der Lyrik Paul Celans
ausgehend vom Wortmaterial. Diss., Köln 1959.

Gaisbauer, Hubert/Hain, Bernhard/Schuster, Erika: Unverloren.
Trotz allem. Paul Celan-Symposion Wien 2000, Wien 2000.

Geschichte der Literatur in Österreich von den Anfängen bis
zur Gegenwart. Hrsg. von Herbert Zemann. Bd. 7: Das 20. Jahrhundert, Graz 1999.

Glenn, Jerry: Paul Celan in Wien. In: Die Pestsäule. In memoriam
Reinhard Federmann 1977, S. 100-108.

Goßens, Peter/Hemecker, Wilhelm: »Hier nun wieder das alte
Manuskript«. Paul Celans Gedichtsammlung ›Der Sand aus
den Urnen‹. Paris, Oktober 1950. In: Sichtungen. Archiv,
Bibliothek, Literaturwissenschaft, 4./5. Jg., Wien 2001/2002,
S. 129-153.

Hansen-Löve, Friedrich: Buchwelten. Essays zur Literatur und
Zeit um die Jahrhundertwende. Hrsg. von Aage H. Hansen-
Löve u. a., Wien 1999.

Harbusch, Ute: Gegenübersetzungen. Paul Celans Übertragungen
französischer Symbolisten, Göttingen 2005.

Kelletat, Alfred: Hermeneutica zu Celan, anläßlich seines ›Psalms‹.
In: Abhandlungen aus der Pädagogischen Hochschule Berlin.
Hrsg. von Walter Heistermann, Bd. I, Berlin 1974, S. 267-302.

Koelle, Lydia: Paul Celans pneumatisches Judentum. Gott-
Rede und menschliche Existenz nach der Schoa, Mainz 1997.

Lyon, James K.: »Nature«. Its idea and use in the poetic imagery
of Ingeborg Bachmann, Paul Celan and Karl Krolow, Diss.
Harvard University 1962.

Majörg, Karl: Nachrichtenzensur der Alliierten in Österreich
1945-1953, Wien 2005.

Mayer, Hans: Erinnerungen an Paul Celan. In: H. M.: Repräsentant
und Märtyrer, Frankfurt am Main 1971, S. 169-188.

Neumann, Peter Horst: Zur Lyrik Paul Celans, Göttingen 1968.

Pöggeler, Otto: Spur des Worts. Zur Lyrik Paul Celans. Freiburg und München 1986.

Ders.: Dichtungstheorie und Toposforschung. In: Jahrbuch für Ästhetik und Allgemeine Kunstwissenschaft, Nr. 5, 1960, S. 89-201.

Rey, Jean-Dominique: Mémoires des autres. I. Écrivains et rebelles [darin: Voix de Paul Celan, S. 85-95], Paris 2005.

Seng, Joachim: »Mitsprechende Gedankenwelt«. Paul Celan als Leser Rudolf Borchardts. Zugleich der Versuch, sein Gedicht ›Andenken‹ zu verstehen, München 2007.

Ders.: Damit der Schrei der Opfer nicht verstummt. Paul Celan und der Dokumentarfilm ›Nacht und Nebel‹. In: Neue Rundschau, 112. Jg., 2001, H. 3, S.166-172.

Ders.: Auf den Kreis-Wegen der Dichtung. Zyklische Komposition bei Paul Celan am Beispiel der Gedichtbände bis ›Sprachgitter‹, Heidelberg 1998.

Ders.: »Dem Haupte des Zeus entsprungen«. Wie Otto Basil vom Dichter Paul Celan erfuhr. In: Otto Basil und die Literatur um 1945 (Profile 2). Hrsg. von Volker Kaukoreit und Wendelin Schmidt-Dengler, Wien 1998, S. 56-62.

Ders.: Von blühenden Sprachgittern. In: Neue Rundschau, 109. Jg., 1998, H. 1, S. 157-161.

Upanishaden. Die Geheimlehre des Veda. In der Übersetzung von Paul Deussen. Hrsg. und eingeleitet von Peter Michel, Wiesbaden 2006.

Vilain, Robert: Hofmannsthal and Celan. In: Austrian Studies, Edinburgh, Bd. 12, 2004, S. 172-195.

Weber, Werner: Forderungen, Zürich und Stuttgart 1970.

Weigel, Hans: Unvollendete Symphonie. Graz, Wien und Köln 1992.

Ders.: In Memoriam, Graz u. a. 1979.

Wiedemann, Barbara: Jakobs Stehen. Jüdischer Widerstand in den Gedichten Paul Celans, Warmbronn 2007.

Dies.: »Ins Hirn gehaun« – Paul Celans Deutung des Wahnsinns. In: GRMs, 54. Jg., 2004, H. 4, S. 433-452.

Dies.: Das Jahr 1960. In: Paul Celan: Biographie und Interpretation. Hrsg. von Andrei Corbea-Hoisie, Konstanz u. a. 2000, S. 33-59.

Bibliographie Klaus Demus

1. Dichtungen

Das schwere Land, Frankfurt am Main 1958.
Morgennacht, Pfullingen 1969.
In der neuen Stille, Pfullingen 1974.
Das Morgenleuchten, Pfullingen 1979.
Schatten vom Wald, Pfullingen 1983.
Im Abend dieser Stunde, Pfullingen 1987.
Hinausgang, Pfullingen 1990.
Die Jahrtausende. Gedichte, Stuttgart 1994.
Landwind. Gedichte, Wien 1996.
Das ungemeine Fünkeln des Hen Kai Pan.
    Poetisch-pantheistische Fragmente und Momente, Wien 1998.
In der Nachwelt. Gedichte, Wien 1999.
Sternzeit. Kurze Gedichte, Wien 2001.
Gleichartigem Zugeflüster, Wien 2002.
Allgesang, Wien 2005.
Die Zeiten des Jahres, Wien 2008.

2. Unselbständige Schriften

Demus, Klaus: Das schwere Land. In: Akzente. Zeitschrift für
    Dichtung, 3. Jg., 1956, H. 6, S. 499f.
Demus, Klaus: Meerstern; Vorüber zieht im Himmel; Gipfelkal-
    men. In: Botteghe Oscure (Rom), 19. Jg., Frühjahr 1957, S. 455-
    459.
Demus, Klaus: Schiffshimmel. In: Deutsche Lyrik und Prosa nach
    1945. Auswahl und Nachwort von Otto F. Best, Frankfurt am
    Main 1957 [S. Fischer Schulausgaben moderner Autoren], S. 18.
Demus, Klaus: Regen, abends... In: Continuum. Zur Kunst
    Österreichs in der Mitte des 20. Jahrhunderts. Hrsg. vom Institut
    zur Förderung der Künste in Österreich [Red.: Alexander Auer],
    Wien [1957], S. 164-166.
Demus, Klaus: Gedichte (An den weißen Blättern gemessen;
    O Herz des Lichts; Der Pol des Jahres). In: Neue Rundschau,
    69. Jg., 1958, H. 1, S. 82-88.

Demus, Klaus: Der Tiefe traumklar eingewachsen; Im Gelb der Sonnen hängt; Einer Gestalt, oder zweier. In: Jahresring 58/59. Beiträge zur Deutschen Literatur und Kunst der Gegenwart, Stuttgart 1958, S. 35-37.

Demus, Klaus: Biographische Notiz und Foto. In: ars viva trier '58. 9. September - 5. Oktober 1958. Kulturkreis im Bundesverband der deutschen Industrie, Literarisches Förderungswerk, o. S.

Demus, Klaus: Weiße Flügel des Wassers (mit Widmung: »für Paul Celan«). In: Das Mondbuch. Der Mond in der deutschen Dichtung. Ausgewählt und eingeleitet von Brigitte Neske, Pfullingen 1958, S. 67.

Demus, Klaus: Gedichte in Prosa (Seeschraubengeräusch, Die meerdunklen Engpässe, Unter dem Grasturban, In meinem Herzen, Weiße Flügel des Wassers, Wenn das Land, Mitten in den Sommer, Heiliges Brot, Die Fahnen des Traums). In: Merkur. Deutsche Zeitschrift für Europäisches Denken. 13. Jg., 1959, H. 3, S. 245-247.

Demus, Klaus: Nachtstück. In: Neue Rundschau, 71. Jg., 1960, H. 4, S. 571f.

Demus, Klaus: Der Berg. In: S. Fischer-Almanach 1960 (Das 74. Jahr), S. 83.

Demus, Klaus: O große Schweigesee; Der Bodhibaum; Der ausgangslosen Nacht; In großen, graugehörnten Lüften. In: Österreichische Lyrik nach 1945. Auswahl und Nachwort von Ernst Schönwiese, Frankfurt am Main 1960 [S. Fischer Schulausgaben, Texte moderner Autoren], S. 58-60.

Demus, Klaus: Des Abendlandes Nacht, Der ausganglosen Nacht, Nachtstück. In: Fritsch, Gerhard u. a. (Hrsg.): Frage und Formel. Gedichte einer jungen österreichischen Generation, Salzburg 1963, S. 129-135.

Demus, Klaus: Der Nachtkreis steht. In: Insel-Almanach auf das Jahr 1965, Frankfurt am Main 1965, S. 99f.

Demus, Klaus: Gedichte I-III [Auf ist die Nacht; Hochtorig dämmern; Herbstabend, tief]. In: Jahresring 71/72. Literatur und Kunst der Gegenwart, Stuttgart 1971, S. 119-122.

Demus, Klaus: Fern graut der Himmel (als Faksimile). In: Spektrum des Geistes 1976. Ein Querschnitt durch das Literaturschaffen der Gegenwart. 25. Jahrgang des Literaturkalenders, Hamburg [1975], S. 109.

Demus, Klaus: Herbstabend, tief. In: Gedichte von Preisträgern des Kulturkreises im Bundesverband der Deutschen Industrie 1951-1976, Köln 1976, S. [12].

668

Demus, Klaus: Blaugewölbter Tag im Dezember. In: Jahresring 75/76. Literatur und Kunst der Gegenwart, Stuttgart 1975, S. 29-31.

Demus, Klaus: O am Licht; Mit dünnen Brücken wandern [mit Widmung: »Für Gisèle und Paul Celan«]. In: S. Fischer-Almanach 1976 (Das 90. Jahr), S. 161-163.

Demus, Klaus: Ins hohe Gebirge schau ich. In: Literatur und Kritik, Nr. 153, April 1981, S. 129ff.

Demus, Klaus: Sieben Gedichte. In: Literatur und Kritik, Nr. 167/168, Sept./Okt. 1982, S. 12-18.

Demus, Klaus: Drei Gedichte. In: Literatur und Kritik, Nr. 199/200, Nov./Dez. 1985, S. 460-463.

Demus, Klaus: Drei Oden. In: Literatur und Kritik, Nr. 223/224, April/Mai 1988, S. 97ff.

Demus, Klaus: Ansichten zur Natur. In: Sinn und Form, 2007, H. 4, S. 464-467.

3. Herausgegebene Schriften

Lindner, Johannes: Der kentaurische Knecht. Gedichte. Ausgewählt und herausgegeben von Klaus Demus, Wien: Löcker 2003.

4. Kunsthistorische Schriften

Demus, Klaus: Der Kubismus und die formalen Strömungen in der Malerei des 20. Jh., Wien 1951 (Wien, Phil. Diss. 4. 7. 1951).

Demus, Klaus: Über das ›Neue‹ in der modernen Kunst. In: Perspektiven 52/53. Ein Jahrbuch. Hrsg. vom Forschungsinstitut für europäische Gegenwartskunde [Red.: Rudolph C. von Ripper und Friedrich Hansen-Löve], Wien 1953, S. 40-61.

Österreichische Galerie. Galerie des neunzehnten und zwanzigsten Jahrhunderts im Oberen Belvedere. Katalog der Neuaufstellung, Wien [1954].

Demus, Klaus: Wiener Festwochen 1955. Ausstellung »Europäische Kunst gestern und heute«. Veranstaltet vom Amt für Kultur und Volksbildung der Stadt Wien im Österreichischen Museum für angewandte Kunst. 6. 6. bis 6. 7. 1955. Katalognotizen: Klaus Demus, 2., verb. Aufl. Wien 1955, S. 17-31.

Demus, Klaus: [Vorwort]. In: Elias Canetti: Fritz Wotruba. Mit

einem Vorwort von Klaus Demus, Wien 1955. Unter dem Titel
›Das ins Weite geöffnete 20. Jahrhundert,‹ wieder in: Otto
Breicha (Hg.): Um Wotruba. Schriften zum Werk, Wien 1967,
S. 92-94.

Demus, Klaus: Ein neues Werk Fritz Wotrubas. In: Alte und neue
Kunst. April 1958. Unter dem Titel: ›Es gibt viele mögliche Ge-
staltungsweisen‹ wieder in: Otto Breicha (Hg.): Um Wotruba.
Schriften zum Werk, Wien 1967, S. 186.

Demus, Klaus: Schmerzdarstellung als Schmerzabwehr. Zwei
Plastiken von Franz Xaver Messerschmidt. In: DU, 19. Jg.,
1959, H. 216 [Themenheft: Schmerz], S. 38f.

Demus, Klaus: Wotrubas Art. In: Otto Breicha (Hg.): Um Wotruba. Schriften zum Werk, Wien 1967, S. 193.

Demus, Klaus: Gerhart Frankl. Eine Ausstellung der Galerie Welz
Salzburg im Ausstellungspavillon Zwerglgarten. 16. 8. bis 30. 9.
1962, Salzburg 1962.

Demus, Klaus: Gerhart Frankl. In: Gerhart Frankl zum 60. Geburtstag. Ausstellungs-Katalog Oberes Belvedere, Wien 1962
[Textbeiträge: Fritz Novotny, Klaus Demus; 53. Wechselaus-
stellung d. Österreichischen Galerie].

Demus, Klaus: Die Malerei. In: DU, 23. Jg., 1963, H. 266 [Themen-
heft: Wien 1900-1918], S. 41f., Abb. S. 42-50.

Österreichische Galerie. Die Österreichische Galerie im Belvedere
in Wien: Museum mittelalterlicher österreichischer Kunst in der
Orangerie des Unteren Belvedere. Österreichisches Barock-
museum im Unteren Belvedere. Österreichische Galerie des
XIX. und XX. Jahrhunderts im Oberen Belvedere/[Wissenschaft-
liche Bearbeitung von Hans Aurenhammer und Klaus Demus],
Wien 1962.

Demus, Klaus: Über Stimmung in der Landschaftsmalerei. In:
Kontur. Zeitschrift für Kunsttheorie, Nr. 28 (1966), S. 1-22.

Demus, Klaus (Bearb.): Katalog der Neuen Galerie in der Stallburg,
Wien 1967 (Führer durch das Kunsthistorische Museum, Nr. 15).

Demus, Klaus: Holländische Meister des 15., 16. und 17. Jahrhunderts. Bearbeiter des Kataloges: Klaus Demus. Vorwort:
Friederike Klauner, Wien 1972 (Führer durch das Kunsthistorische Museum, 17).

Demus, Klaus (Bearb.): Verzeichnis der Gemälde, Wien 1973
(Führer durch das Kunsthistorische Museum, 18).

Demus, Klaus [Mitarb.]: Peter Paul Rubens (1577-1640). Ausstellung zur 400. Wiederkehr seines Geburtstages, Wien 1977.

Demus, Klaus [Text]: Joannis Avrimidis. Skulpturen und Handzeichnungen. Katalog der Ausstellung in der Kunsthalle Bremen und Städtischen Kunsthalle Mannheim, Bremen 1980.

Demus, Klaus/Klauner, Friderike/Schütz, Karl: Flämische Malerei von Jan van Eick bis Peter Brueghel dem Älteren, Wien 1981 (Führer durch das Kunsthistorische Museum, 31).

Joannis Avramidis, ›Agora‹: Skulpturen und Zeichnungen 1953 bis 1988. Zur Ausstellung mit Skulpturen und Zeichnungen von Joannis Avramidis vom 15. 4. bis 8. 7. 1989, Galerie Brusberg, Berlin 1989.

Personenregister

In diesem Personenregister werden alle Namen verzeichnet, die im Textteil angeführt werden. Der Bezug erfolgt auf die Seitenzahlen. Ausgespart bleiben die in den Adreß- und Kopfzeilen angegebenen Namen bzw. jene in den Unterschriftszeilen genannten. Russische Namen erscheinen in der von Paul Celan verwendeten Form.

Adorno, Theodor W. 354
Aichinger, Ilse 292f., 369
Andersch, Alfred 208, 210f., 214, 216
Antschel, Berta 227, 230
Antschel, Friederike (genannt Fritzi, geb. Schrager) 86f., 402, 406
Antschel(-Teitler), Leo 86f.
Apollinaire, Guillaume 66, 133f.
Artmann, Hans Carl 293
Auden, Wystan Hugh 80
Auer, Alexander 234, 249, 257, 264
Aurenhammer, Gertrude 123
Aurenhammer, Hans 123f.
Avramidis, Joannis 448

Bachmann, Ingeborg 32ff., 36, 39ff., 45ff., 50, 56, 60, 62, 71ff., 75, 80, 83, 99f., 102, 104f., 128, 202, 249f., 253, 264, 268, 277f., 281, 283-288, 291, 293f., 302, 309, 314, 318, 323, 328f., 331ff., 335, 337ff., 341f., 344, 347f., 353, 363f., 393, 402, 411, 417
Balke, Franz 31
Basil, Otto 405
Bazaine, Jean 237, 239
Bender, Hans 303ff.
Benn, Gottfried 79, 92, 113, 212
Benoist, Luc 112

Beranek, Franz I. 252
Bermann Fischer, Brigitte 253, 265, 358, 392
Bermann Fischer, Gottfried 244, 246f., 253, 265, 358, 392
Bernfeld, Joseph 252, 254
Best, Otto F. 242f.
Bevilacqua, Giuseppe 88
Bienek, Horst 269
Bilger-Biljan, Maria 63
Block, Alexander 254
Blöcker, Günter 288, 319
Boeckl, Herbert 31, 138, 148, 152, 167
Böhme, Jakob 265, 279
Bondone, Giotto di 156
Borchardt, Rudolf 159, 220, 233, 235, 253
Bouchet, André du 440f., 444, 447, 452
Braque, Georges 95
Brecht, Bertold 80
Breicha, Otto 437
Breton, André 215
Broch, Hermann 290
Buber, Martin 148, 234, 367
Büchner, Georg 347, 357
Burchard, Irmgard 43

Camus, Albert 291, 293
Cayrol, Jean 177f.
Celan, Eric 181ff., 186, 188, 190,

192f., 195, 200f., 213, 223-230,
237ff., 249, 254, 256f., 266, 268,
271f., 276, 280, 283, 289, 291,
294, 308, 316, 321, 323, 325,
359f., 367f., 377, 383, 390, 422,
426, 428, 431
Celan, François 126, 128f., 130
Cézanne, Paul 408
Char, René 187, 189, 237, 239,
268, 283
Charpentier, Frau 48
Cioran, Émile M. 133f.
Claudel, Paul 69

Daive, Jean (d. i. Jean de
Schrynmakers) 444, 447, 449,
451, 455
Dante Alighieri 428
Demus, Erika geb. Budik 31, 70
Demus, Jakob 275-280, 283,
301f., 307, 314, 321, 323ff., 329,
331f., 336, 362-365, 368, 377,
379, 393, 429f., 433, 453, 459,
463, 468
Demus, Jörg 31, 32, 68, 70, 123,
131, 433, 165, 167, 185, 219f., 433
Demus, Karl 185
Demus, Otto 13, 31, 325, 327,
332, 343
Dewasne, Jean 118ff.
Dickinson, Emily 283, 316
Döhl, Reinhard 387, 392, 394f.,
400f., 405f., 408, 414f., 418f.
Dor, Milo 71, 278, 383, 385, 388
Draxlmayr, Christiane 73
Dreyfus, Alfred 426f.

Eich, Günter 369, 375
Eliot, Thomas Stearns 428
Eluard, Paul 212, 214f.
Enzensberger, Hans
Magnus 356, 362f.

Eugen, Prinz von Savoyen-
Carignan 166, 186
Exner, Richard 202, 205, 209,
236, 240, 309, 312, 317f., 378,
388, 396, 399, 405, 407, 409ff.,
413ff., 418ff., 425-428

Falkenberg, Hans-Geert 267f.,
347
Ficker, Birgit von (s. Schowin-
gen-Ficker)
Francesca, Piero della (eigentl.
Pietro di Benedetto dei
Franceschi) 135f.
Franck, Klaus 101, 158
Frank, Peter 208, 212
Freud, Sigmund 349
Fried, Erich 86, 91
Friedlaender, Johnny 145f.
Frisch, Max 283-288, 291, 329,
331, 353

Gascoyne, David 54
Gauguin, Paul 92
George, Manfred 409
Gide, André 70, 72
Gilot, Françoise 29
Goebbels, Joseph 100
Goethe, Johann Wolfgang 72f.,
166, 256, 263, 269, 303, 349,
366, 377, 443
Gogh, Vincent van 29, 92, 303
Goll, Claire 202-206, 212ff.,
216f., 299f., 310-314, 318f., 323,
335, 337ff., 346ff., 388-391,
393-404, 407-410, 416, 418ff.,
423, 427
Goll, Yvan 35, 79, 202, 204ff.,
209f., 212ff., 216, 299, 310-314,
318f., 323, 334, 348, 378, 397,
404ff., 409, 423
Gomperz, Theodor 235

Greco El (»der Grieche«; eigent-
lich Domenikos Theotoko-
poulos) 103
Grillparzer, Franz 190, 443
Gris, Juan 73
Grünewald, Matthias 67
Guénon, René 112
Guttenbrunner, Michael 264f.,
278

Haas, Willy 346
Haeusermann, Ernst 292f.
Hakel, Hermann 34
Hamann, Johann Georg 196f.,
251, 261f., 265ff.
Hammer, Victor 298
Hansen-Löve, Friedrich A. 61f.,
65, 79, 91, 95, 99, 104, 114, 212,
224, 226
Hardenberg , Friedrich Freiherr
von (gen. Novalis) 365
Hederer, Edgar 426
Heer, Friedrich 293
Heidegger, Martin 69f., 119f.,
138f.
Heimann, Moritz 209, 292
Heller, Erich 268
Henri, Florence 60
Herder, Johann Gottfried 196
Hesse, Hermann 124
Hildebrandt, Lucas von 185
Hildesheimer, Wolfgang 302
Hirsch, Rudolf 254, 291, 300,
309, 312,317, 320, 323, 326f.,
329, 331-335, 341f., 344-348,
370, 372, 389, 382, 391f., 396,
407, 414ff., 420-423, 426f., 428
Hocke, Gustav René 299
Hölderlin, Friedrich 69f., 73, 80,
103, 105, 116, 130f., 136ff., 165,
168, 196, 236, 271, 344, 421,
425, 428, 435, 443, 460

Höllerer, Walter 199, 219
Hölzer, Max 105
Hofmannsthal, Hugo von 154,
166, 174f., 185, 190, 197, 207,
220, 225, 243, 247, 253, 282,
295, 298, 314, 333, 359, 367,
372f., 389, 431, 458
Hohoff, Curt 202, 205, 208f.,
213, 299, 314, 319, 333, 359, 406
Holzing-Berstett, Dorothee 326,
333
Holzing-Berstett, Max Arthur
Freiherr von 326
Homer 272
Hopkins, Gerard Manley 80
Housman, Alfred E. 434
Hühnerfeld, Paul 327

Isaak Lurja 295

Jean Paul (d. i. Johann Paul
Friedrich Richter) 233
Jené, Edgar 15, 39f., 40, 86
Jené, Erica (s. Lillegg-Jené)
Jessenin, Sergej 277f., 367f., 382,
402
Jouffroy, Alain 66
Joyce, James 70, 80, 92, 103
Jünger, Ernst 34f., 35, 37, 48, 60f.,
63f.

Kabel, Rainer (Ps.: Rainer K.
Abel) 356, 388, 391, 406f., 409,
415
Kästner, Erhart 260
Kafka, Franz 33, 87, 124, 243,
247, 346
Kalandra, Závi 215
Kandinsky, Wassily 31
Kasack, Hermann 208, 371,
378f., 380, 383, 387, 388, 390f.,
393, 397f., 404, 407, 414f., 418f.

Kaschnitz, Marie Luise 309, 313, 318, 320, 323, 326, 328f., 331-335, 338f., 341f., 344f., 347f., 385f., 392, 402, 411, 417f.
Kelletat, Alfred 236
Kepler, Johannes 265, 357f.
Klee, Paul 72
Kotzebue, August von 303, 334
Krolow, Karl 371, 380

Laurens, Henri 31
Lautrec, Henri de 92
Léger, Fernand 27
Lenz, Hanne 211f.
Lenz, Hermann 211f., 228
Lenz, Reinmar 426
Lessing, Gotthold, Ephraim 196, 233
Lichtenberg, Georg Christoph 80
Lillegg-Jené, Erica 15, 39ff., 44, 62, 86, 91, 137
Löffelholz, Franz (s. Mon, Franz)
Luther, Martin 276

Majakowskij, Wladimir 237, 239
Mandelstamm, Ossip 261f., 270, 282
Mann, Thomas 109, 111, 349
Mantegna, Andrea 427
Marc, Franz 72
Margul-Sperber, Alfred 405
Martini, Fritz 378, 380, 387, 390, 405f., 426,
Mauer, Otto 226
Maurer, Georg 202, 388, 399
Mauz, Gerhard 242, 245, 248
Mayer, Josef 276
Mayer, Magdalena 259, 369
Mayer (von Sexl) 327
Melchinger, Siegfried 269
Mell, Max 298

Michaux, Henri 91
Mill, Edith 75
Minssen, Friedrich 101
Mohler, Armin 71
Mon, Franz 159, 199
Mondstrahl, Felix (d. i. Richard Salis) 425f.
Moore, Marianne 120
Moras, Joachim 277f.
Musil, Robert 154

Nerval, Gérard de 254
Neske, Günther 233, 235f., 242f., 245, 247f., 440, 443, 455
Nietzsche, Friedrich 55, 92

Okopenko, Andreas 65, 91

Paracelsus 265
Perse, Saint-John 70f., 354
Picasso, Pablo 29, 95, 139,
Pillhofer, Josef 36, 42f., 79, 82f., 85, 148, 172, 448
Pillhofer, Waltraud 124
Pindar 258
Pöggeler, Otto 315, 354
Polo, Marco 156
Ponge, Francis 91

Rainer, Arnulf 148, 224, 226
Rausch, Jürgen 210
Reicher, Otto 233, 253, 268f., 278, 298f.
Rembrandt, Harmenszoon van Rijn 241f., 445f., 448, 467
Rey, Jean-Dominique 66, 74, 77
Richter, Hans Werner 100
Riemann, Bernhard 376
Riemerschmid, Werner 85, 91
Rilke, Rainer Maria 13
Rimbaud, Arthur 236, 239ff., 262, 264f.

Rolland, Romain 214
Romains, Jules 214f.
Rosenberg, Charles 319
Rosenberg, Gertrud 314, 319
Rosenmayr, Hilde 34, 36,
Rosenmayr, Leopold 34, 36, 353
Rousseau, Henri 31
Ruisdael, Jan von 445
Rychner, Max 405

Sachs, Nelly 301ff., 306, 309, 312,
    314, 316f., 322, 328-331, 336ff.
Saint-Exupéry, Antoine de 13
Sartre, Jean-Paul 70
Scheler, Max 55
Schiller, Friedrich 234, 469
Schmied, Wieland 382
Schmidt, Gerhardt 76f.
Schnabel, Ernst 99
Schönberg, Arnold 71
Schönwiese, Ernst 75, 226
Scholem-Alejchem (d. i. Schalom
    Yakov Rabinowitsch) 432
Schowingen-Ficker, Birgit
    von 12
Schröder, Rudolf Alexander 263
Schroers, Rolf 144, 146, 416, 418,
    420f., 426
Schumann, Robert 220
Schuster, Mauriz 128
Schwarz, Helmut 292f., 369f.,
    374, 384
Schwarzmantel, Grete 39f.
Seghers, Hercules Pieters-
    zoon 448
Seilern, Antoine Graf von 448
Shakespeare, William 319, 372,
    381, 403f., 434
Sieger, Ferdinand 300

Spender, Stephen 69, 80
Spiegel, Joachim 171, 173, 180
Spinoza, Baruch de 370
Stadler, Yvonne 36, 61
Stifter, Adalbert 174, 190
Stumfohl, Helmut 114, 327
Szondi, Peter 356, 362f., 366,
    371, 392, 403f.

Thieme, Hermann von 31
Thomas, Dylan 80
Tintoretto, Jacopo [d. i. Jacopo
    Robusti] 31
Tizian [d. i. Tiziano Vecellio] 31,
    103
Toman, Walter 65
Torberg, Friedrich 383, 392
Trakl, Georg 396
Trunz, Erich 357

Unger, Hermi 83, 105

Valéry, Paul 69, 280f., 285, 291,
    296, 300, 319f., 327, 349
Vermeer, Jan 445f.

Wagenbach, Klaus 354
Wagner, Christiane 264
Wagner, Hedwig 62, 77
Wassermann, Jakob 406, 426
Weber, Werner 358, 361-364,
    392, 403f.
Weigel, Hans 71, 91
Winter, Hanns 199
Wolsegger, Patrick Albert 243
Wolsegger, Traute 24, 31, 35f.,
    51, 61, 79, 82, 243
Wotruba, Fritz 138
Zemb, Markus 36, 51, 243

Inhalt

Der Briefwechsel 5
Postskriptum Klaus Demus 469

Kommentar
    Nachwort 473
    Editorischer Bericht 500
    Stellenkommentar.................................. 507
    Siglen 659
    Bibliographie 663
    Bibliographie Klaus Demus 667
    Personenregister 672

Bildteil .... nach S. 336